2024
스티마 면접
교육행정직(통합편)

서울·경기·인천 제외

스티마 편저

KB060365

박영사

공무원 면접은 꿈을 이루는 마지막 관문입니다.

힘든 경쟁률을 뚫고 밤잠을 설쳐가며 한 수험준비를 통해서 이제 면접이라는 최종 관문이 남았습니다. 성적이 1배수 안이나 1배수 커트라인이건, 성적이 필기 커트라인이건 '면접은 또 하나의 시험이다.'라는 간절함을 가지고 최선을 다하는 것이 정말 중요합니다.

공무원 면접은 누군가에게는 인생이 걸려 있는 문제입니다. 스티마쌤은 24년째 공무원 면접강의를 하였습니다. 이러한 노하우를 바탕으로 하여 공무원 수험생들이 올바른 면접준비를 하는 데 도움을 드리고자 교재를 집필하였으니 꼭 도움이 되었으면 좋겠습니다.
강의가 필요하시면 공단기(공무원 단기학원)에서 오프라인 및 온라인 강의를 통해 접하실 수 있습니다.

[공무원 면접에 대한 소개 및 학습전략]

1. 오직 한길, 벌써 24년째 7·9급 공무원 면접강의를 하고 있습니다. 스티마 면접강의를 듣고 현직에서 일하시는 분들이 대략 16만 명 전후가 되지 않을까 생각합니다. 오랜 기간 동안 면접강의를 하면서 느낀 점 한 가지는 공직사회에서 원하는 인재상입니다. 공무원 면접은 말 잘하고 스펙 좋은 사람을 뽑는 시험이 아니라 "함께 일하고 싶은 사람을 뽑는 시험"이라는 것입니다. 즉, 국민을 내 가족같이 생각하는 사람을 뽑는 시험이고, 최근에는 조직생활을 잘할 것 같은 인재상을 원하는 것도 꼭 기억했으면 좋겠습니다. 참고로 면접평가는 말 잘하는 사람 기준으로 평가하는 것이 아니라 합격생 그 자체로서 평가를 합니다.

2. 특히 공무원 면접에서 가장 중요한 포인트는 '면접에서 자신의 개성을 드러내는 것입니다. 즉, 자신의 이야기를 하는 것입니다.' 이 말을 반드시 기억하고 면접준비를 하셔야 합니다. 필기시험을 준비할 때의 기출문제 풀이하고는 완전히 다를 것입니다. 수험생 여러분은 필기시험 위주로 오랜 기간 동안 공부를 해 왔기 때문에 기출문제에 익숙해서 면접도 '기출문제만 보면 되지 않을까?'하는 착각을 하실 수 있습니다. 그건 바른 면접준비가 아님을 꼭 기억해야 할 것입니다.

안타깝게도 일부 학원에서는 면접후기를 모은 다음 해당 후기를 돈을 받고 제공함으로써 수험생들의 불안심리를 조장하여 강의하는 곳도 있다고 합니다. 필기시험이 아닌 면접준비가 단순히 면접후기만 보아 끝난다면 한 달 이상의 면접준비 기간을 주어야 할 이유가 없고, 결코 자신의 이야기를 할 수 없게 됩니다. 결국 실제 면접장에서는 앵무새처럼 대부분 비슷한 답변을 하게 되고, 자신의 개성을 전혀 발휘하지 못해 최종합격자 발표일까지 불안하게 결과를 기다려야 합니다.

3. 공무원 면접은 미리 결과를 예측하지 않고, 최선을 다해야 합니다. 분명한 것은 면접결과에 있어서 우수와 미흡은 있습니다. 그 대상이 바로 자신이 될 수 있다는 마음가짐을 가지고, 성적이 좋지 않다고 생각하면 우수를 받기 위해 노력을 해야 하고, 성적이 좋다고 생각하는 사람 또한 미흡을 받지 않기 위해 최선의 마무리를 해야 할 것입니다. 노력은 결코 결과를 배신하지 않는다는 점을 기억해야 합니다.

마지막으로 인생에서 오는 3번의 기회 중 한 번이라고 생각하고 끝까지 최선을 다해 좋은 결과를 얻어서 공시생활을 끝내겠다는 마음으로 면접준비를 했으면 합니다.

2024년 6월
스티마

CONTENTS
차례

CONTENTS
차례

PART 10 교육청별 교육방향 및 주요정책

2024
스티마 면접
교육행정직(통합편)

CHAPTER
01 2024년 공무원 면접 평가방식 변화

1 새로운 공무원 인재상의 정립

공무원이 갖추어야 할 바람직한 사고(thinking)와 태도(attitude)에 대한 길라잡이이자 방향타가 될 공무원 인재상이 정립되었다. 이를 기준으로 채용·교육·평가·승진·보상 등 인사체계 전반이 개선된다. 그동안 공무원 헌장, 면접시험 평정요소 등에 인재상 요소가 존재했으나 간결하고 기억에 남는 체계적인 공무원 인재상이 없어 채용·평가·보상 등 인사체계 운영에 있어 일관된 기준을 적용하기에 어려움이 있었기 때문에 아래와 같이 4가지 평정요소로 새롭게 기준을 정하였다.

◈ 시험의 방법(공무원임용시험령 제5조)

개정 전	개정 후
제5조(시험의 방법) ①·② (생 략) ③ 면접시험은 해당 직무 수행에 필요한 능력 및 적격성을 검정하며, 다음 각 호의 모든 평정요소를 각각 상, 중, 하로 평정한다. 〈단서 신설〉 1. 공무원으로서의 정신자세 2. 전문지식과 그 응용능력 3. 의사표현의 정확성과 논리성 4. 예의·품행 및 성실성 5. 창의력·의지력 및 발전가능성 ④·⑤ (생 략)	제5조(시험의 방법) ①·② (현행과 같음) ③ … 공무원으로서의 자세 및 태도, 해당 직무 수행에 필요한 능력 및 적격성 등 …. 다만, 시험실시기관의 장이 필요하다고 인정하는 경우 평정요소를 추가하여 평정할 수 있다. 1. 소통·공감: 국민 등과 소통하고 공감하는 능력 2. 헌신·열정: 국가에 대한 헌신과 직무에 대한 열정적인 태도 3. 창의·혁신: 창의성과 혁신을 이끄는 능력 4. 윤리·책임: 공무원으로서의 윤리의식과 책임성 5. 〈삭 제〉 ④·⑤ (현행과 같음)

✎ Check point

개정된 공무원 면접 평가방식
1. 소통·공감 항목에는 국민 등과 소통하고 공감하는 능력을 평가한다.
2. 헌신·열정 항목에는 국가에 대한 헌신과 직무에 대한 열정적인 태도를 평가한다.
3. 창의·혁신 항목에는 창의성과 혁신을 이끄는 능력을 평가한다.
4. 윤리·책임 항목에는 공무원으로서의 윤리의식과 책임성을 평가한다.
➡ 교육행정직의 경우에는 공무원임용시험령 제5조 제3항에 따라 필요하다고 인정되는 경우 평정요소를 추가하여 평정할 수 있다.

2 　해당 개정안 정리

(1) 기존안

평정요소	위원평정		
	상	중	하
가. 공무원으로서의 정신자세			
나. 전문지식과 그 응용능력			
다. 의사표현의 정확성과 논리성			
라. 예의·품행 및 성실성			
마. 창의력·의지력 및 발전가능성			

(2) 변경안

평정요소	위원평정		
	상	중	하
가. 소통·공감			
나. 헌신·열정			
다. 창의·혁신			
라. 윤리·책임			

3 　직무수행 능력평가 요소

소통·공감	➡	국민중심, 소통하고 공감하며 배려하는 공무원
헌신·열정	➡	적극적이며 국가에 헌신하는 열정적인 공무원
창의·혁신	➡	창의적 사고로 변화에 대응하고 혁신을 이끄는 공무원
윤리·책임	➡	윤리의식을 갖추고 청렴하며 책임 있게 일하는 공무원

MEMO

4 **교육행정직 9급 면접 평가방법**

소통·공감

헌신·열정

창의·혁신

윤리·책임

↓

직무수행능력과 전문성에 대한 공직가치 이해에 대한 평가
(＝국민을 내 가족처럼 생각하는 사람)

직무수행능력과 전문성에 관하여 공직가치에 대한 이해가 선행되어야 한다.

개정 전의 면접시험 평정요소는 간결하지 못하고 체계적이지 못하다는 논란이 있었고 일관된 기준을 적용하기에 어려움이 있었기 때문에 변경되는 개정안에서는 위와 같이 4가지 평정요소로 새롭게 통일하여 기준을 정하였다. 결국 이러한 새로운 개정안으로 직무수행능력과 전문성에 대한 평가를 하는 것이다.

5 **우수와 미흡의 결정방법**

(1) 우수와 미흡에 대한 조별할당제는 없다.

TIP 우수나 미흡은 권고사항으로 해당 재량은 면접관들이 가지고 있다.

(2) 평정표의 '비고'란은 일종의 사유를 적는 공간이다. 우수는 상관이 없지만 미흡을 주게 되면 미흡을 준 이유를 간단히 기록으로 보관하기 위한 것이다. 이는 나중에 혹시라도 응시생이 결과에 대해 행정소송 등을 할 경우에 대비하기 위한 부분도 있다.

(3) 면접의 공정성과 객관성을 최대한 확보하기 위해 우수와 미흡을 최종 결정하기 전 면접관 2인이 각각의 평정표를 바탕으로 하여 다시 한번 논의하여 합의한 후 최종결정을 하게 된다.

6급 이하 공개경쟁채용시험 등의 면접시험 평정결과

구 분	평정결과
위원의 과반수가 평정요소 모두를 "상"으로 평정한 경우	우수
위원의 과반수가 평정요소 중 2개 항목 이상을 "하"로 평정하였거나 위원의 과반수가 어느 하나의 동일한 평정요소를 "하"로 평정한 경우	미흡
그 외의 경우	보통

6 동점자 처리기준

조정점수의 폐지로 인해 동점자가 다수 나타나는 직렬이 많다. 이때 1배수 커트라인에 걸린 동점자 처리기준은 다음과 같다.

(1) 필기 커트라인 합격(1배수 밖 합격)의 경우, 우수를 받으면 성적에 상관없이 최종 합격이다.

(2) 필기 커트라인이 아닌 1배수 커트라인이 중요한 이유는 1배수 커트라인은 동점자 인원수에 상관없이 규정상 미흡을 받지 않고 면접결과에서 보통만 받아도 최종 합격을 하는 것이 규정이기 때문이다.

✔ PLUS

1. 면접관의 과반수가 모든 평정요소에 '상'을 주기는 힘들겠지만 일반적으로 면접관들은 평정표에 '하'를 남발하지 않는다. '중'과 '상'을 더 많이 주는 것이 일반적이다.
2. 면접관들의 합의에 의해 최종 평가는 달라질 수 있다.
3. 공무원 면접에서는 일반적으로 미흡을 받는 것보다 우수를 받는 것이 더 쉬울 수 있다. 즉, '미흡을 의도적으로 남발하지 않는다'는 뜻으로 기억하고 면접준비를 하면 된다.
4. 교육행정직은 지역마다 약간은 차이가 있지만 '보통' 평점을 많이 주고 '미흡' 비율은 적으며 '우수' 비율이 조금 더 높다고 생각하면 된다.

MEMO

CHAPTER 02 교육청별 면접진행 절차 및 특이사항

1 교육행정직 지역별 특이사항(2023년 기준)

(1) 대부분 모든 지역이 '공통질문' 중심으로 면접이 진행되고 추가적으로 개인별 1~2문제 정도 질문이 달라질 수 있다. 일종의 상대평가 같은 개념이라고 생각하면 된다.

(2) 공통질문 중심으로 면접이 진행되므로 답변에 있어서 경쟁자들과 차별화시킬 수 있다는 것이 오히려 좋은 점으로 작용할 수 있으며 이는 면접에서 좋은 평가를 이끌어 낼 수 있는 방법이라고 생각해도 된다.

(3) 대부분 정해진 시간 내에 면접이 이루어진다.

> **MEMO**
>
>
>

2 교육행정직 지역별 면접진행 절차(2023년 기준)

➡ 추후 본인이 해당하는 각 지역별 2024년 면접시행계획 공고문을 확인하여야 한다.

지 역	면접관 / 면접시간	면접포인트 및 특이사항	인·적성 검사
강 원	2인 / 10분 미만	① 공통질문 4~5문항+개별질문 추가 1~2문항이 출제된다. ② 자기소개는 필수적으로 준비를 해야 한다.	

경 기	3인 / 10분	① 일반직렬은 공통질문 5문항이 출제된다.
		  ➡ 추가 질문이 간혹 이루어진다.
		② 기술직렬은 공통질문 4문항+전공(실무형)질문 1문항이 출제된다.
		③ 특이사항
		  ㉠ 질문지가 적힌 파일이 제공되고 면접관이 질문할 때 다시 한 번 읽어준다.
		  ㉡ 답변 완료 후 시간이 남으면 답변을 보충할 수 있는 기회를 주기도 한다.
		  ㉢ 2019년까지는 재면접을 실시하였지만 그 이후부터는 재면접을 실시하지 않는다.	

경 남	일반직 3인 기술직 5인	① 일반직렬은 공통질문 5문항이 출제된다. 　➡ 추가 질문이 간혹 이루어진다. ② 기술직렬은 공통질문 5문항+전공(실무형)질문 2문항이 출제된다. 　➡ 단순 전공지식이 아닌 실무와 연결지어 질문이 이루어진다. ③ 특이사항 ➩ 마지막으로 하고 싶은 말은 준비해야 한다.	
	10분		
경 북	3인	① 일반직렬은 공통질문 5문항이 출제된다. 　➡ 추가 질문이 간혹 있으며 시간이 남으면 답변 보완이 가능하다. ② 기술직렬은 공통질문 4문항+전공(실무형)질문 1문항이 출제된다. ③ 특이사항 　㉠ 구상면접을 실시한다. ➩ 구상시간 5분/답변시간 5분 　㉡ 기술직렬은 공통질문 4문항+전공(실무형)질문 1문항이 출제된다. 　㉢ 돌발성 질문이 이루어진다. 예 애국심, 통일에 대한 생각	
	10분 (구상 포함)		
광 주	3인	① 일반직렬은 공통질문 5문항이 출제된다. 　➡ 추가 질문이 간혹 있으며 시간이 남으면 답변 보완이 가능하다. ② 기술직렬은 공통질문 4문항+전공(실무형)질문 1문항이 출제된다. ③ 특이사항 　㉠ 메모지와 볼펜이 준비되어 있어 면접 중 메모가 가능하다. 　㉡ 10분을 채우지 못하면 추가적으로 하고 싶은 말이나 마지막 말을 　　간혹 시키는 경우도 있다. 　㉢ 전체적으로 평이하게 면접이 진행된다.	
	10분		
대 구	3인	① 일반직렬은 공통질문 6문항이 출제된다. ② 기술직렬은 공통질문 4문항+해당 직렬에 대한 관심도를 묻는 질문이 　이루어진다. ③ 특이사항 　㉠ 추가 질문이 많이 이루어진다. 답변에 대한 보완이 필요하면 면접관 　　은 추가 질문을 통해 답변을 요구한다. 　㉡ 오후조도 오전조가 면접을 모두 본 후 다 같이 나올 수 있다. 　㉢ 2023년부터 인문학 면접은 폐지되고 대구교육 정책에 대한 이해를 　　포함하여 다양하게 질문이 이루어졌다.	
	10분		
대 전	3인	① 일반직렬 및 기술직렬 모두 공통질문 5~6문항이 출제된다. 　➡ 시간이 남으면 추가 질문이 이루어지기도 한다. 　➡ 기술직렬은 간혹 전공 관련 질문이 1문항 정도 추가된다. ② 특이사항 ➩ 개인별로 질문이 1문항 정도는 조별로 다르게 이루어지기 　도 한다.	
	8분 전후		
부 산	5인	① 일반직렬은 공통질문 5문항이 출제된다. 　➡ 조별/개인별 공통질문 1문항 정도는 달라질 수 있다. ② 기술직렬은 공통질문 4~5문항+전공(실무형)질문 1~2문항이 출제된다. ③ 특이사항 　㉠ 15분에 5개의 공통질문을 받을 경우 꽤 긴 시간이다. 그러므로 최소 　　2분 전후로 답변을 구체적으로 정리를 해야 한다. 대부분의 응시생 　　이 시간이 많이 남았다.	

부산	5인	① 다른 지역교육청에 비해 타이트한 면접이 진행되므로 면접준비를 잘 할 필요가 있다. 우수사례도 심심치 않게 나오고 있다. ② 기술직렬은 업무에 대한 이해를 해야 하고 관련된 주요 이슈를 정리해 두어야 한다. 예 전기직 '탄소중립, 신재생에너지' ② 대표적인 경험형 질문도 준비해 두어야 한다.	
	15분	⑩ 교육학이론에 대한 돌발성 질문도 이루어질 수 있다. 예 2022년도 '의사결정모형'	
서울	3인	① 일반직렬 및 기술직렬 모두 공통질문 4문항+각각 추가 질문으로 실제로 총 8문항이 출제된다고 생각하면 된다. ② 인성검사를 실시하는데 실제 평가에는 반영되지 않는다. ③ 특이사항 ㉠ 2023년은 대부분 보통의 평점이었고 미흡 탈락은 확인이 되지 않았지만 우수는 총 2명으로 기억하며 모두 스티마쌤 수강생이었다. ⇨ 과거대비 2023년은 우수비율 줄어듦	○
	10분	㉡ 책상 위에 파일철로 1장당 1문제와 추가 질문이 정리되어 있고 면접관이 문제를 읽어주면서 면접이 진행되며 답변 완료 후 시간이 남으면 보충할 기회를 준다.	
세종	5인	① 일반직렬은 공통질문 5문항이 출제된다. ➡ 조별/개인별 공통질문 1~2문항 정도는 달라질 수 있다. ② 기술직렬은 공통질문 4~5문항+전공(실무형)질문 1~2문항이 출제된다. ③ 특이사항 ㉠ 질문난이도의 수준이 높은 편이다. 그리고 공통질문으로만 이루어지지 않고 조별로 1~2문항의 질문이 다르게 이루어지는 것이 특징이다.	
	10분	㉡ 5인의 면접관이지만 3인이 주로 질문을 하고 2인이 평가 위주로 진행한다는 말도 있으나 정확히 확인된 바는 없다.	
울산	3인	① 일반직렬은 공통질문 4문항이 출제된다. ➡ 조별/개인별 공통질문 1문항 정도는 달라질 수 있다. ② 기술직렬은 공통질문 위주로 진행하나 간혹 전공(실무형)질문 1문항 정도 추가해서 질문이 이루어진다. ③ 특이사항 ㉠ 면접시간이 짧고 질문난이도도 평범한 편이다.	
	7분 전후	㉡ 다만, 질문을 길게 하는 편이므로 면접관의 질문을 집중하여 들을 필요가 있다. 예 "이번에 합격하면 임용이 되어 다양한 업무를 하게 될 겁니다. 특히 월말에는 회계업무로 무척 바쁩니다. 그러다 보면 업무가 과중이 되어 야근 등이 많아질 수 있는데 어떻게 할 것인가요?"	
인천	3인	① 일반직렬은 공통질문 3문항이 출제된다. ② 기술직렬은 공통질문 위주로 진행하나 간혹 전공(실무형)질문 1문항 정도 추가 혹은 대체해서 질문이 이루어진다. ③ 특이사항 ㉠ 7분 동안 질의 시간이 끝나고 시간이 남을 경우 질문에 대한 부분만 보충할 수 있는 시간이 주어진다.	
	7분 전후	㉡ 돌발상황 대처능력을 물어보는 질문도 간혹 이루어진다는 점도 참고해야 한다.	

전 남	3인	① 일반직렬은 공통질문 3문항이 출제된다.
		② 기술직렬은 공통질문과 함께 단순 전공지식 1~2문항이 추가 혹은 대체되어 질문이 이루어진다.
		③ 특이사항
		  ㉠ 2023년 필기 커트라인 우수 2명이 나왔고 모두 스티마쌤 수강생이었다.
		  ㉡ 면접관 3인이 각각 1문제씩 담당하여 질문을 하고 필요시 추가 질문을 한다.
		  ㉢ 면접시간이 남을 경우 마지막으로 하고 싶은 말에 대한 기회를 부여하기도 한다.	

	10분 이내		

전 북	3인	① 일반직렬은 공통질문 5문항으로 진행된다.
		② 기술직렬은 공통질문과 함께 섞어서 단순 전공지식 혹은 실무형 질문 1~2문항이 추가 혹은 대체되어 질문이 이루어진다.
		③ 특이사항
		  ㉠ 인성검사가 실시되는 지역이다.
		  ㉡ 면접관의 성향에 따라 추가 질문이 간혹 이루어진다.
			○

	10분		

제 주	5인	① 제주교행은 개인별 질문이 10~12개 이상 이루어지고 있고 공통질문과 개인별로 다양한 질문이 섞여서 면접이 진행된다.
		② 기술직렬은 공통질문과 함께 섞어서 단순 전공지식 혹은 실무형 질문 1~2문항이 추가 혹은 대체되어 질문이 이루어진다.
		③ 특이사항
		  ㉠ 인·적성검사를 실시한다.
		  ㉡ 질문에 대한 답변에 보완이 필요할 경우 추가 질문도 이루어진다.
		  ㉢ 기본적으로 자기소개는 필수적으로 준비해야 한다.
			○

	20분 이내		

충 남	3인	① 일반직렬은 공통질문 4~5문항이 출제되며 조별 기타 질문의 차이는 조금씩 있다.
		② 기술직렬은 공통질문과 함께 섞어서 단순 전공지식 혹은 실무형 질문 1~2문항이 추가 혹은 대체되어 질문이 이루어진다.
		③ 특이사항
		  ㉠ 시간이 남으면 마지막 하고 싶은 말을 시키기도 한다.
		  ㉡ 권역별로 질문 1~2문항 정도는 차이가 있다.
		  ㉢ 어려운 질문보다는 기본에 충실한 질문이 이루어진다.	

	7분 이내		

충 북	3인	① 일반직렬은 공통질문 5문항 중심으로 이루어진다.
		② 기술직렬은 공통질문과 함께 섞어서 단순 전공지식 혹은 실무형 질문 1문항 정도가 추가 혹은 대체되어 질문이 이루어진다.
		③ 특이사항
		  ㉠ 상대적으로 추가 질문이나 후속 질문이 잘 이루어지지 않는다. 그러다 보니 면접시간이 더 짧게 느껴진다.
		  ㉡ 답변을 구체적으로 연습하는 것이 필요하다.
		  ㉢ 경험형 질문도 간혹 이루어지므로 대표적인 경험형 질문은 정리해 둘 필요가 있다.	

	10분 이내		

CHAPTER 03 2023년 대표 기출문제 및 해설
[2024년 출제가능한 문제로 확장하기]

✏ Check point

1. 2023년 기출된 질문은 2024년 다른 지역교육청에서도 질문 등을 변형하는 식으로 얼마든지 질문화 될 수 있다고 생각하고 준비해야 한다.
2. 교육청 현안 질문, 평범한 질문(수업시간에 강조한 내용), 확장성이 없는 기출들은 제외하고 2024년에도 충분히 출제가능한 질문만 엄선하였다.

TIP 아래 질문들은 공단기 무료강좌 '2024년 교육행정직 오픈특강'에서 해설강의를 무료로 들을 수 있으니 꼭 해설강의를 들어보길 추천한다.

1 강원교육청

Q **[핵심질문]** 악성 민원인 대처방안에는 어떤 것이 있는가?

핵심포인트

(1) 행정안전부는 「민원 처리에 관한 법률」을 개정해 사무실 내 안전요원 배치, 민원 처리를 방해하는 민원인 퇴거 조치 등을 의무화하고 있고 특이민원에 대해 고소·고발 조치를 할 수 있는 법적 대응 요령 등도 있다. 하지만 이들 조처는 강제성이 없어 실제 악성 민원에 대한 현실적인 대처방안이 없는 현실이다.
(2) 하지만 공무원들도 한번 돌아봤으면 좋겠다. '과연 우리가 우리의 업무 편의 또는 당장의 모면, 불성실한 민원 응대로 악성 민원인을 만들어 내는 것은 아닐까?'하는 고민을 해 보아야 할 것이다. 그렇게 진화한 '악성 민원인'은 당장의 나에게 영향을 미치지 않더라도 결국 우리 조직, 우리 동료와 후배의 마음속에 커다란 상처를 남기게 된다. 악성 민원에 대한 대책을 고민함과 동시에 우리의 마음과 자세도 돌아볼 수 있는 계기가 되었으면 좋겠다.

확장하기 악성 민원인의 증가로 인해 민원 바디캠을 보급하여 악성 민원인의 위법 행위로부터 공무원을 보호하기 위한 조치를 마련하는 공공기관이 늘어나고 있다. 목적은 민원인 등의 폭언·폭행, 목적이 정당하지 않은 반복 민원 등으로부터 민원 처리 담당자의 신체적·정신적 피해의 예방 및 치료를 위한 조치를 하기 위함이다. 그런데 적법한 사용과 개인정보보호 문제가 여전히 남아 있다. 응시생의 입장에서 민원 바디캠 확장에 대한 생각과 문제점에 대한 해결방안은 무엇인가?

MEMO

2 경기교육청

Q1 **[핵심질문]** 본인이 의도치 않게 직무관련자에게 청첩장을 보내어 10만원의 축의금을 받은 상황이다. 각각 「공무원 행동강령」과 「청탁금지법」의 무엇을 위반했으며 본인은 어떤 조치를 할 것인가?

핵심포인트

(1) 「청탁금지법」의 적용을 받는 사람들은 누구한테든지 100만원이 넘는 돈이나 선물을 받아서는 안 된다. 또한 1년 안에 300만원이 넘는 것을 받아서도 안 된다. 즉, 친한 사람한테도 저렇게 받아서는 안 된다는 말로 이해를 해야 한다. 예를 들어 집들이 선물로 100만원이 넘는 가전기기 같은 것을 받았거나 노트북 같은 것을 선물 받았다고 한다면 일단 '아, 내가 「청탁금지법」을 위반한 것이 아닌가' 하고 생각을 해보아야 한다는 것이다. 이는 위반이 맞으나 다만 예외적으로 제8조 제3항에서 정한 예외 사유에 해당하는 경우에만 허용해 준다는 것이다. 그 예외 사유에는 식사 3만원, 선물 5만원, 조의금 5만원 아니면 가족관계 등이 해당된다. 심지어 이 규정은 위반하면 3년 이하의 징역 또는 3천만원 이하의 벌금에 처한다.

(2) 「청탁금지법」 제8조 제2항은 공직자 등은 직무 관련성이 있으면 대가성 여부를 불문하고 한 푼도 받아서는 안 된다고 규정하고 있다. 예를 들어 판사와 변호사 간 직무 관련성이 있는지 없는지, 관할로 한정해야 하는지 등에 대해 생각해 보아야 한다. 그런데 변호사는 자기 등록 지역 말고도 전국으로 재판을 다니기도 한다. 그럼 변호사와 판사는 다소간 친분이 있는 사이라도 식사를 같이 하거나 선물을 주어서는 안 된다. 공무원과 그 직장 동료들 또한 업무상 협조관계가 있으면 직무 관련성이 있다고 보아야 한다. 예를 들어 건축직 공무원과 건축사는 직무 관련성이 있어 보이며 일을 같이 하다 보면 뭔가 주고 받는 경우도 생길 수 있다. 이런 경우 적용되는 예외 규정이 제8조 제3항 제2호로 원활한 직무수행, 사교·의례 또는 부조의 목적으로 제공하는 음식물, 경조사비, 선물 등으로서 대통령령으로 정하는 가액 범위 안의 금품 등은 허용한다는 것이다. 이것이 3·5·5원칙이다. 식사 비용은 각자 내면 되니까 문제가 없다고 하더라도 이것도 지키기가 수월하지는 않은 경우들이 많다. 그러나 선물 등은 규정이 엄청 복잡하고 문제가 될 소지들이 있다. 일단 5만원 이하까지는 선물해도 된다고 하면서도 예외적으로 농수산물, 농수산가공품(농수산물재료 50% 이상 사용)은 10만원까지 줄 수 있으며, 설날이나 추석에는 20만원까지 줄 수 있다는 식으로 변경되었다.

Q2 **[핵심질문]** 도교육청은 학생, 학부모, 도민의 창의적 의견이나 고안을 새로운 정책으로 발굴·도입하는 정책구매제를 운영하고 있다. 정책구매제에 제안하고 싶은 정책이 있다면 무엇인가?

핵심포인트

(1) 정책구매제의 정책구매 절차는 제안자가 ① e정책장터에 제안서 작성 및 제출, ② 실무부서 제안서 검토, ③ 심사위원회 심사 / 채택 여부 결정, ④ 채택 제안자 시상과 부상 지급, ⑤ 실무부서 정책 반영 순으로 진행된다.

(2) 경기도교육청은 지난해 ① 하이러닝 플랫폼 활용, ② 정책구매제 활용 아이디어 및 숏폼 영상 등 공모제안을 운영해 '하이러닝 내 학교별 챌린지 및 퀴즈대회' 제안에 금상을, '경기교육 정책맛집, 정책구매제 홍보영상'에 동상을 수여했다. 도교육청은 정책채택 제안율을 높이기 위해 e정책장터 활용 담당자 교육을 운영해 정책구매제에 대한 공감대를 형성했다. 또 현장의 이해를 돕기 위해 온라인에서 정책구매제 영상 자료를 안내하고 'e정책장터 이해 길라잡이' 자료를 배포할 계획이다.

확장하기 국내 외식업체 10곳 중 8곳 이상이 최근 외식 소비심리 위축으로 저녁 식사 이용객이 감소했다고 응답한 설문조사 결과가 나왔다. 응답 업체의 70% 이상이 '부정청탁 및 금품 등 수수의 금지에 관한 법률(청탁금지법)'에 따라 9년째 3만원으로 제한된 음식값 한도를 상향 조정해야 외식 경기가 살아날 것이라고 답했다. 이에 대한 응시생 본인의 생각은 무엇인가?

MEMO

3 경남교육청

Q **[핵심질문]** 학교통합지원센터에서 하는 일은 무엇이며 이를 활성화시킬 방안은 무엇인가?

핵심포인트 학교통합지원센터의 핵심 업무는 결국, 학교 업무 경감의 한 축을 담당하는 역할과 함께 학교가 학생 교육에 전념할 수 있는 여건을 조성하는 데 도움이 되도록 지원 업무를 하는 것이라고 이해하면 된다.

◈ 학교통합지원센터의 주요 업무

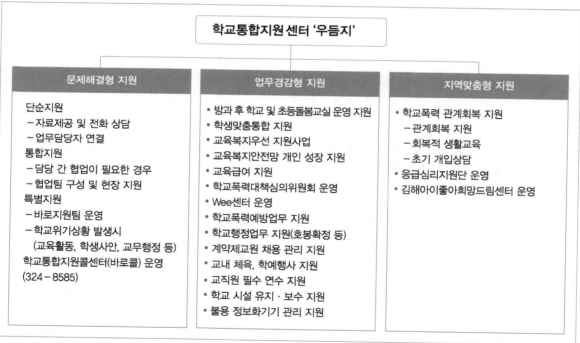

학교통합지원 센터 '우듬지'

문제해결형 지원	업무경감형 지원	지역맞춤형 지원
단순지원 　－자료제공 및 전화 상담 　－업무담당자 연결 통합지원 　－담당 간 협업이 필요한 경우 　－협업팀 구성 및 현장 지원 특별지원 　－바로지원팀 운영 　－학교위기상황 발생시 　　(교육활동, 학생사안, 교무행정 등) 학교통합지원콜센터(바로콜) 운영 (324－8585)	• 방과 후 학교 및 초등돌봄교실 운영 지원 • 학생맞춤통합 지원 • 교육복지우선 지원사업 • 교육복지안전망 개인 성장 지원 • 교육급여 지원 • 학교폭력대책심의위원회 운영 • Wee센터 운영 • 학교폭력예방업무 지원 • 학교행정업무 지원(호봉확정 등) • 계약제교원 채용 관리 지원 • 교내 체육, 학예행사 지원 • 교직원 필수 연수 지원 • 학교 시설 유지 · 보수 지원 • 불용 정보화기기 관리 지원	• 학교폭력 관계회복 지원 　－관계회복 지원 　－회복적 생활교육 　－초기 개입상담 • 응급심리지원단 운영 • 김해아이좋아희망드림센터 운영

➔ 각 교육청마다 주요 업무는 약간씩 차이가 있으나 거의 비슷하다고 보면 된다.

Q **[핵심질문]** 공무원에게는 전문성과 창의성이 중요하다. 전문성과 창의성 함양을 위해 다양한 정보를 얻는 통로가 필요할 것이다. 그 통로에는 어떤 것이 있는지 설명하고, 전문성과 창의성을 실현할 수 있는 구체적인 방안은 무엇인가?

핵심포인트

(1) 창의성

창의성이란 '새로운 것을 생각해 내는 특성'을 의미하며 독창성, 가치, 실현성을 포함하는 개념이다. 즉, 독창적인 새로운 가치를 창출하면서 실현 가능할 때 비로소 창의성이 발현되었다고 할 수 있다. 공무원의 창의성이란 어떤 문제에 대해 기존과 다른 아이디어를 생각하고 이를 실행하기 위해 정책화하는 과정을 의미한다.

(2) 혁신성

혁신성이란 '새로운 상품이나 새로운 서비스를 통해 가치 있는 새로운 고객 경험'을 만들어 내는 활동을 의미한다. 새롭다고 무조건 혁신이라고 이야기할 수는 없다. 새로움이 가치와 연결되어 있을 때 비로소 우리는 혁신이라는 이름을 붙일 수 있다.

(3) 혁신성에 대한 핵심

① 하루가 다르게 급변하는 현대사회에서 발 빠르게 변화하지 않으면 살아남기 힘들다. 더불어 공무원 사회에서의 행정에서도 혁신적 사고를 통한 고객과 시민 서비스 제공이 중요한 요소로 자리 잡고 있다. 행정에서의 혁신이 필요한 부분은 무엇일까?

② 공직사회에는 조직 내 현실에 안주하면서 사회적 태만에 빠지는 경우가 발생한다. 그 이유는 무엇이고 조직생활에 혁신이 필요한 부분은 무엇일까?

➡ 위 두 가지 질문은 면접준비를 하며 고민하고 생각하면서 자신만의 답변을 준비해 두길 바란다.

확장하기 MZ세대의 특징에 대해 설명하고, MZ세대들이 조직에 잘 적응할 수 있는 방안에 대해 답변해보라.

MEMO

Q **[핵심질문]** 법률적으로는 어긋난 것이 없는데 업무에 대해 상사와의 의견이 다를 경우 어떻게 대처할 것인가?

핵심포인트 공무원의 업무는 공익실현에 있다. 즉, 그 해당 업무에 대해 의견이 다르다고 해서 무조건 상관의 말에 따르겠다는 답변은 최악의 답변이다. 적극적으로 (상관의 기분이 상하지 않도록) 의견을 제시하여 더 나은 정책이나 제도를 개선 또는 만들어 가는 것이 공무원의 기본자세이다.

확장하기 현행 법과 원칙에는 없는 업무이다. 그런데 민원인 한 분이 찾아와서 일 처리를 요구한다. 사정을 들어보니 딱한 상황이다. 이 경우 응시생은 어떻게 할 것인가?

MEMO

Q **[핵심질문]** 교육행정직 공무원에게 가장 중요한 덕목(공직가치) 3가지와 그 이유에 대해 각각 답변해보라.

핵심포인트 면접 질답 과정에서 다른 경쟁자와 차별화시킬 수 있는 가장 좋은 방법 중 한 가지는 누구나 생각할 수 있는 질문에 대해 어떻게 차별화를 두고 답변할 것인가를 고민하여 창의적인 답변을 하는 것이다. 특히, 교육행정직은 모든 교육청에서 공통 질문으로 대부분의 질문이 이루어지므로 일종의 상대평가 같은 개념이다. 그렇기 때문에 다른 사람의 면접후기를 읽어보되 앵무새 같은 답변을 해서는 절대로 좋은 평가를 받을 수 없다는 점을 꼭 기억해야 한다.

확장하기 창의·혁신은 다양한 관점으로 현상을 분석하고 새로운 시각으로 대안을 제시하며 이를 실행하기 위한 계획을 우선 순위를 정하여 추진하는 것을 의미한다. ① 창의나 혁신을 발휘한 경험이 있다면 답변하고, ② 교육행정직 공무원으로서 창의와 혁신을 발휘해서 해보고 싶은 사업이나 정책이 있다면 답변해보라.

MEMO

`7` **대전교육청**

Q **[핵심질문]** 교육행정직 공무원이 되면 어떤 업무를 담당하고 싶은지 답변하고, 그와 관련하여 신뢰도를 높이려면 어떻게 해야 하는지에 대해 답변해보라.

핵심포인트 해당 질문은 교육행정직 공무원으로서 필요한 자질(＝전문성)은 무엇이고 해당 전문성을 높이기 위해 무엇을 하고 싶은지를 알아보는 질문이다. 기본적으로 교육청에서 하는 업무, 학교 행정실에서 하는 업무에 대하여 알아두고 각각의 포부에 대해서도 정리해 두어야 한다.

확장하기 디지털 대전환의 시대에 맞추어 AI·디지털 교육을 학교교육에 활용할 수 있는 방안에 대해 답변해보라.

MEMO

`8` **부산교육청**

Q **[핵심질문]** 교육격차가 발생하는 원인은 무엇이며, 이를 해소하기 위한 방안은 무엇인가?

핵심포인트 가장 먼저 생각해야 할 부분은 응시지역의 교육격차가 생기는 원인을 파악하는 것이 우선이다. 그 다음 아래 내용을 바탕으로 지역교육청의 특성에 맞게 구체적으로 답변을 정리해두면 된다.
① 교육환경 개선과 맞춤형 교육프로그램 제공 등 공교육의 기능 복원
② 지역인재 양성을 위한 지자체 지원 강화
③ 지역별 강점·특성 발굴을 통한 교육재정의 적정 분배
④ 학교·교육청·지역사회 간 협력을 통한 균형 잡힌 교육생태계 구축 방안
➡ 지역 내 교육격차를 줄이기 위해 교육청이 중심이 되어 지역대학, 마을공동체, 기초자치단체 등이 함께 참여하는 민·관·학 거버넌스를 추진하는 방안도 고민해 볼 필요가 있다.

확장하기 저출산의 원인은 무엇이며, 해결방안은 무엇인가? ➡ 돌발성 질문

MEMO

9 서울교육청

1. 면접상황 및 후기

안녕하세요. 이번 서울교행 430점(공단기상 0.95배수 이상, 미입력자까지 고려하면 1배수 밖으로 예상되는 점수)으로 면접 우수를 받아 합격했습니다. 준비하는 내내 1배수 끄트머리라는 사실이 계속 떠올라서 부담감도 크고 막막했었는데 스티마선생님이 주신 예상 문제와 해주셨던 실전코칭이 많은 도움이 되었습니다. 1번과 2번 문제는 기본적인 문제였던 것 같고, 3번과 4번이 실전코칭 문제와 교재를 참고하여 생각해 봤던 문제라 편히 대답할 수 있었습니다.

앞으로 면접 보실 분들 중에서도 저처럼 커트라인에 걸리신 분들이 계실 텐데요. 이렇게 우수 받는 경우도 있으니 꼭 희망을 놓지 않고 열심히 준비하셔서 합격하셨으면 좋겠습니다. 참고로 후기로 적은 건 막힘없이 말한 것 같아 보이지만 글로 써서 그런 것이지 저도 실제 면접에선 더듬거리고 말 반복하고 했었습니다.

면접관은 여자분 2명, 남자분 1명이셨고 눈 마주치며 인자하게 들어주셨습니다. 시간은 10분 꽉 채워 썼습니다. 마지막 말 딱 마치자마자 세 분 모두 앞에 있는 타이머 종료 누르시면서 "면접이 끝났습니다."라고 하셨습니다. 정신이 없어서 펼쳐둔 면접 문제 파일철은 정리하지 못하고 나온 것이 찜찜했는데 이건 다행히 평정에는 영향을 주지 않은 것 같습니다.

2. 질의응답

면접관 (1-1) 4차 산업혁명, 코로나19 등으로 사회가 급변하고 있습니다. 이러한 상황 속에 서울시교육청이 바라는 인재상은 무엇이라고 생각하십니까?

응시생 네, 답변드리겠습니다. 급변하는 사회 속에서 서울시교육청이 바라는 인재상은 창의와 혁신을 가진 인재상이라고 생각합니다. 사회가 변함에 따라 다양한 행정서비스가 필요해졌습니다. 따라서 기존에 제공하던 행정서비스를 넘어서 변화하는 상황에 맞게 창의적인 행정서비스를 제공해야 하므로 창의와 혁신을 가진 인재상이 필요하다고 생각합니다. 이상입니다.

면접관 (1-2) 이를 위해 본인은 어떻게 노력할 건가요?

응시생 답변드리겠습니다. 우선 급변하는 사회 속에 일어나는 최근 교육 이슈들에 대해 파악하는 것이 필요하다고 생각합니다. 따라서 교육잡지, 신문기사 등을 통하여 주기적으로 교육 이슈를 파악하고 이와 관련해 필요해질 교육행정을 하겠습니다. 두 번째로는 교육행정과 관련된 법령을 숙지하는 것입니다. 교육행정직은 다양한 법령 숙지가 많이 필요하다고 들었습니다. 창의성은 무에서 유를 창조할 수 있는 것이 아니라 기본적인 것을 바탕으로 약간의 불편한 점들을 개선해 나가는 것부터 시작한다고 생각합니다. 따라서 그때그때 필요한 법령을 숙지해 두도록 하겠습니다. 이상입니다. (사실 1번 질문은 조금 당황했습니다. 나중에 끝나고 생각해 보니 공직관을 말씀드리면 되는 문제인데 4차 산업혁명 보고 '창의와 혁신'만 떠올라서 이렇게 말씀드렸던 것 같아요. 정책 이유도 부실해 보이고 본인의 노력도 창의·혁신과는 조금 거리가 멀어 보이는 것 같아 아쉬움이 많이 남습니다ㅠㅠ)

면접관 (2-1) 정당하게 일처리를 했음에도 폭언을 하는 민원인을 어떻게 응대할 것인가요?

응시생 답변드리겠습니다. 민원인이 감정을 누그러뜨리실 수 있도록 도와드린 다음 정당하게 업무처리 한 상황을 상세히 보고드려 민원인에게 최선의 응대를 했다는 것을 이해시키도록 하겠습니다. 그럼에도 민원인께서 지속적으로 폭언을 하실 시에는 계속 폭언을 하시면 업무 방해로 처벌을 받으실 수 있다고 경고를 드린 후 돌려보내도록 하겠습니다. 왜냐하면 계속 폭언을 하시는 민원인을 응대하게 된다면 도움이 필요하신 다른 민원인을 응대하지 못하여 공익이 저해되기 때문입니다. 이상입니다.

면접관 (2-2) 본인의 실수가 발견되었을 때 민원인에게 어떻게 응대할 것인가요?

응시생 답변드리겠습니다. 우선 제가 실수한 부분에 대해서 민원인께 정중히 사과를 드리겠습니다. 그 후 제가 처리했던 업무를 전체적으로 재검토하여 어떤 부분이 잘못되어 실수가 발생했는지 알아보고 바로잡도록 하겠습니다. 최대한 제가 할 수 있는 선에서 해결을 해보고 만약 어려움이 있다면 상관분이나 동료의 조언을 토대로 해결하겠습니다. 또한 저의 미숙한 민원응대로 민원인께 신체적·정신적 피해가 생긴 경우라면 민원인께 피해보상제도를 안내드려 보상을 받으실 수 있도록 조치하겠습니다. 이상입니다.

면접관 (3-1) 챗GPT를 직무에 활용할 수 있는 방안은 무엇인가요?

응시생 네, 답변드리겠습니다. 챗GPT는 빅데이터 학습 및 분석을 할 수 있는 대화형 인공지능입니다. 이와 같은 특징을 활용하여 챗GPT에 교육행정직 업무에 필요한 법령이나 판례들을 학습시켜 활용하도록 하겠습니다. 앞서 교육행정직은 여러 법령 숙지가 필요하다는 점을 말씀드렸는데요. 일을 하면서 일일이 필요한 법령을 찾고 공부한 뒤 업무를 처리한다면 업무처리 시간이 오래 걸릴 수 있습니다. 그러나 챗GPT에 많은 법령을 학습시킨 후 관련 업무에 필요한 법령 및 판례에 대해 질문한다면 업무처리의 효율성이 높아질 것이라 생각합니다. 두 번째로 챗GPT에 여러 시·도교육청의 우수사례집을 학습시켜서 직무에 활용할 수 있습니다. 추진하려는 적극행정이나 교육사업이 있을 때, 이와 관련된 우수사례를 찾아 벤치마킹하면 직무에 도움이 될 것이라 생각합니다. 이상입니다.

면접관 (3-2) 이를 사용할 시 예상되는 문제점 또는 주의사항은 무엇인가요?

응시생 답변드리겠습니다. 챗GPT를 사용할 시 예상되는 문제점은 인지적 왜곡입니다. 챗GPT가 빅데이터를 학습하는 과정에서 출처가 불분명한 정보를 학습하여 제공할 수 있기 때문입니다. 그러므로 이를 해결하기 위해 챗GPT와 대화를 통해 얻는 정보들을 곧이곧대로 믿지 않고 정보의 출처를 체크하여 신뢰할 만한 정보를 선별해 쓰도록 하겠습니다. 이상입니다.

면접관 (4-1) 저출산 시대에 인구절벽으로 인하여 교육계에서 발생가능한 문제점에는 어떤 것이 있을까요?

응시생 답변드리겠습니다. 먼저 학령인구 감소로 인하여 학교 통폐합이 발생한다는 문제점이 있습니다. 이 문제가 장기적으로 지속된다면 학교가 키워내는 국가의 미래 인재들이 부족해져서 국가 성장률이 둔화될 것이라 생각합니다.

면접관 (4-2) 일부 지역에서는 학교가 신설되기를 원하고, 다른 지역에서는 학교 통폐합을 원하여 갈등을 빚고 있습니다. 이에 대한 해결방안에는 어떤 것이 있을까요?

응시생 답변드리겠습니다. 첫 번째 해결방안은 학교 이전 재배치입니다. 학교 이전 재배치란 신설 학교 수요가 있는 지역으로 기존 소규모 학교를 이전하는 것입니다. 신설 학교 측면에서는 새로운 학교가 생기니 적정 규모의 학생을 수용 가능하다는 장점이 있습니다. 그리고 소규모 학교 측면에서는 폐교 위기를 방지하고, 학교 활성화로 교육의 질을 제고할 수 있다는 장점이 있습니다. 하지만 학교 이전으로 소규모 학교에 다니던 기존 학생들의 통학 안전 문제가 발생할 수 있다는 문제점이 있습니다. 이를 해결하기 위해서는 학교 자체에서 안심통학버스를 지원하여 학생들이 안전하게 등교할 수 있도록 한다면 좋을 것 같습니다. 두 번째 방안은 이음학교입니다. 이음학교란 2개 이상의 다른 학교급 간 인적·물적 자원을 통합하여 운영하는 학교입니다. 이음학교의 장점으로는 인적·물적 자원을 통합하여 방과 후 학교, 동아리 활동 등 다양한 프로그램을 제공할 수 있다는 점입니다. 또 교육과정을 연계함으로써 학생들의 학습이해도가 향상될 수 있습니다. 현재 이음학교는 초·중, 중·고 통합 형식으로 이루어지고 있는데 앞으로는 초·중·고 통합 운영으로 확대하는 방향으로 나아가면 좋겠다고 생각합니다. 그러면 모든 학년급 학생들이 어울리므로 사회적 역량을 기를 수 있고 상급학교 진학 적응이 수월해질 것이기 때문입니다. 이상입니다.

10 세종교육청

Q1 [핵심질문] 적극행정과 소극행정에 대해 각각 답변해보고, 세종시의 적극행정 정책에 대해 알고 있는 사례와 적극행정 활성화방안에 대해 답변해보라.

핵심포인트 세종시교육청의 적극행정 사례

(1) 교육복지과 정미애 주무관의 '적극행정 사전컨설팅을 통한 인덕션 급식기구 지원 기반을 마련하여 쾌적한 급식환경 조성'건과 해밀초등학교 김현진 교사의 '해밀마을 민·관·학(해밀교육마을협의회)이 함께 교육마을을 만들다'건이 선정되었다. 정미애 주무관은 적극행정 지원제도(사전컨설팅)를 활용하여 학교급식 조리기구를 인덕션 기구로 교체하는 사업을 추진해 전국 최고 수준의 친환경 급식환경 조성에 기여했다.

(2) 김현진 교사는 민·관·학이 함께 해밀교육마을협의회를 설립해 마을교육을 활성화시켜 마을의 환경·시설·교육 등 다양한 자원을 발견하고 새로운 마을의 주요 과제를 '교육'으로 인식하는 데 공로를 인정받았다.

(3) 이재명·사대제 주무관은 행복청, LH, 경찰서, 시청 등 관계기관과의 지속적인 협의 등 어린이 보호구역 내 승하차 구역 설치로 학부모가 안심하고 어린이가 안전한 통학 환경을 조성했다.

(4) 김경일 주무관은 신설 학교 신축에 창문틈 결로 곰팡이를 잡는 준불연 열교차단재 혁신제품 적용으로 공기단축, 품질향상과 예산절감에 기여했다.

(5) 유한석 주무관은 교내 유휴 물품을 목록화해 정리하고 사용하지 않는 물품을 사용가능한 물품으로 활용할 다양한 아이디어를 창출해 물품관리 효율화를 실천했다.

(6) 권순오 감사관은 "매년 적극행정 우수사례 공유로 적극행정을 실현하고 적극행정으로 교직원의 인식과 행동 변화를 유도해 일하는 조직 문화가 정착될 수 있도록 노력하겠다"라고 말했다.

MEMO

Q2 **[핵심질문]** 「지방재정법」상 예산의 목적 외 사용 금지와 「공무원 행동강령」상 목적 외 예산의 사용 금지의 차이점에 대해 답변해보라.

핵심포인트 응시생들 입장에서는 가장 어려운 질문이었다. 이에 아래 내용을 참고하여 학습해 두도록 한다.

1. 관련 법령

> **「공무원 행동강령」**
> 제7조【예산의 목적 외 사용 금지】 공무원은 여비, 업무추진비 등 공무 활동을 위한 예산을 목적 외의 용도로 사용하여 소속 기관에 재산상 손해를 입혀서는 아니 된다.
>
> **「지방재정법」**
> 제47조의2【예산의 이용·이체】 ① 지방자치단체의 장은 세출예산에서 정한 각 정책사업 간에 서로 이용할 수 없다. 다만, 예산 집행에 필요하여 미리 예산으로서 지방의회의 의결을 거쳤을 때에는 이용할 수 있다.
> ② 지방자치단체의 장은 지방자치단체의 기구·직제 또는 정원에 관한 법령이나 조례의 제정·개정 또는 폐지로 인하여 관계 기관 사이에 직무권한이나 그 밖의 사항이 변동되었을 때에는 그 예산을 상호 이체(移替)할 수 있다. 이 경우 지방자치단체의 장은 분기별로 분기만료일이 속하는 달의 다음 달 말일까지 그 내역을 지방의회에 제출하여야 한다.

2. 「공무원 행동강령」의 예산의 목적 외 사용 금지 위반 예시
   (1) 출장여비나 초과근무수당을 허위 청구하여 수령
   (2) 업무추진비를 사적 용도로 사용
   (3) 기관 카드로 결제하며 현금으로 할인받는 행위(속칭 '카드깡')
      ➡ 「지방재정법」에서는 의회의 의결을 거쳐 정책사업 간의 예산의 전용이 가능하다.

3. 「공무원 행동강령」 제7조
   (1) 도입 배경
      ① 공무 활동을 위한 예산을 부당하게 사용하는 것을 금지함으로써 예산 낭비 방지
      ② 예산의 편법·부당 사용을 위한 허위 공문서 작성·업무 내용 왜곡 등의 부당행위를 사전에 차단하여 직무 공정성 제고
   (2) 내용 해설
      ① 공무원은 여비, 업무추진비, 인건비, 수당, 사업비 등 공무 활동을 위한 예산을 목적 외의 용도로 사용하여 소속 기관에 재산상 손해를 입혀서는 아니 된다.
         ➡ ㉠ 예산의 목적 외 사용과 ㉡ 소속 기관에 대한 재산상 손해가 동시에 **충족되어야 한다.**
      ② '예산의 목적 외 사용'은 예산의 목적이 반영되어 편성된 예산안이 국회 또는 지방의회 의결 등을 거쳐 확정된 후, 세출예산에 계상된 내역·용도와 다르게 예산을 집행한 것을 의미한다. 또한 허위·과다 청구 등 거짓 또는 부정한 방법으로 예산을 수령하거나 사용하는 행위도 '예산의 목적 외 사용'이라 할 것이다.
      ③ '재산상 손해'란 소속 기관의 재산적 이익 또는 가치를 감소 또는 상실시키는 등의 일체의 손해를 의미한다.
   (3) 예 시
      ① 일선기관의 부서장들이 부서 운영비를 점심값 등 사적 용도로 사용
      ② 일선기관의 기관장들이 '기타 운영비'의 경조사비 예산을 소속 직원들의 경조사비 이외에 사적 용도의 경조사비에 지출

③ 격려금, 활동비, 직원 출장비, 장비구입비 등을 당초 목적에 맞지 않게 회식비, 경조비, 과운영비 등으로 사용

④ 업무추진비용 관용 카드로 단란주점 등 유흥주점에서 70여회에 걸쳐 2,000여 만원을 사적 용도로 사용

⑤ 신고자에게 지급할 보상금을 부서 운영비 등에 사용

⑥ 관사·독신자숙소 관리비, 부대 운영비 등 2,000만원 유용

⑦ 관용 카드로 40여 회에 걸쳐 자신의 카드연체대금 변제 등 사적 사용

⑧ 대원 급식용 쌀 20여 포대를 납품받는 대신 거래처에서 250여 만원을 현금으로 받아 부서 운영비 등으로 사용

⑨ 직원 복리후생비 예산으로 유관기관 등에 창립기념품을 제공

(4) 참고자료

① 클린카드제도

㉠ 공공기관에서 공식적인 직무수행과 관련이 적은 단란주점, 골프장 등 특정 가맹점에서 사용이 제한되는 법인카드(업무추진비)를 사용하도록 하는 제도이다.

㉡ 각 기관은 업무추진비의 적정한 사용을 위해 '클린카드'를 발급받아 활용하여야 한다.

㉢ 법정공휴일 및 토·일요일, 관할 근무지와 무관한 지역, 비정상시간대(23시 이후 심야시간대 등)에는 원칙적으로 클린카드를 사용할 수 없다.

㉣ 권익위에서 권고한('07.10월, '11.10월, '14.10월) 의무적 제한업종과 각 기관이 자율적으로 추가하여 선정한 제한업종에서는 클린카드를 사용할 수 없다.

② 의무적 제한업종

㉠ 유흥업종('한국표준산업분류'에 따라 접객요원을 두고 술을 판매하는 일반유흥주점, 무도시설을 갖추고 술을 판매하는 무도유흥주점)

ⓐ 일반유흥주점(룸싸롱, 단란주점, 가라오케, 가요주점, 요정, 비어홀, 바 등)

ⓑ 무도유흥주점(클럽, 극장식 주점, 나이트클럽, 스탠드바, 카바레 등)

➡ 의무적 제한업종이 아닌 '기타주점'에서 음주목적의 부적정 사용 제한(권고)

㉡ 위생업종(이·미용실, 피부미용실, 사우나, 안마시술소, 발마사지, 스포츠마사지, 네일아트, 지압원 등 대인 서비스)

㉢ 레저업종(골프장, 골프연습장, 스크린골프장, 노래방, 사교춤, 전화방, 비디오방, 당구장, 헬스클럽, PC방, 스키장)

㉣ 사행업종(카지노, 복권방, 오락실)

㉤ 기타업종(성인용품점, 총포류 판매점)

Q [핵심질문] 모두가 기피하는 업무에 배정이 되었다. 이에 타 부서와 협력하는 상황이 생겼을 때 어떻게 할 것인가?

핵심포인트 가장 먼저 기피하는 업무가 무엇이며 기피하는 원인이 무엇인지 파악하는 것이 가장 중요하다. 예를 들어 최근 학교폭력 피해를 호소하는 학생이 꾸준히 증가하고 있는 상황에서 교육공무원들의 상당수가 해당 업무를 기피하고 있는 것으로 나타났다. 관련 업무를 담당하는 공무원의 절반은 1년도 버티지 못하고 직무를 변경한 것으로 알고 있다. 교육청 직원들이 학교폭력 업무를 기피하고 있는 것에 대해서는 학부모들의 악성 민원과 소송 등에 부담을 느낀 것으로 분석하고 있다. 학교폭력 피해를 호소하는 학생은 꾸준히 늘면서 직원들의 업무도 가중되고 있다. 물론 학교폭력전담관제가 도입됐지만 업무를 지원하는 교육공무원을 지원하는 제도는 개선되지 않고 있으므로 행정지원 강화와 업무담당자 치유 프로그램 도입 등을 통해 업무 기피현상을 해소하고 전문성을 강화해야 한다.

확장하기 학교폭력의 효과적인 예방과 대응 방안에 대해 답변해보라.

MEMO

12 전남교육청

Q [핵심질문] 4차 산업혁명 발달에 따라 사회적 변화가 빠르게 일어나고 있는데 이런 급변하는 사회에 맞춰 어떻게 전문성을 키워나갈 것인가?

핵심포인트 4차 산업혁명과 교육행정직 공무원의 역할에 대한 부분은 항상 고민해야 한다.

MEMO

✔**POINT** 2022년 실제 필기 커트라인 우수사례를 그대로 수록하였다. 면접준비에 잘 참고해두길 바란다.

1. 면접상황

(1) **면접 일시·장소 및 분위기**
  시간: 2022년 7월 28일
  장소: 순천
  순서: 16명 중 11번째
  면접관: (왼쪽부터) 여1, 남2
  진행방식: 1명당 10분 정도 면접 시간 소요
  우선 들어가자마자 남자 면접관님께서 "필기 합격 축하드립니다. 쉬운 문제 낼테니 긴장하지마시고 심호흡 한번 하세요."라고 말씀하셔서 흐읍~하고 후~를 빨리하려고 하니 면접관님께서 "후~를 빨리 뱉으면 안 돼요"라고 말씀하셔서 덕분에 웃으면서 면접볼 수 있었습니다.

(2) **면접질문**
  ① 공무원으로서 중요한 자세 2가지를 말해보라.
    ⇨ 꼬리질문으로 그 중요한 자세를 지키기 위한 본인의 노력을 물어보셨습니다.
  ② 학교에서는 어떤 일을 하는지 알고 있는가?
    ⇨ 꼬리질문으로 본인의 장점이 학교에서 어떻게 쓰일 것인지 물어보셨습니다.
  ③ 공무원이 되고 나서 많은 시행착오가 있을 텐데 어떻게 할 것인가?
  ④ 마지막으로 할 말이 있는가?

(3) **면접후기**
  전남교행 같은 경우, 필기 커트라인인데 우수로 합격한 사례를 본 적이 없고 스티마선생님께서 전남교육청은 미흡 비율이 거의 없지만 우수 비율도 거의 없다고 말씀하셔서 제가 우수를 받을 거라는 기대는 가지지 않았습니다. 솔직히 저는 전남교행에서 필기커트라인이기 때문에 부담을 갖지 말고 후회 없이 최선을 다해 떨어지더라도 면접을 보자라는 생각으로 면접에 임했습니다. 처음 면접준비를 하면서 느낀 점이 많습니다. 저는 필기 공부를 할 땐 말을 잘하지 않고 대화를 하지 않아서 면접 준비할 때 힘들었습니다. 면접 준비하면서 글로 답변 생각하고 준비하면 될 줄 알았는데 솔직히 그 기출문제가 그대로 나온다는 보장도 없습니다.

그래서 저는 현재 전남에 살고 있어 실전코칭을 하기 위해 서울로 올라갔습니다. 라이브랑 현장에 와서 직접 참여하는 것은 정말 다릅니다. 저에게 그 3일은 정말 많은 변화를 가지고 왔습니다. 왜 합격후기에서 사람들이 실전코칭을 가라고 하시는지 참여한 후에 깨닫게 되었습니다. 솔직히 라이브 듣는 다른 수험생이 제 이야기를 듣고 있는 것도 부끄럽고 만약 마이크가 저한테 왔는데 제가 말을 못하고 어버버하면 부끄럽습니다. 하지만 솔직히 부끄러운 것보다 저희는 간절하잖아요. 그리고 생각보다 남들은 저한테 관심이 없더라구요. 실전코칭을 하니 선생님께서는 면접에는 답이 없으시다고 늘 말씀하십니다. 항상 본인의 이야기를 하라고 이야기 해주셨기에 면접관님께서 마지막 할 말 있는지 물어보셨을 때 정말 솔직한 제 이야기를 했습니다. 그래서 우수를 주신 게 아닌가하는 제 개인적인 생각입니다. ㅎㅎ 제가 개인적으로 생각하기에 선생님께서 면접을 가르쳐 주시는 것도 있지만 공무원으로서의 가치관을 머리에 심어주시고 깨닫게 해 주셨기에 제가 답을 잘할 수 있었다고 생각합니다.

제가 필기 커트라인임에도 불구하고 우수를 받아 최종합격을 할 수 있었던 이유는 실전코칭 덕분입니다. 노량진에서 개인 실전코칭도 하고 현장에 있는 학생들과 팀으로 나눠서 사회이슈에 대한 토론도 했습니다. 다른 사람과 이야기를 하다보면 저는 나무를 봤는데 이야기를 하다보면 못 보던 숲을 볼 수 있고 제가 못 보던 저의 단점을 고칠 수 있는 기회도 생겨 저는 정말 좋았습니다.

2. 질의응답

면접관 공무원으로서 중요한 자세 2가지를 답변해보세요.

응시생 공무원의 6대 의무에는 청렴, 성실, 복종, 품위유지, 친절공정, 비밀엄수가 있는데 제가 생각하기에 중요한 자세는 성실과 청렴이라고 생각합니다. 첫 번째로 성실이 중요하다고 생각하는 이유는 성실의 의무가 바탕이 되어야 나머지 의무를 지킬 수 있다고 생각하기 때문입니다. 두 번째로 청렴이 중요하다고 생각하는 이유는 국민이 공무원을 신뢰하고 그것은 곧 국가의 신뢰로 이어지기 때문에 중요하다고 생각합니다. 실제로 전남교육청에서는 찾아가는 청렴컨설팅과 청렴시민감사관제를 운영하여 많은 노력하는 것에 감명 깊었습니다.

면접관 [꼬리질문] 그 중요한 자세를 지키기 위한 본인의 노력은 무엇인가요?

응시생 성실의 자세에 대한 노력에 대해 먼저 말씀드리겠습니다. 교육학을 공부하면서 학자 융의 MBTI 검사를 해보면 실제로 저는 100% J 계획형 성격입니다. 평상시에 다이어리를 작성하고 계획 세우는 것을 좋아합니다. 그래서 항상 오늘 해야 할 일은 다 해야 하고 일상생활에 사소한 것부터 성실하게 계획에 맞추어 실행하고 있습니다. 두 번째로 청렴의 자세에 대한 노력에 대해 말씀드리겠습니다. 처음부터 비리공무원이 되고 싶은 공무원은 없을 것입니다. 제가 생각하기에 초심을 잃어서 아무래도 비리 공무원이 되는 것이라고 생각합니다. 저의 경험에 비추어 말씀드리자면 저는 지적장애인 봉사센터에서 봉사하면서 영상 시청을 위해 적당한 공간을 찾아보고 있었습니다. 본인 센터에서 한다면 시간을 늘려주고 비용을 싸게 해줄테니 본인 센터에서 이용해줬으면 좋겠다는 부탁을 받은 적 있습니다. 저는 단호히 거절하고 항상 다이어리를 작성하는데 적어놓았습니다. 저는 공무원이 되어서도 이 경험을 떠올리며 청렴을 지키겠습니다.

면접관 학교에서는 어떤 일을 하는지 알고 있나요?

응시생 학교 행정실에 배치된다면 인사, 회계, 세입, 시설관리 등의 업무를 수행하는 것으로 알고 있습니다.

면접관 [꼬리질문] 본인의 장점이 학교에서 어떻게 쓰일 것 같은가요?

응시생 제가 생각하기에 저의 장점은 제가 속한 조직에 대한 주인의식이 큽니다. 저의 경험에 비추어 말씀드리자면 저는 호텔에서 근무한 적이 있습니다. 호텔의 주인이 된 것처럼 누가 시키지 않아도 테이블을 닦고 부족한 부분이 있으면 먼저 나가서 서비스를 제공했습니다. 조직에 대한 애정을 가지고 일을 하다 보니 더 좋은 아이디어가 생각이 났고 현재에도 계속 하나의 서비스로 이어지고 있습니다. 소속된 조직에 대한 주인의식은 작은 것 하나에도 더 좋은 아이디어로 연결되는 것 같습니다. 제가 학교에 근무하게 된다면 주인의식을 가지고 저희 학교는 현재 이러한 활동을 추진하고 있다는 것을 홍보할 것 같습니다. 전남교육청에서는 다문화가정, 저소득층 그리고 장애인 관련 정책을 홍보하고 있는 것을 보았습니다. 제가 생각하기에는 유튜브 알고리즘처럼 타인의 시선에 자주 노출을 해서 관심을 갖게 하여 작은 학교의 활성화도 띠는 일거양득의 효과를 낼 것이라고 생각합니다. (학교에서 회계 관련된 업무를 하는 것은 당연하다고 생각되어 저는 홍보로 답을 했습니다.)

면접관 혹시 마케팅 홍보 관련을 전공했나요?

응시생 저는 마케팅과 홍보 관련 전공을 나오지 않았습니다. (블라인드 면접에서 전공을 물어보시길래 머리가 하얘졌습니다.)

면접관 공무원이 되고 나서 많은 시행착오가 있을 텐데 어떻게 할 것인가요?

응시생 처음부터 완벽하게 잘하는 사람은 없을 것이라고 생각합니다. 저는 실제로 사회생활 경험이 있습니다. 제가 처음으로 실수를 하게 된다면 반복되지 않도록 관련된 조례, 법령을 찾아보고 상급 기관에 문의를 해보겠습니다. 그럼에도 불구하고 해결하지 못하는 일이 있다면 "제가 조례 법령도 찾아보고 상급 기관에도 문의를 해보고 동료들한테도 물어봤는데 혹시 더 부족한 부분이 있을까요?"라고 말씀드리며 상관님께 여쭤볼 것 같습니다.

면접관 아, 그러면 본인이 찾아보고 안되면 상관님께 물어볼 것 같다는 말씀이신가요?

응시생 네, 저는 최대한 제가 할 수 있는 법을 찾아보고 상급 기관에도 문의를 해보고 안 되면 "상관님 혹시 제가 이렇게 조사를 해보았는데 부족한 부분이 더 있을까요?"라고 종이 보고서를 보여 드리면서 말씀드릴 것입니다.

면접관 마지막으로 할 말이 있으면 해주세요.

응시생 솔직히 공무원 면접을 준비하면서 '전남 교육행정 공무원이 되어 섬으로 발령이 나면 어떻게 할 것인가?'라는 기출 문제를 본 적이 있습니다. 저는 저희 할머니와 함께 섬에서 살고 있어 섬으로 발령이 나도 좋고 발령이 난다면 제가 그 지역에 필요하다고 생각하고 저의 역량을 최대한 발휘해서 지역발전에 도움이 되고 싶습니다.

MEMO

Q **[핵심질문]** 명절을 앞두고 누군가 본인의 책상 위에 돈 봉투를 놓고 갔다. 이런 상황에서 어떻게 대처할 것인가?

핵심포인트 "따뜻한 국밥 한 그릇이면 됩니다." 이는 김경수 공익법인 우리글진흥원 교수가 2012년 서울 강북구 팀장 재직 시절 자신에게 두툼한 돈 봉투를 내민 A건설사 대표에게 정중히 건넨 말이다. 인허가 부서에 있을 때 알게 된 대표가 '김 팀장이 미국 그랜드캐니언 울트라마라톤에 참가한다'는 소식을 듣고 '후원금' 명목으로 내민 봉투였다. 공무원은 비록 김영란법에 위반되지 않을지라도 직무 관련자로부터 단돈 10원이라도 받지 않는 마음가짐이 중요함을 기억해야할 것이다.

확장하기 학교 밖(=학업중단) 청소년이 매년 증가하고 있다. 학교 밖 청소년이 건강한 사회인으로 성장할 수 있도록 지원하는 방안에 대해 답변해보라.

> **MEMO**
>
>
>
>
>
>
>
>

Q **[핵심질문]** 성인지 감수성의 정의는 무엇이며, 성인지 감수성을 높이기 위한 방안에 대해 답변해보라.

핵심포인트 성인지 감수성 이해하기

(1) 우리가 일상에서 흔히 찾아볼 수 있는 성인지 감수성이 필요한 사례들이 있다. 대표적으로 우리가 거의 매일, 하루에도 몇 번씩 이용하는 자동차의 예를 들어보자. 자동차가 여성과 남성에게 다르게 이용된다는 걸 느껴본 적이 있는가. 남성 운전자들은 여성 운전자를 볼 때 '왜 저렇게 핸들과 가깝게 붙어있지?'하는 생각을 한 적이 있을 것이다. 여성 운전자들이 핸들과 몸을 가깝게 붙여 운전하는 것은 보기에만 답답한 게 아니라 실질적으로 시야 확보에도 상당히 문제가 있다. 그럼에도 불구하고 왜 여성 운전자들은 핸들에 가깝게 붙어서 운전을 하게 되는지 생각해보면 의자와 핸들 사이의 거리가 남성의 팔 길이를 기준으로 한 것이기 때문이다. 평균적으로 우리나라의 경우 170cm, 70kg 비장애인 성인 남성을 기준으로 물품이 만들어지다 보니 여성이 핸들을 남성들처럼 멀찌감치 놓게 되면 페달에 발이 닿지 않는 경우가 발생하게 된다. 결국 여성 운전자들은 어쩔 수 없이 페달을 밟기 위해 핸들과 더 가까이 붙어 앉을 수밖에 없는 상황이 된다.

(2) 우리나라를 포함한 대부분의 나라에서는 성인들이 사용하는 물품을 위한 표준규격을 만들 때 그 나라의 성인 남성사이즈를 기준으로 한다. 앞서 자동차뿐만 아니라 우리가 사용하고 있는 대부분의 물품들이 남성 사이즈에 맞춰져 있다.

(3) 단 한 가지 여성사이즈에 맞춰져 있는 게 있다. 이는 바로 싱크대이다. 그렇다면 과연 이것이 여성을 배려한 행동인가에 대해서는 생각해 보아야 한다. 과거에는 대부분의 부엌일을 여성들이 맡아 했기 때문에 여성이 편리하기 위해 이렇게 제작했지만 그것은 오히려 '부엌일은 여성의 몫이다'라는 고정관념을 강화시키는 요인이 되기도 한다. 또한 최근처럼 남성들이 결혼을 늦게 하거나 하지 않는 1인 가구가 증가하는 사회에서는 결과적으로는 남성들에게도 불편함을 주는 결과를 초래하게 된다. 이처럼 성인지 감수성의 부재는 고정관념을 강화시키는 요인이 되고 결과적으로 남녀 모두에게 차별을 초래하게 되기 때문에 성인지 감수성은 꼭 필요하다.

15 울산교육청

Q [핵심질문] 본인이 공무원을 준비하면서 가장 힘들었던 경험을 말해보고, 만약 공무원이 되어서도 힘든 일을 겪는다면 어떻게 할 것인지 답변해보라.

핵심포인트

(1) 신규공무원 의원면직률이 가파르게 증가하고 있다. 각고의 노력으로 공직사회에 입문했으나 직계상사와의 갈등, 극성 민원인 응대, 취약한 공무수행 환경 등으로 젊은 세대들의 공무원 입사 후 퇴직이 늘어나고 있는 현실이다. 빠른 퇴직을 젊은 세대 탓으로만 돌릴 것이 아니라 특별휴가 등 사기진작을 위한 대책을 마련하고 경직된 공직사회 문화 전반의 변화를 모색해야 할 것이다. 이를 위해서는 공정한 평가, 공무수행을 하기에 효율적인 환경, 선진화된 조직문화 도입 등의 노력이 필요할 것이다.

(2) 서울시가 신규공무원 임용 면접시험을 볼 때 조직적응력을 별도로 평가하는 방안을 추진한다. 2030세대 저연차 공무원들의 이탈 가속화에 따른 업무 공백과 조직 효율성 저하 등 부작용을 최소화하기 위한 조치이다. 해당 방안이 성사되면 서울시뿐 아니라 전국 지자체에도 비슷한 제도가 도입될 전망이다.

확장하기 태풍·호우·폭염 등 여름철에는 자연 재난이 많이 발생한다. 만약 학교에서 이러한 자연 재난이 발생하면 어떻게 대처할 것이며 대응 방안에 대해서도 답변해보라.

핵심포인트 각 학교에서는 풍수해 취약 시설을 중점 관리해야 한다. 그리고 폭염에 대비해 냉방시설과 급식시설 위생상태 등을 점검해야 한다. 또한 선제적 대응 방안으로는 여름철 자연 재난에 대비해 상황관리전담반을 운영해 재난이 발생했을 때 학교 현장의 혼란을 최소화하도록 노력하는 것도 중요하다.

16 전북교육청

Q [핵심질문] 일반민원과 악성민원에 대해 각각 설명하고, 일반민원 기본 응대 방안과 악성민원 응대 방안에 대해 설명해보라.

MEMO

Q1 **[핵심질문]** 교육행정직 공무원이 된다면 본인이 가지고 있는 역량을 어떻게 발휘해 갈 것인가?

Q2 **[핵심질문]** 최근에 본 제주교육청 관련 뉴스 중 본인이 가장 잘 알고 있는 것에 대해 구체적으로 답변해보라.

MEMO

확장하기 최근 도내 모 고등학교 교사는 학생 성적 등이 담긴 파일을 학급 단체 대화방에 올려 물의를 빚었다. 유출된 파일에는 내신과 모의고사 성적 등 민감한 개인 정보가 담긴 것으로 파악됐다. 개인정보보호의 중요성과 이에 대한 해결방안에 대해 답변해보라.

핵심포인트

(1) 울산시교육청은 개인정보 침해사고를 예방하기 위해 학교로 찾아가는 개인정보보호 업무 맞춤형 상담을 실시한다.

(2) 경기도교육청은 교육지원청과 직속기관의 정보보안·개인정보보호 담당자를 대상으로 직무역량 강화 교육을 실시한다.

(3) 전남교육청은 도내 각급 학교와 기관의 개인정보보호책임자 913명을 대상으로 개인정보보호교육을 진행하였다. 개인정보보호의 중요성을 재확인하고, 관련 법령과 최신 정책을 숙지해 학교 내 개인정보보호 관리의 효과성을 높이기 위한 자리로 최근 변경된 개인정보 보호법에 대해 자세히 알아보고 학교에서의 개인정보보호 책임자의 역할과 최적의 보호 실천 방안, 개인정보 유출 등 사고 예방 및 위반시 대응 절차 등을 교육했다. 실제 유출 사례를 바탕으로 실제적인 문제에 따른 대응 방법도 안내했다.

(4) 경상북도교육청은 안전한 개인정보보호와 각급 기관 담당자들의 업무 경감을 위해 '개인정보보호 업무 알림 서비스'를 제공한다. 개인정보보호 업무 알림 서비스는 업무 담당자가 개인정보보호사이트를 통해 서비스를 신청하면 시기별 업무 일정에 맞춰 수행해야 할 업무와 예시자료 등을 안내받을 수 있다.

(5) 부산시교육청은 소속 각급 학교(기관)의 개인정보보호 업무를 지원하기 위해 '개인정보보호 활동 지원 웹페이지'를 개설했다. 이 웹페이지는 개인정보보호 업무와 관련해 각급 학교(기관) 업무 담당자들의 업무 부담을 덜어주기 위해 법적 필수사항을 잘 이행할 수 있도록 업무 내용을 표준화했다.

2024
스티마 면접
교육행정직(통합편)

02

공직가치에 대한 이해

CHAPTER

01 공직가치 쉽게 이해하기

1 면접의 의의

교육행정직 면접은 공무원으로서 갖추어야 할 직무수행능력·전문성 등을 평가하는 시험이다.

✓ **POINT** 가장 중요한 핵심키워드임을 기억하고 면접준비에 임해야 한다.

2 공직가치의 의의

공직가치는 공무원의 4가지 평정요소(소통·공감, 헌신·열정, 창의·혁신, 윤리·책임)에 나타난 공무원이 추구해야 할 목표와 기준을 말한다. 따라서 공무원은 공직가치를 준수하고 실현하기 위해 노력해야 한다.

3 공무원의 역할과 의미

(1) '국민을 내 가족처럼 생각할 줄 아는 사람'을 공무원이라고 한다.

(2) 공무원의 목적은 '공익실현'에 있다. 특히, 공익실현은 우리 사회에 있는 사회적 약자에 좀 더 관심을 가지고 배려하는 것에서부터 시작되는 것임을 꼭 기억해야 한다.

✓ **PLUS**

공무원이라는 직업의 의미

공무원은 직업일까? 그럼 사기업과 다른 점은 무엇일까?

1. 응시생들에게 "공무원이 직업인가?"라고 묻는다면 대부분 직업이라고 대답을 할 것이다. 하지만 사기업에서의 직업의 의미와 공무원에 있어서 직업의 의미는 다르다. 일반적으로 사기업에서의 직업이란, 회사의 이윤목표가 우선이다. 이는 곧 개인의 이익(승진이나 연봉에 영향)과 직결되는 것이다. 하지만 공무원에 있어서 직업은 공익실현(국민의 삶의 질 향상)에 있다는 것을 꼭 기억해야 한다.

2. 공무원은 직업이 맞긴 하지만, 공무원의 일을 수행하기 위해서는 소통·공감, 헌신·열정, 창의·혁신, 윤리·책임이 반드시 갖추어져야 하며, 이를 종합하여 '공직가치'라고 생각하면 된다. 즉, 면접은 다양한 면접방식과 질의응답을 통해 응시생이 공직가치에 대해 올바른 이해를 하고 있는지를 알아보는 시험이다.

3. 공무원 모범사례(적극행정 우수사례집)들을 살펴보면 자신의 안위보다 국민의 삶의 질을 향상시키기 위해 희생과 헌신을 바탕으로 창의성을 발휘하고 책임감을 가지고 일하는 사람들이 대부분 모범사례로 나온다.

CHAPTER 02 공무원의 목적(공익실현)을 사례를 통해 이해하기

Case 01. 가족과 여행 중이다. 그런데 장마철 폭우 등으로 인한 자연재난이 발생하였다. 이 상황에서 본인은 어떻게 대처할 것인가?

> **MEMO**
>
>

◈ **PLUS**

1. 개인사여도 중대사가 아닐 경우에는 당연히 업무에 최대한 복귀하고자 한다는 취지로 답변을 준비해야 한다.
   ➡ 해당 질문에 대한 답변에는 진정성이 드러나야 함을 기억해야 한다.
2. 폭우 등의 자연재난, 코로나19 등의 재난에 대하여 공무원이 제일 먼저 생각하여야 할 것은 바로 '사회적·경제적으로 피해를 입은 국민들을 위해 무엇을 할 것인가?(어떤 정책지원을 해 줄 것인가?)'이다. 이것이 바로 공무원의 자세이다.

✔ **POINT** 공익실현이 공무원의 목적인 것은 분명하지만 개인의 삶을 포기하면서까지 공익실현을 하라는 의미는 아니다.

Case 02. [딜레마 상황] 업무를 끝마친 후 집에 있는 아이를 돌보러 가야 하는 상황인데 상관이 중요한 업무이니 밤새 일을 처리할 것을 요구할 경우, 어떻게 대처할 것인가?
└**[추가 압박성 질문]** 일과 가정, 즉 아이를 돌보는 것과 상관이 지시한 일 중 하나만을 선택해야 하는 상황이라면 어떻게 할 것인가?

> **MEMO**
>
>

◈ **PLUS**

공무원의 책임감(사명감)이란 공무만을 우선시하는 것이 아니다. 그리고 이런 경우 상관을 나쁜 사람으로 만들지 않아야 한다. 다만, 특별한 이유 없이 업무를 배제하거나 혹은 업무를 과하게 시키는 것은 갑질이라는 것을 기억해야 한다.

Case 03. [딜레마 상황] A지역에 대규모 아파트단지가 들어서면서 인구가 많이 늘어났다. 그래서 인근 B공원을 이용하는 사람들이 많아져 B공원에 화장실을 추가로 설치해야 하는 상황이다. 그런데 B공원을 이용하는 사람들은 대부분 일반인이고 장애인들은 거의 이용하지 않는다. 더욱이 예산은 한정되어 있다. 본인이 해당 주무관으로서 화장실 10개를 추가로 설치해야 한다면 어떻게 하겠는가? (단, 장애인 화장실을 설치하면 일반인 다수가 피해를 입는 문제가 발생하고, 추가로 설치할 예산은 확보하기 어려운 상황이다.)

MEMO

⊗ PLUS

사회적 약자란?
1. 정약용선생님은 애민 정신을 어린아이, 노인, 장애인, 재난을 당한 사람 등등 소위 사회적 약자를 먼저 배려하고 도움을 주는 것이 것이 애민[愛民]이라고 하였다.
2. 애민 6조
   [양로 – 노인을 섬길 것]
   [자유 – 버려진 아이들을 잘 가르칠 것]
   [진궁 – 홀아비, 과부, 고아, 혼자 사는 노인은 관에서 돌볼 것]
   [애상 – 구덩이에 시체를 버릴 시, 관에서 장사를 지내줄 것]
   [관질 – 병자를 너그럽게 대할 것]
   [구제 – 수재나 화재가 났을 시, 관에서 도와줄 것]

✓ POINT 공무원의 목적은 국민 전체의 삶의 질을 향상시키는데 기여하는 것이다. 하지만 우리는 항상 사회적 약자를 먼저 배려하고 관심을 갖는 것이 중요함을 기억해야 할 것이다.

MEMO

CHAPTER

03 공직가치의 중요성

1 공직가치의 역할

(1) 공무원들이 공무를 수행하는 현장에서 부딪히는 윤리적 딜레마에서 공직가치는 의사결정의 기준과 우선순위를 정해주는 지침이 된다. 그런 점에서 공직가치는 '공직자로서 바람직한 행동의 판단기준이며 공직을 수행하면서 추구해야 할 궁극적인 목표와 기준'을 말한다.

> ✏️ **Check point**
>
> 1. 예산의 제약으로 효율성을 중시하면서도 서비스의 질 유지라는 효과성(유효성)도 함께 추구해야 하는 딜레마적인 업무 상황이 일상화되어 있다. ⇨ 효율성과 효과성의 충돌
> 2. 수직적 조직문화가 뿌리내린 경우 조직에 대한 충성심, 협력 등의 가치와 혁신성, 민주주의, 효과성 등의 가치가 충돌할 수 있다.

(2) 정책을 결정할 때와 같이 사회구조적인 문제를 해결하는 데 합리적인 방안을 도출한다.

(3) 규범과 양심이 상호 충돌할 때도 올바른 사고로 최선의 판단을 할 수 있게 한다.

(4) 행정재량을 집행할 때도 공직가치는 중요하다.

> ✏️ **Check point**
>
> **행정재량**
> 행정청의 자유재량에 속하는 범위 내에서 행하여진 행정행위와 같이 법규의 엄격한 구속을 받는 행정행위가 아니라 적절한 행정청의 판단에 따라 행해질 수 있는 행위를 말한다.
> 예 사육 곰을 키우는 A가 웅담을 추출하여 화장품, 비누 등의 재료로 사용할 목적으로 환경청에 용도변경을 요구하였다. 규정에 따르면 농가소득 향상을 위해 멸종위기종용도변경제도가 도입되었기 때문에 용도변경 승인을 해주어야 한다. 그런데 행정청에서는 웅담 등을 약재로 사용하는 경우 외에는 용도변경을 해줄 수 없다고 규정을 해석 적용하여 승인을 해주지 않았다. 이것이 곧 행정청의 재량행위이다.

(5) 건전한 조직문화를 발전시켜 나가는 데도 중요한 요소이다.

MEMO

아래 질문유형들은 실제 경험형 후속질문 및 면접관의 질문리스트로 자주 출제되었거나 향후 실제 면접에서
나올만한 질문이다.

Q1 동료 중에 업무처리가 미숙하여 이에 대한 보조가 필요한 상황이다. 상사는 본인에게 이에 대한 보조를 부탁하
였다. 그런데 본인의 업무도 현재 많이 밀려 있는 상태이다. 이러한 경우 어떻게 할 것인가?

> MEMO

Q2 권위적인 상관(꼰대같은 상관)이 일주일의 기간이 있어야 해결할 일을 3일 안에 처리하라고 지시하였다. 이러
한 경우 어떻게 할 것인가?

> MEMO

Q3 공직에 입문하면 나중에 업무를 맡게 되고, 일을 하다 보면 능력 있는 직원에게 일을 많이 시키는 경우가 많고,
능력 없는 직원에게는 일을 시키지 않는 경우도 종종 있다. 만약 본인에게 일을 많이 주고, 다른 동료에게는
일을 많이 주지 않는다면 이러한 경우 어떻게 할 것인가?

> MEMO

Q4 상관이 당신에게 일을 맡겼다. 그런데 원래 그 일은 당신의 일이 아니라 함께 일하고 있는 동료가 오랫동안 추진해 왔던 일이다. 이러한 상황에서 어떻게 할 것인가?

MEMO

◇ **PLUS**

공무원도 조직생활이며 동료를 어떻게 배려할 것인지를 함께 알아보는 질문이라고 생각하면 된다. 그러므로 이 두 가지 관점에서 답변을 준비해야 한다. 가장 중요한 것은 동료가 중요시하던 일이니 동료와 대화를 통해 이 문제로 생길 수 있는 갈등상황을 해소한 다음 일을 처리하는 것이 순서이다. 그리고 일 처리과정에서 동료한테 도움도 받고, 나중에 그 일이 완수되면 동료의 공으로 돌린다는 마음가짐이 중요하다.

Q5 A프로젝트를 수행하는데 함께 하는 동료가 실수를 하였다. 누가 생각해도 동료의 잘못이 명백하다. 이 사실은 주위 동료들도 다 알고 있다. 그런데 상관은 함께 일한 나를 혼낸다. 이러한 상황에서 기분은 어땠을 것 같고, 어떻게 대처할 것인가?

MEMO

◇ **PLUS**

[스티마쌤의 답변 예시] 단순하게 생각하면 제 마음이 상할 수 있을 것 같습니다(진정성). 하지만 공직생활과 일반 사기업의 차이점에서 생각할 때 저에게 야단을 치는 것은 당연하다고 생각합니다. 제가 이번에 면접준비를 하면서 공무원의 일은 혼자서 하는 것이 아니라 공익실현이 우선이기 때문에 모든 일을 개인별, 부서별, 부처별, 지자체, 민간업체와 함께 하는 것임을 알게 되었습니다. 즉, 동료가 실수를 하게 된 상황에 저의 책임도 크다고 생각을 하였습니다. 어쩌면 상관님께서는 함께 일을 함에도 동료의 일을 적극적으로 도와주지 않았기 때문에 저에게 야단을 하신 것이 아닌가 생각합니다. 곧 동료를 배려할 줄 아는 것이 공무원의 조직생활이고 책임감이 아닐까 생각을 했습니다. 그러므로 저는 기꺼이 야단을 맞고 동료가 다시는 실수를 하지 않도록 협력하며 노력하는 공무원이 될 것입니다.

Q6 공직사회에서 조직의 역량과 개인의 역량 중 무엇이 더 중요하다고 생각하는가?

MEMO

1. 면접관의 질문 의도를 살펴볼 때 스티마쌤이 생각하는 질문 의도는 개인 역량을 조직의 역량 향상으로 연결시킬 줄 아는 사람인가를 판단하고자 한 질문이라고 생각한다.
   ➡ 조직의 역량이 중요하다는 것은 지극히 뻔한 답변이기 때문이다.
2. 두 역량 모두 중요하지만, 스티마쌤은 개인의 역량에 조금 더 방점을 두고 방향을 잡을 것 같다. 그런 다음 개인의 역량 발전을 통해 조직의 발전에 기여하고 또다시 그 조직의 발전이 다른 개인에게 긍정적인 영향을 준 사례나 경험을 직렬과 연결해서 다른 경쟁자들과 차별화를 시킬 것이다.
3. 면접관에게 설득력 있는 답변은 경험이나 사례를 인용하는 것이다. 즉, 두 역량이 뗄 수 없는 관계임은 분명하므로 면접자 개인의 역량 발전을 통해 조직의 발전까지 도모하는 공직자가 되겠다는 포부 밝히기 정도로 정리할 것이다.
4. [스티마쌤의 답변 예시] 저는 개인의 역량이 더 중요하다고 생각합니다. 개인의 역량 강화가 조직의 역량 강화로 이어질 수 있기 때문입니다. 제 경험을 말씀드리자면 군 복무당시 병기계 행정업무를 맡았었습니다. 저는 문서작업을 할 줄 모르는 행정병이었기에 제 직무의 역량 강화를 위해 문서실무사 1급, 워드프로세서 1급을 취득하였습니다. 그리하여 행정병들 사이에서 가장 보고서를 잘 작성할 수 있게 되었고 이는 다른 행정병들에게도 영향을 미쳐 적극적인 업무 분위기와 자기개발을 할 수 있는 환경을 만들었습니다. 이렇게 제 경험에 비추어 보았을 때 개인의 역량 개발 노력이 조직의 역량에 크게 기여할 수 있다는 것을 느꼈기에 예비 공무원으로서 꾸준한 자기개발을 통해 조직에 긍정적인 영향을 미칠 수 있도록 노력하겠습니다.

Q7 공직사회에서 어떤 일처리(업무)를 하는데 개인(응시생)이 추구하는 방향과 조직이 추구하는 방향이 다르다면 어떻게 할 것인가?

> **MEMO**
>
>

> **◈ PLUS**
>
> 1. 공무원의 업무는 개인이건 조직이건 국민의 삶의 질 향상과 관계되어 있다. 그렇기 때문에 무조건 조직이 추구하는 방향의 답변은 면접관이 원하는 답변이 아니다. 자신의 의견이 업무처리에 있어서 성과나 효율성에 도움이 된다면 의견을 적극적으로 개진할 수 있어야 한다. 즉, 개인의 발전이 곧 조직의 발전이기 때문이며 이는 국민의 삶의 질을 윤택하게 만드는 것이기 때문이다.
> 2. 추구하는 방향이 다른 이들을 설득하는 방안으로는 조직 내 일부를 내 편으로 만드는 방법을 통해 함께 건의해 보는 것, 조직 내 리더를 설득하는 방법을 강구하는 것 등이 있다.

Q8 조직에서 일처리를 하는 데 법과 원칙이 있음에도 조직원 모두가 관행에 따라 일처리를 한다. 이 상황에서 본인은 어떻게 할 것인가?

> **MEMO**
>
>

> **◈ PLUS**
>
> 1. 공무원은 헌법과 법률에 의해 움직이는 조직이다. 다시 말해 법과 원칙에 입각하여 일을 처리한다는 것을 우선적으로 기억해야 한다(법령준수의 의무, 적극행정의 취지).
> 2. 공무원이 이처럼 법과 원칙대로 일하지 않는다면 국민은 공무원을 신뢰할 수 없을 것이며, 좋은 정책을 만드는 데 창의성을 발휘할 수 없을 것이다. 이러한 문제는 공무원 조직의 문제점이라고 할 수 있다. 공무원은 어떠한 일이 있더라도 편하고 일에 효율적이라고 해서 관행을 따르는 것이 아니라 제도의 개선을 통해 법과 원칙에 맞게 일하는 것이 옳은 것임을 기억해야 한다.

◈ POINT 기출문제만 연습한다면 끼워맞추기식 답변이 되어 실제 면접에서는 누구나 똑같은 답변을 하게 됨을 기억해야 한다. 그렇기 때문에 공무원 면접은 기출만 잘 연습하면 된다는 것은 옳지 않다. 이는 누구나 비슷한 답변을 하고 응시생 개개인이 가지고 있는 '끼와 재능'을 드러낼 수 없게 되며, 국가에서 원하는 인재상이 아님을 꼭 기억하고 면접준비에 임해야 한다.

(1) 공직가치

공익을 실현하기 위해 공무원이 반드시 갖추어야 할 자세를 공직가치라고 한다.

(2) 공익실현

응시생들에게는 '국민의 삶의 질 향상'이 곧 공익실현이다. 공익실현에 있어서 기억해야 할 것은 사회적 약자에 대한 배려가 있어야 한다는 것이다. 공무원은 사회적 약자를 배려하는 데 가장 중요한 역할을 하고 있다. 실제로 국가의 정책들은 서민들을 위한 정책이고 그중에서도 사회적 약자에 대해 우선적으로 배려하는 정책들을 시행하고 있는 것을 확인할 수 있다.

✔ POINT

공직사회에서 국민의 삶의 질을 향상시킨다는 의미는 곧, 국민의 행복증진과 안전을 책임지는 것이다. 이를 다른 말로 우리는 공익실현이라고 하며, 이는 대한민국 헌법의 최고 가치이기도 하다.

(3) 사회적 약자

사회적 약자란 특정 계층을 지칭하는 것이 아니라 우리가 관심과 배려를 가지고 도움을 주어야 할 대상들을 모두 일컫는 것이며 그 범위는 상당히 넓다.

MEMO

CHAPTER 04 공직가치의 종류와 이해

(1) 공직가치는 직무를 수행하는 데 필요한 요소 혹은 전문성이라고도 할 수 있다.

(2) 공무원 헌장에 명시되어 있는 공직가치는 애국심, 다양성, 민주성, 책임감, 투명성, 공정성, 청렴성, 도덕성, 공익성 총 9가지이다.

분류	공직가치	행동준칙(예시)
국가관	역사의식	사회의 변화과정을 시간적으로 이해하고 국가와 사회의 발전을 위한 주인의식을 가지려는 자세
	공동체의식	공동체의 조화로운 발전을 추구하려는 자세
	자긍심	한 사회의 일원이자 공무원으로서 맡은 역할과 소임에 스스로 긍지를 가지는 마음
	헌법정신	헌법이 지향하는 가치와 이념을 실천하려는 마음가짐
	애국심	나라를 사랑하는 마음으로 국가에 충성하려는 자세
	사명감	국가와 사회로부터 부여받은 역할과 소임을 최선을 다해 수행하려는 마음
	다양성	다양한 생각과 문화를 이해하고 존중하며 차별하지 않는 자세
	헌신성	국가와 국민을 위해 몸과 마음을 바치려는 자세
	개방성	각계각층과 열린 의사소통 및 상호작용을 통해 사회의 변화를 추진하는 자세
	민주성	국민의 참여와 결정이 중요한 가치라고 여기는 자세
공직관	전문성	공직자로서 자신의 업무에 대한 높은 지식을 보유하고 투철한 직업의식을 가짐
	책임감	맡은 업무를 완수하고자 하는 의지와 노력
	효율성	시간과 예산의 낭비를 최소화하여 업무성과를 높이려는 자세
	준법의식	법과 규칙을 준수하는 자세
	봉사정신	나 자신보다는 국민을 받들어 열심히 일하려는 자세
	소명의식	공직을 천직(天職)으로 여기며 일하려는 자세
	투명성	적극적으로 정보를 개방하고 공유해 '국민의 알 권리'를 실현하려는 자세
윤리관	공정성	올바르고 공평무사하게 업무를 수행하려는 자세
	청렴성	직무와 관계가 있든 없든 금전이나 향응을 받지 않으며 사익을 추구하지 않음
	성실성	맡은 바 임무를 성심성의껏 수행함
	적극성	무사안일하지 않고 능동적이고 솔선수범하는 자세로 직무를 수행함
	도덕성	개인의 양심이나 사회적 규범을 준수하여 공직자의 본분에 충실함
	공익성	특정 개인이나 집단의 이익을 추구하는 것이 아니라 공익을 우선하여 직무를 수행함

CHAPTER
05 교육행정직과 공익실현의 연관성

Case 01. 교육기본법에 명시된 공익실현과 공익실현 실천 사례

1. 교육기본법 실천
   ① 교육이념 실현: 교육은 홍익인간(弘益人間)의 이념 아래 모든 국민으로 하여금 인격을 도야(陶冶)하고 자주적 생활능력과 민주시민으로서 필요한 자질을 갖추게 함으로써 인간다운 삶을 영위하게 하고 민주국가의 발전과 인류공영(人類共榮)의 이상을 실현하는 데에 이바지하게 함을 목적으로 한다(제2조).
   ② 교육의 기회균등 보장: 모든 국민은 성별, 종교, 신념, 인종, 사회적 신분, 경제적 지위 또는 신체적 조건 등을 이유로 교육에서 차별을 받지 아니한다(제4조 제1항).
   ③ 교육의 중립성: 교육은 교육 본래의 목적에 따라 그 기능을 다하도록 운영되어야 하며, 정치적·파당적 또는 개인적 편견을 전파하기 위한 방편으로 이용되어서는 아니 된다(제6조 제1항).
2. 공익실천 사례
   ① 교육소외계층 지원사업: 장애학생 도우미 제도, 학교 밖 청소년 지원정책, 저소득층 학생 지원, 교육복지사업, 다문화학생 교육지원사업
   ② 교육격차 및 교육불평등 해소사업: 기초학력보장사업, 방과 후 학교, 돌봄프로그램, 교육환경 및 여건 개선, 동등한 교육의 기회 보장(유아에서 대학까지 교육에 대한 국가책임 강화), 고교무상교육, 누리과정 국고지원
   ③ 미래교육 지원: 학생 개개인을 위한 맞춤형 교육, 언제 어디서나 원하는 학습을 지원하며 지역과 함께 성장하는 학교로의 전환 추진(그린스마트 미래학교, 인공지능·환경생태교육 등)
   ④ 평생직업교육체제 구축: 다양한 평생학습·훈련 플랫폼을 연계하고 학습 경로 설계부터 학점·학위 취득 및 취업까지 연계 지원
   ⑤ 위기취약계층에 대한 국가보호 강화: 아동학대 방지, 성범죄 근절, 어린이 안전

Case 02. 적극행정(섬 지역 통학버스 효율적 재배치)

1. 추진배경
   ① 통학버스 노선 결정 및 운영은 학교운영위원회 또는 노선선정위원회를 통해 자체적으로 결정하고 있어 도로의 안전과 승하차 장소에서의 학생안전이 고려되지 않았다.
   ② 운행구간 및 통학시간의 적정성 또한 고려되지 않았다.
2. 추진내용
   통학버스 노선 결정시 현지답사를 거쳐 운행구간, 승하차 장소, 통학시간, 탑승정원을 고려하여 통학버스의 운행시스템을 마련한다.
3. 추진성과
   ① 섬 지역 통학버스를 효율적으로 재배치하여 통학 편의성을 높였고 통영 지역 모든 학교의 교육활동에 직영 통학버스를 이용할 수 있게 하였다.
   ② 경비 부담을 줄이는 등 학부모의 만족도를 높였고 연간 약 8,000만원의 예산을 절감하였다.
   ③ 지역 특성과 현장 이해를 바탕으로 문제 상황을 분석하고 창의적인 대안을 제시하였다.

위의 적극행정 사례는 섬 지역 학생들의 통학에 대한 불편함과 불안감을 해소하기 위한 문제의식을 가지고 현지답사를 통해 섬 주민들과 적극적으로 소통하여 효율적인 통학버스 운영안을 마련한 것이다.

Q. 위와 같은 사업진행을 위해서는 예산확보, 기존 운영시스템에 대한 이해, 통학학생 현황, 주민들의 요구 등 여러 기관, 주체들과의 협업이 필요했을 텐데 담당자라면 어떻게 소통하겠는가?

Q. 위 사례에서 느낀 점과 공직자로서의 자세에 대해 이야기해보라.

Q. 어떤 대상에 대하여 문제점을 찾고 그에 적극적으로 대처한 경험이 있다면 말해보라.

Case 03. 적극행정(장애학생의 새희망 출발지 '지역사회학교')

① 한 장애학생은 "볼링, 수영, 제과제빵, 바리스타, 도예, 댄스, 난타, 운동재활, 쇼콜라티에, 네일아트, 음악놀이, 승마교실 등 그동안 제가 배우고 싶었던 많은 활동 중 선택만 하면 전문기관에서 배울 수 있어요. 전문기관을 찾아다니면서 사정해야 했던 엄마의 모습, 거절하는 말에 상처받아 흘리던 엄마의 눈물을 그치게 해준 세종시교육청의 장애학생 지역사회학교가 너무 고맙고, 감사해요"라고 전했다.

② 장애학생 지역사회학교란 지역사회 내 다양한 전문가 및 단체 등과 연계하여 장애학생이 접하기 어려운 분야(문화·예술·체육)에 대한 맞춤형 방과 후 프로그램을 운영하는 민·관 협력시스템이다.

③ 세종시교육청은 33개의 지역사회 기관들과 연계하여 지역사회학교 프로그램을 확대하고 장애학생들의 문화·예술·체육활동을 지원한다. 일부 만족도가 높은 프로그램은 방학 중만 아니라 토요 동아리 교실로 운영 중이고 장애학생의 신체적·정서적 재활에 꼭 필요한 수영 활동은 방과 후 수업으로 확대하여 운영되고 있다.

④ 세종시교육청 특수교육지원센터 중심으로 세종시의회, 세종시장애인부모회, 33개 민관기관으로 운영 예정인 민·관 교육협력거버넌스는 세종시교육청이 거버넌스 구축과 예산을 확보하고 세종시 의회는 학부모와 지역 의견을 수렴하여 다양한 지원을, 민간기관은 프로그램 운영과 교육공간을 지원하며, 세종시 장애인 부모회는 지역사회학교 이용과 함께 지속적인 모니터링을 진행할 예정이다.

1. 위 사례도 장애학생들을 위한 신체적·정서적 활동프로그램이 부족하다는 문제의식에서부터 시작되었다.

2. 민·관거버넌스(협치)에 의해 공익을 실천한 사례로 교육청·지자체·의회·민간·학부모가 협력하여 장애학생 지역사회학교를 성공적으로 운영하고 있다.

MEMO

2024
스티마 면접
교육행정직(통합편)

03

교육행정직 면접 핵심

CHAPTER

01 면접준비 핵심키워드

1 공직가치와 교육행정직에 대한 이해

✔ POINT 공직가치에 대한 질문은 다양하고 포괄적으로 이루어지고 있다. 그러므로 공직가치에 대한 바른 이해가 선행되어야 다른 경쟁자와 차별화 시킬 수 있는 답변을 할 수 있다.

(1) 공직가치는 모든 공무원에게 적용되며, 공익실현을 위해 일할 자세가 되어 있는가를 평가하는 가장 중요한 평가기준이다.

(2) 공무원의 의무와 행동강령에 대한 이해는 면접에서 필수적인 부분이다.

MEMO

2 조직적합성과 조직적응력

✔ POINT 최근 가장 많이 등장하고 있는 질문이다. 앞서 설명한 조직생활 관련 대표적인 질문 내용을 꼭 이해해야 하며 특히 MZ세대의 조직적응력, 상관과의 갈등, 학교 내 조직 구성원들과 협력 등에 대한 부분은 필수적으로 정리를 해두어야 한다.

(1) 조직적합성은 공무원 사회도 조직생활이므로 혼자 일하는 것보다는 협력·희생·책임성을 보여줄 때 좋은 평가를 받을 수 있다.

(2) 동료를 배려할 줄 알고 상관을 존중하는 마음자세 또한 조직생활을 하는 데 있어서 핵심요소임을 기억해야 할 것이다.

MEMO

3 **직무수행능력**(관계역량+직무역량)

✔**POINT** 민원인 대처방안, 자연재난 등에의 교육행정직 공무원으로서의 역할 등은 반드시 정리가 되어야 한다.

(1) 교육행정직 공무원이 하는 업무에 대한 이해

① 교육행정직 공무원은 주로 학교 행정실에 배치되어 인사, 경리, 급여, 회계, 세입, 시설관리, 계약, 물품, 재산관리 등의 업무를 수행한다.

② 교육청이나 교육지원청에 배치될 경우에는 지역교육정책, 교육복지 등과 관련한 업무를 수행한다.

(2) 민원업무는 가장 중요한 직무

① 학교, 교직원, 학생, 학부모, 계약업체 등이 주 민원대상이 되며 이와 관련한 질문이 자주 이루어진다.

② 민원인 응대와 관련한 질문은 필수이다(예 악성민원인, 딱한 처지의 민원인, 고성민원인 등).

MEMO

4 **교육이슈 및 해당 교육청 정책에 대한 이해**

✔**POINT** 정책제안은 반드시 1~2개 정도는 필수적으로 준비를 해야 한다. 예를 들면 4차 산업혁명 발달에 따른 교육행정직 공무원으로서의 역할, 응시지역 교육청이 가장 우선적으로 해결해야 할 문제 등은 교육이슈와 교육정책 방향에 맞추어서 정리를 해두어야 한다.

(1) 교육청의 정책방향 이해

➡ 교육청 비전의 공유는 조직의 성과와 연결된다.

① 교육행정직 공무원은 각 교육청의 업무방향에 따라 정책을 만들고 집행하게 된다. 따라서 교육청의 업무비전과 교육지표에 대해서는 기본적으로 알고 있어야 한다.

② 현재 교육자치에 따라 교육감은 선거에 의해 선출이 되며 이는 지역주민의 의사가 반영되어 있다고 볼 수 있다. 즉, 교육감의 교육공약이 주민의 뜻이라고 이해하면 된다. 따라서 민주적으로 선출된 교육감의 교육방향은 주민의 교육방향으로 이해해야 한다.

(2) 교육이슈에 대한 이해와 본인의 의견 정리

① 사회이슈나 교육이슈는 결국 교육공무원에게 주어진 문제와 같은 것이다. 이슈화가 되었다는 것은 국민들에게 매우 관심 있는 현안으로 해결해야 할 정책과제이기 때문이다.

② 특히 사회이슈이면서 교육과 관련된 이슈는 반드시 정리가 되어야 한다.

(3) 교육이슈 면접 기출 질문(2021~2023년)

① 2023년

지 역	질문내용
강 원	Q 강원특별자치도의 특례 3가지는 무엇인가? Q 공무원의 유튜브 활동에 관한 본인의 생각은 무엇이며, 유튜브를 함에 있어 허가를 받아야 하는 경우에는 어떤 것이 있는가?
경 남	Q 경남의 미래교육에 대해 아는 대로 답변해보라. Q 학교통합지원센터에서 하는 일은 무엇이며 활성화방안에는 어떤 것이 있는가?
경 북	Q 공무원의 복장규정과 MZ세대의 반바지 착용에 대한 생각은 어떠한가?
광 주	Q 교육시책 5가지는 무엇이며, 교육행정직의 역할에 대해 답변해보라.
대 구	Q IB개념과 과정(관심-후보-인증), 시행학교에 대해 답변해보라.
부 산	Q 부산시 4대 역점과제는 무엇인가? Q 부산시에서 추진 중인 지역 교육격차 해소방안에는 어떤 것이 있는가?
세 종	Q 최근 폭우 때문에 안타까운 사건이 있었다. 이런 일을 학교에서 어떻게 미리 예방할 수 있겠는가?
울 산	Q 늘봄학교에 대해 설명해보라. Q 울산교육청이 청렴 등급 몇 등급인지 알고 있는가? 본인이 청렴한 공무원이 되기 위해 무엇을 할 수 있겠는가?
전 남	Q 「개인정보 보호법」에서 제일 중요하다고 생각하는 것은 무엇인가? Q 4차 산업혁명 시대에 필요한 전문성은 무엇인가?
전 북	Q 교육행정직이 일하는 기관들에는 어떤 것들이 있고 각 기관에서는 무슨 일을 하는가?
제 주	Q 교육지표 및 시책에 대해 각각 답변하고 교육지표의 의미에 대해 답변해보라. Q 최근 본 제주교행 관련 뉴스 중 본인이 가장 잘 알고 있는 것은 무엇인가? Q 교행업무에는 어떤 것들이 있으며, 그중 가장 어려운 업무가 무엇이라고 생각하는가?
충 남	Q 주민참여예산제도의 개념과 기대효과는 무엇인가? Q 충남교육 5대 정책은 무엇이며 그중 중요하다고 생각하는 정책은 무엇인가?
충 북	Q (충북교육청 교육시책 4가지 읽어주시면서) 이와 관련하여 실시하고 있는 정책에 대해 말해보라.
경 기	Q 정책구매제에 제안하고 싶은 정책이 있는가? Q 개인정보의 종류에는 어떤 것이 있으며, 개인정보 보호방안에는 어떤 것이 있겠는가?

② 2022년

지 역	질문내용
경 남	Q 경남교육청이 미래 교육을 위해 하고 있는 정책에 대해 아는 대로 답변해보라. Q 작은 학교 살리기 정책에 대해 아는 것에 대해 답변해보고 이를 살릴 수 있는 방안에 대해 답변해보라. Q 「중대재해처벌법」이란 무엇인가?
대 전	Q 현재 대전교육청에서 실시하고 있는 주민참여예산제도에 대해 설명해보라.

부 산	Q 폭우사태로 학교시설이 붕괴되었을 때 신속한 대처방법은 무엇이며 상사에게 어떻게 보고할 것인가? Q MZ세대의 퇴사율이 높은 이유는 무엇이며, 세대갈등 해결방안에는 어떤 것이 있겠는가?
경남·부산· 충남·경기	Q 「이해충돌방지법」이란 무엇인가?
경북·경기	Q 지방재정교부금 논란에 대해 답변해보라.
서 울	Q 「산업안전보건법」이란 무엇인가?
세 종	Q 직장 내 괴롭힘의 해결방안과 갑질에 대한 해결방안을 말해보라.
전 북	Q 입학연령 하향 논란에 대해 어떻게 생각하는가?

③ 2021년

지 역	질문내용
강 원	Q 학교 행정실에서 코로나를 대비해 할 수 있는 일은 무엇인가?
경 남	Q 공무원의 유튜브 활동과 관련하여 겸직 허가 절차는 어떻게 되는가? Q 「이해충돌방지법」의 문제점은 무엇인가?
경 북	Q 일상생활 속 정보보안을 위한 생활수칙에는 어떤 것이 있겠는가?
광 주	Q 노인이 예비 며느리의 생활기록부를 받고 싶어서 방문할 경우 어떻게 할 것인가?
부 산	Q 부산교육청의 4대 역점과제는 무엇이며, 중요하게 생각하는 정책은 무엇인가?
세 종	Q 교사의 유튜브 활동 장단점은 무엇인가? Q 학교에서 교사와의 갈등, 공무직 공무원과의 갈등 상황에서 어떻게 대처할 것인가?
인 천	Q 기후변화와 관련한 인천시의 정책에는 어떤 것이 있는가?
전 북	Q 4차 산업혁명과 포스트코로나 대응을 위한 공무원의 노력에 대해 답변해보라. Q 기후변화에 대한 대처 그리고 이와 관련하여 어떤 노력을 했는지 답변해보라.
충 남	Q 적극행정의 중요성 및 적극행정을 위한 충남교육청의 정책에 대해 답변해보라.
충 북	Q 그린스마트학교란 무엇인가?
경 기	Q 적극행정에 대해 답변해보라. Q 주민참여예산제도에 대해 답변해보라. Q 초등학교 주변 320m 이내 성인용품점이 있을 경우 어떻게 할 것인가?
서 울	Q 생태전환교육에 대해 답변해보라. Q 적극행정에 대해 답변해보라. Q 행정실과 교무실 간의 갈등 해결방안에는 어떤 것이 있겠는가?

CHAPTER

02 면접에 임하는 태도와 자세

(1) 공익(公益, public interest)에 대해 이해하기

① 공익이란 '공공의 이익, 공공의 번영'을 가리키는 말이다. ⇨ 사전적 의미

② 공무원에게 있어 공익실현이란, 공익이 다수나 사회 전체를 위하는 것이라 할지라도 소수나 개인의 자유와 권익을 희생시켜서는 안 되는 것이다. 오히려 정부의 행정(공공행정) 혹은 지방의 행정은 불리한 입장에 놓인 계층이나 소수의 복지를 우선적으로 배려해야 진정한 공익을 실현하는 것이며 이를 통해 정의로운 사회가 이루어질 수 있다는 것을 마음속 깊이 새겨야 할 것이다.

➡ 이것이 공무원이 사기업에 다니는 사람보다 균형 잡힌 공직가치가 필요한 이유이다.

③ 최근 정부에서는 '사회적 가치'라는 개념이 대두되고 있다. 사회적 가치란 사회·경제·환경·문화 등 모든 영역에서 공공의 이익과 공동체의 발전에 기여하는 가치를 말한다. 이는 결국 모두 함께 잘사는 나라를 추구하는 것이며, 사회적 가치의 추구가 결국 공익이라고 이해하면 된다.

> **⚆ PLUS**
>
> **사회적 가치**
>
> 1. 국민소득은 올라가는데 대한민국의 삶의 질은 계속해서 하락하고 있다. 때문에 저출산−고령화, OECD 자살률 1위, 노인빈곤율 1위, 어린이 및 청소년 행복지수 최하 수준, OECD 국가 중 노동시간 최고 수준 등 우리 사회의 구조적인 문제를 해결하고 더불어 잘사는 공동체를 회복해야 한다.
> 2. 사회적 가치 실현을 위해 인권보호, 재난과 사고로부터 안전한 근로생활 환경 마련, 복지의 확대, 노동권의 보장과 근로조건 향상, 사회적 약자에 대한 기회 제공과 사회통합, 대기업·중소기업 간의 상생과 협력, 민주적 의사결정, 지속가능한 개발 등이 필요하다. 즉, 공무원들이 공익실현을 위해 이러한 목표를 추구하고 이를 달성하기 위해 노력해야 한다는 의미이다.
> 3. 사회적 가치 중 예를 들어 '대형마트 의무휴업'의 적용대상을 복합쇼핑몰까지로 확대하는 것도 대기업과 중소기업 간의 상생과 협력을 통해 다같이 잘사는 사회를 만드는 것이 될 것이다.

MEMO

(2) 과거 공무원 면접 경험 및 현직 경험

① 면접 탈락 경험이 있는 경우: 면접에서 탈락한 경험이 있는 응시생이라면 직접적인 질문이 이루어지기 전에는 스스로 밝힐 필요는 없다.

② 현직에 종사하고 있거나 과거 현직 경험이 있는 경우

　㉠ 면접 때 현직의 경험에 대한 이야기를 하는 것이 블라인드 면접 위반은 아니다. 그러므로 현직 경험이 있다면 상대적으로 해당 경험에 대해 면접관이 관심을 가지고 질문을 할 수 있으므로 응시생 스스로 가장 답변을 잘할 수 있는 이야기(자신의 강점이 드러나는 이야기)를 하는 것이 중요하다.

　㉡ 다만, 근무경력이 아주 짧은 기간일 경우에는 상대적으로 어필할 만한 경험이 부족하므로 언급을 하지 않는 것이 좋다.

　㉢ 근무경력이 길고 다양한 경험들로 어필을 할 것이 많다고 생각하는 경우에는 이를 통해 응시생이 업무를 잘하였다는 것을 이야기하면 편안한 분위기 속에서 면접이 진행될 것이다. 또한 경력이 오래된 응시생은 본인은 느끼지 못하겠지만 공직생활을 오랫동안 했기 때문에 질의응답 과정에서 은연중에 이러한 사실이 드러날 수 있기 때문에 항상 진정성 있게 이야기하는 것이 좋을 수 있다.

　TIP 이 부분에 대해 추가적으로 고민이 있다면 스티마쌤에게 문의하길 바란다.

(3) 수험생활과 가족사에 관련된 부분

① 개별질문에서 힘들었던 경험 등과 관련된 질문이 이루어질 때 응시생 입장에서는 충분히 가족사나 수험생활에 대한 경험을 어필할 수 있다. 하지만 면접관이 직접적인 질문을 하기 전까지는 가급적이면 수험생활이나 가족사 등에 관한 이야기는 하지 않는 것이 좋다.

② 힘들었던 일이나 고난을 극복했던 일에 대해 어쩔 수 없이 가족사를 이야기해야 하는 상황이라면 "면접관님, 개인적인 일인데 말씀드려도 될까요?" 혹은 "지금 떠오르는 답변이 가족사와 관련된 것밖에 없는데 말씀드려도 될까요?"라고 먼저 면접관에게 양해를 구하고 나서 이야기를 풀어가는 것이 좋다. 여기서 주의할 점은 면접관이 어느 정도 공감할 수 있는 답변(고개를 끄덕일 수 있는 답변, 질문과 연관성이 있는 답변)을 해야 한다는 것이다. 단순히 동정을 얻기 위한 느낌을 주는 것은 적합하지 않다.

③ 기혼자의 경우 면접에서 자연스럽게 언급되어지는 것은 괜찮다.

(4) 답변시 지양해야 할 것

① 자기주장이 강해 보이는 것, 이기적인 느낌이 드는 답변은 반드시 경계해야 할 요소이다. 또한 지나치게 소극적이며 내성적인 면이 부각되는 것도 좋지 않다.

② 앵무새처럼 기계적인 느낌을 주는 답변은 지양해야 한다. 즉, 외워서 답변을 하고 있다는 느낌을 주는 형식적이고 진성성이 없는 답변은 면접관에게 좋은 평가를 받지 못한다.

MEMO

(5) 면접은 응시생이 주도할 것

실제 면접은 응시생이 주도해야 한다. 이 의미는 면접관이 응시생에게 관심을 가지고 질문을 하거나 흥미롭게 이야기를 들어주면서 응시생의 이야기가 중심이 되도록 해야 한다는 것이다. 그러나 면접관이 훨씬 더 많은 이야기를 하고 있다는 느낌이 들거나 면접관이 하고 싶은 질문만 하는 경우는 응시생의 경험이 잘 드러나지 않고 있음을 뜻하는 것이다.

TIP 보통 위와 같은 일이 면접에서 발생하는 경우는 응시생이 질문에 대한 답을 잘 못하거나 질문의 요지를 잘 파악하지 못하는 경우이다. 여기서 핵심은 내용이나 답변의 구체성이 없다는 것이다. 결국 이는 면접관에게 기회를 주는 것이므로 구체성이 있는 답변을 하는 연습을 꼭 해야 한다. 오히려 정말 모르는 질문이 나왔을 때는 솔직하게 "정말 열심히 준비했는데 이 질문에 대한 준비는 못했습니다. 죄송합니다."라고 말하고 다음 질문을 받을 준비를 하는 것이 좋다. 어물쩍거리거나 전혀 엉뚱한 답변을 하는 것은 면접관들이 가장 싫어하는 유형임을 상기하고 면접준비를 해야 한다.

(6) 정확히 표현하기

이것은 여러 가지를 내포하고 있지만 면접관의 질문의도에 맞게 답변하는 것이 중요하다는 의미이다.

TIP 예를 들어 면접관이 "모르는 업무가 발생할 경우 어떻게 할 것인가?"라고 질문하면 일반적으로 응시생은 "자칫 제가 임의로 처리하면 안 되기 때문에 상관에게 여쭤보고 처리하겠습니다."라고 답변한다. 하지만 이는 좋은 답변이 아니다. 즉, 면접관이 원하는 답변이 아니라는 것이다. 공직에서의 업무는 주어진 역할마다 다르며, 상관이 응시생들의 업무를 대신 해주지 않는다는 뜻이다. 담당 주무관으로서 본인에게 주어진 업무는 '스스로 처리하려는 마음가짐'으로 답변을 해야 한다.

(7) 성심성의껏 답변하기

간단하고 사소한 질문일지라도 '성심껏 답변하고 있다'는 모습을 보이는 것이 좋다. 면접에서는 한 가지 답변만으로도 전체적인 분위기가 바뀔 수 있기 때문이다.

TIP 예를 들어 면접관이 시작 전에 "긴장되시나요?"라고 물을 경우, 스티마쌤이라면 "제가 긴장은 되지만 오랫동안 기다렸던 순간이었기 때문에 기분 좋은 떨림이라고 생각합니다." 또는 "긴장되고 떨리지만 오랫동안 간직하고 싶은 긴장감이라 그동안 준비했던 것들을 모두 보여드리지 못할까봐 그것이 더 긴장됩니다."라고 성심껏 답변하는 모습을 보일 것이다.

(8) 긍정적으로 답변하기

국가 혹은 지자체에서 추진하는 정책이나 제도에 대한 질문에는 비록 언론 등 외부에서 비판을 받고 있거나 부정적으로 회자가 되더라도 함께 비판하고 부정적인 내용을 부각시켜 답변하는 것은 바람직하지 않다.

(9) 본인의 상황에 맞게 진실된 답변하기

면접준비는 응시생 개개인의 주어진 상황이나 처지, 경험 등에 따라 달라지기 마련이므로 자신의 상황과 경험에 맞게 진솔하게 준비를 해야 한다. 즉, 연령대가 낮은 응시생(재학생 포함), 연령대가 높은 응시생, 직장경험이 있는 응시생, 주부 응시생 등 각각의 상황과 처지에 맞는 면접준비를 해야 한다.

(10) 면접시 상기해야 할 것

① 처음부터 끝까지 미소 잃지 않기: 실제 면접을 보면 면접관마다 성향이 다르다. 면접관이 포근하고 편안하게 미소를 지으면서 질문하면 응시생도 당연히 미소가 나올 수밖에 없다. 하지만 면접관의 표정이 굳었을 때는 응시생이 미소를 짓기가 쉬운 일이 아니다. 그러므로 항상 '미소'라는 단어를 염두에 두고 면접에 임하여야 한다. 특히 남자들도 너무 굳은 표정보다는 부드럽게 보이려고 노력하는 연습이 필요하다.

② 아이컨택과 자신감 갖기

　㉠ 짧은 시간동안 면접이 이루어지기 때문에 면접관과 대화를 하면서 시선을 마주치는 것은 예의 있는 행동이다. 그러므로 시선을 피하는 것은 정직하지 못하다는 느낌을 줄 수 있다. 따라서 올바른 시선처리는 상당히 중요하다.

　㉡ 질문을 하는 면접관을 쳐다보며 '경청하고 있다'는 느낌을 주는 것이 좋다. 질문에 대한 답변이 살짝 길어지면 다른 면접관에게도 시선을 한 번씩 주는 것도 배려이다.

③ **자기최면 걸기**: 면접준비 기간 동안 스스로에게 '나는 봉사할 준비가 되어 있는 사람이다.'라고 자기최면을 거는 것이 필요하다. 또한 면접준비를 할 때 '지금부터는 수험생이 아닌 공무원이다.'라는 생각을 가지고 준비를 해야 한다.

④ **파생질문까지 준비하기**: 개인적으로 면접준비를 하건 면접스터디에 비중을 두고 준비를 하건 스티마쌤의 강의를 통해 준비를 하건 항상 자신이 준비한 답변에 추가적으로 파생될 수 있는 질문까지 생각하고 면접준비를 해야 한다.

　● 상당히 중요한 요소이므로 충분한 연습과 대비가 필요하다.

MEMO

2024
스티마 면접
교육행정직(통합편)

교육이슈 · 정책 · 실무

CHAPTER

01 교육 및 사회이슈

---

01 저출산 ★★★ 공통

1. 출산율 현황

🔲 출생아 수 및 합계출산율(2013~2023) (단위: 천 명, %, 인구 1천명당 명, 가임 여자 1명당 명)

구 분	2013	2014	2015	2016	2017	2018	2019	2020	2021	2022	2023
출생아 수	436.5	435.4	438.4	406.2	357.8	326.8	302.7	272.3	260.5	249.0	230.0
합계출산율	1.19	1.21	1.24	1.17	1.05	0.98	0.92	0.84	0.81	0.78	0.72

(1) 2024년 출산율 현황은 합계출산율 0.72명, 출생아수 23만 명 수준이다(통계청).

(2) 2023년 합계출산율은 0.72명으로 사상 최저 수준이며, 출산 아동은 23만 명대로 하락하여 우리나라의 합계출산율은 OECD 국가 중 가장 낮은 수준이다.

(3) 앞으로 인구 유지를 위해 필요한 합계출산율은 2.1명이다.

➡ 합계출산율은 여자 1명이 평생동안 낳을 것으로 예상되는 평균 출생아 수를 나타낸 지표이다.

2. 저출산 원인

(1) 낮은 출산율

우리나라의 합계출산율은 2000년 1.47명에서 2018년 1.0명 이하로 떨어져 초저출산에서 벗어나지 못하고 있다.

(2) 삶의 질 악화

우리나라는 OECD 국가 중 행복지수 최하위, 자살율 최고, 아동복지지출 최하위, 고용안정성 최하위 등을 기록하며 불평등 심화와 국민 전반의 삶의 질 악화를 가져왔으며 낮은 출산율은 그 결과라는 의견이다.

(3) 경제적 부담(소득 및 고용불안정)

저출산·고령화에 대한 인식조사에 따르면 저출산의 주요 원인은 '자녀양육비·교육비부담(60.2%)' 및 '소득·고용의 불안정(23.9%)'과 높은 관련성을 보여준다. 또한 출산을 하더라도 소수의 자녀를 두고자 하는 이유로 '경제적 부담(79.9%)' 및 '자녀 출산 및 양육을 배려하는 사회적 분위기의 미흡(70.7%)'을 지목한다.

(4) 주택가격의 가파른 상승

주택가격의 상승은 주거비용을 높이고 소비지출 여력을 감소시켜 미혼 인구의 결혼을 어렵게 하고 무주택자의 출산율을 낮추는 것으로 조사되었다.

(5) 성차별적 노동시장과 돌봄공백

여성의 경력단절 상황과 그에 따른 재취업의 어려움이 있고, 남성 육아휴직에 대한 인식 미비와 맞벌이 가구 증가로 돌봄 인프라가 확대되었으나 여전히 돌봄공백이 존재하고 있다.

(6) 만혼화 현상 심화

통계청 인구자료는 저출산 현상이 만혼화 현상과도 연계되어 있음을 보여준다. 초혼연령은 2000년 남 29세, 여 26세에서 2023년 남 34세, 여 31.5세로 상승하였다.

(7) 결혼 인식 변화

2000년 이전에는 결혼을 해야 한다고 생각하는 사람이 10명 중 7명은 되었지만 최근엔 10명 중 5명까지 감소하여 결혼을 '해도 그만 안 해도 그만'이라고 생각하는 사회적 인식의 변화가 생겼다.

(8) 일·가정 양립이 어려운 사회구조

① 장시간 근로와 결혼·출산시 경력단절이 만연해 있다.
② 맞벌이의 보편화에도 남성의 육아 및 가사 참여가 저조한 현실이다.
③ 일과 가정의 균형 실천이 미흡한 현실이다.

3. 저출산 문제점(저출산이 우리 사회에 미치는 영향)

(1) 인구 감소

2023년 12월 말 기준 주민등록인구 통계에 따르면 우리나라 인구는 5,132만 명으로 인구 감소 추세에 있다. 주원인은 출생자 급감이다(2020년 5,184만 명으로 정점 이후 감소).

(2) 국가 잠재성장률 둔화

생산가능 인구의 감소는 경제 활력의 저하, 노동생산성의 감소 그리고 결국 국가의 잠재성장률의 둔화 및 세수의 감소로 이어진다.

(3) 국방인구 감소

2020년 군에 입대하는 20세 전후 병역자원 인구는 75만 명 수준이다. 향후 10년 후에는 입대 연령 인구가 연 40만 명 이하 수준으로 감소할 전망이다. 입대 인구가 2/3 수준으로 하락하는 상황에 대비가 필요하다.

(4) 사회영역별 수급 불균형 발생

① 고용·교육·의료·주택 등 각 영역별로 일부는 초과공급, 일부는 초과수요가 발생하는 등 사회영역별 수급 불균형이 발생하고 있다.
② 학령인구 감소로 초·중·고 인프라 공급과잉, 지방 대학의 많은 폐교가 우려된다.

③ 고령층 의료수요 증가, 유소년층 의료수요 감소로 '소아청소년과'의 폐과가 논란이 되고 있는 중이다.

(5) 지역소멸

① 소멸위험지역이 전체 시·군·구의 51.8%를 차지하고 있다(118개, 2023년 기준).

② 수도권은 인구집중에 따른 사회적 혼잡비용이 급증하고 있으며, 주거비용 또한 급등하고 있다.

③ 지방에서는 유휴자원 증가 및 공공행정서비스를 비롯한 의료서비스 등 사회적으로 필수적인 서비스에 대한 사각지대가 발생하고 있다.

4. 저출산 대책(저출산고령사회위원회 보도자료 참조 2022. 12. 28.)

(1) 일·생활이 조화를 이루고 차별 없는 출산·양육환경의 조성

① 육아기 근로시간 단축 대체인력 고용 촉진방안 마련

   ㉠ 경력단절여성 고용시 인센티브 제공

   ㉡ 육아기 근로시간 단축제도 사용대상 자녀연령 상향(현행 만 8세 ⇨ 12세 이하)

② 난임치료휴가기간(연간 3일) 확대

③ 출산·육아휴직

   ㉠ 모성보호 실태조사 결과를 바탕으로 육아휴직(1년 ⇨ 1.5년으로 기간 연장) 및 배우자 출산휴가 제도 등 개편

   ㉡ 육아휴직 사용에 따른 불이익에 대해 사용자의 권리보호 절차를 정립하여 육아휴직 사용권 강화

   ㉢ 배우자 출산휴가 분할사용 횟수 제한(현재 1회) 완화

④ 출산·양육과정에서 부모의 법적 혼인 여부에 따른 차별이 발생하지 않도록 법·제도 개선

(2) 생애주기별 돌봄체계 확충

① 늘봄학교(전일제교육, 20시까지 돌봄제공) 추진을 위해 방과 후 활동프로그램 다양화 및 전담운영 체제 구축

   ◐ 2024년 1학기 2,000개교 이상, 2학기 모든 초등학교로 확대하며 지원 대상도 단계적 확대 예정으로 2026년 모든 초등학생 100% 지원 목표

② 마을돌봄(다함께돌봄·지역아동센터 등) 운영시간 연장(19시 ⇨ 20시)을 통한 주거지 인근 돌봄 수요대응 및 돌봄 사각지대 보충

③ AI 매칭 등 이용편의 제고를 위한 아이돌봄 플랫폼 개선(2023), 돌봄서비스 인력 전문성 강화를 위한 국가자격관리제도 도입

(3) 양육지원

① 양육부담 완화의 하나로 출산·양육으로 줄어드는 소득 보전 등을 위해 만 0~1세에 월 50~100만원을 지급하는 부모급여 도입

② 고용보험 가입 특수형태 근로종사자·예술인까지 육아휴직급여 지급대상 확대 검토

(4) 다자녀 가구에 대한 복지 지원 확대(2022년~)

① 다자녀 기준이 기존 미성년자 3명 이상 가구 ⇨ 2명 이상 가구로 변경

② 다자녀 가구 주거지원 확대

③ 고속열차(KTX) 할인, 문화시설 등 할인, 전기요금 / 도시가스 요금 감면 등의 할인혜택 제공

(5) 사실혼에 대한 법적 지위 강화

① 우리나라의 경우 결혼식을 올렸지만 혼인신고는 이후에 하는 등 사실혼 관계를 거쳐 가는 부부들이 증가하고 있지만 법률혼주의에 따라 사실혼 관계에 있는 부부는 복지에 있어 많은 사각지대로 존재한다.

② 프랑스의 경우 사실혼 관계에 있는 부부들이 몇 가지 서류만 제출하면 법률혼 관계의 부부와 동일한 세제 및 사회보장 혜택을 받을 수 있도록 제도를 개선하였고, 이로 인하여 프랑스의 출산율이 지속적으로 증가하였다.

③ 여성가족부를 중심으로 사실혼 관계의 부부도 법적인 가족으로 인정하는 법 개정을 추진하고 있다.

5. 2024년부터 시행되는 주요 저출산 정책(저출산고령화위원회 보도자료 참조 2023. 12. 15.)

(1) 5대 핵심과제

(2) 주요 저출산 정책

① 부모급여로 0세는 월 100만원, 1세는 월 50만원 지급

② 첫만남 이용권으로 첫째 200만원, 둘째 이상 300만원 지급

③ 늘봄학교 모든 초등학교로 전면 확대

④ 신생아 출산가구(2세 이하) 주택구입·전세대출 특례 신설

⑤ 신혼부부 주택구입·전세자금 대출 소득요건 완화

　㉠ 구입자금 대출시 7천만원 ⇨ 8.5천만원 이하

　㉡ 전세자금 대출시 6천만원 ⇨ 7.5천만원 이하

⑥ 청년 주택드림 청약통장 신설, 이자율(4.3% ⇨ 4.5%), 납입한도(월 50만원 ⇨ 100만원) 확대

　➡ 청약 당첨시 분양가 80%까지 저리·장기 자금 지원, 결혼·최초 출산시 우대금리 추가 지원

⑦ 6+6 부모육아휴직시 통상임금 100%(월 최대 450만원까지) 급여 지급

⑧ 육아기 근로자 시차출퇴근 장려금 월 20만원 신설

⑨ 육아기 근로시간 단축, 초등 6학년까지 최대 36개월, 주 10시간까지 통상임금 100% 지급

⑩ 아이돌보미 이용 가구 11만 가구까지 확대, 2자녀 이상 정부지원 대폭 확대

⑪ 난임 시술비 지원 소득기준 폐지, 냉동난자 보조생식술 지원

⑫ 고위험 임산부 의료비 지원 소득기준 폐지

⑬ 생후 24개월 미만 아동 입원 진료시 본인부담률 '0'

⑭ 미숙아·선천성 이상아 등 의료비 지원 소득기준 폐지, 지원 기간 2년까지 확대

6. 저출산 정책 우수사례(광주광역시)

[아이 낳아 키우기 좋은 맘(MOM) 편한 광주 만들기]

1. 추진배경 및 전략
   (1) 초저출산 대응 정책 필요
   (2) '아이키움지원센터'를 중심으로 생애주기별 정책추진 종합관리
2. 추진경과
   (1) 민·관·학 협력체계 구성(시, 시의회, 자치구, 돌봄기관, 시민단체가 참여하여 추진협의회 구성)
   (2) 시에서 전담조직 구성(아이키움지원센터팀 신설)
3. 중점 추진전략
   (1) 만 남
      ① '광주 청년 있다' 소통앱 운영: 지역 내 청년들이 같은 취미와 관심사를 나눌 수 있는 정보 및 네트워킹 기능제공
      ② '응답하라 2030' 청년 동아리 지원: 지역 청년들의 건전한 교류의 장 마련 및 성평등문화 확산
   (2) 결 혼
      ① 청년 가족사랑 통장 지원: 1년 이내 결혼·출산 계획이 있는 예비부부나 혼인신고일 기준 7년 이내 기혼부부
         대상으로 결혼·출산을 위한 목돈 마련 저축 지원
      ② 행복플러스 건강지원: 임신 관련 건강검진비 지원
      ③ 청년 및 신혼부부 주거부담 완화: 신혼희망타운 공공주택건설 공급
      ④ 신혼부부 전세자금 대출이자 지원
   (3) 임 신
      ① 난임부부 시술비 지원
      ② 임산부 근로자 고용유지 지원: 출산전후 휴가로 발생하는 고용주부담금 지원
      ③ 임산부 직장맘 친화환경 조성지원: 찾아가는 노무컨설팅, 임산부 업무공간 개선 지원 등
   (4) 출 생
      ① 출생육아수당 지급: 출생축하금(100만원) 및 육아수당(매월 20만원×24회)
      ② 산모·신생아 건강관리 지원
      ③ 광주형 산후관리 공공서비스 지원: 건강간호사 재가방문, 산모·신생아 대상 산후건강관리
   (5) 육아돌봄
      ① 광주아이키움 플랫폼 운영: 임신·출산·양육에서 일·생활 균형까지 생애주기별 지원정책 통합 정보제공(돌봄
         시설 지도 제공, 맞춤형 서비스 정보제공, 예약서비스 제공 및 실시간 상담)
      ② 아동수당 지급
      ③ 입원아동 돌봄서비스 운영: 입원한 아동 간병(복약), 종합돌봄(책 읽어 주기, 놀이·정서 지원 등) 서비스 제공
      ④ 손자녀돌보미 지원: 8세 이하 손자녀를 돌보는 (외)조부모에 대한 돌봄 지원
      ⑤ 아이돌봄서비스 지원확대: 가정에 찾아가는 돌봄서비스 제공, 아이돌보미 양성·파견 등
      ⑥ 24시간 긴급아이돌봄센터 운영: 6개월~만 5세 이하(취학 전) 영유아 대상
      ⑦ 다함께 돌봄센터 운영: 돌봄이 필요한 만 6~12세 이하(초등학생) 방과 후 돌봄서비스 제공
      ⑧ 국공립 어린이집 확충
      ⑨ 여성가족친화마을 돌봄확대: 돌봄이 필요한 초등학생 또는 청소년 대상으로 마을에서 공동육아
      ⑩ 실내놀이 문화체험시설 '키움뜰' 운영

(6) 일·생활 균형
　① 가족친화경영 및 육아휴직 업무대행 수당지원
　② 가족친화인증 우수기업 발굴 및 홍보
　③ 가족돌봄 거점 '가족센터' 조성: 생활복합시설 내 1~3층 규모로 가족센터 설치. 가족상담실·부모교육, 공동육
　　 아나눔터, 가족유형별 소통공간, 건강가정·다문화가족지원센터 등
4. 추진 성과 및 성공 비결
　(1) 광주시의 2021년 6월 출생아 수는 690명으로 전년 같은 기간에 비해 18.4%가 증가했다. 2021년 상반기 누계로
　　 는 총 4,142명이 태어나 지난해 같은 기간 3,765명에 비해 10% 증가했다.
　(2) 민·관·학 협력체계를 구축하고 생애주기별 지원정책(만남 ⇨ 결혼 ⇨ 임신 ⇨ 출생 ⇨ 육아돌봄 ⇨ 일·생활균형)
　　 이 체계적이고 구체적·현실적인 공감을 얻었기 때문이다.

⚜PLUS

저출산 관련 예상질문
Q. 저출산의 원인은 무엇이라고 생각하는가?
Q. 저출산이 우리 사회에 미치는 영향은 어떤 것이 있겠는가?
Q. 저출산·고령화로 지방소멸이나 학교 통·폐합 등 문제가 발생하고 있다. 어떤 대응 방안이 필요하겠는가?
Q. 저출산·고령화 정책 중 문제점과 개선방안을 제안해보라.
Q. 지자체에서는 지속적인 인구감소에 따른 지방소멸 위기 극복을 위해 출산장려금을 늘리고 있다. 그럼에도 인구는 증가
　 하지 않고 오히려 감소하고 있다. 어떤 대책이 필요하겠는가?
Q. 남성육아휴직 확대에 대한 생각은?
　└[추가질문] 공무원 사회에서도 육아휴직은 여성은 많이 쓰고 있는데 유독 남성 공무원이 육아휴직을 쓰지 않고 있다.
　 이에 대해 어떻게 생각하는가?

MEMO

1. 현 황

(1) 저출산·고령화, 수도권 인구집중, 농산어촌 과소화 등으로 인한 급격한 인구구조 변화는 지방소멸이라는 사회적 위험을 야기하고 있다.

(2) 지방소멸의 주요 원인인 인구감소는 다양한 사회·경제적 요소가 얽힌 문제로 단순 위협요소가 아닌 '사회적 위험'으로 인식할 당위가 있다.

(3) 전국 인구감소 지정 고시지역 ⇨ 행안부에서는 2021년 10월 전국 인구감소지역 89곳을 지정하여 고시하였고 행정 및 재정을 집중 지원하기로 하였다.

(4) 강원특별자치도 설치 등에 관한 특례법 제정(2023. 7. 10. 시행)을 통해 규제완화와 행정적·재정적 지원을 해줌으로써 지역발전을 꾀하려고 하고 있다.

2. 지방인구 감소 원인

(1) 수도권과 비수도권의 인구격차가 크게 발생하고 있다. 특히 40대 미만에서 수도권으로의 인구이동이 크게 발생하고 있다. ⇨ 2020년 기준 20~40세 청년인구의 54.5%가 수도권 거주

(2) 주요 기업은 수도권 특히 서울에 집중 분포하고 있으며, 이는 청년고용률에도 영향을 미치고 있는 것으로 보인다. 기초생활 인프라의 경우 시·도별 양적인 차이도 존재하지만 접근성에서도 큰 차이를 보이고 있다.

(3) 대학의 경우 비수도권에 더 많은 대학이 위치하고 있으나 상위권 대학은 모두 서울에 위치하고 있으며, 입학충원율에서도 지역 간 차이를 보이고 있다. 최근에는 청년인구 감소로 인하여 많은 지방 사립대학들이 폐교하고 있으며 이는 대학 주변 상권의 소멸, 일자리 감소, 인구유출 등 지역발전에 부정적인 영향을 초래한다.

(4) 이는 '일자리 부족', '저출산', '생활기반시설 부족' 등이 주요 원인으로 작용한 것으로 보인다.

(5) 지방인구 유출의 주요 요인들은 서로 영향을 주면서 악순환 구조를 형성하고 있다.
  ◉ 지역의 일자리 부족으로 '청년층 유출 ⇨ 저출산·고령화 ⇨ 상품·서비스 수요 감소 ⇨ 상점·공장 폐쇄 ⇨ 일자리 부족'의 악순환 구조가 양산되고 있다.

(6) 지방인구 감소는 지역의 다양한 생활서비스 수준 저하와 연계되어 인구감소 추세가 악순환되는 경향이 있다. 특히 지방에 필수 의료진 수가 부족해짐에 따라 지방에 거주하는 주민들이 의료서비스를 받기가 어려워지고 있다.

(7) 특히 한 지역의 인구감소는 인접 지역의 인구감소를 연쇄적으로 초래할 수 있으므로 인구감소 대응전략은 특정 지역의 인구증감 및 사회·경제적 수준을 인접 지역과 동등하게 개선하는 것에서부터 시작되어야 한다.

3. 전략방향

(1) 인구 유입 및 인구 유출
  ① 지역 인구 유입 및 지역 성장은 상호 호혜적인 관계에 있으며 지역의 지속가능한 성장(일자리 문제 해결)에 있어 인구 유입은 필연적인 여건이다.

② 인구 유출은 해당 지역주민의 이동 사유와 관련된 여건을 구축하지 못하는 점에서 발생하고 있으며 이에 따라 인구 유입 및 지역 성장의 순환 구조 구축과 인접 지역과의 불균형 해소가 필요하다.

③ 기초생활여건(상·하수도, 의료시설, 문화시설, 복지시설 등)의 향상을 통해 유입된 인구의 유출방지 및 정착을 유도하여 지역 인구 정주성 개선이 진행되어야 한다.

(2) 지방자치단체 주도의 인구감소 대응책 마련 필요

지역의 인구 문제점 진단에 있어 지자체 내 자체조사를 실시하여 지역 주민들의 정주여건을 파악하고 이와 동시에 지역별 대응 전략 및 정책을 마련할 필요가 있다.

(3) 광역시 중심의 지방발전 전략 필요

① 대구시와 그와 인접한 지자체에서 광역전철을 추진 중에 있다.

② 순천시와 광양시 인근에 경전철 건립을 통해 주변 지역으로의 인구이동 및 지역 활성화를 기대하고 있다.

(4) 고향사랑기부금제를 통한 전략 및 정책 시행에 필요한 재정 조달

인구감소가 발생하고 있는 지역의 경우 재정자립도가 대체로 낮은 편이며 이는 지자체별 대응방안 수립과 실행에 있어 재정적 걸림돌이 될 수 있어 이를 통한 재원 조달의 확대를 모색할 필요성이 있다.

(5) 혁신도시 접근성 개선 필요

① 혁신도시의 인구는 주로 인접 지역에서 유입되는 경향이 있어 인접 지역 인구감소를 초래한다.

② 인접 지역과 혁신도시 간 물리적 접근성 향상 및 생활권 확대를 통한 인접 지역 인구의 혁신도시 시설 가용도 개선이 필요하다.

③ 혁신도시로의 접근성 강화는 행정구역에 구애받지 않고, 혁신도시의 시설을 인접 지역 주민들의 생활권에 들어서게 할 수 있어 주거로 인한 이주를 해소할 수 있다.

(6) 압축도시형 '청년친화도시(가칭)' 구성 필요

① 청년층 인구의 유입은 지역 내 인구의 사회 및 자연적 증가를 모두 유도할 수 있는 요인이 될 수 있으므로 인구감소 대응전략은 해당 계층의 유입에 중점을 맞출 필요가 있다.

② 인구감소를 겪고 있는 지역은 대부분 재정자립도가 낮은 지역으로 현재의 지역 구조에서 청년친화적인 제도를 시행하기에 한계가 있다.

③ 이에 따라 도시계획 차원에서 지역의 집약화 및 자원의 효율적 운영이 필요하며 압축도시는 이러한 체계의 기본적인 틀이 될 수 있다.

④ 인구이동은 주로 직업·가족·주택·교육을 통해 발생하며 청년친화형 압축도시는 청년들의 이동 사유를 모두 포용할 수 있는 방향으로 성장해야 한다.

⑤ 인구유도지역 지정 및 일자리·주택 지역 설정을 통해 지역 내 청년인구 밀집도와 노동생산력을 높여 지역 성장을 도모해야 한다.

(7) 유휴공간의 활용

① '청년친화특구'를 조성하여 청년인구가 필요로 하는 창업공간 및 주거공간을 제공하고, 기초생활 인프라 개선 등을 하는 것이 해당된다.

② 소멸위험지역은 인구감소로 빈집, 빈 점포, 공지, 유휴공공시설 등 유휴공간이 증가하는 추세이므로 유휴공간을 활용하여 공공의료시설·공원·공공문화센터·공공도서관·육아지원시설·코워킹스페이스(co-working space)·코리빙스페이스(co-living space) 등을 조성하고 신규창업을 촉진하기 위한 스타트업 플랫폼·창업지원센터·전시공간 등 다양한 시설을 조성하여 청년 일자리 창출 및 지역산업구조 재편을 도모할 필요가 있다.

(8) 지방소멸 위기지역으로의 기업 유치

① 수도권 기업의 분산을 통해 비수도권에서도 양질의 일자리를 확보하는 것이 무엇보다 중요하다.

② 수도권 소재 기업이 비수도권으로 이전하는 경우 각종 세제감면 및 보조금을 지원하고 있으나 실효성에 비판적이므로 파격적인 지원이 필요할 것으로 보인다.

③ 수도권 기업이 비수도권으로 이전할 경우 세제혜택 외에도 행정절차의 원스톱 지원, 기업의 지역투자와 매칭한 재정지원 등을 제공할 필요가 있다.

④ 기업이 원하는 인재 육성을 위해 지역대학과 연계하여 지역기업 맞춤형 인재육성 프로그램을 운영하고 대학을 중심으로 지역기업, 이전기업, 연구기관, 관련 협회 등이 네트워크를 구축하여 이전기업의 정착 및 판로개척 등을 지원하는 것이 필요하다.

    ➡ 이러한 방안은 쉽지는 않겠지만 노력이 필요한 전략이다.

(9) 지방소멸 위기지역의 신산업 발굴 필요

① 강원도 정선군은 과거 석탄산업을 기반으로 하는 도시였으나 폐광 이후 카지노를 열어 일자리 창출, 관광객 유치 등의 효과를 보았다.

② 강원도 양양군은 서핑시설을 개발하여 관광객 유치에 성공하였고, 이는 지역경제에 긍정적인 영향을 미친다.

③ 각 지역의 특색을 활용하여 새로운 관광모델·산업모델을 마련하고 적극적인 홍보를 통하여 관광객·기업 유치를 통해 지역 경제를 활성화하고 인프라 확충을 위한 노력이 필요하다.

✎ Check point

지방소멸(2018년 국가직 5급 PT 주제)
지방소멸현상의 원인 및 해결방안에 대해 보고하시오.
1. 최근 일본·독일에서는 젊은 층 인구의 수도권 집중과 저출산으로 인한 인구감소 효과로 지방소멸 리스크가 확산되고 있다. ⇨ 우리나라도 전국 시·군·구 10곳 중 4곳이 지방소멸 위험지역
2. 지방소멸은 지방만의 문제에 그치지 않고 젊은 층 인구의 대도시 집중에 따른 주거비 상승, 고용불안 등으로 인한 결혼 및 출산 여건 악화를 초래해 대도시의 초저출산을 야기하고 인구감소를 가속화할 것이라는 위기의식하에서 대응방안 모색이 필요하다.
3. 정책역량을 출산율 제고와 수도권 집중억제 등 투 트랙으로 추진 필요(지역 여건에 맞는 맞춤형 저출산 대책과 수도권과 지방의 상생발전)
   ① 출산과 육아의 문제는 여성과 가정의 사적 영역에서 공적 영역으로 넘어가 지역사회 구성원 모두가 참여하여 안정된 양육 환경을 조성하는 생태계 조성 필요
   ② 지역에서 양질의 일자리 창출과 일자리 양을 늘리는 정책 추진

③ 삶의 질과 연관된 인프라 확충 및 개선(주거환경, 문화서비스, 의료서비스, 교육여건 등)
④ 수도권과 지방의 상생발전 강력 추진(국가균형발전 정책)
⑤ 지역거점도시 육성 검토(젊은 층이 선호하는 모델 개발 ⇨ 산업유치형, 베드타운형, 학원도시형, 문화기반시설 이나 공공서비스 집중의 콤팩트시티 등)
⑥ 지역의 중심도시를 핵으로 교육, 의료, 복지, 간호 등 공공서비스 공급 효율화 및 광역화
➡ 최근 광역메가시티 논의가 활발하다. 부울경메가시티, 대구&경북통합, 광주전남통합, 대전세종충청권 메가시티 등이 해당된다.

⚡PLUS

지방소멸 관련 기출질문

Q. 경북의 인구가 현재 계속 줄어들고 있는데 지방소멸을 막기 위해서는 어떻게 해야 한다고 생각하는가? [2022 경북]
Q. 지방소멸에 대해 알고 있는가? 이와 관련해 목포시 유입 인구 증가 방안 2가지를 답변해달라. [2022 전남]
Q. 충북 도내 다른 지역의 지방소멸을 막기 위한 방안은 무엇인가? [2022 충북]

✔POINT 저출산·고령화는 전국 지자체에서 다양한 방식으로 질문화되고 있다.

03 이해충돌방지법 ★★★ 공통

1. 개 요

(1) LH 직원의 땅투기 사태 이후 공개되지 않은 내부정보나 직무상 권한을 이용한 부동산 취득 등 이해충돌 문제에 대한 대책 마련이 요구되고 있다.

(2) 공직자의 부정한 사익추구 행위를 막고 직무수행의 공정성을 담보하기 위해서는 이해충돌상황을 적절히 관리하고 통제할 필요가 있다.

(3) 국민권익위는 공무원 행동강령 개정(대통령령, 2018. 4. 17. 시행)을 통해 이해충돌 방지 규정을 공직 사회에 선제적으로 도입 시행 중이다.
① 다만, 행동강령은 행정부만 적용되어 공공부문 전반에 통일적인 제도 운영이 어렵고, 제재 수단이 징계로 한정되어 징계규정 적용이 곤란한 선출직 등에 대해서는 실효성 있는 제재에 한계가 있다.
② 이에 새로운 윤리기준으로서의 규범성과 위반자에 대한 실질적인 처벌 등을 통한 이행력이 담보될 수 있도록 상향 법제화가 필요하다.

2. 주요 내용 및 기대효과

(1) 이해충돌방지법은 공직자가 수행하는 직무와 사적이익 간에 발생할 수 있는 이해충돌의 상황을 사전에 신고하고 부적절한 상황을 회피·기피하도록 구성되어 있다.
➡ '이해충돌'이란 공직자가 직무를 수행할 때 자신의 사적 이해관계가 관련되어 공정하고 청렴한 직무수행이 저해되거나 저해될 우려가 있는 상황을 말한다.

(2) 공직자는 자신의 직무와 관련해 사적인 이해관계가 있으면 미리 신고해야 한다.

(3) 고위공직자와 채용 담당공직자 등의 가족은 소속 공공기관은 물론 산하기관, 공공기관이 투자한 자회사에 취업할 수 없다.

(4) 공무원과 국회의원, 지방의회 의원, 공공기관 임직원, 법원, 국공립학교 등 법의 적용을 받는 대상은 207만 명 정도이다.

(5) 이해충돌방지법은 직무관련 정보를 이용한 부동산 투기뿐만 아니라 공직자와 가족 관련 수의계약, 입시비리, 고위직 자녀 특혜채용비리 등 모든 유형의 공직자의 이해충돌을 근본적으로 차단할 수 있을 것으로 기대된다.

3. 이해충돌 예방 및 관리를 위한 10개 행위 기준(2022년 교육행정직 면접질문)

(1) 의 의

공직자의 직무수행 과정에서 발생할 수 있는 부정한 사익추구를 예방할 수 있도록 공직자가 해야 할 5개의 신고 제출 의무와 하지 말아야 할 5개의 제한 및 금지행위 등 총 10개의 행위기준을 규정하였다.

(2) 이해충돌방지법상 공직자의 행위기준

신고·제출의무		제한·금지행위	
1	사적 이해관계자 신고 및 회피·기피 신청	6	직무관련 외부활동 제한
2	공공기관 직무관련 부동산 보유·매수 신고	7	가족 채용 제한
3	고위공직자 민간부문 업무활동 내역 제출	8	수의계약 체결 제한
4	직무관련자와의 거래 신고	9	공공기관 물품 등의 사적 사용·수익금지
5	퇴직자 사적 접촉 신고	10	직무상 비밀 등 이용 금지

① 공직자는 직무관련자가 사적 이해관계자임을 안 날로부터 14일 이내에 그 사실을 소속 기관장에게 서면으로 신고하고 회피를 신청해야 할 의무가 발생한다.

② 공직자의 사적 이해관계자 신고 및 회피 신청을 받은 소속 기관장은 직무수행의 일시 중지 명령, 직무 재배정 등 이해충돌을 방지하기 위한 조치를 취하여야 한다.

③ 다만, 직무를 수행하는 공직자를 대체하는 것이 어렵거나 공익 증진을 위해 필요한 경우에는 해당 공직자가 그 직무를 계속 수행하도록 허용하되 이해충돌방지담당관 등 다른 공직자로 하여금 공정한 직무수행 여부를 확인하고 점검하도록 해야 한다.

④ '직무수행 중 알게 된 비밀'이란 정보의 귀속이나 출처가 어디인지를 불문하고 공직자가 직무수행 중 알게 된 것으로써 법령에 의해 비밀로 규정된 것뿐만 아니라 실질적으로 비밀로서 보호할 가치가 있는 일체의 정보를 의미한다. 공직자가 소관하고 있는 업무와 관련되는 것뿐만 아니라 다른 공공기관 또는 법인 개인의 업무와 관련된 것이라 하더라도 직무수행 중 알게 된 것으로서 비밀로 보호할 가치가 있는 것이라면 동 법이 적용된다고 보아야 할 것이다.

다른 사람의 개인정보도 직무수행 중 알게 된 비밀에 해당하는지 여부

개인정보가 직무수행 중 알게 된 비밀에 해당하는지 여부는 사안에 따라 개별적으로 검토해야 할 것으로 판단된다. 타인의 개인정보가 반드시 공직자의 직무상 비밀에 해당한다고 볼 수는 없겠으나 그것이 비밀로서 보호되어야 할 가치가 있다면 직무상 비밀에 해당할 것이다.

4. 이해충돌방지법과 김영란법 비교 ★★★

구 분	이해충돌방지법	김영란법 (부정청탁 및 금품 등 수수의 금지에 관한 법률)
목 적	공직자의 직무수행과 관련한 사적이익 추구를 금지함으로써 공직자의 직무수행 중 발생할 수 있는 이해충돌 방지	공직자 등에 대한 부정청탁 및 공직자 등의 금품 등의 수수를 금지함으로써 공직자 등의 공정한 직무수행 보장
적용 대상	• 공직자(국회의원, 지방의회의원 포함) + 공공기관 (KBS, EBS 등은 공공기관으로 적용 대상에 포함됨) • 직접 대상자는 207만 명으로 추정(직계존비속 포함 시 500만 명)	• 공직자 + 공공기관 + 사립학교 교직원 + 언론사 대표와 임직원 + 공공기관의 의사결정 등에 참여하는 민간인 또는 기업 • 직접 대상자는 300만 명으로 추정
주요 내용	• (직무상 미공개 정보 이용금지) 직무상 비밀 또는 미공개 정보를 이용해 재산상 이익 취득 금지 • (신고 및 회피 의무) 공직자는 직무관련자가 사적 이해관계자임을 알게 되거나 특정 업무와 관련된 부동산을 매수하는 경우 등에는 안 날로부터 14일 이내에 신고하고 해당 업무의 회피를 신청해야 함 • 국토부·LH 직계존비속 부동산 거래까지 신고 • (가족채용 제한) 고위 공직자 및 채용업무 담당자는 해당 공공기관 또는 산하기관, 자회사에 가족채용 금지 • (수의계약 제한) 공직자의 배우자 및 그의 직계존비속은 해당 공공기관 및 산하기관과의 수의계약 체결 제한 • (퇴직 후 직무상 비밀 이용금지) 고위공직자는 임용 전 3년간 민간부문 업무활동 내역 제출. 퇴직 후 3년간 직무상 비밀을 이용한 재산상 이득 취득 금지 • (형사처벌) 공직자가 직무상 알게 된 비밀을 활용해 재산상 이익을 얻을 경우 7년 이하의 징역형이나 7천만원 이하의 벌금(비밀 등을 이용하여 이익을 얻은 제3자까지 처벌)	• (부정청탁 금지) 누구든지 직접 또는 제3자를 통하여 직무를 수행하는 공직자 등에게 다음 각 호의 어느 하나에 해당하는 부정청탁을 해서는 아니 됨(법령을 위반한 인·허가 처리청탁, 인사청탁, 특정업체 계약청탁 등 부정청탁을 하면 안 됨) • (직무와 관련이 없는 경우) 공직자 등은 직무 관련 여부 및 기부·후원·증여 등 그 명목에 관계 없이 동일인으로부터 1회에 100만원 또는 연간 300만원을 초과하는 금품 등을 받거나 요구 또는 약속해서는 아니 됨 • (직무관련 금품 등 수수금지) 공직자 등은 직무와 관련하여 대가성 여부를 불문하고 위에서 정한 금액 이하의 금품 등을 받거나 요구 또는 약속해서는 아니 됨 • (3-5-5 규정) 음식물 3만원, 선물 5만원(농축수산물 10만원), 경조사비 5만원으로 제한 • (외부강의 등 사례금 수수 제한 및 신고) 신고의무 불이행시 징계처분
논란 사항	• (사립학교 임직원 제외로 형평성 논란) 사학비리문제와 부정채용 문제 여전 • (적용대상자) 광범위하여 구체적 검증이 힘든 문제 ⇨ 현장적용과 시행의 안착을 어떻게 하느냐가 관건	• (3-5-5) 규정에 대한 논란 • 코로나19와 같은 상황이나 경기가 어려워지는 상황에서 조금 더 상한선을 높이는 것이 좋지 않겠나 하는 지적이 있음

✅ PLUS

이해충돌방지법 관련 기출질문

Q. 본인이 실수로 직무관련자에게 청첩장을 보냈다. 그로 인해 직무관련자에게 10만원의 축의금을 받은 상황이다. 공무원 행동강령과 청탁금지법의 무엇을 위반했는지와 본인은 어떤 조치를 할 것인가? [2023 경기 교행]

Q. 상관이 회식을 가자고 하여 다같이 밥을 먹고 카페도 가고 즐겁게 놀았는데 나중에 알고 보니 이 돈이 이해관계가 있는 사람이 내준 것이었다. 이런 경우 어떻게 하겠는가? [2023 경북 구미]

Q. 이해충돌방지법이란 무엇인가? [2023 충남 아산 · 경기 가평]

Q. 김영란법과 이해충돌방지법의 차이점은 무엇인가? [2023 경남 밀양]

Q. 김영란법의 정식명칭은 무엇이며 이에 대해 설명해보라. [2022 경북 · 대구 · 대전 · 전남 · 충남 · 남양주]

MEMO

> **POINT** 중대재해처벌법은 2022년 1월 27일부터 시행되었다.

1. 개 요

(1) 2019년 1월 15일 「산업안전보건법」의 전부개정 및 2022년 1월 27일 「중대재해 처벌 등에 관한 법률」이 시행되었다.

(2) 「산업안전보건법」 전부개정으로 공공행정의 경우에도 현업업무에 종사하는 근로자에 대해서는 근로자들의 안전과 보건을 관리하기 위해 담당자와 책임자를 선임하고 안전보건관리규정, 안전보건협의체 구성·운영 등 조치를 해야 한다.

(3) 아울러 「중대재해 처벌 등에 관한 법률」의 제정으로 중앙행정기관의 경영책임자인 중앙행정기관의 장은 안전보건관리체계를 구축하고 관리해야 한다.

2. 산업안전보건법상 의무와 조치사항

(1) 산업안전보건법(이하 '산안법')은 원칙적으로 국가·지방자치단체를 포함하여 모든 사업에 적용되고, 소속 근로자(공무원 포함)의 산업재해 예방을 위해 사업주에게 안전·보건 조치 의무를 부여하고 있다.
  ➡ 이에 따라 사업주인 국가 및 지방자치단체는 업종과 규모(상시근로자 수) 등에 따라 산안법상 의무를 이행하여야 한다.

(2) 다만, 산안법은 "공공행정" 또는 "교육서비스업 중 각급 학교"에 대해서 일부 규정의 적용을 제외하고 있다.
  ➡ 그러나 "공공행정" 및 "교육서비스업 중 각급 학교"의 현업업무 종사자에 대해서는 법 적용의 제외 없이 산안법을 전부 적용한다.

(3) 모든 기관에 공통적으로 적용되는 산안법 주요 규정
  ① 산업재해 발생보고: 산업재해조사표를 작성하여 관할 지방고용노동관서에 제출한다.
  ② 중대재해 발생보고: 관할 지방고용노동관서의 장에게 보고한다.
  ③ 법령요지 등의 게시: 산업안전보건법령의 요지를 각 사업장의 공무원 등 소속 근로자가 쉽게 볼 수 있는 장소에 게시하거나 갖추어 두고 근로자에게 널리 알려야 한다.
  ④ 안전조치: 소속 근로자 보호를 위하여 필요한 안전조치를 하여야 한다.
  ⑤ 보건조치: 사업주는 건강장해를 예방하기 위하여 필요한 보건조치를 이행하여야 한다.
  ⑥ 도급인 의무: 국가 및 지방자치단체가 도급을 준 경우 도급인으로서 자신의 근로자와 관계수급인 근로자의 산업재해 예방을 위하여 필요한 안전·보건조치를 하여야 한다.
  ⑦ 건강진단: 사업주는 근로자의 건강관리를 위하여 일반건강진단(사무직 2년 1회, 비사무직 1년 1회), 특수건강진단, 배치전건강진단, 수시건강진단 등을 실시하여야 한다.

(4) 안전보건관리체계 구축 의무
  ① 안전보건관리책임자: 산업재해 예방계획의 수립 등 업무를 총괄하여 관리한다.
  ② 관리감독자: 산업안전 및 보건에 관한 업무를 수행한다.
  ③ 안전관리자: 안전에 관한 기술적인 사항에 관하여 사업주 또는 안전보건관리책임자를 보좌하고 관리감독자에게 지도·조언하도록 산업안전지도사 자격 등을 가진 자를 안전관리자로 두어야 한다.

④ 보건관리자: 보건에 관한 기술적인 사항에 관하여 사업주 또는 안전보건관리책임자를 보좌하고 관리감독자에게 지도·조언하도록 산업보건지도사 자격 등을 가진 자를 보건관리자로 두어야 한다.
⑤ 산업안전보건위원회: 현업업무종사자 100인 이상인 사업장은 안전·보건에 관한 중요사항을 심의·의결한다.

(5) 안전보건교육 실시 의무

사업주는 사업장의 근로자가 유해·위험요인 등 안전보건에 관한 지식을 습득하고, 근로자가 안전하게 업무를 수행할 수 있도록 안전보건교육을 실시하여야 한다.

> ✎ **Check point**
>
> 1. 국가·지방자치단체에 소속된 현업업무종사자에 대해서는 법 적용의 제외 없이 산안법 모든 규정이 적용된다.
> 2. 공공행정에서 현업업무에 해당하는 업무 내용
>   ① 청사 등 시설물의 경비, 유지관리 업무 및 설비·장비 등의 유지관리 업무
>   ② 도로의 유지·보수 등의 업무
>   ③ 도로·가로 등의 청소, 쓰레기·폐기물의 수거·처리 등 환경미화 업무
>   ④ 공원·녹지 등의 유지관리 업무
>   ⑤ 산림조사 및 산림보호 업무
>   ⑥ 조리 실무 및 급식실 운영 등 조리시설 관련 업무

(6) 중대재해처벌법상 의무와 조치사항

① 중대재해처벌법의 제정목적
　㉠ 산업안전은 사업주 또는 경영책임자 등의 의지와 관심에 좌우된다.
　㉡ 안전보건 확보 의무를 위반하여 중대산업재해 발생시 사업주 또는 경영책임자 등을 처벌하여 중대산업재해를 예방하는 것이 제정 목적이다.
　㉢ 종사자의 산업재해 예방을 위해 법인 또는 기관 단위에서 안전 및 보건에 관한 체계적인 관리시스템을 갖추도록 하는 것이다.

> ✅ **PLUS**
>
> **중대산업재해**
> 1. **법률상 정의**
>   산업안전보건법 제2조 제1호에 따른 산업재해 중 ① 사망자가 1명 이상, ② 동일한 사고로 6개월 이상 치료가 필요한 부상자가 2명 이상, ③ 동일한 유해요인으로 급성 중독 등 직업성 질병자가 1년 이내에 3명 이상 발생한 재해를 말한다(중대재해처벌법 제2조 제2호).
> 2. **사 망**
>   사고에 의한 사망뿐만 아니라 직업성 질병에 의한 사망도 포함한다.
> 3. **부 상**
>   동일한 사고로 "6개월 이상 치료가 필요한 부상자"는 해당 부상에 대한 직접적 치료 행위가 6개월 이상 필요한 경우를 의미하므로 재활치료 기간은 포함하지 않고, 의사의 진단 소견서 등 객관적 자료로 판단한다.

4. 질 병

"동일한 유해요인"으로 발생한 직업성 질병의 경우 노출된 유해인자와 성분, 작업 양태 등에서 객관적으로 동일성이 입증되었다면 종사자 간 유해요인 노출 시기나 장소가 다르거나 발병 시기가 다르더라도 동일한 유해요인으로 인정될 수 있다.

② 공공부문 적용

　㉠ 의무주체: 기업뿐만 아니라 중앙행정기관, 지방자치단체 등 공공부문도 중대재해처벌법의 적용대상이며 법에 따른 의무이행 주체는 중앙행정기관, 지방자치단체 등 국가 기관의 경영책임자로서 각 기관의 장이 경영책임자에 해당한다.

　㉡ 보호대상: 법 제2조 제7호의 종사자는 근로자, 노무제공자 및 단계별 수급인과 수급인의 근로자·노무제공자를 모두 포함하며 이때 근로기준법상 "근로자"는 공무직 근로자뿐만 아니라 공무원도 포함한다.

③ 경영책임자 등의 의무(안전·보건 확보의무)

경영책임자 등은 법인 또는 기관이 실질적으로 지배·운영·관리하는 사업 또는 사업장에서 종사자의 안전·보건상 유해 또는 위험을 방지하기 위해 사업 또는 사업장의 특성 및 규모 등을 고려하여 다음의 각 조치를 해야 한다(법 제4조).

　㉠ 재해예방에 필요한 안전보건관리체계의 구축 및 이행

　㉡ 재해 발생시 재발 방지 대책의 수립 및 이행

　㉢ 중앙행정기관·지방자치단체가 관계 법령에 따라 개선·시정 등을 명한 사항의 이행

　㉣ 안전·보건 관계 법령에 따른 의무이행에 필요한 관리상의 조치

◈ 중앙행정기관 안전보건관리체계 구축 사례

추진단계	추진내용
1. 기본현황 파악 및 분석	① 종사자(공무원, 현업업무 종사자 등) 현황 ② 업무 분야별 근무환경 ③ 산업재해 발생 현황 분석 ④ 사업장 구분 ⑤ 업무 분야별 도급·용역·위탁 현황
2. 조직·인력 등 확보	① 본부 전담조직 설치 및 전문인력 구성 ② 사업장별 전문인력 등 구성
3. 기준, 절차, 매뉴얼 마련	① 안전보건에 관한 목표와 경영방침 설정 ② 유해·위험요인 확인 개선 절차 ③ 종사자 의견 수렴 절차 ④ 중대산업재해 발생 및 급박할 위험 대비 매뉴얼 ⑤ 도급·용역·위탁시 수급인의 산업재해 예방 조치 능력에 관한 평가 기준, 안전보건을 위한 적정 관리비용 기준, 적정 기간 기준
4. 안전보건관리체계 운영	① 계획 및 절차에 따른 이행 ② 교육, 훈련
5. 점검·개선	① 기준, 절차, 매뉴얼 등에 따른 이행 여부 점검 ② 필요한 조치 및 개선

중대시민재해

1. 정 의

> 중대재해처벌법 제2조(정의) 이 법에서 사용하는 용어의 뜻은 다음과 같다.
> 3. "중대시민재해"란 특정 원료 또는 제조물, 공중이용시설 또는 공중교통수단의 설계, 제조, 설치, 관리상의 결함을 원인으로 하여 발생한 재해로서 다음 각 목의 어느 하나에 해당하는 결과를 야기한 재해를 말한다. 다만, 중대산업재해에 해당하는 재해는 제외한다.
> 　가. 사망자가 1명 이상 발생
> 　나. 동일한 사고로 2개월 이상 치료가 필요한 부상자가 10명 이상 발생
> 　다. 동일한 원인으로 3개월 이상 치료가 필요한 질병자가 10명 이상 발생

2. 공중이용시설 대표 예시
   ① 철도역사 시설 중 대합실
   ② 도로교량, 다목적댐, 발전용댐, 홍수전용댐 등 토목시설물
3. 국토교통분야 공중이용시설
   ① 도로시설(도로교량, 도로터널)
   ② 철도시설(철도교량, 철도터널)
   ③ 항만시설
   ④ 댐시설
   ⑤ 건축물
   ⑥ 하천시설
   ⑦ 상하수도시설
   ⑧ 옹벽 및 절토사면 등
   ⊙ 실내공기질관리법상 시설 중 지하역사 또는 각종 여객터미널도 '시설물안전법에 따른 건축물(⑤)'과 유사 적용
4. 공중교통수단
   도시철도차량, 철도차량, 시외버스, 운송용 항공기 등
5. 중대시민재해의 대표적인 사례로 가습기살균제 사건, 2023년 4월 발생한 성남시 정자교 측면부 붕괴 사망사고 등을 들 수 있다.
6. 중대재해처벌법은 사업장이나 공중이용시설, 공중교통수단 등을 운영하는 기업 또는 기관의 경영책임자에게 안전·보건 확보의무를 부과하는 의미가 있다.
7. 국토교통부는 국민들이 교통 인프라와 대중교통수단을 이용하는 과정에서 발생가능한 중대시민재해를 미연에 방지할 수 있도록 기관별 안전관리체계 구축 실태를 점검하는 것은 물론, 각 기관에서 근무하는 종사자들의 안전을 담보할 수 있는 안전·보건 전문인력 배치 등 기관별 주요 의무사항 이행현황도 함께 점검하여 중대산업재해 예방을 위한 노력을 다할 계획이다.

(7) 중대재해처벌법 논란사항

① 5인 미만 사업장은 배제됨으로써 사각지대가 우려된다. 50인 미만 사업장의 경우 2024년 1월 27일부터 적용되도록 하였다.
② 사업주에게 부과된 위험방지의무가 명확치 않아 안전에 대한 투자나 관리를 아무리 해도 사고가 나면 현장에 있지 않은 사업주가 처벌될 수 있다는 두려움이 있다.
③ 안전보건 확보에 대한 범위가 모호하여 무한대로 확장될 소지가 있다. ⇨ 경영계에서는 안전의무 조치에 대한 가이드라인을 제시해 줄 것을 요구하고 있다.

양주 채석장 붕괴사고(2022. 1. 29.)

1. **사고개요**
   ① 경기도 양주에 위치한 삼표산업 양주사업소 석재 채취장에서 토사 붕괴로 작업자 3명이 매몰되어 사망한 사고 발생
   ② 소방당국은 신속한 구조를 위해 총력 대응에 나섰으며 고용노동부는 해당 사업장이 중대재해처벌법 적용 대상인만큼 근로감독관 8명을 급파해 사고수습과 재해조사 작업을 진행
2. **처 벌**
   ① 삼표산업 대표에 대해 토사 붕괴 사고와 관련해 중대재해처벌 등에 관한 법률(중대재해처벌법)을 위반한 혐의로 입건
   ② 삼표산업이 해당 사업장에서 산업안전보건의무를 다했는지 여부 등에 따라 사업주나 경영책임자가 1년 이상 징역 또는 10억원 이하 벌금에 처해질 수 있음

✅ **POINT** 중대재해처벌법 제정목적에 대해서는 알고 있어야 한다.

산업안전보건법 관련 기출질문
Q. 산업안전보건법에서의 안전수칙에 대해 답변해보라. [2022 서울시교육청]
Q. 학교에서 근무하는 공무원으로서 산업안전을 위해 할 수 있는 일에 대해 답변해보라. [2022 서울시교육청]

---

05 음주운전 처벌강화(윤창호법)

1. 현 황

(1) 2018년 12월 음주운전 처벌을 강화하는 내용의 윤창호법이 국회를 통과하였다.

(2) 윤창호법은 음주운전에 대한 의식혁명을 하자는 취지로 제정되었다. 술을 마시고 운전을 하면 누군가를 죽일 수 있다는 인식을 가져야 음주운전이 사라질 수 있다는 취지이다.

(3) 2023년 대전에서도 음주운전을 하다가 초등학생을 숨지게 한 전직 공무원이 구속된 사례가 있다.

2. 주요 내용

(1) 음주 상태에서 운전을 하다 사람을 숨지게 하면 무기 또는 3년 이상의 징역형으로 처벌이 강화되었다.
⇨ 예전에는 사람을 숨지게 하면 1년 이상의 유기징역, 다치게 하면 10년 이하의 징역 또는 500만원 이상 3천만원 이하의 벌금형이었다.

(2) 음주운전의 면허정지 기준을 현행 혈중알코올농도 0.03% 이상으로, 면허취소 기준은 0.08% 이상으로 강화하였다.

(3) 음주운전을 하다 2차례 이상 적발되면 가중처벌하는 조항이 신설되었다.
   ⊙ 이 조항은 책임과 형벌 간의 비례원칙에 위반된다는 이유로 2021년 헌법재판소에서 위헌판결을 받았다. 헌법재판소는 가중처벌의 필요성은 부인하지 않았지만 법 조항에 '음주운전의 재범을 산정하는 기한'이 없다는 점을 지적했다. 예를 들어 20대 초반에 음주운전 1회 이력이 있는 사람이 40여 년 뒤 60대가 되어 음주운전 최저 기준치인 혈중알코올농도 0.03%로 재범을 저지른 경우에도 이 법에 따르면 '상습 음주운전자'가 된다.

3. 음주운전의 처벌강화이유

(1) 음주운전으로 인한 피해방지

선량한 불특정 다수가 피해를 받는 상황에서 음주운전에 대한 엄벌주의를 확립하여 더 이상 소중한 생명이 억울하게 희생되는 일이 없도록 법적·제도적·윤리적 장치를 마련하는 것이 필요하였다.

(2) 음주에 관대한 문화 개선 필요

음주운전 사고는 더 이상 단순한 실수가 아닌 범죄행위로 인식되어야 한다. 음주운전은 습관처럼 이루어지고 재범률이 높은 현실이기에 반드시 개선이 필요한 부분이다.

✎ Check point

공무원 징계령 시행규칙 개정안(인사혁신처 2021. 10. 28. 보도자료)
① 1회 음주운전에도 혈중알코올 농도가 0.2% 이상이거나 음주 측정에 불응하면 최대 해임까지 가능하도록 한다.
② 지금까지는 2회 이상 음주운전을 하거나 1회 음주운전이라도 상해 또는 물적 피해가 발생한 경우 공직에서 배제할 수 있었다.
③ 0.03~0.08% 구간은 정직~감봉, 0.08%~0.2% 구간은 강등~정직, 0.2% 이상은 해임~정직의 징계를 내리도록 하였다.

⊘ PLUS

음주운전 관련 기출질문 및 예상질문
Q. 공무원의 음주운전 처벌은 일반인보다 더 강력해야 한다고 생각하는가?
Q. 음주운전을 한 공무원 관련 징계 찬반 토론 [2018 경북]
Q. 공무원은 음주운전을 하면 이중 처벌(형사 및 행정징계)을 받게 되는데 행정징계에 대해 알고 있으면 답변해보라.
　➡ 공무원의 최초 음주운전에 대해서도 최소한 '감봉'으로 징계하는 등 유형별로 징계 양정 기준을 1단계씩 상향
　➡ 음주운전으로 물적 피해·인적 피해 기준을 통합하고 '사망사고'의 경우 공직에서 배제(파면 또는 해임)
　➡ 음주운전으로 교통사고를 일으킨 후 사상자 구호 등 조치를 하지 않은 경우 '물적 피해'와 '인적 피해'를 구분하는데 '인적 피해'일 경우에도 공직에서 배제(파면 또는 해임)
Q. 공무원의 음주운전은 공무원으로서 어떤 의무를 위반한 것인가? ⇨ 품위유지의무의 위반

MEMO

06 | 민식이법

1. 의 의

(1) '민식이법' 법안은 어린이보호구역에 관련한 '도로교통법 일부 개정안'과 '특정범죄 가중처벌 등에 관한 법률 일부 개정안'을 다루고 있다.

(2) '도로교통법 일부 개정안'은 어린이보호구역 내 과속단속카메라 설치를 의무화하고 해당 지방자치단체장이 신호등 등을 우선 설치하도록 하는 내용이다.

(3) '특정범죄 가중처벌 등에 관한 법률 일부 개정안'은 어린이보호구역 내 교통사고 사망사고 발생시 3년 이상 징역을 부과하는 등 가중처벌이 핵심 내용이다.

2. 민식이법 배경

(1) 충남 아산에서 김민식군이 스쿨존 횡단보도를 건너다 교통사고로 사망하는 사고가 발생하였다. 이후 그의 이름을 딴 '민식이법'이 발의되었다.

(2) 사고 현장을 목격한 어머니의 안타까운 사연이 알려지면서 2019년 12월 국회 본회의를 통과하였다.

3. 민식이법 관련 논란 사항

(1) 민식이법의 형평성과 부작용이 우려되고 있다.
　① 민식이법은 운전자가 막을 수 없는 사고에 대한 책임까지도 운전자에게 떠넘기는 법이라는 인식이 여전히 존재한다.
　② 무조건 3년 이상의 실형을 규정한 것은 다른 법과 비교했을 때 형평성이 부족하다는 지적이다. 피해자와 가해자의 과실 정도를 따져 피해자의 과실이 큰 경우엔 사망사고라도 집행유예나 벌금형 등 여러 가지 선택의 길을 열어줘야 한다는 의견이다.
　③ 일반적인 교통사고 가해자는 '고의범'이 아닌 '과실범'으로 분류된다. 사람을 고의로 해치려는 의도가 없다는 전제에서이다. 그런 과실범인 교통사고 운전자를 살인이나 음주운전과 같이 '고의' 행위가 포함된 범죄에 준하게 처벌하는 것은 부당하다는 것이다.

(2) 어린이 보호구역에서 사고를 예방할 수 있는 현실적인 대책을 내놓지 않은 채 운전자만을 엄벌하는 것만이 능사는 아니다.

(3) '어린이의 특수성'을 고려해야 한다는 시각도 있다. 일반적인 법 원칙만 고수하는 것보다는 스쿨존에서라도 어린이들이 사고 없이 안전하게 다닐 수 있게 하자는 취지를 고려해야 한다.

4. 민식이법 시행 후 효과

(1) 법 시행 이후인 2020년 어린이 보호구역 내 어린이 교통사고는 483건으로 전년(567건) 대비 14.8% 감소하였다.

(2) 전체 어린이 교통사고 건수는 2019년 11,054건에서 2020년 8,400건으로 24% 감소하였다.

도심 도로 제한속도 50km/h

1. 우리나라 교통안전수준은 OECD 국가 중 거의 꼴찌이다.
   ➡ 2016년 기준 OECD 회원국 인구 10만 명당 보행 중 사망자 수 평균 1.1명 / 우리나라는 3.3명
2. 서울·부산을 시작으로 해서 2022년 전국에서 시행되는 안전속도 5030(도심도로 50km/h, 스쿨존 30km/h)은 제한속도를 낮춰 교통사고 사망자 수를 줄이고자 하는 목적이다.
3. 서울시는 서울경찰청과 협의를 거쳐 보행자가 많지 않고 차량소통이 비교적 원활한 한강교량 등 20개 구간의 기존 제한속도를 시속 50km에서 60km로 상향하여 탄력적 운영을 발표하였다(2022년 3월).

07 개인방송 논란(유튜브, 아프리카TV, 틱톡)

1. 현 황

(1) 인터넷 개인방송이란 1인 혹은 복수의 진행자들이 게임, 토크, 음악, 교육, 스포츠 등 다양한 종류의 프로그램을 온라인을 통해 실시간 혹은 VOD(Video On Demand) 방식으로 다수의 인터넷 이용자들에게 유료 또는 무료로 제공하는 서비스를 말한다.

(2) 인터넷 이용의 대중화와 스마트 미디어 환경 조성에 따라 미디어 콘텐츠 생산도 다양화되어 1인 방송창작자에 의한 인터넷 개인방송과 이를 제공하는 플랫폼이 급증하고 있다.

(3) 실시간 방송을 통해 '동시 접속'과 시청공동체로서의 정서를 공유하면서 10대, 20대 중심의 중요한 문화로 자리잡아 가고 있다.

2. 문제점

(1) 불법·유해 콘텐츠의 유통

선정적·폭력적 방송을 비롯해 불법적이고 유해한 정보(예 도박, 성매매, 음란, 명예훼손, 욕설, 차별, 비하 발언 등)가 유통되어 사회적으로 문제화 되고 있다.

(2) 인터넷 방송 과다결제 문제

과다결제로 인한 피해를 막기 위해 결제한도를 1일 100만원 이하로 제한하고 있다.

(3) 사업자의 자율 규제 이행 부족

① 신고만 하면 인터넷 개인방송 시장에 진입이 가능하기 때문에 다수의 플랫폼 사업자가 시장에 진입해 있다. 하지만 인터넷 개인방송에서 일어나는 음란·성인방송, 막말(모욕, 명예훼손) 방송, 저작권 침해 등 고질적인 문제에 대해서는 사업자가 사실상 방치하고 있는 실정이다.

② 인터넷 개인방송사의 경우 수익 측면에서 개별 개인방송 진행자의 수입원인 유료아이템(예 별풍선) 중 일부를 수익으로 배분받고 있다. 따라서 시청자로부터 유료 아이템 지출을 유인하기 위해 자극적인 콘텐츠를 양산하는 인터넷 개인방송 진행자에 대해 엄격한 제재를 하지 못하는 한계가 있다.

(4) 사후 규제의 어려움

① 현재 인터넷 개인방송 콘텐츠는 사후 심의를 통해 규제하고 있으나 방송통신심의위원회가 인터넷 개인방송 내 불법·유해 콘텐츠를 접근하고 사후적으로 조치하는 데 있어 어려움이 있다. 즉, 인터넷 개인방송의 경우 불법적 내용은 주로 방송진행자가 패스워드로 지정한 비밀방에서 이루어지고 있어 규제기관의 접근이 어려운 문제가 있다.

② 또한 인터넷 불법·유해 정보에 대한 신고를 받더라도 방송프로그램에 대한 저장 의무가 사업자에게 있지 않기 때문에 이미 방송된 수많은 개인방송에 대한 증거 수집이 어려워 사후 규제에 한계가 있다.

(5) 가짜뉴스 유통의 통로

가짜뉴스는 정치·사회적 문제를 야기할 가능성을 내포하고 있고, 이로 인해 우리 사회를 분열시키는 심각한 문제를 야기할 가능성이 높다.

3. 인터넷 개인방송 규제 논란

(1) 인터넷 개인방송의 부작용에 대한 우려로 규제를 해야 한다는 주장과 표현의 자유가 위축될 것이라며 규제에 반대하는 목소리도 존재한다.

(2) 프로그램 사전심의, 프로그램 연령 등급분류 등 방송법과 유사한 규제를 생각해 볼 수 있다. 그런데 규제를 하면 또 다른 문제가 발생한다.

① 쌍방향 통신과 선택적 이용이 가능한 인터넷 개인방송을 공공성이 강조되는 기존 방송과 동일한 규제 범위에 두기 힘들다는 문제

② 실시간으로 이루어지는 수많은 개인방송을 사전에 심의한다는 것이 현실적으로 어렵다는 문제

③ 규제에 대한 합의가 이루어지지 않은 시점에서 규제는 형평성의 문제 발생(외국사업자가 운영하는 유튜브는 규제의 대상에서 제외되는 문제 발생)

④ 엄격한 규제 적용시 인터넷 개인방송 창작자의 위축

(3) 개선방안은 다음과 같다.

① 불법 유해 정보에 대한 명확한 제시로 모호성 해소(BJ 등록시 사전 교육 실시)

② 불법 유해 정보를 유통하는 진행자(브로드자키·크리에이터) 퇴출 방안을 마련 ⇨ 사안이 중대할 때는 '원스트라이크 아웃제' 적용, 일반적인 사항에 대해서는 '삼진 아웃제' 적용

③ 불법 유해 콘텐츠 유통 금지 및 형사처벌 경고 문구 게시 의무

④ 청소년 유해 매체 및 콘텐츠에 대한 사업자 책임 강화(사업자의 자율적 검열 기능 강화)

⑤ 유해 콘텐츠 공급자에 대한 벌점제 ⇨ 일정 벌점 초과시 의무교육 수료 강제(운전면허 벌점제처럼)

⑥ 플랫폼 사업자들의 자율적 규제 유도 ⇨ 플랫폼 사업자들이 일정 기준을 마련하고 이를 스스로에게 적용하여 규제를 실행해 나가는 것이 바람직

MEMO

4. 공무원의 유튜브 활동

(1) 교육부는 교원 유튜브 활동 증가 추세에 맞춰 관련 복무지침을 마련하여 시·도교육청에 안내했다.

(2) 그간 교원 유튜브 활동 증가에도 불구하고 관련 지침이 미비하여 광고수익 취득, 겸직 기준 등에 대한 논란이 있어 왔다.

(3) 현장의 혼란을 해소하고, 교육 관련 유튜브 활동은 장려하면서 부적절한 사례를 막고자 이번에 복무지침을 마련하게 되었다.

(4) 교육부와 시·도교육청의 협의과정을 거쳤으며 전수 실태조사, 관계부처 협의, 법률자문, 현장교원 간담회 등을 실시하였다.

(5) 복무 지침의 주요 내용은 다음과 같다.

① 자기주도적 학습 지원, 학생교육 활동 사례 공유 등 공익적 성격의 교육관련 유튜브 활동은 장려할 방침이다.

② 아울러 근무시간 외의 취미, 여가, 자기개발 등 사생활 영역의 유튜브 활동은 원칙적으로 규제 대상이 아니라고 판단하였다.

③ 다만 불특정 다수에게 공개되는 특성을 고려하여 직무 내외를 불문하고 교원으로서 품위를 손상시키는 행위는 금지된다.

④ 광고수익 발생 최소요건에 도달하면 겸직 허가를 받아야 한다.

⑤ 겸직 허가권자는 유튜브 활동의 목적과 내용 등을 구체적으로 심사하여 허가기준에 부합하고 본연의 직무수행에 지장이 없는 경우 겸직을 허가할 수 있다.

⑥ 광고수익 발생 요건에 도달하지 않는다면 겸직 신고대상이 아니지만 겸직과 별개로 「국가공무원법」, 「국가공무원 복무규정」을 위반하는 행위는 금지된다.

⑦ 교육부 복무지침에서 정하지 않은 세부기준은 복무감독 권한이 있는 교육감이 자체적으로 추가 마련하여 시행할 수 있다.

⑧ 교원 유튜브 활동 복무지침은 국공립 교원뿐만 아니라 사립교원, 계약제 교원에게도 동일하게 적용된다.

⑨ 아울러 유튜브와 유사한 형태로 운영되는 다른 온라인 동영상 서비스의 경우, 본 지침이 준용될 수 있다.

5. 교원 유튜브 활동 복무지침안(참고)

1. 유튜브 활동의 범위
   가. 영상 촬영, 편집, 탑재 등 직접적인 활동 및 본인의 영상에 답글을 게시하는 행위
   나. 다른 유튜브 채널 영상을 본인 유튜브 채널에 공유, 활용하는 행위
2. 유튜브 활동의 기본 방침
   가. 「국가공무원법」, 「국가공무원 복무규정」을 준수해야 하며, 본연의 직무수행에 지장을 주지 않는 범위에서 유튜브 활동 가능
   나. 자기주도적 학습 지원, 학교교육과정 운영 지원, 학생교육 활동사례 공유 등 공익적 성격의 교육관련 유튜브 활동 장려
   다. 불특정 다수에게 공개되는 유튜브 특성을 고려하여 직무 내외를 불문하고 교원으로서 품위를 손상시키는 활동 금지

라. 광고수익 발생 최소 요건 미도달시 겸직신고 대상이 아니며, 광고수익 발생 요건에 도달하면 겸직 허가 필요 및 엄정한 실태 감독

마. 본 지침 이외의 구체적인 복무기준은 시·도교육청 자체 세부기준을 마련하여 시행할 수 있음

3. 금지되는 유튜브 활동

　가. 「국가공무원법」 제63조(품위유지의 의무)에 따라 교원으로서 품위를 손상시켜 사회적 지탄을 받을 수 있는 부적절한 유튜브 활동은 금지

　　예 특정 인물 비방, 비속어 사용, 폭력적·선정적 영상 수록 등

　나. 「국가공무원법」 제64조(영리업무 및 겸직금지), 「국가공무원 복무규정」 제25조(영리업무의 금지), 「국가공무원법」 제65조(정치운동의 금지)에 따라 공무원의 직무 능률을 떨어뜨리거나 공무에 대하여 부당한 영향을 끼치거나 국가의 이익과 상반되는 이익을 취득하거나 정부에 불명예스러운 영향을 끼칠 우려가 있거나 특정 정당 또는 특정인을 지지 또는 반대하는 활동 금지

　　➜ 직무 내외를 불문하고 업체 등으로부터 협찬 등을 받아 특정 상품을 직·간접적으로 홍보함으로써 금전, 물품 등을 취득하는 행위 금지

　　➜ 유튜브 라이브 방송을 통해 금전적 이득을 취득하는 행위 금지

4. 유튜브 활동 관련 세부 복무기준

　가. 근무시간 내에는 직무와 관련된 활동만 허용되며, 근무시간 외의 취미, 여가 등 사생활 영역의 활동은 원칙적으로 규제 대상이 아님. 단, 근무시간 이외라도 과도한 유튜브 활동으로 본연의 직무 능률을 저하시키거나 직무수행에 지장을 주는 경우 활동 금지

　나. 학생이 등장하는 영상을 제작하는 경우, 학생 본인 및 보호자의 사전 동의를 받아야 하며 학교장은 제작 목적, 사전 동의 여부, 내용의 적절성 등을 종합적으로 고려하여 촬영 허가 결정

　　➜ 완성 영상을 유튜브에 활용시 학생 본인 및 보호자 최종 동의 필요

　다. 학생 평가의 공정성에 부정적인 영향을 초래할 수 있는 내용은 영상에 수록 금지

　라. 학생의 의사와 관계 없이 수업 활용 등을 목적으로 학생의 의무 시청이 요구되는 영상에는 광고 탑재 금지

5. 유튜브 활동 겸직신고 및 허가기준

　가. 유튜브 광고수익 발생 최소 요건 도달시부터 겸직 허가 필요

　　1) 광고수익 발생 최소 요건 만족을 위해서는 계속적인 유튜브 활동이 요구된다고 인정되므로 겸직 허가 필요

　　　➜ 구글이 광고 계약 파트너로 인정하는 최소 요건으로 유튜브 채널 구독자 1,000명 이상, 영상 연간 총 재생시간 4,000시간 이상(회사 정책에 따라 변동시 연계 반영)

　　2) 광고수익을 받지 않더라도 교원으로서 품위를 손상시키거나 본연의 직무에 지장을 초래하는 등 금지요건에 해당하는 경우는 겸직 허가와 별개로 활동 금지

　나. 겸직 허가권자는 교원 유튜브 활동의 내용과 성격 등을 구체적으로 심사하여 허가기준에 부합하고 직무수행에 지장이 없는 경우 겸직 허가

　　➜ 겸직 허가기간은 연 단위(1.1~12.31)로 운영하고 겸직기간 연장시 재심사 실시

　　➜ 당해 연도 겸직 허가 후 미활동 유튜버에 대해서는 차년도 겸직 불허 가능

　다. 교육감은 매년 연초(전년도 12월 말 기준) 유튜브 겸직허가 교원 대상으로 전수 실태조사를 실시하여 품위유지 의무위반 등 금지요건 지도·감독

　　1) 금지 요건에 해당하는 경우, 겸직허가 취소 및 활동 금지 조치

　　2) 원만한 실태조사를 위해 겸직신고자는 신고 당시의 유튜브 채널명을 사전 허가 없이 다른 채널명으로 중도변경 금지

　　　➜ 광고수익 발생 최소 요건에 도달하였음에도 겸직신고를 불이행하는 경우, 「국가공무원법」에 따른 영리업무 및 겸직금지 의무 위반 해당

　라. 이밖에 겸직허가에 관한 사항은 「국가공무원 복무징계 관련 예규」의 기준에 따름

6. 개인방송 관련 질문답변 사례

Q. 유튜브 활동과 관련된 법령은 무엇이며, 유튜브 활동을 잘 할 수 있는 방안은 무엇인가요?

A. 네, 답변하겠습니다. 원칙적으로 공무원은 영리나 겸직이 금지되지만 제가 알아본 바로는 유튜브 활동이 일정한 조회수와 구독자 수가 넘어 수익 창출이 가능한 경우 허가를 받아 겸직을 할 수 있는 것으로 알고 있습니다. 공무원의 겸직을 금지하는 이유는 직무 집행에 방해가 되고, 정부에 불명예를 끼쳐 국민의 신뢰가 하락하는 경우가 발생하기 때문입니다. 이러한 경우를 방지하고 공무원이 유튜브 활동을 잘하기 위해서는 첫 번째로 방송시간을 제한하는 것을 들 수 있습니다. 예컨대 주당 라이브 방송시간이나 총 방송시간에 제한을 둔다면 과도하게 방송활동에 몰입함으로써 직무 집행이 방해되는 것을 방지할 수 있을 것입니다. 두 번째로 컨텐츠를 제한하는 것을 들 수 있습니다. 최근 찐공 유튜브의 사례와 같이 과도한 문신으로 인해서 논란이 있었던 것처럼 품위유지의무를 위반하는 행위나 비속어 사용을 강력하게 금지함으로써 스스로 품위유지의무를 위반하지 않도록 해야 합니다. 또 덧붙이자면 정부가 온라인 셧다운제를 홍보하는 기간에는 게임 컨텐츠를 제한하거나 스스로 자제하게 함으로써 이를 해결할 수 있다고 생각합니다. 이상입니다.

Q. 공무원의 유튜브와 같은 활동 논란에 대해 관련 법령과 연계하여 설명해주세요. 그리고 이때 어떤 자세가 중요할까요?

A. 공무원에게는 영리행위금지의무가 있습니다. 이에 국가공무원법에 영리행위금지의무가 있습니다. 이는 본연의 업무에 충실해야 하기 때문에 영리행위를 하지 못하도록 막아놓은 것입니다. 하지만 창작활동에 대해서는 가능한 것으로 알고 있습니다. 그리고 수익이 나면 기관장에게 신고해야 하는 것으로 알고 있습니다. 유튜브를 할 때는 국민들에게 모든 것들이 노출된 상태이기 때문에 품위유지의무를 지켜서 언행을 조심해야 하고 수익이 발생하면 신고를 해야 한다고 생각합니다.

⊗ PLUS

유튜브 관련 기출질문

Q. 공무원의 유튜브 활동에 대해서 어떻게 생각하는가? [2023 강원교행]

Q. 유튜브 활동 겸직 허가 기준 및 절차에 대해 답변해보라. [2021 경남]

Q. 교사의 유튜브 활동 장단점은 무엇인가? [2021 세종]

Q. 유튜브가 활성화됨에 따라 공무원도 유튜브 활동을 하는 경우가 많은데 공무원이 공무 외에 업무에 종사할 때 지켜야 할 절차를 법령에 근거하여 설명해보라. [2020 서울]

MEMO

08 워라밸(Work and Life Balance, 일과 삶의 균형)

1. 의 의

(1) 워라밸이란 '최근의 구직자나 젊은 직장인들의 회사를 선택하는 기준으로 연봉보다는 삶의 질을 중요시하는 경향이 강해지면서 등장한 신조어'이며, 좋은 회사에서 높은 연봉을 받는 것이 최선의 선택이 아니라 적절한 근로시간과 월급으로 자신의 삶을 누리는 것이 행복이라고 느끼는 것이다.

(2) 저녁이 있는 삶, 일과 삶의 균형이 중요시되면서 구직자나 이직 희망자들은 '기업의 워라밸'이 직장을 고르는 우선순위가 되고 있다.

(3) 워라밸 세대에게 특히 자신(myself), 여가(leisure), 성장(development)은 희생할 수 없는 가치이다.

(4) 고용노동부에서도 일·생활 균형에 대한 국민적 관심 제고와 일·생활 균형 문화 확산을 위해 국민 참여 캠페인을 추진 중이다.

2. 일·가정 양립

(1) 다양한 분야와의 연관성

일·가정 양립은 저출산 시대의 해법인 동시에 여성일자리나 보육 등 다양한 분야와도 밀접한 연관을 가진다.

➡ 출산휴가제, 배우자출산휴가제, 육아휴직제, 유연근무제 등 일·가정양립제도에 대한 요구 증가

(2) 고용노동부 '일家양득 정책'

일하는 방식과 문화를 개선하여 기업의 생산성과 경쟁력을 높이면서도 일과 가정의 균형을 찾아가도록 지원하는 정책이다.

핵심분야	세부 프로그램
생산성과 효율성 제고	교대제 개편, 회의시간 단축, 집중근무제 등
유연근무 활용도 높이기	시차출퇴근제, 시간선택제, 탄력근무제 등
회식·야근 줄이기	가정의 날, 정시퇴근제 등
육아부담 나누기	육아휴직, 육아기 근로시간 단축, 수유실 설치 등
자기계발 및 알찬 휴가 지원	동호회 지원, 연차사용 촉진, 안식년 등

➡ 유연근무제는 근무자와 사용자가 근로시간이나 근로장소 등을 선택·조정하여 일과 생활을 조화롭게 하고 인력활용의 효율성을 높일 수 있는 제도이다(예 시차출퇴근제, 선택근무제, 재택근무 등).

3. 주 4일제 시행 논의

(1) 노동계를 중심으로 주 4일만 근무하도록 하는 주 4일제를 시행해야 한다는 의견이 제기되었다. 이때 주 4일제를 시행하더라도 1일 단위 근무시간은 주 5일제와 동일하다.

(2) 미국·일본·독일·영국 등 많은 국가에서는 이미 시행하고 있으며 이로 인하여 특히 영국에서는 자녀 돌봄시간이 늘어나게 되어 일과 가정의 양립이 가능해진 것으로 나타났다.

(3) 한국의 경우 AI와 같은 기술을 통해 주 4일제로 인한 생산성의 공백을 극복할 수 있다는 주장도 존재한다.

(4) 경영계 입장에서는 제조업 중심의 한국 산업환경으로 인해 주 4일제를 시행하게 되면 생산성의 하락이 불가피하며 이를 방지하기 위해서는 추가 인력을 채용하고 직원의 급여를 인상해야 하기에 비용 부담을 이유로 반대하는 입장이다.

(5) 비용 부담을 감당할 수 있는 일부 대기업은 주 4일제를 시행하는 것이 가능하나 중소기업의 경우 그렇지 못한 경우가 많기 때문에 대기업 쏠림현상이 강화되어 중소기업이 인력난을 겪을 가능성이 더 높아지게 된다는 주장도 존재한다.

(6) 직장인들은 주 4일제에 대해 높은 찬성률을 보이고 있다. 카카오, 포스코와 같은 일부 대기업에서는 격주로 주 4일제를 시행하거나 월 2일의 추가 휴무를 부여하는 등과 같이 점진적으로 주 4일제를 시행하려는 움직임을 보이고 있으나 일부 기업의 경우 주 4일제를 시행하였다가 그에 따른 부작용으로 인하여 주 5일제로 회귀하기도 하였다.

4. 워라밸 관련 질문답변 사례

> Q. 일·가정 양립을 위해 본인은 어떻게 할 것인지 답변해달라.
> A. 우선 국민의 안전과 생활능력 향상을 위해 힘쓰는 공무원으로서 제가 재충전할 수 있는 수단으로 보아 저의 업무에 최선을 다하기 위해서는 워라밸이 필요하다고 생각합니다. 실제로 고용노동부에서는 정시퇴근제를 활용해 회식이나 야근을 줄여나가고 있습니다. 이처럼 저도 정시퇴근을 할 수 있다면 퇴근 후 저의 삶을 누릴 수 있을 것 같습니다.

⟨ PLUS

워라밸 관련 기출질문

Q. 워라밸에 대해 어떻게 생각하는가? [2020 충남·대전·수원, 2022 부산·충북]

Q. 코로나가 길어지면서 공무원들이 모두 이런 업무에 매달려 있는데 지금의 상황에서 워라밸을 어떻게 생각하는가? [2021 용인시·수원시]

Q. 요즘 세대 친구들은 워라밸을 중요하게 생각하고 공무원에 지원하지만 실제로는 야근을 많이 한다. 본인이 야근을 많이 하게 된다면 어떻겠는가? [2022 남양주·수원시·의정부]

MEMO

✅ **POINT** '화장터, 반려동물 놀이터 등 혐오시설 설치에 대해 지역 주민들이 반대할 경우 어떻게 대응할 것인가?'에 대한 방안을 찾아야 한다.

1. 공공갈등의 의의

공공정책(법령의 제정·개정, 각종 사업의 추진 등)을 수립하거나 추진하는 과정에서 해당 정책이나 사업으로 인하여 영향을 받는 이해관계자 상호간 또는 이해관계자와 해당 기관 간에 발생하는 이해관계의 충돌을 말한다.

Case 01. 장애인 특수학교 설립 갈등

> 1. **갈등상황**
>   ① 집에서 2시간 거리에 있는 장애인 학교를 다녀야 한다는 현실 개선을 위해 장애인특수학교 설립 필요
>   ② 장애인 특수학교에 대한 기피시설 인식과 지역 주민들의 집값 하락 우려 및 지역발전을 위해 국립한방병원 건립 주장
> 2. **과 정**
>   ① 공청회 개최 과정에서 장애 학생 부모들이 무릎을 꿇고 눈물로 호소
>   ② 청와대 청원 운동으로 여론 환기 ⇨ 장애학생 시설에 반대하는 것은 어떤 이유를 들이대더라도 지역이기주의이자 장애인 혐오일 뿐
> 3. **해 결**
>   서울시 교육청과 지역주민들은 장애인 특수학교를 설립하되 다음에 폐교되거나 합병되는 학교가 있으면 그 부지에 한방병원 설립 노력하기로 합의

Case 02. 서울시 쓰레기 소각장 갈등

> 1. **갈등상황**
>   ① 인천시가 기존 쓰레기 매립지의 포화로 더 이상 서울시에서 발생한 쓰레기를 받지 않겠다고 선언
>   ② 이에 따라 서울시는 서울시 내에 새로운 쓰레기 소각장을 건립하여야 했고, 기존에 소각장이 있으며 유휴 부지도 있는 마포구 상암동에 쓰레기 소각장을 새로 건설하기로 결정
> 2. **과 정**
>   ① 서울시는 상암동 외에 다른 부지들을 후보로 두었으나 마포구를 최종 입지로 선정
>   ② 서울시는 소각장을 지역의 랜드마크로 만들겠다고 하며 지원을 약속했으나 지역 주민들의 반대는 거센 상황

2. 기피시설 설치 및 입지 갈등 원인

(1) 국민이나 시민에게 편익을 발생시키는 공공사업 추진시 입지갈등 다수 발생

> 예 광역화장장, 교도소 이전, 변전소 설치 등 입지 갈등 사례 빈발함

(2) 편익과 비용의 불균형으로 기피시설 설치는 전국민 또는 해당 시민 전체가 혜택을 보지만 해당 지역 시민은 정신적·신체적 불안과 부동산 가격 하락의 피해 우려

3. 입지 갈등 해결방안

(1) 주민이 참여하는 사업추진 방식 수용

주민 참여 수준에 따라 해결률이 최대 12배 높아짐(국토연구원 연구 결과)

(2) 갈등행위자 간 협력적 상호작용과정 도입

기피시설의 입지는 편익을 얻는 집단과 비용을 부담하는 집단이 있기 마련. 둘 간의 격차를 줄이는 장치를 만들어 공공사업계획 내에 포함시키는 것이 문제해결의 열쇠

(3) 대안적 갈등관리 방식 활용

이해관계자(집단) 간 화해·조정·중재와 같은 대안적 방식들을 많이 활용함으로써 갈등 해소

(4) 중립적 갈등관리기구 구성과 운영

① 이해관계자(집단)와 중립적 전문가가 참여하는 기구 구성
② 과정에서의 투명성을 통해 갈등행위자 상호간 이해 필요

(5) 기피시설과 선호시설 결합

공공사업 기획단계에서 기피시설과 선호시설의 결합을 통해 갈등요소 사전 제거

✎ Check point

갈등관리 담당자에게 중요한 사항

➡ 무작정 공청회를 통해 주민의 의견을 수렴한다고 하는 것보다 아래 내용이 핵심이 되어야 한다.

1. 이해당사자(집단) 파악
① 보다 광범위한 이해당사자들을 파악해야 한다.
② 협의체 구성원의 대표성을 확보해야 한다. 만일 협의체가 주민의사를 충분히 반영하지 못하면 제2, 제3의 갈등이 발생할 수 있기 때문이다.

2. 해당 정책 및 사업과 관련된 갈등의 주요 이슈 및 쟁점 파악
해당 이슈마다 각각의 이해당사자들이 가진 실익을 파악해야 한다.

3. 협의체 구성
이해당사자 및 필요한 경우 전문가를 포함시켜야 한다.

4. 투명한 정보 공개로 신뢰 확보
모든 자료를 공개하고 공개된 자료를 바탕으로 문제점 도출 및 해결방안을 검토하여야 한다.

5. 갈등 영향 분석 및 대응계획 수립
갈등 발생 가능성과 갈등 이해당사자, 갈등으로 인한 비용 등의 분석을 실시하고 대응 계획을 수립하여야 한다.

✔ PLUS

집단갈등 관련 기출질문

Q. 조직갈등을 해결할 수 있는 방법은 무엇인가? [2023 국가직 9급]
Q. 갈등의 순기능에 대해 말해보시오. [2023 충북 교행]
Q. 남녀간 성별 갈등이 있는데 어떻게 해결할 것인가? [2023 대구]
Q. 외집단 및 내집단 경험과 갈등을 극복한 사례에 대해 답변해보라. [2023 서울시 5분발표]

10 세대갈등 해결방안　　　　　　　　　　★★★ 공통

1. MZ세대의 의의

(1) MZ세대는 밀레니얼(Millennial) 세대와 Z세대(Generation Z)를 합쳐 부르는 말이며, 1981~2010년에 출생한 세대를 지칭한다.

(2) 밀레니얼세대는 대체로 1980~1995년(or 1985~1996년) 사이 출생, Z세대는 1996~2010년대(or 1997~2005년) 초반 출생이 해당된다.

(3) 통계청에 따르면 국내 MZ세대(1980~2005년생)는 전체 인구의 33.7%를 차지하고 있다.

2. MZ세대의 특성

(1) 디지털 세대

PC와 스마트폰, 각종 IT 기기와 프로그램을 다루는 데 능숙하다.

(2) 개인주의 성향

자신만의 개성을 중시하고 재미를 추구하며 자유롭게 생각하고 사생활을 존중받기를 원하는 성향을 가진다.

(3) 수평적 관계 지향

① 온라인에서 맺은 수평적 관계에 익숙하여 한국식 조직문화에 거부감을 가진다.
② 다양한 만남을 추구하는 세대로 오프라인 뿐만 아니라 온라인, SNS에서 관계망을 형성한다.

(4) 공정한 보상과 워라밸을 중시

① 평가기준을 명확하게 제시해 줄 것을 요구하며, 공정한 평가에 순응한다.
② 기성세대가 회사를 위해 희생할 수 있다는 반면 MZ세대에게 회사는 같이 성장해 나가는 파트너이지 자신을 희생해서까지 함께해야 하는 대상이 아니라고 생각한다. 뿐만 아니라 기성세대는 평생직장이라는 개념을 가지고 있는 반면 MZ세대는 이러한 개념이 희박하다.
③ 정시퇴근을 추구하고 퇴근 후 업무 지시를 거부하는 등 워라밸을 중시한다.

(5) 소비특징

집단보다는 개인의 행복을, 소유보다는 공유(랜탈이나 중고시장 이용)를, 상품보다는 경험을 중시한다.

3. MZ세대 vs 기성세대(꼰대문화) 갈등

(1) 20·30대 직원과 40대 이상 상사와의 세대 갈등

① **꼰대**: 2030세대는 답답한 기성세대를 '꼰대'라고 칭한다.
  ➡ 꼰대란 권위적인 사고를 가진 어른이나 선생님을 비하하는 은어이다.

② **정시퇴근 갈등**: 윗세대는 정시퇴근에 대해 '일에 대한 책임감 부족'이라 주장했지만 아랫세대는 '야근을 당연시하는 것은 부적절'하다고 반박한다.

③ **일에 대한 가치관 갈등**: 윗세대는 맡겨진 일이 먼저이며 '의무' 중심의 가치관으로 일하지만 MZ세대는 근로 계약서상 근무시간을 중요시하기 때문에 '권리' 중심으로 생각한다.

④ **업무지시**: 윗세대는 "알아서 해봐"라는 식인 반면, MZ세대는 "일의 이유와 방식부터 알아야 한다"라는 말로 반박한다.

⑤ **회식**: 윗세대는 "소통에 필요한 과정"이라고 주장하는 반면, MZ세대는 "장소 예약부터 상사 얘기까지 의전의 연속"이라고 주장한다. 이는 집단주의 성향 vs 개인주의 성향을 보여준다.

(2) 꼰대 문화

① 필요 이상으로 체면치레와 허례허식을 중시하며 주류층 대접을 받고 싶어한다.
② "의견을 이야기하라"고 하지만 결국 정답은 본인의 의견이다.
③ '라떼는(내가 ~했을 때)'이라는 표현을 사용한다.
④ 개인 약속을 이유로 회식에 불참하는 것을 이해하지 못한다.
⑤ 조직문화를 중시한다.
⑥ 예절·의전을 중시한다.

4. 세대갈등 관련 질문답변 사례

Q. 세대갈등 극복방안에는 어떤 것이 있나요?
A. 사실 저도 MZ세대에 속하지만 개인주의적인 면이 없잖아 있는 것 같습니다. 기성세대는 공동체를 중시하고 MZ세대는 개인주의를 중시하며 갈등이 발생한다고 생각합니다. 이런 측면에서 MZ세대는 공동을 위하는 마음을 좀 더 가지고 기성세대의 경험을 존중하며 서로 소통하는 자리를 갖는 게 중요하다고 생각합니다.

Q. 꼰대 상관에 대해서는 어떻게 생각하나요?
A. 직장생활을 하다 보니 나이가 많으시다고 꼰대가 아니라 계급이 높으시면 어쩔 수 없이 꼰대가 되시기도 하는 경우를 보았습니다. 상관은 자신의 경험에 의해 좋다고 생각하는 것을 추천하는 것이니 어느 정도는 받아들여야 한다고 생각합니다. 그리고 온고지신의 정신으로 젊은이의 창의력은 받아들이는 상사가 되면 좋을 것 같습니다.

Q. 상사 세대가 보았을 때 요즘 MZ세대는 개인주의나 이기주의를 보이고 있고, 반대로 요즘 세대들은 상사 세대들을 꼰대로 보기도 합니다. 이러한 갈등 해결 방안에는 무엇이 있을까요?

A. 제 생각에는 각 세대 간의 사회적·문화적 배경이 다르다는 것에 대해 인지가 부족하다는 생각이 듭니다. 저의 경우 먼저 각 세대 간의 사회적·문화적 배경이 다르다는 것을 인식하고 상사분들을 대할 때 저희 아버지, 어머니 같다 생각하고 대화를 하려고 합니다. (중간에 계신 면접관님 끄덕끄덕하셨습니다.) 그래서 저는 한 달에 한 번 정도 부서에서 함께 식사를 하거나 카페를 가서 사적인 얘기도 하고 허심탄회한 이야기도 하면서 경직된 조직문화를 풀어야 된다고 생각합니다. 실제로 저도 간호사 생활을 하면서 직업 특성상 경직된 조직문화 안에 있었는데 이런 사적인 시간을 함께 하면서 사이가 완화되고 좀 더 사적인 이야기를 편하게 할 수 있어서 좋았습니다.

Q. MZ세대같은데 '라떼는 말이야'를 쓰는 나이든 상사와 어떻게 교류할 건가요?

A. 뻔할 수 있지만 저는 소통능력이 중요하다고 생각합니다. 그리고 '라떼는 말이야'라는 말이 사실 슬프게 들리기도 하는데 이는 그분들이 해주신 말씀들이 과거의 과오를 거쳐서 지금의 세대가 실수를 하지 않게 하려는 조언이라고 생각하고 받아들이겠습니다.

Q. 직장에서의 갈등 해결 경험이 있나요?

A. 행사를 기획하면서 기성세대분들과 흔히들 말하는 저를 포함한 MZ세대 간의 갈등을 경험한 적이 있습니다. 당시 저를 포함한 MZ세대들이 기성세대분들의 의견에 대해 반감이 있었습니다. 하지만 이를 개선하기 위해 기성세대분들의 말씀을 최대한 경청하였습니다. 경청하다 보니 추구하는 방향성은 같지만 세부적인 부분에서 발생한 차이로 인해 서로 의견이 잘 반영되지 않았음을 깨달았습니다. 이 과정에서 오해를 해소하였고 행사를 성황리에 마무리할 수 있었습니다. 이러한 경험을 바탕으로 앞으로 비슷한 상황에서도 경청과 배려가 중요함을 깨닫게 되었습니다.

Q. MZ세대의 특성이 무엇이며, 그러한 것을 어떻게 공직생활에 활용할 수 있을까요?

A. 저는 MZ세대의 특성이 자유로움이라고 생각합니다. 디지털이 발달하면서 SNS를 통해 MZ세대들은 자유롭게 자신을 표현합니다. 따라서 공직사회에서도 편안하고 자유로운 분위기로 창의적인 정책을 펼칠 수 있을 것이라 생각합니다.

Q. 본인은 MZ세대인가요? 그렇다면 MZ세대의 긍정적인 면과 부정적인 면은 무엇인가요?

A. 긍정적인 면은 MZ세대가 창의적인 아이디어를 발굴해냄으로써 적극행정을 할 수 있다는 것이고, 부정적인 면은 개인주의 성향이 강해서 조직 전체에 피해를 줄 수 있을 것 같습니다. 예를 들면 욜로족이나 파이어족 같이 MZ세대는 자유분방함의 이미지를 가지는데 이러한 부분이 자칫하면 부정적 측면이 될 수 있을 것 같습니다.

Q. 그러면 그러한 MZ세대에게 이 지우개(실제 가지고 계신 지우개 보여주시면서)를 팔라면 어떻게 해야 할까요?

A. MZ세대는 가치소비를 중요시 한다고 생각합니다. 실제 상품을 소유하는 것도 중요하지만 본인이 상품을 소비함으로써 발생하는 가치에 대해서도 중요하게 생각하는 것입니다. 따라서 지우개 생산과정에서 자원순환이라던가 지역상권과의 상생 등을 포함하는 내용을 홍보에 사용하면 지우개를 더 많이 판매할 수 있을 것 같습니다.

Q. 상사와 갈등 발생시 어떻게 할 건가요?
A. 상사와 갈등이 발생하게 되면 이는 업무적인 것과 관련된 것이라고 생각하였습니다. 상사분께서 저보다 업무에 대한 이해도도 높으시고 또한 그동안의 경험들이 쌓여있기 때문에 상사분의 의견을 존중할 것 같습니다. 그렇지만 제 의견이 더 좋은 방향으로 도움을 줄 수 있다는 생각이 들면 제 의견을 첨가하였을 때 나타날 수 있는 좋은 결과들에 대해서 보고서를 작성하여 제출해 볼 것 같습니다.

Q. 기성세대는 회식을 좋아하고 MZ세대는 참여하기조차 싫어한다면 어떻게 할 건가요? 이와 관련하여 세대 간의 갈등을 조정할 수 있는 방안이 없을까요?
A. 회식과 관련하여 서로 다른 문화 차이가 좁혀지기는 힘들더라도 인간 대 인간으로 사이는 좋아질 수 있다고 생각합니다. 이에 회식이 팀워크를 발산할 수 있는 계기를 만들어 준다면 좋을 것 같습니다. 예를 들어 지난 6월에 있었던 적극행정 경진대회처럼 팀워크를 발휘할 수 있는 경진대회를 추진한다면 좋을 것 같습니다. 제가 본 적극행정 경진대회는 개인단위 참가인데 팀단위 참가를 장려한다면 조직 내에서 팀워크가 더 좋아질 수 있을 것이라고 생각합니다.

✅ PLUS

세대갈등 관련 기출질문
Q. MZ세대 갈등이 이슈인데 상사와 신규직원은 어떤 자세를 취해야 하는가? 그리고 상사와 신규직원의 관계 완화를 위해 어떻게 해야 하는지 자기 경험을 포함해서 말해보시오. [2023 부천시 사전조사서]
Q. MZ세대와 기성세대 간의 갈등의 원인이 무엇이라 생각하며, 그에 대한 해결방안은 무엇인가? [2023 국가직 9급, 2023 군위]
Q. 요즘 MZ세대라는 말이 있는데 지원자도 MZ세대이지 않은가? 공직사회에 들어가서 기성세대와 MZ세대 간의 갈등같은 것이 있다면 어떻게 해야하겠는가? [2022 경북]
Q. 본인은 MZ세대인가? 그렇다면 MZ세대의 긍정적인 면과 부정적인 면은 무엇인가? [2022 대구]
Q. 기성세대는 회식을 좋아하고 MZ세대는 참여하기조차 싫어한다면 어떡하겠는가? 세대 간의 갈등을 조정할 수 있는 방안은 없겠는가? [2022 대구]
Q. MZ세대와 선배 공무원의 소통법은 무엇이겠는가? [2022 대전·충북]
Q. MZ세대 특성이 무엇이며, 그러한 것을 어떻게 공직생활에 활용할 수 있겠는가? [2022 인천]
Q. 기성세대와 MZ세대의 갈등 극복 방안은 무엇인가? [2021 경북·대구·충남, 2022 전남·인천]
Q. MZ세대의 의미와 특징은 무엇인가? [2021 대구·충남, 2022 경남]

11 │ 4차 산업혁명
★★★ 공통

✏ Check point

1. 4차 산업혁명의 개념 및 관련 용어에 대해 기본적으로 알고 있어야 한다.
2. 직렬별로 직무에 어떻게 활용할 것인가에 대한 답변 준비가 필요하다.

1. 4차 산업혁명의 의미

(1) 4차 산업혁명이란 인공지능, 빅데이터 등 디지털 기술로 촉발되는 초연결 기반의 지능화 혁명을 의미한다.

(2) 기술적 혁신과 이로인한 엄청난 사회·경제적 변화와 그에 따른 문화적 변화가 나타난 시기를 산업혁명이라 한다. 예를 들어 증기기관의 등장으로 가내수공업 중심의 생산체제가 공장생산체제로 변화하였고, 이로인해 사회 및 경제, 문화에 엄청난 변화가 시작되었다.

◉ 산업혁명의 흐름

구 분	1차 산업혁명	2차 산업혁명	3차 산업혁명	4차 산업혁명
핵심 키워드	기계화 (기계혁명)	산업화 (전기에너지 혁명)	정보화 (정보통신기술 혁명)	지능화 (기술융합혁명)
핵심기술	증기기관	전기	컴퓨터, 인터넷	AI, IoT, Big Data, Cloud, Mobile, 드론 등 ICT 기술
시 기	18세기	19~20세기 초	20세기 후반	현재

2. 4차 산업혁명 기술의 이해

인공지능, 데이터, 네트워크가 결합하여 인간의 지적능력을 구현하는 것이다.

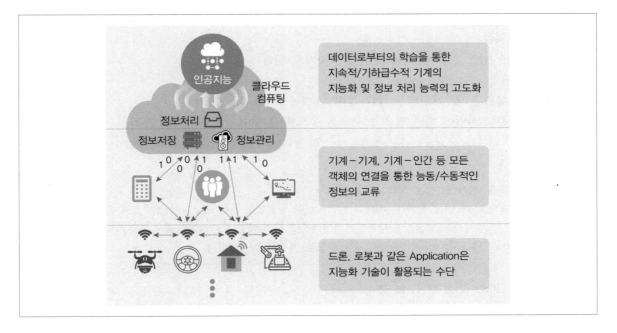

3. 4차 산업혁명으로 인한 변화

(1) 산업구조 변화

① 데이터가 경쟁의 원천 ⇨ 대규모 데이터를 확보하는 글로벌 ICT 기업이 시장 주도

　　예 애플, 구글, 마이크로소프트, 아마존, 메타 등

② 데이터를 생성·활용하는 기업이 경쟁우위 확보

　　예 구글이 ICT를 기반으로 다양한 서비스와 제품군으로 시장 확장 ⇨ 자율주행차, 헬스케어, 콘텐츠, 금융 등

(2) 고용구조 변화

① 단순·반복 업무의 자동화: 힘들고 위험한 업무의 자동화 및 무인화

② 상담, 보험, 법률서비스 등 대체: AI를 활용한 서비스

③ 고부가가치 업무로 일자리 재편: 자동화가 어려운 창의·감성 업무 분야 노동의 가치 상승

④ 노동자의 근로선택 강화: 노동시간·장소, 고용주에 종속되지 않는 노동 확산(여성, 시니어 등 취약계층의 경제활동 참여 증가)

(3) 삶의 모습과 환경 변화

① 삶의 편의성 향상: 헬스케어, 생활가전의 개인비서화, 자율주행 자동차 등

② 안전한 생활 환경: 범죄로부터의 보호, 재난과 국방에서의 인공지능 활용

③ 맞춤형 교육서비스 및 맞춤형 복지서비스

(4) 역기능의 문제점

① 해킹문제: 전력, 교통 등 공공망 해킹시 국가적 위험 노출

② 양극화 문제: 승자독식 구조로 양극화 심화

③ 개인정보유출 문제: 개인의 사생활 침해 우려(예 드론을 활용한 도촬 등)

④ 일자리 문제: 사람이 하던 일을 AI, 로봇 등으로 대체하여 일자리 감소 우려

4. 4차 산업혁명 관련 질문답변 사례

Q. 4차 산업혁명을 적용하고 싶은 정책이 있나요?

A. 4차 산업혁명으로 어르신들을 위한 비대면 원격진료나 원격으로 하는 프로그램 등의 교육을 진행하면 좋을 것 같습니다. 그렇지만 어르신들이 디지털기기에 취약하시기 때문에 마을회관에서 의무적으로 기기를 교육하여 소외현상이 없도록 이러한 분야에 4차 산업을 적용하고 싶습니다.

Q. 인천에서 추진하는 것 중 생각나는 것이 있나요?

A. 네, 인천이 광역시 최초로 드론 관련한 도시를 만든다고 합니다. 저도 공간정보와 관련하여 관심이 많았는데 4차 산업혁명과 더불어 드론도 굉장히 중요하기 때문에 이러한 것을 앞서서 드론특별도시로 만들면 관련 업체들이 들어오게 되어 산업단지가 조성이 될 것이고 청년실업문제도 같이 해결하는 좋은 정책이라고 생각합니다.

Q. 코로나19, 4차 산업혁명, 인공지능 발달, 기후위기 등 다변화 사회에서 서울시교육청이 요구하는 인재상은 무엇일까요?

A. 답변드리겠습니다. 다변화 사회에서 서울시교육청에서 요구하는 인재상은 창의성과 책임성을 갖춘 사람이라고 생각합니다. 현재 사회는 빠르게 변화하고 있고 이러한 변화에 잘 대비하려면 지금과는 다른 방식으로 대응해야 하기 때문입니다. 그러므로 창의성과 혁신성을 갖춘 인재가 필요합니다. 또한 책임성을 갖춘 인재가 필요합니다. 책임성은 자신의 업무를 성실히 수행하는 것을 포함하여 주변의 업무까지도 살피고 적극적으로 수행하는 것이라고 생각합니다. 저는 창의성과 책임성을 갖춘 인재가 되겠습니다.

Q. 4차 산업혁명 같은 이야기가 나왔었는데 기성세대들은 이러한 것을 잘 모르기도 합니다. 요즘 세대로서 앞으로 어떻게 해야할 것 같은가요?

A. 공직사회에 4차 산업혁명 기술들을 적극적으로 도입해서 시민들과 계속해서 소통하며 익숙해져야 할 것 같습니다. 특히 요즘에 이슈가 되고 있는 메타버스 기술을 도입하는 것도 좋은 방안이 될 것 같습니다. 얼마 전에 제페토라는 플랫폼을 이용해 봤었는데 그곳에 아기자기한 공간에서 아바타들이 소통하고 있었습니다. 이러한 가상공간에 서울시청의 모습을 구현해 볼 수 있을 것 같습니다. 사회적 거리두기로 인하여 기관방문도 꺼려지는 상황에서 누구나 자유롭게 가상의 서울시청에 방문도 해보고, 주무관의 아바타 같은 것을 구현해서 이야기를 나눌 수 있다면 좋은 소통의 공간이 될 것이라고 생각합니다.

Q. 4차 산업혁명 시대에 가장 중요한 가치는 무엇인가요?

A. 아무래도 적극성이 가장 중요한 것 같습니다. 4차 산업혁명 시대가 도래하면서 기술의 융합과 발전이 빨라졌습니다. 그러나 그러한 기술의 혜택을 누리지 못하는 사람들이 생기기도 합니다. 이런 디지털 격차가 벌어지는 취약계층분들을 더욱 적극적으로 발견하고, 그분들을 위해 정책을 만들고 하는 것이 가장 중요하다고 생각합니다.

Q. 그럼 그러한 것을 위해 본인이 노력한 것이 있을까요?

A. 제가 주택과에서 공공근로를 할 때의 일입니다. 그런데 제도를 잘 모르셔서 벌금을 물으시는 분들이 많아 그것이 좀 안타까웠습니다. 그래서 제가 관련 주요 규칙들을 좀 작은 팜플랫, 쪽지 같은 것으로 만들어서 신고하러 오시는 민원인들께 나눠드린 적이 있습니다.

Q. 요즘처럼 다변화되는 시대에 공무원은 어떻게 하는 것이 좋을까요?

A. 요즘 화두가 되고 있는 것이 이른바 4차 산업혁명입니다. 정보화시대를 넘어서 4차 산업혁명은 각자가 가진 데이터를 활용한 산업이나 생활에 영향을 끼칠 것입니다. 그런데 문제는 이런 정보에 접근하기 쉬운 사람도 있지만 어려운 계층이 존재할 것입니다. 공무원들은 이런 계층을 찾아가서 정보의 격차를 해소해 주는 역할을 해야 할 것입니다.

Q. 4차 산업혁명이 무엇인지 그 개념과 이를 교육에 어떻게 활용할 수 있는지 말씀해주세요.

A. 4차 산업혁명은 VR이나 모바일, AI 같은 ICT 기술을 이용한 기술융합혁명을 의미합니다. 4차 산업혁명을 교육에 활용할 수 있는 것은 VR을 이용한 교육이 있다고 생각합니다. 거리상의 제약이 있는 농어촌 학생들이나 소외계층 학생들을 위해 VR을 통한 원격 교육에 활용할 수 있다고 생각합니다. 제가 공부했던 ○○○ 센터에는 ICT 기반의 시설이 마련되어 있었습니다. 그곳에서 방학기간 동안 VR을 이용한 직업 체험 교실이 운영되고 있었습니다. 저는 직업 체험이라고 하면 직접 가서 하는 것만 생각했었는데 이렇게 멀리서도 편리하게 이용할 수 있겠구나 생각했습니다.

Q. 4차 산업혁명 시대의 교육에 있어서 "강원도교육청이 나아갈 방향"에 대해 말씀해 주시기 바랍니다.

A. '4차 산업혁명시대의 교육'은 우선 '단편일률적인 주입식교육'의 인재가 아닌 '빅데이터'를 활용하여 '창의융합적 인재'를 기르는 것이 주요 목표라고 할 수 있습니다. 이러한 점에서 가장 대표적인 것이 "Science(과학) Technology(기술) Engineering(공학) Arts(예술) Mathmatics(수학)" 등 5가지의 창의융합요소가 혼합된 "STEAM교육"이라고 할 수 있습니다. 최근 알파고를 통한 인공지능기술이 발달하면서 이러한 인공지능기술을 활용한 교육이 저희 강원도교육청에서는 가장 필요하다고 생각합니다. 이러한 취지를 가장 잘 나타내는 것이 중앙정부에서 일률적으로 교육과정을 정해주는 것이 아닌 한 학기에 교육과정을 자율적으로 편성 및 운영할 수 있는 "자유학기제", 한 학년에 교육과정을 자율적으로 편성 및 운영할 수 있는 "자유학년제"가 4차 산업혁명시대의 교육의 가장 대표적 사례라고 생각합니다.

Q. 최근에 4차 산업혁명 등 기술의 발전이 가속화되면서 적극행정이 필요합니다. 여기서 말하는 적극행정이 무엇인가요?

A. 적극행정은 공무원이 자신에게 주어진 것 이상으로 전문성과 창의성을 발휘해서 업무를 수행하는 것입니다. 이를 통해서 공공의 이익을 증진하고 공익을 실현할 수 있습니다. 말씀해 주신 것처럼 4차 산업혁명과 코로나19 상황 속에서 사회가 급변하고 있습니다. 이러한 과정 속에서 행정의 범위가 넓어지고, 법과 제도로는 해결할 수 없는 문제가 발생하고 있기 때문에 적극행정은 더 실천되어야 한다고 생각합니다.

Q. 적극행정을 위해 서울시교육청에서 하고 있는 일은 무엇인가요?

A. 서울시교육청에서는 사전컨설팅 제도, 면책 제도를 실시함으로써 고의나 중과실이 아닐 경우엔 적극행정을 한 공무원에게 면책을 하고 있는 것으로 알고 있습니다. 또 서울시교육청에서는 적극행정 우수공무원을 선정하고 포상함으로써 적극행정을 장려하고 있습니다.

Q. 공무원이 된다면 적극행정을 위해 무엇을 어떻게 노력할 건가요?

A. 우선 서울시교육청에서는 1년 단위로 적극행정 중점과제를 선정하고 있습니다. 예를 들면 '무엇이든 물어보면 답해주는 AI 챗봇' 개발을 하는 것, '스마트오피스'를 만드는 것 등이 있습니다. 이처럼 올해는 AI와 4차 산업혁명 시기의 기술과 관련한 과제가 두 가지 있었습니다. 저는 이러한 주제에 대한 이해도를 높이기 위해 개인적으로 공부를 하겠습니다. AI라던지 스마트오피스에 이용될 클라우드 시스템 등에 대한 책을 읽고, 강좌를 듣는 등의 노력을 통해 적극행정 실현에 도움이 될 수 있도록 노력하겠습니다.

✅PLUS

4차 산업혁명 관련 기출질문

Q. AI 기술 활용사례와 그 기술을 행정서비스에 어떻게 활용할 것인가? [2023 연천군]

Q. 4차 산업혁명 시대를 대비하기 위해 필요한 전문성이나 관련하여 노력한 일은 무엇인가? [2023 전남 교행]

Q. 4차 산업혁명 시대에 감사직 공무원이 갖추어야 할 능력은 무엇인가? [2023 서울 감사직 7급]

Q. 4차 산업혁명 시대에 인공지능, 빅데이터 등을 이용해 어떻게 일자리를 만들면 좋겠는가? [2022 대구]

Q. 4차 산업혁명 기술을 지방행정에 어떻게 적용할 것인가? 이에 대해 알고 있는 사례가 있는가? [2019 경북, 2022 대전]

Q. 4차 산업혁명 대비 본인이 노력한 것은 무엇인가? [2021 서울시, 2022 부산]

Q. 현재 4차 산업혁명으로 많은 것이 바뀌었는데 본인이 그러한 전문성을 기르기 위해 노력한 것은 무엇인가? [2021 서울시]

Q. 4차 산업혁명과 관련한 본인의 생각은 무엇이며, 가지고 있는 기술이 있는가? [2022 경기]

Q. 4차 산업혁명이 무엇인가? [2022 화성시]

---

12 4차 산업혁명시대 교육의 방향 ★★★ 공통

1. 4차 산업혁명 시대 인재상

① 창의적이고 융합형인 인재
② 맞춤형, 문제해결형 교육을 통한 통찰력을 갖춘 창의적인 지식인
③ 협업능력과 소통·인성을 갖춘 인재

2. 지능정보사회 변화 전망 및 교육 방향

TIP 우리 교육이 나아갈 방향으로 한가지 정도 정리를 해두는 것이 필요하다.

(1) 학생들의 흥미와 적성을 최대한 발휘할 수 있는 교육

① 학생들에게 다양한 선택과목을 제공하고 선택권을 폭넓게 보장하여 자신의 흥미·적성·능력에 맞는 분야에 집중해서 학습할 수 있도록 최대한 보장
② 학교에서 개설하지 않는 교과목이더라도 지역사회 학습장이나 온라인 강의를 통해 배우고, 이를 통해 얻은 학습결과를 인정

(2) 사고력·문제해결능력·창의력을 키우는 교육

① 기존 사회영역이 지능정보기술로 빠르게 고도화됨에 따라 새로운 영역과 가치를 창출할 수 있는 문제해결력, 비판적사고, 창의성 등이 중요하게 부각되고 있다.

➡ 4차 산업혁명에 필요한 인재는 복잡한 문제를 푸는 능력, 비판적 사고, 창의력, 협업 능력을 갖춘 인재이다.

② 아울러 이러한 교육과정 개혁이 성공을 거두기 위해서는 이를 뒷받침할 수 있는 수업혁신과 교사의 역할 변화가 요구된다.

> ㉠ 다양한 형태의 수업혁신이 학교현장에서 이루어질 수 있도록 교사 중심의 교육과정과 평가체제를 구현
> ㉡ 학교 현장의 실질적인 교육 혁신을 주도하는 전문성과 경험을 갖춘 교원 양성·임용 체제 구현

(3) 개인의 학습능력을 고려한 맞춤형 교육

인공지능, 빅데이터 등을 활용한 에듀테크 산업의 발달로 기존 학급단위 집합식 교육에서 개개인에 최적화된 맞춤형 교육으로 변화가 예상된다.

> ① 언제, 어디서나 학습자의 흥미와 수준에 맞는 개인맞춤형 학습이 가능하도록 지원하는 첨단 교육환경 구축
> ② 최첨단 지능정보기술과 새로운 교수학습 방법을 적용해 미래인재를 키우는 '첨단 미래학교' 모형을 개발·육성

(4) 지능정보기술 분야 핵심인재를 기르는 교육

지능정보기술 발전에 맞춰 새로운 분야의 인력 수요 증가가 예측됨과 동시에 직업분야와 고용구조가 크게 변화할 전망이다.

> ① 국가 발전을 선도할 창의성, 비판적 사고 등 핵심역량을 갖춘 지능정보기술 분야 우수 인력 양성 및 모든 학교급 대상 SW 교육 활성화
> ② 지능정보기술 분야 석·박사급 연구자, 기술사업화, 창업활성화를 지원하여 대학의 연구역량 강화

(5) 사람을 중시하고 사회통합을 이루는 교육

① 전문가들은 기계에 의한 일자리 대체는 인간에게 풍요와 여유를 줄 수도 있으나 인간소외 문제를 가져올 수 있음을 지적한다.
② 4차 산업혁명에 따른 변화 속에서 지속가능한 성장을 이루기 위해서는 인간만이 가질 수 있는 감성·사회성·윤리성 등을 키우는 교육을 강화하고, 변화에 뒤처지기 쉬운 소외 계층에 대한 교육적 지원을 확대할 필요가 있다.

> ㉠ 기계가 대체할 수 없는 인간 본연의 가치 구현 및 인간다운 삶을 누리기 위한 인성·예술·체육 교육 활성화
> ㉡ 교육양극화를 완화하는 소외계층 지원 및 급변하는 사회 적응을 위한 성인 대상 학습기회 확대

MEMO

1. 인공지능의 의의

(1) 인공지능의 핵심 기술

① 한국 바둑을 대표하는 이세돌 9단과 구글의 인공지능(AI) 프로그램 '알파고'와의 대국에서 인공지능 기술이 잇달아 인간을 이기면서 인공지능(AI, Artificial Intelligence) 분야에 대한 관심이 증폭되었다.

② 알파고는 구글에서 인수한 딥마인드에서 개발한 컴퓨터 바둑 인공지능 프로그램으로 딥러닝(Deep Learning) 기술을 도입하였다. 딥러닝이란 컴퓨터가 인공지능을 이용해 스스로 학습하는 기술이다.

③ 인간의 뇌를 모방한 신경망 네트워크(Neural networks) 구조로 이루어진 딥러닝 알고리즘은 기존 머신러닝의 한계를 뛰어 넘게했다.

④ 머신러닝(Machine Learning)은 인공지능의 한 분야로 컴퓨터가 학습할 수 있도록 하는 알고리즘과 기술을 개발하는 분야(딥러닝도 머신러닝과 같은 의미)로 빅데이터를 활용해 컴퓨터를 사람처럼 학습시켜 인지·판단·예측 능력을 키우는 인공지능(AI) 기술이다.

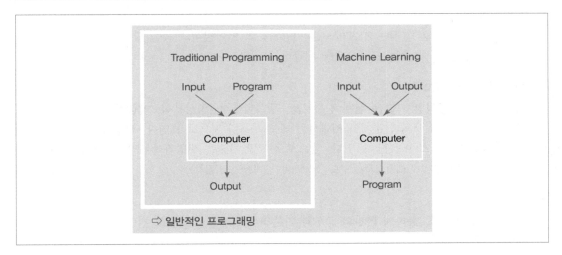

⑤ 암판별, 동시통역(음성인식) 등의 기술의 핵심은 딥러닝이다.

⑥ 요즘 이슈가 되는 99%의 인공지능은 딥러닝 기술이 적용된 것이다. 간단히 딥러닝이란 인공지능을 만드는 방법이다.

⑦ 예전에는 게임 등 프로그램을 만들 때 개발자가 알고리즘 코딩을 통해 만들었으나 이제는 방대한 데이터 학습을 통해 프로그램을 만든다(예 알파고 프로그램).

(2) 인공지능의 발전

인공지능(AI, Artificial Intelligence)은 인간의 지적능력을 컴퓨터로 구현하는 과학기술이다. 상황을 인지하고 이성적·논리적으로 판단·행동하며, 감성적·창의적인 기능을 수행하는 능력까지 포함한다. 2000년대 들어 컴퓨팅 파워가 성장하고 우수한 알고리즘 등장, 스마트폰 보급과 네트워크 발전으로 데이터가 축적되면서 인공지능은 급속히 진보했다.

2. 인공지능 응용분야

(1) 무인차(자율주행차)

인공지능 기술이 자동차 분야에 접목되는 것 중 하나가 바로 '자율주행차'로 운전자의 조작 없이도 자동차 스스로 움직이는 기술이다. 구글을 비롯한 세계 유명 자동차 업체들도 경쟁적으로 개발에 뛰어들었다.

(2) 언어인식

언어인식 기술응용 분야는 전화기반 서비스, 받아쓰기 기기 및 서비스, 가전, 보안, 건강관리, 지능형 교통시스템 등 다양하다. 이 중 최근 가장 각광을 받고 있는 부문은 e메일, 팩스, 음성메일 등 전화기반 서비스인데 신경망이 이를 위한 언어인식시스템에서 중요한 기능을 담당한다(예 AI 번역시스템, 동시통역, 음성인식 인공지능 비서). 최근 SKT에서는 인공지능의 언어인식 기능을 활용하여 통화녹음시 음성을 텍스트로 자동 변환해 주는 프로그램을 제공하고 있다.

(3) 의약 및 생명정보공학

의약분야에서 신경망 기술은 현재 진찰보조, 생화학분석, 영상분석, 약품개발 등 널리 적용되고 있고 앞으로 몇 년 안에 생의약 문제를 해결하는 데도 사용될 것으로 보인다. 생명정보공학 부문에서도 유전자 연구의 분석 툴로 이용할 수 있다. 앞으로 신경망 기술은 생명과학 산업 분야에서 더욱 많이 활용될 것으로 예상된다(예 단백질 3차원 구조, 신약개발, 질병진단, 암검사).

(4) 의 료

의료분야에서 AI를 통하여 환자의 증상과 기존의 데이터를 기반으로 진단을 내리고, 질병을 예측하는 데에도 활용된다. 또한 환자의 유전자 정보와 의료기록 분석을 통해 해당 환자에게 최적화된 치료방법을 제안하고, 그에 따라 진단하는 것도 가능해져 부작용을 최소화시키고 치료 효과를 극대화시킬 것으로 기대된다.

(5) 금융 서비스

이 분야가 신경망 기술을 가장 많이 활용한다고 할 수 있다. 금융업계는 데이터가 많은 반면 비교적 그것이 규칙적으로 정리되어 있지 않기 때문에 금융사기 탐색 및 예방, 신용평가 등에 신경망 기술이 유용한 솔루션이 되고 있다.

(6) 로 봇

신경망 기술은 다축 로봇 팔의 궤적 프로그램의 작성 및 제어, 운행, 팔 카메라 조정, 물체 인식에 필요한 시각·촉각의 결합 등 로봇의 여러 기능을 도와준다. 이 기술은 로봇의 기본 개발 모델에서부터 완제품을 생산할 때까지의 전 공정에 응용된다.

(7) 교 육

만약 학생이 특정 문제를 틀렸다고 한다면 이를 통해 해당 학생에게 부족한 개념은 무엇이고 이를 해결하기 위해서는 어떤 학습이 필요한지를 그 학년 이전의 교육과정까지 통틀어 발견해 알려줄 수 있다.

(8) 선 거

제20대 대통령 선거 당시 '국민의 힘'에서 딥페이크(Deepfake)기술을 이용해 'AI 윤석열'이라는 기술을 통해 선거운동을 진행한 바 있다. 다만 이후 유권자들에게 혼동을 줄 여지가 크다는 이유로 선거법이 개정되면서 더 이상 이용하지 못하게 되었다. 해외에서는 딥페이크 영상·사진으로 인하여 정치권이 혼란을 겪는 사례가 빈번하다.

3. 인공지능과 4차 산업혁명

(1) 세계경제포럼은 '제4차 산업혁명(인더스트리 4.0)'을 3차 산업혁명을 기반으로 한 디지털과 바이오산업, 물리학 등의 경계를 융합하는 기술 혁명이라고 설명하고 있다. 즉, 기존의 모든 자원들이 연결돼 지능형 시스템을 구축한다는 것이다.

(2) 거대한 혁명의 기폭제는 바로 인공지능, 기계 학습에 의한 빠른 진화 덕분에 차원이 다른 변화가 예상된다. 인공지능, 3D프린팅, 자동차의 자율 주행기능, IoT(사물인터넷), 바이오 테크놀로지 등이 4차 산업혁명으로 태어나게 될 주요 기술의 예이다. 최근 발간된 도서 〈제4차 산업혁명〉은 4차 산업혁명으로의 이행을 '모든 것이 연결되고 보다 지능적인 사회로의 진화'라고 요약한다. IoT와 인공지능을 기반으로 사이버 세계와 물리적 세계가 네트워크로 연결돼 하나의 통합 시스템으로서 사이버물리시스템 CPS(cyber-physical system)을 구축할 것이란 예측이다.

(3) 공장의 기계들이 소통하며 생산성이 높아지고 무인차와 의료, 금융 등 모든 산업 영역에서 맞춤형 서비스가 가능해진다.

⚡PLUS

4차 산업혁명 기술의 업무 활용 사례(AI 음성인식 회의록 관리시스템)

1. 현황 및 문제점
업무보고, 사업설명, 내부 및 민간회의까지 모든 회의내용 문서화, 회의시 음성 수기 녹음 또는 속기로 문서화에 많은 시간 소요

2. 개선 방안
다자간 회의 음성정보를 AI음성 인식기를 활용하여 자동 음성수집 및 문서화, 회의 중 또는 회의 종료 직후 다채널(노트북, PC, 스크린 등)을 통한 자료 확인 가능토록 구현

3. 기대 효과

인공지능형 회의록 자동 문서화 가능으로 업무효율성 및 생산성 제고, ICT 신기술 활용 시민서비스의 접점인 공공부분을 통해 일하는 방식에 대한 변화를 선도하고 행정 및 민간까지 우수시스템 확산

4. 인공지능 관련 질문답변 사례

Q. 챗GPT 이야기가 나와서 말인데 이와 관련하여 4차 산업혁명에 대해서 질문하고 싶네요. 광명시가 4차 산업혁명을 적용한 정책이 무엇이 있는지 알고 있나요? (질문을 제대로 듣진 못했으나 이런 뉘앙스였습니다.)

A. 저는 광명시 메이커스페이스에 대해서 알고 있습니다. 3D 프린터를 광명시민 누구나 이용할 수 있게 하여 광명시민이 자유롭게 창작활동을 할 수 있도록 돕고 있습니다.

Q. 그렇다면 인공지능이 많이 발전하고 있는데 공무원의 수를 줄여야 한다고 생각하나요?

A. 아닙니다. 아무리 인공지능이 발전하더라도 공무원만이 수행할 수 있는 업무가 있다고 생각하여 공무원의 수는 유지돼야 한다고 생각합니다.

Q. 그렇다면 인공지능보다 공무원이 직무를 수행하는 데 더 나은 점은 무엇일까요?

A. 인공지능은 감정이 없습니다. 시민의 고충을 경청하고 공감하는 것이 공무원의 가장 중요한 역량이라고 생각합니다. 이런 면은 인공지능이 대신할 수 없을 것이라고 생각합니다.

14 챗GPT 활용 ★★★ 공통

1. 챗GPT의 의의

(1) 챗GPT(ChatGPT)는 세계 최대의 AI 연구소인 오픈AI(OpenAI)가 자연어 처리 인공지능(AI) 모델 GPT-3.5를 기반으로 제작한 대화형 챗봇 서비스이다. ⇨ AI 챗봇의 일종으로 보면 된다.

(2) 챗GPT는 생성AI(Generative AI)의 대표적 모델인 GPT(Generative Pre-trained Transformer) 기술을 기반으로 한다.

(3) GPT는 말 그대로 '자가학습'하여 답변을 '생성'하고 대량의 데이터와 맥락을 처리할 수 있는 '트랜스포머(변환기)' 기술이며 대규모 언어 모델을 기반으로 한다.

(4) GPT 중 'T'에 해당하는 '트랜스포머(Transformer)'가 핵심적인 기술 원리이며, 문장 속의 단어와 같은 순차적인 데이터 내의 관계를 추적해 맥락과 의미를 학습한다.

(5) 챗GPT의 전문성은 광범위하며, 대화를 따라가는 능력은 특히 주목할 만하다. 또한 챗GPT는 단순 질문에 답하는 것을 넘어 실수도 인정할 뿐만 아니라 질문에 잘못된 전제가 있다면 거기에 대해 이의를 제기하고 부적절한 요청은 거부하는 역량도 갖췄다.

2. 챗GPT의 장점

(1) 높은 자연어 처리 능력

챗GPT는 대규모 텍스트 데이터를 학습하여 자연어 처리 능력이 매우 뛰어나다. 따라서 사용자의 입력을 이해하고 적절한 답변을 생성하는 능력이 높다.

(2) 높은 정확도

대규모 데이터를 학습하였기 때문에 다양한 상황에서 높은 정확도를 보인다. 또한 이전의 챗봇 모델들과는 달리 사용자의 입력에 대해 더욱 적극적으로 대화를 이어 나갈 수 있다.

(3) 빠른 응답

대화의 흐름을 이해하여 빠른 응답이 가능하다. 따라서 대화의 지연 없이 빠른 대응이 가능하며 예측 및 생성 작업을 빠르게 수행하여 실시간 대화 시스템에서도 사용이 가능하다.

(4) 높은 활용성

챗GPT는 특정한 작업을 수행하거나 결과물을 만들어 낼 때에도 유용할뿐더러 자연어 대화에서 사람과 유사한 대화를 수행할 수 있어 상담·민원 응대 등과 같이 다양한 분야에서 활용이 가능하다.

3. 챗GPT의 활용

(1) 챗GPT는 문서 생성, 질문 응답, 번역, 텍스트 요약 등을 포괄하는 다양한 기능을 수행할 수 있으며, 챗GPT가 수행할 수 있는 작업과 품질은 학습한 훈련 데이터의 양과 유형, 기술의 한계 등에 따라 달라질 수 있다.

(2) 질문에 대해 핵심 내용을 요약하여 직접적인 답변을 제시하며 답변에 대한 부연 설명을 통해 답변의 완성도를 높임으로써 쉽게 이해할 수 있어 지식 및 업무 활용에 도움이 된다.

(3) 챗GPT는 다양한 분야에서 사용된다. 예를 들어 고객센터나 서비스 센터에서 자동 응답 챗봇으로 활용되거나 인터넷 검색 엔진에서 검색어에 대한 자동 응답을 제공하기도 한다. 또한 언어 모델의 발전으로 인해 최근에는 일부 기업에서는 뉴스나 기사 등의 글을 작성하는 업무에서도 활용되기도 한다.

4. 챗GPT의 한계

(1) 챗GPT는 끊임없는 학습과 종합적 추론을 바탕으로 문장이나 언어 표현을 스스로 '창작'해낼 수 있는 능력을 갖추고 있으나 제공받은 훈련 데이터를 기반으로만 응답을 생성할 수 있으며 훈련 데이터의 출처마저 명확하지가 않아 챗GPT가 제공하는 정보에 의존하는 것은 큰 리스크이다.

> ➤ 상황에 대한 이해 부족, 창의력 부족, 훈련 데이터의 편향성을 그대로 반영하고, 2021년까지만의 데이터로 학습하여 그 이후 정보는 알지 못하는 점 등의 단점을 보유하고 있다.

(2) 챗GPT도 한계는 있다. 챗GPT는 공식 서비스가 아니라 아직은 실험적인 데모 버전 성격이다 보니 정보 정확성과 편향 문제에서 자유롭지 않은 것이 현실이다. 결과물에서 최신 정보가 누락될 수 있다는 것도 문제 중 하나로 꼽힌다.

5. 챗GPT가 산업에 미치는 영향

(1) 개 요

챗GPT는 빅데이터에 대한 자가학습 능력을 기반으로 새로운 창작물을 생성할 수 있어 수많은 산업 내 혁명을 일으키는 '게임 체인저'로 평가된다. 특히 콘텐츠 산업(교육, 광고, 메타버스)과 IT 산업(반도체, 데이터 보안) 중심으로 큰 영향을 줄 것으로 예상된다.

(2) 사 례

① **콘텐츠 산업**: 인간보다 더 '빨리', '강력한', '맞춤형' 콘텐츠 생성이 가능하다.
② **교육분야**: '표절' 가능성을 높임으로써 학습에 부정적 영향을 미칠 수 있다. 일부 대학은 모든 수업·과제·평가에 챗GPT 사용을 금지하고, 허가받지 않은 챗GPT 이용은 표절로 간주하고 있다. 반면 일부 교수들은 AI 시대를 살아가는 인간의 역량 함양을 위해 챗GPT 사용을 권장하기도 한다.
③ **반도체**: AI 및 데이터센터용 반도체 수요가 증가할 전망이다.
④ **업무분야**: 챗GPT를 이용하여 보고서 초안 작성, 보도자료 작성에 활용할 수 있다.

(3) 우리나라 기업의 챗GPT 대응

① 네이버는 2021년 자체적으로 초거대 AI 모델인 하이퍼클로바X를 개발하였고, 2023년 상반기에는 한국어에 특화된 생성형 AI 챗봇인 '서치GPT'를 선보였다.
② 카카오는 초거대 AI 모델인 'KoGPT'를 챗봇 조르디, 카카오톡 채널, 카카오 택시 등과 결합하여 상용 AI 서비스를 제공하였다.
③ SKT는 '에이닷'을 통해 기존에는 사용할 수 없었던 아이폰을 비롯한 모든 스마트폰에서 품질 높은 통화녹음을 제공하고, 이를 텍스트로 변환해 주는 기능을 제공하고 있다.
④ 삼성전자는 갤럭시 S24 시리즈를 출시하면서 통화 중에도 사용 가능한 실시간 통역 서비스를 제공하고, '서클 투 서치'를 해당 기기에 탑재하면서 향상된 이미지 검색기능을 제공하고 있다.

> **⊘ PLUS**
>
> **챗GPT를 이용한 질의응답**
> Q. 챗GPT가 발전함에 따라 기업에서 어떤 이점을 얻을 수 있나요?
> [챗GPT의 답변]
> A1. 고객 서비스 향상 ⇨ 챗GPT를 이용한 AI 챗봇을 도입하여 고객 문의에 빠르고 정확하게 대응할 수 있습니다.
> A2. 비용절감 ⇨ 인력을 투입하여 처리하던 고객 문의나 연구개발 등의 업무를 챗GPT를 이용한 자동화된 시스템으로 처리할 수 있어 인력 비용을 절감할 수 있습니다.
> A3. 생산성 향상 ⇨ 챗GPT를 이용한 자동화된 시스템을 도입하여 일부 업무를 자동화할 수 있어 생산성을 향상시킬 수 있습니다.
> A4. 새로운 서비스 개발 ⇨ 챗GPT를 이용하여 자연어 처리 기술을 활용하면 새로운 서비스나 제품을 개발할 수 있습니다.

6. 챗GPT와 교육

(1) 챗GPT의 교육활용 사례

챗GPT가 기존 교육계에 심각한 위협을 주고 있다는 의견도 많지만 교육의 패러다임을 선도적으로 전환할 수 있는 역할을 수행할 수도 있다는 예상도 많다.

> 1. 질 문
> 챗GPT는 학생들이 언제 어디서나 특정 주제와 개념에 대해 물어볼 수 있는 훌륭한 도구다. 학생들은 과목, 과제, 상식 등에 대한 내용을 질문할 수 있고, 챗GPT는 이에 대해 대부분의 답변을 제공할 수 있다.
>
> 2. 작문 연습
> 챗GPT는 학생이 작성한 글에 대한 문장구조와 스타일을 교정하는 등 개선이 필요한 부분에 대한 피드백을 통해 학생의 작문 역량을 높일 수 있다. 학생들은 글쓰기 과제 또는 자기소개서 작성 등에 챗GPT를 이용하여 글의 완성도를 높이는 데 도움을 얻을 수 있다.
>
> 3. 연 구
> 챗GPT는 특정 주제와 개념에 대한 정보를 수집하는 등 학생의 유용한 리서치 도구가 될 수 있다. 학생들은 챗GPT로부터 연구와 관련된 논문, 웹사이트 등 다양한 소스를 확인할 수 있다.
>
> 4. 아이디어 얻기
> 과제 혹은 프로젝트의 소재를 찾지 못하고 있거나 아이디어가 필요할 때, 챗GPT는 창의적인 해결 방법을 제공하여 아이디어를 창출할 수 있도록 도와줄 수 있다. 팀 이름과 같은 간단한 아이디어부터 과제 주제, 콘텐츠 제작에 활용할 수 있는 내용, 특정 주제에 관한 보고서 목차 구성 등 구체적인 아이디어까지 얻을 수 있다.
>
> 5. 언어학습
> 학생들은 다양하고 정제된 언어를 활용하는 챗GPT와 커뮤니케이션 및 교정 과정 등을 통해 언어 능력이 제고될 수 있다. 다른 언어를 해석하고 번역하는 기능을 활용하여 외국어 학습에 도움을 받을 수 있으며, 대화 시나리오 생성 요청을 통해 다양한 상황에서 사용할 수 있는 언어 표현도 익힐 수 있다.
>
> 6. 프로그래밍 코드 작성
> 챗GPT는 파이썬(Python), 자바(Java) 등과 같은 프로그래밍 언어를 사용하여 프로그램 개발 작업에 도움을 줄 수 있다. 예를 들어 "A 영상 수집을 위한 파이썬 코드를 작성해줘."라는 명령을 입력하면 관련 코드를 제공한다. 학생들은 복잡한 프로그래밍 작업을 챗GPT를 활용하여 빠르고 간편하게 수행할 수 있다.

(2) 챗GPT의 교육활용 찬반

① 찬성의견

    ㉠ 챗GPT 활용 능력이 중요한 시대: 챗GPT를 활용하는 능력은 앞으로 중요할 것이다. 인터넷에서의 검색, 대화형 챗봇, 자동 번역 등 다양한 분야에서 챗GPT의 활용이 증가하고 있다. 또한 챗GPT를 활용한 AI 글쓰기도 점차 보급되고 있으며 더 나아가 챗GPT 기술을 바탕으로 새로운 비즈니스 모델이 탄생할 가능성도 있다. 따라서 챗GPT 활용 능력은 앞으로 더욱 중요해질 것이며 이를 준비하는 것이 필요하다.

    ㉡ 인공지능 활용 훈련 필요: 기존의 정보와 지식은 인공지능으로부터 찾고, 그것을 넘어서는 창의적 활동은 사람이 해야 한다. 이제는 기존의 지식을 적재적소에 찾아서 적절하게 활용하는 훈련이 필요하다.

ⓒ 개인의 **능력향상에 도움**: 단순히 대화 상대가 되어준다는 감정적인 이유뿐만 아니라 검색의 기능, 생각의 확장 등 다양하게 도움을 준다. 챗GPT를 활용해 보면 질문이 적절하지 않으면 원하는 답을 얻을 수 없다. 그러므로 챗GPT를 활용하다 보면 적절한 질문을 만드는 능력을 기를 수 있다. 그리고 질문을 정선하는 과정을 거치게 되어 문장 표현력 향상에도 도움이 된다.

② 반대의견

ⓐ **기초역량을 배우는 것이 더 중요**: 학교에서는 학생으로서 조금의 어려움을 겪더라도 자료를 조사하고 창의력을 발휘하는 것이 중요한데 챗GPT를 사용함으로써 생각을 더 깊게 하지 못할 수도 있을 것 같다. 학교에서 활용하기에는 아직 조금 이르다.

ⓑ **디지털 리터러시 교육이 필요**: 초·중학교 학생들은 자신의 경험과 생각을 전달하고 다른 사람과 소통하며 다른 의견을 듣고 내 의견과 비교, 개선해 나가는 교육이 무엇보다 중요한 시기이다. 사회에서 필요한 의사소통 능력을 키우기 위한 다양한 종류의 교육이 선행된 후 인공지능 기반의 정보와 지식을 취하고 변별할 수 있는 디지털 리터러시 능력을 갖춘 후에 시작하는 것이 바람직하다.

ⓒ **챗GPT 의존 심화**: 챗GPT에 의존하여 학습을 하다 보면 어떤 것에 대한 결과를 바로 말해주기에 학생들이 왜 그 결과가 도출됐는지에 대한 자세한 과정이나 이유를 공부하기 어렵다. 한참 배우고 성장해야 할 시기에 챗GPT 활용을 통해서 스스로 생각하고 이해하려는 노력보다는 챗GPT의 도움만 받고 싶어할 것이다.

ⓓ **챗GPT 정확성 및 편향성 문제**: 아직 정확도가 떨어지는 경우도 있어서 잘못된 정보를 아이들이 진실이라 생각할 수도 있고 편향적 내용은 사고의 편향성을 유발할 수 있어 주의가 필요하다.

7. 챗GPT의 향후 전망

(1) 챗GPT와 인간의 조화

챗GPT가 인간의 생산성을 높이는 도구로써 그 가치를 제대로 발휘하기 위해서는 여전히 챗GPT보다 더 많이 아는 '인간의 지식'이 필요하며, 챗GPT는 사용자가 '잘 모르는 분야'보다 '잘 아는 분야'에 활용할 때 더 큰 위력을 발휘할 수 있을 것이다.

(2) 챗GPT 가이드

① 행정안전부에서는 '챗GPT 활용방법 및 주의사항 안내서'를 중앙행정기관과 지자체 약 300개 기관에 배포하였다.

② 이 가이드에는 초거대 인공지능 소개, 공공에서 활용 가능한 분야들, 정보탐색능력 활용, 언어능력 활용, 컴퓨터 능력 활용 등 3가지 분야로 나눠 7가지 세부적인 활용 방법을 예시와 함께 설명하고 있다. 특히 저작권·개인정보 보호, 중요정보 유출, 답변의 신뢰성·윤리성·편향성과 그에 따른 활용시 주의사항에 대해서도 안내하고 있다.

③ 공모전 등을 통해 인공지능 서비스 활용 우수사례도 발굴하여 확산할 계획이다.

8. 챗GPT의 정책 과제

(1) 컴퓨팅 파워 구축과 AI 반도체 연구개발 강화

① 초거대 AI 시대의 기업경쟁력 및 국가경쟁력을 강화하기 위해서는 대규모 학습데이터를 빠르게 처리하고 수많은 이용자 질문에 실시간으로 대답할 수 있는 컴퓨팅 파워(computing power)를 확보하는 것이 중요하다.

② 이를 위해 정부는 국가 슈퍼컴퓨터 자산을 확충하고 민간이 이를 초거대 AI 개발에 활용할 수 있도록 「국가초고성능컴퓨팅 혁신전략」에 반영해야 한다.

③ 또한 민간이 컴퓨팅 파워 구축에 적극적으로 투자할 수 있도록 현재의 AI 사업 규제를 점검하고 과감하게 개선해야 한다.

④ AI 모델에 최적화된 AI 반도체 연구개발 지원이 필요하다.

(2) 데이터 구축 확대와 유통·거래 활성화(공공데이터 개방과 연결)

① GPT-3.5와 같은 범용성을 갖춘 초거대 AI 모델을 만들기 위해서는 다양한 분야의 학습데이터를 확보해야 한다. 따라서 민간에서 직접 공급하기 어려운 데이터 수요를 파악하여 정부와 공공기관이 보다 적극적으로 학습데이터를 구축할 필요가 있다.

② 이와 함께 민·관의 다양한 분야에 축적되어 있는 방대한 데이터가 초거대 AI 모델 학습에 활용될 수 있도록 데이터 유통·거래를 활성화 시켜야 한다.

(3) 안심하고 AI를 이용할 수 있는 환경 조성

① 생성형 AI와 관련된 저작권 규정을 합리적으로 정비할 필요가 있다. 특히 AI 학습에 사용된 데이터의 저작권 허용 범위, 생성형 AI가 만든 결과물의 저작권 보호 범위가 중요 논의 대상이다.

② 이용자의 정보보호 인식과 실천도 중요하다. 생성형 AI를 이용하는 과정에서 무분별하게 본인 또는 주변인의 개인정보, 기업·기관의 비밀 등을 입력하지 않아야 한다. 입력한 정보는 어떠한 형태로든 기록에 남고 재생산될 수 있기 때문이다.

③ 이용자의 비판적 활용 능력을 높여야 한다. 생성형 AI는 확률적으로 '적절'한 표현을 생성하는 것이지 '정확'한 내용을 찾아주는 것은 아니다. 전혀 존재하지 않는 내용을 그럴듯하게 표현하는 환각(hallucination)이 종종 발생하기도 한다. 따라서 이용자는 생성형 AI의 결과물이 사실과 다를 수 있다는 점, 그래서 책임 있는 결정에 직접 활용하기 어렵다는 점을 명확하게 인지하고 있어야 한다.

④ 학습한 데이터의 편향성·불충분성 등으로 인해 인간에게 유해하거나 윤리적이지 못한 내용이 여과 없이 표출되는 문제를 경계해야 한다. 따라서 AI 사업자는 AI 윤리규범을 생성형 AI의 개발 및 사업화에 적극적으로 반영할 필요가 있다.

> **◈ PLUS**
>
> **챗GPT 관련 예상질문**
> Q. 챗GPT를 활용한 공직사회 혁신 방안은 무엇인가?
> Q. 챗GPT를 공직사회에 어떻게 활용할 수 있겠는가?
> Q. 챗GPT의 장단점은 무엇인가?

15 빅데이터(Big Data)

1. 개 요

(1) 빅데이터가 ICT 분야의 새로운 패러다임이자 신성장동력으로 급부상

① 스마트폰·SNS·사물인터넷(IoT) 확산 등에 따른 데이터 폭증이 배경이다.

② 산업화 시대의 '철, 석탄', 정보화시대의 '인터넷'처럼 스마트시대에는 '빅데이터'가 핵심자원 역할을 한다.

③ ICT 인프라 시장의 성숙 이후 신규 비즈니스 영역으로 주목받고 있다.

(2) 빅데이터는 '자체'로뿐만 아니라 '활용'을 통해 경제사회 발전의 원동력

① 빅데이터는 경영혁신 및 사회현안 해결을 위한 핵심 수단으로 활용이 가능하다. ⇨ 의료·행정·소매·제조·개인정보에 빅데이터 적용시 1% 추가생산성 향상 기대(Mckinsey, 2011)

② 과거에는 불가능했던 많은 일들이 빅데이터를 통해 현실화 되고 있다. 구글이 수 억건의 데이터로 50여 개 언어의 자동번역에 성공하였고, 알파고의 머신러닝은 그동안 인류가 두어왔던 3천만 건의 기보 빅데이터를 활용해 컴퓨터를 사람처럼 학습시켜 인지·판단·예측 능력을 키우는 AI 기술로 발전시켰다.

③ 주요국 및 글로벌기업은 빅데이터 '산업' 육성 및 '활용'에 주목하고 있다. ⇨ 글로벌 ICT 기업을 중심으로 빅데이터 핵심기술 및 신규 비즈니스 모델 개발이 활발히 이루어지고 있다.

④ AI, 인공지능 등의 최신 기술과의 결합·연계를 통해 시너지효과를 극대화할 수 있다.

2. 빅데이터의 개념

(1) 빅데이터란 디지털 환경에서 생성되는 데이터로 그 규모가 방대하며, 생성 주기도 짧고 형태에 있어서도 수치 데이터뿐 아니라 문자와 영상 데이터를 포함하는 대규모 데이터를 말한다.

(2) 빅데이터 환경은 과거에 비해 데이터의 양이 폭증했다는 점과 함께 데이터의 종류도 다양해져 사람들의 행동은 물론 위치정보와 SNS를 통해 생각과 의견까지 분석하고 예측할 수 있다.

3. 빅데이터의 특징

(1) 빅데이터의 특징은 3V로 요약하는 것이 일반적이다. 즉, 데이터의 양(Volume), 데이터 생성 속도(Velocity), 형태의 다양성(Variety)을 의미한다. 최근에는 가치(Value)나 복잡성(Complexity)을 덧붙이기도 한다.

(2) 이처럼 다양하고 방대한 규모의 데이터는 미래 경쟁력의 우위를 좌우하는 중요한 자원으로 활용될 수 있다는 점에서 주목받고 있다.

(3) 현재의 빅데이터 환경은 과거와 비교해 데이터의 양은 물론 질과 다양성 측면에서 패러다임의 전환을 의미한다. 이런 관점에서 빅데이터는 산업혁명 시기의 석탄처럼 IT와 스마트 혁명 시기에 혁신과 경쟁력 강화, 생산성 향상을 위한 중요한 원천으로 간주되고 있다(McKinsey, 2011).

(4) 최근에는 분석·추출기술의 발전으로 다양한 종류의 데이터로부터 저렴한 비용으로 가치를 창출하고 초고속분석을 지원하는 기술 등으로 가치창출 및 활용에 초점을 두고 있다.

(5) 빅데이터는 단순한 산업이 아니라 인터넷처럼 경제사회 전반에서 혁신을 주도하는 일종의 '플랫폼' 기술로 효과적 이용시 막대한 효용이 창출될 수 있다.

---
① **정부**: 데이터 기반 국정혁신 및 사회현안에 선제적 대응 가능
② **기업**: 생산성 향상 등 기업의 경쟁력 강화와 신시장 창출
③ **개인**: 맞춤형 서비스 향유와 삶의 질 제고
---

4. 빅데이터 활용 사례

(1) 공공의료 강화 및 전염병 대응
① 건강정책 수립시 국민건강보험공단의 질병 통계자료 등 빅데이터를 활용해 시민에게 맞는 건강 프로그램 개발 및 보급
② 신종코로나 확진자의 이동 경로 파악(예 CCTV, 신용카드 이용정보, 휴대폰 GPS 정보 등 활용)

(2) 여성안전 및 도시안전
범죄발생현황, 가족폭력현황, 화재현황, 건축물현황 등을 이용하여 도시안전에 활용(예 CCTV 설치 위치 설정에 활용, CCTV 분석을 통한 범행 사전 차단)

(3) 지역맞춤형 수방대책, 태양광 발전 보급
기상관측정보(강수량, 일조량 등) 이용

(4) 상권분석
예비 창업자에게 상권에 대한 정보를 제공하여 창업성공률 제고

(5) 교통사고예방
교통사고분석을 통한 위험도로 구조개선 및 속도제한에 활용(예 블랙박스를 활용하여 교통법규 준수에 활용)

(6) 관광분야
관광 산업 발전을 위해 데이터 분석 기반한 과학적 마케팅 전략 제시

(7) 서울시 심야전용 '올빼미버스'
심야전용버스 라는 공공편의 서비스 제공을 위해 1달간 자정~5시까지의 이동통신사 30억 건의 통화량 데이터를 분석하여 심야버스 정책에 반영

Check point

빅데이터와 4차 산업혁명

빅데이터는 '제4차 산업혁명'과 동전의 양면과 같은 동일한 개념이다. 특히 제4차 산업혁명은 다양한 산업에서 문제해결을 위해 빅데이터 분석을 포괄적·적극적으로 활용하고 있다. 즉, 빅데이터는 지금까지 인류가 쌓아온 지식의 보고이자 발자취이며 이와 같은 자원을 빅데이터 분석기술, AI 등을 활용하여 모든 자원들을 연결한 지능형 시스템 혁명을 하겠다는 것이 4차 산업혁명의 핵심이다. 4차 산업혁명은 기존 학문과 산업의 경계를 허물고 융합하겠다는 것인데 그 기반에 빅데이터라는 자원이 필요하다는 것이다.

➲ 마치 스타크래프트 게임에서 건물과 병력을 운영하려면 자원이 필요한 것과 같다.

PLUS

빅데이터 관련 기출질문

Q. 빅데이터의 활용 방안에 대해 답변해달라. [2021 부산시 3분발표 주제]

Q. 빅데이터의 특징 3가지와 활용되고 있는 부분 3가지 이상을 말하시오. [2023 경북 교행]

Q. 인공지능과 빅데이터를 교육에서 어떻게 활용할 것인가? [2023 전남 교행]

Check point

블록체인

1. 블록체인의 정의

블록체인은 데이터 분산 처리기술을 말한다. 즉, 네트워크에 참여하는 모든 사용자가 모든 거래 내역 등의 데이터를 분산·저장하는 기술을 지칭한다. 이 때문에 블록체인은 '공공 거래장부' 또는 '분산 거래장부'로도 불린다.

2. 블록체인이 중요한 이유

비즈니스는 정보에 기초한다. 정보를 보다 신속하게 수신하고 정보의 정확성이 높을수록 이로운 결과를 가져온다. 블록체인은 이러한 정보를 전달하는 데 적합한 기술이다. 완전 투명성을 갖춘 즉각적인 공유 정보를 허가된 네트워크 구성원만 액세스할 수 있는 불변 원장에 저장하여 제공하기 때문이다. 블록체인 네트워크는 주문·결제·계정·생산 등을 추적할 수 있다. 또한 구성원들 간에 데이터에 대한 단일 관점을 공유하여 모든 엔드투엔드 트랜잭션 세부 사항을 확인할 수 있으므로 보다 높은 신뢰도는 물론 새로운 효율성과 기회를 제공한다.

3. 블록체인의 활용 사례

① 블록체인을 활용한 유통 이력 추적 시스템: 신선한 해산물의 포획 순간부터 추적하여 슈퍼마켓 및 레스토랑에 이르기까지 식품공급망 신뢰도 제고

② 암호화폐 보안 개선: 암호화폐를 발행하여 디지털 자산에 대한 보안 개선. 비트코인 같은 가상화폐가 등장하게 된 것도 블록체인 덕분

③ 블록체인 기반 예방접종 인증 시스템: 모바일 기기를 통해서 본인인증을 진행하면 질병관리청을 통해 접종 이력 (VC)을 발급받고 발급내역은 인프라 블록체인에 저장

④ 모바일 신분증: 모바일 운전면허증 서비스를 공식적으로 시작. 모바일 신분증은 블록체인 기술이 적용돼 위변조나 도용 위험이 거의 없음

⑤ 블록체인 기반 투표 시스템: 의결권을 행사할 때도 블록체인에 기록되기 때문에 사실상 위변조가 불가능

5. 빅데이터 관련 질문답변 사례

> **Q.** 빅데이터를 도서관 측면에서 활용해보면 어떤 일을 할 수 있을까요? [2019 인천교행 사서직]
> **A.** 도서관에서 빅데이터를 활용해 이용자층마다 관심 있는 분야에 대한 정보 및 프로그램을 홍보하면 좋을 것 같습니다. 예를 들어 방학을 앞둔 대학생에게는 내일로 여행정보나 공공기관 아르바이트 정보를, 유아를 둔 학부모에게는 북스타트와 같은 책꾸러미 나눔 정보를, 직장인분들에게는 퇴근 후 즐길 수 있는 힐링프로그램이나 인문학 강좌 정보를, 퇴직을 앞둔 분들에게는 100세 시대에 맞게 제2의 인생을 살 수 있는 재취업이나 취미 및 건강 정보와 같은 정보를 제공해주는 것입니다. 이렇게 이용자 연령대에 맞게 잘 활용하면 도서관의 이용자 폭도 넓어질 것 같다고 생각합니다.

16 ┃ 메타버스

1. 메타버스의 의의(가상과 현실의 융합)

(1) '메타버스'는 가상을 의미하는 메타(meta)와 현실세계를 뜻하는 유니버스(universe)의 합성어이다. 가상공간에서의 '나'인 아바타의 모습으로 경제·문화·사회 활동이 가능한 가상세계를 뜻한다.

> ➔ 스마트폰, 인터넷과 같은 디지털미디어에 담긴 새로운 세계를 메타버스라고 이해하면 된다.

(2) 메타버스에서는 현실과 가상의 결합이 현실 세계가 되어 그 안에서 상호작용하고 활동할 수 있다. 실례로 2020년 미국 대통령 선거 때 조 바이든 후보자는 닌텐도 '동물의 숲' 가상 현실 게임 안에서 선거캠페인을 했고 유권자들은 가상 현실(VR, Virtual Reality) 안경을 낀 채 유세 현장에 참여하였다. 국내에서는 아이돌 그룹 방탄소년단(BTS)이 온라인 게임 포트나이트(Fortnite) 안에서 신곡 '다이너마이트'를 실제 콘서트 현장처럼 발표하였다. 코로나19(COVID-19)로 인해 비대면 추세가 계속되면서 대학교 입학식을 메타버스 환경에서 진행하기도 하였다.

(3) 메타버스는 '가상현실' 보다 진보된 개념으로 볼 수 있다. 주로 게임, SNS 등의 서비스 플랫폼에서 특정 설정 환경과 아바타를 보다 정교하게 구현하여 메타버스 내의 아바타가 상호교류를 하고 쇼핑도 하며 현실처럼 활동한다.

2. 메타버스의 행정 활용

(1) 재난 훈련

응급상황 발생 대응을 위한 가상훈련 플랫폼을 개발하여 교육과 훈련에 활용

(2) 3차원 가상도시모델

① 3차원 가상도시 환경을 통해 도시계획 및 정책추진을 위한 의사결정을 지원

② 3D모델링과 시각화를 통해 다양한 도시공간 현상을 분석

　㉳ 메타버스 기술을 활용한 조경 및 가로수 선정 등에 활용

③ 3차원 공간정보를 기반으로 한 디지털 트윈을 구축

　㉠ 신도시 개발, 도시재생사업의 설계

ⓛ 교통, 에너지, 환경, 재난재해, 통신 등 다양한 분야에서 운영을 최적화하기 위한 모니터링 및 시뮬레이션

ⓒ 물류운영 현황 모니터링 및 최적화

④ 도시의 각종 정보공개를 통해 시민들과 소통·공유하며, 이를 통해 시민의 삶의 질을 높이는 것이 목표

(3) 가상공간에서의 캠페인 및 정책 홍보

① 메타버스와 아바타를 활용하여 탄소중립의 중요성을 홍보

② 메타버스를 활용하여 '안전속도 5030 준수', 보이스피싱, 실종아동예방 등 치안 정책 홍보(대구시)

> **✅ PLUS**
>
> **서울 신대륙 '메타버스 서울' 구현**(2024. 1. 24. 보도자료)
> 1. 3차원 가상공간에서 나를 대신하는 아바타를 통해 경제, 문화관광, 교육, 민원 등 다양한 서울시 행정서비스를 제공하는 메타버스 플랫폼
> 2. '아바타'를 통해 경제, 문화관광, 교육, 민원 등 다양한 서울시 행정서비스를 제공받고 시정에 참여할 수 있으며 '시민안전체험관', '부동산 계약 체험', '동대문디자인플라자(DDP)' 등의 가상세계를 통해 경험 가능
> 3. 시민참여, 산업지원, 청소년 상담, 세액조회, 서류발급, 민원상담 등의 서비스 이용 가능

17 개인정보 보호법 ★★★ 공통

1. 개정안 주요 내용

(1) 개인정보의 개념을 명확히 해서 혼선을 줄이고 안전하게 데이터를 활용하기 위한 방법과 기준 등을 새롭게 정하였다.

(2) 데이터를 기반으로 한 새로운 기술·제품·서비스의 개발, 산업 목적을 포함하는 과학연구, 시장조사, 상업 목적의 통계작성, 공익 기록보존 등을 위해서 가명정보를 이용할 수 있도록 하였다.

(3) 개인정보처리자의 책임성을 강화하기 위해 각종 의무를 부과하고, 법 위반시 과징금 도입 등 처벌도 강화해서 개인정보를 안전하게 보호할 수 있도록 제도적 장치를 마련하였다.

(4) 개인정보의 오·남용과 유출 등을 감독할 감독기구는 '개인정보보호위원회'로, 관련 법률의 유사·중복 규정은 「개인정보 보호법」으로 일원화하였다.

(5) 주요 내용은 다음과 같다.

① **가명정보 도입 등을 통한 데이터 활용 제고**

ㄱ 개인을 알아볼 수 없도록 안전하게 처리된 가명정보 개념을 도입하였다.

> ➡ 가명정보란 개인 정보의 일부를 삭제하거나 대체해 추가 정보 없이는 특정 개인을 알아볼 수 없도록 가명처리한 정보이다.

ㄴ 가명정보는 통계작성, 과학적 연구, 공익적 기록보존 목적으로 정보 주체의 동의 없이 처리가 허용된다.

ⓒ 서로 다른 기업이 보유하고 있는 가명정보를 보안시설을 갖춘 전문기관에서 결합할 수 있도록 하였다.

② 동의 없이 처리할 수 있는 개인정보의 합리화: 수집 목적과 합리적으로 관련된 범위 내에서 대통령령이 정하는 바에 따라 개인정보의 추가적인 이용·제공이 허용된다.

③ 개인정보의 범위 명확화

ⓐ 개정된 「개인정보 보호법」은 기존처럼 개인정보의 범위에 '다른 정보와 쉽게 결합하여 특정 개인을 알아볼 수 있는 정보'를 포함시키면서 쉽게 결합할 수 있는지를 판단할 때 '다른 정보의 입수가능성 등 개인을 알아보는 데 소요되는 시간, 비용, 기술 등을 합리적으로 고려하여야 한다'고 정하여 판단기준을 명확히 하고 있다.

ⓑ 특히 기존에 '쉽게 결합하여'의 의미에 대해 해석상 논의되어 온 '다른 정보의 입수가능성'을 고려하여야 할 사항으로 명시하고, '시간, 비용, 기술 등을 합리적으로 고려'할 것을 요구함으로써 개인정보의 정의가 지나치게 확대해석되지 않도록 그 기준을 설정하였다는 점에서 의의가 있다.

④ 개인정보 보호수준 평가: 보호위원회는 중앙행정기관 및 그 소속기관, 지방자치단체 그 밖에 대통령령으로 정하는 기관을 대상으로 매년 개인정보 보호정책·업무의 수행 및 이 법에 따른 의무의 준수 여부 등을 평가한다.

◇ PLUS

개인정보

1. '개인정보'란 살아 있는 개인에 관한 정보로서 성명, 주민등록번호 및 영상 등을 통하여 개인을 알아볼 수 있는 정보(해당 정보만으로는 특정 개인을 알아볼 수 없더라도 다른 정보와 쉽게 결합하여 알아볼 수 있는 것을 포함한다)를 말한다.
2. 개인정보가 누군가에 의해 악의적인 목적으로 이용되거나 유출될 경우, 개인의 사생활에 큰 피해를 줄 뿐만 아니라 개인의 안전과 재산에 피해를 줄 수 있다.
3. 스팸문자나 보이스피싱, 나를 사칭한 메신저상의 금융사기 등이 모두 개인정보 유출과 관련되어 있는 경우가 많다.

◇ PLUS

주민등록번호 변경제도

1. 의 의
   ① 주민등록번호 유출로 인하여 생명, 신체, 재산 등에 피해를 입거나 입을 우려가 있다고 인정되는 경우 주민등록번호를 변경해주는 제도이다.
   ② 주민등록번호 유출로 인한 국민들의 불안감을 해소하고 2차 피해를 예방하며 궁극적으로는 번호 변경을 통해 국민의 개인정보보호를 강화하기 위한 제도이다.

2. 신청대상자
   ① 주민등록번호 유출로 생명, 신체, 재산에 피해를 입거나 입을 우려가 있다고 인정되는 사람
   ② 다음 중 하나에 해당하며 유출로 인하여 피해를 입거나 입을 우려가 있다고 인정되는 사람
      ⇨ 아동·청소년 성범죄 피해자, 성폭력피해자, 성매매피해자, 가정폭력 피해자, 공익신고자, 아동학대범죄 피해자, 특정범죄신고자, 특정강력범죄 피해자, 학교폭력 피해 학생, 방화범죄·명예훼손 및 모욕범죄 피해자

2. 논란 사항

(1) 가명정보에 대한 정의가 추상적

① 행정안전부는 가명정보를 '원래의 상태로 복원하기 위한 추가 정보의 사용·결합 없이는 특정 개인을 알아볼 수 없는 정보'로 정의하고 있다.

② 가명정보에 대한 정의가 명확하지 않아 법 위반 논란이 발생할 우려가 있다.

(2) 비식별정보의 식별정보로의 전환 가능 우려

① 개정안은 고의로 가명정보를 조작해 재식별할 경우 기업은 과징금, 개인은 징역 또는 벌금에 처한다고 명시하여 재식별을 금지했으나 문제는 가명정보의 조합 또는 특정 집단 등에서 예측하지 못한 변수로 비식별정보가 식별이 가능한 상황이 발생할 수 있다.

② 개인을 식별할 수 없는 수준으로 정보를 가명처리한다면 그만큼 활용가치가 낮아지기에 적정선을 찾는 작업이 무엇보다 중요하다.

③ 이런 '재식별'을 방지하기 위해 결합한 데이터 외부 반출시 익명처리를 우선하게 하는 방안, 데이터 결합 담당 기관과 데이터 결합시 정보 매칭에 필요한 '결합키'를 관리하는 기관을 분리하는 방안 등 세부 원칙을 정해 시행령에 담을 계획이다.

(3) 민감정보의 무분별한 활용

각종 민감한 의료정보 등이 기업 이익 창출을 위해 무분별하게 활용될 수 있으며, 이는 다양한 개인권리의 침해 가능성, 개인정보 악용 가능성을 지니고 있다.

MEMO

---

3. 교육 분야의 가명·익명정보 처리 가이드라인

(1) 배경 및 목적

① 개정된 개인정보 보호법에서는 가명정보의 이용을 허용함에 따라 다양한 교육정보 활용을 위한 가명처리 수요증가가 예상된다.

> ➡ 통계작성, 과학적 연구, 공익적 기록보존 등을 위하여 정보주체의 동의 없이 가명정보 처리가 가능하다.

② 이에 처리과정에서 발생할 수 있는 개인정보 오·남용을 방지하고 교육 분야 특성을 반영한 안전한 가명정보 처리방안 마련이 필요하다.

(2) 적용대상

교육행정기관, 학교 및 교육부장관의 지도·감독을 받는 공공기관 등의 개인정보처리자와 해당 기관으로부터 정보를 제공받은 자이다.

(3) 주요 내용

교육 분야의 개인정보 가명·익명처리 및 결합·반출 등에 관한 개념과 처리방법 및 절차, 안전성 확보 조치 등이 해당된다.

> ✏ **Check point**
>
> **교육 분야 주요 특징**
> 1. **적정성 검토 강화**
>   가명처리 후 처리결과 및 재식별 가능성에 대해 위원회 구성·운영을 통한 적정성 검토 권장(다른 분야, 민간 등에 제공시 외부전문가 반드시 포함)
>   ➲ 단, 소규모 및 전문 인력 부재 기관의 경우 상급기관 또는 전문기관을 통해 지원
> 2. **사후관리 철저**
>   가명·익명정보 제공 대장 기록·관리 및 활용에 따른 재식별 가능 여부 등에 대한 모니터링을 실시하고 정기적으로 점검
> 3. **익명처리 체계 구축**
>   교육 분야 개인정보의 안전한 익명처리 기준 제시(절차 및 방법 등)

4. 개인정보 보호법 관련 질문답변 사례

> Q. 친구가 교직원의 개인정보를 요구하면 어떻게 할 건가요?
> A. 네, 국가공무원법에 비밀엄수유지의 의무가 있기 때문에 단호히 줄 수 없다고 말하겠습니다. 공무원은 직무 중에 얻은 정보를 가족이나 친구, 지인에게 알려주지 않도록 항상 의식적, 무의식적으로 노력을 해야 하고 무엇보다 제자신의 정보가 아닌 동료의 정보이기 때문에 이러한 상황에서는 법령에도 맞지 않고 친구지만 안 된다고 말하겠습니다.

> Q. 친구가 개인정보를 요청한다면 어떻게 할 것인가요?
> A. 저는 단호하게 거절을 할 것입니다. 먼저 제가 어떻게 공무원이 되었는지 공무원이 지켜야 할 의무 청렴의 의무 등과 같은 6대 의무를 설명해 줄 것 같습니다. 그럼에도 불구하고 계속해서 요구한다면 친구들과 함께 있는 자리에서 이야기를 나누어보고 개인정보를 요청한 친구가 다른 친구들의 의견을 듣고 설득당하게 할 것 같습니다. (당하게라는 표현이 잘못된 것 같았습니다. ㅠㅠ 이때 조금 당황하여 버벅댔습니다.) 그럼에도 불구하고 또 요구를 한다면 그때 단호하게 거절하는 것이 맞다고 생각합니다.

> Q. 친구가 사업 관련자이고 공무원의 개인정보를 요구한다면 어떻게 할 것인가요?
> A. 이 질문은 이해충돌방지법과 관련이 있는 것 같습니다. 공익과 사익이 충돌할 때에 공무원은 사익을 추구하거나 혜택을 다른 사람에게 주어서는 안 됩니다. 저는 그래서 친구에게 명확하게 선을 그을 것 같습니다. 저는 공무원이기 때문에 절대로 알려줄 수 없다고 친구에게 얘기하고 절대 공무원의 개인정보를 말하지 않을 것입니다. 그리고 친구가 사업 관련자라고 되어 있는데 만약 제가 담당하는 업무라면 상사에게 얘기해서 업무회피를 할 것 같습니다. 이상입니다.

개인정보 보호법 관련 기출질문
Q. 노인이 예비며느리의 개인정보를 요청한다면 어떻게 할 것인가? [2021 광주]
Q. 친구가 사업 관련자이고 교직원의 개인정보를 요구하면 어떻게 할 것인가? [2020 경기]

✎ **Check point**

개인정보 보호법규 위반시 징계
1. 비위 유형
   ① 개인정보 부정이용 및 무단유출: 업무상 알게된 개인정보를 사적이용, 영리 목적으로 개인정보를 제3자가 사용하도록 제공 및 공유
   ② 개인정보 무단조회·열람: 정당한 권한 없이 또는 허용된 권한을 초과하여 개인정보를 열람하거나 조회, 수집, 취득, 저장하는 경우 / 권한 없이 개인정보가 포함된 CCTV 화면을 촬용하는 경우
   ③ 개인정보 관리 소홀: 개인정보 안전조치의무 위반, 보안사고, 개인정보보호 담당자의 감독 소홀, 개인정보 접근권한이 있는 자가 권한 없는 자에게 개인정보 처리 업무를 대신하도록 지시, 파기하여야 할 개인정보를 파기하지 않거나 파기방법 위반
2. 개인정보 고의 유출·부정 이용으로서 각종 범죄 악용 등 정보주체에 대한 심각한 2차 피해 또는 정보주체의 인격권에 대한 중대한 침해 발생 등 비위 정도가 심각한 경우 파면·해임

18 탄소중립(탄소제로) ★★★

1. 탄소중립의 의의

(1) 대기에 배출·방출 또는 누출되는 온실가스의 순 배출량을 '0'으로 만드는 것을 의미한다. 대부분의 온실가스에는 탄소가 포함되어 있어 '탄소'는 온실효과를 일으키는 온실가스를 통칭한다.

(2) 인간의 활동에 의한 온실가스 배출을 최대한 줄이고 남은 온실가스는 흡수(산림 등) 및 제거해서 실질적인 배출량이 0(Zero)이 되는 개념이다. 즉, 배출되는 탄소와 흡수되는 탄소량을 같게 해 탄소 '순배출이 0'이 되게 하는 것으로 이에 탄소중립을 '넷-제로(Net-Zero)'라 부른다.

(3) 우리나라는 「탄소중립기본법」 제7조에 따라 2050년까지 탄소중립을 달성하는 것을 국가 비전으로 명시하여 세계 14번째로 탄소중립을 법제화한 국가가 되었다. 또한 2021년 파리 기후협약에 참여하고 있어 온실가스 감축 목표를 2030년까지 5년 단위로 세우고 있다.

2. 탄소중립이 필요한 이유

(1) 산업화 이전(1850~1900년)에서 산업화 이후(2011~2020년)까지 지구의 평균 기온이 1.09℃ 상승하였다. 기후변화의 주원인은 산업혁명 이후 경제성장의 원동력이 된 석탄·석유 등 화석연료 연소로 인한 이산화탄소 배출의 급격한 증가 때문이다.

(2) 기후변화는 해수면 상승·혹한·폭염 등의 극한 기후를 일으키고 이로 인해 신종 전염병, 경제활동의 피해 등 잠재적으로 인류의 문명 존속에도 위협이 되고 있다.

(3) 국제사회는 기후 위기에 대응하기 위해 2016년 11월에 공식 발효된 파리협정에서 산업화 이전 대비 지구 평균 기온 상승을 1.5℃ 이하로 제한하기 위해 2050년까지 전 지구적으로 탄소중립을 달성할 것을 제시하였다.

(4) 이에 따라 선진국을 비롯해 개발도상국도 동참하기로 결의하여 우리나라를 포함한 세계 각국은 2016년부터 자발적인 국가 온실가스 감축 목표(NDC)를 제출하였다.

(5) 최근 유럽의 경우 탄소배출을 최소화하는 국가·기업과 무역을 우선적으로 하려는 경향을 보이고 있다.

3. 탄소중립 추진 전략

(1) 경제구조의 저탄소화

신재생에너지로 전환, 수소전기차 생산 및 보급확대, 건축물 제로에너지 건축의무화

(2) 저탄소산업 생태계 조성

친환경·저탄소 에너지산업 기술개발, 친환경제품 생산 및 사용

(3) 친환경 에너지 개발

기술개발을 통하여 신재생에너지의 효율을 높여 경제성을 제고함으로써 기업들이 신재생에너지를 활용할 요인 제공

(4) 탄소중립사회로의 전환

탄소중립에 대한 국민인식 제고 필요

(5) 온실가스 배출권거래제 활성화

온실가스 배출권거래제란 정부가 온실가스를 배출하는 사업장을 대상으로 연단위 배출권을 할당하여 할당된 범위 내에서 배출행위를 할 수 있도록 하고 할당된 사업장의 실질적 온실가스 배출량을 평가하여 여분 또는 부족분의 배출권에 대하여는 사업장 간 거래를 허용하는 제도

🖉 **Check point**

1. RE100
   ① RE100은 Renewable Energy 100%의 약어로, "2050년까지 기업이 사용하는 소비전력의 100%를 태양광과 풍력 등 재생에너지로 대체하자"라는 목표를 담은 국제 캠페인이다.
   ② 현재 구글·애플·GM·마이크로소프트·BMW·삼성전자·스타벅스 등 다양한 전 세계 280여 개 글로벌 기업이 RE100 참여를 선언하였다.
   ③ 세계 각국의 탄소중립 정책과 탄소배출권 거래제, 기업의 사회적 책임을 요구하는 수준이 높아지면서 기업들의 자발적 RE100 참가 선언은 계속 확산 중이다.

2. 환경생태교육
   지구적 환경위기를 극복하는 근본적인 힘은 마을과 지역을 중심으로 생태적 소양을 갖춘 민주 시민들로부터 나온다. 교육을 통해 지속가능하고 좋은 삶이 가능한 생태문명을 함께 만들어 가야 한다.

3. 환경교육의무화

➡ 환경교육포털을 방문해서 정보를 찾아보길 바란다.

① 2023년부터 「환경교육의 활성화 및 지원에 관한 법률」(약칭: 환경교육법)이 시행되면서 초등학생과 중학생은 의무적으로 학교환경교육을 받게 되었다.

② 환경교육은 환경의 중요성을 이해하고, 환경을 보존하고 개선하는 데 필요한 지식 등을 알려주는 교육을 의미한다.

4. 탄소중립실천방안(학교)

① 에너지 절약: 난방온도 2℃ 낮추고, 냉방온도 2℃ 높이기, 전자기기 대기전력 차단, 빈 교실 소등, 물절약

② 지속가능한 소비: 음식물 남기지 않기, 저탄소 식단운영, 교내텃밭 채소가꾸기, 교복 물려주기

③ 친환경이동: 등하교시 대중교통 및 도보이용, 스쿨버스 전기버스로 교체

④ 자원절약과 재활용: 분리배출 실천, 개인손수건 사용, 다회용 컵 사용, 인쇄 종이 줄이기

⑤ 자연보호활동: 나무가꾸기, 산림보호, 산불예방

⊘ PLUS

탄소중립 관련 기출질문

Q. 2021년 인천시교육청의 역점사업 중 기후위기 대응과 관련하여 아는 대로 말하시오. [2021 인천교육청]

Q. 생태전환교육이란 무엇인가? 환경보호를 위한 대책을 개인적, 교육청 정책 차원에서 구별하여 설명해보라. 생태전환교육 정책이 어떻게 실효성을 가질 수 있겠는가? [2021 서울시교육청]

MEMO

CHAPTER
02 교육정책 및 교육행정실무

01 교육행정직 주요 업무 ★★★

POINT 매우 중요한 내용이며 기본업무 숙지시 필요한 사항이다.

1. 학교행정실 주요 업무

① 기본적인 사무처리(문서수발, 인사, 민원, 제증명발급) 등
② 회계업무(학교회계 예산 및 결산 관리, 수입 및 지출 관리)
③ 직원의 복무관리(근태관리, 당직, 출장, 초과근무, 휴가 등)
④ 민원업무(민원제기사항, 제증명발급 등)
⑤ 학교급식 운영관리
⑥ 급여관리
⑦ 계약업무(학교공사, 용역계약, 물품구매 계약, 학교시설물 이용 등)
⑧ 재산관리(행정재산 사용 및 수익허가, 공유재산 관리 등)
⑨ 물품관리(재물관리 전반 ⇨ 취득·보관·운용·처분 등)
⑩ 학교시설물 관리(하자보수, 재난관리 등)
⑪ 감사업무(감사 일반)

2. 교육지원청 주요 업무

① 관내 교육기본계획 수립
② 혁신교육정책
③ 학적 및 학사관리
④ 교원 인사관리(표창관리, 인사업무 총괄)
⑤ 예산교부 및 집행·정산
⑥ 기초학력보장 운영
⑦ 교원역량강화
⑧ 체험활동관리
⑨ 교원직무연수
⑩ 교권보호
⑪ 다문화교육 지원
⑫ 인성교육, 민주시민교육업무
⑬ 민주시민교육

⑭ 특수교육지원(업무총괄, 인사, 예산, 프로그램 전반 운영지원)
⑮ 유아교육(유치원 교육과정 총괄, 업무지원, 예산 집행 및 정산)
⑯ 학교안전관리
⑰ 돌봄업무 총괄(방과 후 학교 및 초등돌봄교실 등)
⑱ 학교폭력 대응(Wee 센터 등)
⑲ 학교 밖 청소년 관리
⑳ 교육복지사업추진
㉑ 평생교육업무 총괄
㉒ 학생건강관리
㉓ 학교급식업무 총괄(경비지원, 유관기관 업무협조, 지도·점검 등)
㉔ 교육홍보
㉕ 각종 정보화 담당(홈페이지관리, 정보보완관련 업무, 사립유치원 에듀파인 관리 등)
㉖ 학생배치업무(학급편성, 학교설립 및 통·폐합, 학생배치 조정업무)
㉗ 교육비특별회계 예산 편성 및 운용관리
㉘ 교육시설관리(안전관리, 각종 공사관리)
㉙ 교육공무직 관리

3. 교육청 주요 업무

① 학교교육에 관한 사항 전반(각종 정책수립, 교육발전계획 수립, 예산책정 등)
② 학교의 운영·관리에 관한 지도·감독
③ 교육과정의 운영
④ 관할 교육기관 소속 공무원의 인사관리
⑤ 교육에 관한 시설 및 설비 등의 업무

MEMO

02 2024년 교육부 업무보고

✔**POINT** 밑줄 키워드 중심으로 가볍게 읽어보도록 한다.

1. 추진 배경

(1) 늘봄학교의 의미

① 의의: 늘봄학교는 정규수업 외에 학교와 지역사회의 다양한 교육자원을 연계하여 학생 성장·발달을 위해 제공하는 종합교육 프로그램이다.

② 희망하는 초등학생 누구나 이용가능: 원하는 초등학생 모두가 늘봄학교를 이용할 수 있게 지원하고 있으며, 2024년 초등 1학년부터 '누구나 이용' 학년을 연차별 확대할 예정이다.

  ➡ '누구나 이용' 대상은 (2024년) 초 1 ⇨ (2025년) 초 1~2 ⇨ (2026년) 모든 초등학생이다.

  ➡ 2024~2025년, 다른 학년에게는 기존의 방과후·돌봄을 제공한다.

③ 초 1~2학년에게는 맞춤형 프로그램 매일 2시간 무료: 저학년의 성장·발달에 맞는 재미있고 다양한 프로그램을 연중 매일 2시간 무료로 제공한다.

  ➡ (2024년) 초 1 ⇨ (2025년부터) 초 1~2

④ 초 3~6학년 대상 양질의 프로그램 운영: 초등학교 3~6학년에게 사교육과 차별화되고 경쟁력있는 미래역량 함양, 진로탐색 등 프로그램을 제공한다.

⑤ 시·도교육청, 학교별 특성에 맞는 다양한 모델 확산: 지자체·공공기관·대학·기업 등 연계 프로그램, 수요에 맞춘 아침·저녁늘봄, 지역공간 활용 등 모델 다양화

⑥ 교사의 늘봄학교 행정부담 해소: 학교에 늘봄학교 행정업무를 전담하는 조직·인력 운영

(2) 늘봄학교의 필요성

① 합계출산율 0.72명, 아이 한 명 한 명에 대한 국가 책임 절실

② 초등학교 입학 후 저학년 시기 돌봄공백 심각

③ 학부모 양육 부담완화를 위한 사교육비 절감 정책 시급

④ 분리된 방과 후·돌봄 체제로 인한 중복, 사각지대 발생

MEMO

2. 추진방향

비 전

"세계 최고 수준의 늘봄학교"

⬆

목 표

희망하는 학생 · 학부모 누구나
만족하며 누릴 수 있는 종합 교육프로그램 제공

⬆

정책방향 및 추진과제

"누구나 누리고"

• 희망하는 누구나 이용
• 대상별 맞춤형 지원
• 학교 안팎의 자원 연계

"누구나 만족하는"

• 저학년 맞춤 프로그램 무료
• 프로그램 질 제고 및 다양화
• 저녁늘봄 지원 및 안전 강화

⬆

늘봄학교 전담 운영체제 구축

연차별 집중지원 대상 확대

	2024년(본격도입)	2025년(고도화)	2026년(완성)
집중지원 대상	초1	초1~2	모든 초등학생
누구나 이용	희망 초1 100%*	희망 초1~2 100%*	희망 초1~6 100%
프로그램 2시간 무료	초1 희망자	초1~2 희망자**	초1~2 희망자

* 2024~2025년, 집중지원 대상이 아닌 학년에게도 기존 방과 후 · 돌봄에 참여했던 수준을 보장
** 초3 이후 무료 맞춤형 프로그램 도입 여부는 초1~2 프로그램에 대한 성과평가 후 검토(2025년)

3. 추진과제

(1) 희망하는 누구나 이용할 수 있도록 지원

① 기존 이원화된 초등 방과 후·돌봄을 늘봄학교 하나의 체제로 통합·개선하고, 희망하는 초등학생 '누구나 이용'

② 늘봄학교는 기존 방과 후 또는 돌봄 중 선택 방식이 아닌 학생·학부모의 시간대별 수요 맞춤형 서비스 제공

(2) 장애학생 등 대상별 맞춤형 지원 강화

① 장애학생의 늘봄학교 참여기회 보장을 위해 일반학교뿐만 아니라 특수학교 초등과정(2023년, 177개교)도 지원

② 체육, 디지털, 진로체험 등 지역사회 장애학생 지원 전문기관과 연계한 맞춤형 늘봄프로그램 운영학교 확대

③ 장애학생이 희망할 경우, 학교 밖 지역사회 방과 후·돌봄서비스를 원활하게 이용할 수 있도록 지원

④ 저소득층 중심으로 지원중인 방과 후 자유수강권 지원대상 및 사용처를 확대·개편한 늘봄 바우처 도입

(3) 초 1~2 맞춤형 프로그램 2시간 무료 제공

(4) 프로그램 우수공급처 확대 및 온라인 플랫폼 구축, 다른 산업과 연계·협력 등을 통해 늘봄 프로그램(초 1~6) 질 제고 및 다양화 추진

4. 논란사항 및 대책

(1) 논란사항

① 학교에서 돌봄 시간이 늘어난다는 건 누군가는 그에 따른 돌봄 업무와 관련 행정업무를 추가로 맡아야 함을 의미한다. 교사와 돌봄전담사측 모두 업무를 추가로 맡기는 어렵다는 입장을 밝히고 있다.

② 그간 학교 돌봄의 고질적인 문제점으로 지적되어 온 전담인력 및 공간의 부족 문제, 학교와 교사에 대한 과도한 돌봄책임 부여 논란 등이 여전한 상황에서 시범운영에 들어가는 늘봄학교를 향한 우려의 시각도 적지 않다.

③ 돌봄교실 상당수는 정규수업이 진행되는 교실과 병행해 쓰기 때문에 휴게공간 등이 마련된 전용실로 당장 전환하기도 힘들다. 학부모 부담인 방과 후와 달리 무료인 돌봄교실에서 양질의 프로그램을 운영하는 건 불가능하다. 그 자체로 참여하지 않는 학생과의 차별문제가 불거질 수도 있다. 운동장에서 아이들을 뛰어놀게 하려고 해도 돌봄전담사 1명이 20명이 넘는 아이들의 안전문제 등을 홀로 감당하기엔 벅차다.

(2) 대 책

① 시범운영 기간에 전담인력문제, 공간문제, 교사와 돌봄전담사의 업무부담 문제 등 전체적으로 문제점을 파악하고 각 주체들과 커뮤니케이션을 통해 합리적 해결방안을 찾아 대안을 만들어 가야 한다.

② 시범운영기간에 우수사례를 발굴하고 연구하여 타 교육청 및 지자체에 확산할 수 있도록 해야 한다.

③ 교육청과 지자체의 협력이 매우 중요하므로 시·도지원센터에 지자체 공무원도 T/F 형식으로 참여 유도할 필요가 있다.

④ 행정·재정적 지원 확대 필요 ⇨ 돌봄 프로그램 개발, 전담인력에 대한 보충, 시설개선 등을 위해 충분한 지원 필요

    ⊙ 2024년 2학기부터 공무원, 공무직, 단기계약직, 퇴직교원 등으로 구성된 늘봄실무직원이 늘봄학교 행정업무를 전담할 예정이다.

⑤ 제도적 지원 ⇨ 시·도교육청 지원 조례 제정 등을 통해 지자체와 교육청이 협력하여 지원할 수 있는 법적 근거 마련이 필요하다.

03 늘봄학교 ★★★

1. 개 념

학교 안팎의 다양한 교육자원을 활용하여 희망하는 초등학생에게 정규수업 전후로 제공하는 양질의 교육·돌봄(Educare) 통합 서비스이다.

⊙ 방과 후 프로그램(교과연계, 특기적성 등 교육) + 돌봄(휴식, 놀이, 간식 등) 통합 제공

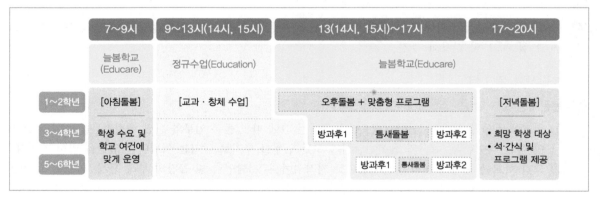

2. 추진방향

(1) 학생·학부모 수요를 반영하여 맞춤형 교육·돌봄 서비스를 제공하고, 미래사회 대비 역량 강화를 위한 양질의 프로그램 확대

(2) 지역단위 총괄·관리 운영체제를 구축하여 교육(지원)청 − 지자체 협력을 강화하고, 단위학교와 교원의 업무 경감

(3) 시범운영을 통해 지역별·학교별 여건에 맞는 다양한 모델 발굴, 운영성과 분석을 통해 성공모델의 단계적 확산 도모

3. 주요 내용

(1) 미래형·맞춤형 방과 후 프로그램 제공
희망하는 학생을 대상으로 방과 후 프로그램을 운영하여 조기 하교로 인한 돌봄 공백 해소

(2) 돌봄유형 다양화 및 서비스 질 제고
아침·저녁돌봄, 방학 돌봄, 방과 후 연계 돌봄 등 학교별 여건과 수요 등을 고려하여 다양한 돌봄 모델 개발·운영 ⇨ 돌봄유형의 다양화

(3) 늘봄학교 운영체계 구축
① 센터 개편: 기존 방과 후 학교지원센터를 방과 후 늘봄지원센터로 개편하여 늘봄학교 지원 기능 강화
② 인력지원: 시·도지원센터(2023년 시·도교육청 지방공무원 120명 기 확보) 및 단위학교에 늘봄학교 전담인력을 지역별 여건에 따라 순차적으로 배치

4. 논란사항 및 대책

(1) 논란사항
① 그간 학교 돌봄의 고질적인 문제점으로 지적되어 온 전담인력 및 공간의 부족 문제, 학교와 교사에 대한 과도한 돌봄책임 부여 논란 등이 여전한 상황에서 시범운영에 들어가는 늘봄학교를 향한 우려의 시각도 적지 않다.
② 학교에서 돌봄 시간이 늘어난다는 건 누군가는 그에 따른 돌봄 업무와 관련 행정업무를 추가로 맡아야 함을 의미한다. 교사와 돌봄전담사측 모두 업무를 추가로 맡기는 어렵다는 입장을 밝히고 있다.
③ 돌봄교실 상당수는 정규수업이 진행되는 교실과 병행해 쓰기 때문에 휴게공간 등이 마련된 전용실로 당장 전환하기도 힘들다. 학부모 부담인 방과 후와 달리 무료인 돌봄교실에서 양질의 프로그램을 운영하는 건 불가능하다. 그 자체로 참여하지 않는 학생과의 차별문제가 불거질 수도 있다. 운동장에서 아이들을 뛰어놀게 하려고 해도 돌봄전담사 1명이 20명이 넘는 아이들의 안전문제 등을 홀로 감당하기엔 벅차다.

(2) 대 책
① 시범운영 기간에 전담인력문제, 공간문제, 교사와 돌봄전담사의 업무부담 문제 등 전체적으로 문제점을 파악하고 각 주체들과 커뮤니케이션을 통해 합리적 해결방안을 찾아 대안을 만들어 가야 한다.
② 시범운영기간에 우수사례를 발굴하고 연구하여 타 교육청 및 지자체에 확산할 수 있도록 해야 한다.
③ 교육청과 지자체의 협력이 매우 중요하므로 시·도지원센터에 지자체 공무원도 T/F 형식으로 참여를 유도할 필요가 있다.
④ 돌봄 프로그램 개발, 전담인력에 대한 보충, 시설개선 등을 위해 충분한 행정·재정적 지원 확대가 필요하다.
⑤ 제도적 지원으로 시·도교육청 지원 조례 제정 등을 통해 지자체와 교육청이 협력하여 지원할 수 있는 법적 근거 마련이 필요하다.

1. 학교 복합시설의 개념

(1) 학교와 지역에서 필요한 교육·돌봄, 문화, 체육시설 등을 복합적으로 설치하여 운영하는 시설을 말한다.

(2) 학교시설 복합화는 생활SOC를 학교시설에 복합적으로 설치·운영해 토지·건물 등 제한적인 자원을 효율적으로 사용하고 각종 프로그램을 시간적·공간적으로 학교와 지역사회가 공유함으로써 학교가 지역주민 삶의 중심적 역할을 수행하고 지역 공동체 중심시설로 기능하도록 하기 위함이다.

(3) 학교복합시설은 복합시설 용도에 따라 학생과 주민을 위해 다양한 편익을 제공한다. 학생은 학교에 없었던 대형 체육관, 실내수영장, 도서관, 음악실 등 특별교실을, 지역주민은 건강·문화·예술·체육 분야의 각종 프로그램 또는 강좌를 이용할 수 있다.

(4) 즉, 학교시설을 주민이 이용할 수 있도록 하고 또한 지역사회 시설을 학생이 이용할 수 있도록 하겠다는 개념이다.

2. 배 경

(1) 저출생·고령화로 인한 인구구조 변화와 수도권 인구집중으로 지역 간 격차 심화와 지역소멸 우려가 증가하고 있다.

(2) 과도한 사교육비가 저출생의 원인으로 지목되는 상황에서 이 중 상당한 비중을 차지하는 돌봄 수요를 국가가 흡수할 필요성이 부각되었다.

(3) 현재 추진되고 있는 교육·돌봄 국가책임 강화 정책인 늘봄학교를 지원하기 위한 초등학교 시설환경을 집중 개선할 필요가 있다.

3. 현황 및 한계

(1) 현재 학교복합시설은 지역적으로는 대도시에, 시설 내용으로는 체육시설 및 주차장 등 특정 시설에 편중되어 있다.

(2) 학교복합시설의 소유권 문제, 학생 안전, 복합시설에서 발생하는 운영비·관리비에 대한 부담 등에 관한 갈등이 발생하고 있다.
　① 경기 ○○고 ⇨ 수도료, 전기료 등 운영비 부담 주체와 관련 갈등으로 시설 운영 중지
　② 경기 △△초 ⇨ 학생과 주민 간 동선 분리가 전혀 되지 않아 학생안전 논란

(3) 부처·지자체·학교현장 등 다양한 기관의 협업 필요 사업으로서 업무가 복잡하고 신규 업무에 대한 부담으로 사업추진에 소극적이다.

(4) 각종 규제와 투자심사 절차 이행 등으로 고려해야 하는 법령 및 절차가 복잡하여 사업추진 및 운영의 어려움으로 작용하고 있다.

(5) 지역 내부에서 군청 소재지와 같은 인구가 많은 학교가 선정될 가능성이 높은데 이는 지역의 학교소멸을 가속화시킬 우려가 있다.

4. 주요 추진과제

(1) 초등 ⇨ 늘봄학교 인프라 구축을 통한 저출산 대응

① 기존 학교복합시설 설치 지역을 포함하여 전국 모든 기초지자체(229개)에 최소한 하나 이상의 학교복합시설 설치

② 신설되는 학교복합시설에는 늘봄학교 프로그램 연계를 위한 멀티룸, 수영장, 체육관 등을 필수적으로 검토

③ 초등 저학년 대상 돌봄교실 운영을 위해 바닥난방, 세면대, 안전장치 설치 등 아동친화적 시설 마련

④ 미래사회 수요에 기반한 다양한 방과 후 프로그램(AI, 코딩 등) 개설

(2) 중·고·대학 ⇨ 맞춤형 복합시설 지원을 통한 지역소멸 대응

① 신도시, 구도심, 농산어촌 등 지역 특성을 반영하고 학교신설·폐교 등 학교 생애 주기를 고려한 학교복합시설 특화방안 마련

② 학생수 감소에 따라 발생한 학교 내 여유공간을 학생 특별활동 공간과 지역주민이 원하는 문화·체육 공간으로 조성

③ 지역대학의 인적·물적 역량을 활용하여 청년 취·창업 지원시설 및 주민복합시설을 종합적으로 조성

5. 논란사항 및 해결방안

(1) 학생안전 및 학습권

① 학생과 주민을 시간적·공간적으로 분리하여 학생 안전과 학습환경 침해를 방지하여야 한다. 예를 들어 복합시설을 설계할 때 학생과 지역주민의 사용공간과 출입동선을 분리하고 연결복도 등 필요한 곳에 전자게이트와 경비원을 배치해야 한다.

② 지자체 협업을 통한 원격통합관제시스템 등을 활용하여 상시모니터링 체계를 구축해야 한다.

(2) 운영주체 및 현장 갈등 해소

① 지자체의 재원으로 건축하는 학교복합시설의 운영권을 시설 설치자(지자체 등)에게 부여하여 관리·운영 책임을 명확화 하여야 한다.

② 학교·지자체 간 협약을 통해 학교의 교육과정 운영에 지장이 없도록 사용시간을 보장해야 한다.

③ 학교를 설치·운영하는 교육청과 생활SOC를 투자한 지자체와의 소유권 및 운영권 갈등이 있는데 이는 시설비 투자 지분, 복합시설 용도별 운영을 잘할 수 있는 기관의 성격 등을 고려해 교육청, 지자체 및 지역주민이 참여하는 협의체 구성·운영을 통해 해소하여야 한다.

④ 학교복합시설의 설치·운영 과정에서 예상되는 갈등요인을 해결하기 위한 방안 등을 담은 매뉴얼을 제작·보급하여야 한다. 특히 이를 제도화하기 위해 교육청과 기초 지자체의 공동 발의를 통한 '학교복합시설 설치·운영조례' 제정 지원이 필요하다.

⑤ 이 외에도 학교복합시설 유지·관리 방안에 ㉠ 외부인 무단침입 방지 등 보안 확보, ㉡ 학습 환경·학생 안전 확보, ㉢ 소음·유해물질·오물 등 차단 및 처리 방안, ㉣ 이용료 징수 등 운영·관리에 필요한 재원 마련에 관한 사항 등을 마련할 필요가 있다.

(3) 대학교 도서관 개방 논란

① **지역주민 입장**: 대학은 공공성을 갖고 지역사회를 위해 시스템을 개방해야 한다.

② **재학생입장**: 학생들의 학습권 침해, 시험기간 좌석 부족으로 인한 면학 분위기 저해 등을 우려하고 있다.

③ **대책**: 일반인을 대상으로 한 독립공간을 마련하는 방안이 있다. 또한 도서관 무료 사용을 원칙으로 하되 책을 빌리고 돌려주지 않는 경우를 대비하기 위해 공탁금 제도 등을 마련할 필요가 있다(공탁금은 일정기간이 지난 후 언제든 돌려받을 수 있음).

MEMO

---

05 교육복지 정책의 방향과 과제

1. 배 경

(1) 그간 우리 교육은 우수한 인적자원 양성을 통해 국가발전의 원동력이 됨과 동시에 사회계층 이동의 주요한 통로로 역할을 해왔다.

(2) 하지만 경제·사회 양극화로 인해 교육 투자의 격차가 심화되고 있으며, 교육을 통한 계층이동 가능성에 대한 믿음도 약화되고 있는 현실이다.

① 소득 1분위와 5분위 가정 간 교육비 격차 확대 (2008년 5.2배 ⇨ 2016년 7.1배)

② 계층 상향 이동에 대한 비관적 인식 증가 (2006년 29% ⇨ 2013년 43.7%, 통계청)

③ '성공을 위한 노력'에 대한 믿음 ⇨ 한국 51% < 미국 64% < 중국 67%(KDI, 2013)

(3) 더욱이 다가오는 4차 산업혁명 시대에는 기술을 선점한 승자의 독식 구조가 강화되면서 양극화가 더욱 심화될 수 있다는 우려가 제기되고 있다.

● 4차 산업혁명의 부작용 ⇨ 양극화 심화(61.7%), 대량 실업(14.7%) (2016, 서울경제)

(4) 이에 4차 산업혁명에 대비한 핵심인력 양성과 함께 교육 취약계층에 대한 지원책이 필요하다.

(5) 한편 저출산·고령화 현상이 심화되면서 2017년부터 생산가능인구가 감소하고, 2030년 이후 노동력 부족이 본격화될 것으로 전망된다.

(6) 이로 인해 한 사람 한 사람의 가치가 높아지므로 교육 취약계층 학생에게도 충분한 교육을 제공하여 우수인재로 육성할 필요가 있다.

교육평등

1. **교육평등의 의미**
   교육평등은 교육의 '기회', '과정', '결과'에서 실제적인 차이가 발생하지 않도록 해야 한다는 의미이다.
2. **교육평등 실현을 위한 교육복지 정책의 관점**
   ① 기회의 평등: 인종·신분·성별에 관계 없이 학교에 다닐 수 있도록 공평한 기회를 부여하고자 하는 정책
   ② 보장적 평등: 취학 기회를 허용하는 것을 넘어 사실상 경제적·지리적 여건 등으로 인해 기회가 제한되지 않도록 하는 정책
      예 흑인·여성에게 입학 허용(美), 의무교육의 제도화 등
   ③ 조건의 평등: 학교시설, 교육과정, 교사의 질 등 교육의 과정에서의 모든 조건이 공평하도록 하는 정책
      예 교사자격제도, 고교평준화, 농산어촌 교육환경 개선 등
   ④ 결과의 평등: 누구나 일정수준 이상으로 성취할 수 있도록 하여 최종적인 학습결과에서도 차이가 발생하지 않도록 하는 정책

2. 양극화로 인한 교육격차 실태

(1) 저소득층 일반 ⇨ 경제력이 실질적 교육기회 제한

① 유아교육에 있어서는 학비·보육료 지원을 하고 있으나 저소득층 유아가 사립유치원에 다니기에는 여전히 높은 문턱이 존재한다.
② 초·중·고에 있어서는 교육급여 제도와 교육비 지원 사업을 통해 저소득층 학생들의 학비·교재비 등을 지원하고 있으나 충분하지 못한 상황이다.
③ 소득수준에 따른 교육비 투자 격차(10.2배)는 매우 큰 상황이며, 특히 사교육비 투자에서는 더 큰 차이(12.7배)를 보인다.
④ 사회경제적 지위가 높은 학생이 대학입시에서도 우수한 결과를 보인다.
⑤ 대학입학 후에도 저소득층 학생들은 학비부담으로 학업에 충실하기 어렵고, 취업준비를 위한 해외연수나 졸업유예 신청도 제약이 있다.

(2) 교육 취약계층별 실태

TIP 이 부분도 면접 때 준비하고 활용하면 좋다. 관심 있는 분야, 하고 싶은 업무와 같은 질문의 면접재료로 활용하라는 의미로 수록하였으니 외울 필요는 없고 전반적으로 살펴보길 바란다.

① 장애학생: 중요성에 비해 기본적인 교육여건도 취약하다.
   ㉠ 교원: 매년 특수교원을 증원하고 있으나 아직까지 법정확보율이 66%에 불과하다.
   ㉡ 학교: 지역주민 반대로 신규 특수학교 설립이 쉽지 않은 상황이다.
② 다문화·탈북 학생
   ㉠ 언어 문제 등으로 학교생활에 어려움이 존재하고 있다.
   ㉡ 다문화·탈북 학생들이 일반학생에 비해 학업중단율이 높은 상황이며, 교우관계 및 학업 등 문제로 학교생활에 어려움을 겪는 학생들도 존재한다.

ⓒ 다문화 학생 지원을 강화해 왔으나 법적 기반이 취약하고, 우리 사회의 다문화 수용도가 여전히 낮은 상황이다.

③ **학업중단 학생**

　㉠ 학교에 복귀하지 않을 경우 학력취득의 어려움이 있다.

　㉡ 매년 약 5만여 명의 청소년들이 학업을 중단하고 이중 질병·유학 등을 제외한 학업 부적응 등으로 약 2만 5천여 명이 학업을 중단하고 있다.

　㉢ 학교 밖에서 학력을 인정받을 수 있는 경로는 사실상 검정고시가 전부이다.

④ **농산어촌 및 구도심 지역 학생**: 학생수 감소로 교육여건이 취약하다.

(3) 교육결과의 격차 ⇨ 누적적 학습결손 심화

① 유아단계부터 교육의 질 차이에 따른 격차발생이 우려되고 있다.

② 학업성취도 격차는 학교급이 올라갈수록 심화되고 있다.

③ 적극적으로 학습결손을 보완하는 데 어려움이 있는 상황이다.

3. 교육복지 정책의 방향과 과제

(1) 저소득층 학부모의 유아교육비 부담을 낮추기 위해 국·공립 유치원 수준으로 원비를 낮춘 '공공형 사립 유치원'을 도입할 계획이다. 또한 가정형편이 어렵지만 재능 있는 학생들의 꿈을 실현시켜 주기 위한 중·고교 단계의 '꿈사다리 장학사업'을 진행할 계획이다.

(2) 유아기부터 발생하는 학습결손을 조기부터 예방하기 위해 누리과정을 내실화하고 유보통합 추진기반을 강화하며, 초등학교 단계에서 읽기, 수학, 예·체능 활동도 강화된다.

(3) 교육여건이 열악한 다문화학생 밀집지역을 '교육 국제화 특구'로 지정하여 국제화된 교육을 제공하며, 학생 수 감소로 어려움을 겪고 있는 농산어촌에 유·초·중·고 통합학교 모델을 도입한다.

(4) 한편 앞으로 취약계층 학생이 많은 시·도교육청과 학교에 예산을 더 많이 배분하고, 국가 교육복지 정책방향을 담은 법 제정도 추진한다.

MEMO

균등한 교육기회 보장을 통해
교육이 '희망'이 되는 사회 구현

저소득층에 대한 실질적 교육기회 보장 확대	취약계층별 맞춤형 지원 강화
▪ 저소득층 학생들의 교육비 부담 경감 ▪ 저소득층에게 질 높은 교육서비스 제공 확대 ▪ 사회적 배려대상자 입학 전형 확대 ▪ 잠재력 있는 저소득층 장학지원 확대	▪ 장애학생 교육 지원 ▪ 다문화 학생 교육 지원 ▪ 탈북학생 교육 지원 ▪ 학업중단(위기) 학생 교육 지원 ▪ 농산어촌 학생 교육 지원 ▪ 비문해 성인 교육 지원
성장단계별 학습결손 예방 내실화	수요자 중심의 종합적, 체계적 지원기반 구축
▪ 유아교육 내실화를 통한 학습결손 예방 ▪ 기초학력보장 지원체계 강화 ▪ 학교급별 특화된 학습결손 예방 추진 ▪ 취약계층 진로 · 직업교육 지원 강화	▪ 교원의 취약계층 교육역량 강화 ▪ 수요자 중심의 종합 지원체계 구축 ▪ 지역사회 자원을 활용한 교육기부활성화 ▪ 균형적인 교육복지 재정 투자 ▪ 안정적인 지원을 위한 법령 · 제도 정비

4. 교육복지 정책 사례

(1) 현재 교육복지 정책은 교육부와 교육청의 여러 부서에서 여러 가지 이름으로 추진되고 있다. 교육복지라는 이름이 직접 들어간 사업은 교육복지우선지원사업 하나밖에 없지 않나 싶지만 각종 교육비 지원사업들을 비롯하여 학교보건사업, 특수교육, 다문화가정 자녀 지원, 탈북자 지원, 저소득층 지원, 기초학력지원사업, 위프로젝트 등 상담사업, 농산어촌 지원, 학업중단예방 및 학교 밖 청소년 지원사업 등도 넓게는 교육복지와 관련한 사업들이다.

(2) 민주시민교육, 방과 후 학교, 학생자율동아리, 초등 방과 후 돌봄, 학교공간 개선사업도 연관이 있고 혁신교육지구 역시 교육복지와 관련이 있다.

✔ POINT 대표적인 교육이슈이자 사회이슈이므로 잘 읽어보아야 한다.

1. 배 경

(1) 학교 밖 청소년이란 9~24세 사이 장기결석, 취학의무 유예·제적·퇴학·자퇴 등의 이유로 초·중·고교에 다니지 않는 청소년을 의미한다.

(2) 매년 2만 6천여 명의 청소년들이 학업을 중단하여 사회와의 단절 및 낙오를 경험하고 있고 어디에서 무엇을 하고 있는지 모르는 학교 밖 청소년은 2022년 한 해 동안 52,981명으로 추정된다.

(3) 학업중단은 개인적으로 청소년의 사회적 자립 및 성장을 저해하고 국가적으로는 인적자원 손실, 범죄율 증가 등에 따른 비용을 발생시킨다.

(4) 학교 밖 청소년은 더 많은 지원이 필요함에도 공교육에 비해 국가차원의 투자는 매우 낮은 수준이다.

(5) 학업중단숙려제 개선, 대안교실 확대 및 학교 밖 청소년 지원 등을 통해 학업복귀 학생이 꾸준히 증가하고 있으나 학교와 학교 밖의 실질적 연계 체계 부족 및 학교 밖 청소년에 대한 발생원인 등 실태파악 미흡으로 정책의 사각지대가 발생하고 있다.

2. 현황 및 실태

(1) 학업중단 현황

① 초·중학생의 학업중단 주 사유는 미인정유학·해외출국(초 83.5%, 중 47%)이고, 중학생이 되면 장기 결석(27%)이 급증한다.

② 특히 고등학생은 학교부적응(51.6%)에 이어 조기진학, 방송활동 등 자발적 의지에 의한 학업중단이 21.6%(기타)로 높게 나타나고 있다.

③ 학교급이 상승할수록 학업중단이 증가하며 특히 고1 시기에 집중되고 있다. 초·중학생 학업중단자는 높은 비행 경향이 있다(한국청소년정책연구원).

(2) 학교 밖 청소년 유형

학업중단 이후 학교 밖 청소년의 유형은 학업형, 무업형, 직업형, 비행형, 은둔형으로 구분된다.

구 분	내 용	비 율
학업형	검정고시 공부, 대학입시 준비, 복교 등	42.0%
무업형	특정목표 없이 아무것도 하지 않는 경우	23.0%
직업형	직업기술을 배우는 경우, 아르바이트·취업 등	17.9%
비행형	가출하거나 보호시설·사법기관의 감독을 받는 경우	8.9%
은둔형	사회적 관계를 맺지 않고 집에서 나오지 않는 경우	조사 ×

(3) 학업중단시 상담자는 부모님(79.3%), 친구·선후배(48.1%), 학교교사(36.3%)순이고, 필요한 도움은 진로상담(48.3%)이 가장 높다.

(4) 학업중단 이후 가장 큰 어려움은 지원부족(18.0%), 낮은 자존감(13.0%), 불규칙한 생활태도(12.1%), 미래계획 없음(11.8%) 순이다.

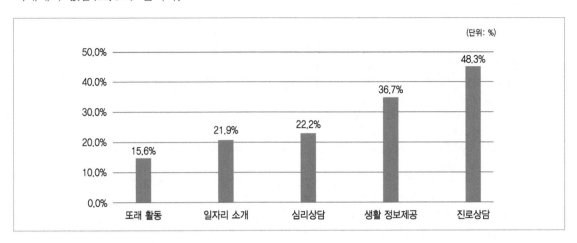

3. 여성가족부 학교 밖 청소년 지원

(1) 학교 밖 청소년의 개인적 특성과 수요를 고려한 상담, 교육, 직업체험 및 취업지원, 자립지원 등 학교 밖 청소년들이 건강한 사회구성원으로 성장할 수 있도록 지원

(2) 전국 222개소의 학교 밖 청소년 지원센터(꿈드림센터) 지정

(3) 학교 밖 청소년 유형별 특성을 고려한 맞춤형 지원
① **발굴·연계:** 교육부, 경찰청 등 부처 협업을 통해 학교 밖 청소년 적극 발굴
② **상담지원:** 심리·진로상담, 자립 학습동기 강화 상담, 가족 상담 등
③ **교육지원:** 복학·상급학교·대안학교 진학 지원, 검정고시 지원, 학습진단, 학업중단 숙려상담 등
④ **직업훈련:** '내일이룸학교'를 통해 맞춤형 직업훈련 실시
⑤ **취업지원:** 직업체험, 진로교육, 경제활동체험, 자격취득, 취업훈련 연계 지원 등
⑥ **자립지원:** 정서적 어려움이 있는 청소년에게 상담 및 자존감·정서 회복을 위한 문화예술, 동아리활동, 전용공간 등 지원
⑦ **건강증진:** 학교 밖 청소년 건강검진 시행 및 생애주기별 건강관리 체계 구축
⑧ **특성화프로그램:** 재능 개발, 자원봉사 활동, 지역사회 참여 활동, 지역 특화 체험 프로그램
⑨ **멘토링프로그램:** 1:1학습지도, 특기 적성 지도·진로상담, 심리·정서 지도

(4) 다부처가 개입된 협력 사업의 개발 등을 통해 학교 밖 위기청소년에 대한 통합 지원체계 구축 필요
① 취학관리 전담기구 및 학업중단숙려제에 학교밖청소년지원센터 참여(교육부)
② 보호관찰소·소년원 퇴소·소년보호처분 학교 밖 청소년 연계(법무부)
③ 경찰서별 '학교 밖 청소년' 담당요원 지정(경찰청)
④ 지자체 정부합동 평가시 학교 밖 청소년 지원 실적 포함(행안부)

1. **학교 밖 청소년 교육수당 지급**
   ① 서울시교육청, 전남교육청은 학교 밖 청소년이 학업에 복귀하고 자립할 수 있도록 교육참여수당 지급
   ② 서울시교육청 지원대상 ⇨ 만 9세~만 18세까지 청소년 중 서울시교육청 학교 밖 청소년 도움센터 친구랑에 등록하고, 센터 프로그램에 일정기준 출석한 자
   ③ 전남교육청 지원대상 ⇨ 학교 밖 청소년 지원센터에 등록한 후 프로그램에 월 6차례 이상 참여

2. **코로나 대응 학교 밖 청소년 지원**
   ① 학습 결손과 정보 격차 해소를 위해 원격 학습용 스마트기기를 보급
   ② 검정고시를 준비하는 학교 밖 청소년에게 원격 강의와 학습 조언(멘토링)을 제공. 인터넷 유료 강의 수강권과 교재를 지원
   ③ 급식 지원방식도 다양화하여 모바일 교환권, 배달음식, 식품꾸러미 택배 발송 등 청소년이 편리하게 이용할 수 있도록 함
   ④ 의무교육단계(초·중) 학교 밖 청소년의 개인정보가 자동으로 연계될 수 있는 법적 근거를 마련
   ⑤ 학교 밖 청소년의 창업 활성화를 위해 창업역량강화 교육

3. **학교 밖 청소년 정책수요**(2022년 여성가족부 보도자료)
   건강검진(79.3%), 진학정보 제공(78.4%), 검정고시 준비 지원(78.2%), 진로탐색을 위한 체험(77.3%) 등에 대한 수요가 많았고, 특히 꿈드림센터 이용 등을 위한 교통비 지원(84.0%)에 대한 요구가 1순위로 가장 높았음

MEMO

---

07 다문화 학생 지원대책

1. 현황 및 배경

(1) 2022년 4월 현재 초·중·고에 재학하는 다문화 학생은 17만여 명이다(전체 학생 대비 3%).

인원수 \ 연도	2018	2019	2020	2021	2022	2023
다문화 학생 수(A)	122,212	137,225	147,378	160,056	168,645	181,178
전체학생 수(B)	5,592,792	5,461,614	5,355,832	5,332,044	5,284,718	5,261,818
다문화 학생 비율 (A/B*100)	2.19%	2.51%	2.75%	3.00%	3.19%	3.44%

(2) 다문화·외국인가정 증가로 다문화 학생에 대한 교육수요가 늘어나고 있으며, 중도입국·외국인학생의 교육수요도 증가하는 상황이다.

(3) 모든 학생이 문화적 차이를 수용하고 이해하며 학교에서 조화롭게 생활할 수 있는 다문화 친화적 교육환경 조성이 중요하다.

(4) 다문화 학생이 가진 다양성과 잠재력을 통해 우리 사회의 개방성과 통합성을 높일 수 있는 교육기반 마련이 필요하다.

(5) 모든 학생이 문화적 다양성을 이해하고 학교에서 조화롭게 성장하도록 다문화 친화적 교육기반 조성이 중요하다.

2. 추진과제

구 분	내 용
1. 출발선 평등을 위한 교육기회 보장	① 다문화 학생 공교육 진입 지원 ② 학교교육 준비도 격차 해소
2. 학교 적응 및 안정적 성장 지원	① 맞춤형 한국어교육 지원 ② 학교 적응 및 인재양성 지원
3. 다양성이 공존하는 학교 환경 조성	① 전체 학교의 다문화 교육 확대 ② 교원의 다문화 교육 역량 제고 ③ 가정 및 지역사회와의 연계
4. 다문화 교육 지원체제 내실화	① 다문화 교육 제도개선 및 실태파악 ② 중앙－지역 및 부처 간 협력 강화

3. 다문화 가족 인식개선 및 소외감 해소 사례

프로축구 K리그의 FC서울은 3년째 다문화 가정 어린이들을 위한 축구교실을 운영하고 있다. 매년 400여 명의 다문화 가정 자녀들이 무료로 축구교실에 참가해 일주일에 한 번씩 일반 어린이와 공을 차며 어울린다. FC서울은 다문화 가정 어린이들만을 위한 축구교실은 운영하지 않고 일반 회원과 같은 반에서 축구를 배우도록 했다. FC서울 관계자는 "소외감 해소가 이 사업의 가장 중요한 목표"라면서 "그러기 위해서는 비(非) 다문화 가정 어린이가 가질 수 있는 거부감을 없애는 것도 중요하다고 보았다"고 설명했다.

MEMO

(1) 교육부는 '교육분야 안전 종합 대책'에 따른 후속조치로 학생의 발달단계를 고려한 체계적인 안전교육 7대 표준안을 마련하여 학교에 제공하였다.

⊙ 7대 표준안 ⇨ 생활 / 교통 / 폭력·신변 / 약물·사이버 / 재난 / 직업 / 응급처치

(2) 학교 안전교육 7대 표준안은 한국교육개발원에 위탁한 연구결과를 토대로 학생 발달단계(유아~고교)에 맞게 체험중심으로 개발되었다.

(3) 초등에서는 생활안전, 폭력·신변 안전 영역을, 고등학교에서는 실습시 직업안전을 강화하는 등 안전교육 분야 전반에 걸쳐 표준안이 마련된 것이다.

대분류	중분류	소분류
생활안전	1. 시설안전	1. 실내안전
		2. 다중이용시설의 안전수칙
		3. 전기안전
	2. 제품안전	4. 생활용품안전
		5. 식품안전
	3. 실험·실습안전	6. 실험·실습안전
	4. 신체활동 안전	7. 체육 및 여가활동안전
		8. 놀이활동안전
		9. 계절놀이안전
		10. 물놀이안전
		11. 등산안전
		12. 탈것안전
		13. 현장체험안전
교통안전	5. 보행자 안전	14. 보행자 안전
	6. 자전거 안전	15. 자전거 안전
	7. 오토바이 안전	16. 오토바이 안전
	8. 자동차 안전	17. 자동차 안전
	9. 대중교통 안전	18. 대중교통 안전
폭력 예방 및 신변보호	10. 학교폭력	19. 학교폭력
		20. 언어/사이버폭력
		21. 물리적 폭력
		22. 집단 따돌림

폭력 예방 및 신변보호	11. 성폭력	23. 성폭력예방 및 대처방법
		24. 성매매 예방
	12. 아동학대	25. 아동학대
	13. 자살	26. 자살
	14. 가정폭력	27. 가정폭력
	15. 유괴·미아사고 예방	28. 유괴·미아사고 예방
약물·사이버 과의존 예방	16. 약물 과의존	29. 마약 등 약물류 폐해 및 예방
		30. 흡연 폐해 및 예방
		31. 음주 폐해 및 예방
		32. 고카페인 식품 폐해 및 예방
	17. 사이버 과의존	33. 인터넷게임 과의존 예방
		34. 스마트폰 과의존 예방
재난안전	18. 화재	35. 화재발생
		36. 화재발생시 안전수칙
	19. 사회재난	37. 소화기 사용 및 대처방법
		38. 폭발 및 붕괴의 원인과 대처방법
		39. 각종 테러사고 발생시 대처요령
	20. 자연재난	40. 감염병 등
		41. 홍수 및 태풍발생시 대처요령
		42. 지진발생시 대처요령
		43. 대설·한파·폭염·낙뢰 발생시 대처요령
		44. 황사 및 미세먼지 발생시 대처요령
직업안전	21. 직업안전의식	45. 직업안전의식
	22. 산업 재해의 이해와 예방	46. 산업 재해의 이해와 예방
	23. 직업병	47. 직업병
응급처치	24. 응급처치의 이해와 필요성	48. 응급처치의 이해와 필요성
	25. 심폐소생술	49. 심폐소생술
		50. 자동심장충격기의 사용
	26. 상황별 응급처치	51. 기도폐쇄
		52. 지혈 및 상처처치
		53. 염좌 및 골절처치
		54. 화상응급처치
		55. 갑작스러운 상황에서 응급처치
7개 영역	26개 중분류	55개 소분류

1. 재난 유형

(1) 자연재난

폭염, 황사, 미세먼지, 태풍, 집중호우, 지진, 대설, 한파 등

(2) 사회재난

화재, 식중독, 화학물질사고, 방사능 재난, 해양사고 등

(3) 학교생활안전

실험·실습안전, 응급의료, 현장체험활동 버스사고, 무단침입, 흉기난동

2. 재난 상황

Case 01. 무단침입시 대응방안

훈련의 목적 ⇨ 운동장이나 학교 건물 내에서 불법침입자나 거동수상자를 발견하였다거나 인질사건이 발생한 경우 학생과 교직원의 생명과 학교 재산 보호

구 분	체크리스트
학교장· 학교안전 책임관	① 즉시 112에 신고하거나 신고자를 지정한다. 신고자는 인질범의 수와 인상착의, 인질극이 벌어진 정확한 장소, 학교가 취한 조치 등과 같은 상세한 상황을 알려준다. ② 방송시스템, 무전기, 문자 또는 확성기를 사용하여 다음의 내용을 전달한다. "주의를 집중해주시기 바랍니다. 교내 무단침입자의 출현으로 비상 상황이 발생하여 락다운 훈련을 실시합니다." ③ 112 신고자가 비상 상황의 변화에 관한 추가적인 정보를 경찰에 전달할 수 있도록 신고자가 통화상태를 계속 유지하도록 지시한다. ④ 건물 외부에 있는 교직원들과 운동장 수업 중인 학생들에게 즉시 교정 밖 집합장소로 이동할 것을 통보하고, 학생들의 소재를 파악한 후 이들이 안전을 확보할 수 있도록 조치한다. ⇨ 방송 등 ⑤ 체험학습 후 돌아오는 버스가 있는 경우, 버스의 배차담당자 또는 운전기사를 관리하는 용역회사에 학교로의 운행을 중단하고 지정된 장소로 이동할 것을 통보한다. ⑥ 학교 건물 바깥에 위치한 교직원들에게 상황을 설명하고 학생들을 학교 밖의 지정된 집합장소로 이동시키도록 한다. ⑦ 인질극이 벌어지고 있는 장소를 격리시키고 만일의 사태를 대비해서 인질범에 대항하는 데 필요한 물품을 준비한다. ⑧ 교육청에 인질극이 발생한 사실을 알리고 필요한 제반사항을 요청한다. ⑨ 인질범과의 협상을 위한 팀(경찰)이 도착하는 경우 이들에게 현장에 대한 지휘권을 넘긴다. ⑩ 발생한 사건에 대한 상세한 기록을 남기도록 한다.
행정직원	① 경찰 또는 현장지휘관으로부터의 추가적인 지시를 기다리며 전화기 옆에 대기한다. ② 방송시스템, 전화, 컴퓨터 또는 그 밖의 방법을 통해 교실 상황을 원격으로 확인한다.
무단침입자 발견 교직원	① 학교장 / 경찰관에게 사건을 신고하고 이들의 지시에 따른다. ② 만일 교직원이 무단침입자에게 접근해야 하는 경우 가능한 한 다른 동료 교직원들과 동행한다. ③ 무단침입자에게 인사를 건네고 자신이 누구임을 밝힌다.

무단침입자 발견 교직원	④ 무단침입자에게 학교를 왜 방문했는지 묻는다. ⑤ 무단침입자에게 학교를 방문하는 모든 사람들은 경비실에서 방문일지를 기록해야 한다는 사실을 알려준 후, 이들과 동행하여 행정실로 이동한다. ⑥ 만일 무단침입자의 학교 방문 목적이 불법적인 것이란 것을 알게 되었다면 이들에게 학교 밖으로 나가줄 것을 요구한다. ⑦ 무단침입자가 학교 밖으로 나가는 것을 동행한다. ⑧ 만일 무단침입자가 학교 밖으로 나가달라는 요구를 거부하는 경우 　㉠ 무단침입자가 적대감을 갖지 않도록 유의하면서 학교에 계속 있게 되는 경우 어떤 조치가 취해진다는 것을 설명한다. 　㉡ 만일 무단침입자가 폭력을 행사할 가능성이 있다고 판단되는 경우 일단 이들과 맞닥뜨린 상황에서 벗어나도록 한다. 　㉢ 무단침입자들과 만난 당시의 상황(이들을 발견한 장소, 인상착의, 소지한 무기·흉기 또는 소지품 등)을 파악한다. 　㉣ 안전한 거리를 확보한 상황에서 무단침입자와 시각적 접촉을 유지한다. 　㉤ 학교전담경찰관, 학교장 또는 경찰(112)에게 학교에 무단침입자가 있다는 사실을 통보한다. 경찰에 신고하는 경우 무단침입자의 인상착의를 설명한다. 　㉥ 만일 인질극을 벌이는 자가 당신의 존재를 모르는 경우에는 이러한 상황에 끼어들지 않는다. ⑨ 학교 교직원 또는 학생들이 인질이 된 경우 　㉠ 안전을 확보하기 위해 일단 인질범의 지시에 따르거나 존중하는 태도를 보인다. 　㉡ 인질이 된 교직원이나 학생들이 공포심을 갖지 않도록 노력한다. 학생들이 있는 경우 침착하게 행동하도록 한다. 　㉢ 가능한 한 인질범들에게 당황하지 않고 차분하게 정상적으로 행동하는 모습을 보여준다. 　㉣ 인질범과 언쟁을 벌이지 않는다.
교 사	① 교직원은 락다운 실시 또는 학교장(학교안전책임관) 지시에 따른다. 만일 학교 건물 밖에 있는 경우 학생들을 지정된 집합장소로 이동시킨 후 지시를 기다린다. ② 복도와 화장실에 있는 사람들을 자신의 교실로 들어오도록 조치한다. ③ 교실 문을 잠근다. ④ 학생들에게 휴대폰, 컴퓨터, 그 밖의 장치들로 인한 소리가 발생하지 않도록 조용히 있도록 지시한다. ⑤ 복도에서 교실 내부를 볼 수 없도록 출입문의 유리창과 복도창을 커튼이나 블라인드 등으로 가리고 소등한 후, 별도의 지시가 있을 때까지 기다린다. ⑥ 현장지휘관으로부터 위협상황이 해소되었다는 것을 전달받는다거나 창문 등을 통한 안전한 이동경로를 확보하기 전까지 아무도 밖에 나가지 못하도록 한다. ⑦ 인원점검을 통해 실종 학생 또는 자신의 교실에 피신 중인 학생이나 방문객에 대한 사항을 학교장에게 알릴 수 있도록 준비한다. ⑧ 외부인이 교실 안으로 들어오는 경우, 교직원과 학생들은 큰소리를 지른다거나 흉기소지자 / 불법침입자의 얼굴이나 신체 등을 향해 물건을 던지는 등 대응한다.

Case 02. 화재발생

(1) 단계별 학교조치 절차

구 분	체크리스트
1단계 화재발생 안내방송	화재경보음이 울리면 담당자는 화재 발생 위치를 확인하고 즉시 안내방송 ➡ 위치확인－화재수신반 확인 또는 육안확인
2단계 화재신고	• 119에 신고하며 가능하면 벨이 울린 지점에 접근하여 화재 발생 여부 파악 후 신고 • 학교주소, 화재진행정도, 부상자 상황 등 신고
3단계 전교생 대피 지시	• 전교생에게 대피지시(교내 방송 활용) • 대표경로의 안전 확보
4단계 대피 후의 안전확보	• 학생 인원 파악 후 대피하지 못한 학생 확인 • 부상자 확인 후 응급조치, 의료기관 등에 연락 • 보호자에게 연락, 학생들의 안정
5단계 상황반 설치	• 피해상황 파악(인원, 시설 등) • 정보수집, 교육청에 보고 • 외부기관 등과 협조체제 유지 • 교사 밖 대피 장소에서 안전한 학생 관리 • 보호자에게 연락 후 학생 인계 조치

(2) 학생행동요령

① 화재 발생 즉시 최초 화재 목격자는 "불이야!"하고 외치고 비상벨을 누른다.

② 화재경보 접수시 교사의 지시에 따라 대피로를 통해 지정된 장소로 대피한다.

③ 소지품은 그대로 두고 한 줄로 이동한다.

④ 질서 있게 행동한다.

⑤ 대피시 엘리베이터를 이용하지 않는다.

⑥ 가장 늦게 교실을 나오는 학생은 교실 문을 닫고 나온다.

⑦ 이동 중 연기에 휩싸일 경우, 손으로 입을 막고 자세는 낮춘 뒤 빠르게 이동한다.

⑧ 아래층으로 대피를 못할 경우, 옥상으로 대피 후 구조를 요청한다.

⑨ 대피로가 화염에 싸여 이동이 불가능할 경우, 교실에서 문을 닫고 옷, 양말, 커튼 등으로 틈새를 막은 후 구조를 요청한다.

⑩ 학급에서 화재가 발생하여 초기 진화가 가능하다고 판단되는 경우, 소화기를 사용하여 불을 끈다.

⑪ 소방서에서 건물의 안전 여부를 판정하기 전까지 건물에 들어가지 않는다.

(3) 훈련 절차

구 분	체크리스트
훈련준비	① 학생 및 교직원 대상 사전 교육 　㉠ 층별 대피로 안내요원 배치 등 훈련 시나리오 작성 　㉡ 대피 장소의 위험 요소 확인 　㉢ 신체 허약자 등 훈련 열외 인원의 파악 및 조치 　㉣ 대피 방법 설명 및 주의점, 안전사고 예방법 숙지 ② 훈련 장비 준비 ⇨ 외곽 방송 장비 점검 및 준비
훈련실시	① 화재 상황 경보 발령 ② 매뉴얼에 따라 신속하고 안전하게 대피 ➡ 학교 재난대응훈련가이드 화재대피훈련 시나리오 참고
후속조치	① 대피경로 선정의 적합성 검토 ② 화재대피 훈련절차와 행동요령 적절성 검토 　㉠ 학생 행동요령 단계별 적용의 적절성 　㉡ 예고 없는 상황에 대한 훈련 적용의 적절성 ③ 재난대응반(상황반, 안내·유도반, 응급구조반, 소화반) 운용의 적절성 검토 ④ 훈련장비와 물자의 소요 검토 ➡ 도출된 문제점은 교직원 회의시 공유하여 차기 훈련에 반영

10　정보공개제도(2022년 경남교육청 기출)

1. 정보공개제도

(1) 국가기관·지방자치단체 등 공공기관이 업무 수행 중 생산·접수하여 보유·관리하는 정보를 국민에게 공개함으로써 국민의 알권리를 보장하고 더 많은 정보를 바탕으로 국정운영과 지방자치에 대한 참여를 유도하기 위한 제도이다.

(2) 국민의 알권리를 확대하고 국정운영의 투명성을 높이기 위해 지난 1996년 「공공기관의 정보공개에 관한 법률」을 제정·공포하고 1998년 1월 1일부터 시행하였다.

2. 정보공개 청구 등

(1) 정보공개 청구

공공기관이 보유한 정보를 청구인의 청구에 의해 공개하는 제도이다.

(2) 청구가능 정보

공공기관이 직무상 작성 또는 취득하여 관리하고 있는 문서(전자문서 포함)·도면·사진·필름·테이프· 슬라이드 및 기타 이에 준하는 매체 등에 기록된 사항이 청구가능한 정보에 해당된다.

3. 사전정보 공표

(1) 의 의

국민들이 정보공개를 청구하기 전에 국민이 필요로 하는 정보를 선제적·능동적으로 공개하는 제도이다.

(2) 사전정보 대상

① 비공개 대상 정보 외에 국민이 알아야 할 필요가 있는 모든 정보
② 국민생활에 매우 큰 영향을 미치는 정책에 관한 정보
③ 국가의 시책으로 시행하는 공사(工事) 등 대규모 예산이 투입되는 사업에 관한 정보
④ 예산집행의 내용과 사업평가 결과 등 행정 감시를 위하여 필요한 정보
⑤ 그 밖에 공공기관의 장이 정하는 정보

(3) 사전정보 공표방법

각 기관 홈페이지를 통해 최신정보를 공개하며, 정보공개시스템에서는 각 기관의 사전정보의 목록을 제공한다.

4. 원문정보 공개

원문정보 공개는 공무원이 업무 중 생산한 정보를 공개 문서에 대해 별도의 국민청구가 없더라도 정보공개시스템을 통해 공개하는 제도이다.

5. 비공개 대상 정보(정보공개법 제9조)

제9조 【비공개 대상 정보】 ① 공공기관이 보유·관리하는 정보는 공개 대상이 된다. 다만, 다음 각 호의 어느 하나에 해당하는 정보는 공개하지 아니할 수 있다.
 1. 다른 법률 또는 법률에서 위임한 명령(국회규칙·대법원규칙·헌법재판소규칙·중앙선거관리위원회규칙·대통령령 및 조례로 한정한다)에 따라 비밀이나 비공개 사항으로 규정된 정보
 2. 국가안전보장·국방·통일·외교관계 등에 관한 사항으로서 공개될 경우 국가의 중대한 이익을 현저히 해칠 우려가 있다고 인정되는 정보
 3. 공개될 경우 국민의 생명·신체 및 재산의 보호에 현저한 지장을 초래할 우려가 있다고 인정되는 정보
 4. 진행 중인 재판에 관련된 정보와 범죄의 예방, 수사, 공소의 제기 및 유지, 형의 집행, 교정(矯正), 보안처분에 관한 사항으로서 공개될 경우 그 직무수행을 현저히 곤란하게 하거나 형사피고인의 공정한 재판을 받을 권리를 침해한다고 인정할 만한 상당한 이유가 있는 정보
 5. 감사·감독·검사·시험·규제·입찰계약·기술개발·인사관리에 관한 사항이나 의사결정 과정 또는 내부검토 과정에 있는 사항 등으로서 공개될 경우 업무의 공정한 수행이나 연구·개발에 현저한 지장을 초래한다고 인정할 만한 상당한 이유가 있는 정보. 다만, 의사결정 과정 또는 내부검토 과정을 이유로 비공개할 경우에는 제13조 제5항에 따라 통지를 할 때 의사결정 과정 또는 내부검토 과정의 단계 및 종료 예정일을 함께 안내하여야 하며, 의사결정 과정 및 내부검토 과정이 종료되면 제10조에 따른 청구인에게 이를 통지하여야 한다.
 6. 해당 정보에 포함되어 있는 성명·주민등록번호 등 「개인정보 보호법」 제2조 제1호에 따른 개인정보로서 공개될 경우 사생활의 비밀 또는 자유를 침해할 우려가 있다고 인정되는 정보. 다만, 다음 각 목에 열거한 사항은 제외한다.
   가. 법령에서 정하는 바에 따라 열람할 수 있는 정보

나. 공공기관이 공표를 목적으로 작성하거나 취득한 정보로서 사생활의 비밀 또는 자유를 부당하게 침해하지 아
　　니하는 정보
　다. 공공기관이 작성하거나 취득한 정보로서 공개하는 것이 공익이나 개인의 권리 구제를 위하여 필요하다고 인
　　정되는 정보
　라. 직무를 수행한 공무원의 성명·직위
　마. 공개하는 것이 공익을 위하여 필요한 경우로서 법령에 따라 국가 또는 지방자치단체가 업무의 일부를 위탁
　　또는 위촉한 개인의 성명·직업
7. 법인·단체 또는 개인(이하 "법인등"이라 한다)의 경영상·영업상 비밀에 관한 사항으로서 공개될 경우 법인등의
　정당한 이익을 현저히 해칠 우려가 있다고 인정되는 정보. 다만, 다음 각 목에 열거한 정보는 제외한다.
　가. 사업활동에 의하여 발생하는 위해(危害)로부터 사람의 생명·신체 또는 건강을 보호하기 위하여 공개할 필요
　　가 있는 정보
　나. 위법·부당한 사업활동으로부터 국민의 재산 또는 생활을 보호하기 위하여 공개할 필요가 있는 정보
8. 공개될 경우 부동산 투기, 매점매석 등으로 특정인에게 이익 또는 불이익을 줄 우려가 있다고 인정되는 정보
② 공공기관은 제1항 각 호의 어느 하나에 해당하는 정보가 기간의 경과 등으로 인하여 비공개의 필요성이 없어진
경우에는 그 정보를 공개 대상으로 하여야 한다.
③ 공공기관은 제1항 각 호의 범위에서 해당 공공기관의 업무 성격을 고려하여 비공개 대상 정보의 범위에 관한 세
부 기준(이하 "비공개 세부 기준"이라 한다)을 수립하고 이를 정보통신망을 활용한 정보공개시스템 등을 통하여 공개
하여야 한다.
④ 공공기관(국회·법원·헌법재판소 및 중앙선거관리위원회는 제외한다)은 제3항에 따라 수립된 비공개 세부 기준
이 제1항 각 호의 비공개 요건에 부합하는지 3년마다 점검하고 필요한 경우 비공개 세부 기준을 개선하여 그 점검
및 개선 결과를 행정안전부장관에게 제출하여야 한다.

MEMO

11　그린스마트 미래학교

1. 추진배경

(1) 코로나19 대응 과정에서 사회 급변과 불확실성을 체감하며 미래변화를 선도하고 능동적으로 대처하는
　　인재 양성의 필요성이 대두되었다.

(2) 원격수업의 안정적 운영을 통해 학생 주도적 학습모형, 첨단기술을 활용한 교수 방법 등 미래교육으로
　　의 도약에 대한 가능성도 확인되었다.

(3) 교육과정 개편, 고교학점제 도입 등 학생의 요구와 선택을 반영한 교육활동 운영을 위하여 종합적 인프
　　라가 반영된 학교 모델이 시급한 현실이다.

(4) 교육에서 '잘 살아가기(웰빙)'의 중요성이 강조되면서 학교는 학생의 효율적 수업 공간에서 쾌적하고 안전한 '삶의 공간'으로 역할이 확대되었다.

2. 그린스마트 미래학교 개념 및 사례

(1) 개 념

4대 혁신으로 학습과 쉼, 놀이가 공존하는 창의적 학교 조성

> ① 학생선택형 학습과 융합수업을 위한 공간혁신
> ② 무선인터넷·디지털 기기로 맞춤형 개별학습 등을 실현하는 스마트교실 혁신
> ③ 신재생에너지와 탄소중립, 생태교육을 체험하는 그린학교 혁신
> ④ 지역사회의 교육 참여, 학교의 시설복합화로 학교공동체 혁신

(2) 사 례

공간혁신		스마트교실	
	• (평택 청아초) 도서관과 돌봄을 연계한 '다함께 꿈터' • 중앙에 가변형 마루와 2층 하늘바라기 다락방에서 햇살을 받으며 책을 읽는 도서관 조성 • 공간 리모델링 후 도서관 이용률 1.6배 이상 증가		• (구미 사곡고) 디지털 기반 교수학습 • 모든 교실에 원격수업 인프라를 구축하여 코로나19 상황에서 실시간 쌍방향 수업 출석률 100% • 학생 선택과목 61개 강좌 온·오프라인 편성
그린학교		학교 복합화	
	• (충남 정산중) 최초의 제로에너지 인증학교 • 태양광, 지열을 이용하여 학교에서 필요한 에너지의 40~60% 자체 생산 • 농촌 소규모 3개 학교를 통·폐합하여 제로에너지 건물로 조성		• (인천 서흥초) 지역주민과 함께하는 수업 • 주민과 학생이 함께하는 「뚝딱뚝딱 서흥 공방」 운영 • 목공·도예·도시농업·생태환경 등의 프로그램 공유

---

12 학교 공간혁신

1. 학교 공간혁신의 의의

똑같은 공간, 똑같은 수업에서 벗어나 자유롭게 상상하고 함께 결정하여 서로가 서로에게 배울 수 있는 학교를 만드는 모든 과정을 말한다.

2. 학교 공간혁신의 필요성

(1) 우리의 초·중등학교시설은 교육 서비스에 대한 다양한 요구와 학습 환경에 대한 높아진 기대 수준에 부응하기에는 여전히 미흡한 수준이다. 교실과 복도로 이뤄진 천편일률적 공간으로는 학생들의 정서적·심미적 요구뿐만 아니라 미래교육이 필요로 하는 다양한 공간들을 담아내지 못하고 있다.

(2) 기존 공급자 중심의 획일화된 학교시설로는 교육과정 변화 등 미래교육에 대응하기 어려운 부분이 있어 미래세대 주역인 학생의 관점에서 다양하고 유연한 공간으로 재구조화하는 공간혁신사업 추진이 필요하였다.

(3) 코로나(COVID-19) 이후 미래 교육체제 조기 정착을 위한 학교공간혁신 추진이 필요하였다.

3. 학교 공간혁신의 방향

(1) 이론교육과 함께 다양한 체험교육을 실현시킬 수 있어야 한다. 교육적 활용과 사회성을 고려한 기능과 동선을 고려해야 한다.

(2) 교육과정 속의 공간교육은 학생들에게 공간감, 예술성, 문제해결능력, 과학과 예술의 융합적 사고 능력 배양 등 많은 교육적 효과가 있다.

(3) 4차 산업혁명과 ICT의 발전은 학교 공간을 가장 드라마틱하게 변화시킬 것이다. 전자칠판, 태블릿 PC를 넘어 로봇, 가상현실(VR), 인공지능(AI) 등이 실현되는 인프라를 갖추고 가변적 공간, 터치스크린, 인터엑티브 월(interactive wall) 등으로 구성되는 것이 가까운 미래의 교실 모습이다.

예 3D 제작, VR, 로봇 제작 및 시연, 가구 제작, 공예 등 융합실험실과 메이커스페이스

(4) 학습도 강의 위주에서 토론과 프로젝트 중심으로 변화되고 있으며 자유학기제, 고교학점제 등과 같이 학생들의 학습선택권이 확대되고 있다. 따라서 향후 학교 공간은 교육과정과 교육방법 변화에 순응할 수 있도록 보다 유연하고 다양화 될 것이다.

---

13 학교운영위원회 ★★★

1. 학교운영위원회의 의의 및 목적

(1) 학교운영위원회는 학교운영의 자율성을 높이고 지역의 실정과 특성에 맞는 다양한 교육을 창의적으로 실시하기 위해 국·공립 및 사립의 초등학교·중학교·고등학교·특수학교에 설치하는 심의기구이다.

> ➔ 학교운영위원회는 국·공립, 사립학교 모두의 심의기구이며(사립학교 운영의 투명성과 책무성을 강화하기 위해 자문기구에서 심의기구로 격상), 위원의 구성은 교원위원, 학부모위원, 지역위원으로 이루어진다.

(2) 비공개적이고 폐쇄적인 학교 운영을 지양하고 교육 소비자의 요구를 체계적으로 반영함으로써 개방적이고 투명한 학교를 운영할 목적으로 도입되었다. 즉, 학교 운영의 자율성을 높이고 지역의 실정과 특성에 맞는 다양한 교육을 창의적으로 실시하는 데 목적이 있다.

(3) 학교 운영과 관련된 의사결정 단계에 학부모·교원 및 지역 인사가 참여함으로써 학교 정책 결정의 민주성·합리성·효율성을 확보해 학교 교육의 목표 달성에 이바지하기 위한 집단 의사결정(심의) 기구이다.

이에 따라 국·공립 및 사립 초등학교·중학교·고등학교·특수학교에서는 반드시 학교운영위원회를 구성·운영해야 한다.

(4) 위원회는 학교의 교원 대표, 학부모 대표 및 지역사회 인사로 구성되며 위원 정수는 5인 이상 15인 이내이다.

> **「초·중등교육법」**
>
> 제32조【기능】① 학교에 두는 학교운영위원회는 다음 각 호의 사항을 심의한다. 다만, 사립학교에 두는 학교운영위원회의 경우 제7호 및 제8호의 사항은 제외하고, 제1호의 사항에 대하여는 자문한다.
> 1. 학교헌장과 학칙의 제정 또는 개정
> 2. 학교의 예산안과 결산
> 3. 학교교육과정의 운영방법
> 4. 교과용 도서와 교육 자료의 선정
> 5. 교복·체육복·졸업앨범 등 학부모 경비 부담 사항
> 6. 정규학습시간 종료 후 또는 방학기간 중의 교육활동 및 수련활동
> 7. 「교육공무원법」제29조의3 제8항에 따른 공모 교장의 공모 방법, 임용, 평가 등
> 8. 「교육공무원법」제31조 제2항에 따른 초빙교사의 추천
> 9. 학교운영지원비의 조성·운용 및 사용
> 10. 학교급식
> 11. 대학입학 특별전형 중 학교장 추천
> 12. 학교운동부의 구성·운영
> 13. 학교운영에 대한 제안 및 건의 사항
> 14. 그 밖에 대통령령이나 시·도의 조례로 정하는 사항

그 밖에 학교발전기금의 조성·운용·사용에 관한 사항을 심의·의결한다. 위원회의 구성·운영에 관해 필요한 사항은 국립학교와 사립학교는 대통령령으로, 공립학교는 대통령령이 정하는 범위 안에서 시·도의 조례로 정한다. 다만 사립학교의 경우 기타 사항은 정관으로 정하도록 되어 있다.

2. 학교운영위원회와 학부모회의의 차이점

두 조직은 설치목적, 설치근거, 성격, 구성원 등에서 차이가 있다. 다만 학부모회 회원과 학교운영위원회 위원은 겸임이 가능하다.

구 분	학교운영위원회	학부모회
설치근거	초·중등교육법	학부모회 규약(자율조직)
성 격	심의기구(필수기관)	의결 및 집행기구(임의기구)
조직권한	중요한 학교운영사항 심의	학부모회 활동에 관한 사항 의결
구성원	학부모위원, 교원위원, 지역위원	학부모
목 적	학교운영에 필요한 정책결정의 민주성, 투명성, 타당성 제고	학교교육활동 참여 및 지원활동, 상호친목 도모

3. 학교운영위원회의 성격

성 격	내 용
단위학교 차원의 교육자치기구	학교운영의 중요한 사항에 대해서 학교 구성원들이 참여하여 민주적인 절차에 따라 자율적으로 결정하는 단위 학교 차원의 교육자치기구이다.
학교 내외의 구성원들이 함께 하는 학교공동체	학교운영위원회는 학교의 구성 주체인 학부모와 교직원, 지역사회 인사 등 학교 내외의 구성원이 학교운영의 중요한 의사결정에 함께 참여하는 학교공동체이다.
개성있고 다양한 교육을 꽃피울 수 있는 제도적 장치	학교운영위원회 제도는 학교 규모, 학교 환경 등 개별 학교가 처해 있는 실정과 특색에 맞게 다양하고 창의적인 교육을 실현할 수 있는 제도인 장치이다.

4. 학교운영위원회의 법적 성격

성 격	내 용
법정 위원회	「초·중등교육법」 및 「초·중등교육법 시행령」 등에 근거하여 설치·운영하는 기구
독립된 위원회	학교운영위원회는 학교장(집행기관)과는 독립된 기구

> **⊘ PLUS**

의결기구·심의기구·자문기구·집행기구·자생조직

1. 의결기구

어떤 단체의 의사를 결정하는 합의제 기구이다. 의결기구는 단체의 의견을 내부적으로 결정할 수 있으며, 단체는 의결기구의 결정에 기속되므로 결정사항에 따라야 한다(각종 징계위원회, 지방의회 등).

2. 심의기구

어떤 단체 운영에 필요한 의사를 결정함에 있어 신중을 기하고 운영에 관계하는 사람들의 의견을 조정·통합 및 견제하기 위해 사전적 논의 절차를 행하는 합의제 기구이다. 해당 단체는 심의기구 결정에 기속되지 않으므로 결정 사항을 반드시 따라야 하지는 않다.

3. 자문기구

어떤 단체 요청에 의하여 혹은 자발적으로 의사결정에 참고가 될 의견을 제공하는 기구이다. 자문기구가 제공하는 답신·의견·건의는 법률상 해당 단체를 기속하는 힘이 없다.

4. 집행기구

의결기구 또는 의사기구에 대해 그 의결 또는 의사결정을 집행하는 기구나 행정기구를 의미한다.

5. 자생조직

회원 상호 간의 친목을 도모하기 위하여 자율적 합의에 의하여 이루어지는 조직이다.

⊙ 학교운영위원회(이하 '학운위')는 의결기구가 아닌 심의기구이므로 학교장이 학운위의 결정 사항을 그대로 따라야 하는 것은 아니다. 다만, 「초중등교육법 시행령」 제60조 제1항에 의해 국·공립학교장은 학운위 심의 결과와 다른 내용을 시행하려고 할 경우, 학운위와 관할청에 서면 보고를 해야 한다는 점 등에서 국·공립학교의 학운위의 결정 사항이 사립학교 학운위 결정 사항보다 실질적인 구속력이 강하다고 할 수 있다.

5. 학교운영위원회의 학생 참여(직접 참여는 아니며 간접적인 의견제시)

(1) 학교헌장과 학칙의 제정 또는 개정

① (심의 전) 학교생활규정위원회 구성 및 학생들의 의견을 수렴한다.

② 학급회의, 교내 신문고, 옴부즈맨 제도운영 등 학생들의 의견을 수렴할 수 있는 다양한 통로를 통한 의견을 수렴한다.

📦 학생의견 반영 절차(예시)

> 학급회의를 통한 학급의견 마련 ⇨ 학생회 안건 제출 ⇨ 교사·학부모·학생 참여 토론회·공청회 개최 ⇨ 학칙 제·개정안 마련 ⇨ 학운위 심의

(2) 교복·체육복·졸업앨범 등 학부모 경비부담 사항

① (심의 전) 교육청 제시 표준 교복 디자인, 기존 교복에 대한 검토, 학생·학부모 의견 수렴 등의 과정을 거쳐 학교 교복 디자인을 선정한다.

② (심의 전) 학교에서는 앨범제작추진위원회를 구성하여 졸업앨범 제작부수, 부당 추정가격, 크기, 면수, 표지종류 등에 대한 학생·학부모·교직원 등의 의견을 수렴한다.

③ (심의 전) 수학여행, 수련활동 등 현장체험학습의 경우에도 학생, 학부모, 교직원의 다양한 의견을 수렴하고 수렴된 의견을 종합하여 기본계획(안)을 결정하고 학교운영위원회에 제출한다.

(3) 방과 후 학교 운영

① 방과 후 학교는 학교의 장이 학교 여건과 학생·학부모의 요구를 고려하여 학교운영위원회의 심의를 거쳐 자율적으로 운영한다.

② 방과 후 학교 프로그램은 학생과 학부모의 선택에 의한 자율적 참여를 기반으로 운영한다.

(4) 학교급식

(심의 전) 영양(교)사는 학생, 학부모, 교직원에 대한 의견수렴, 전년도 급식운영실태 분석, 전문가 자문 등을 거쳐 관계 법령 또는 지침 등에 근거하여 학교급식 운영계획(안)을 작성하여 '학교급식소위원회'의 실무 검토를 거친 후 학교운영위원회에 제출한다.

(5) 학교운동부의 구성 및 운영

(심의 전) 학생·학부모·지역사회·학교 등에서 학교운동부 창단 요청이 있을 경우 연간운영계획(안)을 수립하여 학교운영위원회에 제출한다.

MEMO

6. 학교운영위원회 관련 법률

「초·중등교육법」

제32조【기능】① 학교에 두는 학교운영위원회는 다음 각 호의 사항을 심의한다. 다만, 사립학교에 두는 학교운영위원회의 경우 제7호 및 제8호의 사항은 제외하고, 제1호의 사항에 대하여는 자문한다.

➡ 제1·5·6·9·10호는 학부모 의견 수렴 필요, 제1·6·10호는 학생대표 학운위 회의참석 의견청취 필요

1. 학교헌장과 학칙의 제정 또는 개정(학생대표 의견제시, 제안 가능)
2. 학교의 예산안과 결산
3. 학교교육과정의 운영방법
4. 교과용 도서와 교육 자료의 선정
5. 교복·체육복·졸업앨범 등 학부모 경비 부담 사항
6. 정규학습시간 종료 후 또는 방학기간 중의 교육활동 및 수련활동(학생대표 의견제시, 제안 가능)
7. 「교육공무원법」 제29조의3 제8항에 따른 공모 교장의 공모 방법, 임용, 평가 등
8. 「교육공무원법」 제31조 제2항에 따른 초빙교사의 추천
9. 학교운영지원비의 조성·운용 및 사용
10. 학교급식(학생대표 의견제시, 제안 가능)
11. 대학입학 특별전형 중 학교장 추천
12. 학교운동부의 구성·운영
13. 학교운영에 대한 제안 및 건의 사항
14. 그 밖에 대통령령이나 시·도의 조례로 정하는 사항
② 삭제
③ 학교운영위원회는 제33조에 따른 학교발전기금의 조성·운용 및 사용에 관한 사항을 심의·의결한다.

「초·중등교육법 시행령(대통령령)」

제59조의4【의견 수렴 등】① 국·공립학교에 두는 운영위원회는 다음 각 호의 어느 하나에 해당하는 사항을 심의하려는 경우 국립학교의 경우에는 학칙으로, 공립학교의 경우에는 시·도의 조례로 정하는 바에 따라 미리 학부모의 의견을 수렴해야 한다.
1. 법 제32조 제1항 제1호, 제5호, 제6호, 제9호 또는 제10호에 해당하는 사항
2. 그 밖에 국립학교의 경우에는 학칙으로, 공립학교의 경우에는 시·도의 조례로 미리 학부모의 의견을 수렴하도록 정한 사항
② 국·공립학교에 두는 운영위원회는 다음 각 호의 어느 하나에 해당하는 사항을 심의하기 위하여 필요하다고 인정하는 경우 학생 대표 등을 회의에 참석하게 하여 의견을 들을 수 있다.
1. 법 제32조 제1항 제1호, 제6호 또는 제10호에 해당하는 사항
2. 그 밖에 학생의 학교생활에 밀접하게 관련된 사항
③ 국·공립학교에 두는 운영위원회는 국립학교의 경우에는 학칙으로, 공립학교의 경우에는 시·도의 조례로 정하는 바에 따라 학생 대표가 학생의 학교생활에 관련된 사항에 관하여 학생들의 의견을 수렴하여 운영위원회에 제안하게 할 수 있다.

7. 학교운영위원회와 학교장의 역할과 관계

(1) 학교운영위원회는 의결기구가 아닌 심의기구(국·공립학교)이므로 학교장이 학운위의 결정 사항을 그대로 따라야 하는 것은 아니다. 다만, 「초·중등교육법 시행령」 제60조 제1항에 의해 국·공립학교장은 학운위 심의 결과와 다른 내용을 시행하려고 할 경우, 학운위와 관할청에 서면 보고를 해야 한다는 점 등에서 국·공립학교의 학운위의 결정 사항이 사립학교 학운위 결정 사항보다 실질적인 구속력이 강하다고 할 수 있다.

(2) 예·결산과정에서의 관계는 다음과 같다.

> 학교장은 예산안 수립 ⇨ 예산안을 학교운영위원회에 제출 ⇨ 학교장은 학운위에서 예산안 제안 설명 ⇨ 학운위에서는 예산안에 대한 심의 진행 ⇨ 학교장은 학운위 심의가 끝나면 예산안을 수정할 수 있고 예산안을 최종 확정

➔ 학교장은 학운위 심의사항을 반영하여 예산안을 수정할 수도 있고 최초안대로 최종확정할 수도 있다. 다만 심의 결과와 다른 사항을 시행하려고 할 때는 학운위와 관할 교육청에 서면보고를 해야 한다.

(3) 학운위에서 학교장의 역할은 학운위 심의사항에 대해 학운위가 원만하게 진행될 수 있도록 관련된 자료를 제공하고 학운위 심의 결과를 바탕으로 최종 결정을 한다고 보면 된다.

(4) 다만, 딱 한가지 학교발전기금의 조성 및 운용·사용에 관한 사항은 학운위에서 심의하고 의결하도록 되어 있다. 이는 그 결정에 학교장도 따라야 하는 사항이다. 학교발전기금은 학운위의 심의·의결을 거쳐 학교운영위원회 위원장 명의로 조성하며, 학교장은 학교운영위원회에서 위원 자격으로 학교발전기금 조성에 참여할 수 있다.

➔ 발전기금은 학교운영위원회에서만 조성할 수 있으며, 학부모로 구성된 학부모회, 어머니회 등에서는 모금할 수 없다.

8. 학교발전기금의 운영방법

(1) 학교발전기금의 의의

학교발전기금이란 학교의 교육활동을 지원하기 위하여 기부한 기부금품, 학부모 등으로 구성된 학교 내외의 조직 단체 등이 그 구성원으로부터 각출하거나 구성원 외의 자로부터 모금한 금품을 말한다.

(2) 학교발전기금의 조성 및 운용 방침

① 발전기금은 기부자에게 반대급부(댓가)가 없어야 하며, 기부자의 자발적인 의사에 반하지 않아야 한다.

② 발전기금은 학교기본운영비 충당을 위한 조성은 아니 되며, 학생 교육활동과 관련된 학교별 특색이 있는 교육사업 등 학부모가 공감할 수 있는 순수한 교육목적을 위하여 조성하여야 한다.

③ 발전기금 중 모금금품과 자발적 조성금품은 사전에 학교운영위원회 위원장이 학교장 및 학부모 의견을 수렴하여 사용목적, 조성방법, 수입 및 지출 계획 등이 포함된 발전기금 운용계획을 수립하여 학교운영위원회의 심의·의결 후에 조성하여야 한다.

④ 발전기금의 조성·운용 및 사용에 관한 사항은 공개하고 통지하여 회계관리를 투명하게 하여야 한다.

(3) 학교발전기금의 사용목적 사례

① 학교교육시설의 보수 및 확충

② 교육용 기자재 기타 학예활동의 지원

③ 학교체육활동 기타 학예활동의 지원

④ 학생복지 및 학생자치활동의 지원

✔POINT 교육행정직의 중요한 업무 중 하나이며, 매우 중요한 주제이다.

1. 학교 예산의 구조

구 분		종 류	내 용
세 입	이전 수입	중앙정부 이전수입	중앙정부가 지원하는 예산
		지방자치단체 이전수입	시청·도청·구청 등 지방정부가 지원하는 예산
		교육비특별회계 이전수입 등	교육청에서 학교운영을 위하여 목적 없이 총액으로 교부하는 경비(학교운영비) 또는 단위학교의 특정 목적사업을 위해 지원되는 경비(목적사업비)
		기타 이전수입	학교발전기금, 학교 간·공공기관에서 지원하는 전입금
	자체 수입	학부모부담수입	학교운영지원비, 급식비, 방과 후 학교 수강료, 현장체험학습비, 졸업앨범비 등 학부모가 경비를 부담하는 사항
		지원금수입	지방자치단체 및 교육청에서 지원하는 지원금
		행정활동수입	강당·운동장·매점 등 학교시설 사용료, 증명서 발급 수수료, 사용하지 않는 물 품매각대금 등 자산수입, 예금이자수입 등 학교 수입금
	기타 수입	전년도이월금	전년도 예산 중 불용액으로 당해연도에 이월되는 순세계잉여금 (=총수입−총지출−명시·사고·계속비 이월액)
세 출		인적자원운용	교직원연수비, 협의회비, 교직원 맞춤형복지지원, 임시대체강사인건비 등에 편 성된 금액
		학생복지 / 교육격차 해소	급식운영, 학생건강검사비, 보건실운영, 학생안전관리, 졸업앨범제작 등에 편성 된 금액
		기본적 교육활동	실습재료구입·학급운영비 등 교과활동, 각종대회·졸업식·입학식 운영, 축제· 체육대회·동아리 활동, 수학여행·체험학습 등 기본적 교육운영을 위한 금액
		선택적 교육활동	방과 후 학교, 학교운동부 운영, 특기적성프로그램, 돌봄교실 운영 등 선택적 교 육운영을 위한 금액
		교육활동 지원	교무학사 운영, 교육환경 개선, 방송실 운영, 교육정보화실 운영 등을 위한 금액
		학교 일반운영	교무실·행정실 등 부서운영, 공공요금·폐기물처리 등 시설유지, 학교운영위원 회, 학부모 지원 등을 위한 금액
		학교시설 확충	각종 시설 보수 공사 등
		학교 재무활동	예측할 수 없는 사태를 위해 편성하는 예비비 등

2. 학교 예산의 편성절차(법정기한은 2월 28일)

(1) 예산의 편성(학교)

과 정	주 체	법정기한	추진사항
학교회계예산편성 기본지침 시달	교육감	회계연도 개시 3월 전까지 (11월 30일까지)	• 교육청의 교육재정여건 및 운영방향 제시 • 권장사업 포함 • 예산과목 및 과목해소 등 예산운영에 필요한 제반내용 포함
교직원의 예산요구서 제출	학교장	–	• 세입예산의 규모 추정 • 학교구성원에 대한 사전교육 실시 • 학교교육계획서와 연계한 교육과정운영 및 학교운영을 위 하여 필요한 사업 및 재정소요액 등 기록 • 개인별 예산요구서를 부서로 제출 • 부서 접수 후 부서별 예산요구서를 행정실 제출
연간 총 전입금 및 분기별 자금교부계획 통보	교육감	회계연도 개시 50일 전까지 (1월 9일까지)	• 학교회계로 전출되는 금액의 총 규모 및 분기별 자금교부 계획 통보 • 목적사업의 경우 대상학교가 지정되는 대로 확정·통보
예산조정작업 및 예산안 확정	학교장	–	• 단위학교의 총 세입규모 확정 • 부별 또는 전체 조정회의를 거쳐 예산안 확정

예산안 제출	학교장	회계연도 개시
		30일 전까지
		(1월 29일까지)
			• 학교운영위원회에 제출
			➡ 학교장은 예산안을 학교운영위원회에 제출한 후에도 전입금 규
			  모의 변경, 사업계획의 변화 등으로 예산안 수정이 불가피한 경
			  우 수정예산안 제출 가능

(2) 학교 예·결산의 기본개념

① 학교회계 예산은 학교가 해당 회계연도 동안 교육과정운영 등 학교운영에 필요한 재정적인 부분에 대해서 세입과 세출로 표시한 체계적인 계획서를 말한다.

② 학교회계 결산은 회계연도 종료 시점을 기준으로 단위학교의 재정활동 전반에 대한 수입과 지출을 확정적 계수로 표시하는 것으로서 예산집행의 타당성을 평가하는 학교재정운영의 가장 중요한 과정이다.

③ 학교회계의 예·결산은 학교운영위원회의 중요 심의사항으로 학교장에게 재정운영의 자율성을 확대하고 책임 있는 학교운영이 가능하도록 하는 재정계획, 집행평가 등의 과정이다.

3. 학교 예산관련 용어 해설

(1) 회계연도

각급 학교의 학년도와 일치하여 매년 3월 1일부터 다음 해 2월 말까지로 하여 1년 간의 기간을 한 회계기간으로 한다. 이러한 회계연도 설정에 따라 해당 기간의 모든 경비는 당해 회계연도의 세입으로 충당하여야 하며, 모든 학교회계의 수입 및 지출은 그 원인이 되는 사실이 발생한 날을 기준으로 회계연도를 구분한다. 다만, 그 사실이 발생한 날을 정할 수 없는 경우에는 그 사실을 확인한 날을 기준으로 소속 회계연도를 구분한다.

(2) 출납폐쇄기간

학교회계의 출납은 회계연도 종료 후 20일이 되는 날에 폐쇄한다. 즉, 2015학년도 학교회계 기간은 2015년 3월 1일부터 2016년 2월 28일까지이며, 출납폐쇄기간은 2016년 3월 20일까지이다.

(3) 수정예산

학교장이 예산안을 학교운영위원회에 제출한 이후라도 심의 전에 전입금의 변경이나 기타 부득이한 사유로 인하여 예산안을 수정할 필요가 있는 경우에는 수정예산안을 학교운영위원회에 제출할 수 있다.

(4) 과년도수입

출납폐쇄기한(3월 20일) 종료 후 발생하는 전년도 징수결정행위에 대한 수입이다.

(5) 이월금

전년도 불용액으로 당해 연도에 이월되는 순세계잉여금을 의미한다.

 ○ 순세계잉여금＝총수입액－총지출액－다음 연도 명시·사고·계속비 이월액

(6) 예산의 이월

① 예산을 다음 연도에 넘겨서 다음 회계연도의 예산으로 사용하는 것을 말한다. 회계연도 독립의 원칙에 대한 예외로서 임의적으로 구분한 회계연도의 문제점을 보완하기 위해 만들어진 제도이다.

구 분	명시이월비	사고이월비
내용상 요건	당해 연도에 그 지출을 끝내지 못할 것이 예상되는 경비로서 세출예산에 명시(예산 성립 시점)	지출원인행위를 하였으나 그 이후 불가피한 사유로 인하여 당해 연도 내에 지출하지 못한 경비(회계연도 말 시점)
절차상 요건	학교운영위원회 사전심의 필요	학교운영위원회 사전심의 불필요
재이월	이월연도 지출원인행위액에 대하여 사고이월 가능	재사고이월 불가

② 계속비 이월 ⇨ 계속비란 공사·제조 등 완성에 수년을 요하는 경우 총액과 연도별 소요 금액을 정해 수년에 걸쳐 지출할 수 있는 금액이며, 연도별 소요경비 중 당해 연도에 지출하지 못한 금액은 이월 사용이 가능하다.

(7) 예비비

예측할 수 없는 예산 외의 지출이나 예산의 초과지출에 충당하기 위하여 필요한 최소한의 소요경비를 예비비로 계상할 수 있으며, 업무추진비에 충당하기 위해 지출할 수는 없다.

(8) 추가경정예산

예산성립 이후 발생한 사유로 인해 필요한 경비의 과부족이 생길 경우 본예산에 추가 또는 변경을 가한 예산을 의미한다. ① 당초 예산편성시 예기치 못한 돌발적 사태의 발생, 학교재정여건의 변화 등으로 당초 예산만으로 해결할 수 없는 재정수요가 발생했을 때, ② 예산성립 후에 발생한 사유로 인해 기존 예산금액의 과부족, 예산목적의 변경, 비목간 조정 등 재정수요 변경으로 기존예산의 추가증액·삭감 또는 경정의 사유가 발생하여 예산의 규모와 내용을 보정할 필요가 있을 때 추가경정예산을 편성한다.
➜ 추경예산은 광역시·도 의회의 심의를 거쳐 확정된다.

4. 학교회계 편성과정 및 절차 예시

(1) 맨 먼저 학교회계 예산편성에 대한 기본지침이 교육감으로부터 제시된다.
➜ 교육청의 권장사업, 예산과목 및 예산운영에 필요한 제반 내용을 포함한다.

(2) 교직원들의 예산요구서를 제출받는다.
➜ 선생님들이 컴퓨터가 필요하다거나 과학기자재가 필요한 경우 등 요구사항을 받는다.

(3) 연간 총 전임금 및 분기별 자금 교부계획에 대해 교육감이 학교장에게 통보한다.

(4) 학교장은 전입금과 분기별 자금 교부계획을 기초로 해서 예산조정작업을 진행하고 예산안을 확정한다.

(5) 예산안이 확정되면 학교장은 학교운영위원회에 예산안을 제출한다.

(6) 학운위에서는 예산안에 대해 심의한다.
➜ 이러한 과정을 통해 검토를 하고 의견을 제시할 수 있다.

(7) 이어서 학운위 심의가 끝나면 학교장은 예산안을 수정할 수 있고 예산안을 최종 확정한다.

🖉 **Check point**

1. 학교회계에서 중요한 것은 본예산·수정예산·추가경정예산에 대한 개념과 명시이월비·사고이월비 개념, 학교회계년도, 예비비 등 학교예산 관련 용어를 정확히 설명할 수 있어야 한다.
2. 학교장은 예산편성·집행·결산 모든 과정을 책임진다. 학운위는 단지 예산과 결산에 대한 심의(의견을 조정하고 논의하는 절차)만 한다.

---

5. 시·도교육청 예산편성절차 예시

(1) 교육부에서 각 시·도교육청으로 예산편성기준에 대해 통보한다.
➜ 정책반영·자유학기제·무상급식·무상교육 등이 모두 포함된다.

(2) 시·도교육청에서는 예산편성기준을 교육청 내 각실·과·교육지원청·각급 학교에 시달한다.

(3) 예산편성기준에 따라 각급 학교, 교육지원청, 교육청 내 각실, 과에서는 세입·세출 예산서를 작성한다.

(4) 예산서를 작성해서 시·도교육청에 올리면 교육청 내에 예산부서에서 심사하고 조정하여 예산(안)을 만든다.

(5) 예산(안)이 편성되면 시·도의회에 예산안을 제출한다.

(6) 시·도의회에서는 교육청에서 올라온 예산안을 심의하고 의결한다. 최종확정도 시·도의회에서 한다.

(7) 확정된 예산대로 시·도교육청에서는 집행하고, 나중에 결산한 후에 시·도의회에 결산보고를 한다.

(8) 중간에 수정예산이나 추가경정예산이 필요할 경우도 마찬가지 절차를 거친다.

⚙ PLUS

지방의회의 역할(교육 관련)

1. **심의 기능**
   지방의회는 주민을 대표하여 예산·결산안 승인과 청원·진정 등을 처리한다.
2. **입법 기능**
   법령의 범위 안에서 조례를 제정·개정·폐지한다. ⇨ 교육청 조례 포함

MEMO

1. 교육비특별회계 ✔ **POINT** 개념만 간단하게 알아두도록 한다.

(1) 교육비특별회계는 시 · 도교육청의 살림살이를 위한 수입과 지출을 관리하는 회계를 말한다.

재원별	2022 회계연도(A)	
	금액(억원)	구성비
합 계	974,192	100.0
이전수입	941,167	96.6
중앙정부이전수입	784,425	80.5
지방교육재정교부금	744,289	76.4
보통교부금	725,034	74.4
특별교부금	10,209	1.0
증액교부금	9,046	0.9
국고보조금	5,436	0.6
특별회계 전입금	34,700	3.6
지방자치단체이전수입	154,376	15.8
법정이전수입	140,905	14.5
비법정이전수입	13,471	1.4
기타이전수입	2,365	0.2
자체수입	4,970	0.5
지방채 및 기타	26,055	2.7
내부거래	2,000	0.2

(2) 시 · 도교육청 교육비특별회계는 이전수입＋자체수입＋지방교육채 및 기타＋내부거래로 구성된다.

(3) 이전수입은 중앙정부이전수입＋지방자치단체이전수입＋기타이전수입으로 구성된다.

2. 지방교육재정

(1) 재정의 사전적인 의미로는 국가와 지방자치단체가 국가를 유지하기 위한 역할을 수행하기 위하여 행하는 일련의 경제활동을 의미한다.

(2) 교육재정은 교육활동을 위해 필요한 수입 · 지출 활동과 자산과 부채를 관리 · 처분하는 모든 재정활동을 말한다. 따라서 '지방교육재정'이란 교육활동을 지원하기 위한 시 · 도교육청의 재정활동을 의미하며 대상은 지방자치단체가 설치하고 운영하는 공 · 사립 유치원, 초 · 중 · 고등학교, 특수학교이다.

(3) 지방교육재정은 시 · 도교육청의 교육감이 관장하며 '교육비특별회계'라는 이름으로 지방자치단체의 일반회계로부터 분리되어 운영되고 있다. 특별회계라는 말은 회계적인 특성상 일반회계와 구분되어 특별한 설치목적을 가지고 수입과 지출이 일반회계와는 별도로 이루어지는 회계를 의미한다. 즉, 교육비특별회계는 교육이라는 특별한 목적을 갖고 이루어지는 회계라고 볼 수 있다.

➡ **교육비 특별회계와 일반회계의 차이는 무엇인가?** [2018 경기교육청]

지방교육재정교부금
1. 지방교육재정교부금이란 교육의 균형 있는 발전을 도모하기 위하여 지방자치단체(시·도교육청)가 교육기관 및 교육행정기관을 설치·경영에 필요한 경비를 국가가 교부하는 재원을 말한다.
2. 유·초·중등교육을 위하여 쓰여지는 지방교육재정교부금은 지방교육재정의 세입 재원 중 가장 큰 비중을 차지하며 크게 보통교부금과 특별교부금으로 나누어진다.
3. 보통교부금은 인건비, 시설비, 및 학교·교육과정운영비 등 다양한 교육활동을 위해 쓰여지며 특별교부금은 유·초·중등 분야의 국가시책사업, 특별한 지역현안수요 및 예측하지 못한 재해발생과 같이 특별한 재정수요 발생에 대응하기 위하여 교부하는 재원이다.

3. 예산편성 과정

예산편성기준 시달 ⇨ 예산요구 및 심의 사정 ⇨ 예산(안)의 확정 및 제출 ⇨ 지방의회의 예산안 심의의결 ⇨ 예산의 보고 및 고시 순으로 이루어진다.

순 서	내 용	비 고
교육비특별회계 예산안 편성	교육부의 편성 기준 통보	예산안 편성 및 기금운용계획안 수립 기준
예산편성기준 시달	예산부서의 예산편성기준 수립 및 안내	교육감 ⇨ 각 실·과, 교육지원청
예산요구 및 심의 사정	예산부서의 예산편성기준(지침)을 통보받은 사업부서 및 기관은 세입·세출 예산 요구서와 사업관리카드를 작성	시·도교육청(각 실·과·사업소) 및 교육지원청
예산(안)의 확정	제출된 예산요구서를 예산부서에서 심사·조정하여 예산(안) 마련하고 교육감의 결재를 얻어 확정	교육감
지방의회의 예산(안) 제출 및 심의·의결	시·도교육청은 예산안을 편성하여 의회에 제출하고, 의회의 심의·의결을 거쳐 확정	시·도교육청 ⇨ 지방의회
예산의 보고 및 고시	–	시·도교육청

MEMO

◆ 지방교육재정 세입재원 구조

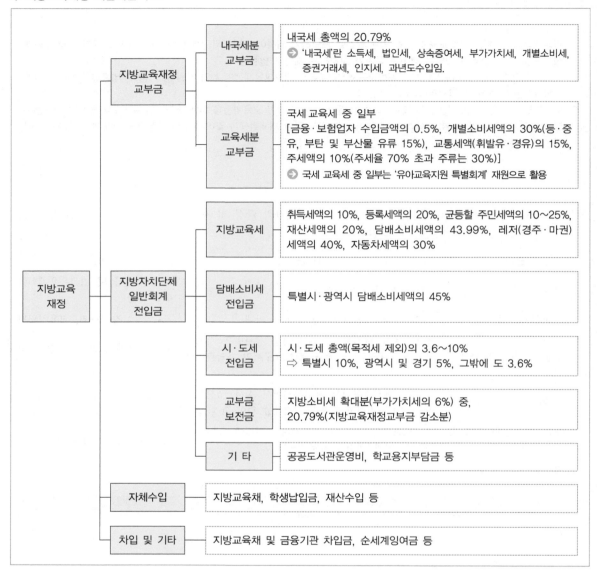

지방교육재정	지방교육재정 교부금	내국세분 교부금	내국세 총액의 20.79% ➡ '내국세'란 소득세, 법인세, 상속증여세, 부가가치세, 개별소비세, 증권거래세, 인지세, 과년도수입임.
		교육세분 교부금	국세 교육세 중 일부 [금융·보험업자 수입금액의 0.5%, 개별소비세액의 30%(등·중유, 부탄 및 부산물 유류 15%), 교통세액(휘발유·경유)의 15%, 주세액의 10%(주세율 70% 초과 주류는 30%)] ➡ 국세 교육세 중 일부는 '유아교육지원 특별회계' 재원으로 활용
	지방자치단체 일반회계 전입금	지방교육세	취득세액의 10%, 등록세액의 20%, 균등할 주민세액의 10~25%, 재산세액의 20%, 담배소비세액의 43.99%, 레저(경주·마권)세액의 40%, 자동차세액의 30%
		담배소비세 전입금	특별시·광역시 담배소비세액의 45%
		시·도세 전입금	시·도세 총액(목적세 제외)의 3.6~10% ⇨ 특별시 10%, 광역시 및 경기 5%, 그밖에 도 3.6%
		교부금 보전금	지방소비세 확대분(부가가치세의 6%) 중, 20.79%(지방교육재정교부금 감소분)
		기 타	공공도서관운영비, 학교용지부담금 등
	자체수입		지방교육채, 학생납입금, 재산수입 등
	차입 및 기타		지방교육채 및 금융기관 차입금, 순세계잉여금 등

4. 교육비특별회계·지방교육재정·지방재정

(1) 지방교육재정은 시·도교육청에서 교육활동을 지원하기 위한 모든 재정활동을 말하며, 교육비특별회계는 시·도교육청의 살림살이를 위한 수입과 지출을 관리하는 회계를 말한다.

(2) 먼저 지방교육재정은 모든 재정활동을 의미한다고 했기 때문에 예산편성, 각종 공시 등을 포함한 모든 포괄적인 내용이 포함될 수 있다. 교육비특별회계는 수입 / 지출 관리회계로 조금 한정해서 보면 된다.
➡ 결국 교육비특별회계가 지방교육재정의 핵심이겠지만 지방교육재정을 보다 더 넓은 개념으로 이해하면 된다.

(3) 우리나라의 재정은 국가재정(중앙재정)과 지방재정으로 구분되며 지방재정은 다시 일반지방재정과 지방교육재정으로 구분된다. 일반자치와 교육자치가 이원화된 지방자치구조하에서 일반지방재정과 지방교육재정 역시 최소한의 연계를 바탕으로 엄격하게 분리·운영되고 있다.

(4) 지방재정은 지방자치단체의 재정활동을 말한다. 서울시 재정의 경우 예산은 35조원이며 사회복지·도로교통·도시계획·도시안전·문화관광·산업경제·공원·환경·교육청지원·자치구지원 등으로 구성된다.

(5) 지방재정에서 교육청으로 지원되는 지원금 지원내역은 교육재정지원, 급식비지원 등 다양하다.

(6) 「지방교육자치에 관한 법률」 제38조는 "시·도의 교육·학예에 관한 경비를 따로 경리하기 위하여 해당 지방자치단체에 교육비특별회계를 둔다"라고 규정하고 있다. 시·도교육청은 교육재원조달을 위한 과세권을 갖지 못하며 지방자치단체가 징수한 지방교육세를 지방자치단체 교육비특별회계를 통하여 전액 수령하고, 중앙정부로부터는 지방교육재정교부금을 지원받고 있다. 또한 시·도세의 법정전입금, 시·도 및 시·군·구의 보조금 등이 일반재정에서 교육재정으로 지원되고 있다.

(7) 지방교육재정교부금은 국가에서 지급하며 교육비 특별회계는 지방자치단체로부터 온다고 보면 된다. 여기에 교육청 자체수입이 더해져서 시·도교육청 교육재정이 된다.

◆ 지방재정과 지방교육재정의 구조와 관계

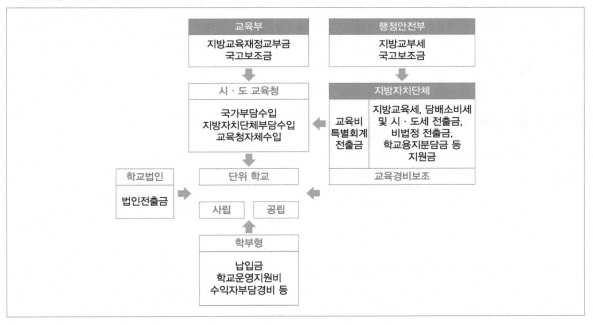

5. 학교회계연도와 교육청회계연도

(1) 광역시·도 예산과 교육청 예산은 시작년도가 동일하다(1월 1일~). 단, 학교회계는 3월 1일 시작하여 다음 년도 2월 28일 종료된다. 회계연도가 다른 이유는 개학시기를 고려했기 때문으로 생각된다.

(2) 교육비특별회계와 학교회계연도가 달라 교육비특별회계의 회계연도 종료시점인 12월 말 경에 목적사업비가 배부되는 사례가 허다하여 학교회계년도 말경인 매년 1~2월에는 신년도 예산을 편성하는 시점인데도 항상 2월 중에 추가경정예산을 편성해야 하는 모순이 있고, 이때가 교원 인사 이동기라서 예산편성에 신경을 쓰지 못하는 상황이 발생한다. 그렇기 때문에 매년 11월에 전교직원이 참여하여 익년도 학교교육기본계획을 수립하도록 요청하고 있다.

6. 교육비특별회계와 교육의 자주성 관계

(1) 특별회계란 용어를 이해할 필요가 있다. 일반회계와 어떤 차이가 있는지, 왜 교육비는 특별회계로 편성되었는지 등을 이해해야 한다. 특별회계는 국가나 지방자치단체에서 특정한 사업을 운영할 때, 특정한 자금을 보유하여 운영할 때, 그 밖의 특정한 세입으로 특정한 세출에 충당함으로써 일반회계와 구분하여 회계처리 할 필요가 있을 때만 예외적으로 인정된다.

(2) 교육비가 특별회계로 분류된 것은 교육의 특수성 및 자주성과 연관되어 있다. 교육을 위한 예산을 특별히 편성할 필요가 있고, 그 목적 외에는 타 용도로 사용하지 못하도록 하기 위함이며 교육전문가들이 교육예산의 편성과 사용을 통해 원하는 교육목적을 달성하도록(교육의 자주성) 하기 위해 특별회계로 편성한 것으로 이해하면 된다.

16 지방교육재정교부금 논란 ★★★

1. 지방교육재정교부금의 의의

(1) 지방교육재정교부금이란 교육의 균형 있는 발전을 도모하기 위하여 지방자치단체(시·도교육청)가 교육기관 및 교육행정기관을 설치·경영하는 것에 필요한 경비를 국가가 교부하는 재원이다.

(2) 유·초·중등 교육을 위하여 쓰이는 지방교육재정교부금은 지방교육재정의 세입 재원 중 가장 큰 비중을 차지하며 크게 보통교부금과 특별교부금으로 나뉜다.

(3) 보통교부금은 인건비·시설비 및 학교·교육과정운영비 등 다양한 교육활동을 위해 쓰이며, 특별교부금은 유·초·중등 분야의 국가시책사업, 특별한 지역현안수요 및 예측하지 못한 재해발생과 같이 특별한 재정수요 발생에 대응하기 위하여 교부하는 재원이다.

(4) 「교육교부금법」에 따르면 내국세의 20.79%를 기계적으로 교육청에 배정하도록 되어있다.

2. 지방교육재정교부금 개편 논란

(1) 현 황

2000년 유·초·중등 유학령인구는 811만 명이었으나 2023년 531만 명으로 줄어들었다. 반면 지방교육교부금은 2000년 14조 9천억원에서 2023년 74조 4천억원으로 늘어났다.

(2) 개 편

① 정부가 '고등·평생교육지원 특별회계'를 신설해 초·중등 교육에 투입하던 재원 일부를 고등교육에 떼어주는 지방교육재정교부금 제도를 개편하기로 하였다.

② 교육부와 기획재정부는 2023년부터 총 11조 2천억원 규모의 '고등·평생교육 지원 특별회계'를 신설한다고 발표하였다. 그 결과 지방교육재정교부금 중 교육세 3조 2천억원이 고등평생교육특별회계로 옮겨간다.

③ 상대적으로 여유 있는 유·초·중·고 교육 예산을 대학 교육에 투자해 대학들의 숨통을 틔우고 인재 양성을 지원 사격하겠다는 취지인 것으로 보인다.

3. 지방교육재정교부금 대학지원 찬성입장

(1) 정부가 특별회계를 설치해 고등교육 재정 확충에 나선 것은 4차 산업혁명, 디지털 대전환 등에 대응해 미래인재를 양성하는 대학의 역할이 어느 때보다 중요해졌기 때문이다.

(2) 국내 대학들은 학령인구 감소, 등록금 동결 등으로 재정난을 호소하며 정부 지원 없이는 혁신이 어렵다고 주장하고 있다. 일부 지방대학은 고사 위기까지 몰려 있다.

(3) 고등교육기관으로 대학이 살아나면서 한국 교육의 경쟁력도 살릴 수 있다.

(4) 저출산으로 인해 학생 수가 감소하고 이에 따라 학교 수도 감소하면서 낭비되는 금액도 존재하며 심지어 쓰지 못하고 남긴 불용액도 발생한다.

4. 지방교육재정교부금 대학지원 반대입장

(1) 지방교육재정교부금은 법적으로 유·초·중등 교육용이다. 학생 수가 줄어드는 지방대학의 어려움을 거론하면서 대학에 나눠주자는 것은 타당성도 없고, 법 제정 취지와도 맞지 않는다.

(2) 교육교부금을 대학지원용으로 쓰는 순간 획일적·균등 배분 방식이 될 공산이 크다. 대학에까지 균등 배분은 최악의 교육대책이 될 수 있다. 지금 필요한 것은 대학의 구조조정이다.

(3) 학생수는 감소하고 있지만 학교수와 교원수는 매년 증가 추세다. 새로운 주거 도시의 생성으로 학급수는 꾸준히 늘고 있으며, 지역 소멸을 막기 위해 최소한의 학교를 유지하기 때문이다. 교육의 질적인 도약을 위해 특수분야 교원수가 계속 증가하고 있다.

(4) 학생수는 줄어들지만 교육 서비스는 증가하고 있다. 이미 학교 체제 안에 들어온 돌봄, 방과 후 학교 확대, 영유아 무상교육 확대, 학교 밖 청소년 지원 확대 등 교육수요를 국가가 책임지는 증가 일로에 있다.
⇨ 교육의 양적·질적 도약의 기회로 삼아야 한다.

17 유보통합 논란 ★★★

1. 유보통합의 의의

(1) 유아교육(유치원)과 보육(어린이집)을 하나로 합치는 것을 의미한다.

(2) 지금까지는 교육부·교육청이 유치원(만 3~5세, 교육 중심)을, 보건복지부·지방자치단체가 어린이집(만 0~5세, 보육 중심)을 따로따로 맡아서 관리하였다.

(3) 그러다 보니 교육과정, 교사의 자격 기준이나 시설 기준, 나라에서 지원하는 예산이 다 달라서 아이들이 받는 교육·보육의 질이 제각각이었다.

(4) 이것을 하나로 합쳐서 유아교육·보육 수준을 높이고, 국가가 더 확실히 책임지게 하자는 개념이다.

2. 정부추진 방향

교육부 안에 정부·교사·학부모·전문가 등이 참여하는 '유보통합 추진위원회'를 만들어서 자세한 계획을 세우기로 하였다.

(1) 1단계(2023~2024)

① 유치원과 어린이집의 교육·보육 격차를 줄여 둘을 합칠 바탕을 마련한다.

② 우선 교육비와 보육료 지원을 늘리고, 그 다음 유치원·어린이집 관련 정부 예산을 하나로 통합한다.

③ 새 교육기관의 교사를 어떻게 뽑을지, 교육과정을 어떻게 통일할지 같은 기준도 정하고, '유치원＋어린이집＝새로운 교육기관'의 이름도 정할 계획이다.

(2) 2단계

바뀐 교사 자격·시설·교육과정 같은 기준은 2025년부터 하나씩 차근차근 적용하고 2026년쯤 유보통합이 완성되면 새로운 교육기관은 교육부·교육청이 맡아서 관리하며 예산도 늘릴 계획이다.

3. 유보통합을 위한 정부조직법 개정

(1) 유보통합 관련 중앙정부 차원의 관리체계 일원화를 위해 복지부 영유아보육 업무를 교육부로 통합·이관하였다.

(2) 이미 학교교육에 포함되어 있는 유치원의 지위와 성격에는 변화가 없다.

4. 논란 사항

(1) 자격 논란

① 유치원 교사가 되려면 전문대 이상 유아교육과를 나와서 유치원 정교사 자격증을 취득하여야 한다. 특히 국공립 유치원 교사는 교육공무원이라 치열한 임용시험을 봐야 한다. 한편 어린이집 교사가 되려면 보육교사 2급 자격증이 필요한데 이는 전문대를 나온 후 학점은행제 등 온라인 강의를 통해 취득할 수 있다.

② 유치원 교사들은 정부 계획에 반대하는 입장이다. 애초에 자격 조건이 다른데 이걸 합쳐서 똑같은 대우를 받게 하는 건 역차별이라고 주장한다. 정부는 어린이집 교사를 재교육하는 등 교사의 질을 똑같이 높일 것이라고 설명하고 있다. 반면 어떻게 할 것인지에 대한 자세한 계획은 아직 없어서 논란은 지속될 것으로 보인다.

(2) 학부모단체의 주장

① 영유아의 평등한 교육을 위해 상향평준화된 유보통합을 추진해야 한다고 주장한다.

② 지난 30년간 유치원과 어린이집의 관할부처가 달라 교육과정과 급·간식비, 시설 등에서 격차가 발생했고 영유아와 현장 교사들이 피해를 보았다는 것이다. 이들은 "이미 늦은 감이 있는 유보통합을 조속히 추진해 하루빨리 0~5세 유아들이 더욱 우수한 질적 환경에서 교육과 돌봄을 받을 수 있게 해야 한다"며 "일부 집단의 이해타산이 아닌 영유아의 권익을 보장하는 관점에서 추진되기를 바란다"는 입장이다.

③ 학부모단체들이 성향을 가리지 않고 유보통합 찬성 여론전에 나선 것은 유보통합 논의가 '교사 자격·처우 문제'를 중심으로 진행되면서 영유아 권익 문제가 후순위로 밀릴지 모른다는 우려 때문으로 풀이된다.

---

18 학교폭력 문제 ★★★

1. 개 요

① 최근 학교폭력을 다룬 OTT 드라마가 큰 인기를 끌면서 학교폭력의 심각성이 재조명되고 있다.

② 최근 고위공직자로 지명된 후 취소된 변호사의 아들 학교폭력 사건에 대한 사회적 공분이 있었다.

③ 피해자들이 오랜 기간 마음의 상처를 안고 살아가는 만큼 이를 미연에 방지할 필요가 있다.

④ 학교폭력은 왕따, 사이버불링(사이버 폭력, 인터넷상의 집단괴롭힘), 학교운동부 폭력 등 다양한 형태로 나타나는 현실이다.

2. 현황 및 문제점

① **유형**: 신체폭력은 최근 그 비중이 절반 가까이 감소하였다(2013년 66.9% ⇨ 2023년 17.3%). 반면 사이버폭력은 2배 이상(2013년 5.4% ⇨ 2023년 6.9%), 언어폭력은 7배 이상(2013년 5.5% ⇨ 2023년 37.1%) 증가하였다.

② **발생건수**: 학교폭력은 2013년 1.8만 건에서 완만하게 증가하다가 2017년부터 3만 건, 2019년부터는 4만 건 이상으로 크게 증가하였다.

③ **심판·소송**: 심의위의 조치 결정에 대한 가해학생의 행정심판, 행정소송 제기비율은 5% 미만 수준이나 최근 3년간 행정심판·소송 제기 건수가 지속적으로 증가하는 추세이다.

3. 추진과제

① **학교폭력 조치사항 기록·관리 강화**: 출석정지·학급교체·전학 조치의 학생부 기록 보존기간을 연장(최대 2년 ⇨ 4년)하여 대학 졸업시까지 실효성 있게 제재하고자 한다.

② **심의삭제 요건 강화**: 피해학생 동의 여부 확인, 행정심판·소송 진행 여부 확인을 한다.

③ **학교폭력 2차 가해 차단**: 사안 발생 즉시, 학교장의 긴급조치로 가해자에게 피해학생, 신고자에 대한 '접촉·협박·보복행위 금지(2호)' 조치를 의무화한다.

④ **피해학생 보호:** 가해학습 대상 긴급조치에 '학급교체' 추가, 피해학생 분리요청권 신설, 피해학생 진술권 보장(가해학생이 제기한 행정심판·소송에서 피해학생 의견청취 의무화)을 한다.

⑤ **가해학생 조치사항 대입 수시·정시 반영:** 학생부교과·종합 등 학생부위주 전형뿐만 아니라 수능, 논술, 실기 및 실적위주 전형에서도 학교폭력 조치사항을 반영한다.

⑥ **학교폭력 대응 역량 강화 및 지원 확대:** 시·도교육청별 '(가칭)학교폭력예방·지원센터'를 설치하여 사안처리, 피해회복·관계개선 법률서비스 등을 통합 지원한다.

⑦ **학교폭력 대응을 위한 교권 강화:** 교원의 정당한 생활지도 불응시 교육활동 침해 행위로 규정한다.

⑧ **학교 구성원의 사회·정서 교육 강화:** ADHD, 디지털 과몰입, 분노, 스트레스 등 정서·행동발달 특성을 조기에 진단·지원하는 '학생 사회·정서 지원체계' 구축한다.

⑨ **학교폭력 예방을 위한 인성·체육·예술교육 활성화**

⑩ **언어·사이버폭력 예방교육 강화**

4. 해결방안(예시)

① **가해자와 피해자의 어른들이 협업:** 협업하면 우정과 인간성의 회복이 가능하지만 불화하고 갈등하면 십중팔구 경찰로, 검찰로, 법원으로 이어지고 두 집안의 악연으로 고착된다. ⇨ 여기에서 학폭위 등의 중재와 화해 역할이 매우 중요하다.

② **사회공동체의 노력:** 비폭력문화를 형성하여 피해자에게는 위로와 치유를, 가해자에게는 사과와 참회를, 목격자에게는 신고하는 용기를 북돋아야 한다.

③ **교우관계증진 프로그램 확대:** 가해자와 피해자가 함께 참여할 수 있는 중재프로그램을 고려해야 한다.

④ **사이버불링 관련:** 사이버불링에 대해서는 사이버윤리의식 함양교육도 필요하겠지만 SNS 회사와 협업하여 AI(인공지능)을 활용한 필터링 방법, 댓글에 욕설을 제한하는 방법, 잠재적 위반 게시물에 대한 경고메시지 등을 시도해 볼만하다. 또한 사이버멘토를 육성하여 학생들 사이에서 일어나는 사이버불링에 대한 또래상담자로서 역할을 하게 하는 것도 좋은 방법이다.

♥PLUS

학교 밖 청소년 학교폭력 문제

1. 학교폭력 가해자 가운데 학교 밖 청소년이 전체의 38%에 달하는 것으로 조사되었다.
2. 학폭 가해자가 학생이 아닌 경우까지 포괄해 현황을 파악하고 대책을 마련해야 한다는 지적이다.
3. 학폭 개념은 2012년 법 개정으로 확대되어 성인, 학교 밖 청소년 등 학생이 아닌 가해자도 포함되는데 이는 피해학생을 두텁게 보호하기 위해서이다.
4. 원칙적으로 학교를 다니는 '학생'은 교육부, 학교를 다니지 않는 학교 밖 '청소년'은 여성가족부 소관으로 학교 밖 청소년의 학교폭력에 대한 사각지대 발생이 우려된다.

♥PLUS

학교폭력 예방교육 우수사례

1. 대구 소재 중학교에서 학교폭력 예방 맞춤형 프로그램을 개발하였다.
2. 공감프로젝트 ⇨ 성격·취향·관심사·성향 등 다양한 질문을 통해 새로운 모둠을 유동적으로 구성하면서 서로를 알아가고 새롭게 얻은 정보를 바탕으로 나와 타인을 이해하고 존중하며 공감하는 경험을 할 수 있도록 고안된 활동이다.

3. 극단 반창고 ⇨ 뮤지컬 창작을 통해 자존감을 높이는 단체 활동과 내면의 상처를 치유하고 회복할 수 있는 개별상담, 두 가지를 동시에 진행한다.
4. 학생 스스로 주체가 되어서 예방에 앞장설 수 있도록 체험중심의 프로그램 운영으로 학생참여형 어울림 프로그램 최우수상을 수상하였다.

19 서울 서이초등학교 교사 사망사건 논란

1. 개 요

(1) 2023년 7월 18일 서울 서이초등학교에서 근무하던 교사가 학교 내 공간에서 극단적인 선택을 한 사건이다.

(2) 해당 사건이 알려지고 경찰의 수사를 통해 해당 교사가 1학년 담임을 맡던 중 학급에 학교폭력이 발생하였고 이로 인해 한 학부모의 악성 민원으로 인한 스트레스가 극단적인 선택의 원인이라는 사실이 알려졌다.

(3) 이후 서울교사노동조합은 해당 초등학교의 교사들이 수많은 악성 민원으로 인한 스트레스를 받고 있었다는 사실을 밝혔다.

(4) 해당 사건 이후에 유사 사건들이 발생하거나 과거의 사건들이 재조명되는 등 교사들을 대상으로 한 악성 민원이 전국적으로 발생하고 있다는 사실이 드러났다.

(5) 2023년 9월 4일 전국의 교사들이 해당 사건의 피해자 49제 추모식을 하는 동시에 '공교육 멈춤의 날'이라는 명목으로 일시에 연가·병가·공가 등을 사용하여 출근하지 않기도 하였다.

2. 대 응

(1) 교육부

① 당초 교육부는 '공교육 멈춤의 날'에 참가한 교사들을 징계하려 하였으나 이후 그 입장을 철회하였다.

② 교육부는 「교권 회복 및 보호 강화 종합방안」을 발표하였다. 이는 불합리한 학생인권조례 개선 및 교원의 정당한 생활지도는 아동학대와 구분, 교육활동 침해 학생 즉시 분리 등을 내용으로 한다.

(2) 국 회

① 그동안 문제점으로 지적되었던 초·중등교육법, 유아교육법, 교원지위법, 교육기본법 개정안 등 4개 법안이 국회에서 통과되었다. 개정된 내용에 따르면 교사가 아동학대 범죄 혐의로 신고되더라도 정당한 사유가 없는 한 직위해제 처분을 금지하도록 하는 내용 등이 포함되었다.

② 다만, 교권 침해 사항을 생활기록부에 기재하는 내용은 통과되지 못했다.

1. 평생교육의 의의

(1) 광의의 개념으로 평생교육은 인간의 삶의 질 향상과 사회적 발전 추구를 위하여 태교에서부터 시작하여 죽을 때까지 전 생애에 걸쳐 행하여지는 교육을 총칭한다.

(2) 평생교육법 제2조에서 정의되고 있는 '평생교육'이란 학교의 정규교육과정을 제외한 학력보완교육, 성인 기초·문자해독 교육, 직업능력 향상교육, 인문교양교육, 문화예술교육, 시민참여교육 등을 포함하는 모든 형태의 조직적인 교육활동을 말한다.

2. 평생교육의 필요성

✎ Check point

지식과 기술의 거대한 증가추세로 인해 학교 교육만으로 생활패턴의 변화, 기술의 혁신 속도를 따라갈 수 없다. 고령화 사회에 접어든 우리나라에서도 평생교육의 필요성은 확산되고 있는 추세이다. 많은 사람들이 제2의 인생을 준비하기 위해 다양한 공부를 계속해서 이어나가고 있다.

(1) 일자리 변화 ➪ 인공지능(AI) 발달 등 기술혁신으로 기술이 인간을 대체할 수 있는 역할의 수준과 범위가 비약적으로 확대되었다.

(2) 단순 반복업무 중심의 전형적 일자리가 대규모로 소멸되고 창의·융합 분야 중심 새로운 일자리가 생성되어 제2의 직업 준비가 필요하다.

(3) 요구 직무 및 고용형태 변화 ➪ 신기술의 업무 활용, 모니터링 및 문제해결, 창의력 등의 능력이 중요시된다.

> ➲ 빅데이터 등 신기술 등장으로 기존 업무방식, 직무역량의 유효기간이 더욱 짧아져 2020년 이후에는 지금 축적한 역량의 절반 이상이 유효하지 않을 것이다.

(4) 경직된 고용형태(전일제 정규직) ➪ 수요 주도 프로젝트 단위 탄력적 고용 확산 등 노동시장 유연화가 확산되고 있다.

(5) 저출산 고령화의 심화로 성인인구 지속증가에 따라 평생교육에 대한 양적 수요가 확대되고 있다.

(6) 퇴직 후에도 72세까지는 일자리를 희망하고 있어 이들의 직업교육 관련 평생학습 수요가 증대하고 있다.

(7) IT기술을 활용하여 성인의 시·공간적 제약을 해소하는 K-MOOC 등 새로운 학습형태 확산과 형식교육 비중 확대 노력이 요구되고 있다.

3. K-MOOC

(1) 케이무크(K-MOOC, Korea Massive Open Online Course)란 대학·기관의 우수 온라인 강좌를 언제, 어디서나, 누구나 무료로 수강할 수 있는 서비스로 2015년에 서비스를 시작하여 현재 총 745개 강좌를 개발·제공하고 있고 매년 회원 수, 수강신청 건수가 큰 폭으로 지속 성장하고 있다.

(2) 이는 고등교육기관의 우수강좌를 온라인으로 공개하여 고등교육에 대한 평생교육 수요 확대에 부응하고 대학의 교수-학습 혁신을 촉진하고자 기획되었다.

4. 평생교육 주요 과제 및 지원사업

① **평생학습도시 조성사업**: 지자체와 협업으로 지역 주민이라면 누구나 근거리에서 평생교육 서비스를 제공받을 수 있다.

② **K-MOOC**: 한국형 온라인 공개강좌(개인 맞춤형 교육을 위한 온라인 생태계 구축)이다.

③ **평생학습바우처 제도**: 학습자가 본인의 학습 요구에 따라 자율적으로 학습 활동을 결정하고 참여할 수 있도록 정부가 제공하는 평생교육 이용권으로 장애인 및 저소득층을 대상으로 지급된다. 장애인 등 소외계층의 직업능력 향상과 자기개발을 목적으로 한 제도로 균등한 교육기회 제공이 한 걸음 더 실현될 것으로 기대된다.

④ **노인평생교육 전문가 양성**: 평생교육사 양성 프로그램 운영이 해당된다.

⑤ **전문대학을 평생·직업교육의 허브로 육성**

---

21 주민참여예산제도

1. 개 요

(1) 주민참여예산제도는 지역주민이 지방교육재정의 예산편성 과정에 직접 참여할 수 있는 기회를 보장하기 위한 제도이다. 주민참여예산제도를 통해 지방교육재정 운용의 투명성과 공정성을 높이고, 주민의 참여를 통해 주민이 직접 제안한 사업이 반영될 수 있도록 한다.

(2) 주민참여예산제도는 예산편성 과정에 주민이 참여할 수 있는 절차들을 포괄하는 개념이기 때문에 지역별 상황에 따라 다양한 형태로 운영되고 있으며 일반적으로 주민참여예산위원회를 중심으로 운영된다.

(3) 주민참여예산위원회는 예산안에 대한 자문과 심의, 예산 제안, 현장방문과 토론회 등을 통해 주민의견을 수렴하고 주민제안사업을 심사한다. 주민참여예산위원회는 공개모집한 일반 시민위원, 의회·교육감·시민단체의 추천을 받아 선임한 위원, 관련 업무 담당 공무원 등으로 구성된다.

(4) 모든 시·도교육청은 주민참여예산제 운영조례에 따라 주민참여예산위원회를 구성·운영하고 있다. 또한 홈페이지에 주민참여예산제 게시판을 운영하며 예산제안·사업공고, 설문조사, 재정정보 및 위원회 활동 등 주민참여예산제와 관련된 각종 정보를 제공하고 있다.

2. 주민참여예산제도 사례

(1) 서울시교육청

학교 도서관을 개방해 달라는 학부모 및 지역주민들의 제안을 반영하여 학교 도서관에서 교육공동체 및 지역주민들을 위한 독서활동을 지원하는 '주민과 학교가 함께하는 책 읽는 마을 프로그램'을 운영하여 학교 도서관이 지역의 사랑방 같은 소통공간이 되었다.

(2) 부산교육청

올바른 식습관 형성으로 학생들의 건강을 증진하기 위한 '채소가 좋아' 프로그램에 주민 제안을 반영하여 학생들이 채소와 친숙해질 수 있는 채소·과일의 날을 운영하고, 채소 포스터 그리기 대회를 개최하는 등 학생들이 매우 만족했다.

(3) 충북교육청

중·고등학교 학생들이 학교생활에서 실질적으로 필요한 사업에 대한 아이디어를 내고 주민참여예산 사업비를 지원함으로써 재정계획의 수립과 효율적 운영을 실제적으로 접하는 기회를 갖게 하였다.

(4) 제주교육청

학교·가정·지역사회가 함께하는 역사·문화교육 추진 제안을 반영하여 '역사, 문화 꼬마 해설사'를 양성해 우리 동네 역사, 문화에 대하여 관광객 등에게 설명함으로써 지역에 기반한 학생 중심 문화유산 보존 교육활동을 추진하여 문화유산에 세대 전승이 이루어지는 좋은 계기가 되었다.

3. 학교참여예산제

(1) 학교회계예산 중 인건비, 목적사업비 등 경직성 경비를 제외한 학교 자율 예산에 학생·학부모·지역주민·학교운영위원 등 교육 수요자의 다양한 의견을 수렴하여 예산 편성시 반영하는 제도이다.

(2) 학교참여예산제를 통한 교직원·학생·학부모 참여 활성화로 교육재정 민주주의 실현을 이룰 수 있다.

---

22 지방자치와 교육자치

1. 지방자치

(1) 지방자치는 일정 지역을 기초로 하는 지자체가 중앙정부로부터 상대적인 자율성을 가지고 그 지방의 행정사무를 자치기관을 통해 자율적으로 처리하는 활동과정이다.

(2) 지방자치(교육자치 포함)를 하는 이유는 지방자치를 함으로써 주민 중심의 밀착형 행정서비스가 가능하고, 지역의 강점을 살려 지역실정에 적합한 정책을 실현할 수 있고 다양하고 창의적인 행정이 가능하기 때문이다.

(3) 지방자치에서 중요한 점은 권한과 예산인데 현재의 법률에서는 지자체에서 할 수 있는 권한과 예산이 매우 부족한 상황이다. 즉, 자방자치가 조직도 마음대로 구성하지 못하고 예산도 부족하여 자체사업을 하기가 어려워 거의 중앙정부에 의존하고 있는 상황이다.

(4) 그래서 현 정부에서는 과감하게 '국세:지방세' 예산분배비율을 현재 '7:3'에서 '6:4'로 늘려주고 지자체 권한도 확대하는 방향으로 자치분권을 강화하려고 하고 있다.

2. 교육자치

(1) 주민 직선교육감제의 도입은 교육청의 철학과 비전, 인적 구조, 일하는 방식의 변화로 이어졌고 정책의 현장 민감성을 더욱 높이는 계기가 되었다. 한마디로 정책과 사업에 대한 교원과 학부모, 시민들의 평가가 이루어지는 시스템이 마련되면서 공약과 정책 개발을 위해서 노력할 수밖에 없게 된 것이다. 이 과정에서 무상급식, 혁신학교, 혁신교육지구사업, 마을교육공동체 등의 정책이 만들어졌다.

(2) 과거에 교육청은 교육부의 지침과 예산, 공문을 학교로 시달하는 '터미널' 역할을 했거나 약간의 정책을 재구성하는 수준에 머물렀다면 이제는 창의적인 기획을 해야 한다. 과거에는 교육청에서 국가위임사무가 절대적이었는데 최근 들어 교육청 스스로 기획하고 정책을 추진하는 자치 사무가 많아지고 있다. 혁신학교와 혁신교육, 마을교육공동체와 혁신교육지구사업 등이 대표적인 예이다.

(3) 국가위임사무라고 해도 정책을 지역상황에 맞게 재구성하는 사례들도 적지 않다. 일반고 활성화 사업이 대표적인 예이다.

3. 교육의 자주성

(1) 의 의

교육의 자주성은 교육에 대한 행정 권력의 자의적인 권력행사를 방지하고, 가급적 교육에 대한 사항은 교육자나 교육전문가에 의해 결정되도록 하는 것이다.

(2) 교육의 자주성과 정치적 중립성에 관한 법규정

「헌법」
제31조 ④ 교육의 자주성·전문성·정치적 중립성 및 대학의 자율성은 법률이 정하는 바에 의하여 보장된다.

「교육기본법」
제5조【교육의 자주성 등】① 국가와 지방자치단체는 교육의 자주성과 전문성을 보장하여야 하며, 국가는 지방자치단체의 교육에 관한 자율성을 존중하여야 한다.
② 국가와 지방자치단체는 관할하는 학교와 소관 사무에 대하여 지역 실정에 맞는 교육을 실시하기 위한 시책을 수립·실시하여야 한다.
③ 국가와 지방자치단체는 학교운영의 자율성을 존중하여야 하며, 교직원·학생·학부모 및 지역주민 등이 법령으로 정하는 바에 따라 학교운영에 참여할 수 있도록 보장하여야 한다.
제6조【교육의 중립성】① 교육은 교육 본래의 목적에 따라 그 기능을 다하도록 운영되어야 하며, 정치적·파당적 또는 개인적 편견을 전파하기 위한 방편으로 이용되어서는 아니 된다.
② 국가와 지방자치단체가 설립한 학교에서는 특정한 종교를 위한 종교교육을 하여서는 아니 된다.

✔ **POINT** 교육의 자주성에 대한 질문이 출제된 적이 있다. [2018 경기교행·대전교행]

23 교육청 조례 및 교육법 특례

1. 교육청 조례

(1) 교육청 조례는 교육청에서 제정한 방과 후 학교운영에 관한 조례, 학생인권조례, 학교운영위원회 조례 등 실무적인 사항들이 많다.

(2) 교육청 조례 제정절차는 다음과 같다.
  ① 교육과 관련된 조례는 맨 먼저 교육청의 입안관련 부서에서 조례를 입안한다.
  ② 공고를 하고 공청회와 의견수렴절차를 거친다.
  ③ 법제심의위원회에 상정하여 심의한다.
  ④ 도의회에 제출하여 도의회에서 심의하고 의결한다.
  ⑤ 의결된 조례안을 공포하며 관보에 게시한다.

2. 교육법 특례 등(초·중등교육법 시행령)

(1) 교육법 특례

  교육법 특례는 '특수학교, 대안학교, 혁신학교, 자사고 등을 운영할 수 있다'는 내용이 대표적이다.

(2) 초·중등교육법 시행령 제105조(학교 및 교육과정 운영의 특례)

> 제105조【학교 및 교육과정 운영의 특례】① 교육감은 다음 각 호의 어느 하나에 해당하는 국립·공립·사립의 초등학교·중학교·고등학교 및 특수학교를 대상으로 법 제61조에 따라 학교 또는 교육과정을 자율적으로 운영할 수 있는 학교(이하 "자율학교"라 한다)를 지정·운영할 수 있다. 다만, 국립학교를 자율학교로 지정하려는 경우에는 미리 교육부장관과 협의해야 한다.
> 1. 학업에 어려움을 겪는 학생에 대한 교육을 실시하는 학교
> 2. 개별학생의 적성·능력 개발을 위한 다양하고 특성화된 교육과정을 운영하는 학교
> 3. 학생의 창의력 계발 또는 인성함양 등을 목적으로 특별한 교육과정을 운영하는 학교
> 4. 특성화중학교
> 5. 산업수요 맞춤형 고등학교 및 특성화고등학교
> 6. 「농어업인 삶의 질 향상 및 농어촌지역 개발촉진에 관한 특별법」 제3조 제4호에 따른 농어촌학교
> 7. 그 밖에 교육감이 특히 필요하다고 인정하는 학교
> ② 자율학교를 운영하려는 학교의 장은 다음 각 호의 사항이 포함된 신청서를 작성하여 교육감에게 제출하여야 한다.
> 1. 학교운영에 관한 계획
> 2. 교육과정 운영에 관한 계획
> 3. 입학전형 실시에 관한 계획
> 4. 교원배치에 관한 계획
> 5. 그 밖에 자율학교 운영 등에 관하여 교육감이 정하여 고시하는 사항
> ③ 제2항에도 불구하고 교육감은 학생의 학력향상 등을 위하여 특히 필요하다고 인정되는 공립학교를 직권으로 자율학교로 지정할 수 있다. 이 경우 지정을 받은 학교의 장은 지체 없이 제2항 각 호의 사항을 작성하여 교육감에게 제출하여야 한다.
> ④ 자율학교는 5년 이내로 지정·운영하되, 교육감이 정하는 바에 따라 연장 운영할 수 있다.
> ⑤ 교육부장관 또는 교육감은 자율학교의 운영에 필요한 지원을 하여야 한다.
> ⑥ 제1항부터 제5항까지에서 규정한 사항 외에 자율학교의 지정 및 운영에 필요한 사항은 교육감이 정하여 고시한다.

1. 학교주변 안전구역 현황

구 분		제 도	근거법	설정기준
행정안전부	교통 안전	어린이보호구역 (School zone)	도로교통법 제12조	학교주출입문으로부터 300~500m 이내 일정도로
식품 의약품 안전처	식품 안전	어린이 식품안전보호구역 (Green food zone)	어린이식생활 안전관리특별법 제5조	학교경계선으로부터 200m
보건복지부	범죄 안전	아동보호구역	아동복지법 제32조	학교경계선으로부터 500m
교육부	환경 안전	교육환경보호구역	교육환경 보호에 관한 법률	(절대구역) 학교출입문으로부터 50m (상대구역) 학교경계선으로부터 200m

2. 교육환경보호구역

① **설정권자**: 시·도교육감 또는 교육지원청의 교육장이다.

② **범위**: 「교육환경 보호에 관한 법률」 제8조(교육환경보호구역의 설정 등)에 따라 학생의 보건·위생, 안전, 학습과 교육환경 보호를 위하여 학교경계 또는 학교설립예정지 경계(이하 "학교경계 등")로부터 직선거리 200미터의 범위 안의 지역을 지칭한다.

③ **목적**: 학생이 건강하고 쾌적한 환경에서 교육받을 수 있게 하는 것을 목적으로 한다.

④ **절대보호구역**: 학교출입문으로부터 직선거리로 50미터까지인 지역이다. ⇨ 학교설립예정지의 경우 학교경계로부터 직선거리 50미터까지인 지역

⑤ **상대보호구역**: 학교경계 등으로부터 직선거리로 200미터까지인 지역 중 절대보호구역을 제외한 지역이다.

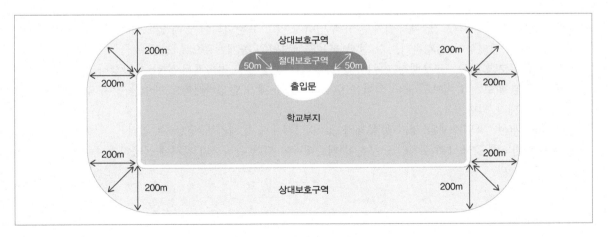

25 교육공무직

1. 현 황

① 전국적으로 10만 명의 교육공무직 종사자가 존재한다.
   - 예 학교강사, 교무실무사, 교육실무사(컴퓨터 수리), 사서교육실무사(도서관업무), 유치원 방과 후 강사, 초등돌봄전담사, 교육복지사, 학교급식실 영양사, 조리사, 조리원, 특수교육실무사 등
② 이들은 무기계약직으로 임금은 정규직의 64% 수준이며, 급식비·명절휴가비 등은 40% 수준이다.
   - ➡ 60세까지 정년이 보장된다.
③ 호봉제가 적용되지 않아 아무리 열심히 일해도 승진 및 승급이 없이 1년차와 같은 직급의 무기한 계약직 신분이다. ⇨ 근속년수가 길수록 정규직과 격차 심화
④ 고용불안, 임금차별, 열악한 작업환경에 놓여있는 현실이다.

2. 요구사항

① 호봉제 도입 및 기본급 추가 인상(9급 공무원 대비 80% 수준으로 임금인상)
② 교육공무직제 법적 근거 마련과 정규직 전환
③ 수당 및 복리후생 차별 해소
④ 지역별 처우 상향평준화

3. 문제점

① 정규직 전환 요구는 공정한 경쟁을 거친 공무원들과의 역차별이 발생할 수 있다.
② 공무원 시험을 통과하지 않은 학교 비정규직의 정규직 전환은 특혜라는 의견이 있다.
③ 학교예산의 부족도 문제이다.
④ 사회적 비정규직의 정규직화 요구와 맞물려 공론화 되고 있다.

4. 교육공무직 관련 문제해결방안

① **채용투명화 필요**: 자격조건, 채용절차 등이 투명하지 않고 표준화되어 있지 않으면 채용과정에서 인맥을 활용한 비리 개연성이 존재한다. ⇨ 현재 교육공무직원은 공개채용으로 전환
② **명확한 업무분장 필요**: 교무행정 지원사의 경우 업무분장이 불명확해서 혼란이 발생하고 있다.
③ **평가 공정성 확보**: 업무 보조 등의 역할을 수행하므로 문제가 발생하더라도 책임을 지지 않고 평가 공정성에도 문제가 있다.
④ **징계제도 개선**: 책임소재와 평가에 문제가 있어 징계에도 문제가 발생할 수 있다.
⑤ **근무지 순환**: 한 곳에서 오랫동안 근무하여 터줏대감이 되어 관리자의 지시에 불응하거나 유착비리 개연성이 존재한다.

5. 교육공무직 관련 질문답변 사례

Q. 교육공무직은 무기계약직으로 채용하는데 정년을 보장받는다는 것은 결국 고용조건에서 정규직인 공무원과 차이가 없다는 것일까요?

A. 무기계약직과 계약직의 차이를 조사해 보아야 할 것 같습니다. 2년 이상 지속 업무에 종사하는 계약직(기간제) 근로자는 무기계약직으로 전환해야 합니다. 따라서 무기계약직은 정규직과 계약직의 중간형태라고 생각합니다.

Q. 계약직에서 무기계약직으로 바뀌면 무엇이 달라질까요?

A. 정년만 보장되지 크게 달라지는 건 없습니다. 급여나 복지, 근로조건이 조금 좋아질 수는 있을 것 같습니다.

Q. 그럼 무기계약직과 정규직의 차이는 무엇일까요?

A. 고용과 신분에 대해서는 정규직과 같습니다. 다만 급여나 복리후생에서는 차이가 큽니다. 예를 들어 정규직은 호봉에 의한 임금인상 및 승진에 의한 인상 등에 따라 기간이 경과하면서 무기계약직과의 차이가 매우 커지는 현실입니다.

MEMO

---

26 행정실 법제화 논란

1. 현 황

(1) 각급 학교 행정실은 법적 규정 없이 임의로 설치·운영되고 있어 법치주의에 반하고 있어 개선이 필요한 상황이다.

(2) 학교에 이미 운영되고 있는 교무실, 행정실 등의 조직 체계에 대한 법적 근거가 미비한 상황이다.

(3) 초·중등학교의 행정실 등 행정조직에 관하여는 별다른 규정이 없다(현재 교육감 훈령이나 교육규칙으로 정해놓은 상태). 직원에 대한 적정한 보직이 부여되지 않는 등 사기 저하와 위상 격하로 인해 행정조직의 기능 약화에 대한 우려가 있다.

2. 법제화 필요성

(1) 효율적인 지원체제로서의 행정조직의 위상정립에 대한 요구가 증대하고 있다.

(2) 행정실 법제화는 '행정실 직원들이 과중한 책임과 업무에 비해 상대적으로 권한과 대우가 불공정하다고 느끼며, 행정실도 학교 내에서 독립적인 기관으로서 교육행정지원을 하기를 원한다는 것'을 의미한다.

(3) 행정실 법제화로 교행직 위상이 높아지며, 교사와의 업무 구분이 확실해질 것이다.

(4) 학교행정의 전문성·책임성·효율성이 높아질 것이다.

① **전문성**: 교육행정은 교육을 위한 행정이므로 교육 본연의 활동의 본질을 이해하고 그 특수성을 체험적으로 인식하고 있는 전문가가 담당하여야 한다. 예를 들어 단위학교 회계지출은 교사가 아닌 행정직원에게 맡기는 것이 전문성의 관점에서 정당화된다.

② **책임성**: 공무원이 그 행위에 대하여 법적 책임을 지기 위해서는 그 권한과 책임이 분명하여야 한다. 그리고 자신이 속하는 조직의 권한과 의무가 분명하게 규정되어 있어야 한다.

③ **효율성**: 단위학교 행정이 효율성을 가지기 위해서는 학교의 규모와 시기에 따라 가변적인 단위학교 행정 수요에 탄력적으로 대응할 수 있는 조직이 필요하다.

3. 초·중등교육법에서의 교직원의 직무분담

제19조【교직원의 구분】① 학교에는 다음 각 호의 교원을 둔다.
1. 초등학교·중학교·고등학교·고등공민학교·고등기술학교 및 특수학교에는 교장·교감·수석교사 및 교사를 둔다. 다만, 학생 수가 100명 이하인 학교나 학급 수가 5학급 이하인 학교 중 대통령령으로 정하는 규모 이하의 학교에는 교감을 두지 아니할 수 있다.
2. 각종학교에는 제1호에 준하여 필요한 교원을 둔다.
② 학교에는 교원 외에 학교 운영에 필요한 행정직원 등 직원을 둔다.
③ 학교에는 원활한 학교 운영을 위하여 교사 중 교무(校務)를 분담하는 보직교사를 둘 수 있다.
④ 학교에 두는 교원과 직원(이하 "교직원"이라 한다)의 정원에 필요한 사항은 대통령령으로 정하고, 학교급별 구체적인 배치기준은 제6조에 따른 지도·감독기관(이하 "관할청"이라 한다)이 정하며, 교육부장관은 교원의 정원에 관한 사항을 매년 국회에 보고하여야 한다.

제20조【교직원의 임무】① 교장은 교무를 총괄하고, 민원처리를 책임지며, 소속 교직원을 지도·감독하고, 학생을 교육한다.
② 교감은 교장을 보좌하여 교무를 관리하고 학생을 교육하며, 교장이 부득이한 사유로 직무를 수행할 수 없을 때에는 교장의 직무를 대행한다. 다만, 교감이 없는 학교에서는 교장이 미리 지명한 교사(수석교사를 포함한다)가 교장의 직무를 대행한다.
③ 수석교사는 교사의 교수·연구 활동을 지원하며, 학생을 교육한다.
④ 교사는 법령에서 정하는 바에 따라 학생을 교육한다.
⑤ 행정직원 등 직원은 법령에서 정하는 바에 따라 학교의 행정사무와 그 밖의 사무를 담당한다.

MEMO

1. 개 요

① 마을(지역)과 학교가 협력해서 아이들의 배움과 성장을 지원하는 공동체이다.
② 학교나 학교 밖 배움터가 교육의 가치를 공유하고 이를 마을 속에서 풀어가려는 새로운 시도이다.
③ 학교와 마을, 학교와 교육청, 교육청과 지자체, 교사와 학부모의 통합적 연결을 시도한다.
④ 아이들의 교육을 중심으로 한 지역공동체 복원 운동이다.

2. 우리 교육의 현실

① 산업화 사회의 성장과 발전에 최적화된 인적자원 양성을 위한 획일화·기계화된 교육
② 비판적 사고 능력을 억제하고 체제에 순응하는 프로그램화된 교육
③ 토론과 질문이 없는 정답만을 찾는 입시 중심의 교육
④ 앎과 삶이 불일치한 교육
⑤ 협력과 배려가 없는 경쟁교육
⑥ 참여와 실천이 없는 교육
⑦ 삶의 주체와 주장이 없는 교육
⑧ 성공과 승자만을 위한 교육
⑨ 지식과 형식 중심의 교육

3. 마을교육공동체 등장배경 및 필요성

① 기존의 교육방식으로는 4차 산업혁명시대에 창의성과 협력에 기반한 새로운 문제를 풀어낼 수 없다.
② 4차 산업혁명에 대응하기 위해서는 우리 사회가 근본적으로 변해야 하고 교육은 더 많이 혁신되어야 한다.
③ 학교와 사회(마을)가 분리되어 앎과 삶이 불일치되고 지식과 현실이 괴리되어 가치관의 혼란을 가져온 형식화된 교육을 해결해야 한다.
④ 배려·소통·참여·협력의 기치를 아이들에게 교육할 필요가 있으며 협력의 공동체 사회를 만들기 위해서는 교육이 학교 울타리 안의 교과서에만 의존할 수 없다.
⑤ 공동체적 삶과 가치를 실현하기 위해서는 학교에서 배운 지식을 마을에서 실천하는 앎과 삶이 일상에서부터 일치할 때 가능하다.
⑥ 한 명의 아이를 기르기 위해서 마을이 학교가 되고 학교가 마을이 되는 새로운 교육 패러다임이 필요하다.

4. 마을교육공동체의 교육적 의미

① **마을을 통한 교육**: 지역사회의 인적·문화적·환경적·역사적 자원과 인프라를 활용한다.
② **마을에 관한 교육**: 고유한 환경적·문화적·역사적 특수성을 학습하여 그 사회 구성원으로서 가치관과 생활방식을 공유한다.
③ **마을을 위한 교육**: 지역사회가 가지고 있는 환경적 기반을 근거로 하는 진로교육이 이루어지고 지속가능한 발전을 위한 민주시민으로 성장시키는 교육이다.

5. 마을교육공동체의 교육적 역할

① 아이들을 중심으로 학교·마을·지자체가 역할을 분담하여 공동의 가치를 실현하는 교육
② 경쟁과 차별보다 지원과 협력으로 심리적 안정과 아름다운 인격을 형성하는 치유의 교육
③ 한 명의 아이를 기르기 위해서 마을이 학교가 되고, 주민이 교사가 되는 협력의 교육
④ 마을과 지자체가 학교와 연계한 다양한 교육프로그램을 기획하고 운영하는 상생의 교육
⑤ 학교와 마을을 중심으로 지역 고유의 문화가 살아서 공유되고 새롭게 재창조되는 문화의 공동체
⑥ 학생들의 협력과 창의적 활동을 위해서 학생의 자율과 자치를 지원하는 자치의 공동체
⑦ 비정형화된 구조를 교육활동으로 단순 암기, 반복학습보다는 실천적 유연성을 높이는 교육

> **MEMO**

---

28 학생인권조례

1. 개 요

(1) 학생인권조례란 학생의 존엄과 가치가 학교교육과정에서 보장되고 실현될 수 있도록 각 교육청에서 제정한 조례이다.

> ⮞ 학생인권은 인간으로서의 존엄성을 유지하고 행복을 추구하기 위하여 반드시 보장되어야 하는 기본적인 권리이며, 교육과 학예를 비롯한 모든 학교생활에서 최우선적으로 최대한 보장되어야 한다(서울시 학생인권조례 내용).

(2) 2010년 경기도에서 처음 제정되었으며, 현재 광주·서울·전북 등 4곳에서 학생인권조례가 제정되었다.

(3) 2019년 경남에서 학생인권조례 제정이 추진되었으나 기독교단체와 교원단체의 반발로 무산되었다.

(4) 인천시교육청도 학교인권조례를 제정하였다.

2. 논란사항

(1) 학생인권과 교권보호가 충돌한다.
　① 체벌이 금지되고 학교현장에서 학생통제 수단이 없어지며, 교권이 추락하고 있다.
　② 학생인권을 강조하면서 교권침해 사례가 증가하고 있다.

③ 정당한 생활지도를 거부하는 학생으로 인한 교사의 고충이 늘고 있다.

④ 반면에 학생인권조례로 불합리한 교칙을 바꾸는 계기가 되고 학생과 교사의 인권이 향상될 것이라는 주장도 제기되고 있다.

(2) 학교 현실을 외면한 제도라는 비판과 함께 학교는 다양한 성향의 학생들이 모인 곳인데 미성숙한 아이들에게 과도한 자기결정권을 부여한다는 의견도 존재한다.

(3) 학생인권을 너무 강조함으로써 타인에 대한 존중 등의 배려 부족을 지적하며 인권 자체에 대한 교육이 선행되어야 한다는 입장도 있다.

(4) 학생인권조례로 인해 갈등이 유발될 소지가 있다(교사·학생·학부모와의 갈등유발).

PLUS

사이버 폭력 문제

1. 현 황

정보통신 기술의 발전은 사이버 폭력 증가라는 어두운 면 또한 갖고 있다. 푸른나무재단의 2022년 전국 학교폭력·사이버 폭력 실태조사 및 대책발표 기자회견에 따르면 2021년 학교폭력 피해 비율은 2020년 대비 0.3% 상승하였으며, 사이버 폭력 피해율은 31.6%로 역대 최고치를 기록하였다.

2. 용 어

사이버 폭력이라는 개념은 교육학, 법학, 심리학 등 여러 학문 분야에서 사용되고 있으며 사이버 폭력(Cyber violence), 사이버 공격성(Cyber aggression), 사이버 불링(Cyber bullying), 사이버 괴롭힘(Cyber harassment) 등 다양한 용어로 혼용되어 사용되고 있다.

3. 처 벌

현재 사이버 폭력에 관한 독립적 법안은 구성되어 있지 않으며 사이버 폭력 유형에 따라 적용 법률이 다양하다. 사이버 따돌림은 「학교폭력예방 및 대책에 관한 법률」, 사이버 명예훼손은 「정보통신망 이용 촉진 및 정보보호 등에 관한 법률」, 사이버 성폭력은 「성폭력처벌 등에 관한 특례법」, 「정보통신망 이용 촉진 및 정보보호 등에 관한 법률」, 「아동청소년 성보호에 관한 법률」, 사이버 스토킹은 「정보통신망 이용촉진 및 정보보호 등에 관한 법률」, 모욕·교사·방조·협박·강요·강제추행 등은 「형법」 등에서 처벌하고 있다.

4. 대응방안

① 사이버 폭력 문제와 연계된 다양한 법·제도에 대한 구체적인 정의 마련이 필요하다.

② 피해자보호, 가해자 처벌·예방 및 선도 등에 관한 다각적이고 체계적인 법령 정비를 마련하여 법의 사각지대를 해소해야 한다.

③ 어린 시기부터 교육적 차원에서 전자기기 사용 예절을 배우고 비폭력 문화를 구축해야 한다.

④ 긍정적인 사이버문화 조성을 위해 사이버안전 콘텐츠를 개방하여야 한다.

⑤ 청소년의 세계시민교육을 통해 다양성을 존중하고 보편적 가치를 바탕으로 다른 시공간에 존재하는 타인과 환경에 대한 이해를 기르며 자신과 타인을 연계시킬 줄 아는 능력을 함양하여야 한다.

1. 고교학점제 ★★★

(1) 의의

학생이 적성과 진로에 따라 다양한 교과목을 선택하는 것이며 과목을 이수해 누적 학점이 기준에 도달하면 졸업을 인정받는 제도이다.

(2) 도입취지

① 4차 산업혁명으로 창의적 인재 양성에 대한 요구가 높아지고 있는 상황에서 기존의 입시 위주의 획일적 교육으로는 한계가 있다.

② 학생 성장 중심으로 개별화되고 유연화된 교과과정으로의 패러다임 전환이 필요하였다.

③ 학교 내에서 교육과정을 다양화하고 학생들이 원하는 과목의 선택 확대를 통해 개개인의 역량을 극대화할 수 있다.

(3) 도입범위와 내용

① 2025년 제도 도입 목표

② 필수 공통과목은 의무적 수강

③ 직업계고에도 학점제 도입 ⇨ 진로 직업 수요나 산업환경 변화를 반영한 미래 융합형 과정 필요, 학사과정 운영의 유연성 확보 필요, 특히 산업계나 전문대학과의 연계를 통한 학점 취득 인정 고려

(4) 교사의 수업·평가 부담 우려 대책

① 교사 본연의 업무에 전념토록 학내 교무행정팀의 운영 내실화

② 수강신청 시스템 개발 보급으로 업무 효율화

(5) 고교학점제 인프라 확충

교육기반 시설 확충은 정책연구·연구학교 및 선도학교 운영을 통해 계획 수립 예정

(6) 고교학점제 시행시 지역 간 교육격차 확대 문제 우려

순회교사제 활성화, 지역 내 교사 간 협업 강화, 온라인 교육과정 개설 지원

MEMO

---

2. Wee 프로젝트 ★★★

(1) Wee 프로젝트의 의의

① Wee는 We(우리들)＋education(교육), We(우리들)＋emotion(감성)의 합성어이다.

② Wee는 학교·교육청·지역사회가 연계하여 학생들의 건강하고 즐거운 학교생활을 지원하는 다중의 통합지원 서비스망이다.

③ 학습부진 및 학교부적응 학생뿐만이 아닌 일반 학생들도 Wee를 통해 행복한 학교생활을 할 수 있도록 지원한다.

(2) Wee 프로젝트 기관 이용 안내

① Wee 클래스: 단위 학교 내 상담실에 설치되어 다양한 고민 및 학교생활에 어려움이 있는 학생이면 누구든지 이용 가능하다.

② Wee 센터: 시·도교육청 및 교육지원청에 설치되어 관내 초·중·고등학생, 학부모, 교사 등이 이용 가능하다.

③ Wee 스쿨: 장기 위탁교육기관으로 고위기군 학생이나 학업중단자 대상으로 이용 가능하다.

3. 친구랑

(1) 교육부는 서울·대구·강원 3곳에 학업중단으로 방황하는 학생들을 보호하고 상담 및 어울림 기회를 통해 학업복귀를 지원하기 위한 돌봄 공간인 '친구랑'을 설치한다고 밝혔다.

(2) '친구랑'은 '현장형 Wee센터'로 지하철역 주변, 상권 밀집지역 등 청소년 유동인구가 많고 접근성이 용이한 곳에 위치하여 학업중단 학생들이 편안하게 쉬면서 돌봄·상담·어울림의 기회를 가질 수 있도록 구성된 카페 형식의 공간이다.

(3) '현장형 Wee센터'는 '친구랑'을 통해 학업중단 위기학생들을 조기에 발견하고 지속적인 관심과 교류를 통하여 학업복귀를 위한 동기를 부여하게 될 것이라고 밝혔다.

4. 대안학교

(1) 의 의

학업을 중단하거나 개인적 특성에 맞는 교육을 받으려는 학생을 대상으로 현장실습 등 체험 위주의 교육, 인성 위주의 교육 또는 개인의 소질·적성 개발 위주의 교육 등 다양한 교육을 하는 학교로서 각종 학교에 해당하는 학교이다.

> 대안학교(각종학교) 이외에 초·중등교육법 시행령 제76조, 제91조에 의해 설립된 대안교육 특성화학교가 별도로 존재한다.

(2) 대안학교의 유형 및 주요 내용

유형(대상)	주요 교육 내용	대표 학교
학업 부적응 학생	체험교육, 진로교육, 공동체생활 등	영산성지고등학교 전북동화중학교
학교폭력 가해 및 생활지도 대상 학생	심리치료, 상담, 금연교육, 준법정신 함양	경기새울학교 충남여해학교
자율적 교육과정 희망 학생	창의적 교육과정, 인턴쉽, 자기계발, 자기주도 프로젝트 등	이우 중·고등학교 태봉고등학교
다문화 학생	이중 언어교육, 진로·직업교육, 예술교육 등	서울다솜학교 지구촌학교
탈북 청소년	한국사회 적응 교육, 기초학력 배양	여명학교 한겨례 중·고등학교

5. 통합교육

(1) 특수교육 대상자가 일반 학교에서 장애의 유형이나 정도에 따라 차별을 받지 않고 또래와 함께 개인의 교육적 요구에 적합한 교육을 받는 것이다. 이 정의는 「장애인 등에 대한 특수교육법」 제2조 제6항을 근거로 한 것이다. 이 법률에서 정의하고 있는 통합교육은 단지 물리적으로 장애학생을 통합하는 것을 넘어서 교육과정 및 사회적 통합까지를 고려한 것이다.

(2) 통합교육의 대표적인 장점은 학업성취에 영향을 받지 않으며 장애인에 대한 인식이 개선될 수 있다는 점이다. 즉, 통합교육에 참여한 아동들이 성인이 되었을 때 장애에 대해 보다 적절하고 수용적인 태도를 지니게 된다.

6. 혁신학교

(1) 의 의

공교육의 획일적인 교육 커리큘럼에서 벗어나 창의적이고 주도적인 학습능력을 배양하기 위해 시도되고 있는 새로운 학교의 형태이다.

(2) 내 용

학급당 25~30명, 학년당 5학급 이내의 작은 학교(농촌형·도시형·미래형) 운영을 통해 교사와 학생들이 맞춤형 교육을 하는 새로운 학교의 틀이다. 입시 위주의 획일적 학교 교육에서 벗어나 창의적이고 자기주도적인 학습능력을 높여 공교육을 정상화시키자는 취지에서 도입되었다. 혁신학교에서는 교장과 교사들에게 학교 운영 및 교과 과정의 자율권을 주고, 교육과정의 다양화·특성화를 통해 공교육 정상화 및 다양화를 추구한다.

7. 교육기본법(교육법) 1조

교육법 제1조에서는 교육목적을 다음과 같이 정의하고 있다.

> **제1조【목적】** 이 법은 교육에 관한 국민의 권리·의무 및 국가·지방자치단체의 책임을 정하고 교육제도와 그 운영에 관한 기본적 사항을 규정함을 목적으로 한다.

8. STEAM 교육

'Science, Technology, Engineering, Arts, Mathmatics'의 약자를 따서 만들어진 용어로 한마디로 과학·예술·수학 등을 모두 융합해서 교육하는 방식을 말한다. 스토리텔링수학이 바로 STEAM 교육의 방식이라고 할 수 있다. 이는 아이들에게 창의력 향상을 위해서 만들어진 교육이다.

9. 나이스(교육행정정보시스템 NEIS, National Education Information System)

(1) 의 의

1만여 개 초·중·고·특수학교, 178개 교육지원청, 17개 시·도교육청 및 교육부가 모든 교육행정 정보를 전자적으로 연계 처리하며, 국민 편의증진을 위해 행정자치부(G4C), 대법원 등 유관기관의 행정정보를 이용하는 종합 교육행정정보시스템이다.

(2) 목 표

① 업무 처리 방식 개편을 통한 교원 업무 경감
② 자녀의 학교생활정보 제공을 통한 학교와 가정의 역할 제고
③ 국민을 위한 빠르고 편리한 민원서비스 제공
④ 교육행정 업무의 효율적 처리와 투명성 제고
⑤ 대입전형자료의 전자적 One-Stop 서비스 제공을 통한 투명하고 편리한 대학입시 지원
⑥ 국가 경쟁력 제고를 위한 지식정보사회형 전자정부 확립

(3) 구 성

① **교무업무**: 교무, 학사, 입학, 진학, 보건, 진로지도 등
② **학교행정**: 교육과정관리, 장학, 체육, 급식, 학생복지, 학교환경관리, 방과 후 학교, 초등돌봄 등
③ **일반행정**: 인사(교원, 지방공무원, 비공무원), 복무, 급여, 시설, 민원, 통계, 감사, 검정고시, 평생교육, 시스템관리, 학교회계, 교원능력개발 평가 등
④ **대국민지원**: 대국민서비스(학생서비스, 학부모서비스, 홈에듀, 검정고시, 민원 등), 교원능력개발평가, 학교폭력실태조사, 설문조사 등

2024
스티마 면접
교육행정직(통합편)

CHAPTER

01 국가관

1 헌법의 가치 – 헌법전문

유구한 역사와 전통에 빛나는 우리 대한국민은 3·1운동으로 건립된 대한민국임시정부의 법통과 불의에 항거한 4·19민주이념을 계승하고, 조국의 민주개혁과 평화적 통일의 사명에 입각하여 정의·인도와 동포애로써 민족의 단결을 공고히 하고, 모든 사회적 폐습과 불의를 타파하며, 자율과 조화를 바탕으로 자유민주적 기본질서를 더욱 확고히 하여 정치·경제·사회·문화의 모든 영역에 있어서 각인의 기회를 균등히 하고, 능력을 최고도로 발휘하게 하며, 자유와 권리에 따르는 책임과 의무를 완수하게 하여, 안으로는 국민생활의 균등한 향상을 기하고 밖으로는 항구적인 세계평화와 인류공영에 이바지함으로써 우리들과 우리들의 자손의 안전과 자유와 행복을 영원히 확보할 것을 다짐하면서 1948년 7월 12일에 제정되고 8차에 걸쳐 개정된 헌법을 이제 국회의 의결을 거쳐 국민투표에 의하여 개정한다.

(1) 헌법전문에서 찾을 수 있는 헌법가치

① **자유민주주의**: 민주성이 핵심가치이다. 민주성의 대표적인 사례로는 선거제도, 언론의 자유, 국민제안제도 등이 있다.
② **평화적 통일**
③ **기회균등**: 공정성이 핵심가치이다.
  예 최근 기아자동차 등의 고용세습제를 문제로 들 수 있다. 이는 재직자의 자녀를 우선 채용한다는 단체협약으로 균등한 취업기회를 보장한 헌법에 위배되는 것이기에 해당 조항을 폐지하라고 시정명령을 내린 상황이다.
④ **자유와 권리 및 책임과 의무**: 책임감을 핵심가치로 꼽을 수 있다.
⑤ **세계평화 인류공영(국제평화주의)**: 공익성과 다양성이 핵심가치이다.
⑥ **(우리들과 자손의) 안전, 자유, 행복의 확보**: 헌법의 최우선 가치라고 할 수 있다.

(2) 헌법의 기본원리

① **정치**: 자유민주주의
② **시장경제주의**: 사례를 통한 이해 ⇨ 2023년 4월 21일 기사에 의하면 검찰이 2조 3000억원 규모의 빌트인가구(특판가구) 입찰담합을 적발, 한샘 등 8개 법인과 최고책임자 등 14명을 재판에 넘겼다. 검찰은 9년간 이뤄진 담합행위가 아파트 분양가 상승에 영향을 미친 요인이 됐다고 지적했다. 검찰 수사결과 8개 법인들은 2014년 1월부터 지난해 12월까지 건설사 24개가 발주한 전국 아파트 신축현장 관련 약 783건의 특판가구 입찰담합을 한 것으로 나타났다. 담합규모는 2조 3261억원에 달한다. 특판가구는 싱크대, 붙박이장과 같이 신축아파트에 빌트인 형태로 들어가는 가구를 말한다. 가구입찰 담합이 결국 아파트 분양가 상승으로 이어지고 서민들이 피해를 보았다. 즉, 검찰뿐만 아니라 공정거래위원회에서 일하게 될 경우 이런 불법행위를 차단하고 밝혀냄으로써 공익을 실현해야 한다.

③ 문화: 문화주의 ⇨ 문화적 자율성 보장, 문화의 보호·육성·진흥, 문화활동 참여기회 보장
④ 국제: 평화주의 ⇨ 남북간 평화적 통일지향, 국제법질서 존중

2 헌법 제1조

✔POINT 자세하게 공부할 필요는 없고, 헌법 제1조가 의미하는 것만 이해하면 된다.

(1) 대한민국은 민주공화국이다.

① 공화국의 의미

㉠ 공화제(republic)를 채택한 국가를 공화국(共和國)이라고 한다. 공화제란 공화국의 정치 체제를 가리키며, 형식적으로 또는 실제로 주권이 그 구성원에게 있는 정치 체제이다. 기본적으로 입헌제를 뜻하고 이에 따라 법을 기반으로 모든 구성원이 정치적 의사 결정에 참여하는 정치 체제이다. 그러므로 군주제와는 달리 공화제에는 군주가 존재하지 않는다. 또한 공화제를 주장하거나 실현하려고 하는 정치적인 태도나 이념을 공화주의라 한다.

㉡ 보통 공화국이라 하면 세습군주를 가지고 있지 않은 국가를 말한다. 또한 20세기 초기에 이르기까지에는 공화국과 민주국은 동의어로 사용되었으며 각 민주국가는 '공화국'의 명칭만을 사용하는 것이 보통이었다.

② 제헌헌법에 담긴 민주공화국의 의미: 제헌헌법을 기초했던 제헌국회의원 유진오는 헌법 제1조의 의미를 이렇게 해설하고 있다. "공화국의 정치 형태가 동일하지 않으므로 본 조에 있어서 우리나라는 공화국이라는 명칭만을 사용하지 않고, 권력분립을 기본으로 하는 공화국임을 명시하기 위하여 특히 '민주공화국'이라는 명칭을 사용한 것이다." 즉, 해방 직후의 상황에서 사회주의자들이 주장하던 '인민공화국'의 경우 권력분립이 아닌 권력집중을 특징으로 하고 있었기 때문에 이와 구분하기 위하여 '민주공화국'이라고 표현했다는 의미이다.

③ 민주공화국의 의미

㉠ 공화국을 뜻하는 'republic'은 '공공의 것', '공공의 일'이라는 뜻으로도 번역된다. 곧 민주공화국이란 '법과 공공성에 기반을 두고 주권자인 시민들이 만들어낸 정치공동체'라고 정의할 수 있는 것이다.

㉡ 제헌헌법에서 지향한 공화국은 개인의 이익보다는 '공공의 이익'을 우선하는 국가였다고 강조한다. 제헌헌법은 자유민주주의와 사회민주주의적 요소를 함께 갖고 있으면서 양자의 대립적 측면을 공화주의로써 조화시키고자 했다는 것이다.

(2) 대한민국의 주권은 국민에게 있고, 모든 권력은 국민으로부터 나온다.

① 제헌헌법에 담긴 국민주권의 의미: 제헌헌법 제1조를 뒷받침하는 조항인 제헌헌법 제2조는 "대한민국의 주권은 국민에게 있고, 모든 권력은 국민으로부터 나온다."고 선언한다. 국가의 의사를 최종적으로 결정하는 최고의 권력인 주권이 국민에게 있다는 '국민주권론'을 제시한 것이다. 이는 곧 주권이 군주나 자본가 혹은 노동자와 같은 특정한 계급에 있지 않다는 의미를 담고 있는 것이다.

② 국민주권의 의미

㉠ 국가의 정치 형태와 구조를 최종적으로 결정하는 권력이 국민에게 있다는 원리이며 주권의 소재는 국민에게 있다는 원리이다.

ⓛ 좁은 의미로는 인민주권과 대비하여 개별적 국민이 아닌 추상적 국민에게 주권이 있다는 원리로 사용하기도 한다.

3 헌법 제7조

✔ POINT 헌법 제7조는 공무원의 역할과 의무를 규정하고 있으므로 그 의미를 잘 이해해야 한다. 공무원은 국민 전체에 대한 봉사자로서 국민에 대해 책임을 져야 하는 위치에 있기 때문에 공공의 이익을 위하여 창의성과 전문성을 바탕으로 적극적으로 업무를 처리하는 적극행정을 해야 한다. 추상적인 질문이고 정답이 정해진 것은 아니지만 '공무원이 무엇이라고 생각하는가? 공무원의 역할에 대해 말해보라.'는 질문에 대해서도 헌법 제7조가 의미하는 내용을 정리하여 답변하면 좋은 답변이 될 수 있다.

(1) 공무원은 국민 전체에 대한 봉사자이며, 국민에 대하여 책임을 진다.
① 공공성의 의미
  ㉠ 국민 전체에 대한 봉사자로서 국민에 대해 책임을 진다는 것은 '공공성'을 의미한다.
  ㉡ 공공성이란 직무를 수행함에 있어 특정인이나 특정집단이 아니라 일반 사회 구성원 전체의 이익을 우선하는 공익지향성을 의미한다.
② 적극행정과의 연결
  ㉠ 적극행정이란 공무원이 불합리한 규제의 개선 등 공공의 이익을 위하여 창의성과 전문성을 바탕으로 적극적으로 업무를 처리하는 행위를 말한다.
  ㉡ 적극행정이야 말로 국민 전체에 대한 봉사자로서 책임을 지는 모습이라고 할 수 있다.
③ **소명의식**: 헌법과 법률을 준수하고 오직 국민을 바라보며 양심과 소신에 따라 일을 하고 자기 능력을 전부 발휘해야 한다는 의미이다.

> **✔ PLUS**
> 1. '공공성'이란 쉽게 말해 바람직한 사회 형성의 길라잡이 역할을 의미한다.
>   ① 전체 사회를 위해 돈벌이가 되지 않는 일을 감당하는 것
>   ② 사회적 약자의 편이 되어 주는 것
>   ③ 장래의 이익을 위해 현재의 이익을 희생하는 것
> 2. 공공성과 관련된 제도는 다음과 같다.
>   ① 공직자윤리법(퇴직공직자의 취업제한, 공직자의 재산 등록 및 공개제도, 주식백지신탁제도, 이해충돌방지 등)이 대표적이다.
>   ② 적극행정면책제도 또한 '공익을 위해 능동적으로 업무를 처리하는 과정에서 발생하는 부분적인 하자는 면책을 해주겠다.'는 의미이다.
> 3. 헌법 제7조에서는 공무원의 공익실현 의무, 신분보장 및 정치적 중립성을 천명하고 있다.

TIP 공공성에 대해 사례로 이해 ⇨ 적극행정 사례는 현재 면접에서도 진행 중이다.

(2) 공무원의 신분과 정치적 중립성은 법률이 정하는 바에 의하여 보장된다.

① 직업공무원제도

㉠ 직업공무원제도가 국민주권원리에 바탕을 둔 민주적이고 법치주의적인 공직제도임을 천명하고 정권담당자에 따라 영향받지 않는 것은 물론 같은 정권하에서도 정당한 이유 없이 해임당하지 않는 것을 불가결의 요건으로 하는 직업공무원제도의 확립을 내용으로 하는 입법 원리를 지시하고 있다.

㉡ 그렇기 때문에 공무원에 대한 기본법인 「국가공무원법」이나 「지방공무원법」에서도 이 원리를 받들어 공무원은 형의 선고, 징계 또는 위 공무원법이 정하는 사유에 의하지 아니하고는 그 의사에 반하여 휴직, 강임 또는 면직당하지 아니하도록 하고(국가공무원법 제68조, 지방공무원법 제60조), 직권에 의한 면직사유를 제한적으로 열거하여(국가공무원법 제70조, 지방공무원법 제62조) 직제와 정원의 개폐 또는 예산의 감소 등에 의하여 폐직 또는 과원이 되었을 때를 제외하고는 공무원의 귀책사유 없이 인사상 불이익을 받는 일이 없도록 규정하고 있는 것이다.

㉢ 이는 조직의 운영 및 개편상 불가피한 경우 외에는 임명권자의 자의적 판단에 의하여 직업공무원에게 면직 등의 불리한 인사조치를 함부로 할 수 없음을 의미하는 것으로서 이에 어긋나는 것일 때에는 직업공무원제도의 본질적 내용을 침해하는 것이 되기 때문이다(헌법재판소 1989.12.18, 89헌마32등, 판례집 1, 343, 353-354).

> **TIP** 대한민국이 직업공무원제도를 실시하는 목적은 공직자 개개인의 자율성과 창의성 및 혁신성을 보장해 줌으로써 공직자들이 책임감을 가지고 국민이 삶의 질 향상에 헌신과 열정을 가지고 임해야 한다는 뜻을 내포하고 있다고 생각하면 된다. 이는 곧 공무원들에게 신분보장을 해주는 이유라고 이해를 하면 된다.

② 공무원의 정치적 중립

㉠ 공무원의 정치적 중립성 요청은 정권교체로 인한 행정의 일관성과 계속성이 상실되지 않도록 하고 공무원의 정치적 신조에 따라 행정이 좌우되지 않도록 함으로써 공무집행에서의 혼란의 초래를 예방하고 국민의 신뢰를 확보하기 위함이다.

㉡ 헌법재판소는 공무원에 대한 정치적 중립성의 필요성에 관하여 "공무원은 국민 전체에 대한 봉사자이므로 중립적 위치에서 공익을 추구하고(국민 전체의 봉사자설), 행정에 대한 정치의 개입을 방지함으로써 행정의 전문성과 민주성을 제고하고 정책적 계속성과 안정성을 유지하며(정치와 행정의 분리설), 정권의 변동에도 불구하고 공무원의 신분적 안정을 기하고 엽관제로 인한 부패·비능률 등의 폐해를 방지하며(공무원의 이익보호설), 자본주의의 발달에 따르는 사회경제적 대립의 중재자·조정자로서의 기능을 적극적으로 담당하기 위하여 요구되는 것(공적 중재자설)"이라고 하면서 공무원의 정치적 중립성 요청은 결국 위 각 근거를 종합적으로 고려하여 "공무원의 직무의 성질상 그 직무집행의 중립성을 유지하기 위하여 필요한 것"이라고 판시한 바 있다(헌법재판소 1995.5.25, 91헌마67, 판례집 7-1, 722, 759).

ⓒ 직업공무원제도에 있어서 … 공무원의 정치적 중립과 신분보장은 그 중추적 요소라고 할 수 있다. 그러한 보장이 있음으로 해서 공무원은 어떤 특정정당이나 특정상급자를 위하여 충성하는 것이 아니고 국민 전체에 대한 공복으로서 법에 따라 그 소임을 다할 수 있게 되는 것으로서 이는 당해 공무원의 권리나 이익의 보호에 그치지 않고 국가통치 차원에서의 정치적 안정의 유지와 공무원으로 하여금 상급자의 불법부당한 지시나 정실(情實)에 속박되지 않고 오직 법과 정의에 따라 공직을 수행하게 하는 법치주의의 이념과 고도의 합리성, 전문성, 연속성이 요구되는 공무의 차질없는 수행을 보장하기 위한 것이다(헌법재판소 1989.12.18, 89헌마32 등).

CHAPTER

02 공직관

1 공무원의 의무

1. 「국가공무원법」 제7장 복무규정

(1) 공무원의 6대 의무

공무원의 6대 의무란 '성실의무, 복종의무, 친절공정의무, 비밀엄수의무, 청렴의무, 품위유지의무'를 말한다.

공무원의 의무	내 용	관련 규정 (국가공무원법)
① 선서의무	공무원은 취임할 때 소속 기관장 앞에서 선서를 해야할 의무를 진다. ➡ (선서문) 나는 대한민국 공무원으로서 헌법과 법령을 준수하고, 국가를 수호하며, 국민에 대한 봉사자로서의 임무를 성실히 수행할 것을 엄숙히 선서합니다.	제55조
② 성실의무	공무원은 주권자인 국민 전체에 대한 봉사자로서 공공이익을 위해 성실히 근무해야 할 성실의무를 진다.	제56조
③ 법령준수의무	공무원은 성실히 법령을 준수해야 할 의무를 진다. 공무원의 법령 위반행위는 위법행위로 행정처분 등의 취소·무효사유, 손해배상, 처벌, 징계사유가 된다.	제56조
④ 복종의무	공무원은 소속 상관의 직무상 명령에 복종해야 할 의무를 진다. 복종의무 위반은 징계사유가 되나 상관의 명령은 적법한 명령만을 뜻하며 고문 지시와 같은 위법한 명령에 대해선 복종의무가 없다.	제57조
⑤ 직장이탈 금지의무	공무원은 소속 상관의 허가 또는 정당한 이유 없이 직장을 이탈하지 못한다.	제58조
⑥ 영리금지 및 겸직금지의무	공무원은 공무 이외의 영리를 목적으로 하는 업무에 종사하지 못하며, 소속 기관장의 허가 없이 다른 직무를 겸하지 못한다. 금지되는 업무로는 직무능률의 저해, 공무에의 부당한 영향, 국가이익침해, 정부에 불명예 등을 초래할 염려가 있는 업무 등이 해당된다. 또한 공무원은 대통령의 허가 없이 외국 정부로부터 영예 또는 증여를 받지 못한다.	국가공무원법 제62조, 제64조 공무원복무규정 제25조
⑦ 정치운동금지의무	공무원은 정치적 중립성을 지켜야 하기 때문에 정당 기타 정치단체에의 가입 또는 그 조직 등 일정한 정치적 목적을 가진 행위가 금지된다.	제65조

⑧ 집단행동금지의무	공무원의 노동운동과 기타 공무 이외의 일을 위한 집단행동은 금지되어 있다. 다만 사실상 노무에 종사하는 공무원(정보통신부 및 철도청 소속의 현업기관과 국립의료원의 작업 현장에서 노무에 종사하는 기능직과 고용직 공무원)에 대해서만 예외가 인정되고 있다.	제66조
⑨ 친절·공정의무	공무원은 국민 전체에 대한 봉사자로서 인권을 존중하며 친절·공정히 집무해야 할 의무를 진다. 이 의무의 위반은 징계사유가 된다.	제59조
⑩ 비밀엄수의무	공무원은 재직 중은 물론 퇴직 후에도 직무상 비밀을 엄수해야 할 의무를 진다.	제60조
⑪ 품위유지의무	공무원은 직무의 내외를 불문하고 그 품위를 손상하는 행위를 해서는 안 된다.	제63조
⑫ 청렴의무	공무원은 직무와 관련하여 직접 또는 간접을 불문하고 사례·증여·향응 또는 증여를 받을 수 없다. 공무원은 직무상의 관계가 있든 없든 그 소속 상관에게 증여하거나 소속 공무원으로부터 증여를 받아서는 아니 된다. 청렴의무에 위반하면 징계사유가 되고 형법상의 수뢰죄로 처벌된다.	제61조
⑬ 종교중립의무	공무원은 종교에 따른 차별 없이 직무를 수행하여야 한다. 공무원은 소속 상관이 이에 위배되는 직무상 명령을 한 경우에는 따르지 아니할 수 있다.	제59조의2

(2) 성실의무

TIP 개념이 추상적이므로 이해를 돕기 위해 정리하였다.

① 모든 공무원은 법령을 준수하며 성실히 직무를 수행하여야 한다(국가공무원법 제56조).

② 공무원은 국민 전체에 대한 봉사자로서 주어진 직무와 관련하여 국민 전체의 이익을 도모하는 법적 의무를 지며, 성실의무는 공무원에게 부과된 가장 기본적인 중대한 의무로 최대한으로 공공의 이익을 도모하고 그 불이익을 방지하기 위하여 전인격과 양심을 바쳐서 성실히 직무를 수행하여야 하는 것을 내용으로 한다.

③ 준수해야 할 '법령'은 공무원 재직 중 적용받는 「국가공무원법」 등 공무원 신분관계 법령뿐만 아니라 자기 직무에 관련된 소관 규정을 비롯한 모든 법령으로 법치행정의 원칙상 그 법령에 규정한 대로 직무를 성실히 수행해야 함을 의미한다.

④ '직무'는 법령에 규정된 의무, 상관으로부터 지시받은 업무 내용, 사무분장 규정상의 소관 업무 등을 말하며 감독자의 경우 부하직원에 대한 상사로서의 감독의무를 게을리 하지 않음으로써 부하직원의 비위행위를 사전에 방지하는 노력도 성실의무에 포함된다고 할 것이다.

⑤ 「국가공무원법」상 공무원의 성실의무는 경우에 따라 근무시간 외에 근무지 밖에까지 미칠 수 있다.

> ● 경찰·소방공무원의 경우 직무에 관하여 거짓으로 보고나 통보를 하여서는 아니 되고, 직무를 게을리하거나 유기 (遺棄)해서는 아니 된다고 명시하여 구체적으로 성실의무를 규정하고 있다(경찰공무원법 제24조, 소방공무원법 제21조).

◈ PLUS

성실의무 위반 사례
모든 공무원은 법령을 준수하며 성실히 직무를 수행해야 할 의무가 있다. 그렇기 때문에 어떤 상황에서도 최선을 다해 맡은 바 임무를 다하고 찰나의 나태한 행동들이 심각한 문제들을 일으키지 않도록 매사에 각별한 주의를 기울이는 태도가 필요하다.

1. 세관의 과세평가 전담반원이 관세청장의 지시 공문을 숙지하지 못하고 그 지시에 배치되는 업무처리를 한 경우(대법원 1987.3.24, 86누585)
2. ○○시 주택과장이 동사무소 건설 담당 직원들이 조사 보고한 내용에 대한 확인 및 동인들의 업무감독을 소홀히 하여 무허가철거 보조금을 부당지급케 하고 시건립 공동주택을 부당 배정케 한 경우(대법원 1986.7.22, 86누344)
3. 여권에 6~7회 입국사실이 나타나 있는 중국인의 여구(旅具)검사를 소홀히 하여 다수의 밀수품이 국내에 반입되게 한 세관공무원의 행위(대법원 1984.12.11, 83누110)
➡ 허위의 보고 혹은 통보를 하거나 직무를 태만히 하는 경우도 성실의무 위반이라 할 수 있다.

(3) 품위유지의무

① 공무원은 직무의 내외를 불문하고 그 품위를 손상하는 행위를 하여서는 아니 된다(국가공무원법 제63조).
② '품위'라 함은 주권자인 국민의 수임자로서의 직책을 맡아 수행해 나가기에 손색이 없는 인품을 말하는 것이며, 공무원으로서 갖추어야 할 품위에는 사적인 행위까지 포함하나 그것이 손상되기 위해서는 공개성을 필요로 한다.
  예 품위손상 유형 ⇨ 도박, 강도·절도, 사기, 폭행, 성추행, 성매매, 음주운전, 마약류 소지 및 투여 등
③ 일반적으로 국가가 공무원에 대하여 징계권을 행사할 수 있는 것은 공직을 원활하게 수행하는 데 필요한 범위 내에서 규율과 질서를 유지하기 위함에 그 근거가 있으므로 공무원의 사생활에서의 비행은 공직수행에 직접 관련이 있거나 공직의 사회적 평가를 훼손할 염려가 있는 경우에 한하여 정당한 징계사유가 될 수 있다.
④ '직무의 내외'를 불문하므로 음주운전·성매매·불건전한 이성교제·도박·폭행·마약투여 등과 같이 비위사실이 공무집행과 관련된 것이 아니더라도 공무원으로서의 체면 또는 위신을 손상한 때에는 징계사유에 해당된다.

❖PLUS

성실의무 및 품위유지의무 위반 사례
1. 감사원 공무원이 허위의 사실을 기자회견을 통하여 공표한 것은 감사원의 명예를 실추시키고 공무원으로서 품위를 손상한 행위로서 「국가공무원법」이 정하는 징계사유에 해당된다(대법원 2002.9.27, 2000두2969).
2. 공무원이 외부에 자신의 상사 등을 비판하는 의견을 발표하는 행위는 그것이 비록 행정조직의 개선과 발전에 도움이 되고, 궁극적으로 행정청의 권한 행사의 적정화에 기여하는 면이 있다고 할지라도 국민들에게는 그 내용의 진위나 당부와는 상관없이 그 자체로 행정청 내부의 갈등으로 비춰져 행정에 대한 국민의 신뢰를 실추시키는 요인으로 작용할 수 있고, 특히 발표 내용 중에 진위에 의심이 가는 부분이 있거나 표현이 개인적인 감정에 휩쓸려 지나치게 단정적이고 과장된 부분이 있는 경우에는 그 자체로 국민들로 하여금 공무원 본인은 물론 행정조직 전체의 공정성, 중립성, 신중성 등에 대하여 의문을 갖게 하여 행정에 대한 국민의 신뢰를 실추시킬 위험성이 더욱 크므로 그러한 발표행위는 공무원으로서의 체면이나 위신을 손상시키는 행위에 해당한다(대법원 2017.4.13, 2014두8469).

2. 공무원의 3대 비위

(1) 최근 공직사회에서는 공무원의 3대 비위인 '음주운전, 성폭력, 금품수수 및 향응'에 대한 처벌이 강화되고 있다. 이에 공무원 3대 비위에 대한 내용은 언제든 질문화 될 수 있으므로 정리가 필요하다.

(2) 공직의 신뢰를 저하시키는 주요 비위에 대해서는 '무관용 원칙'으로 처벌한다.

① 성폭력·음주운전 등 주요 비위 공무원에 대해서는 징계기준을 강화하고, ★ 각급기관 징계위원회의 객관성을 제고하기 위해 퇴직공무원의 징계위원 위촉도 제한할 계획이다.

➡ 성희롱도 성폭력 수준으로 징계, 음주운전 적발시 공무원 신분을 감춘 경우 처벌 강화 등

② 성범죄에 대해서는 '무관용 원칙'을 적용한다(「국가공무원법」 개정으로 2019년 4월부터 시행).

㉠ 성범죄로 100만원 이상의 벌금형을 받은 자는 3년간 공직에 임용될 수 없다.

㉡ 미성년자 대상 성범죄자는 공직에서 영구적으로 배제된다.

MEMO

---

3. 공무원 징계의 종류와 효력

(1) 공무원 징계의 종류

① **파면**: 공무원을 강제로 퇴직시키는 중징계 처분으로 파면된 공무원은 일정 기간 다시 공직에 임용될 수 없고 연금의 전부 또는 일부를 받지 못할 수도 있다.

② **해임**: 공무원을 강제로 퇴직시키는 중징계 처분으로 해임된 사람은 3년 동안 공무원으로 임용될 수 없다. 다만, 파면과는 달리 해임의 경우에는 연금법상의 불이익이 없다.

③ **강등**: 강등은 1계급 아래로 직급을 내리고(고위 공무원단에 속하는 공무원은 3급으로 임용하고, 연구관 및 지도관은 연구사 및 지도사로 한다), 공무원 신분은 보유하나 3개월간 직무에 종사하지 못하며 그 기간 중 보수는 전액을 감한다. 다만, 계급을 구분하지 않는 공무원과 임기제 공무원에 대해서는 강등을 적용하지 않는다.

④ **정직**: 정직은 1개월 이상 3개월 이하의 기간으로 하고, 정직 처분을 받은 자는 그 기간 중 공무원의 신분은 보유하나 직무에 종사하지 못하며 보수는 전액을 감한다.

⑤ **감봉**: 1개월 이상 3개월 이하의 기간 동안 보수의 3분의 1을 감한다.

⑥ **견책**: 전과(前過)에 대하여 훈계하고 회개하게 한다. 시말서를 제출하는 것으로 징계하는 방법을 말하며, 견책을 받고 6개월이 지나지 않으면 시험승진과 심사승진의 대상에서 제외된다.

(2) 공무원 징계의 효력

공무원으로서 징계처분을 받은 자는 그 처분을 받은 날 또는 그 집행이 끝난 날부터 대통령령 등으로 정하는 기간 동안 승진 임용 또는 승급할 수 없다. 다만, 징계처분을 받은 후 직무수행의 공적으로 포상 등을 받은 공무원에 대하여는 대통령령 등으로 정하는 바에 따라 승진 임용이나 승급을 제한하는 기간을 단축하거나 면제할 수 있다.

> ✏ **Check point**
>
> 1. 파면·해임은 공무원 신분을 완전히 해제함을 내용으로 하는 배제징계이고, 강등·정직·감봉·견책은 공무원의 신분을 보유하면서 신분상·보수상 이익의 일부를 제한함을 내용으로 하는 교정징계이다.
> 2. 징계의결 요구권자는 중징계(파면·해임·강등·정직) 또는 경징계(감봉·견책)로 구분하여 관할 징계위원회에 제출하여야 한다(「공무원 징계령」 제7조 제6항).
> 3. 견책(譴責)은 전과(前過)에 대해 훈계하고 회계하는 처분으로 이와 유사한 명칭의 훈계·경고·계고·주의 등은 문책의 성격을 가진 교정 수단이라는 점에서는 견책과 유사하나 징계의 종류는 아니다.

2 적극행정

✔ **POINT** 적극행정에 대한 내용을 잘 이해하면 공무원 면접의 절반은 준비를 끝냈다고 생각해도 된다. 그러므로 아래 내용을 2~3번 정독하며 암기하기 보다는 이해를 하여야 한다.

1. 적극행정의 정의

◐ 적극행정에는 모든 공직가치가 내포되어 있으며, 그중 가장 대표적인 공직가치는 '책임감, 창의성, 공익성'임을 기억해 두어야 한다.

(1) 적극행정은 공무원이 불합리한 규제의 개선 등 공공의 이익을 위하여 창의성과 전문성을 바탕으로 적극적으로 업무를 처리하는 행위를 의미한다.

(2) 근거 규정은 다음과 같다.

> 헌법 제7조 ① 공무원은 국민 전체에 대한 봉사자이며, 국민에 대하여 책임을 진다.
> 국가공무원법 제56조 【성실의무】 모든 공무원은 법령을 준수하며 성실히 직무를 수행하여야 한다.
> 적극행정 운영규정 제2조 【정의】 이 영에서 사용하는 용어의 뜻은 다음과 같다.
>   1. "적극행정"이란 공무원이 불합리한 규제를 개선하는 등 공공의 이익을 위해 창의성과 전문성을 바탕으로 적극적으로 업무를 처리하는 행위를 말한다.

2. 적극행정이 필요한 이유

(1) 시대의 변화와 발전이 거듭되면서 우리 사회에는 기존의 법·제도와 정책만으로는 해결하기 어려운 복잡다단한 문제가 생겨나고 있다. 또한 행정환경이 급변하면서 법·제도와 현장이 동떨어지고 어긋나는 경우가 생기고 있다.

(2) 공직사회는 현장의 문제를 해결함에 있어 가장 앞에 서 있는 조직이다. 2009년 감사원은 공직사회에 적극행정 면책제도를 최초로 도입했다.

(3) 하지만 여전히 감사·징계에 대한 두려움, 기관장의 관심 부족, 경직된 조직문화, 합당한 보상체계 미흡 등 공무원 개인이 책임져야 할 부담과 불이익 때문에 소극적으로 대응하는 경우가 많았다. 때문에 공무원을 '소극적 집행자'에서 현장의 문제점을 인식하고 '적극적 문제 해결자'로 거듭나게 하기 위한 조치가 바로 적극행정이다.

> **MEMO**
>
>
>
>

3. 적극행정의 유형(예시)

✔ POINT 지원부처의 홈페이지에서 적극행정의 사례를 찾아 1~2개 정도는 정리해 둘 필요가 있다. 핵심 내용이라도 간단하게 정리해 두면 활용할 수 있다.

(1) 통상적으로 요구되는 정도의 노력이나 주의의무 이상을 기울여 맡은 바 임무에 대해 최선을 다해 수행하는 행위 등★

(2) 업무의 관행을 반복하지 않고 가능한 최선의 방법을 찾아 업무를 처리하는 행위 등

(3) 새로운 행정수요나 행정환경 변화에 선제적으로 대응하여 새로운 정책을 발굴·추진하는 행위 등

(4) 이해 충돌이 있는 상황에서 적극적인 이해조정 등을 통해 업무를 처리하는 행위 등

(5) 불합리한 규정과 절차 및 관행을 스스로 개선하는 행위 등

(6) 신기술 발전 등 환경변화에 맞게 규정을 적극적으로 해석·적용하는 행위 등

(7) 규정과 절차가 마련되어 있지 않지만 가능한 해결방안을 모색하여 업무를 추진하는 행위 등

> **TIP** 첫 번째 의미는 규정이나 절차를 지키지 말라는 의미가 아니라 불합리한 규정과 절차를 개선하기 위해 노력하고 가능한 최선의 해결방안을 찾기 위한 적극적인 업무처리를 요구하는 것이다. 이러한 적극적인 업무를 처리하기 위해서는 가장 기본인 법령숙지를 제대로 해야 한다. 법령숙지를 제대로 하지 못하면, 도움을 주고 싶어도 그러지 못하여 나중에 더 큰 문제가 발생할 수 있기 때문이다. 두 번째 의미는 규정과 절차가 없더라도 반드시 도움이 필요한 부분이 있다면 적극적인 일처리를 통해 도움을 주어야 한다는 것으로 이해하면 된다.

> **MEMO**
>
>
>
>

4. 소극행정의 정의

✔ POINT 한마디로 정의하면 '공직사회의 문제점'이라고 생각하고, 이 문제가 출제되면 반드시 해결해야 한다는 뜻으로 이해하면 된다.

(1) '소극행정'은 공무원의 부작위 또는 직무태만 등으로 국민의 권익을 침해하거나 국가 재정상 손실을 발생하게 하는 행위를 말한다. 참고로 부작위란 일을 할 수 있음에도 하지 않는 소극적인 태도를 의미한다.

(2) 근거 규정은 다음과 같다.

> 적극행정 운영규정 제2조【정의】이 영에서 사용하는 용어의 뜻은 다음과 같다.
> 2. "소극행정"이란 공무원이 부작위 또는 직무태만 등 소극적 업무행태로 국민의 권익을 침해하거나 국가 재정상 손실을 발생하게 하는 행위를 말한다.

5. 소극행정의 유형

✔ POINT '소극행정'의 유형 중 대표적으로는 인·허가 신청을 하였는데 처리기간이 지났음에도 처리를 해주지 않는 경우 등이 있다.

(1) 적당편의

문제해결을 위해 노력하지 않고, 적당히 형식만 갖추어 부실하게 처리하는 행태이다.

(2) 업무해태

합리적인 이유 없이 주어진 업무를 게을리하거나 불이행하는 행태이다.

(3) 탁상행정

법령이나 지침 등의 변화에도 불구하고 과거 규정에 따라 업무를 처리하거나 기존의 불합리한 업무관행을 그대로 답습하는 행태이다.

(4) 관중심 행정

직무권한을 이용하여 부당하게 업무를 처리하거나 국민의 편익을 위해서가 아닌 자신의 조직이나 이익만을 중시하여 자의적으로 처리하는 행태이다.

> 예 개별 사이트의 정보·서비스를 연계·통합해 국민은 하나의 사이트에서 모든 서비스를 신청 및 이용하도록 하는 방법과 자격을 갖추고도 몰라서 수혜서비스를 받지 못하는 일이 없도록 신청 없이도 선제적으로 복지서비스를 제공하는 방식이다.

6. 적극행정의 추진 및 활용

(1) 적극행정의 추진방안(국무조정실 보도자료)

✔ POINT 적극행정의 추진방안은 중요한 내용이므로 숙지하기 바란다. 또한 적극행정을 활성화하기 위해 어떤 지원이나 제도가 필요한지에 대해서도 생각해 보아야 한다.

Ⅰ. 그간의 성과

1. (면책) 법령이 불명확한 경우 등 적극적 의사결정이 어려운 경우를 지원하고, 면책을 보장하기 위해 적극행정 위원회, 사전컨설팅, 법령의견제시 제도를 도입·운영
   - (적극행정위원회)
     - 국민편익 증진을 위해 적극행정이 필요한 현안을 심의하고, 다양한 해결방안을 신속하게 제시
     - 위원의 절반 이상을 민간위원으로 구성하여 국민의 눈높이에서 바라보고, 의사결정 과정의 투명성과 전문성 등을 제고
     - 각 기관별로 위원장 1명을 포함한 9명 이상 45명 이하 인원으로 구성
     - 여러 기관이 관련된 현안은 기관 간 합동 위원회를 개최하여 쟁점 사항을 논의하고 합의할 수 있도록 근거를 마련
   - (사전컨설팅)
     - 사전컨설팅은 공무원이 인가·허가·등록·신고 등과 관련한 규제나 불명확한 법령 등으로 인해 업무를 적극적으로 추진하기 곤란한 경우 해당 기관이 감사기관에 해당 업무의 처리 방향 등에 관한 의견의 제시를 요청하고 감사기관이 이에 대해 의견을 제시하는 제도
     - 중앙행정기관은 소속기관·부서가 사전컨설팅을 신청하면 자체 감사기구에서 직접 처리하거나 자체적 판단이 어려운 경우 감사원에 사전컨설팅을 신청할 수 있음
     - 감사원 또는 자체 감사기구의 컨설팅을 받고 컨설팅 의견대로 업무를 처리하면 특별한 사정이 없는 한 적극행정 면책기준을 충족한 것으로 추정
   - (법령의견제시)
     - 법제처는 신속한 판단으로 적극적 의사결정에 도움이 되는 법령의견제시 제도를 지자체까지 폭넓게 이용할 수 있도록 조치하고 4개 권역별(수도권, 강원·충청, 전라·제주, 경상) 전담지원체계를 마련하는 등 적극행정을 밀착 지원

2. (우대·보호) 적극행정 우수공무원 총 6,400여 명을 선발하고, 이 중 50% 이상에게 파격적 인센티브*를 부여하는 한편, 적극행정 유공 포상을 신설
   * 인센티브 ⇨ 특별승진, 특별승급, 성과급 최고등급, 국외훈련/승진가점 등
   - 공무원 책임보험 제도를 도입하여 공무수행으로 소송을 당한 경우 변호사 선임비용, 소송비용 등을 지원

3. (국민 참여) 국민 참여 방식을 다양하게 확대하고, 국민 체감도를 높이기 위한 제도를 마련
   - 국민이 적극행정 제도*를 통해 문제를 해결해줄 것을 요청하는 적극행정 국민신청제를 새롭게 도입
     - 공익성 민원이나 국민제안이 법령의 불명확 등을 이유로 제대로 처리되지 않을 경우, 신청할 수 있습니다.
     - 국민신문고로 적극행정 신고 ⇨ 국민권익위원회 검토·심사 후 배정 및 의견제시 ⇨ 중앙행정기관·지방 자치단체(적극행정 지원제도 적극 활용) ⇨ 결과: 국민
   - 국민신문고 홈페이지에 소극행정 신고센터를 개설하고, 소극행정 재신고제도 도입
     - 소극행정을 신고하고, 처리 결과에 만족하지 못하면 재신고할 수 있습니다.
     - (1차 신고 불수용) 국민신문고로 재신고 ⇨ 국민권익위원회 조치 권고 및 의견제시 ⇨ 결과: 국민, 중앙 행정기관, 지방자치단체

4. (성과확산) 적극행정 우수사례 경진대회를 매년 개최

Ⅱ. 추진방안

1. 면책, 법령의견제시 등 적극행정 지원제도를 내실화
   - (법령의견제시 확대) 법령의견제시 신청자격을 기존 중앙부처·광역지자체에서 226개 기초지자체까지 확대
     - 이를 통해 지자체 일선 현장 공무원들도 업무 추진과정에서 발생하는 법적 쟁점에 대해 간편하고 신속하게 자문받을 수 있어 민생 현안의 신속한 해결이 가능
   - (국민신청제 확산) 적극행정 국민신청제 이행실적을 권익위 청렴도 종합평가 지표에 반영하고, 제도 관련 기관 순회 교육을 확대

○ (면책 고도화) 적극행정위원회, 사전컨설팅 등을 활용한 면책 사례를 지속적으로 공유·확산하고, 면책 제도 교육 및 컨설팅을 강화하는 한편, 제도 활용성과는 기관평가에 반영
○ (소극행정 관리 강화) 소극적 업무행태를 유형별로 구분하고, 세부 처리기준을 마련하여 조치하되 구체적인 지침과 사례를 공직사회 내에 전파
2. 적극행정이 일선 현장까지 확산되도록 하겠습니다.
○ (지자체 적극행정 활성화) 지자체 공무원의 적극적 의사결정 지원을 위해 사전컨설팅, 적극행정위원회 등 면책 제도를 확대
− 지자체 사전컨설팅 전담조직 설치를 장려하고, 전담인력 배치를 의무화하여 적극행정 추진 기반을 강화
− 적극행정위원회 의견제시에 대한 면책 범위를 기존 자체감사에서 정부합동감사(중앙부처 ⇨ 지자체) 등까지 확대
− 243개 지자체 대상으로 '적극행정 종합평가'를 도입, 국민평가단이 주민체감 성과를 평가하도록 하고 우수기관에 대해서는 재정 인센티브를 부여
○ (공공기관 적극행정 유도) 공공기관의 적극행정 성과를 공공기관 경영실적 평가에 반영하여 공공기관의 참여를 유도하고, 공공기관에 대한 소관부처의 적극행정 활성화 지원 실적을 부처평가에 반영
○ (교육 현장 적극행정 확대) 시·도 교육청에도 적극행정 전담인력을 확보하여 역량을 강화하고, 우수사례 공유 등 적극행정 확산을 위해 노력
3. 적극행정이 공직사회의 문화로 정착되도록 노력
○ (문화 확산) 적극행정 인정시 마일리지를 부여하고, 일정 점수 도달시 특별휴가 등으로 즉시 보상하는 '적극행정 적립은행제'를 올해 시범적으로 운영
− 부서장이 부서원의 적극행정 실천 노력에 대해 업무추진 단계별로 마일리지를 부여하고, 적극행정 전담부서에서 승인하고 관리하는 형태
○ (인센티브 강화) 적극행정 평가 결과 최우수 부처 등을 '적극행정 선도부처'로 지정하여 국외훈련 인원 확대 등 인센티브를 부여하고, 적극행정 협업부서에 대한 보상도 함께 실시하여 적극행정 실천 문화 조성
○ (소통 확대) 적극행정 우수사례 선정시 국민이 직접 적극행정 현장을 방문하여 성과를 평가하는 '적극행정 국민심사제'를 도입하고, 공모전 개최, 소통 게시판 운영

(2) 적극행정 적립(마일리지)**제도**(2022. 6. 28 인사혁신처 보도자료)

• 공무원의 적극행정 실천 노력과 성과들에 대한 즉각적인 보상을 제공하는 '적극행정 적립(마일리지)제도' 시행
• 인사혁신처는 기획·집행·성과 창출 등 정책의 전(全) 과정에서 공무원의 적극행정 노력에 대한 보상을 수시로 제공하기 위해 '적극행정 적립(마일리지)제도'를 7월부터 시범 실시
• 기존의 적극행정이 특별승진 등 결과에 대한 일회적인 큰 보상을 중심으로 추진됐다면 이번에는 즉각적인 수시 보상을 통해 적극행정 마음가짐을 공직사회 저변으로 확산시키고자 하기 위함
• 부처별 상황과 개인의 선호가 반영된 각종 모바일상품권(기프티콘), 당직 1회 면제권, 포상휴가, 도서 구입 등 자기개발 지원 등이 수시로 부여될 예정
• 이는 작더라도 체감할 수 있는 보상을 선호하는 새천년(밀레니얼)세대 공무원의 특성을 반영한 것으로 최근 공직 내 연령 비율*을 고려할 때 이러한 보상이 일상행정에서 적극행정 의지 제고에 기여할 것으로 기대
• (중장기) 시범 운영 후 결과를 보아 국외훈련 선발시 가점, 특별승급, 희망보직 전보, 대우공무원 선발 및 성과관리 직접 반영 등 검토
• 공무원이 적극행정 과정에서 보호받을 수 있도록 위험도·난이도가 높은 업무에 대해 책임보험의 보장 범위를 확대 (2022. 8. 17 보도자료)

(3) 적극행정위원회 활용 사례 1(코로나19 피해 소상공인 손실보전금 지원)

① **현황 및 문제점**: 손실보전금 온라인 지급시스템 개발과 콜센터 운영을 수행할 사업체를 선정하는 데 일반 경쟁입찰 방식으로는 최소 40일이 소요되는 등 신속한 지급을 추진하는 데 어려움이 있었다.

② **해결노력**: 이러한 문제를 해결하기 위해 적극행정위원회 의결을 통해 계약예규 등 관련 법령을 적극적으로 해석하여 기존 방역지원금 지급업무를 수행하던 업체에 과업을 추가하는 내용으로 계약을 변경하여 절차를 단축했다.

③ **결과**: 2차 추가경정예산이 통과된 다음 날부터 손실보전금 집행을 즉시 개시하여 4일 만에 325만 매출 감소 소상공인 등에게 19.8조원을 지급했다.

(4) 적극행정위원회 활용 사례 2(여름철 해상·해안 국립공원 내 야영장 설치 허용)

① **현황 및 문제점**: 현행법상 국립공원에 속한 해안 및 섬 지역은 여름철 한시적으로 음식점, 탈의시설 등 여행객 편의시설 설치가 가능하나 야영장은 제외되어 있다. 일부 지역에서는 미등록 야영장 운영으로 지역사회에 갈등이 일어나고, 탐방객들의 안전사고 위험도 있었다.

② **해결노력**: 이에 따라 환경부는 자연공원 내 행위 제한 등 국민 불편을 야기하는 규제를 개선하고자 '자연공원법' 시행령 개정을 추진하고 있다. 그러나 '자연공원법' 시행령이 개정·공포되기까지 일정 기간이 소요됨에 따라 적극행정위원회 의결을 통해 올해 여름철 성수기부터 여름철 해상·해안 국립공원 내 야영장 설치를 허용하기로 했다.

> ➔ 다만, 야영장 운영에 따른 환경오염 방지·안전사고 예방을 위해 국립공원공단·지자체 합동 정기점검을 실시하고, 원상복구 미이행자에 대해서는 향후 3년간 야영장 등록을 불허하는 등 제재조치도 시행할 계획이다.

③ **결과**: 이번 적극적 조치로 국내 여행 수요 충족은 물론 불법행위 단속에 따른 지역사회와의 갈등 해소, 위생·안전기준 확보로 국민안전 도모, 주민 생계유지 등 지역경제 활성화에 큰 도움이 될 것으로 기대된다.

✎ Check point

1. 이와 같이 공익을 위한 업무를 추진하는 과정에서 기존 법령을 해석하는 데 문제가 있을 경우에는 적극행정위원회라는 공식적인 절차를 통해 문제를 적극적으로 돌파해 나가는 추진력이 필요하다.
2. 앞으로 적극행정과 관련해서 적극행정위원회의 역할이 매우 중요해졌다. 적극행정 국민신청제도가 도입되어 적극행정위원회에서 법령해석 및 규제개선방안 등을 검토하고 있다.
3. 중요한 것은 책임감 있게 일을 하되 절차를 준수하는 것이다. 먼저 담당 주무관으로서 해야 할 일을 찾아 기본적인 현황과 문제점을 파악하고 해결방안까지 검토한 다음 적극행정위원회에 상정하여 절차적인 정당성을 확보받는 것이다.
4. 감사원의 사전컨설팅이나 법제처의 법령의견제시 제도를 활용하는 방안도 문제를 적극적으로 풀어가는 좋은 방법이다.

7. 적극행정 관련 Q&A

✔ POINT 적극행정에 관한 질문이 어떻게 이루어지는지 질문내용과 답변을 참고해 보길 바란다.

Case 01. 적극행정 질문 및 답변사례

Q. 적극행정을 강조하는 데 공무원분들이 꺼리는 이유는 뭐라고 생각하나요?

A. 저는 공무원분들께서 꺼리시는 이유가 본인이 맡게 되는 일의 양이 많아짐에 대한 두려움과 면책에 대한 두려움 때문인 것 같습니다. 제가 비록 공무원은 아니지만 면책요건을 볼 때 상당히 어려웠습니다. 예를 들어 공공의 이익을 위한 것이어야 한다, 절차가 타당해야 한다 등 어려운 점이 있어 이것이 적극행정이 맞는 것인지에 대한 판단의 어려움이 적극행정을 꺼리게 만들지 않나 생각해 보았습니다.

Q. 그렇다면 해결방안에는 어떤 것이 있을까요?

A. 저는 이러한 면책요건이 어렵다고 느꼈기에 면책요건을 좀 더 간결히 한다던가 그 요건들에 대한 구체적인 가이드라인이 있으면 어떨까 생각했습니다.

Q. 적극행정 활성화 방안에는 무엇이 있을까요?

A. 기사를 보았을 때 '면책규정이 공무원에게 와닿지 않는다'는 의견이 있었습니다. 더 와닿게 하는 방안으로 지속적인 교육이나 면책에 대한 안내문이나 안내책자 등을 마련하는 것입니다. 또 다른 점으로 '사전컨설팅이 너무 오래 걸린다'는 것입니다. 각 부처의 적극행정위원회를 적극 활용하는 방안입니다. 또한 하면 안 되는 규정으로 되어 있어 네거티브 규제방안으로 해도 되는 방안을 적어두는 방안입니다.

Case 02. 적극행정 질문 및 답변사례

Q. 적극행정을 말씀하셨는데 왜 이런 적극행정을 하는 것 같나요?

A. 현대사회의 문제가 복잡하고 다양해짐에 따라 국민들이 공공부문에 기대하는 역할과 기대수준은 높아지고 있습니다. 특히 최근에는 4차 산업혁명 시대의 도래, 혁신성장 등 행정환경의 급격한 변화로 법·제도와 현장 간의 괴리가 심화되는 가운데 법령해석 운영 등 현장의 문제점을 분명히 인식하고 적극적으로 이를 해결하려는 공직자의 마음가짐과 역할은 그 어느 때보다 중요하게 부각되고 있습니다. 이러한 측면을 고려해볼 때, 적극행정의 필요성과 중요성은 지속적으로 증가할 수밖에 없는 상황으로 생각합니다.

Q. 그럼 그런 문제를 어떻게 해결하면 좋겠나요?

A. 적극행정에 대한 동기부여를 위해 교육이수를 필수적으로 실시하고 또한 적극행정 사례 전파를 위해 적극행정 수상자들이 적극행정 과정을 강연형식으로 녹화하여 제공함으로써 적극행정에 대한 동기부여와 긍정적인 인식을 높여가는 것이 매우 중요하다고 생각됩니다.

그 다음 조직 내에서 적극행정에 대해 긍정적인 분위기를 조성하는 것이 필요하다고 봅니다. 일부러 일을 사서한다 또는 힘든 업무 회피 경향, 조직의 혁신 부족 등 소극적 문화를 개선할 필요가 있으며 이를 위해 적극행정에 대한 부서 전체의 포상을 강화한다면 조직원들이 적극행정활성화에 더 나서게 될 것으로 생각합니다.

마지막으로 적극행정이 개인근무평가의 핵심이 되도록 비중을 높이는 것도 좋은 방안이라 생각합니다.

Case 03. 적극행정 질문 및 답변사례

Q. 적극행정이 잘 이루어지지 않는 이유는 무엇이라고 생각하나요?

A. 여러 가지가 있겠지만 기관장의 관심 부족, 소극행정에 대한 처벌이 잘 이루어지지 않는 점, 적극행정에 대한 인센티브제도 부족, 공무원 개개인의 인식 부족 등이 있을 수 있다고 생각합니다.

Q. 적극행정을 장려하기 위해 정부에서 시행 중인 정책 중 알고 있는 것이 있나요?

A. 네, 적극행정을 했을 때 고의나 중과실이 없다면 징계를 면책해주는 제도와 사전컨설팅 제도 등이 있는 것으로 알고 있습니다.

Q. 적극행정을 하려고 하는데 상관이 반대하면 어떻게 할 것인가요?

A. 상관분께서 오랜 경험과 노하우가 있을 것이기 때문에 분명히 반대하시는 이유가 있을 것이라고 생각하여 상관분의 말씀을 잘 들어보겠습니다. 그래도 저의 생각이 맞다는 생각이 들고 제가 적극행정을 했을 때 그것이 사회적으로 좋은 영향을 미치고 국민들에게 도움이 되는 또 하나의 좋은 선례가 될 수 있다는 판단이 든다면 제가 적극행정을 해야 한다고 생각했던 근거와 검토자료를 정리하여 보고서 형식으로 상관분께 제출하여 정중하게 검토해 주실 수 있냐고 부탁드리겠습니다.

Case 04. 적극행정 질문 및 답변사례

Q. 아까 적극행정 사례에 대해 말씀해주셨는데 본인이 생각하는 적극행정이란 무엇인가요?

A. 공무원으로서 법과 규범을 지키며 책임감 있게 일을 수행하는 것뿐만 아니라 규정이 없는 경우에는 창의적 해결방안을 생각해서 상사분께 상의드린 후 실효성 있는 방안으로 만들어서 일을 수행하는 것이라고 생각합니다.

Q. 적극행정이 잘 안되는 이유는 무엇이라고 생각하나요?

A. 시키는 대로만 일을 처리하면 좋지 않은 결과가 있더라도 책임을 지지 않는데 굳이 열심히 일해서 좋지 않은 결과가 발생하면 책임을 지게 되는 것에 대한 두려움인 것 같습니다. 그래서 정부에서는 적극행정의 경우 일정 요건을 충족하면 적극행정면책제도를 시행하고 있는 것으로 알고 있습니다. 최근 적극행정 활성화 방안에 대한 자료를 읽은 적이 있었는데 현재 협소하게 면책제도가 시행되고 있는데 그 부분을 확대하면 좋은 결과가 있을 것 같습니다.

✎ Check point

1. 적극행정의 의미와 적극행정이 왜 필요한지에 대해 면접에서 답변할 수 있도록 준비해야 한다.
2. 적극행정에 대해 일선 현장에서는 어떤 어려움이 있을 것 같은지 생각해 보아야 한다.
   예 감사와 처벌에 대한 두려움, 위험회피, 소극적 조직문화, 보상미흡, 조직 간 협력부족, 예상치 못한 민원발생 등
3. 적극행정 활성화를 위한 방안에는 무엇이 있는지 생각해 보아야 한다.
   ① 적극행정에 대한 교육 확대로 긍정적 인식을 확산해야 한다.
   ② 포상에 대한 파격 확대 ⇨ 개인보상과 조직보상을 병행해야 조직의 문화를 바꿀 수 있다. 개인보상에서는 승진최소 연한을 단축시켜주거나 개인근무평가에 적극 반영하는 것도 방법이다. 조직보상으로는 부서평가 및 부서장의 인사 고과평가 반영 등이 해당된다.
   ③ 마일리지제 확대 및 공정한 평가 ⇨ 일정 마일리지 도달시 특별휴가, 연수 등 혜택을 가시적으로 보여줘야 다른 동료들에게 동기부여가 된다.

3 적극행정 징계면제제도

1. 적극행정 징계면제제도의 의의

적극행정 징계면제제도는 공무원이 공공의 이익을 위하여 성실하고 적극적으로 업무를 처리한 결과에 대하여 고의나 중과실이 없는 이상 징계를 면제해 주는 제도를 말한다.

2. 적극행정 징계면책요건

(1) 공공의 이익증진을 위한 행위

징계 대상이 된 사람이 담당한 업무 및 해당 업무를 처리한 방법 등이 국민 편익 증진, 국민 불편 해소, 경제 활성화, 행정효율 향상 등 공공의 이익을 증진하기 위한 행위여야 한다.

(2) 업무의 적극적 처리

공공의 이익을 위해 새로운 업무처리 방식을 시도하거나 문제점 해소를 위해 신속히 필요한 조치를 하는 등 평균적인 공무원에게 통상적으로 요구되는 정도의 노력이나 주의 의무 이상을 기울여 업무를 처리하는 행위를 의미한다.

(3) 고의 또는 중과실이 없을 것

① 고의 또는 중과실이 없음을 추정하는 요건은 「공무원 징계령 시행규칙」 제3조의2 제2항에서 징계 등 혐의자와 비위 관련 직무 사이에 사적인 이해관계가 없을 것, 대상 업무를 처리하면서 중대한 절차상의 하자가 없었을 것으로 규정하고 있다.

② 사적 이해관계와 관련하여 「공무원 행동강령」 등에 의해 금지되는 이권개입, 알선·청탁, 금품·향응 수수 등의 행위가 연관된 경우에는 사적 이해관계가 있다고 판단될 수 있다.

③ 법령상 업무처리시 준수하도록 되어 있는 중대한 절차를 누락하거나 결재권자의 의사결정이나 판단에 영향을 미치는 중요 사항에 대한 보고를 누락한 경우 등에는 중대한 절차상 하자가 있는 것으로 판단될 수 있다.

3. 적극행정 징계면책사례

Case 01. 폐기물처리 대행용역 계약

(1) 상황 및 배경

○○시는 타 시와 마찬가지로 폐기물처리 대행업체와 입찰을 통해 대행계약을 맺고 있다. 음식물 쓰레기 분리수거 제도가 시행된 이후 지금까지 연 단위로 대행계약을 맺어왔고, 작년에는 A업체와 계약을 맺었다. 그런데 갑자기 A업체가 ○○시와 체결한 계약의 용역단가에 불만을 품고 계약 해지를 요구한 상태였다. 그 후 ○○시 ○○동 2만 여 세대의 음식물 쓰레기 수거가 되지 않아 민원이 제기되었다. 주민들은 음식물 쓰레기에서 나온 악취가 온 동네를 뒤덮고 있어서 빨리 음식물 쓰레기를 수거할 것을 요구했고 민원이 해결되지 않을 경우 시장실로 찾아오겠다며 빠른 해결을 요청했다.

A 주무관은 타 지역 음식물 쓰레기 수거업체 및 관련 업체에 직접 전화를 걸어봤지만 거리가 멀다는 이유로 또 수거차량과 인력이 부족하여 계약을 할 수 없다는 대답을 들었다. 그러던 중 같은 팀의 동료가 재작년 계약업체인 'B업체'는 어떻겠냐며 제안했다. 'B업체'는 ○○시와 계약 당시에는 문제가 없었으나 작년에 급여문제로 고용노동부에 신고를 당해 '부정당업체'로 분류되어 1년간 입찰이 금지된 상태였다. B업체는 업무를 원활하게 수행할 수 있는 상황이었지만 그렇다고 그 업체와 계약을 하는 것은 규정을 위반하는 것이었다. 결국 깊은 고민 끝에 B업체와 계약을 맺어 문제가 해결되었고 그로 인해 징계를 받게 되었으나 적극행정으로 인정되어 면책되었다.

➡ 본 사례는 운용요령 위반으로 '징계' 선고를 받았다가 감사원의 '적극행정 면책'으로 인해 '주의'로 감경된 실제 사례를 기반으로 각색되었다.

(2) 인정 여부

당시 계약을 체결하지 않으면 심한 악취로 인해 주민 불편이 예상되고 관내에 쓰레기 처리를 대행할 수 있는 업체가 해당 업체 밖에 없었다. 또한 이웃 지역의 업체는 거리 등을 이유로 계약을 기피하는 상황이어서 해당 업체와의 계약이 불가피했고, 무엇보다 해당 시 주민들의 편의를 최우선으로 고려하여 의사결정을 내렸기 때문에 징계가 감경될 수 있었다. 본 사례를 공직가치 관점에서 본다면 '공정성'은 어긋났다고 볼 수 있으나 문제를 해결하기 위해 공익을 우선하여 직무를 수행한 점에서 '공익성'이라는 공직가치 실천을 확인할 수 있다.

➡ 적극행정 면책요건은 공익성, 타당성, 투명성이다.

Case 02. 그늘막 분할 수의계약

(1) 상황 및 배경

A시는 2019년 8,530만 원 상당의 그늘막을 수의계약으로 구매하였다. 「지방자치단체 입찰 및 계약집행기준」 등에 따르면 수의계약으로 체결(추정가격 5천만 원 이하)하기 위해 단일사업을 부당하게 분할하지 못하도록 되어 있는데도 A시는 수의계약이 가능한 금액(2백만 원 ~ 1천7백만 원) 22건으로 분할하여 B와 수의계약을 체결하였다.

(2) 인정 여부

「지방자치단체 입찰 및 계약집행기준」 등을 위반하여 분할하여 수의계약을 체결한 사실이 있으나 그늘막 예산은 혹서기 횡단보도 등에서 더위를 피하기 위한 재해예방 장비로 편성된 것으로 그늘막이 필요한 지역 등의 수요가 수시로 변하는 등 그늘막 설치장소 및 기준을 일괄적으로 정할 수 없고 수요가 발생할 때마다 분할하여 계약을 할 수밖에 없는 상황 등 공익적인 목적을 고려한 것으로 고의 또는 중대한 과실이 없어 면책하였다.

4 사전컨설팅 제도

POINT 사전컨설팅 제도의 의미와 이를 어떻게 활용할 수 있는지에 대해 알고 있어야 하며, 이는 업무를 문제없이 잘할 수 있는 방법 중 하나이다.

(1) 공무원 등이 사무처리 근거 법령의 불명확한 유권해석, 법령과 현실과의 괴리 등으로 인하여 능동적인 업무추진을 하지 못하고 있는 경우 적극행정을 할 수 있도록 사전에 그 업무의 적법성과 타당성을 검토하여 컨설팅하는 것을 말한다.

(2) 감사기관에 신청해서 컨설팅을 받는 방식으로 운영된다. ⇨ 자체 감사기구에서 직접 처리하거나 자체적 판단이 어려운 경우 감사원에 사전컨설팅을 신청할 수 있다.

(3) 그러나 행정기관의 책임회피 수단으로 악용될 소지가 있고, 감사원에 업무부담 가중 또는 지나친 업무 개입이 될 수 있어 운영의 묘가 필요하다.

(4) 감사원에서는 일선 행정현장의 적극행정을 지원하기 위하여 감사원의 컨설팅 의견대로 업무를 처리한 경우 특별한 사정(예 사적 이해관계 존재)이 없으면 면책기준을 충족한 것으로 추정하여 징계·주의 등 책임을 묻지 않는 규정을 신설하였다.

Case 01. 사전컨설팅 사례(핀테크 박람회 개최사업 변경)

감사원에서 공익을 위해 법령의 적극적인 해석방향을 제시한 사례이다. 이 사례를 통해 사전컨설팅의 과정과 의미를 이해해 보자.

1. 컨설팅 요청 내용
   ① A위원회는 사단법인 B를 핀테크 지원사업의 보조사업자로 선정하고, 사단법인 B는 핀테크 지원사업의 세부사업인 "핀테크 박람회 개최사업"을 C플라자에서 개최하는 오프라인 기반의 박람회 개최계획 수립
   ② 그런데 코로나19의 확산으로 오프라인 기반의 박람회 개최가 어려워지자 사단법인 B는 "핀테크 박람회 개최사업"을 온라인 기반의 박람회로 전환할 계획

2. 쟁점사항
   당초 오프라인 기반인 "핀테크 박람회 개최사업"의 개최방식을 온라인 방식으로 전환하여 보조금을 집행할 경우 목적 외 사용에 해당되는지

3. 컨설팅 감사결과
   ① 이 건 감염병인 코로나19의 확산으로 오프라인 기반의 핀테크 박람회를 개최하기 어려운 등의 사정이 발생하여 "핀테크 박람회 운영 대행 계약"에 따라 보조사업의 내용 등을 변경할 필요가 있는 사안임
   ② 변경된 사업계획 및 예산집행계획의 타당성 등이 인정될 경우 A위원회는 관련 법에 따라 변경 승인할 수 있음
   ③ 보조사업자가 「보조금 관리에 관한 법률」 제22조의 규정에 따라 A위원회가 변경 승인한 내용대로 보조금을 집행하는 경우에는 보조금의 목적외 사용에 해당하지 않을 것임

Case 02. 사전컨설팅 사례(제설 자재 수의계약)

부서 간 규정을 둘러싼 갈등을 감사원에서 사전컨설팅을 통해 해결한 사례이다.

1. 컨설팅 요청내용

△△시 시설공단은 폭 20m 이상 주요 도로의 제설을 전담하는 기관이며 해당 지역의 경우 동절기 제설작업이 필요할 정도의 강설이 자주 발생하지 않아 비축량을 결정하기가 매우 어렵고, 동절기 제설에 사용하는 제설제는 당해 연도에 사용되지 않을 경우 차년도 사용을 위한 보관 및 관리가 곤란한 특성이 있다. 또한 제설을 위해 2~3일 분의 제설제를 비축하고 있으며, 눈이 연속적으로 와서 비축물량이 소진되는 경우 긴급하게 구매를 하여 다음 강설에 대비해야 하는 경우도 발생한다. 이때 긴급입찰을 하더라도 1주일 이상이 소요되어 눈이 더 오는 경우 대비가 어려우므로 사업부서에서는 기간 단축을 위해 수의계약을 요청하고 있다. 그런데 계약부서에서는 감사 등을 이유로 수의계약에 난색을 표하는 상황이 매년 되풀이되고 있어 근본적인 해결을 위해 사전컨설팅 감사를 신청하게 되었다.

2. 쟁점사항

① 사업부서에서는 겨울철 강설의 연속으로 보유 중인 제설제가 모두 사용된 경우 천재지변으로 보아 수의계약으로 구매기간을 단축하여 물량을 확보하자는 의견이다.

② 반면 계약부서에서는 천재지변의 경우 수의계약이 가능한 것은 맞지만 겨울철 강설은 당연한 자연현상인데 매번 천재지변으로 인정하여 수의계약 하는 것은 곤란하며, 어느 정도 눈이 왔을 때를 천재지변으로 보아야 하는 지도 모호하다는 입장이다.

3. 컨설팅 감사결과

① 이 건의 경우 수의계약의 범위를 탄력적으로 적용하면 충분히 현행 규정 내에서 대응이 가능하나 계약부서와 사업부서 간의 입장차로 규정을 소극적으로 적용하는 경우가 빈번하게 일어나고 있는 실정이므로 매년 되풀이되는 논란의 해소에 초점을 맞추고 검토하였다.

② 「지방계약법 시행령」 제25조 제1항에 천재지변의 경우 수의계약이 가능하다고 명시되어 있으며, 지역의 평년 기후와 달리 제설이 필요한 수준의 강설이 연속되어 비축된 물량이 전부 소진된 경우 추가적인 강설이 온다면 대응이 불가능한 사태가 발생하게 되고, 이러한 잦은 강설은 제설 자재의 품귀 현상을 유발하여 자재 확보의 어려움과 동시에 가격의 상승 또한 동반하게 된다.

③ 사전컨설팅 감사에서는 신청된 경우와 같이 강설이 연속되어 보유물량이 모두 사용되었을 때 계약의 절차나 납기보다는 물량의 확보가 최우선으로 고려되어야 하고, 이러한 목적에는 경쟁입찰에 의한 방법보다 기존 거래 업체와의 수의계약이 가장 현실적인 방법이라는 데에 착안하여 이러한 경우 천재지변의 경우로 보아 수의계약이 가능하다는 사전컨설팅 감사 의견을 제시하였다.

④ 아울러 예산의 범위 내에서 단가계약을 체결하면 안정적인 물량확보가 될 뿐 아니라 사용수량으로 정산하여 재고도 발생하지 않으므로 대안으로 검토하도록 권고 의견을 함께 제시하였다.

CHAPTER

03 윤리관

1 공무원 행동강령(대통령령)

POINT 공무원 행동강령은 공무원으로서 지켜야 하는 윤리적 기준이자 행동규범이라 할 수 있다. 지금까지 영리행위 금지, 퇴직자 사전 접촉 금지, 갑질 등의 주제가 다양하게 출제되었다. 또한 직접적인 질문보다는 응용하여 출제되기 때문에 지금까지 응용되지 않았던 내용 중 출제가능성이 높은 문제로 제공하도록 할 것이다.

1. 의 미

(1) 공무원 행동강령은 국가공무원(국회, 법원, 헌법재판소 및 선거관리위원회 소속의 국가공무원은 제외)과 지방공무원에 적용된다.

(2) 행동강령은 공직자가 직무수행과정에서 준수해야 할 윤리적 판단기준을 구체적으로 제시해 자율적인 실천을 통해 외부로부터 불법적이고 부당한 유혹을 극복하기 위한 행위준칙이라고 할 수 있다.

2. 내 용

(1) 공정한 직무수행

조 문	내 용
제4조	공정한 직무수행을 해치는 지시에 대한 처리
제6조	특혜의 배제
제7조	예산의 목적 외 사용 금지
제8조	정치인 등의 부당한 요구에 대한 처리
제9조	인사 청탁 등의 금지

(2) 부당이익의 수수금지 등

조 문	내 용
제10조	이권 개입 등의 금지
제10조의2	직위의 사적 이용 금지
제11조	알선·청탁 등의 금지
제12조	직무 관련 정보를 이용한 거래 등의 제한
제13조의2	사적 노무 요구 금지
제13조의3	직무권한 등을 행사한 부당행위의 금지
제14조	금품 등의 수수 금지
제14조의2	감독기관의 부당한 요구 금지

(3) 건전한 공직풍토의 조성

조 문	내 용
제15조	외부강의 등의 사례금 수수 제한
제17조	경조사의 통지 제한

(4) 위반시의 조치

조 문	내 용
제18조	위반 여부에 대한 상담
제19조	위반행위의 신고 및 확인
제20조	징계 등
제21조	수수 금지 금품 등의 신고 및 처리

2 갑질 근절 및 직장 내 괴롭힘 금지

✔ **POINT** 갑질은 일반사회는 물론 공직사회에서도 여전히 문제가 되고 있다. 그러므로 이는 면접관의 질문리스트 속에 포함되어 있다고 생각하고 철저히 준비를 해야 한다.

1. 갑질 관련 주요 규정

(1) 국가공무원법, 지방공무원법

① **성실의무**: 모든 공무원은 법령을 준수하며 성실히 직무를 수행하여야 한다.

② **친절·공정의무**: 공무원은 국민 전체의 봉사자로서 친절하고 공정하게 직무를 수행하여야 한다.

③ **청렴의무**: 공무원은 직무와 관련하여 직접적이든 간접적이든 사례·증여 또는 향응을 주거나 받을 수 없으며, 공무원은 직무상 관계가 있든 없든 그 소속 상관에게 증여하거나 소속 공무원으로부터 증여를 받아서는 아니 된다.

④ **품위유지의무**: 공무원은 직무의 내외를 불문하고 그 품위가 손상되는 행위를 하여서는 아니 된다.

(2) 공무원 행동강령

✔ **POINT** 공무원 행동강령에도 갑질에 대한 규정이 명시되어 있다. 면접준비시에서는 공직사회에서 발생할 수 있는 갑질이 무엇일지를 고민하고 그에 대한 해결방안을 정리한 후 과거 경험 속에서 비슷한 사례가 있었을 경우 응시생이 어떻게 대처했는지에 대해 정리를 해두는 것이 필요하다.

> **공무원 행동강령**
> 제4조【공정한 직무수행을 해치는 지시에 대한 처리】 ① 공무원은 상급자가 자기 또는 타인의 부당한 이익을 위하여 공정한 직무수행을 현저하게 해치는 지시를 하였을 때에는 그 사유를 그 상급자에게 소명하고 지시에 따르지 아니하거나 제23조에 따라 지정된 공무원 행동강령에 관한 업무를 담당하는 공무원(이하 "행동강령책임관"이라 한다)과 상담할 수 있다.

제13조의3 【직무권한 등을 행사한 부당 행위의 금지】 공무원은 자신의 직무권한을 행사하거나 지위·직책 등에서 유래되는 사실상 영향력을 행사하여 다음 각 호의 어느 하나에 해당하는 부당한 행위를 해서는 안 된다.

1. 인가·허가 등을 담당하는 공무원이 그 신청인에게 불이익을 주거나 제3자에게 이익 또는 불이익을 주기 위하여 부당하게 그 신청의 접수를 지연하거나 거부하는 행위

2. 직무관련공무원에게 직무와 관련이 없거나 직무의 범위를 벗어나 부당한 지시·요구를 하는 행위

3. 공무원 자신이 소속된 기관이 체결하는 물품·용역·공사 등 계약에 관하여 직무관련자에게 자신이 소속된 기관의 의무 또는 부담의 이행을 부당하게 전가(轉嫁)하거나 자신이 소속된 기관이 집행해야 할 업무를 부당하게 지연하는 행위

4. 다음 각 목의 어느 하나에 해당하는 기관 또는 단체에 공무원 자신이 소속된 기관의 업무를 부당하게 전가하거나 그 업무에 관한 비용·인력을 부담하도록 부당하게 전가하는 행위

   가. 공무원 자신이 소속된 기관의 소속기관

   나. 「공공기관의 운영에 관한 법률」 제4조 제1항에 따른 공공기관 중 공무원 자신이 소속된 기관이 관계 법령에 따라 업무를 관장하는 공공기관

   다. 「공직자윤리법」 제3조의2 제1항에 따른 공직유관단체 중 공무원 자신이 소속된 기관이 관계 법령에 따라 업무를 관장하는 공직유관단체

5. 그 밖에 직무관련자, 직무관련공무원, 제4호 각 목의 기관 또는 단체의 권리·권한을 부당하게 제한하거나 의무가 없는 일을 부당하게 요구하는 행위

제14조의2 【감독기관의 부당한 요구 금지】 ① 감독·감사·조사·평가를 하는 기관(이하 이 조에서 "감독기관"이라 한다)에 소속된 공무원은 자신이 소속된 기관의 출장·행사·연수 등과 관련하여 감독·감사·조사·평가를 받는 기관(이하 이 조에서 "피감기관"이라 한다)에 다음 각 호의 어느 하나에 해당하는 부당한 요구를 해서는 안 된다.

1. 법령에 근거가 없거나 예산의 목적·용도에 부합하지 않는 금품 등의 제공 요구

2. 감독기관 소속 공무원에 대하여 정상적인 관행을 벗어난 예우·의전의 요구

② 제1항에 따른 부당한 요구를 받은 피감기관 소속 공직자는 그 이행을 거부해야 하며, 거부했음에도 불구하고 감독기관 소속 공무원으로부터 같은 요구를 다시 받은 때에는 그 사실을 피감기관의 행동강령책임관(피감기관이 「공직자윤리법」 제3조의2 제1항에 따른 공직유관단체인 경우에는 행동강령에 관한 업무를 담당하는 직원을 말한다. 이하 이 조에서 같다)에게 알려야 한다. 이 경우 행동강령책임관은 그 요구가 제1항 각 호의 어느 하나에 해당하는 경우에는 지체 없이 피감기관의 장에게 보고해야 한다.

2. 갑질의 개념

POINT 갑질에 대해 간단하게 정리를 한다면 '우월적 지위, 권한남용, 부당한 요구나 처우'가 핵심 요건이다.

(1) '갑질'은 사회·경제적 관계에서 우월적 지위에 있는 사람이 권한을 남용하거나 우월적 지위에서 비롯되는 사실상의 영향력을 행사하여 상대방에게 행하는 부당한 요구나 처우를 의미한다.

(2) 우월적 지위 등을 이용하여 다른 공무원 등에게 신체적·정신적 고통을 주는 등의 부당행위를 한 경우에는 징계를 감경할 수 없다. ⇨ 공무원 징계령 시행규칙

3. 갑질의 판단기준

TIP 갑질은 직권남용이라고 이해하면 되는데 여기에 부당한 지시나 부당한 처우까지 포함된다고 생각하면 된다. 특히 공직사회에서 갑질 유형은 위계질서에 따른 상하 간의 갑질, 부처별－부서별 갑질, 민원인과의 갑질 등이 대표적이다. 그러므로 이에 대한 문제점과 해결방안은 반드시 정리를 해 둘 필요가 있다.

(1) 법령 등 위반

법령, 규칙, 조례 등을 위반하여 자기 또는 타인의 부당한 이익을 추구하거나 불이익을 주었는지 여부

(2) 사적이익 요구

우월적 지위를 이용하여 금품 또는 향응제공 등을 강요·유도하는지 여부, 사적으로 이익을 추구하였는지 여부

(3) 부당한 인사

특정인의 채용·승진·인사 등을 배려하기 위해 유·불리한 업무지시 여부

(4) 비인격적 대우

외모와 신체를 비하하는 발언, 욕설·폭언·폭행 등 비인격적인 언행 여부

(5) 기관 이기주의

발주기관 부담비용을 시공사에게 부담시키는 등 부당하게 기관의 이익을 추구하였는지 여부

(6) 업무 불이익

정당한 사유 없이 불필요한 휴일근무·근무시간 외 업무지시, 부당한 업무배제 등을 하였는지 여부

(7) 부당한 민원응대

정당한 사유 없이 민원접수를 거부하거나 고의로 지연처리 등을 하였는지 여부

(8) 기 타

의사에 반한 모임 참여를 강요하였는지 부당한 차별행위를 하였는지 여부 등

⟡ PLUS

1. 갑질 사례 ⇨ 부당한 인사 및 비인격적 대우
부서장 A는 직원을 상대로 공개적인 장소에서 "지방으로 보내버린다."는 등 인사와 관련한 발언을 수시로 하고 사소한 이유로 사유서나 각오의 글을 작성하게 하거나 직원들 앞에서 사과문을 낭독하게 하였으며 연가 사용시 심리적 압박감을 주었다.

2. 직권남용 사례
○○시청의 B 팀장은 법적 근거도 없는 사유를 들어 건축허가가 불가하도록 했다. 건축법 제11조에 따르면 건축허가는 '소유권을 확보하지 못하여도 사용할 수 있는 권원이 있는 경우'에는 가능한 것으로 되어 있다. 하지만 당시 B 팀장은 "토지를 소유하지 않으면 건축허가를 내줄 수 없다."며 불가처분을 했다. 이는 법령에 의해 허가가 가능한 사항인데도 담당 공무원이 자의적으로 해석하여 허가를 내주지 않은 경우이다. 심지어 그 자리를 떠난 이후에도 후임에게 전화하여 "절대 허가를 내어주지 말라."고 지시했다고 한다.
B 팀장은 고등검찰청에서 직권남용 여부에 대하여 조사 중인 것으로 알려져 있다. 고소인 C 이사는 "○○시청 B 팀장 등 공무원들은 직권을 남용하여 고소인으로 하여금 의무 없는 일을 하게 하여 막대한 재산상 손해를 입게 한 자이니 철저히 조사하여 엄벌해 줄 것"을 요청했다.

4. 갑질의 유형

(1) 법령 위반

기관의 장 또는 소속 직원은 인·허가, 계약 등과 관련하여 관계 법령 등에 위반되는 조건이나 기준을 적용하는 등 특정인 또는 특정 사업자에게 유·불리하게 작용하도록 하여서는 아니 된다.

> 예 「건설산업기본법」에 따라 도장공사 하자담보기간은 1년임에도 하자담보기간을 10년으로 설정하여 특정 기업에게 불리하게 적용하는 행위

(2) 기관 이기주의 유형

발주기관이 부담하여야 할 비용을 시공사가 부담하게 하는 등 기관의 이익을 부당하게 추구하는 유형이다.

> 예 1. 발주자가 부담해야 하는 비용(예산부족, 사업계획 변경 등)을 시공자가 부담하게 하는 행위
> 　 2. 인·허가, 민원해결 등을 포함한 모든 법적 행정절차 및 민원해결에 관한 비용을 계약 상대자가 부당하게 부담하도록 특약을 설정하는 행위

5. 갑질 행위에 대한 대응방안

✔ **POINT** '본인이 갑질을 당했거나 동료가 갑질을 당하는 것을 목격했다면 어떻게 대응할 것인가?'하는 질문을 받는다면 신고를 하기 전에 먼저 갑질을 한 가해자와 편한 상황에서 면담을 해보는 것이 우선임을 기억해야 한다. 면담을 한 후에도 갑질이 지속된다면 그때는 동료들과 상의도 해보고 도움도 요청해 본 후 최후의 방법으로 신고를 하는 절차를 밟는 것이 바람직하다. 무작정 먼저 신고를 한다고 하면 자신의 오해로 문제가 될 수도 있기 때문에 바람직하지 않다. 즉, 어떤 업무를 지시했는데 그 업무가 자신의 업무가 아니라는 이유로 갑질로 생각하고 신고를 한다면 문제가 될 수 있다.

(1) 갑질근절 조직운영

① 갑질근절 전담 직원 지정
② 갑질피해신고·지원센터 운영

(2) 갑질발생시 처리 요령

① 갑질신고
② 사실관계 조사: 전담 직원은 기관의 장에게 보고하고 신고자 등에게 입증 자료요구
③ 조사결과 조치: 갑질 가해자에 대한 징계 등 조치, 필요한 경우 수사의뢰조치
④ 피해자 대처 요령: 갑질행위 중지 요구, 피해신고, 심리치료 요청, 분리요청(가해자와 격리되어 업무 수행 요청), 법률지원 요청
⑤ 갑질 피해자 보호대책: 불이익 처우 금지, 2차 피해 방지, 피해자 적응지원, 분리조치, 조력인 지정 등

6. 직장 내 괴롭힘 금지

(1) 「근로기준법」

> 제76조의2 【직장 내 괴롭힘의 금지】 사용자 또는 근로자는 직장에서의 지위 또는 관계 등의 우위를 이용하여 업무상 적정범위를 넘어 다른 근로자에게 신체적·정신적 고통을 주거나 근무환경을 악화시키는 행위(이하 "직장 내 괴롭힘"이라 한다)를 하여서는 아니 된다.

(2) 직장 내 괴롭힘의 종류

① 정당한 이유 없이 업무 능력이나 성과를 인정하지 않거나 조롱함
② 정당한 이유 없이 훈련, 승진, 보상, 일상적인 대우 등에서 차별함
③ 다른 근로자들과는 달리 특정 근로자에 대하여만 근로계약서 등에 명시되어 있지 않는 모두가 꺼리는 힘든 업무를 반복적으로 부여함
④ 근로계약서 등에 명시되어 있지 않는 허드렛일만 시키거나 일을 거의 주지 않음
⑤ 정당한 이유 없이 업무와 관련된 중요한 정보제공이나 의사결정 과정에서 배제시킴
⑥ 정당한 이유 없이 휴가나 병가, 각종 복지혜택 등을 쓰지 못하도록 압력 행사
⑦ 다른 근로자들과는 달리 특정 근로자의 일하거나 휴식하는 모습만을 지나치게 감시
⑧ 사적 심부름 등 개인적인 일상생활과 관련된 일을 하도록 지속적, 반복적으로 지시
⑨ 정당한 이유 없이 부서 이동 또는 퇴사를 강요함
⑩ 개인사에 대한 뒷담화나 소문을 퍼뜨림
⑪ 신체적인 위협이나 폭력을 가함
⑫ 욕설이나 위협적인 말을 함
⑬ 다른 사람들 앞이나 온라인상에서 나에게 모욕감을 주는 언행을 함
⑭ 의사와 상관없이 음주·흡연·회식 참여를 강요함
⑮ 집단 따돌림
⑯ 업무에 필요한 주요 비품(컴퓨터, 전화 등)을 주지 않거나 인터넷·사내 네트워크 접속을 차단함

3 부당한 지시(공정한 직무수행을 해치는 지시에 대한 처리)

✔POINT 부당한 지시에 대한 질문 또한 면접관의 질문리스트 속에 있다고 생각하고 답변을 준비해야 한다. 그리고 과거 경험 속에서 이와 비슷한 사례가 있는지 정리하고 그 상황에서 어떻게 대처했는지도 정리가 되어 있어야 한다. 그보다 우선 부당한 지시에 대한 사례를 이해하는 것이 선행되어야 한다.

1. 공무원 행동강령 제4조(공정한 직무수행을 해치는 지시에 대한 처리)

제4조【공정한 직무수행을 해치는 지시에 대한 처리】① 공무원은 상급자가 자기 또는 타인의 부당한 이익을 위하여 공정한 직무수행을 현저하게 해치는 지시를 하였을 때에는 그 사유를 그 상급자에게 소명하고 지시에 따르지 아니하거나 제23조에 따라 지정된 공무원 행동강령에 관한 업무를 담당하는 공무원(이하 "행동강령책임관"이라 한다)과 상담할 수 있다.
② 제1항에 따라 지시를 이행하지 아니하였는데도 같은 지시가 반복될 때에는 즉시 행동강령책임관과 상담하여야 한다.
③ 제1항이나 제2항에 따라 상담 요청을 받은 행동강령책임관은 지시 내용을 확인하여 지시를 취소하거나 변경할 필요가 있다고 인정되면 소속 기관의 장에게 보고하여야 한다. 다만, 지시 내용을 확인하는 과정에서 부당한 지시를 한 상급자가 스스로 그 지시를 취소하거나 변경하였을 때에는 소속 기관의 장에게 보고하지 아니할 수 있다.
④ 제3항에 따른 보고를 받은 소속 기관의 장은 필요하다고 인정되면 지시를 취소·변경하는 등 적절한 조치를 하여야 한다. 이 경우 공정한 직무수행을 해치는 지시를 제1항에 따라 이행하지 아니하였는데도 같은 지시를 반복한 상급자에게는 징계 등 필요한 조치를 할 수 있다.

2. 부당한 지시 관련 사례

A는 B 군청 사회복지과에서 유아청소년용 시설 관리 업무를 맡고 있었다. 담당계장으로 근무하던 1997년 9월 C 업체에서 청소년 수련시설 설치 및 운영허가 신청서가 접수됐다. 실사 결과 다중이용시설 중에서도 청소년 대상이므로 철저히 안전대책이 마련되어야 함에도 콘크리트 1층 건물 위에 52개의 컨테이너를 얹어 2, 3층 객실을 만든 가건물 형태로 화재에 매우 취약한 형태였다. 이에 A는 신청서를 반려했다. 그때부터 온갖 종류의 압력과 협박이 가해졌다.

직계 상사인 사회복지과장으로부터는 빨리 허가를 내주라는 지시가 내려왔고 나중에는 폭력배들까지 찾아와 그와 가족들을 몰살시키겠다는 협박을 하기도 했다.

그가 끝끝내 허가를 내주지 않자 1998년 B군(郡)은 그를 민원계로 전보발령했다. 이후 C 업체의 민원은 후임자에 의해 일사천리로 진행됐다. 하지만 1년도 채 되지 않은 1999년 6월 30일 C 업체에서 화재가 발생하여 유치원생 19명 등 23명의 생명을 앗아가는 사고가 일어났다. 화재경보기와 비상벨도 울리지 않았고, 비치된 소화기 15개 중 9개가 속 빈 먹통 소화기였다.

➡ 1999년 유치원생 23명의 목숨을 앗아간 씨랜드 화재사건이 발생했다. 참사가 벌어진 건물은 소방시설 부재 등 불법건축 요소가 많아 운영 허가를 내 줄 수 없는 상태였다. 상급자의 압력과 회유에 못 이겨 이 회사의 건축을 허가 했다가 그만 돌이킬 수 없는 일이 발생한 것이다.

✎ Check point

부당한 지시에 대한 이해

1. 직급에 억눌려 어쩔 수 없이 부당한 지시에 따랐다가는 상급자와 같이 책임을 지게 된다. 판례에서도 "만일 상사의 명령이라 하더라도 위법성을 알면서 행한 행위는 행위자 자신이 책임을 벗어날 수 없고, 상사의 명령에 순종하였다는 것만으로 변명이 되거나 그 책임을 면할 수 없을 것이다"라고 적시하고 있다.

2. 공무원에게는 복종의 의무가 있다. 하지만 무조건적인 복종은 아니다. 공무원은 직무를 수행할 때 소속 상사의 직무상 명령에 복종하여야 하지만 이에 대한 의견을 진술할 수 있다고 규정하고 있다. 그런데 직무상 명령에는 몇 가지 조건이 있다. 첫째, 정당한 권한을 가진 자에 의한 / 둘째, 직무에 관한 명령이어야 하며 / 셋째, 그 내용이 법률상 실현가능하고 적법해야 한다.

---

3. 부당한 지시 관련 판례

① 상급자의 종용과 결재에 따라 허위 공문서 작성 및 동 행사에 책임이 있는 이상 징계해임 처분은 적법하다(대법원 1991.10.22, 91누3598).

② 상사의 명령이라 하더라도 위법성을 알면서 행한 행위는 행위자 자신의 책임을 벗어날 수 없고 따라서 상사의 명령에 순종하였다는 식으로 변명이 되거나 그 책임을 면할 수 없다(대법원 1967.2.7, 66누68).

③ 상관의 명령이 명백히 위법이나 불법일 때에는 이는 이미 직무상의 지시명령이라고 할 수 없으므로 이에 따라야 할 의무가 없다(대법원 1999.4.23, 99도636).

4. 부당한 지시 관련 대응전략 ★★★

POINT 아래 내용을 바탕으로 본인만의 답변을 정리해 보길 바란다. 그리고 지시 내용을 검토 해보지 않고, '무작정 상관에게 물어보겠다.'라는 답변은 면접관이 가장 싫어하는 답변유형임을 기억해야 한다.

단계 구분	대응전략
1단계 (대응하기 전)	① 그 자리에서 부당함을 주장하지 말고 "검토해 보겠다"며 일단 물러난다.
2단계 (생각해 보기)	관련 법령을 분석하여 지시받은 사항이 ② 불법·부당한지를 재검토한다. 또한 불법·부당한 지시를 이행하였을 경우 받게 되는 ③ 공익침해 또는 불이익에 대하여 검토한다.
3단계 (상관에 대한 설득)	④ 일정한 시간이 경과한 후 상급자에게 관련 법령 검토내용과 공익침해 검토내용을 말씀드리고 지시가 철회되도록 상관을 설득한다. ➡ 자신의 다른 의견을 제시하여 그 지시가 부당하지 않도록 다른 방안이나 의견을 제시해 보는 것도 방법이다.
4단계 (상관에 대한 설득 후에도 동일지시 반복시)	⑤ 부당한 지시를 한 상급자에게 서면 또는 이메일 등 이에 상응하는 방법으로 나의 인적사항, 지시받은 내용, 지시에 따르지 않는 이유 등을 기재한 소명서를 제출하고 지시에 따르지 않거나 행동강령책임관과 상담할 수 있다.
5단계 (소명 후 부당한 지시가 계속되는 경우)	행동강령책임관과 상담하고 이에 대해 보고 받은 소속 기관장은 부당한 지시의 취소·변경 등 적절한 조치를 취하여야 한다. 부당한 지시를 재차 반복하는 상급자는 징계처벌이 가능하다.

➡ 소명내용은 징계 등 불이익처분에 대한 권익구제의 증빙자료로 활용되므로 구두소명은 지양하고 서면·전자우편 등의 방법으로 소명하도록 한다. ⇨ 소명서가 중요한 이유

MEMO

5. 공무원 행동강령 관련 부당한 지시의 판단기준 및 유형

(1) 판단기준

① 법령, 행정규칙(훈령·예규·고시·지침 등)에 위반되는 지시인지 여부
② 업무의 본래 취지에 맞지 않는 지시인지 여부
③ 공공기관에 재산상 손해를 입힐 수 있는 지시인지 여부
④ 공적이익이 아닌 사적이익을 추구하는 지시인지 여부
⑤ 지위 또는 권한을 남용하는 지시인지 여부
⑥ 그 밖에 현저히 불합리한 행위를 강제하는 지시인지 여부

(2) 부당지시에 해당될 수 있는 유형

TIP 내용을 외울 필요는 전혀 없고, 한번 읽어보면 된다.

① 규정 위반 내용 또는 본래의 취지에 맞지 않는 방향으로 지시
② 인·허가 등 민원처리 등에 개입하여 부당하게 처리하도록 지시
③ 조사·점검, 심사 등 계획수립시 합리적인 이유 없이 특정기관(인) 등을 포함 또는 제외토록 지시
④ 각종 단체 지원(지자체 포함), 위임·위탁 등 권한 부여 업무에 개입하여 부당하게 처리하도록 지시
⑤ 관용차 등 공용물을 사적용도로 사용하기 위한 지시
⑥ 물품구매 등 각종 계약시 정당한 이유 없이 특정업체 선정, 계약조건 및 방식을 변경하도록 지시
⑦ 업무추진비 등 예산을 해당 지침에 어긋나게 집행토록 지시
⑧ 특정직원 채용, 승진, 전보 등 인사에 부당한 영향을 미치는 지시
⑨ 상급자의 직위 등을 이용하여 사적인 업무를 처리하도록 지시
⑩ 직무관련자에게 청탁·알선 또는 편의제공을 요구하도록 지시
⑪ 개인적 경조사를 직무관련자에게 알리도록 지시

4 공직윤리

✎ Check point

공직윤리

1. 공직가치와의 연관성
공직윤리는 공직가치 중에서 도덕성, 청렴성과 연결해서 생각해 볼 수 있다.

2. 정 의
공직이라는 특수한 직업분야에 요구되는 특수윤리를 공직윤리라 한다. 즉, 공직윤리란 국민 전체에 대한 봉사자로서 공무원의 신분에서 지켜야 할 규범적 기준을 말한다.

3. 공직윤리의 중요성
정부는 행정에 적합한 공무원을 필요로 하고 있으며, 부과된 업무를 수행하고 공무원으로서의 품위를 유지하기 위하여 높은 수준의 윤리적 행동을 기대한다. 이것은 공직의 특성으로 현대 민주국가에서는 공무원의 윤리적 기준을 법제화하고 있다.
① 법적 규제: 공무원의 13대 의무, 공무원 행동강령, 이해충돌방지법
② 자율적 규제: 공무원 윤리헌장, 청백리상의 제정 등

MEMO

1. 일반윤리와 공직윤리의 차이점

(1) 일반윤리

인간이 지켜야 할 행위규범을 말한다.

(2) 공직윤리

공직에 종사하는 자에게 요구되는 도리 즉, 공무원으로서 해서는 안 되는 일 혹은 공무원으로서 꼭 필요한 자세를 말한다. 공적 조직에 근무하는 공직자에게는 일반국민이 지켜야 하는 윤리와 함께 공무원으로서 직업윤리도 요구된다.

➲ 실제질문 ⇨ '자신이 생각하는 올바른 공직윤리란?'

2. 공직윤리(소극적 의미 및 적극적 의미)

구 분	내 용	위반시
좁은(소극적) 의미의 공직윤리	국가공무원법, 형법, 공무원윤리법, 부패방지법 등 법률에서 규정한 공직자에 요구되는 성실의무, 청렴의무, 법령준수의무 등	직권남용, 직무유기, 수뢰, 증뢰, 재산등록 등의 불이행, 공물횡령, 예산남용 등을 했을 경우
넓은(적극적) 의미의 공직윤리	• 법적규정과 함께 복무규정, 내부지침, 사회적으로 요구되는 공직자의 행위규범 • 수동적인 법규준수를 포함해 공무원의 올바른 역할 수행을 위한 도덕적 마인드와 역할수행 능력개발을 포함	법적 제재를 받지는 않지만 사회적 비판을 받을 수 있음

3. 공직윤리(소극적 청렴의 의무 및 적극적 청렴의 의무)

구 분	내 용	조직적 정의
소극적 청렴의 의무	청렴성	• 직위를 이용한 사익추구 및 부정부패 정도 • 타인 및 조직의 부패 관행의 용인 정도
	합법성	• 업무수행시 적법절차의 준수 정도 • 업무의 자의적 처리 정도
	공정성	• 업무처리의 공정성 정도 • 상급자의 불법 및 부당한 지시·간섭에 대한 저항 정도
적극적 청렴의 의무	책임성	• 업무수행에 있어서 공직자의 자발성과 능동성의 정도 • 국민 위주로 적극적으로 반응하고 업무를 수행하려는 정도
	사명감	• 공직에 대한 긍지와 자부심을 가지고 근면, 성실, 정직하게 일하는 정도 • 공익지향 정도 및 국민을 위해 봉사하고 헌신하려는 정도

4. 공직윤리가 엄격한 이유

(1) 공직자의 재량적 결정권과 행정이 담당하는 업무범위가 확대되고 있으며, 전문가 집단인 공무원의 사회적 영향력이 커지고 있기 때문이다.

(2) 현대사회에서 행정이 담당하는 업무는 복잡해지고 전문화되고 있으며, 공직자에게 부여된 재량권도 커지고 있기 때문에 비윤리적 일탈행위가 미치는 폐해도 크다. 일탈행위에는 "부정행위, 비윤리적 행위, 법규의 경시, 입법 의도의 편향적 해석, 불공정한 인사, 무능, 실책의 은폐, 무사안일" 등이 포함된다.

(3) 공직자가 사익을 지향하고 공직기관이 조직이기주의에 빠질 경우 조직적 부패가 나타날 수 있다.

(4) 공직자의 비윤리적 행위는 공직사회 전체로 확대 해석되고 국민의 정부 신뢰성에도 영향을 미치기 때문이다.

5. 노블레스 오블리주(Noblesse Oblige)

✔ POINT 이 용어에 대해서는 충분히 문제로 출제될 수 있다. 또한 도덕적 해이 일명 '모럴해저드'에 대해서도 문제로 출제될 수 있다. 도덕적 해이의 사례로는 '경찰공무원의 음주운전'이 있다. 국민의 생명과 안전을 지켜야 하는 공무원이 되려 음주운전을 했다는 것은 매우 심각한 도덕적 해이의 사례이다. 또한 퇴직공무원(과거 직장 선배)에게 수의계약을 체결하고 뒷돈을 챙기는 사례도 여기에 해당된다.

(1) 노블레스 오블리주는 초기 로마시대에 왕과 귀족들이 보여주었던 투철한 도덕의식과 솔선수범하는 공공정신에서 비롯된 것으로 높은 사회적 신분에 상응하는 도덕적 의무를 가리키는 말이다.

(2) 고귀한 신분에 따르는 도덕적 의무와 책임을 뜻하는 것인데 지배층의 도덕적 의무를 뜻하는 격언으로 정당히 대접받기 위해서는 '명예(노블레스)만큼 의무(오블리주)를 다해야 한다'는 것이다.

(3) 초기의 로마사회에서는 사회고위층의 공공봉사와 기부, 헌납 등의 전통이 강했는데 이런 행위는 의무이기도 하지만 명예로 인식이 되면서 자발적이고 경쟁적으로 이루어졌다.

(4) 특히 귀족 등의 고위층이 전쟁에 참여하는 전통은 더욱 확고해졌는데, 이러한 귀족층의 솔선수범과 희생에 힘입어 로마는 고대 세계의 맹주로 자리를 할 수 있었다.

(5) 현대사회에서 이와 같은 도덕의식은 계층 간의 대립을 해결하고 사회통합을 위한 최고의 수단으로 여겨지고 있다.

(6) 공무원에게 보다 높은 도덕성, 청렴성을 요구하는 것도 이와 비슷한 의미로 이해하면 될듯하다.

2024
스티마 면접
교육행정직(통합편)

06

공직가치의 유형별 이해

CHAPTER

01 공직가치의 세부적 이해

1 공직가치의 이해

공무원으로서 공직가치를 바로 이해하지 못하면 좋은 면접을 볼 수 없을 뿐만 아니라 훌륭한 공무원이 될
수 없다는 것을 꼭 기억해야 한다.

✎ Check point

개념정리

1. **공직가치**
   공익을 실현하기 위해 공무원이 반드시 갖추어야 할 자세를 말한다.

2. **공 익**
   '공익'이란 '국민의 행복, 국민의 삶의 질 향상'을 뜻하며, 특히 사회적 약자에 대한 배려가 우선시 되어야 한다는 점을
   꼭 기억해야 한다. 어쩌면 공무원은 사회적 약자에 대한 배려를 하는 데 있어 산소와 같은 존재라고 할 수 있다. 실제로
   국가의 모든 제도나 정책을 보면 서민들을 위한 정책이 대부분이고 그중에서도 사회적 약자에 대해 우선 배려하는 정책
   들이 많다는 것을 확인할 수 있다.

3. **사회적 약자**
   우리가 관심과 배려를 가지고 도움을 주어야 할 대상을 모두 일컫는 것이며 그 범위는 상당히 넓다. 즉, 사회적 약자는
   경제적 약자만이 아니라 여성, 아동, 노인, 장애인 등 우리 사회에서 자신의 권리를 확보하지 못하고 불평등한 삶을 살아
   가는 사람들을 포함한다.

TIP 면접준비를 잘하는 방법 중 한 가지는 응시생이 합격한 직렬에 있어서 사회적 약자의 대상을 파악하고 그 대상에 관한
정책제안 등을 고민해 보는 것이다.

MEMO

2 공직가치의 개념

(1) 공직가치(Public Service Value)란 '애국심, 책임성, 청렴성 등 공무원이 추구해야 할 목표와 기준'이
며, 공무원은 공직가치를 준수하고 실현하기 위해 노력해야 한다.

(2) 공직가치란 '공공의 이익에 봉사하기 위해 공적 영역에서 추구해야 하는 바람직한 신념체계와 태도'를
의미한다.

(3) 공무원들이 공무를 수행하는 현장에서 부딪히는 윤리적 딜레마에서 공직가치는 의사결정의 기준과 우선순위를 정해주는 지침이 된다. 그런 점에서 공직가치는 '공직자로서 바람직한 행동의 판단기준이며 공직을 수행하면서 추구해야 할 궁극적인 목표와 기준'이다.

> **PLUS**
>
> 1. '공직가치'의 개념이 추상적이라 쉽게 와 닿지 않을 것이다. 쉽게 예를 들면 세월호 사건의 경우 상부에의 보고(복종의 의무)와 현장에서 생명을 구해야 하는(헌신성 – 국민의 생명과 안전보장) 딜레마적 상황에서 공직가치가 내재되어 있었다면 당연히 국민의 생명을 구하기 위해 필요한 모든 조치를 즉각 취했을 것이다. 즉, 무엇이 더 우선해야 하는가를 결정짓는 판단기준이 공직가치인 것이다.
> 2. 위와 같이 비상상황에 처한다면 누구라도 곤혹스러울 것이다. 상부에서는 '빨리 보고를 하라'고 재촉하고, 현장에서의 상황은 다급하다. 이때 무엇을 위해 그리고 왜 고민하고 있는지를 자신에게 설명할 수 있어야 한다. '보고를 늦게 함으로써 상부로부터 질책이 두려워 고민하고 있는가? 보고 후 조치를 취하는 것이 더 효율적인가? 나의 임무는 무엇인가?'를 생각해야 한다. 이때 공직가치는 공공의 이익을 위해 무엇을 우선할 것인지 그리고 공직자로서 어떻게 행동할 것인가에 대한 기본적인 지침을 제공하는 것이다.

3 공직가치의 역할 등

1. 공직가치의 역할

(1) 공직가치의 중요성

입법부에 비해 행정 우위 현상이 심해질수록 공직가치는 그 중요성이 더 커진다. 정책 의제 설정, 목표 및 대안 선택 등의 정책과정에서 공무원이 주도적인 역할을 하기 때문이다.

(2) 공직가치가 중요한 역할을 하는 상황

① 정책을 결정할 때 ⇨ 사회구조적인 문제해결에 있어서도 핵심
② 입법안 준비 및 준입법안(규제, 지침 등)을 작성할 때
③ 법과 준입법을 해석할 때
④ 행정재량을 집행할 때
⑤ 입법, 준입법 및 관례가 없을 때
⑥ 애매한 회색지대(명확하게 옳고 정당한 경우와 부당하고 옳지 않은 경우 사이에 있는 애매한 영역)에서 업무를 처리할 때
⑦ 도덕적으로 정당한 가치, 규범 또는 양심이 상호 충돌할 때(도덕적 딜레마)
⑧ 우선순위를 설정할 때(입법적 수요나 요구들이 부족한 자원 때문에 모두 충족될 수 없을 때)
⑨ 양심이 불복을 요구할 때

(3) 공직가치의 구체적 역할

① 공직가치는 공직자들이 국가의 사회현실을 어떻게 바라보고, 공공의 이익을 위해 무엇을 할 것인지 그리고 공직자로서 어떻게 행동할 것인가에 대한 기본적인 지침을 제공한다.

② 공무원의 업무태도와 마음가짐에 영향을 미치고 공무수행의 동기를 부여하며, 공적인 목표를 향한 구성원의 협동적 노력을 유도하는 등 행태변화에 영향을 미친다.

③ 공무원의 부패를 줄여 신뢰받는 정부를 구현하고, 공직자가 보여주어야 하는 도덕성과 솔선수범은 사회전체의 조화와 발전을 불러온다.

(4) 공직가치와 국가경쟁력

① 공직가치는 공직에 종사하는 공무원들의 전반적인 근무형태에 영향을 미치고 공직사회의 문화를 바꿀 수 있으며, 이를 통해서 공공부문의 경쟁력을 제고시킬 수 있다는 점에서 OECD 국가를 중심으로 강조되고 있다.

② OECD 보고서에 따르면 공직가치의 정립은 공무원의 업무관행 합리화와 국민들의 정책수용성에 긍정적인 영향을 미치고, 이를 바탕으로 행정거래비용을 줄여서 정부경쟁력을 높일 수 있다. 또한 종국적으로 국가경쟁력이 상승하는 효과를 가져오게 된다.

> ✔ **POINT** 공무원 면접평가는 면접준비 기간에 응시생들이 공직가치에 대한 이해를 잘했는지 그리고 앞으로 공직자가 되면 공직가치를 내재화시켜 국민을 내 가족처럼 생각할 줄 알 것인지를 평가하여 그에 부합하는 인재를 뽑는 시험이라는 것을 명심해야 한다. 앞으로 면접준비 과정에서 모든 관점을 '공직가치'에 기준을 두고 바라보아야 한다. 면접준비 과정에서부터 응시생 여러분은 이미 공직자이다.

2. 공직가치 중요도

(1) 공직가치는 모든 공직자(공직후보자 포함)가 갖추어야 하는 것이지만 모두에게 동일한 수준으로 중요시될 필요는 없다. 즉, 상황과 수행하는 직무에 따라서 우선시되는 공직가치가 다를 수 있다. 예를 들어 책임성, 청렴성, 전문성, 성실성 등의 가치는 모든 공직자에게 공통적으로 요구될 수 있다. 하지만 법의 집행을 담당하는 공안직렬(검찰, 출관, 교정, 보호 등)의 경우에는 적법성이 좀 더 중요한 공직가치가 될 수 있다. 따라서 공안직렬은 적법성에 대한 공직가치를 더 비중있게 준비해야 하는 것이다.

(2) 정책을 만들고 제도화하는 공무원의 경우에는 집행을 담당하는 공무원에 비해 상대적으로 창의적인 문제해결이 더 요구될 수 있다. 정책을 만들고 제도화하는 분야에 관심이 많다면 공직가치 중에서 창의성에 좀 더 비중을 두고 면접준비를 해 보기 바란다. 글로벌시대의 급속한 환경변화와 미래의 경쟁에 대비하여 국가경쟁력 제고와 새로운 문제해결을 위해서 점차 창의성이 요구되고 있는 것은 사실이다.

(3) 모든 공직가치의 중요도는 환경의 변화에 따라 달라져야 하고 시대와 국민의 요구에 맞추어 발전해 나가야 한다. 이는 상당히 중요한 의미를 내포하고 있고, 이러한 변화에 맞추어 면접의 방향성도 조금씩 변화하고 있다는 사실을 기억해야 할 것이다.

> ✔ **POINT** 올바른 공직가치를 갖춘 사람은 사회이슈에 대한 해결방법도 쉽게 찾아낼 것이다. 또한 경험과 관련한 이야기를 할 때도 공직가치가 담긴 답변을 할 수 있게 될 것이고, 딜레마적 상황에서도 올바른 판단기준을 제시하게 될 것이다. 응시생 여러분이 단 1%의 미흡도 받지 않고, 커트라인에 걸친 응시생들이 우수를 받을 수 있는 기회를 잡으려면 결국 올바른 공직가치를 이해하고 있어야 함을 꼭 기억하길 바란다.

(4) 대표적인 공직가치 찾기

대표 공직가치	내 용
창의성, 혁신성	미래의 자원부족, 글로벌 경쟁심화, 불확실성, 지식기반사회 등의 시대적 환경을 고려할 때
사회적 형평성, 공정성, 정의, 다양성, 소통 및 공감	빈부격차, 갈등, 다문화 등 시대적 문제와 국민의 특권 해소에 대한 요구를 감안할 때
복지, 봉사성	저출산, 고령화, 국민 수요와 기대
청렴성, 도덕성	국민의 부패 혐오, 깨끗한 공직자 요구
책임성, 공익성, 헌신 및 열정	공무원들이 스스로 봉사하도록 동기부여

4 공직가치와 관련된 직무수행능력의 평가 및 전문성

(1) 입법부에 비해 행정 우위 현상이 심해질수록 공직가치는 그 중요성이 더 커진다. 정책 의제 설정, 목표 및 대안의 선택 등의 정책과정에서 공무원이 주도적인 역할을 하기 때문이다.

(2) 직무능력과 공직가치의 연관성은 다음과 같다.
① 지금까지의 내용을 잘 이해했다면 직무수행능력 및 전문성이란 공무원의 목적인 공익실현(국민의 삶의 질 향상)을 위해 필요한 능력이라고 이해하였을 것이다.
② 결국 직무능력평가는 면접을 통하여 합격생의 공무원으로서의 자질을 파악하는 것이다.

(3) 공직사회에서 직무수행능력은 '직무역량+관계역량'이라고 다시 정의할 수 있다.

✎ Check point

직무역량과 관계역량 이해하기

1. 역 량
조직 구성원이 지식과 기술, 행동양식, 가치관, 성격 등 다양한 요소들을 종합적으로 활용하여 높은 성과를 낼 때 나타나는 측정 가능한 행동 특성이다.

2. 직무역량
담당하고 있는 직무를 효과적으로 수행하기 위해 필요한 지식이나 기술, 업무활동을 수행하려는 개인의 의지를 포함하는 것으로 해당 직무를 수행하는 데 필요로 하는 성격 또는 태도를 포함한다.
➡ 대부분 합격생들은 실무능력이 없으므로 자기개발이나 해당 분야의 직무수행능력 및 전문성 함양을 위해 평소 준비한 노력이나 경험 측면에서 고민해보는 것도 한 방법이다.

3. 관계역량
조직 구성원들과 원활하게 의사소통하고 협업을 통해 문제를 해결할 수 있는 능력을 의미한다. 이는 4차산업혁명 시대에 사회가 요구하는 창의융합형 인재가 갖추어야 할 역량과 맞닿는다. 이타성, 공감능력, 자발성 등을 끌어내는 것도 관계역량의 역할이다.

⊘ **PLUS**

갖추어야 할 다양한 능력

① **지적능력:** 문제해결능력, 종합적 판단력, 전략적 사고력, 기획력, 창의력, 인문학적 소양, 문장력
② **직무상 전문성:** 전문지식과 기술, 정책결정 및 개발 능력, 정보수집 및 분석력
③ **조직관리 능력:** 직원에 대한 동기부여, 직원의 능력개발지원, 팀워크, 자원동원 능력, 의욕과 추진력, 재정·인력·
　　지원 관리 능력, 의사소통능력
④ **대외관계 조정능력:** 합의도출 및 갈등조정능력, 대외지지 획득능력, 협상능력, 포용력, 소통능력
⑤ **비전제시 능력:** 혁신성, 기회포착능력, 변화에 능동적 대처능력

✔ **POINT** 직무수행능력 및 전문성을 직·간접적으로 표현하는 가장 좋은 방법은 문제해결 경험, 기획 경험, 창의력 경험, 갈등 해결 경험 등을 답변하고 면접관의 후속질문에 대비하는 것이다.

CHAPTER

02 공직가치의 유형

1 대표적 공직가치

(1) 「국가공무원법」 개정안(2016년)

분 류	공직가치	행동준칙(예시)
국가관 (국가·사회에 대한 가치기준)	애국심	대한민국의 헌법과 법률을 준수하고 국가와 국기에 담긴 정신과 의미를 수호한다.
	민주성	국민이 자유롭게 참여하고 의견을 이야기할 수 있도록 하여 공개행정을 실천한다.
	다양성	글로벌 시대의 다양한 생각과 문화를 존중하고 인류의 평화와 공영(共榮)에 기여한다.
공직관 (올바른 직무수행 자세)	책임성	맡은 업무에 대하여 높은 수준의 전문성을 유지하며 어떠한 압력에도 굴하지 않고 소신있게 처리한다.
	투명성	국민의 알 권리를 존중하며, 공공정보를 적극적으로 개방하고 공유한다.
	공정성	모든 업무는 신중히 검토하고 행정절차에 따라 공정하게 처리한다.
윤리관 (공직자가 갖춰야 할 개인윤리)	청렴성	공직자의 청렴이 국민신뢰의 기본임을 이해한다.
	도덕성	준법정신을 생활화하고 공중도덕을 준수한다.
	공익성	봉사활동과 기부 등을 통해 생활 속에서 국민에 대한 봉사자로서의 역할을 다한다.

(2) 새로운 인재상과 공직가치

2024년부터 적용되는 공무원 인재상과 위의 대표적 공직가치를 연결할 수 있어야 한다.

① 소통·공감은 민주성, 다양성과 연계된다.

② 헌신·열정은 애국심, 적극성, 봉사정신과 연결시킬 수 있다.

③ 창의·혁신은 창의성, 효율성, 개방성과 연결된다.

④ 윤리·책임은 청렴성, 도덕성, 준법의식, 책임성과 연결해 생각할 수 있다.

(3) 우리나라 헌법과 법률 등에 나타난 공직가치

법 률	조 항	공직가치
헌 법	제7조 ① 공무원은 국민 전체에 대한 봉사자이며, 국민에 대하여 책임을 진다. ② 공무원의 신분과 정치적 중립성은 법률이 정하는 바에 의하여 보장된다.	국민에 봉사 정치적 중립
국가공무원법	제1조(목적) 이 법은 각급 기관에서 근무하는 모든 국가공무원에게 적용할 인사행정의 근본 기준을 확립하여 그 공정을 기함과 아울러 국가공무원에게 국민 전체의 봉사자로서 행정의 민주적이며 능률적인 운영을 기하게 하는 것을 목적으로 한다.	국민에 봉사 민주성 능률성
	제53조(제안 제도) ① 행정 운영의 능률화와 경제화를 위한 공무원의 창의적인 의견이나 고안(考案)을 계발하고 이를 채택하여 행정 운영의 개선에 반영하도록 하기 위하여 제안 제도를 둔다.	능률성 창의성 혁신성
	제56조(성실 의무) 모든 공무원은 법령을 준수하며 성실히 직무를 수행하여야 한다.	적법성 성실성
	제59조(친절·공정의 의무) 공무원은 국민 전체의 봉사자로서 친절하고 공정하게 직무를 수행하여야 한다.	친절성 공정성
	제59조의2(종교중립의 의무) ① 공무원은 종교에 따른 차별 없이 직무를 수행하여야 한다.	형평성
	제61조(청렴의 의무) ① 공무원은 직무와 관련하여 직접적이든 간접적이든 사례·증여 또는 향응을 주거나 받을 수 없다. ② 공무원은 직무상의 관계가 있든 없든 그 소속 상관에게 증여하거나 소속 공무원으로부터 증여를 받아서는 아니 된다.	청렴성
공직자윤리법	제1조(목적) 이 법은 공직자 및 공직후보자의 재산등록, 등록재산 공개 및 재산형성과정 소명과 공직을 이용한 재산취득의 규제, 공직자의 선물신고 및 주식백지신탁, 퇴직공직자의 취업제한 및 행위제한 등을 규정함으로써 공직자의 부정한 재산 증식을 방지하고, 공무집행의 공정성을 확보하는 등 공익과 사익의 이해충돌을 방지하여 국민에 대한 봉사자로서 가져야 할 공직자의 윤리를 확립함을 목적으로 한다.	청렴성 공정성 봉사 공직윤리
	제2조의2(이해충돌 방지 의무) ② 공직자는 자신이 수행하는 직무가 자신의 재산상 이해와 관련되어 공정한 직무수행이 어려운 상황이 일어나지 아니하도록 직무수행의 적정성을 확보하여 공익을 우선으로 성실하게 직무를 수행하여야 한다.	공정성 공익우선
공무원행동강령	제2장 공정한 직무수행 제4조부터 제9조	공정성 청렴성

2 국가에의 헌신에 대한 실천방안(공무원의 자세 및 역할)

POINT 응시생들은 합격한 직렬에서 '대한민국의 아래와 같은 구조적 사회문제를 해결하기 위해 어떤 역할을 할 수 있을까?'에 대해 면접준비 과정에서 고민해 보아야 한다.

(1) 대한민국의 사회구조적인 문제

① 구조적인 사회문제

    ㉠ 저출산 고령화: 복지예산 증가, 재정건전성 악화, 노인빈곤, 잠재성장률 하락

    ㉡ 저성장 구조화: 글로벌 트렌드, 청년실업, 대·중소기업의 양극화, 제조업 위주 산업구조

    ㉢ 사회갈등의 심화: 소득·계층 간 양극화, 정규직·비정규직 격차, 세대갈등, 노사갈등, 님비현상

    ㉣ 국민안전: 코로나19, 세월호, 메르스, 가습기 살균제 사태를 겪으면서 안전욕구 증대

    ㉤ 개인의 삶의 질 저하: 국민의 행복지수는 매우 낮은 수준

    ㉥ 외교안보문제: 북핵문제, 사드문제를 비롯한 한반도 주변 외교안보 상황

② 구조적인 사회문제 해결을 위한 노력

    대한민국 사회의 구조적인 문제에 대해 고민을 해보아야 한다. 이러한 문제는 현재 진행형이며 국민 개개인에게 직접적인 영향을 미치고 있기 때문이다. 미래의 공직자로서 사회의 구조적인 문제에 대해 깊이 생각해 보고 합리적이고 효율적인 해결방안을 찾아 정책 수립에 활용함으로써 국가에 헌신하고 국민행복에 기여할 수 있다.

    ㉠ 지원 및 관심 분야에 해당하는 문제해결방안 마련 필요

    ㉡ 노인빈곤문제와 관련해서 고독사 문제해결방안 예시: 민간의 배달 서비스와 정부의 복지서비스가 협업하여 문제를 해결할 수 있다.

(2) 국민에 대한 봉사 실천방안(예시)

① 책임성, 전문성 확보	② 공정성 유지	③ 의견수렴, 갈등조정
④ 친절, 소통	⑤ 창의행정, 적극행정	

TIP 이러한 능력들을 갖추어야 하기 때문에 면접에서는 '해당 역량'을 집중적으로 검증하고자 한다.

(3) 국가에의 헌신 관련 기출 및 예상질문

Q1. 우리나라의 국가잠재력을 향상시키기 위해 공무원으로서 가져야 할 자세는 무엇이라고 생각하는가?

A1. 제가 '제4차 산업혁명'이라는 글을 본 적이 있습니다. 정보기술융합을 통한 산업을 말하는 것인데 현재 이슈화 되고 있는 인공지능이나 드론 등이 그 예입니다. 세계는 변화하고 있고 공무원은 이러한 정보 등을 발 빠르게 수집하고 변화에 맞는 직업을 창출한다던가 다가오는 미래로 인한 문제점을 예견해서 사전에 방지하는 등의 전문성이 필요하다고 생각합니다.

Q2. 공직자에게 헌신이란 무엇이라고 생각하는가?

A1. [경험을 활용한 사례] 제가 얼마 전 ○○국유림관리소에 다녀온 적이 있습니다. 사실 그곳에 들어갈 때는 좀 무섭기도하고 딱딱하지 않을까 걱정했습니다. 그런데 안내해 주신 팀장님께서 너무 친절하시고 자세하게 업무에 대해 알려주셔서 너무 감사했었습니다. 이런 자신의 위치에서 주어진 일을 잘 해내고 친절하고 모범적인 모습을 보이는 것도 헌신하는 일이라고 생각합니다.

A2. [너무 포괄적이고 추상적인 답변 사례] 저출산 고령화, 양극화, 삶의 질 저하 등 우리나라가 당면한 많은 문제를 효과적으로 극복하기 위해 사명감을 가지고 국가와 국민을 위한 따뜻하고 유능한 공무원이 되도록 노력하는 것이 공직자로서의 헌신이라고 생각합니다.

3 ᅟ공익실현에 대한 실천방안(공무원의 자세 및 역할)

POINT ᅟ공무원의 목적은 '공익실현'에 있다. 그러므로 모든 공직가치는 공익실현에 포함된다고 이해하면 된다.

(1) 공익의 정의

① **사전적 의미**: 공익(公益)은 '사회 전체의 이익'을 의미한다. 헌법 제7조에는 '공무원은 국민 전체에 대한 봉사자이며, 국민에 대하여 책임을 진다'고 명시되어 있다. 모든 공무원은 국민 전체에 대한 봉사자로서 국민 전체의 이익 실현을 위해 직무에 충실해야 한다. 또한 헌법은 전체의 이익을 실현하기 위해 공무원에게 권한과 책임을 부여하고 있다.

  ▶ 공무원헌장 본문 첫 문장에 '공무원은 공익을 가장 중요한 가치로 고려해야 하는 점'을 명시하고 있다. 공직자로서 갖추어야 할 공익추구란 특정 개인이나 집단의 이익이 아닌 공공의 이익을 위한 의사결정과 행위를 의미한다.

② **이론적 의미**: 공무원은 여러 행정가치가 충돌하는 현장에서 의사결정을 내려야 한다. 예를 들어 소요되는 비용과 산출을 고민하여 가장 경제적인 대안을 선택해야 하는 경우가 있고, 이와 반대로 경제성은 부족하지만 최대한 많은 국민에게 혜택을 분배하는 선택을 해야 하는 경우도 있다. 공익은 이렇게 가치충돌의 상황에서 균형적인 사고와 판단을 유도하는 중요한 역할을 수행한다.

(2) 사례로 이해하기

① **사례 1**: 주차장 부족에 따른 인근 학교와 협의하여 학교주차장 야간 무료 개방

② **사례 2**: 공용차량 무상공유 ⇨ 공공자산인 공용차량을 업무에 사용하지 않는 시간에 시민에게 무상 공유

③ **사례 3**: 나눔 냉장고(독일 푸드쉐어링) ⇨ 혼자서 먹지 못하는 음식 재료를 여러 이웃에게 나누어주는 실천운동으로 음식물 쓰레기를 줄이기 위해 독일에 100군데 이상 있다는 '거리의 냉장고'이다. '재료만 두고 꺼내서 공용으로 사용하는 냉장고'에서 착안한 것이다. 그 결과 이웃 간의 정을 느낄 수 있고 음식물 쓰레기 양도 절감하였다.

④ **사례 4**: 세종대왕의 한글 창제

✎ Check point

세종대왕 관련 사례는 공익성, 전문성, 창의성, 책임감, 다양성, 민주성 등 수많은 공직가치가 나올 수 있다. 이에 현재 시점에서 논쟁의 여지가 거의 없는 공익적인 정책의 예로는 '세종의 한글 창제' 같은 것을 들 수 있다. 하지만 이 경우에도 당대에는 지독한 논쟁을 뚫고 세종의 의지로 강행되어야만 했고, 훈민정음은 반포된 후에도 400여 년 동안 공익성을 크게 인정받지는 못했다. 19세기 말 이후 사회가 평등해지고 민중의 이익이 중요하게 고려되면서 한글의 가치가 부각되고 세종의 정책으로써 실현된 공익이 밝은 빛을 보게 되었다.

⑤ **사례 5**: 경부고속도로 건설

1970년대 우리나라 경제 성장의 이면에는 우리 경제성장의 핏줄로서 그 역할을 감당해 온 고속도로가 있었다. 경부고속도로는 1968년 2월 1일 착공하여 총공사비 4백 29억원을 투입하여 만 2년 5개월 만인 1970년 6월 30일에 완공하여 7월 7일에 개통하였다. 제2차 경제개발 5개년 계획기간에 준공된 경부고속도로는 경제성장 초기에 생산 물자를 원활히 공급함으로써 한국 경제성장을 촉진시

켰던 대동맥의 역할을 담당해 왔다. 당시 재정상태나 기술력 그리고 차량수 10만 대의 여건 등을 이유로 많은 반대가 있었지만 우리 나라 국민경제의 발전과 산업 근대화에 여러 가지 큰 공헌을 할 것이라는 미래의 가능성을 보고 사전에 치밀한 계획과 여러 가지 구체적인 데이터를 갖고 있었고 또 과학적인 검토와 분석에 의해서 충분히 할 수 있다는 자신을 가졌기 때문에 정책을 착수할 수 있었다. 결과적으로 경부고속도로는 우리나라 근대화의 상징이 되었고 국민들에게 경제발전이라는 공익을 실현시켜 주었다.

(3) 민주화 시대의 공익

현대사회에서 공공정책이란 거의 모두 위임된 제도와 기관에 의해서 입안되고 결정된다. 그러나 배후에는 언제나 주권적 국민의 재가가 암시적인 형태로 깔려있다. 이미 결정된 어떤 정책에 대해서도 국민들은 주권적 의사의 표현으로서 반대할 수 있고, 아직 채택되지 않은 어떤 정책이라도 입안하여 시행하도록 요구할 수 있다. 국민의 다양한 의사표현을 인정하고 수렴하면서 대의민주주의와 법치주의에 의해 절차적 정당성을 지키면서 정책을 수립하고 시행하는 것이 공익적인 것이라 생각된다. 아무리 위임된 권력이라도 헌법과 법률을 위반할 때에는 국민은 그 위임된 권력을 회수할 수 있음을 탄핵사태를 통해 확인하였다. 즉, 정보화 개방화 시대의 공익은 아무리 좋은 정책이라도 국민을 설득하고 공감을 이끌어 내야 하는 것이다.

그러나 합리설도 일정한 비판을 받는다. 첫째, 공익의 근원이 되는 민심이나 국민의 의사가 과연 무엇인가를 찾는 것은 매우 어렵다. 국민의 의사라는 것은 조작될 수도 있고 강자의 이익이 국민의 의사인 양 왜곡될 수도 있기 때문이다. 둘째, 정책결정과정이 국민의 의사를 최적으로 실현하기 위한 가치중립적이며 기술적인 과정이라고 하는 것은 고도의 재량권을 가진 행정의 현실에 비추어 볼 때 대단히 비현실적이라는 점이다.

● 공익에 대한 합리설 참조

(4) 공익 우선의 개념

아래의 사례는 감염병과 같이 공익을 심대하게 침해하는 경우 정보공개를 통해 국민의 알권리를 추구하는 방향이 옳다는 판단을 보여주는 내용이다.

---

1. 2015년 메르스 사태 초기 메르스 발생 지역과 환자, 병원에 대한 정보공개 논란이 있었다. 정보공개에 찬성하는 시민단체 입장은 정보공개를 통해 국민들의 불안을 해소해야 한다고 주장했다. 반면 보건당국에서는 정보를 공개하면 자칫 주민들 불안과 동요를 키우고 해당 병원에 불필요한 낙인을 찍어 피해를 줄 수 있다는 이유를 들어 정보공개에 반대했다. 어느 쪽의 주장이 더 공익에 부합하다고 생각하는가?
   ⇨ 당시에는 결과적으로 비공개 원칙 고수로 인해 사회적 불안은 더 커졌고 병원에는 메르스 감염 환자가 더 많이 발생하면서 정부에서는 결국 공개로 전환하였다. 그러나 복지부가 병원정보 공개에 대한 명확한 원칙을 세우지 못한 동안 메르스 확산에 대한 국민 불안이 가중됐다는 점이 복지부가 발간한 '메르스 백서'를 통해 확인됐다.

---

2. 메르스 사태를 계기로 '감염병 예방법'이 아래와 같이 개정되었다.

> 제34조의2(감염병위기시 정보공개) ① 질병관리청장, 시·도지사 및 시장·군수·구청장은 국민의 건강에 위해가 되는 감염병 확산으로 인하여 「재난 및 안전관리 기본법」 제38조 제2항에 따른 주의 이상의 위기경보가 발령되면 감염병 환자의 이동경로, 이동수단, 진료의료기관 및 접촉자 현황, 감염병의 지역별·연령대별 발생 및 검사 현황 등 국민들이 감염병 예방을 위하여 알아야 하는 정보를 정보통신망 게재 또는 보도자료 배포 등의 방법으로 신속히 공개하여야 한다. 다만, 성별, 나이, 그 밖에 감염병 예방과 관계없다고 판단되는 정보로서 대통령령으로 정하는 정보는 제외하여야 한다.

(5) 공익 우선의 실천방안(예시)

① 공공성
  ㉠ 직무를 수행함에 있어 특정인이나 특정집단이 아니라 일반 사회 구성원 전체의 이익을 우선하는 공익지향성
  ㉡ 공익실현을 위한 제도적 장치 구축 노력
  ㉢ 개인의 자유와 권익 보호(사익을 보호하는 것도 전체적 의미에서 공익)
  ㉣ 시민의 참여에 의한 거버넌스 행정 실현
  ㉤ 사회적 약자 보호 ⇨ 헌법 가치에서 제시된 복지국가주의는 사회적 약자를 배려하는 것이 공익임을 의미한다.
  ㉥ 민주적 의견수렴 ⇨ 국민이 무엇을 원하는가를 파악(변화하는 시대에 부응하여 결정)
  ㉦ 효율성(국민이 진정 바라는 서비스를 제공)과 효과성(국민의 세금을 아껴 서비스를 제공)
  ㉧ 합법성과 합리성 ⇨ 행정은 합법적으로 집행되어야 절차적 정당성을 확보할 수 있다.
  ㉨ 투명성 ⇨ 투명한 정보공개를 통해 국민을 위해 봉사하는 유능한 정부를 실현할 수 있다.
② 공정성
  ㉠ 거래의 공정성 확보 ⇨ 자유시장 경제질서 유지, 갑질 등 불공정 거래 규제, 징벌적 손해보상제 확대
  ㉡ 견제와 균형 ⇨ 민주주의의 작동원리

(6) 공익관련 기출 및 예상질문

TIP 자신의 이야기를 해야 한다.

Q. 본인이 생각하기에 공익은 뭐에요? 정답이 있는 건 아니니 편하게 얘기하세요.
A. 제가 교과서에서 배울 때는 학자들마다도 공익을 정의하기 어렵다고 배웠습니다. 공익이라는 게 더 많은 사람의 행복 약간 공리주의적인 시각이 좋을 수도 있지만 제가 생각하는 공익은 사회적 약자를 배려해 주는 것입니다. 제가 정약용 선생님을 존경하는데 정약용 선생님이 말하는 애민은 어린아이, 노인, 장애인, 재난을 당한 사람 등 사회적인 약자를 먼저 구하라고 하셨습니다. 저는 사회적 약자를 먼저 구하는 게 공익이라고 생각합니다.

Q. 그럼 제가 한번 물어볼게요. 본인이 법을 집행하는 공무원인데 법이 항상 좋은 것만은 아니잖아요. 허점이 있어요. 아까 어려운 사람을 배려하는 게 공익이라고 했는데 법의 테두리 밖에 있는 어려운 사람을 만났을 때 법을 지키실 거에요? 아니면 법을 어기고라도 도와주실 거에요?

A. 네, 법이 항상 좋은 것만은 아니고 허점이 있는 게 맞습니다. 얼마 전 송파구 세 모녀 사건도 복지 사각지대에 있었습니다. 그런데 법의 테두리 밖에서 어려운 사람을 보면 솔직히 안타깝고 도와주고 싶지만 제가 어려운 사람을 만났다고 해서 제가 마음대로 법을 자의적으로 해석하거나 제 마음대로 결정해서 도와주겠다고 하는 건 아닌 것 같습니다. 안타깝지만 법대로 집행하고 현행법의 불합리한 점이 있다면 법 개정을 제가 건의해보거나 규정을 개선하려고 노력할 것이고 당장 그 어려운 사람은 가능한 민간단체에 연계시켜 도와줄 방법을 찾아보겠습니다. 그것이 공무원으로서 공익을 위해 책임을 지는 자세라고 생각합니다.

Q. 공무원은 공익을 위해 일을 합니다. 그럼 공익의 범위가 어디까지라고 생각하나요?

A. 제가 생각하는 공익은 사회 취약계층에 대한 배려가 가장 우선이라고 생각하는데 사회 취약계층은 확정지을 수 있는 것이 아니라 상황마다 다를 수 있겠다는 생각이 들었습니다. 면접을 준비하면서 본 제시문이 있습니다. 'A산업은 원래 영세업자들의 오프라인 판매만 가능했는데 일자리 창출을 위해 온라인 판매가 가능하도록 규제를 완화하자 영세업자들이 반대하는 상황이었는데 어떻게 대처할 것인가?'라는 제시문이 있었는데 저는 처음에는 영세업자분들이 보통 취약계층에 해당하니 그분들을 배려하는 것이 공익이 아닐까라는 생각을 했지만 생각해보니 요즘 같은 코로나19 상황에서 일자리를 창출하기 위해 규제를 완화하는 것 또한 더 큰 공익이 아닐까라는 생각이 들었습니다. 이렇듯 공익은 상황에 따라 얼마든지 달라질 수 있고 제가 상황에 맞추어 어떤 것이 더 중요할지 판단하는 것이 중요하다고 생각했습니다.

> **⊘ PLUS**
>
> 1. 공무원은 공익의 달성뿐만 아니라 공익의 장기적인 침해에 대응할 수 있도록 다각적인 사전경보시스템과 조기 예방대책을 마련해야 한다. 예를 들어 국토관리청의 부실공사로 침수피해가 발생할 경우 피해지역 주민들은 인재라는 주장과 100% 침수피해 보상을 요구할 것이다. 공익실현을 목적으로 하는 공무원에게 각종 상황에 대한 고도의 전문화된 지식과 관리를 요청하고 있다. 공무원의 공익실천은 각종 현실문제에 대한 심도있는 분석과 예측과 함께 돌발적인 상황에 대한 대응능력까지 요구하고 있다.
> 2. 2017년 청주지역 물난리의 경우에도 우수저류시설이 설치되어 있었지만 제대로 작동하지 않음으로써 주민들에게 엄청난 피해가 발생했다. 미리 대비하고 전문성을 발휘하여 사전에 준비가 되어 있었다면 그런 피해를 막을 수 있었을 것이다. 이처럼 공무원은 국가를 대신해서 국민의 생명과 재산을 지키고 주민행복을 위해 봉사자로서 공익을 위해 일을 해야 하는 것이다. 공익을 위해 일하는 공무원에게 필요한 것은 책임성과 전문성, 헌신성 등이다.

MEMO

✎ Check point

사회적 가치와 공익과의 관계

1. 사회적 가치의 개념
사회·경제·환경·문화 등 모든 영역에서 공공의 이익과 공동체의 발전에 기여할 수 있는 가치이다.

2. 세부 분류별 의미

사회적 가치	주요 의미
인간의 존엄성을 유지하는 기본 권리로서 인권의 보호	행복추구권, 평등권, 알권리, 직업의 자유, 안정적 주거생활 보장 등 헌법상 보장되는 기본권 보장
재난과 사고로부터 안전한 근로, 생활환경의 유지	시장에서 해결할 수 없는 국민의 안전을 지키기 위한 공공의 적극적 조치 필요
건강한 생활이 가능한 보건복지의 제공	인간다운 생활의 기본조건으로서 건강한 생활을 영위할 수 있는 보건·의료서비스를 국가에 요구하고 국가는 이를 제공
노동권의 보장과 근로조건의 향상	생계를 유지하기 위해 일할 수 있는 권리보장, 노동3권, 안정적인 근로조건 유지, 최저임금인상, 고용안정 등
사회적 약자에 대한 기회제공과 사회통합	여성, 노인, 청소년, 신체장애자, 기타 생활능력이 없는 국민도 인간으로서의 존엄과 가치를 보장받을 수 있는 사회보장 정책 추진
대기업·중소기업 간의 상생과 협력	시장의 지배와 경제력의 남용을 방지하고, 경제주체 간의 조화를 통한 경제의 민주화를 위하여 필요한 규제·조정
윤리적 생산과 유통을 포함한 기업의 자발적인 사회적 책임 이행	사회적 존재로서 기업의 사회적 책임 이행. 인권, 노동권, 환경, 소비자 보호, 지역사회 공헌, 좋은 지배구조 형성
환경의 지속가능성 보전	국민이 쾌적한 환경에서 생활할 권리를 보장하기 위한 국가의 의무

3. 사회적 가치 구현을 위한 정책 예시
① 교육소외계층을 위한 평생교육바우처 제공
② 취약계층을 위한 에너지 복지 확대(하·동절기 에너지 바우처 지급 등)
③ 중소규모 사업주 대상, 장애인 인식개선 교육 지원(고용부)
④ 공공시설 개방 확대 ⇨ 공공시설·자원 개방 참여기관을 지자체 중심에서 전 공공부문(중앙부처·공공기관·학교 등)으로 확대
⑤ 선제적·예방적 공공서비스 확대 ⇨ 정부24 원스톱서비스 확대 등
⑥ 인권보호 ⇨ 범죄피해자 대상 신변보호 확대, 아동·장애인의 진술조력인 배치, 외국인 인권보호

MEMO

4 애국심

(1) 애국심 실천방안 예시

① 우리 역사를 이해하고 전통과 문화를 창조적으로 발전시킨다.
　　예 한류의 세계화, 역사인물 탐구, 역사탐험 등
② 우리의 말과 글을 사랑하고 갈고 닦아 나간다.
③ 한국어와 한국문화를 전파한다.
　　예 외국인 친구에게 한국어 가르쳐주기, 한국문화 알려주기 등
④ 대한민국과 국민의 명예를 훼손하는 언행을 하지 않는다.

POINT 애국심이란 나라를 사랑하는 마음인데 꼭 태극기를 보고 경례를 하거나 애국가를 불러야 애국하는 것은 아니다. 충성(忠誠)도 전쟁터에 나가 목숨을 바쳐야 충성하는 것은 아니다. 성실히 자신의 임무를 수행하는 것 그것이 바로 애국심이요 국가에 헌신이다. 이를 통해 국민들의 행복과 나라발전에 기여하는 것 이것이 바로 현실적으로 여러분들이 헌신하는 것이고 애국하는 것이다.

(2) 애국심 관련 기출 및 예상질문

> Q1. 애국심이란 무엇이라고 생각하는가?
> A1. [작지만 자신의 생각을 표현한 사례] 저는 애국심이 거창한 게 아니라 외국인에게 바가지를 씌우지 않고 쓰레기를 길거리에 함부로 버리지 않는 것도 다 애국심이라고 생각합니다. 그런 것들이 국격을 높이는 일이라고 생각하기 때문입니다.
> A2. [자신의 경험을 바탕으로 한 사례] 제가 생각하는 애국심은 우리나라 국토를 사랑하고, 역사·문화를 사랑하는 것 또한 애국심이라 생각합니다. 그래서 저는 국토대장정을 완주하였고 평소에 문화재 답사를 자주하고 있습니다.
> A3. [추상적이지만 이해하기 쉽게 설명한 사례] 공기가 없으면 못살지 않습니까? 국가도 그런 존재라고 생각합니다. 오늘날에 있어서 개인은 더더욱 생존하기 힘들다고 생각합니다. 공기와 같이 소중한 우리 국가인데 당연히 애국심은 필연적으로 갖춰야 할 요소라고 생각합니다. 헌법적 가치에도 나와 있습니다. 멀리 있지 않고 우리에게 가까이 있는 것이고 특히 공무원에게 애국심은 국가 국민을 위해 봉사하고 헌신할 수 있는 자세라고 생각합니다.

5 민주성

POINT '국민의, 국민에 의한, 국민을 위한' 미국 16대 대통령인 링컨의 연설에서 찾아볼 수 있다.

(1) 정의와 이해

① 국가의 결정은 누군가에 의해 일방적으로 이루어지거나 소수를 위한 것이 아니라 국민 모두의 의견을 듣고 존중하며 소통을 통해 합의로 나아가야 한다는 것이다.
② 국민에게 정보를 투명하게 공개하고 그 의견을 수렴하여 사회적 갈등을 줄이고 신뢰받는 행정을 하는 것이다.

(2) 사례로 이해하기

① 사례 1: (미국) 사회문제 해결에 공모전 방식을 도입한 챌린지 프로젝트
- ㉠ 정부 현안을 국민에게 공개하고 공모를 통해 해결방안을 제안받아 최적의 안을 채택하자는 취지의 정책현안 솔루션 공모
- ㉡ 채택된 아이디어에 대해서는 포상 실시
- ㉢ 민간의 창의적 아이디어를 활용함으로써 정부의 좁은 시야에서 탈피하고 국민의 정책결정과정에 대한 참여를 높일 수 있는 방식으로 평가

② 사례 2: (미국) 뉴욕시가 처한 문제를 기술로 해결하는 크라우드 소싱 경진대회
- ㉠ 뉴욕시는 공공정보 공개를 통해 지역에 특화된 어플리케이션을 개발하고자 경진대회 기획
- ㉡ 시가 보유하고 있는 빅데이터와 기술을 시민에게 공개, 시민의 참여에 의한 시민에게 유용한 기술 자산으로 개발

③ 사례 3: 예산편성에서의 민주성 사례

> 매년도 「예산안 편성지침」은 합리적이고 투명·공정한 재원배분이라는 이상을 가지고 출발한다. 이를 위해 정부는 사업의 타당성, 시급성, 지원규모 등을 영점기준(Zero−base)에서 판단해야 한다. 국가가 반드시 수행해야 할 사업인지, 민간에 맡겨야 할 사업인지 또한 당장 해야 할 시급한 사업인지, 시간을 두고 추진해도 되는 사업인지 등 사업 간 우선순위를 정하여 예산지원 여부를 결정해야 한다. 또한, 국민들의 요구가 민주적 절차를 통해 예산에 반영되어야 하며 예산이 실제 집행되는 과정에서 행정 서비스가 국민의 기대에 부응할 수 있어야 한다. 이를 위해 정부는 예산편성의 방향을 정하는 단계에서부터 정부 예산안을 확정하는 단계에 이르기까지 각 부처, 시·도, 그리고 각계 직능·시민단체 대표, 학계·언론계 등으로부터 다양한 의견을 수렴하여 예산에 반영하여야 한다.
> 최근 지자체에서는 주민참여예산제도를 시행하고 있다. 이 제도는 예산의 일정 규모를 주민참여예산으로 편성하여 주민이 지역에 필요한 사업의 제안부터 심사, 선정까지 전 과정을 주도적으로 참여하고 예산을 편성하는 제도로 민관협력적 거버넌스의 대표적 사례라 할 수 있다.

④ 사례 4: 안전분야에서의 민관거버넌스 행정 사례

> 서울시 은평구에서는 「우리동네 안전감시단」을 운영하고 있다. 단원들이 매월 안전 위해요인 발굴·제보, 캠페인 등 안전활동을 전개하여 국민안전처에서 실시한 재난관리실태 평가에서 은평구가 최우수기관으로 선정되는 데 큰 역할을 했다.
> 은평구는 자원봉사 형태로 활동이 가능하고 재난안전분야에 전문적 지식을 보유하고 있는 시민, 재난 및 안전관련 단체 회원 중 예방활동에 역량있는 사람을 대상으로 안전감시단원을 모집했다. 또한 은평구에서는 위촉장, 활동모자와 조끼 등을 전달해 단원들의 활동을 지원하고 있다.
> 정부예산의 한계, 주민들의 이해와 욕구를 파악하여 효율적인 행정서비스의 제공, 민주적 의견 수렴, 갈등해결 등을 위해 최근에는 민관협력적 거버넌스 행정이 안전, 복지, 주거, 환경분쟁 등 많은 분야에서 유용하게 활용되고 있다.
> 민관거버넌스에서 행정은 정책수립, 예산지원, 모니터링을 통해 실질적인 민간참여를 유도하도록 지원체계를 만들어가고 안정성, 지속성을 갖도록 제도적 성격을 부여하기도 하며 예산낭비 및 남용이 되지 않도록 관리·감독적 성격을 갖는다.

(3) 민주성 실천방안 예시(민주성을 정책에 반영할 수 있는 방법)

① 주민의 이해와 욕구를 파악하기 위해서는 기업 및 민간과의 소통이 중요
② 투명한 정보공개와 정부정책에 대한 홍보도 쌍방향 소통을 위해 중요한 요소
③ 주민참여예산 확대
④ 정부의 서비스 공급과정과 정책수립, 반부패전략에 시민사회의 참여 확대
⑤ 정부-기업-시민사회 네트워크 강화(대표적으로 ESG)
⑥ 독점과 진입장벽을 허물고 거래의 공정성 확보
⑦ 언론과 NGO의 역할 강화
⑧ 국민참여재판(국민의 사법 참여 확대)
⑨ 국민청원
⑩ 선거 참여
⑪ 직접민주주의(국민소환제, 국민발안제 등)
⑫ 지방자치(지방분권을 통한 지방자치 권한 확대)
⑬ SNS 행정/홍보/의견수렴

6 다양성

POINT 다양성은 열린자세와 포용능력이 핵심이다.

(1) 정의와 이해

① 우리 사회는 성별부터 성격, 지역, 종교 등 서로 다른 사람들로 구성되어 있고, 각기 다른 사람들이 서로 이해하고 함께 살아가는 장소이다. 그러므로 다름을 인정할 줄 아는 자세가 중요하다.
② 정부도 다양한 사회 구성원들의 목소리에 귀 기울이고, 존중하며 함께 발전해 나갈 수 있어야 한다.

(2) 사례로 이해하기

① 서울 외국인 전용 주민센터(글로벌 빌리지 센터)도입: 계좌 개설, 과태료 납부, 기차 예매 등 사소하지만 외국인은 어려울 수 있는 부분까지 세세하게 도움을 주고 있다.
② 버지니아 공대 NGT(이웃동반성장) 프로그램: 아동과 노인을 대상으로 전문적인 연구를 수행하던 두 기관의 통합에 바탕을 두어 매 학기 버지니아 공대 학부생과 대학원생들이 프로그램의 운영자, 연구자, 인턴, 자원봉사자로 참여한다.

　　예 노인과 3~5세 유아를 팀으로 구성하여 동물 이름 목록을 작성하고 동물의 이름을 알아맞히기 등 ⇨ 노인(치매 완화, 활기 증진)과 아동(노인과의 교류, 이해력 상승) 모두 긍정적 효과를 거두고 있다.

③ 이탈리아 Orto in Condotta 프로그램: 초등교육과정에서 다루는 농작물 재배활동을 통한 세대 간 연계를 도모하는 프로그램이다. 교사, 부모, 조부모, 관계자 및 노인 원예전문가가 참여하며, 3년 동안 프로그램 진행, 학년 말이 되면 그간의 성과를 공유하기 위해 학부모와 지역사회 주민들을 초청하는 행사를 마련한다.

④ 프랑스 사례

   ⊙ **공교육기관 다문화 교육 강화**: 프랑스는 주류집단의 소수문화에 대한 수용성을 높이기 위해 공교육기관에서 다문화 교육을 강화한다.

   ⊙ **기회균등법 제정**: 대중매체, 특히 방송에서의 문화다양성 확보를 위한 조치들을 지속적으로 취하고 있다. '기회균등법'을 제정하여 대중매체에서 문화다양성 확보, 차별금지, 사회통합 등의 조치를 취할 것을 규정한다.

   ⊙ **이주민 자녀의 모국어 교육 및 지방 고유 언어교육**: 문화다양성의 이념에 따라 다언어주의 수용도 점차 확대하며 이주민 자녀의 모국어 교육과 아울러 지방의 고유 언어교육이 이루어지고 있다.

   ⊙ **통합과 차별퇴치 지원기금**: 정부는 공공, 민간, 기관들과 인종차별 퇴치 협정을 체결하여 각 기관 내에 이를 전담하는 부서를 만들고, 인종 차별 퇴치 전문가를 양성하여 지원한다.

   ⊙ **차별퇴치평등고용청**: 대통령 산하 인종차별 금지를 위한 차별퇴치평등고용청을 설치하였다.

⑤ **문화체육관광부**: 아름다운 이야기 할머니(유아교육기관) ⇨ 문화로 공공일자리 창출 및 책 읽어주는 문화 봉사단(문화소외시설) ⇨ 실버세대의 재능기부

⑥ **움직이는 예술정거장**: 평소 문화예술을 접하기 어려운 농산어촌 지역에 예술가가 직접 방문해 지역주민과 아동, 노인들을 위해 다양한 형태의 문화예술교육 프로그램을 진행하는 사업이다.

⑦ **문화누리카드**: 기초생활보장 수급자와 차상위 계층을 대상으로 발급하며, 문화예술, 한국 여행, 스포츠 관람을 자유롭게 이용할 수 있는 카드이다.

⑧ **다문화 가족 지원정책**: 글로벌화 시대 다양성 실현의 대표적인 정책으로 여성가족부에서는 다문화가족지원을 위한 다양한 정책을 시행 중이다.

   ⊙ 다문화 가족지원센터 운영 ⇨ 한국어교육, 통역·번역, 상담 및 사례관리, 결혼이민자 사회적응교육, 가족교육, 다문화 가족 자녀 언어발달 지원, 방문교육 등

   ⊙ 국제결혼피해상담 및 구조

   ⊙ 다누리콜센터(1577-1366) 운영

   ⊙ 다문화 가족 프로그램 개발 지원

   ⊙ 결혼이민여성 일자리정보 제공

   ⊙ 다문화 가족지원포털(다누리) 운영

⑨ **균형인사제도**: 지식정보화사회에서 글로벌 경쟁력을 확보하기 위해서는 다양한 인적자본(Human Capital)을 효율적으로 활용하는 것이 중요하다. 정부의 인사운영에 있어서도 효율성 위주의 실적주의 인사원칙에서 한걸음 더 나아가 공직 구성의 다양성과 대표성, 형평성 등을 제고하는 균형인사(Balanced-Personnel)가 시행 중이다.

   ⊙ 여성, 장애인, 과학기술인력, 지방인재 등의 공직진출을 확대

   ⊙ 국가직 지역인재 7급 추천채용제도 ⇨ 지역 우수인재의 공직진출 확대로 공직구성의 지역대표성 강화, 공직 충원 경로를 다양화하여 우수 인재의 공직유치 확대

(3) 다양성 실천방안 예시

① 국민의 입장이 서로 다름을 이해하고 소통과 협력으로 갈등해소 노력(공익성, 민주성과 유사)

② 국적·인종·성별·연령 등 어떠한 이유로도 차별하지 않기

③ 장애인 고용 우대 정책, 지역균형발전

④ 자본시장법 개정으로 여성의 사외이사 확대

⑤ 이민 확대 정책

⑥ 문화 콘텐츠 다양성 확대 지원(독립·예술영화, 다원예술, 인디게임, 독립출판 지원 등)

⑦ 기후변화 위기에서의 다양한 삶의 가치 존중(산업화의 위기를 넘어 다양한 가치의 공존)

TIP 본인의 경험에서 충분히 다양성 사례를 찾을 수 있다. 공직자가 되면 다양한 계층의 의견을 반영하여 정책을 만들어 내는 것이 중요하기에 각각의 계층에게 필요한 공직가치들은 무엇인지 고민해야 한다.

(4) 다양성 관련 기출 및 예상질문

> Q. 다양성 확보가 왜 중요한가?
>
> A. 서로간의 차이를 인정하지 못해 사회적 갈등을 유발할 수 있기 때문입니다. 극단적인 경우 배타성과 공격성을 보이기도 합니다. 다양성을 인정하지 않으면 사회적 차별이 나타날 수 있으며 인종차별, 임금차별, 집단따돌림 등의 문제가 발생할 수 있습니다. 이로인해 구성원 간의 불신이 깊어져 사회통합을 저해할 수 있습니다.

✏ Check point

다양성 관련 정리하기

1. 예를 들어 소셜믹스(아파트단지 내에 분양과 임대를 함께 조성하여 계층 혼화를 위한 제도)는 여전히 갈등이 반복되고 뿌리내리지 못하고 있다. 하지만 이를 분리할 경우는 더 큰 차별과 계층 분리의 문제가 발생할 수도 있다. 이와 같은 다양성의 문제를 해결하는 것이 공무원의 역할이다.

2. 생태계, 환경, 사회, 문화도 다양성을 갖춰야 생존력이 높아지고 창의성을 발휘할 수 있어 안정과 생존에 다양성은 필수적이다. ⇨ 다양해야 강하다.

3. 다양성 확보를 위해서는 계층적, 문화적 다양성을 이해하고 소통을 통해 자기문화와 다른 문화적 차이를 인정하는 관용의 자세를 가져야 한다.

4. 사회적 차원에서는 제도나 법적인 기반을 마련하여 차별을 금지하고 다양한 계층과 문화가 공존할 수 있도록 해야 한다.

5. 다양성 확보에 실패할 경우 각종 장애인 차별, 여성차별, 외국인 차별, 사회적 약자 차별 등 사회문제가 발생할 수 있다. 이로인해 갈등이 증폭되고 불신과 사회양극화 현상이 발생하여 엄청난 사회적 비용을 초래할 수 있기 때문이다.

6. 다양성 확보를 위해 다양한 구성원의 요구를 들어야 한다는 측면에서 시민참여 확대로 대표되는 민주성, 공익성, 공정성과 그 의미가 상통한다.

   ➡ 여러 공직가치는 서로 연결되어 있어 바라보는 관점에 따라 때로는 동일하게 해석될 수 있고 또한 독립적으로 존재할 수 있다.

7. 다만, 다양성을 강조할 경우 역차별 문제와 사회갈등을 초래할 수 있어 적절할 균형이 필요하다.

7　책임감(사명감)

(1) 정의와 이해

① 공무원은 국민 전체에 대한 봉사자이며, 국민에 대하여 책임을 진다(헌법 제7조).
② 공무원은 국민 전체의 일을 수행하는 것으로서 자신이 맡은 일의 중요성을 알고, 진지한 자세로 임무를 끝까지 최선을 다해 수행해야 한다. 어렵거나 곤란한 일이라고 해서 피하는 것이 아니라 문제의 원인을 찾고 적극적으로 일을 해결하려는 자세를 가져야 한다.

(2) 사례로 이해하기

① 충남 서천군 희망택시(오지마을 100원 택시): 버스 적자 운영의 어려움, 노인 승객의 불편, 일시적 수요 변화 대응 × ⇨ 주민대상 방문 조사를 통해 주 이용층이 노인이며, 이동 장소는 병원과 시장임을 발견 ⇨ 택시운행에 대한 군 예산 지원이 공직선거법과 여객자동차 운수사업법에 저촉됨을 발견 ⇨ 주민의 복지증진에 관한 사무로 조례 제정하여 관련 기관에 도입 문의 후 시행

　● 위의 사례를 바탕으로 유추할 수 있는 공직가치는 '융통성, 창의성, 준법정신, 적극성, 전문성, 효율성'이다.

② 법제처 '수리' 관련 법령 정비: '수리를 요하는 신고'와 '수리를 요하지 않는 신고'의 구분 어려움 ⇨ 1,300여 개의 신고제도 구분, 신고 처리 기간 명확히 규정

　● 위의 사례를 바탕으로 유추할 수 있는 공직가치는 '소통성, 책임성, 전문성, 효율성'이다.

③ 어두운 골목에 벽화 제작: 범죄율 하락, 분위기 쇄신

　● 부작용 ⇨ 갑작스러운 관광객 방문으로 인한 소음 등으로 갈등이 발생한 이화마을

④ 해외직구 세금 환급 대상 확대: 반복된 민원 ⇨ 단순 변심으로 인한 환불의 경우까지 확대하기로 결정

　● 신속 도입을 위해 내부 규정으로 적용 후 관세법 개정

⑤ 공공누리마크 표시: 전통문양 등 공공저작물 이용을 위해서는 해당 공공기관의 허락 필요 ⇨ 공공누리마크 표시가 있는 경우 별도의 절차 없이 자유롭게 이용 가능

MEMO

---

⑥ 책임감을 가지고 적극행정을 추진한 사례

> 시애틀 총영사관에서는 워싱턴주 등 5개 주를 관할하면서 정무 및 경제 외교 업무를 수행하는 한편, 민원 및 재외국민 보호와 재외동포단체 활동 지원 업무 등을 수행하고 있다.
> 위 영사관에서는 우리 정부가 실시하는 한국어능력검정시험(TOPIK)이 정규학점 취득으로 인정될 경우 학생들에게는 한국어 수학에 대한 커다란 인센티브가 될 뿐만 아니라 우리나라 교육부가 추진하는 TOPIK 확산에도 큰 도움을 줄 수 있다고 판단하고 TOPIK 점수를 한국어 정규학과 이수와 동일한 효력을 갖는 학점으로 인정하는 제도 도입을 추진하기 위해 공청회, 토론회, 간담회를 개최하는 등 다각적인 노력으로 TOPIK 점수를 한국어 정규 학점으로 인정받도록 구체적인 방안을 마련하였다.
> 그 후 해당 지역 교육청과 TOPIK 시험성적을 정규학과 학점으로 인정하기로 하는 MOU를 맺음으로써 해당 지역 고등학교에서 한국어를 정규 과목으로 채택하였고, TOPIK을 연 2회(통상 연1회) 실시하는 등 TOPIK 시험 확산에 기여하였다. 그 결과 한국어능력검정시험이 미국교육청에 의해 외국어능력검정시험으로 인정된 세계 최초의 사례로서 교민 자제들이 쉽게 학점을 취득할 수 있게 되었을 뿐만 아니라 미국 내의 한국어 보급 및 확산에 크게 기여하는 성과를 거두게 되었다.

㉠ 외무영사직의 기본 업무는 정무 및 경제 외교 업무를 수행하는 한편, 민원 및 재외국민 보호와 재외동포단체 활동 지원 업무 등이다. 그런데 정부에서 추진하는 TOPIK 확산업무에까지 확장하여 책임감을 가지고 추진한 적극행정의 대표적 모범사례이다.

㉡ 이처럼 공직자는 자기에게 주어진 업무를 한정하여 생각하면 안 되고 관련성이 있으면 현장에서 답을 구하는 등의 그 책임범위를 넓게 생각해 보아야 한다. 수많은 공청회, 간담회, 협의회 등을 개최하고 TOPIK 위원회와 협력하여 난관을 극복하면서 책임감을 가지고 추진한 결과 결국 성과를 이끌어 낼 수 있었다.

㉢ 실제 여러분들이 주어진 책임을 확장하여 시키지 않은 일을 만들어 적극적으로 행한 경험이 있다면 연관시켜 생각하면 된다.

㉣ 예를 들어 과학 동아리 활동을 하면서 범위를 학내에 머물지 않고 주변 단체나 학교를 찾아 재능기부형식으로 활동영역을 넓혀 봉사활동을 했다거나 인권 동아리 활동을 하면서 교내에서만 머물지 않고 위안부할머니를 방문하여 함께 고민을 들어주고 해결책을 찾아보도록 노력했던 경험을 활용할 수 있겠다.

㉤ 그러면 면접관은 '어떤 계기로 영역을 확장할 생각을 하게 되었는지? 그 과정에서 갈등은 없었는지? 동아리 회원들을 어떻게 설득했는지? 책임 확장을 통해 느낀 점은 무엇인지?' 등을 묻게 된다. 이것이 자연스럽게 공직가치를 확인하는 면접과정인 것이다.

(3) 책임감 실천방안 예시

① 사소한 민원이라도 성심껏 처리한다.
② 조직의 목적과 목표 달성에 대해 책임을 진다.
③ 상관의 정당한 직무상의 명령에 복종한다. ⇨ 복종의 의무
④ 스스로 문제를 진단하고 해결할 수 있는 전문성을 함양한다.
⑤ 조직의 고객(상사, 부하, 시민)을 만족시키려고 노력한다.
   ➲ 조직의 고객들이 무엇을 원하는지 신속하고 정확하게 파악한다.
⑥ 자신의 실책에 대해 책임을 진다.

(4) 책임감 관련 기출 및 예상질문

Q1. 공무원에게 책임감이란 무엇인가?

A1. [자신이 생각하는 책임감의 정의와 경험사례를 제시] 우선 기본적으로는 자신이 맡고 있는 일을 잘 해내는 것입니다. 그리고 전문성을 갖춰서 국민들에게 좀 더 실질적인 정책을 펴기 위해 노력하는 것이 책임입니다. 영어 강사로 일한 경험을 말씀드리겠습니다. 주 업무인 영어 강의를 위해 전문성을 기르고 싶어서 인터넷 강의, 주변의 조언, 모의 수업 등을 통해 수업을 발전시켜 나갔습니다. 부업무인 상담에 대해서는 학부모님, 학생들과 상담을 통해 요구를 파악하고 제가 드릴 수 있는 도움을 드리려고 노력했습니다. 이러한 성실함과 책임감은 어느 부서에 가더라도 도움이 될 것으로 생각합니다.

A2. [자신이 책임감이 있음을 과거 경험을 통해 제시] 제가 학교 행정실 근무를 하면서 공무원으로서 꼭 필요한 책임감에 대해 배웠습니다. 작년에 학교에서 기간제 근무를 하면서 코로나19 재유행으로 긴급재난지원금을 지급해야 했습니다. 근무했던 학교는 1,500명이 넘는 학생수로 시간이 많이 부족하여서 다른 선생님들과 일을 나누어서 꼬박 야근을 해야 했습니다. 실장님께서는 근무하자마자 힘든 일을 시키고 계약직인 저까지 야근을 하게 해서 미안하다고 하셨지만 저는 절대 그렇게 생각하지 않았습니다. 제가 계약직이든 정규직이든 그 자리에 있는 동안은 맡은 업무를 완수하는 것이 당연하다고 생각했습니다. 세무직 공무원으로서도 저에게 앞으로 주어질 업무에 대해 회피하거나 주저하는 것이 아닌 책임감을 가지고 끝까지 수행하는 공직자가 되겠습니다.

A3. [자신이 생각하는 책임감에 대한 명확한 인식을 표현] 제가 생각하는 책임감에는 두 가지가 있습니다. 첫 번째는 자신이 맡은 일에 헌신하는 태도입니다. 그리고 두 번째는 전문성을 지니는 것도 책임감을 가지는 것이라고 생각합니다. 여기서 말하는 전문성은 그저 영어나 중국어를 잘하는 것을 뛰어넘어 창의적이고 융통성 있는 행정을 하는 것이라고 생각합니다. 대법원장님께서 "공직자가 가장 경계해야 할 일은 그저 내려오는 관례대로 일을 처리하는 것이다."라고 하셨습니다. 저도 이 말에 굉장히 공감합니다. 그렇기 때문에 항상 창의적이고 융통적인 사고를 지니고 전문성을 발휘할 수 있는 공무원이 되고 싶습니다.

Q2. 공무원으로서 민주성이라던지 청렴이라던지 가져야 할 가치가 많은데 그중 가장 중요하다고 생각하는 가치는 무엇인가?

A1. [자신이 직간접적으로 보고 들은 내용을 각오와 함께 진정성 있게 표현] 저는 사명감이라고 생각합니다. 공무원은 국민에 대한 봉사자로 일하는 만큼 업무에 책임감을 가지고 일해야 합니다. 좁게는 제 주위 사람들, 넓게는 국민 전체에 도움이 되는 공무원이 되기 위해 사명감을 가지고 일하고 싶습니다. 또 조금 다른 관점에서도 사명감을 가지고 일하는 것이 중요하다고 생각하는데 가끔 매체나 뉴스 댓글에 공무원에 대한 부정적인 인식을 보았습니다. 그런데 실제로 현직에서 근무 중이신 선배님께 여쭤보면 맡은 업무를 책임지기 위해 야근을 하는 경우도 많고 (여기서부터 면접관 끄덕끄덕) 사무실이 아닌 현장에서 발로 뛰는 경우도 많다고 들었습니다. 저 개인의 실수나 부족함이지만 국민의 입장에서는 공무원 전체의 실수로 비춰질 수 있기 때문에 열심히 일하는 동료들을 위해서라도 사명감을 가지고 일하는 것이 가장 중요하다고 생각합니다.

Q3. 책임감과 관련된 경험이 있는가?
A1. 인턴실습 동안 점심시간 전화업무를 하였습니다. 그때 함께 수퍼바이저 선생님께 그리고 동료들에게 책임감이 있다는 칭찬을 들었습니다. 왜 그런가 곰곰히 생각해보니 전화가 왔을 때 제가 성함과 연락처뿐만 아니라 전화를 하게 된 이유와 요구사항까지 함께 기록해 업무 담당자께 드려서 다시 전화해야 하는 수고와 시간을 아꼈기 때문이라고 하셨습니다. 저는 책임감이란 제게 주어진 일 이상을 하는 것이라고 생각합니다. 그리고 앞으로도 이런 책임감을 발휘해 지역주민들의 행복에 이바지하고 싶습니다.

TIP 위 답변은 "아, 이 사람은 책임감이 있구나."라고 느껴질 정도로 편안하고 자연스러운 스토리텔링을 보여주고 있다. 책임감에 대한 의미 전달 능력이 뛰어나다는 것이다. 이와 같이 경험을 이야기할 때에는 눈에 보이듯이 표현함으로써 이야기를 듣는 사람과 공감이 이루어지도록 해야 한다.

8 창의성과 혁신성

✏ Check point

혁신성에 대한 핵심
아래 두 가지 질문은 면접준비를 하면서 고민하고 생각해보며 자신만의 답변을 준비해두길 바란다.
Q1. 하루가 다르게 급변하는 현대사회에서 발 빠르게 변화하지 않으면 살아남기 힘들다. 더불어 공무원 사회에서의 행정에서도 혁신적 사고를 통한 고객과 시민서비스 제공이 중요한 요소로 자리잡고 있다. 이에 행정에서 혁신이 필요한 부분은 무엇일까?
Q2. 공직사회에서는 조직 내 현실에 안주하면서 사회적 태만에 빠지는 경우가 발생한다. 그 이유는 무엇이고 조직생활에 혁신이 필요한 부분은 무엇일까?

MEMO

(1) 정의와 이해

① 창의성: 창의성이란 '새로운 것을 생각해 내는 특성'을 의미하며, 독창성, 가치, 실현성을 포함하는 개념이다. 즉, 독창적인 새로운 가치를 창출하면서 실현가능할 때 비로소 창의성이 발현되었다고 할 수 있다. 공무원의 창의성이란 어떤 문제에 대해 기존과 다른 아이디어를 생각하고, 이를 실행하기 위해 정책화하는 과정을 의미한다.

② 혁신성: 혁신성이란 '새로운 상품이나 새로운 서비스를 통해 가치 있는 새로운 고객 경험'을 만들어 내는 활동을 의미한다. 새롭다고 무조건 혁신이라고 이야기할 수는 없다. 새로움이 가치와 연결되어 있을 때 비로소 우리는 혁신이라는 이름을 붙일 수 있다.

✅ PLUS

1. 창의성 및 혁신성은 어떤 사회나 조직의 흥망성쇠를 결정하는 중요한 요소라 할 수 있다. 공무원의 창의성 및 혁신성이 자유롭게 발휘될 때 공직사회의 경쟁력 또한 높아질 수 있다. 공무원은 창의적인 생각과 혁신을 통한 공익가치 창출 활동을 존중하고 새로운 아이디어를 공유하기 위해 노력해야 한다.
2. 조직이 성장하기 위해서는 기존의 틀 안에서 움직이는 것이 아니라 지금까지의 일과 일하는 방식을 돌아보고 새로운 방식으로 성과를 창출하는 혁신을 통해서 가능하다.

(2) 사례로 이해하기

① 실패를 또다른 성공으로 만든 사례

> 1970년 3M의 연구원이었던 스펜서 실버는 강력한 접착제를 연구하던 중, 잘 붙기는 하지만 쉽게 떨어져 버리는 접착제를 만들었다. 접착제 본래의 기능만 고려하면 이 발명품은 실패작이었다. 하지만 이 실패작은 실버의 동료인 아트 프라이에 의해 멋지게 거듭났다. 찬송가 책갈피에 표시용으로 끼워둔 종이가 쉽게 빠지는 데 불평하던 프라이는 실버가 발명한 접착제에 착안, 책에 자국을 남기지 않으면서 접착성이 있는 메모지를 탄생시켰다. 이것이 포스트잇이다. 이 사례는 창의성이자 혁신성이라고 할 수 있다.

② 소년원을 교육기관으로 바꿔 새로운 가치를 창출한 사례

> 안양소년원은 비행청소년을 올바르게 지도·육성하고 재범을 방지하기 위하여 특성화 교육체제로 개편하고 개방적 인성교육을 실시하는 등 완전한 사회복귀가 될 수 있도록 노력하고 있다.
> 특성화 학교체제인 정보산업학교로 개편하여 모든 학생에게 실용외국어와 컴퓨터교육을 마련해 주고 취업전망을 고려하여 컴퓨터 산업디자인, 피부미용 등 신직종을 신설하여 지식기반사회에 적합한 직업능력개발훈련을 실시하였다. 그리고 특성화 교육과 더불어 인성교육도 체험학습위주의 개방교육체제로 개편하여 모든 학생들이 사회복지시설 방문봉사활동을 실천하고 있고, 지역주민 정보화교육과정을 개설하여 소년원에서 교육을 받은 학생들이 강사가 되어 저소득층, 장애인 등을 대상으로 컴퓨터 교육을 실시하는 등 체계적인 봉사활동을 전개하고 있다.
> 그 결과 단순한 '수용기관'에서 진정한 '교육기관'으로 탈바꿈하게 되어 18명이 상급학교에 진학하고 148명이 취업하였으며 진학 및 기능자격 취득을 위하여 29명이 스스로 퇴원을 연기하고 퇴원생의 재범률이 1/2까지 감소하는 등의 성과를 거두어 NHK-TV, TV도쿄 등 외국 언론들까지 안양소년원의 교육혁신성과를 특집으로 다루는 등 깊은 관심과 벤치마킹의 대상이 되고 있다.

(3) 창의성 및 혁신성 실천방안 예시

TIP 개인적인 경험 정리는 물론, 정책제안 1~2가지는 반드시 정리해두어야 한다.

① 행정환경 및 사회이슈에 대해 관심을 가진다. ➪ 만물은 변한다. 시간, 환경, 과학기술 등 변하지 않는 것은 없다. 변화에 대응하려면 변화의 흐름을 알 수 있도록 다양한 분야에 관심이 필요하다.
   ➡ 얼리어답터도 변화에 빨리 적응할 수 있는 방법이다. 본인의 업무뿐만 아니라 다른 사람의 담당업무에도 관심을 가지고 통합적 사고를 기르는 것도 창의성 및 혁신성을 위한 방법이다.
② 주어진 문제에 대해 다양한 접근방식으로 생각하는 융통성 있는 사고를 가진다.
③ 관점을 바꿔야 한다. ➪ 관점을 바꿈으로써 항상 그 자리에 있었지만 인식하지 못했던 것을 발견할 수 있다.
   ➡ 익숙해서 있는 줄도 모르는 것을 새롭게 느끼게 만드는 것, 남들과 다른 방식으로 보는 것이 창의성 및 혁신성이다.

④ 다양한 정책이나 지자체 우수사례, 해외 우수사례 등을 연관시켜 아이디어를 만든다.
> 벤치마킹이 대표적인 활용 방법이다.
⑤ 연관성은 창의성을 발휘할 수 있는 가장 쉬운 방법이다. 전혀 연관 없는 것들을 서로 연결시켜 생각하다 보면 기존에 생각지도 못한 새로운 가치를 만들어 낼 가능성이 높아진다. 예를 들어 디자인과 범죄예방을 연결시킨 셉테드(도시환경 디자인을 바꿔 범죄를 사전에 예방할 수 있도록 설계하는 기법), 도시텃밭과 노인문제 해결[국유지, 사유지 등을 도시텃밭으로 조성하여 시민들의 접근성을 높여 노인고충(질병, 소외감, 경제적 어려움, 고독감 등)문제 해결] 등과 같이 문제해결을 위해 새로운 접근, 새로운 생각을 요구하는 경우가 매우 많다.
⑥ 창의성 및 혁신성은 새로운 것을 만들어 내는 창조가 아니다. 실제로 여러분들이 살아오면서 창의성 및 혁신성을 발휘할 경험이 분명히 있을 것이다. 기존에 해왔던 방식 대신 새로운 방식을 적용하여 문제를 해결한 경험, 연관성을 찾아 연결시켜 새로운 아이디어를 만들어 낸 경험 등을 찾으면 된다.

(4) 창의성 및 혁신성 관련 기출 및 예상질문

Q1. 공무원에게 창의성이란 무엇인가?
A1. [부족한 답변] 공익 추구시 이해관계가 많으므로 이를 중재하는 데 힘이 듭니다. 따라서 많은 고민을 해야 하므로 이런 관점에서 창의성 필요하다고 생각합니다.
A2. [사례＋자신만의 생각 정리＝좋은 답변] 제가 한 가지 사례를 들어보도록 하겠습니다. 3년 전쯤 서천시에서 한 공무원의 아이디어로 100원 택시라는 정책을 시행했습니다. 100원 택시는 재정적자였던 마을버스 대신에 주민들은 100원을 내고 택시를 이용하는 것이었습니다. 나머지 금액은 지자체가 부담하는 것이었는데 이것 덕분에 지자체의 예산절감에도 큰 효과가 있었다고 합니다. 이처럼 공무원 한 명의 창의성이 국민에게 큰 만족을 줄 수 있다는 점에서 창의성 역시 중요하다는 생각이 듭니다.
A3. 급변하는 행정환경에서 현장과 법규정 간에는 괴리가 생길 수밖에 없습니다. 이런 상황에서 과거의 관행을 반복해서는 국민들의 불편함과 문제를 해결할 수 없습니다. 이것이 공직자에게 창의적이고 적극적으로 일하는 태도가 필요한 이유입니다. **TIP** 여기에 경험을 추가하면 아주 좋은 답변이 된다.

Q2. 창의성 및 혁신성을 발휘한 경험이 있는가?
A1. 네, 제가 강사일 때의 일입니다.
[본인의 경험 ①] 교재에 있는 실험수업을 하는데 너무 간단해서 학생들이 별로 좋아하지 않는 실험이었고 다른 강사들도 넘어가라고 하였습니다. 이는 빨대와 컵, 물 조금으로 분무기를 만드는 실험이었습니다.
[창의성－본인의 생각 ②] 저는 계속 고민하던 중 편의점에서 다양한 굵기와 길이의 빨대를 보았고, 수업 때 학생들에게 여러 종류를 준 후 가장 멀리 나가는 분무기를 만들어 보라고 과제를 주었습니다.
[결과물 ③] 학생들은 자발적으로 예상하고 필기하는 모습을 보였습니다. 학부모들에게도 좋은 평을 얻어서 실험수업 정규과정으로 편성되었습니다.

A2. 1년 정도 카페에서 아르바이트를 하면서 그동안 고수해오던 물품 정리 방식보다 더 효율적인 방법이 있지 않을까 나름대로 고민하여 사장님께 제안했던 적이 있습니다. 비록 지나치기 쉬운 사소한 의견 이었지만 사장님께서는 흔쾌히 수용해 주셨고, 그 결과 직원들의 일의 능률도 오르고 낭비되는 재료 도 줄일 수 있었습니다. 익숙해진 환경에 안주하지 않고 보다 나은 방법을 생각하고 고민하는 모습을 인정받아 포상금과 함께 점장직을 제안받기도 하였습니다. 이와 같이 열린 마음과 열린 생각으로 지 역에 관심을 가지고 다양한 관점으로 바라보려는 자세가 지역 발전과 공무원 업무에 많은 도움이 될 것이라고 생각합니다.

A3. 카페 매니저 당시, 시즌 상품의 판매율이 다른 지점보다 낮은 상황에서 진열 방식을 변경하여 매출의 약 20%를 상승시킨 경험이 있습니다. 유기농 상품이고 좋은 상품이기에 어떻게 하면 좀 더 판매율을 상승시킬 수 있을지 고민하였고 기존에는 색깔별로 진열하였지만 이를 변화시켜 색 조화를 사용하여 피라미드 형식으로 진열하였고 이에 위와 같은 성과를 달성할 수 있었습니다.

Q3. 해당 직렬에서 창의성 및 혁신성이 중요한 이유는 무엇인가?

A1. 지방중소벤처기업청에 방문하여 현직자와 인터뷰를 한 적이 있습니다. 현직자분께서 중소벤처기업부 는 다른 부처와 달리 현장방문을 많이 나가서 소상공인, 중소기업의 어려움을 직접 듣고 창의적인 지 원정책을 만드는 것이라고 하였습니다. 이러한 이유로 창의성을 뽑았습니다.

A2. 1년 정도 카페에서 아르바이트를 하면서 그동안 고수해오던 물품 정리 방식보다 더 효율적인 방법이 있지 않을까 나름대로 고민하여 사장님께 제안했던 적이 있습니다. 비록 지나치기 쉬운 사소한 의견 이었지만 사장님께서는 흔쾌히 수용해 주셨고, 그 결과 직원들의 일의 능률도 오르고 낭비되는 재료 도 줄일 수 있었습니다. 익숙해진 환경에 안주하지 않고 보다 나은 방법을 생각하고 고민하는 모습을 인정받아 포상금과 함께 점장직을 제안받기도 하였습니다. 이와 같이 열린 마음과 열린 생각으로 지 역에 관심을 가지고 다양한 관점으로 바라보려는 자세가 지역 발전과 공무원 업무에 많은 도움이 될 것이라고 생각합니다.

9 전문성

(1) 정의와 이해

① 전문성이란 지식과 경험을 바탕으로 자신이 맡은 분야의 일을 잘 수행해 나가는 것을 의미한다. 공 무원의 사회적인 책임을 고려했을 때, 공무원에게 요구되는 전문성은 보다 넓은 의미로 해석될 필요 가 있다. 즉, 공무원은 직무수행을 위해 필요한 지식과 기술 외에도 문제해결능력, 의사소통능력, 조정·통합능력, 자원확보능력, 업무추진력, 홍보능력 등 정책성과를 제고할 수 있는 전문적 역량을 키우기 위해 노력해야 한다.

② 전문성은 공무원이 행정업무를 안정적으로 운영하고 보다 나은 대안을 마련하는 것과 직접적으로 연결된다. 축적된 지식과 경험을 바탕으로 한 정책 개발·관리능력과 이를 뒷받침하기 위한 각종 직 무수행능력은 정책성과를 제고하는 데 기여할 수 있다. 특히 오늘날 행정업무가 다양하고 복잡해지 면서 이해관계의 충돌이 점점 잦아지고 있는데 사회적 갈등관리에 대해서도 공무원에게 상당한 전 문성이 요구되고 있다.

(2) 사례로 이해하기

① 직무 관련 전문성 사례

국립과학수사연구원 ○○○과장은 법영상분석 프로그램, 코덱 기반 동영상복원 프로그램 등의 연구개발로 범죄예방에 기여하였으며 기존 외산에 의존하던 관련 프로그램을 국산화하여 예산절감에도 기여하였다. 또한 유관기관·중소기업·개도국 대상 기술지원에도 많은 노력을 기울였다. ○○○과장은 입직 후 독학으로 프로그램언어를 배워 영상분석 알고리즘을 개발하였으며, 총 42건의 특허를 출원·등록하였다.

② 문제해결 전문성 사례

"매출채권 압류를 유예해 줄 수 없는가? 매출채권을 돌려 어음을 막아야 하는데 그러지 못하면 회사 문을 닫아야 하는 상황이다."

이러한 상황에서 국세 징수업무를 담당하는 ○○○사무관은 체납된 세금을 징수하는 것도 중요하지만 세금을 납부할 수 있도록 기업의 계속성을 유지시키는 것도 필요하다고 생각했다.

이에 '국가와 기업 모두에게 도움이 되는 체납처분제도를 만들어 보자.'고 생각하여 ○○○사무관은 성실한 중소기업에 대해서는 압류를 유예해 주고 체납액을 분할납부할 수 있도록 체납처분제도를 탄력적으로 운영하는 방안을 마련하였고, 중소기업에는 위 방안을 적극 활용할 수 있도록 안내하였다.

(3) 전문성(=직무수행능력) 실천방안 예시

① 효과적 업무수행을 위한 새로운 방식 추구
  ➡ 공직자로서의 일은 혼자서 처리를 하는 것이 아니라는 점을 기억해야 한다.
② 자신의 업무가 아니더라도 동료의 업무를 대신할 준비
③ 변화 지향적 조직문화 추구
④ 조직 내 건전한 경쟁 추구
  ➡ 협업의 단점(무임승차 등)이 무엇이 있을까도 고민해서 정리해야 한다.
⑤ 법과 규정, 절차에 대한 숙지
  ➡ 경청과 더불어 일처리에 있어서 가장 기본이면서 중요한 사항이다.
⑥ 전문적 지식 습득 노력 및 해당 분야 전문가와 교류 확대
⑦ 각종 대안제도 도전
  ➡ 합격한 직렬에 대한 정책제안을 면접준비 기간 동안 해보길 권한다.
⑧ 다양한 영역에서 경험쌓기(리더십, 갈등조정, 기획력, 성과창출, 도전정신 등)
⑨ 독서(사고의 영역확대 및 간접 경험 쌓기)

(4) 전문성(=직무수행능력)관련 기출 및 예상질문

TIP 반드시 관련된 경험을 정리해 보아야 한다.

> Q1. 공무원에게 전문성이란 무엇인가?
> A1. 저는 협상의 능력이 필요하다고 생각합니다. 그 이유는 제가 이번에 노인일자리를 공부하면서 정부부처만으로는 일자리를 만들어 내기 어려우며 지자체와 기업이 협력하여 일자리를 만드는 것이 필요함을 느꼈습니다. 그러나 협력하기 위해서는 해당 지자체와 기업이 어떤 이해관계를 가지고 있는지 어떤 이득을 얻을 수 있는지를 아는 것이 필요하며 이를 활용한 협상을 할 줄 아는 것이 필요하기 때문입니다.
> A2. 세계화, 개방화 시대에 국가경쟁력을 갖추기 위해 공무원에게 전문성이 필요한 가치라고 생각합니다. 세계 여러 나라들과 무한경쟁을 하기 위해서는 전략적 사고, 협상 능력, 정책개발능력 등 전문성이 뒷받침되어야 국민을 위한 공익을 실현할 수 있을 것입니다.
> A3. 국민들에게 양질의 서비스를 신속하게 제공하기 위해 공무원에게 필요한 자질이라고 생각합니다.
> ◐ 위 답변은 구체성이 부족하므로 이를 보완해야 할 것이다.

10 투명성과 공정성

✔**POINT** 투명성과 공정성이 서로 밀접한 관련이 있는 이유는 공무원으로서 공정하게 처리한 모든 일들이 투명하게 공개될 때 비로소 국민이 생각하는 공정한 행정과 투명한 정부가 완성되기 때문이다. 정부에 대한 국민의 신뢰를 높이고 정책에 대한 국민의 수용성을 제고하기 위해 이들 가치는 매우 중요하다. 소수에 의한 정책결정과 그 내용조차 제대로 공개되지 않으면 국민은 그 정책에 반감을 갖게 되고 공직사회 전체를 불신할 수 있기 때문이다.

(1) 정의와 이해

① 투명성은 국민의 알권리를 존중하고, 국민의 관점에서 정부의 정책결정과 집행과정을 공개하는 한편 국민들이 제공된 정보를 쉽게 이해하고 예측할 수 있도록 노력하는 것이다.

② 공정성은 '공평하고 올바름'을 의미하며, 공무원으로서 공정하게 업무를 처리한다는 것은 균형감각을 가지고 모든 국민을 법과 규정에 따라 동일하게 대하는 것을 의미한다. 또한 공무원은 결과는 물론 그 절차의 공정성을 확보하기 위해 노력해야 한다.

③ 투명성은 일의 과정과 결과를 숨기지 않고, 국민이 쉽게 이해할 수 있도록 정보를 제공하는 것이다. 이에 정보의 요청과 요청한 후의 과정이 복잡하지 않아 국민이 쉽게 원하는 정보를 얻을 수 있어야 한다.

④ 공정성은 일을 처리할 때, 개인적인 사정이나 관계에 영향을 받지 않고 객관적이고 공평하게 수행하는 것이다. 일을 한 사람에 따라 결과가 달라지는 것이 아니라 주어진 법에 따라 동일하게 이루어져야 함을 의미한다. 그러나 사회적 약자에 대한 배려 또한 공정성을 위해 필요하다고 생각한다.

(2) 사례로 이해하기

① 핀란드의 세금 기록 공개사례

　㉠ 핀란드 국민은 누구나 국세청에 알고 싶은 사람의 소득, 재산, 납세내역에 대한 정보공개를 신청할 수 있다.

　㉡ 그러나 세금, 주식거래, 인허가 관련 정보, 학교 운영 정보 등 부정과 비리의 여지가 있는 정보에 대해서는 비공개를 허용하지 않는다.

② 직무 관련 투명성 사례

식품의약품안전처는 각 부처 및 기관별로 관리·운영되고 있는 식품안전정보를 연계·통합해 공유·활용하고, 국민에게 신뢰성 있는 정보를 제공하기 위한 '통합식품안전정보망 구축' 사업을 추진하였다. 동 사업은 4단계로 나누어 추진되었다. 첫 번째는 식품안전정보의 연계·통합 및 정보의 공동활용을 위한 식품안전정보 표준 체계 마련, 두 번째는 식약처와 지자체 정보를 전국 단위로 연계·통합 관리하기 위한 행정업무통합 시스템 구축, 세 번째는 각 부처별로 산재되어 있는 159종의 식품안전정보를 통합·연계한 정보공동활용 시스템 구축이었다. 마지막으로 국민이 식품안전정보를 쉽게 찾아볼 수 있도록 식품안전정보 대국민 포털을 구축하였다. 이를 통해 행정업무 효율화 및 식품안전관련 정책수립의 효율성 제고, 식품안전에 대한 국민 만족도 향상 등의 효과가 있을 것으로 기대하고 있다.

③ 공정성 위반 사례

공무원 A는 '공무원 승진 역량평가'의 평가위원으로 참여하면서 과거 부하 직원이었던 B를 승진시키기 위해 B가 개별면접을 보기 전에 본인의 휴대전화 문자메시지로 예상 질문을 B에게 전송해 시험문제를 유출하였고, B의 개별면접 당시 A는 B에게 간단한 질문을 하고 답변이 끝나자 '역량평가 평정표'에 평정요소별 평정을 모두 '탁월'로 체크한 후 총점 기재시 개별면접 전체 응시자 25명 중 최고점인 '89점'을 부여했다는 비위첩보가 접수되었다. 해당기관의 자체조사 결과 관련 내용이 사실로 밝혀짐에 따라 A는 정직 1개월의 징계처분을 받았다.

(3) 투명성과 공정성 실천방안 예시

① 투명성 실천방안 예시

㉠ 행정의 투명성은 개방성, 정직성, 공개성을 내포하고 있다.

㉡ 공공정보를 적극적으로 개방하고 공유한다. ⇨ 정보공개청구제도

㉢ 어떠한 목적으로라도 정보와 통계자료를 가공하거나 조작하지 않는다.

㉣ 시민의 참여를 확대한다. ⇨ 민주성과 연관

㉤ 언론의 비판적 접근을 수용하는 자세를 가진다. ⇨ 언론과 적극적 상호작용 필요

㉥ 자신의 실책에 대해 책임을 지는 자세를 가진다. ⇨ 잘못을 밝히고 시인할 때 국민은 행정을 신뢰

㉦ 비밀유지의 의무를 지킨다. ⇨ 대외비나 기밀 유지가 필요한 정보에 대해서는 비밀을 유지한다.
정보를 유출하여 개인적인 이득 또는 제3자의 이득을 취하게 하는 특권을 배제한다.

　　예 신도시 예정지 사전정보유출

② 공정성 실천방안 예시

㉠ 법과 규정, 행정절차에 따른 공정한 일처리 ⇨ 절차적 공정성 확보

㉡ 합리적 기준(공직가치)에 의한 일처리 ⇨ 공공기관 채용비리 문제, 특정인에 대한 특혜의 배제 등

㉢ 상사의 부당한 압력에 소명 자세

㉣ 정치적 중립 자세

㉤ 업무처리에 따른 노력과 능력의 정도에 따른 공정한 보상

㉥ 수평적 공정성 ⇨ 법 앞의 만인 평등 실현(법치주의), 국민의 기본권 보장(평등주의)

㉦ 수직적 공정성 ⇨ 형평성으로 사회적 약자에 대한 보호 필요

◎ 공정한 경쟁 및 실질적인 기회의 보장, 분배시스템의 합리화

ⓩ 불편부당성 ⇨ 공무원은 공평하게 행동해야 하며, 어떠한 사적단체나 개인에게 특혜를 주어서는 안 된다는 것

(4) 투명성 및 공정성 관련 기출 및 예상질문

Q1. 공무원에게 투명성이 왜 중요한가?

A1. 민주성 가치를 실현시키기 위해 투명성 가치의 확보가 먼저 선행되어야 합니다. 정부와 국민 간에는 정보가 불균형한 상태라고 알고 있습니다. 정보가 불균형한 상황에서 국민들이 국정운영에 참여하더라도 비효율적일 수 있습니다. 따라서 공무원들은 투명성의 가치를 먼저 확보하여 공공 정보를 널리 공개하여 국민들에게 활용할 수 있게 해야 국민들의 참여가 보다 효과적이고 효율적일 수 있게 된다고 생각합니다.

A2. 정부는 투명성을 추구함으로써 정보를 공개하고 국민으로부터 신뢰를 얻기 위해 힘쓰고 있습니다. 통계청은 적극적으로 공공데이터를 개방하고 그중에서도 마이크로데이터라고 하여 조사를 통해 수집된 정보를 개인정보를 제외하고 각 응답을 있는 그대로 공개하고 있습니다. 또한 통계청은 물가통계를 산정하는 과정에서 각 경제주체, 노동단체, 언론사, 물가전문가 등의 의견을 모아 투명성과 신뢰성을 도모하고 있습니다. 앞서 말씀드린 바와 같이 투명성을 위해서는 여러 주체의 의견을 적극 수용하려는 자세가 필요하다고 생각합니다. 의견을 통해서 국민이 어떤 도움이 필요하고 공직자로서 무엇을 할 수 있을지 고민할 수 있기 때문입니다.

Q2. 투명성과 관련된 경험이 있는가?

A1. 투명성에 관한 저의 경험을 말씀드리겠습니다. 저는 대학시절 학생회 총무 업무를 맡아 학생회비를 관리하였는데 영수증을 모아서 파일로 철하고, 지출내역 등을 투명하게 공개하여 누구나 볼 수 있도록 학생회실에 비치하였습니다. 또한 전년도 남은 이월 금액에 대해서 공개하고, 투표를 통해 이월금액 처리에 대해서 의논한 후, 남은 금액은 다시 되돌려 주고 학생회비가 허투루 쓰여지지 않고 있다는 것을 알리기 위해 노력했습니다.

Q3. 투명성과 관련된 정책사례에 대해 알고 있는 것이 있는가?

A1. 정책 중 투명성을 잘 살린 대표적인 것에는 '공공데이터 포털'이 있습니다. 행정안전부에서 운영하는 사이트로 공공정보를 개방·공유하는 웹사이트입니다. 자신이 원하는 자료는 신청할 수도 있습니다. 사이트에 들어가 보면 활용사례가 있는데 버스 노선 정보를 이용해 국민이 만든 버스 알림앱, 반려동물 구조 정보를 통한 앱 등이 있었습니다. 저는 모든 공공서비스를 정부가 제공하는 것이 아니라 투명성을 통해 정보를 공유하면 국민들이 가공하여 또 다른 서비스를 만들어 내는 것을 보며 창의성으로 이어진다는 생각을 하였습니다.

Q4. 공무원에게 공정성이 왜 중요한가?
A1. 업무를 처리할 때 공정성이 무너지면 그것은 일의 기준이 무너지는 것이고 이는 다음에 업무를 처리할 때 그에 대한 기준이 사라지는 것이라고 생각합니다. 때문에 공정성은 일을 처리할 때 가장 중요시해야 한다고 생각합니다.
A2. 비용절감, 업무효율성도 중요하지만 공정성이 무너지면 국민의 신뢰를 잃어버릴 수 있으므로 공정성을 확보하는 것이 무엇보다 중요하다고 생각합니다.
A3. [공정성이란 무엇이라고 생각하는가에 대한 답변] 공정성은 누구에게나 같은 절차와 같은 기준으로 공평하게 대하는 것이라고 생각합니다. 저는 고용노동부에 지원을 하였습니다. 그렇기 때문에 업무수행 시 사용자와 근로자의 의견을 듣다 보면 서로 충돌하는 부분이 생길 것입니다. 이때 어느 한쪽에 치우치지 않는 것이 중요하다고 생각합니다. 민원인을 상대하며 민원 접수를 할 때도 한쪽 말만 듣고 해서는 안 된다고 생각합니다.

Q5. 공정성과 관련된 경험이 있는가?
A1. 제가 대학생 때 외국인 두 명과 조별과제를 한 적이 있습니다. 그런데 외국인 분들이 아무래도 한국어가 뛰어나지 않다 보니 참여하는 데 어려움을 겪었고 조원들 사이에서는 '이 두 명을 배제하고 우리끼리만 한 다음 점수만 주자.'는 의견이 있었습니다. 그러나 저는 이 두 명도 한국학생들과 함께 하고 싶을 것이며 저렇게 하는 것은 공정하지도 않다고 생각해 방안을 생각해봤고, 그 결과 파트너 제도를 제안했습니다. 파트너를 맡은 학생은 외국인 학생과 함께 자료조사를 하되 발표나 PPT 등은 맡지 않는 방향으로 진행하였습니다. 다행히 다들 저의 의견에 동의해 주었고 저희는 만족스럽고 공정하게 과제를 마무리할 수 있었으며 이러한 내용은 제가 교수님께 따로 보고를 드려 A 학점을 받을 수 있었습니다.
A2. 군 시절 외출, 외박을 나갈 때에는 성적과 체력 등 여러 가지 요건이 충족되는 것이 필요했습니다. 당시 선임들은 제가 후임병이기 때문에 성적이 충족된 것처럼 속여달라는 제안을 했습니다. 하지만 저는 인사행정병으로서 공정하게 업무를 수행해야 한다고 생각했기 때문에 그러한 제안을 수락하지 않았고, 오히려 제가 더 모범을 보여서 제 체력 요건을 맞춰놓음으로써 선임들이 그런 반발을 할 수 없도록 모범을 보였습니다. 이는 인사행정병으로서 중심을 지켜야 한다고 생각했기 때문입니다.

11 청렴성

✔ **POINT** 〈논어〉에는 '예가 아니면 보지 말고, 듣지 말며, 말하지 말고, 행하지 말아야 한다.'는 구절이 나온다. 이는 곧 '청렴성'을 의미하는 것이 아닌가 싶다. 그렇다면 '예가 무엇인가'란 물음이 남는데 이에 스티마쌤은 '공직가치를 내재화하고 실천하는 것'이라고 생각한다.

(1) 정의와 이해

① 공무원의 부정부패는 개인의 문제로 끝나지 않고 국가와 국민 전체의 문제로 확산된다는 점에서 그 심각성이 크다. 때문에 예로부터 공직자가 가져야 할 덕목 중에서 가장 기본적인 가치이자 반드시 지켜야 할 가치로 청렴을 꼽고 있다.

② 공직자의 부패는 국가경쟁력에도 상당한 영향을 미친다. 즉, 공직부패는 사회 모든 분야에서 불필요한 거래비용을 증대시켜 국가경쟁력에 악영향을 미친다. 공무원의 부패에 대한 인식 그 자체만으로도 국가와 정부에 대한 국민의 신뢰를 떨어뜨리고 사회통합을 저해할 수 있다.

③ 청렴한 공직자란 부패하지 않음은 물론, 직무 외의 상황에서도 품행이 바르며 능력이 있는 공무원을 말한다. 공무원이 청렴하지 않으면 국민의 신뢰가 떨어져 궁극적으로 국가 전체에 악영향을 미친다. 이는 국가의 신뢰도 하락에 가장 큰 요인이다.

(2) 사례로 이해하기

① **스웨덴 사례**: 공직비리에 대한 엄격한 처벌과 무관용 ⇨ 전 스웨덴 부총리 모나 살린은 한 대형 슈퍼마켓에서 조카에게 줄 기저귀와 초콜릿, 식료품 등 생필품 2,000크로나(약 34만원) 어치를 공공카드로 구입한 사실이 정보공개 과정에서 밝혀졌다. 그는 이후 자기 돈으로 카드대금을 메워 넣었음을 항변하였으나 "정부와 국민의 돈과 개인 돈을 구별하지 못한다."라는 여론의 강한 질타로 결국 부총리직에서 낙마하였다.

② **핀란드 사례 1**: 청렴이 습관이 된 나라 ⇨ 수입정도에 따라 범칙금을 부과하는 데이파인 시스템(dayfine system)에 따라 노키아 간부 안사 반조키는 고속도로에서의 속도위반 혐의로 직전년도 수입의 1/14인 8만 4,000유로(약 1억 4,000만원)를 납부하였다.

③ **핀란드 사례 2**: 누구든 정보공개청구가 가능하나 세금, 주식거래 등 부정과 비리의 여지가 있는 정보에 대해서는 비공개를 허용하지 않았다. 그리고 소득공개를 바탕으로 각종 범칙금을 월 소득에 비례하여 부과하였다.

④ **홍콩 사례**: 염정공서(廉政公署). 지역사회 관계처에서는 부패방지 시민의식 교육을 실시하여, 시민의 지지기반을 확보하였다. 집행처에서는 부패공무원을 수사하였다.

⑤ **청렴 위반 사례 1**

> 공무원 A는 '통합정보시스템 3단계 구축사업'에 대한 감독·검사 업무를 담당하면서, 기업 직원으로부터 375,000원 상당의 접대를 받는 등 총 6회에 걸쳐 2,124,000원의 향응 등을 수수한 사실이 있다. 이러한 사실이 적발되어 A는 정직 3개월 및 징계부과금 2배의 징계처분을 받았다.

⑥ **청렴 위반 사례 2**

> 공무원 A는 회의시간에 직원 단합대회를 위한 야구경기 관람을 제안하고, 며칠 후 직무관련자인 모 회사 지원팀장 B에게 전화하여 "사무소 직원 단합대회에 사용할 치킨과 피자를 구입하려고 하는데 직원을 보내면 바로 찾을 수 있도록 조치해 달라"고 부탁하여 치킨 3~4마리, 피자 3판 등 70,000원 상당의 간식을 수령해 직원들과 함께 야구경기를 관람하면서 위 간식을 나누어 먹어 "경징계" 의결을 요구받았다.

(3) 청렴관련 법규

> **「국가공무원법」**
> 제61조(청렴의 의무) ① 공무원은 직무와 관련하여 직접적이든 간접적이든 사례·증여 또는 향응을 주거나 받을 수 없다.
> ② 공무원은 직무상의 관계가 있든 없든 그 소속 상관에게 증여하거나 소속 공무원으로부터 증여를 받아서는 아니 된다.
>
> **「부패방지 및 국민권익위원회의 설치와 운영에 관한 법률」**(부패방지권익위법)
> 제2조(정의) 이 법에서 사용하는 용어의 뜻은 다음과 같다.

4. "부패행위"란 다음 각 목의 어느 하나에 해당하는 행위를 말한다.

　가. 공직자가 직무와 관련하여 그 지위 또는 권한을 남용하거나 법령을 위반하여 자기 또는 제3자의 이익을 도모하는 행위

　나. 공공기관의 예산사용, 공공기관 재산의 취득·관리·처분 또는 공공기관을 당사자로 하는 계약의 체결 및 그 이행에 있어서 법령에 위반하여 공공기관에 대하여 재산상 손해를 가하는 행위

　다. 가목과 나목에 따른 행위나 그 은폐를 강요, 권고, 제의, 유인하는 행위

제7조(공직자의 청렴의무) 공직자는 법령을 준수하고 친절하고 공정하게 집무하여야 하며 일체의 부패행위와 품위를 손상하는 행위를 하여서는 아니 된다.

(4) 청렴성 실천방안 예시

① 공무원 행동강령 준수 ⇨ 공정한 직무수행, 부당이득의 수수 금지, 건전한 공직풍토 조성 등

② 상사의 부당한 지시에 소명 자세

③ 특혜의 배제, 알선 및 청탁금지, 금품수수 금지, 이해관계 직무의 회피

④ 법·규정·절차 준수

⑤ 행정의 투명성 유지 ⇨ 투명해야 부패가 자리잡을 수 없음

⑥ 김영란법 정착 ⇨ 온정주의, 연고주의, 접대, 촌지 등 부패유발적 사회관행 퇴치

⑦ 이해충돌방지법 준수 ⇨ 직무수행과 관련한 사적 이익 추구 금지

(5) 청렴성 관련 기출 및 예상질문

Q1. 공무원에게 청렴성이란 무엇인가?

A1. 솔직히 말씀드리면 이번 면접을 위해 목민심서를 읽었는데 거기에 이런 말이 있었습니다. '욕심이 많으면 청렴하고, 욕심이 적으면 부패한다.'였는데 처음에는 이게 무슨 말인지 전혀 말이 되지 않는다고 생각했었는데 밑에 설명을 보니 단순히 재물욕이 아닌 백성에게 사랑받고 싶은 마음, 나라에 인정받고 싶은 마음 등의 큰 욕심이 많으면 청렴하게 될 수밖에 없고 그렇지 않고 재물욕과 같은 작은 욕심만 챙긴다면 청렴하지 않게 될 수 있다는 뜻이었습니다. 이에 저는 욕심이 많은 공무원이 되고 싶습니다. 곧 욕심을 많이 내어서 청렴한 공무원이 되고 싶습니다.

A2. [공무원에게는 높은 청렴성이 요구되는데 어떻게 생각하는지에 대한 답변] 공무원에게는 많은 재량권이 있습니다. 이를 자신에게 유리하게 쓰이게 하기 위해 많은 부패나 비리 로비가 있을 수 있습니다. 이 때문에 공무원 자신이 높은 청렴성을 지켜야 한다고 생각합니다.

A3. [청렴을 실천한 경험] 제가 예전에 대학교에서 조교를 할 때 외부장학금이 들어오는 상황에서 친구들이 자신들에게 먼저 장학금을 달라고 했지만 성적순으로 해야 한다고 거절하며 장학금을 지인들에게 주지 않았습니다.

A4. [청렴을 실천한 경험] 제 사례를 말씀드리겠습니다. 대학시절 학생회 임원으로 활동했었는데 학생회에는 학생회비를 학생회 임원 몇몇의 식사비로 대체하는 불합리한 관행이 있었습니다. 이에 저는 이러한 관행을 설득을 통해서 고쳤던 경험이 있습니다.

Q2. 청렴을 위해 실천해야 하는 방안에는 무엇이 있는가?

A1. [자신만의 생각으로 답변] 저는 공무원은 국가가 국민들과 오랜 시간 소통하고 고민하며 만든 정책과 법을 원활하게 시행되도록 돕는 사람들이라고 생각합니다. 그런 공무원이 청렴하지 않으면 국민들의 신뢰를 잃고 그것은 국가에 대한 불신으로 이어진다고 생각합니다. 이런 불신은 국가가 새로운 정책을 시행할 때 큰 방해요소가 될 수밖에 없기 때문에 공직사회에서 청렴은 무엇보다도 중요한 가치가 되어야 합니다. 저는 여기에 대해 교육적 측면, 제도적 측면에서 방법을 생각해보았습니다.

먼저 교육적 측면으로는 최근 LH사건이 발생하면서 이해충돌방지법이 통과한 것으로 알고 있습니다. 이해충돌방지법은 김영란법과 다르게 가족에게까지 처벌범위가 확대되었지만 이러한 내용에 대해 가족들이 정확히 이해하고 있지는 않는 것 같습니다. (면접관 세 분 모두 끄덕끄덕하셨음) 따라서 저는 청렴캠프를 주기적으로 열어 공무원과 가족분들을 초대해 어떤 행동을 하면 안 되고 어떤 처벌을 받게 되는지 연극이나 영화같이 이해하기 쉬운 형태로 교육하고 청렴관련 프로그램을 운영한다면 가족 간에 화합을 도모할 시간도 갖게 되고 청렴의식도 높일 수 있을 것이라고 생각합니다.

A2. [경험을 활용한 답변] 제가 대검찰청 견학에 갔을 때 장기미제사건을 과학수사를 통해 어떻게 해결했는지에 대한 동영상을 흥미롭게 보았습니다. 이렇게 '청렴'을 지켜서 수사를 하는 과정을 동영상으로 재밌게 찍어 SNS나 검찰청 사이트에 올리면 좋을 것 같습니다. 그리고 다른 방법으로는 요즘 웹툰을 많이들 보는데 '명탐정 코난' 만화처럼 재밌는 웹툰을 만들어 검찰에서 어떻게 청렴하게 수사하고 있는지를 알릴 수 있다면 국민들의 인식이 좋아질 수 있다고 생각합니다.

12 도덕성

✔**POINT** 도덕성은 청렴과 윤리를 모두 포함되는 포괄적인 개념이라는 사실을 꼭 기억하고 면접준비에 임해야 할 것이다.

(1) 정의와 이해

① 규범은 '인간이 사회생활을 하는 데 있어 구성원으로서 지켜야 할 행동 규칙'을 의미한다. 그 강제의 정도에 따라 관습, 도덕, 법의 3가지 단계로 나눠 진다. 따라서 규범에 근거한 행동을 한다는 것은 사회적 관습과 규칙에 어긋나지 않아야 한다는 의미이다. 한편, 건전한 상식은 '사회적으로 널리 사용되는 개념'으로 해석될 수 있다.

② 공무원이 사회 대다수 구성원들이 공유하는 규칙과 개념을 지키지 않으면 위법적인 상황이 발생하고, 그 정도가 그리 심하지 않더라도 국민으로부터 비웃음과 반감을 유발하여 공무원의 명예와 품위에 나쁜 영향을 미칠 수 있다.

③ 공무원은 공인(公人)이라는 신분적 특수성이 있는 만큼 규범을 준수하고 건전한 상식에 따라 행동한다는 것이 사회적 책임의 영역까지도 확정되어야 한다. 즉, 공무원의 책임은 안정적인 업무수행, 명예를 지키는 일상생활뿐만 아니라 사회기여 활동까지도 포함한다. 다시 말해 공무원이 적극적인 자세로 나눔과 봉사활동을 수행할 때 비로소 그 사회적 책임을 다한다고 볼 수 있으며 국민들에게도 귀감이 될 수 있는 것이다.

(2) 사례로 이해하기

① 미국의 교육제도: 인성교육과 시민교육 프로그램을 통해 인류가 추구하는 보편적인 공공성을 중심으로 글로벌 가치와 덕목을 전 세계 사람들과 공유하려는 노력을 한다. 미국의 경우 도덕성 교육에서 정부의 역할은 프로그램이나 재정에 대한 지원이다. 실제로 도덕성 교육을 실시하는 것은 학교나 지역사회의 비영리단체들이다. 즉, 이론보다는 실천을 통해 도덕성을 배양하고 있다.

② 품위관련 헌법재판소의 판결

> 공무원에게 직무에 속하는 행위인지 여부를 불문하고 품위유지의무를 부과하고, 이를 어길 경우 징계하도록 하는 것이 헌법에 어긋나지 않는다는 헌법재판소 결정이 나왔다.
> 경찰관 A는 경찰소방공무원들의 처우개선 등을 목적으로 설립된 경찰·소방공상자후원연합회 사무실에서 사무실 이전을 막기 위해 출입문에 경고문을 부착하고, 사무실 출입을 못하게 하는 등 업무집행을 방해한 혐의로 벌금 50만원의 약식명령을 받았다. 소속 경찰서는 품위유지의무 위반을 이유로 감봉 2개월 징계를 내렸다. 소청심사위원회에서 견책으로 감경받은 A는 이를 취소해달라는 행정소송을 냈다. 또한 국가공무원법의 품위유지의무 조항이 징계사유를 지나치게 광범위하게 정하고 있어 헌법의 명확성 원칙과 과잉금지원칙에 위반된다며 직접 헌법재판소에 헌법소원도 냈다.
> A는 '품위'의 뜻이 명확하지 않다고 주장했다. 그러나 헌법재판소는 "품위손상 행위는 주권자인 국민으로부터 수임받은 공무를 수행하기에 어울리지 않는 행위를 함으로써 공무원과 공직 전반에 대한 국민 신뢰를 떨어뜨릴 우려가 있는 경우"라며 "공무원은 높은 수준의 도덕적·윤리적 소양이 요구되므로 평균적인 공무원은 품위손상 행위가 무엇인지 충분히 예측할 수 있다"고 지적했다.
> 헌법재판소는 "국민 전체에 대한 봉사자라는 공무원 지위의 특성상 일반 국민에 비해 넓고 강한 기본권 제한이 가능하다"며 "공무원의 불이익보다 공직에 대한 국민 신뢰를 보호하고 공무원의 높은 도덕성을 확보한다는 공익이 현저히 크다"고 합헌 이유를 제시했다.
> 품위의 의미를 헌재에서 규정하고 있는데 품위의 해당범위는 매우 광범위하게 적용됨을 알 수 있다. 즉, 국민의 신뢰를 떨어뜨릴 우려가 있는 경우 모두를 품위위반으로 볼 수 있다는 것이다.

③ 품위 위반 사례 1

> 공무원 A는 자택에서 처와 딸을 폭행하고, 처가 현관출입문을 열어주지 않자 복도 유리창을 파손하였다. A는 공무원의 품위유지의무 위반을 이유로 감봉 1개월의 징계처분을 받았다.

　➡ 공무원으로서의 명예와 품위유지 의무는 일상생활까지 연결된다.

④ 품위 위반 사례 2

> 인사혁신처는 "민중은 개, 돼지"라고 말해 물의를 일으킨 교육부 전 국장에 대해 파면을 확정했다. 중앙징계위는 "이번 사건이 공직사회 전반에 대한 국민 신뢰를 실추시킨 점, 고위 공직자로서 지켜야 할 품위를 크게 손상시킨 점 등을 고려해 가장 무거운 징계처분을 내린다"며 파면을 의결하였다.

⑤ 품위 위반 사례 3

> 공무원 A는 음주 후 교통사고를 일으키고 경찰관의 음주측정을 거부하여 공무집행방해 및 타인의 생명과 재산에 피해를 일으킨 위법행위로 대외적으로 공무원의 품위를 크게 손상시킴으로써 최초 음주운전으로 적발되었을 경우 가장 무거운 "감봉3월" 징계처분을 받았다.

⑥ 품위 위반 사례 4

> 공무원 A는 부하직원에게 "사랑한다"라는 문자메시지 발송하고, 회식자리에서 술시중을 들게 하고, 노래방에서 신체접촉을 하고, 밤늦은 시간 전화 또는 문자메시지 발송 등을 하여 성적 수치심을 유발하게 한 사실로 국가공무원법상 품위유지의 의무를 위반한 행위로 "감봉1월" 처분을 받았다.

(3) 도덕성 실천방안 예시

① 준법정신을 생활화하고 공중도덕 준수 ⇨ 개인적으로 공중도덕을 지킨 사례 활용
② 공무원으로서 명예를 훼손하거나 품위가 손상되는 행위를 하지 않음
③ 공무원의 의무 이행 ⇨ 선서의무, 성실의무, 법령준수 의무, 복종의무 등
④ 공무원으로서의 윤리의식 ⇨ 공무원은 높은 수준의 도덕적·윤리적 소양이 요구됨
⑤ 노블레스 오블리주 실천 ⇨ 높은 수준의 도덕적 마인드
⑥ 공무원은 비공개정보를 사용하여 금융거래를 해서는 안 되며, 사적 이익을 위해 그러한 정보를 부적절하게 사용해서는 안 됨
⑦ 갑질금지 및 직장 내 괴롭힘 금지
⑧ 음주운전하지 않기

(4) 도덕성 관련 기출 및 예상질문

> "공무원에게 도덕성이란 무엇인가?"
>
> Q. 공무원은 제약받는 게 많다. 사기업, 공기업, 공무원에게 요구되는 것이 모두 다르다. 예를 들어 노동3권처럼 공무원은 유독 제약이 많은데 이것에 대해 부당하다고 생각하진 않는가?
>
> A. [스티마쌤의 답변] 네, 저는 공직윤리와 일반윤리가 다르다고 생각합니다. 일반윤리는 일반 상식선의 도덕적 문제이고 공직윤리는 조금 더 엄격하게 적용될 필요가 있다고 생각합니다. 왜냐하면 공직자가 하는 하나의 정책은 곧바로 국민에게 득이 될 수도 해가 될 수도 있기 때문입니다. 따라서 일반 사기업과 공직자에게 요구되는 윤리는 다를 수밖에 없고 달라야 한다고 생각합니다.
>
> Q. 왜 공직자에게 더 도덕성을 요구하는가?
>
> A. [스티마쌤의 답변] 행정이 담당하는 업무분야가 넓어지고 재량권도 커져 공무원의 영향력이 커지고 있는 상황에서 공무원은 법규준수는 당연하고 사회적 관습과 규칙을 준수하는 모습을 보여야 국민으로부터 신뢰를 얻을 수 있기 때문입니다.
>
> Q. 요즘 공직자의 음주운전에 관해 엄한 처벌을 하는 것에 대한 생각은 무엇인가?
>
> A. [스티마쌤의 답변] 저는 공직자의 윤리 도덕성이 중요하다고 생각합니다. 이에 공직자로서 준법정신이 중요하고 국민들보다 엄중한 처벌이 필요하다고 생각합니다.
>
> Q. 그럼 일반국민이랑 공무원이 똑같이 음주운전을 해도 국민은 벌금 100만원, 공무원은 징역형에 해당하는데 이것은 형평성에 어긋나지 않는가? 어떻게 생각하는가?
>
> A. [스티마쌤의 답변] 형평성에는 같은 것을 같게 적용하는 것도 있지만 다른 위치에 있는 사람에게 다르게 적용되는 것도 형평성이라고 생각합니다. 공무원은 국민을 위해 봉사를 해야 하는 자리이기 때문에 보다 높은 도덕성이 필요합니다.

Q. 공무원에게 왜 품위유지를 강조하는가?

A. 아무리 전문성 등 다른 역량을 갖추었더라도 공직자로서의 자세와 품위를 갖추지 못하면 다른 역량의 의미가 퇴색될 수 있습니다. 또한 한 사람의 평소 행동거지, 품위 등이 올바르면 그 사람에 대한 신뢰도가 높아질 수 있습니다. 따라서 공직자는 단정한 자세와 품위 그 자체도 하나의 역량임을 인지하고 이 부분에 대해 노력해야 한다고 생각합니다.

Q. [후속질문] 구체적으로 어떻게 하면 단정한 자세와 품위를 유지할 수 있는가?

A. 좁게는 공직자로서 일상에서 행동 하나하나에 유의하는 것을 들 수 있습니다. 공직자는 모든 부분에 있어서 국민의 모범이 되어야 합니다. 또 국민들의 행동 기준이 될 수 있기 때문에 자신의 행동에 대해 조심해야 한다고 생각합니다. 좀 더 넓게 보아서는 공직자윤리법(국가공무원법인데 법명을 잘못 말함.) 상의 '품위유지의 의무'에 위반되지 않도록 하는 것이 필요합니다.

◇ **PLUS**

노블레스 오블리주(Noblesse Oblige)

1. 노블레스 오블리주는 초기 로마시대에 왕과 귀족들이 보여주었던 투철한 도덕의식과 솔선수범하는 공공정신에서 비롯된 것으로 높은 사회적 신분에 상응하는 도덕적 의무를 가리키는 말이다.
2. 이는 고귀한 신분에 따르는 도덕적 의무와 책임을 뜻하는 것인데 지배층의 도덕적 의무를 뜻하는 격언으로 정당히 대접받기 위해서는 명예(노블레스)만큼 의무(오블리주)를 다해야 한다는 것이다.
3. 초기의 로마사회에서는 사회고위층의 공공봉사와 기부, 헌납 등의 전통이 강했는데 이런 행위는 의무이기도 하지만 명예로 인식이 되면서 자발적이고 경쟁적으로 이루어졌다.
4. 특히 귀족 등의 고위층이 전쟁에 참여하는 전통은 더욱 확고해졌는데 이러한 귀족층의 솔선수범과 희생에 힘입어 로마는 고대 세계의 맹주로 자리를 할 수 있었다.
5. 현대사회에서 이와 같은 도덕의식은 계층 간 대립을 해결하고 사회통합을 위한 최고의 수단으로 여겨지고 있다.
6. 공무원에게 보다 높은 도덕성, 청렴성을 요구하는 것도 이와 비슷한 의미로 이해하면 될듯하다.

2024

스티마 면접

교육행정직(통합편)

07

개인신상 관련 질문 및 기타 질문

CHAPTER

01 개인신상 관련 질문

1 대학교 전공과 관련한 질문

(1) 전공이 무엇이며 전공이 합격한 직렬 또는 업무를 수행하는 데 어떤 도움이 되는가?

(2) 전공이 응시한 직렬하고 다른데 다른 경쟁자와 차별화될 수 있는 자신만의 강점은 무엇인가?

TIP '과거에 합격한 직렬을 위해서 어떤 노력을 했는가?'라는 내용으로 활용할 수 있어야 한다. 직렬과 관련된 실습이나 조별 과제, 실무경험, 인턴경험 등에 관해 준비를 해 둘 필요가 있다.

MEMO

2 수험생활 및 학창시절 관련 질문(가볍게 하는 질문)

(1) 공무원 준비는 얼마나 했는가?

(2) 수험생활 중 가장 힘들었던 경험은 무엇이고 어떻게 극복하였는가?

(3) 아르바이트나 단체생활 경험은 있는가? 그중 가장 기억에 남는 일은 무엇이며 가장 후회스러운 경험은 무엇인가?

MEMO

3 　직장생활 관련 질문

(1) 직장을 그만둔 이유는 무엇인가?

(2) 직장에 다니면서 조직의 성과를 위하여 본인이 노력한 경험은 무엇인가?

(3) 직장상사와 갈등은 없었는가? 그때 어떻게 대처하였는가?

(4) 공무원 조직은 사기업 못지않게 위계질서가 강하다. 나이 어린 상관과 의견충돌이 있을 수 있는데 잘 지낼 수 있겠는가?

TIP 현실적인 이유에 대해서는 진솔하고 솔직하게 이야기하는 것이 좋다. 주의할 점은 다녔던 직장에 대하여 부정적인 이야기는 피해야 한다. 예를 들어 상관과 갈등이 심해서, 회사의 미래가 없어서, 급여가 적어서, 적성에 맞지 않아서 등의 이야기는 하지 않는 것이 좋다. 면접관은 회사 일도 잘한 사람이 공직생활도 잘 할 것이라고 생각할 수 있으므로 이를 상기하며 면접에 임해야 한다.

> **MEMO**
>
>

4 　기혼자 관련 질문

(1) 우리나라 복지는 잘되어 있다고 생각하는가?

(2) 일과 가정에 동시에 잘하기는 힘들 텐데 일과 가정이 충돌할 때는 어떻게 하겠는가?

> **MEMO**
>
>

5 　부모님과의 관계

(1) 최근에 아버지와 술을 마신 적이 있는가? 있다면 언제였으며 무슨 일로 마셨는가?

(2) 보통 부모님과 소통할 때 무슨 이야기를 하는가?

(3) 힘든 일이나 어려운 일이 있으면 누구랑 먼저 상의하는가?

> **MEMO**
>
>

6　친구와의 관계

(1) 친구 및 지인들은 본인을 어떻게 평가하는가?

(2) 친구는 많은 편인가?

(3) 친구들과 의견에 있어서 갈등이나 충돌이 발생할 때 양보하는 편인가? 자기주장을 고집하는 편인가?

(4) 친구나 지인들은 평소 공무원에 대해 어떻게 이야기 하였는가?

TIP 평소의 인관관계를 묻는 질문이다. 공무원은 민원인, 직무관련자, 동료나 선배, 상관, 다른 부처 등 다양한 사람들과 만나서 소통을 하며 일처리를 한다. 즉, 혼자서 하는 일이 아니기 때문에 인간관계가 상당이 중요하다. 그러므로 경험이나 사례를 통하여 자신의 인간관계를 잘 부각시켜야 한다. 단순히 '적극적이라고 말한다.'가 아니라 본인이 친구들을 위해서 적극적으로 행동했던 것을 언급하며 이렇게 경험과 사례를 통하여 어필하라는 것이다.

TIP 면접관들이 평소 공무원에 대한 생각을 묻는 것은 일반적으로 국민인식이 공무원에 대한 편견을 갖고 있다고 생각하기 때문이다. 설령 응시생 또한 그러한 편견이 있었을지라도 본인이 면접준비 과정에서 공무원의 역할에 대해 고민한 흔적을 말하고, 그러한 점을 친구에게 자주 말하면서 '공무원에 대한 이미지를 바꾸려고 노력했다.'라는 취지의 답변이 괜찮다.

> **MEMO**
>
>

7　사소한 질문이라도 긍정적인 마인드 부각시키기

(1) 식사는 했는가?

(2) 지금 긴장되는가? 평소에 긴장하면 어떻게 푸는가?

(3) 1번으로 면접을 보는데 괜찮은가?

(4) 면접순서 기다리기 힘들진 않았는가?

> **MEMO**
>
>

8 스트레스를 해소하는 방법

(1) 공직사회는 스트레스 강도가 다르다. 평소 스트레스는 어떻게 푸는가? 그렇게 해서 스트레스가 풀리는가?

(2) 공무원은 친절의 의무가 있다. 공무원은 아무리 화가 나더라도 친절해야만 한다고 생각하는가?

TIP 공무원의 친절과 같은 물음에 수동적이고, 뻔한 답변은 진정성이 없어 보인다. 그러므로 친절에 대한 답변은 예를 들면 '공무원으로서 친절은 당연하다고 생각한다. 하지만 악성민원인들 즉, 행정력 낭비에 영향을 주는 민원인들한테는 강함도 필요하다고 생각한다. 또한 공무원의 친절도 향상도 중요하지만 민원인들의 시민의식도 함께 높아져야 한다고 생각한다.'고 답변하는 것이 바람직하다.

MEMO

9 돌발성 질문

(1) 충과 효 중에 무엇이 더 중요하다고 생각하는가?

(2) 일과 가정 중에 하나만을 선택해야 한다면?

(3) 본인은 면접을 잘 보고 있다고 생각하는가?

(4) 법과 원칙 그리고 융통성 중에 무엇이 더 중요하다고 생각하는가?

(5) 합격자 발표 후 기관이나 관공서를 방문한 적이 있는가?

MEMO

10 '마지막으로 하고 싶은 말' 준비해 두기

예시 01 개인사는 진정성과 간절함이 드러나야 한다.

저는 4년 7개월의 긴 수험생활 동안 눈물도 많이 흘렸고 좌절도 여러 번 겪었습니다. 하지만 그럴수록 제 꿈에 대한 간절함과 절실함이 더욱 커졌습니다. 이런 과정에서 어려움을 극복할 수 있는 긍정적인 사고를 배울 수가 있었고 제자신이 정신적으로 더 성숙할 수 있는 계기가 되었던 것 같습니다. 기나긴 수험생활 동안 부모님의 헌신적인 뒷바라지가 없었다면 아마 제 꿈을 펼치는 데 어려움이 많았을 것이라고 생각합니다. 그런 부모님께 이제는 합격이란 영광을 안겨드리고 싶고 또 내복이라도 사드릴 수 있는 아들로 거듭나고 싶습니다. 저는 이길 아닌 다른 길은 생각해 보지 못할 만큼 어쩌면 무모한 사람일 수도 있습니다. 하지만 그렇기에 이 길을 천직이라 여기고 어떠한 어려움이 닥치더라도 지금껏 그래왔듯이 초심을 잃지 않고 이겨낼 자신이 있습니다. 긴 수험생활을 마칠 수만 있다면 또한 그렇게나 꿈꿨던 제 꿈을 펼칠 수만 있다면 국가와 국민에게 감사하는 마음가짐으로 뼛속까지 공무원이고 싶습니다. 열심히 하겠습니다. 감사합니다.

예시 02 튀는 것이 아닌 돋보이는 이야기가 나와야 한다.

면접관님들께서는 오늘 점심은 맛있게 드셨습니까? 저도 오늘 면접을 위해 이른 점심을 먹고 나왔는데 본래 점심이란 단어는 불교에서 유래되었다고 합니다. '마음의 점을 찍다'라는 의미로 오전에 한 일을 되돌아보고 남은 하루를 더 의미있게 살라는 뜻을 지니고 있습니다. 저도 점심의 의미처럼 제자신에 대해 항상 반성하고 자기개발을 하면서 시민들께 봉사하겠다는 초심을 잃지 않는 한결같은 공무원이 되고 싶습니다. 또 제가 언뜻 보기에도 공무원처럼 생겼기 때문에 이 둥글둥글한 얼굴을 바탕으로 편안하게 적극적으로 다가가는 친화력으로 국민들께 친구같은 공무원이 되는 모습을 꼭 보여드리겠습니다.

예시 03 자신의 소소한 경험이지만 공익성이 드러난 이야기를 해야 한다.

공무원을 처음 꿈꾸게 된 것은 학교를 다니면서 기초지식을 바탕으로 많은 경험과 자원봉사를 하면서였습니다. 학교 주변에서 한 꼬마를 만났던 기억이 납니다. 늦은 시간에 집으로 돌아가지 않고 학교를 서성이기에 다가가 "꼬마야 왜 집에 가지 않고 서성이고 있니?"라고 물었는데 "집에 가도 아무도 없어."라는 아이의 대답이 돌아왔습니다. 그때 많은 것을 느꼈습니다. '아이가 왜 이 시간에 집으로 가고 있지 않은 것인가? 이 시각에도 이러한 아이들이 우리나라에 얼마나 많이 있을까?'를 생각하게 되었고 그 아이들을 위해서 내가 무엇을 할 수 있을지 고민하며 아이들을 돕고자 생각하게 되었습니다. 그래서 공무원을 준비하게 된 것입니다. 그 마음을 잃지 않도록 저는 일주일에 한 번씩은 거르지 않고 봉사활동을 하고 있습니다. 이에 초심을 잃지 않는 공무원이 되고 싶습니다.

예시 04 진정성 있는 마무리가 중요하다.

진솔한 마음을 보여드리고자 노력했는데 떨려서 어땠을지 모르겠습니다. 이제 긴 공시생 과정이 끝이라 생각하니 후련하지만 한편으로는 면접을 준비하며 배운 공직가치들을 떠올리니 마음이 무겁기도 합니다. 공무원이 된다면 항상 맡은 자리에서 최선을 다하고 양심에 따라 행동하겠습니다. 제 이야기를 끝까지 들어주셔서 감사합니다.

CHAPTER

02 조직생활 관련 질문

POINT
✔ POINT
1. 조직생활은 공무원 면접에서 매우 중요한 부분이다. 내용을 잘 이해하면 많은 도움이 된다.
2. 상사와의 관계, 동료와의 관계, 관행, 조직문화 개선 등에 대해 자주 질문하므로 기출질문을 살펴보고 답변을 준비해야 한다.

1 조직이란 무엇인가?

TIP 조직의 중요성 ⇨ 사기업뿐만 아니라 공무원 면접에서도 조직생활과 관련된 질문을 많이 한다. 조직의 중요성에 대해 다시 한번 생각해본다면 답변하는 데 어려움이 없을 것이라 생각한다. 이에 아래 내용을 참고하여 자신의 생각을 말할 수 있어야 한다.

1. 조직과 관련한 내용 정리

(1) "손을 잡지 않고 살아남은 생명체는 없다."고 한다. 이 말은 경쟁에서 이기기 위해 또한 생존을 위해 우리가 협력해야 한다는 것이다. 이것이 인류가 지금까지 생존하고 발전해 온 이유이다. 협력에서 가장 좋은 방법이 조직을 구성하는 것이기 때문이다.

(2) 세상의 변화 속에서 국가 간 경쟁이 심화되고, 고객(민원인)의 욕구 또한 다양화되고 있어 이를 해결할 수 있는 경쟁력을 갖추기 위해 유연하고 효율적인 조직화가 필요하다.

(3) 조직화란 조직 구성의 기본 요소인 실현가능한 현실적 목표와 필요한 조직의 형성 그리고 구성원이 수행해야 하는 직무에 관한 범위와 이에 대한 책임과 권한의 한계를 규정하고 효율적인 직무수행을 위한 부서화를 통해 업무적 연관성을 체계적으로 전개할 수 있는 구조를 만드는 전략적 과정이라고 할 수 있다.

(4) 개인이 조직에 참여했을 때 개인의 욕구(의식주, 자아실현 등) 충족에 대한 기대감은 높아지고 시간과 비용 대비 효율성이 높아진다.

(5) 조직을 통한 협동적 노력으로 개인이 할 수 없는 일을 달성할 수 있다. 개개인은 모두 다양한 능력을 가지고 있다. 그 개개인의 능력이 조직에서 발휘되면 시너지 효과가 발생하며 개개인이 조직에 기여한 것 이상의 효과를 얻을 수 있다. 조직이 이렇게 목표달성을 위한 효율적인 수단이라는 것은 우리 주변에서도 쉽게 감지할 수 있다.

(6) 개인은 조직을 통해 상호작용 기회를 높일 수 있다. 개인은 조직 속에서 서로 미워도 하고 좋아도 하고 경쟁도 하고 협동도 하며 또한 불만을 느끼거나 만족을 얻기도 한다. 이와 같이 조직 속에 있는 개인들은 어떤 형태로든지 상호작용을 하면서 조직을 통해 생활의 안정과 삶의 보람을 추구하는 등 자기의 목표를 달성하려고 한다. 이러한 상호작용이 바로 조직의 기능을 발휘할 수 있도록 하는 과정인 것이다.

(7) 조직은 목적을 지향한다. 공무원 조직은 공익추구, 시민안전을 목적으로 한다. 헌법 제7조 제1항은 '공무원은 국민 전체에 대한 봉사자이며, 국민에 대하여 책임을 진다.'고 하며 공무원의 역할과 의무를 규정한 내용이다. 공무원 조직은 봉사자로서의 역할과 국민에 대한 책임의무를 능률적이고 효과적으로 달성하기 위해 일을 한다.

(8) 따라서 공무원 조직의 구성원인 공무원 모두는 조직의 목표를 이해하고 목표를 달성하기 위해 협력하며 전문성을 발휘해야 한다. 그 과정에서 필요한 것이 바로 공직가치이다. 공직가치는 공무원이 공익을 실현하기 위해 반드시 갖추어야 할 자세를 말한다. 공익이란 최대다수의 최대행복으로 정의되기도 하지만 반드시 사회적 약자에 대한 배려가 존중되어야 한다.

(9) 공무원들이 공무를 수행하는 현장에서는 수많은 가치들이 충돌하는 경우가 발생한다. 그때 중심이 되어야 하는 것이 바로 공직가치이며, 이것이 조직의 목표이다. 조직의 방향과 개인의 신념 충돌, 조직 내부에서의 갈등, 상사와의 갈등, 조직원과의 관계 등을 원만하게 풀어가는 것이 필요한 이유도 바로 조직의 목표달성과 관련이 있다.

(10) 결론적으로 조직은 개인이 할 수 없는 일을 해낼 수 있는 힘을 가지고 있고 조직이 추구하는 목표가 있다. 조직 구성원인 개개인은 조직이 추구하는 방향에 맞추어 조직의 목적을 나의 일의 의미로 공감할 수 있어야 한다.

(11) 만일 조직이 추구하는 목적이 국민에 봉사하는 것이 아니고 조직의 이익만을 추구할 때는 조직 내부에서 조직원들과 공감대를 얻어가며 꾸준히 개선하기 위해 노력해야 한다.

TIP 면접에서 조직 관련 질문을 받는다면 조직의 중요성, 협력의 필요성, 관계 형성의 중요성에 대해 이해하고 있다는 것을 분명하게 말할 수 있어야 한다. 또한 관련된 경험에 대해서도 답변할 준비가 되어야 후속질문(갈등해결경험, 협력경험, 희생경험 등)에 대비가 가능하다. 이에 조직 관련 질문에 대해 간단한 경험과 함께 30~40초 분량으로 답변을 정리해 보길 바란다.

2. 조직생활 관련 질문 중 기본이자 자주하는 질문

✔ POINT 남들과 차별화시킬 수 있는 답변을 준비해야 한다.

(1) 만약 자신의 소신과 조직이 추구하는 방향이 충돌한다면 어떻게 할 것인가?

(2) 본인은 개인의 선택을 중요시 하는가 조직의 선택을 중요시 하는가?

(3) 조직의 역량과 개인의 역량 중 무엇이 더 우선시 되어야 하는가?

(4) 개인의 일과 팀의 협업 중 무엇이 더 중요한가? 그 이유는 무엇인가?

(5) 개인의 의견과 조직의 의견에 갈등이 생기면 어떤 것을 더 중요시 할 것인가?

MEMO

---

2 관행에 대해 명확히 정리하기

✔ POINT 이에 대해 한 번도 생각해보지 않았다면 답변하기 어려운 질문이다. 아래 내용을 참고해서 자신의 생각을 말할 수 있어야 한다.

1. 관행과 관련한 내용 정리

(1) 비록 위법하지는 않지만 문제가 있는 관행이라면 개선하려고 노력해야 한다. 예를 들어 검찰직에서 구속 후 수사를 하는데 밤샘수사를 하는 것이 관행화되었다고 가정하겠다. (물론 이 관행도 지금은 개선되어 사라졌지만 예전의 상황을 가정한 것이다.) 이것은 법에 규정되어 있지 않으므로 위법은 아니다. 그런데 인권적 측면에서 볼 때 매우 불합리하다. 수사를 하는 검찰입장에서는 이 관행이 업무를 하는 데 매우 효율적이라고 생각한다. 즉, 기관의 입장과 국민의 기본권에 대한 입장이 충돌하는 상황이 발생하고 있다. 법에서는 이런 세부적인 사항에 대해 규정되어 있지 않다.

(2) 위와 같은 상황에서 개인적으로 보기에 국민의 기본권을 존중하고 불합리한 점은 개선하고 싶지만 아무리 건의를 해도 상사는 기존 관행이 일처리를 하기에 편하다고 한다. 왜냐면 그렇게 배웠고 그렇게 하는 게 익숙하기 때문이다.

(3) 이런 경우 조직 내에서 불합리를 외치고 개선을 요구한다고 해서 바로 바꾸기는 매우 어렵다. 조직 내에서 불합리함을 인식하면서 조직원들과 공유하고 천천히 공감대를 넓혀가며 개선하려는 노력을 꾸준히 해야 비로소 바뀔 수 있다. 즉, 조직 내에서 '개선을 위한 설득 노력을 꾸준히 해야 한다. 조금씩이라도 변화를 위해 노력해야 한다.'는 것이 결론이다.

(4) 조직 내에서 통용되는 관행은 또 다른 면이 있다. 즉, 관행의 정의는 '오래전부터 해 오는 대로 함. 또는 관례에 따라서 함.'이다. 예전에는 그 방식이 편하고 효율적으로 작동하고 있었을 것이다. 그런데 시대가 변하면서 그 관행이 시대의 흐름을 반영하지 못한 경우이다.

(5) 현재 조직 내에서 이루어지고 있는 관행이 '현재에도 적용될 수 있는 방식인가?'를 생각해봐야 한다. 지금도 그 방식이 효율적이라면 그 방식은 조직 내에서 훌륭한 역할을 하고 있다고 보아야 한다. ⇨ 이 경우는 제도화를 통해 공식화하고 투명화하는 것이 필요하다. 그래야 국민에 대한 공정성, 신뢰성을 높일 수 있다.

(6) 시대의 변화를 반영하지 못하고 조직에는 편리하나 오히려 국민에게 불편함을 초래한다면 그러한 관행을 고치기 위해 노력해야 한다. ⇨ 불합리한 규제, 과도한 서류제출 요구 관행 등이 그런 식으로 표출된 것이라고 볼 수 있다.

(7) 법도 현실을 반영하기에는 늦지만 그래도 끊임없이 개정이 이루어지는 것과 마찬가지로 생각하면 된다.

(8) 결론적으로 조직 내에서 통용되는 관행은 조직원들에게 익숙해져 있어 이를 바꾸는 것은 매우 어렵다. 그래도 그 관행이 현실을 반영하지 못하고 국민의 불편을 초래하거나 국민에게 부당한 것이라면 꾸준히 개선하려는 노력이 지속되어야 하며, 조직 내에서 조직원들의 공감대를 얻고 조금씩 바꿔나가도록 해야 한다. 이것이 핵심이다.

2. 관행과 관련하여 자주하는 질문

(1) 만약 조직이 모두 따르고 있는 관행이 있고, 이게 본인의 의견과 다르면 어떻게 할 것인가?

(2) 공무원 조직이 연공서열 중심이고, 성과제가 잘 반영되지 않는 것에 대해 왜 그렇다고 생각하는가? 이를 어떻게 개선할 수 있겠는가?

(3) (지원부처) 조직과 관련하여 개선하고 싶은 점이 있다면 무엇인가?

(4) 지원자가 생각한 창의적인 아이디어를 실현하고 싶은데 조직에서는 마음에 들어하지 않는다면 어떻게 할 것인가? 이미 조직 내 오랫동안 가지고 온 관행이 있으며 그것을 바꾸기는 쉽지 않을 경우에는 어떻게 하겠는가?

MEMO

3 고객 지향성 관련 질문

(1) 공무원에게 고객이란 누구인가?

(2) 내부고객과 외부고객 중 누구를 우선시 해야겠는가?

> ⊘ **PLUS**
>
> 1. 고객은 내부고객과 외부고객으로 구분할 수 있다.
> 2. 외부고객은 국민, 시민, 외국인, 시민단체, 외국정부, 국제기구 등이다.
> 3. 내부고객은 동료, 상사, 다른 부서 직원, 산하기관, 타기관, 공기업, 정부부처를 모두 포함한 공무원이다.
> 4. 본인 이외의 모든 상대는 고객이라는 마인드로 업무를 해야 하며 외부고객이 우선이 되어야 한다. 따라서 민원업무는 가장 우선순위로 해결해야 하는 업무이다.
> 5. 내부고객에 대해서는 긴급성, 중요도, 상사의 지시 등을 고려하여 업무 순서를 정하면 된다.
> 6. 행정의 목적은 고객(주민) 만족이다.
> 7. 내부고객(공무원)의 만족은 고객만족을 위한 필요조건임에도 경시되는 경향이 있다. 내부고객의 만족은 조직의 성과를 이루는 데 큰 영향을 미친다. 따라서 외부고객과 내부고객을 동일하게 바라보는 시각이 필요하다.
> 8. 따라서 내부고객인 타부서의 업무협조에 대해서도 신속하게 처리해주어야 한다.

4 MZ세대 관련 내용

1. MZ세대의 정의

(1) MZ세대는 밀레니얼(Millennial) 세대와 Z세대(Generation Z)를 합쳐 부르는 말이다. 이는 1981~2010년에 출생한 세대를 지칭한다.

(2) 밀레니얼 세대는 대체로 1980~1995년(또는 1985~1996년) 사이 출생, Z세대는 1996~2010년대(또는 1997~2005년) 초반 출생자이다.

(3) 통계청에 따르면 국내 MZ세대(1980~2005년생)는 전체 인구의 33.7%를 차지하고 있다.

2. MZ세대의 특성

(1) 디지털 세대

PC와 스마트폰, 각종 IT 기기와 프로그램을 다루는 데 능숙하다.

(2) 개인주의 성향

자신만의 개성을 중시하고 재미를 추구하며, 자유롭게 생각하고 사생활을 존중받기를 원하는 성향이 있다.

(3) 수평적 관계 지향

① 온라인에서 맺은 수평적 관계에 익숙한 영향으로 한국식 조직문화에 거부감을 느낀다.
② 다양한 만남을 추구하는 세대로 온라인, SNS에서 관계망을 형성한다.

(4) 공정한 보상과 워라밸을 중시

① 평가기준을 명확하게 제시해 줄 것을 요구하며 공정한 평가에 순응한다.
② 기성세대가 회사를 위해 희생할 수 있다는 반면 MZ세대에게 회사는 같이 성장해 나가는 파트너이지 자신을 희생해서까지 함께해야 하는 대상이 아니라고 생각한다.
③ 정시퇴근과 퇴근 후 업무를 거부하는 등 워라밸을 중시한다.

(5) 소비의 특징

집단보다는 개인의 행복을, 소유보다는 공유(랜탈이나 중고시장 이용)를, 상품보다는 경험을 중시한다.

3. MZ세대 vs 기성세대(꼰대문화) 갈등

(1) 20~30대 직원과 40대 이상 상사와의 세대갈등

① '꼰대'란 은어사용: 2030세대는 답답한 기성세대를 '꼰대'라고 칭한다. ⇨ 꼰대란 권위적인 사고를 가진 어른이나 선생님을 비하하는 은어
② 정시퇴근 갈등: 윗세대는 정시퇴근에 대해 '일에 대한 책임감 부족'이라 주장했지만 MZ세대는 '야근을 당연시하는 것은 부적절하다'고 반박한다.
③ 일에 대한 가치관 갈등: 윗세대는 맡겨진 일이 먼저이며 '의무' 중심의 가치관으로 일하지만 MZ세대는 근로계약서상 근무시간을 중요시하기 때문에 '권리' 중심으로 생각한다.
④ 업무지시: 윗세대는 "알아서 해보라"라는 식인 반면 MZ세대는 "일의 이유와 방식부터 알아야 한다"라는 말로 반박한다.
⑤ 회식: 윗세대는 "소통에 필요한 과정"이라고 주장하는 반면 MZ세대는 "장소 예약부터 상사 얘기까지 의전의 연속"이라고 주장한다. ⇨ 집단주의 성향 vs 개인주의 성향

(2) 꼰대문화

① 필요 이상으로 체면치레와 허례허식을 중시하며, 주류층 대접을 받고 싶어하는 것을 나타낸다.
② 의견을 이야기하라고 하지만 결국 정답은 본인의 의견이다.
③ '라떼는'이라는 표현을 사용한다. ⇨ 내가 ~했을 때=라떼는

④ 개인 약속을 이유로 회식에 불참하는 것을 이해하지 못한다.

⑤ 조직문화를 중시한다.

⑥ 예절을 중시한다.

4. MZ세대와 관련하여 자주하는 질문

(1) 기성세대와 MZ세대 갈등에 대해 어떻게 생각하는가?

(2) 요즘 MZ세대들은 워라밸을 중요시한다. 본인도 MZ세대라 잘 알 텐데 MZ세대인 동료들이 적극적으로 이런 문제에 잘 나서지 않는다면 본인이 MZ세대로서 어떻게 하겠는가?

(3) MZ세대의 긍정적인 면과 부정적인 면은 무엇인가?

(4) 조직에 들어와서 MZ세대로서 할 수 있는 역할이 무엇인가?

(5) 기성세대는 회식을 좋아하고 MZ세대는 참여하기조차 싫어한다면 어떻게 하겠는가?

(6) MZ세대와 선배공무원의 소통법은 무엇이겠는가?

(7) MZ세대의 면직율이 높은데 원인이 무엇이라고 생각하는가? 본인이 조직에 들어와 이 문제에 봉착하면 어떻게 할 것인가?

(8) MZ세대 특성을 정책에 어떻게 활용할 수 있겠는가?

MEMO

---

5 공직문화 혁신

인사혁신처에서는 '공직문화혁신 기본계획'이라는 것을 발표하였다.

(1) 공정한 평가·보상 체계 구축
  ① 인재상 중심 평가: 인재상을 중심으로 성과평가 요소 개선, 연공서열식 평가 및 승진 완화
  ② 성과급 공정성 제고: 연공서열 탈피, 단위 부서별 동료 평가 등을 통해 성과평가의 공정성과 객관성 제고
  ③ 직무, 성과 중심 보상 강화: 보수체계에 직무 가치 반영 확대
(2) 유연하고 효율적인 근무환경 조성
  ① 근무혁신: 불필요한 야근 줄이기, 업무집중도 향상, 똑똑한 회의, 유연한 근무 등
  ② 근무장소, 시간 유연화: 원격근무 가능한 장소, 시간 등을 유연하게 확대하고 출장·유연근무 등 다른 복무제도와 연계하여 활용
  ③ 자율근무제 시범도입: 모든 직원이 정해진 근무시간 외 나머지는 유연근무를 자율적으로 사용
  ④ 연가 사용 목표제: 부처별 연가 사용 목표를 설정하고 그 결과를 공개

6 언론 대응

언론에서 부정적인 보도를 한다면 어떻게 대응할 건인가에 대해 정리해 둘 필요가 있다.

(1) 언론의 특징

언론은 정치현상이나 정부활동을 매우 부정적으로 다루는 경향이 있다.

➡ 특히 언론의 정파성은 다양한 사건과 대상에 대해 편향적 시각을 갖는 경우가 많다.

(2) 언론 대응

① 보도자료를 통해 공식 대응

② 부정확한 기사에 대해서는 정정보도 요청("사실은 이렇습니다" 등의 지원부처 정정보도 사례를 참고)

③ 언론 인터뷰는 기관 내 언론 담당부서를 통해 실시(언론 인터뷰에 필요한 자료 준비는 사건 및 대상 담당자가 상관의 보고를 득하여 전달)

④ 직접적인 인터뷰는 피해야 함 ➡ 개인의 의견을 피력할 경우 특정집단의 반발이나 정책의 신뢰성이 손상될 수 있음

MEMO

CHAPTER

03 민원인 응대방안

✎ Check point

1. 나중에 현직에 들어가면 유형별 민원인 응대 매뉴얼이 있다. 하지만 실제로는 매뉴얼 대로 하기 힘든 것이 공무원의 민원업무이다. 그러므로 법과 원칙에 따라 대응하는 것이 기본이지만 너무 법과 원칙만을 내세우면서 일처리를 하게 되면 민원인과 잦은 마찰을 빚게 된다.
2. 민원인 응대방안에 대해 세무직렬은 반드시 정리해 두어야 하며, 기타 직렬도 스티마쌤이 강조하고 해설해 주는 부분은 정리해 두어야 한다.

1   고질민원의 원인

(1) 초기 대응 실패가 고질민원을 만든다.

무엇이든지 첫 단추를 잘못 꿰면 잘 풀리지 않게 된다. 고질 악성민원의 경우 더더욱 그렇다. 의사소통이 제대로 되지 않으면서 오는 불통이 단순 일회성 민원을 고질 악성민원으로 만든다. '공무원들이 어떻게 초기 대응을 하는가?'가 그만큼 중요하다. 고질 악성민원이 자칫 장기화되면 민원을 해결하는 과정에 공무원들의 부패와 비리가 연결될 수 있기 때문에 초기에 민원을 해결하는 것이 중요하다.

(2) 잘못된 학습효과가 고질민원을 만든다.

우리 사회는 '떼쓰고 드러누우면 해결된다'고 생각하는 경향이 짙다. 과거에는 실제로 그런 경우 문제해결이 되는 경우가 있었다. 그렇기 때문에 '관청에 가서 계속 민원을 넣고 떠들면 언젠가는 해결되겠지' 하는 막연한 기대감이 잘못된 학습효과를 갖게 되고, 그런 학습이 고질민원을 발생시킨다.

(3) 처리기관에 따라 동일 또는 유사한 민원의 처리결과가 다르게 나타나는 것에 대한 불만으로 고질민원이 발생할 수 있다.

TIP 상이한 처리결과에 대해 의문을 제기하면 상황을 신속히 파악한 후에 민원담당자가 충분한 설명을 해주어야 한다.

2   고질민원 대응

(1) 기본적으로 법과 원칙에 따라 대응해야 한다.

(2) 적극적인 행정을 펼쳐야 한다. 즉, 공무원들이 재량권 행사의 여지가 있다면 적극적인 행정을 해야 한다. 나중에 감사원의 감사가 두려워 해결해 줄 수 있는 민원도 문제로 만들기 싫다고 생각하여 처리해주지 않는 경우가 있다.

(3) 고질민원인도 국민의 한 사람으로 존중하는 입장을 견지하면서 처리해야 하며, 전담팀을 구성하여 최소의 인원으로 최대의 효과를 창출하도록 시스템을 만들어 대응하는 것이 효율적이다.

1. 민원인의 권리와 의무
　① 권리: 민원인은 행정기관에 민원을 신청하고 신속, 공정, 친절, 적법한 응답을 받을 권리가 있다.
　② 의무: 민원인은 민원을 처리하는 담당자의 적법한 민원처리를 위한 요청에 협조하여야 하고, 행정기관에 부당한 요구를 하거나 다른 민원인에 대한 민원처리를 지연시키는 등의 공무를 방해하는 행위를 해서는 안 된다.

2. 민원인들에 대한 공무원들의 자세
　① 먼저 담당 공무원들은 민원인들의 민원 내용을 경청해야 한다.
　　㉠ 민원인들이 관청에 민원을 가져올 때는 밤낮으로 잠도 못자고 억울해서 가져오는 경우이다.
　　㉡ 일단 억울한 내용과 하소연을 잘 들어주는 것만으로도 민원인의 민원은 절반 정도 해소될 수 있다.
　　㉢ 하지만 공무원들이 바쁘다는 이유로 민원인들의 두서없는 설명에 시큰둥하거나 싸늘하게 반응하게 되면 민원인들은 평소 관(官)에 가졌던 부정적인 선입견을 주입해 '관청도 같은 편이다.' 내지는 '관청이 있는 자, 가진 자들의 편에 서 있다.'는 생각을 할 수 있다. 오히려 민원을 해소하려다 부정적인 인식까지 합쳐지게 되면 문제가 더 악화될 수 있다.
　② 법과 규칙에 대해 납득할 수 있도록 설명해야 한다.
　　우선 민원인의 감정 해소에 일차적으로 중점을 둔 뒤 두 번째로 민원인의 민원을 해결하기 위해서는 법과 규칙에 따라야 한다는 점을 강조해야 한다. 관청이 해주고 싶어도 법을 어겨가면서는 할 수 없다는 점, 재량권을 행사해도 법의 취지에 맞아야 한다는 점을 충분히 납득시켜야 한다.

3　민원인의 유형별 대처방법

(1) 민원인 응대 5단계(고성민원발생)

> ① 고성내용 파악
> ② 감내: 이 장소는 여러 사람이 사용하는 곳이므로 소란을 피우시면 곤란합니다.
> ③ 진정(안정): 감정을 가라앉히고 선생님의 문제를 차분하게 말씀해 주십시오. ⇨ 격앙된 감정 안정화 및 이성적인 판단 유도
> ④ 수용: 저희들의 의견을 수용해 주셔서 감사합니다. 하지만 고성도 범법행위이고 처벌받을 수 있습니다. ⇨ 고성도 업무방해 등 범법행위임을 주지
> ⑤ 귀가조치: 선생님의 요구가 법과 제도로 해결할 수 있는 것이라면 최선을 다해 도와드리겠습니다. 안심하고 집으로 돌아가십시오. ⇨ 정당한 요구는 언제나 수용하지만 부당한 요구는 수용되지 않는다는 메시지 전달

(2) 고성을 지르는 민원인

① 단순 고성의 경우에는 주로 감내와 설득으로 해결한다.
② 민원인의 고성으로 주변인(민원실의 다른 민원인이나 기관 내의 다른 공무원들)들이 놀라지 않도록 하는 우선 조치를 취해야 한다.
　➥ 주변분들에게 가벼운 목례를 함으로써 큰 문제가 일어나지 않을 것임을 표시
③ 설득과 경고 중 설득에 무게중심을 가지고 고성민원인이 진정할 수 있도록 짧은 시간(2~3분 이내)이라도 여유를 두고 주의를 주고 일반 민원인들의 보호 및 원활한 상담을 위해 격리를 할 필요가 있다.

(3) 기물을 파손하는 민원인

기물파손 상황이 발생할 경우 즉각적으로 안전요원 호출을 하거나 상관의 조언을 구하여 안전한 환경하에서 민원인을 진정시키고, 기물파손과 같은 폭력적 행위는 엄중한 주의 경고 및 단호한 대처에 무게중심을 두어야 한다. 긴박한 상황으로 인해 민원인에게 '원칙 없는 답변' 등을 할 경우 민원인은 기대감을 갖고 그 기대감이 실현되지 못할 경우 더욱 과격해질 수 있으므로 신중한 답변이 필요하다.

(4) 기관장 등 관리자 상담을 요구하는 민원인

① 관리자와 상담을 원하는 경우 탈권위적 열린 자세가 중요하다.
② 민원인이 관리자와 상담을 원할 경우 민원인에게 관리자 상담은 언제든 가능하다는 것을 알려주고 관리자 상담사례 등을 들려주면 민원인의 이해도가 높아질 것이다.
③ 민원인이 분명한 사유 없이 관리자 상담을 원할 경우 문서 등 간접적인 면담방법 등은 경우에 따라서 이용할 필요가 있다.

(5) 조롱하는 민원인

① 점심시간을 넘긴 지 불과 1~2분이 지난 상황에서 담당 공무원이 자리에 늦게 왔다며 다짜고짜 화를 내며 '구청장 나와라', '근무 태도가 엉망이다', '내가 낸 세금으로 월급 받는데 이따위로 대접하냐' 등의 조롱을 하는 경우도 있다.
② 이런 경우 민원인이 흥분하지 않도록 주의해야 한다.
③ 선배 및 상사의 적절한 개입도 필요하다.
④ 내부 직원이 잘못을 인지한 것만으로도 민원인의 감정이 누그러질 수 있기 때문에 민원인의 조롱이 과도할 경우 선배 및 상사가 해당 공무원의 잘못을 인정하면서 민원인을 진정시키는 것도 하나의 방법이다.

(6) 공갈·협박하는 민원인

① 공갈·협박이 발생한 경우 즉각적으로 경고와 중지가 이뤄져야 한다.
② 공갈·협박의 경우 즉각적인 주의조치가 취해져야 하며 신속하게 경고단계까지 이르고 상담을 종료하도록 해야 한다.
③ 공갈·협박의 경우 내용이 중요한 요소이다.
　　➡ 은밀한 협박 혹은 공공연한 협박 등 형식은 중요하지 않다.
④ 개인차원의 응대가 무리일 경우 즉시 기관차원의 응대로 전환해야 한다.
⑤ 담당 공무원이 여성이거나 혹은 심신이 다소 약하여 보통의 경우에 비해 공갈·협박에 민감할 경우 즉각적인 상담종료 및 상사에게 도움을 요청하고 법적조치를 받도록 하여야 한다.

(7) 애걸하는 민원인

① 민원인의 기대감을 높이는 언행 등에 유의해야 한다.
② 민원인의 애걸이 있을 경우 평상심을 갖는 것이 중요하며, 동점심에 의해 법과 원칙에 위배되는 판단과 처분을 할 경우에는 민원해결의 원칙과 일관성이 무너져 또 다른 피해자를 야기시킬 수 있다.

③ 설득과 설명에 응대의 무게중심을 두고(들어주는 것에서부터 민원인의 마음을 달래주는 것) 내용에 따라 민간자원이나 도와줄 수 있는 다른 방법이 있는지 확인하면 된다.

(8) 경상해를 가하는 민원인

① 폭력성 징후가 있을 경우 즉각적으로 안전요원 호출 ⇨ 상해 등은 이전에 민원으로 불만이 고조되어 있어 상해행위를 하는 데 시간이 짧은 특성이 있다.

② 추가적인 폭력상황이 발생할 수 있는 가능성 대비 ⇨ 추가 및 후속 폭력이 발생하지 않도록 안전요원 등은 일정시간 이상 현장보호 조치 등을 할 필요가 있으며 현장기록 등을 남겨놓도록 해야 한다.
　⮕ 맞고소 등 진실관계 규명이 왜곡될 소지가 크다.

4　민원인 응대에 관해 자주하는 질문(상황형)

(1) (상황형) 본인이 담당하는 업무 관련 업체 혹은 개인사업자가 상관과 밖에서 만나는 것을 목격하였다. 이 경우 어떻게 하겠는가?

(2) (상황형) 전화민원 응대시 본인이 잘 모르는 업무인데 해당 담당자가 부재중인 경우 어떻게 대처하겠는가?

(3) (상황형) 업무가 종료되었다. 그러나 민원인이 찾아와서 일처리를 부탁한다. 어떻게 할 것인가? (공무원은 분명 법정시간을 준수해야 할 의무가 있으며 더욱이 본인은 개인적인 약속까지 잡혀있는 상황이다.)

(4) 민원인 A는 민원처리 결과에 불만을 제기하며 동일한 민원을 10회 이상 반복적으로 민원 게시판에 게시하고 있다. 상관은 전임자가 처리하여 결론지은 사항으로 민원처리 여부에 대해 인사평가에 불이익을 주지 않을 테니 무시하라고 한다. 본인은 이 상황에서 어떻게 할 것인가?

> ⟫ **PLUS**

악성민원 대처방법 생각해보기
아래 내용을 바탕으로 악성민원인 대처방안에 대해 본인만의 좋은 답변을 만들어 보길 바란다.
1. 최근들어 일반행정기관은 물론 사회봉사단체 등에 이르기까지 사회 전반의 분야에서 절차와 규정에 따라 적정히 행정처리를 하였음에도 자신의 기대와 다르다는 이유로 반복하여 이의를 제기함은 물론 폭언, 협박, 기물파손, 고소고발, 장기시위 등의 행태를 보이는 특별민원(악성, 고질민원)이 사회문제로 부각되고 있다.
2. 그럼에도 '특별민원인이 어떠한 주장과 행태를 보이건 분명한 것은 특별민원인들도 국민의 한 사람으로서 국가의 보호와 서비스를 받아야 할 대상이며 다만, 일반 국민에 비하여 좀 더 따뜻한 관심과 배려가 필요한 민원'이라는 것이다. 이를 바탕으로 내 가족의 일이라는 역지사지의 마음으로 접근할 때 비로소 문제해결의 실마리를 찾을 수 있다. 물론 특별민원으로 인해 담당 공무원은 심한 스트레스를 받고 있으며, 행정낭비요인 또한 만만치 않다. 따라서 특별민원에 해당하는 요건을 정하여 이에 해당하는 특별민원에 대해서는 적정처리 매뉴얼을 만들고(이미 국민권익위에서 공공부문 특별민원 대응 매뉴얼을 만들어 배포하였다) 매뉴얼에 따라 대응하되 혼자서 처리하지 말고 되도록 '민원처리위원회'나 주민과 전문가가 참여하는 '민원조정위원회'에 상정하여 합리적 해결방안을 찾도록 하는 것이 좋다.
3. 특별민원인에 대한 법적 대응은 특별민원인이 공무원을 괴롭힐 목적으로 고질민원을 제기하는 악의성이 명확할 경우 공무원을 보호하기 위해서라도 노조 차원에서 형사고발, 손해배상청구, 공무집행방해, 언론보도 등 강력한 대응을 하는 것도 한 가지 방법이다. 또한 법적 수인한도를 넘는 행태(폭력행사, 폭언, 업무방해 등)를 보일 경우 법적 대응도 적극 고려해야 한다.

2024
스티마 면접
교육행정직(통합편)

08

핵심 기출문제 및
예상 질문리스트

CHAPTER

01 핵심 기출문제

Case 01. 제주교육청 ★★
교육청 조례와 교육법 특례에 대해 각각 설명해보라.

MEMO

Case 02. 강원교육청 ★★★★
'작은 학교 희망만들기'란 무엇인가?

MEMO

✎ PLUS

1. 의 의
   농산어촌 소규모 학교의 장점과 지역적 특성을 살린 다양한 교육과정을 편성·운영함으로써 학생 유출을 방지하고 찾아오는 학교를 만드는 사업으로 학력과 인성의 동시 성장을 추구하는 새로운 학교문화를 조성하기 위하여 도내 지방자치단체와 교육청이 함께하는 사업이다.

2. 추진목적
   학교장 중심의 자율·책임경영을 통해 창의·인성교육과 학생 맞춤형 교육을 실현하는 '작은 학교'의 선도 모델을 육성·확산하기 위하여 학교 교육과정의 특성화·다각화를 위한 다양한 교수·학습 방법을 지원하여 학력과 인성의 동시 성장을 추구하는 수업혁신과 학습 공동체를 지향할 수 있는 새로운 학교문화를 조성하기 위함이다.

Case 03. 경남교육청 ★★★★

경남학생인권조례의 제정에 관하여 찬반 논란이 일어나고 있다. 본인은 이 문제에 대해 어떻게 생각하는가?

✅ PLUS

1. **찬성의견**
   존중하고 배려하지 않는 학내문화 때문에 학교폭력 등 불미스러운 일이 발생하고 있으며 이를 줄이기 위해서 조례 제정이 필요하다.
2. **반대의견**
   학생인권조례안이 상위법 위반 소지가 있으며 조례가 제정될 경우 교권침해와 학력 저하가 심화되고 학생들이 성적으로 문란해질 수 있다.

Case 04. 경북교육청 ★★★★

농산어촌 학교의 소규모화로 학생들이 겪을 교육격차를 해소하기 위한 방안은 무엇인가?

✅ PLUS

1. 경상북도교육청은 지난해 농산어촌 지역 소규모학교의 제한적 환경을 극복하기 위해 '학교 간 온택트(Ontact) 공동 교육과정'을 운영했다. 이를 통해 학교 간 시공간을 초월한 원격학습 플랫폼이 마련되고 학생들에게 다양한 학습 경험을 제공할 수 있었다.
2. 코로나19로 등교 수업과 교육과정 정상 운영이 어려워진 시기에 학교 간 온택트 공동 교육과정은 지역 교육격차를 해소할 수 있는 좋은 대안으로 평가받았다.
3. 경상북도는 소규모학교 비율이 45.5%에 달한다. 도내 학교의 절반은 전교생이 60명이 채 되지 않는 셈이다. 작은 학교는 교사의 개별 지도가 쉽고 학교만의 특색있는 교육과정을 운영할 수 있다는 장점이 있지만 또래 집단이 부족해 모둠 활동이 힘들고 학습 환경이 제한적이라는 어려움이 있는 것도 사실이다.
4. 경상북도교육청은 그 대안으로 학교 간 공동 교육과정을 내세웠다. 농산어촌 학교의 소규모화로 학생들이 겪을 교육격차를 해소하기 위한 방안이었다. 특히 온택트 공동 교육과정은 원격 화상수업을 중심으로 해 코로나19 시대 맞춤형 모델로 평가되고 있다.

Case 05. 광주교육청 ★★★★

광주교육청의 청렴대책에 대해 아는대로 말해보고 청렴문화 조성을 위해 본인이 제안하고 싶은 정책이 있다면 무엇인지 답변해보라.

MEMO

Case 06. 대구교육청 ★★★★

공직생활에서 '개인의 삶 또는 가정 vs 일'이 충돌할 경우 본인은 어떤 선택을 할 것인가?

MEMO

Case 07. 대전교육청 ★★★★

대전교육청이 수 년째 최하위권의 늪을 빠져나오지 못하고 있는 청렴도 향상에 총력전을 펼치고 있다. 청렴도 향상을 위한 방안이 있다면 무엇인가?

MEMO

Case 08. 부산교육청 ★★★★

부산교육청에서 중점적으로 추진하는 메이커교육이란 무엇이며 메이커교육이 왜 필요한가에 대해 말하시오.

> **MEMO**

⌄ PLUS

1. 메이커교육이란 학생 스스로 상상하고 생각한 것을 디지털 기기와 다양한 도구를 사용하여 직접 제작하고 그 과정에서 획득한 지식과 경험을 다른 사람과 공유하도록 이끄는 과정중심의 프로젝트 교육을 말한다.
2. 부산교육청이 발표한 '2019년 부산형 메이커교육 추진계획'에 따르면 부산교육청은 110개 초·중·고등학교에 메이커교육을 할 수 있는 무한상상실을 구축한다. 무한상상실은 현재 124개 학교에 설치하였으며 향후 모두 300개 학교에 구축할 예정이다.
3. 4차 산업혁명 시대 교육의 방향과 연계하여 생각해 볼 정책이다. 메이커교육을 자유학기제나 동아리활동과 연계하여 진행하는 것도 좋은 방법이다.

Case 09. 세종교육청 ★★★★

장애학생 행복찾기 프로젝트에 대해 말하고 장애학생이 접하기 어려운 문화·예술·체육 분야에 대한 맞춤형 방과 후 프로그램을 본인이 기획한다면 무엇을 할지 답변해보라.

> **MEMO**

Case 10. 울산교육청 ★★★★

시교육청은 최근 학생이 교사를 폭행한 사건과 관련해서 '교육공동체 상호존중 문화 조성'을 하고자 한다. 이에 대한 방안을 말해보라.

⌄ PLUS

1. 시교육청은 교사·교육청 담당자들로 구성된 실무 지원단을 발족하고 토론회에서 제안된 내용 중 교육활동 보호를 위한 학교와 교원지원방안에 대해 구체적으로 협의했다.
2. 토론회에서 교원의 교육활동 보호를 위한 다양한 사업과 지원 체계를 학교 현장이 잘 인지하고 있지 못하다는 지적에 따라 교육활동 보호 매뉴얼, 개인별 교육활동 보호 핸드북, 교육활동 침해 처리 절차 안내문, 교원치유지원센터 운영 안내문 등을 제작해 학교에 배부하기로 했다.
3. 또한 학교 교권보호 담당관과 업무 담당자를 대상으로 역량강화 연수도 추진할 계획이다.
4. 특히 교원힐링동아리·프로그램을 확대 운영해 교육활동 침해 및 피해 교원들을 중심으로 현장 교원들의 교육활동 회복을 돕기로 했다.

Case 11. 전남교육청 ★★★★

본인이 만약 동료 A가 본인의 휴대폰을 이용해 동료 B의 사생활을 몰래 촬영한 사실을 알게 되었다면(목격하였다면) 이 상황에서 어떻게 대처할 것인가?

⌄ PLUS

전남교육청은 전남 지역의 한 중학교 관사에서 교사 A가 자신의 휴대폰을 이용해 동료 교사의 사생활을 몰래 촬영한 사건이 경찰에 접수됨에 따라 A교사를 직위해제한 바 있다.

Case 12. 전북교육청 ★ ★ ★ ★

정당한 교육활동을 방해하는 교권침해에 대한 해결 방안은 무엇인가?

> MEMO

Case 13. 제주교육청 ★ ★ ★ ★

'IB 교육프로그램'에 대해 설명하고 이에 대한 문제점과 해결방안에 대해 말하시오.

> MEMO

✧ PLUS

1. 도내 교원단체는 여전히 IB 도입에 대해 부정적인 입장이다. ⇨ 혁신학교 등을 통해 논설·토론 위주의 교육과정을 얼마
   든지 할 수 있는데 IB 교육프로그램이라는 외부 평가 방식을 도입해야 하는지 의문제기
2. IB 도입 고교에 진학하는 학생들이 수능을 치르지 않고 수능 최저 등급이 없는 수시 전형 유형을 활용해 대학에 진학해
   야 한다는 점에서 학생들의 대학 진입 문턱이 더 좁아진다는 지적이다.
3. 이는 수능정책과 연계하여 학부모 및 지역주민과 의견을 충분히 수렴해야 할 사항이다.

Case 14. 충남교육청 ★★★★

충남의 교육정책 중 자랑하고 싶은 정책이나 다른 지역에 소개하고 싶은 정책 한 가지와 그 이유에 대해 말해 보라.

MEMO

'어울림톡' 정부혁신 교육분야 우수과제 대상 수상

2020년 10월 교육부에서 발표한 '2020 교육분야 정부혁신 우수사례 경진대회'에서 충청남도교육청의 온라인 기반 학교폭력 신속 지원 서비스 '어울림톡'이 교육분야 정부혁신 우수사례 1위로 선정되는 성과를 거두었다. '어울림톡'이란 학교폭력 예방·대응·상담 등의 사안을 온라인으로 통합하여 처리하는 시스템이다. 당사자들(학생과 학부모)에게는 투명하게 정보를 제공하고 교사들에게는 업무를 획기적으로 줄여 주었다는 평가를 받았다. 실제로 학교폭력 사안 발생시 불필요한 갈등과 오해를 줄여 행정력 낭비를 줄여 주는 효과도 나타났으며 현재 다른 시·도에서도 도입을 추진 중인 대표적 우수사례이다.

Case 15. 충북교육청 ★★★★

인문소양교육이 필요한 이유와 인문소양교육을 위해 충북교육청에 제안하고 싶은 정책이 있다면 무엇인가?

MEMO

현재 인문소양교육 선도학교 운영, 연구학교 운영, 찾아가는 인문학 콘서트, 전통문화 수업연구회, 인문소양프로그램 개발, 인문 학생동아리 운영, 인문 교사동아리 운영, 학부모 인문학 아카데미, 인문나눔축제, 지역 사회와 연계한 인문소양교육 등이 진행 중이다.

Case 16. 경기교육청 ★★★★

'9시 등교'를 학교 자율적으로 진행할 경우 장점은 무엇이고 문제점은 무엇인가? 그리고 문제점에 대한 해결방안을 말하시오.

> **MEMO**
>
>
>
>
>

Case 17. 인천교육청 ★★★★

최근 교내외에서 발생하는 디지털 성범죄 피해에 대한 예방방안에 대해 말해보라.

> **MEMO**
>
>
>
>
>
>

⟩⟩ PLUS

1. 인천교육청은 교내외에서 발생하는 디지털 성범죄 피해를 예방하고자 인천여성가족재단과 업무협약을 맺었다고 밝혔다. 두 기관은 학생·교직원·학부모 등 교내 구성원들의 관련 피해 신고가 접수되면 단계별로 맞춤형 지원에 나서기로 했다.
2. 시교육청은 재단 산하 디지털성범죄대응센터에 피해자를 연결해 성범죄물 삭제를 지원하고 상담·치유 프로그램에 참여할 수 있도록 돕는다. 이 과정에서 피해자가 법률적 대응을 원하면 외부 전문기관 연계도 지원한다.

Case 18. 서울교육청 (1) ★★★★

1. 서울시교육청은 등교수업 축소에 따른 학습격차 문제를 완화하기 위해 '블렌디드 러닝(혼합수업)'을 강화하고 있다. 이에 '블렌디드 러닝'이 무엇인지 자세하게 답변해보라.
2. '블렌디드 러닝(혼합수업)'에 대한 효과성을 높힐 수 있는 방안에 대하여 답변해보라.

> **MEMO**
>
>
>
>
>

Case 19. 서울교육청 (2) 학교 밖 청소년 ★★★★

1. 학교 밖 청소년이란 무엇이며, 서울시교육청에서 추진하고 있는 학교 밖 청소년 지원정책에 대해 답변해보라.

2. 학교 밖 청소년을 위한 대책방안에 대해 답변해보라.

MEMO

CHAPTER

02 예상 질문리스트

Case 01. 조직생활의 중요성(직장동료와의 관계) ★★★

동료 중에 업무처리가 미숙하여 이에 대한 보조가 필요한 상황이다. 상사는 본인에게 이에 대한 보조를 부탁한 상황이다. 그런데 본인의 업무도 현재 많이 밀려 있는 상태에 있다. 이때 본인은 어떻게 할 것인가?

MEMO

Case 02. 조직생활의 중요성(직장상관과의 관계) ★★

권위적인 상관(=꼰대같은 상관)이 일주일의 기간이 있어야 해결할 일을 3일 안에 처리하라고 하였다. 이때 본인은 어떻게 할 것인가?

MEMO

Case 03. 공무원의 자세 ★★

본인의 실수로 인해 진행 중인 업무에 미비한 서류가 포함된 것을 알지 못했다. 이에 대해 보완이 필요하지만 기한이 오늘까지라 상사가 기한을 어기면 감사에 감점이 되므로 추후에 보완하고 그냥 오늘 제출하라고 지시를 했다. 이때 본인은 어떻게 할 것인가?

MEMO

Case 04. 공직생활에서의 책임감 ★★★

A프로젝트를 수행하는데 함께 하는 동료가 실수를 하였다. 누가 생각해도 동료의 잘못이 명백하다. 이 사실은 주위 동료들도 다 알고 있다. 그런데 상관은 함께 일한 본인을 혼내는 것이다. 그 상황에서 기분은 어땠을 것 같고 어떻게 대처할 것인가?

> **MEMO**
>
>
>
>
>
>
>

> ⚗ **PLUS**
>
> [스티마쌤의 답변 예시] 단순하게 생각하면 제 마음이 상할 수 있을 것 같습니다(진정성). 하지만 공직생활과 일반 사기업의 차이점에서 생각할 때 저에게 야단을 치는 것은 당연하다고 생각합니다. 제가 이번에 면접준비를 하면서 공무원의 일은 혼자서 하는 것이 아니라 공익실현이 우선이기 때문에 모든 일을 개인별, 부서별, 부처별, 지자체, 민간업체와 함께 하는 것임을 알게 되었습니다. 즉, 동료가 실수를 하게 된 상황에 저의 책임도 크다고 생각을 하였습니다. 어쩌면 상관님께서는 함께 일을 함에도 동료의 일을 적극적으로 도와주지 않았기 때문에 저에게 야단을 하신 것이 아닌가 생각합니다. 곧 동료를 배려할 줄 아는 것이 공무원의 조직생활이고 책임감이 아닐까 생각을 했습니다. 그러므로 저는 기꺼이 야단을 맞고 동료가 다시는 실수를 하지 않도록 협력하며 노력하는 공무원이 될 것입니다.

Case 05. 조직 vs 개인 ★★★★

공직에 입직하여 일을 시작하였는데 만약 어떤 일을 추진하는 데 있어서 조직이 추구하는 방향과 본인이 생각하는 방향이 다르다. 이 상황에서 어떻게 할 것인가?

> **MEMO**
>
>
>
>
>
>
>

> ⚗ **PLUS**
>
> 1. 위 질문을 통해 면접관은 조직이 추구하는 방향에 무조건 따라야 한다는 답변을 듣고자 하는 것은 절대 아닐 것이다.
>   ➔ 면접 준비를 하면 이 정도는 간파가 될 것이다.
> 2. 자신이 생각하는 방향이 조직 전체가 추구하는 방향에 옳고 도움이 된다는 확신이 든다면 조직의 의견을 따르되 자신의 좋은 의견을 적극 반영하여 우리 조직이 더 나은 방향으로 나아가도록 노력한다는 마음가짐을 듣고 싶어 한다는 것을 알고 있어야 한다.

Case 06. 세대 간의 갈등(MZ세대와 기성세대의 갈등) ★★★★★

1. 세대 차이에서 오는 갈등에는 어떤 것이 있으며, 공직생활에서 상관과의 갈등이 발생하면 어떻게 할 것인가?
2. 어떤 업무를 추진하는데 상관과 본인의 의견이 다르다. 그런데 상관은 본인의 의견에 따라 일을 하라고 한다. 하지만 아무리 생각해도 본인이 생각한 방안이 훨씬 더 나은 방안이다. 이때 어떻게 할 것인가?

MEMO

Case 07. 현대사회에서 요구되는 가장 중요한 덕목 ★★★★

하루가 다르게 급변하는 현대사회에서 발 빠르게 변화하지 않으면 살아남기 힘들다. 더불어 공무원 사회에서의 행정에서도 혁신적 사고를 통한 고객과 시민서비스 제공이 중요한 요소로 자리잡고 있다. 이에 맞는 가장 중요한 공직가치는 무엇이라고 생각하는가? 그 이유와 함께 답변해보라.

MEMO

Case 08. 공직관 – 의무형/행동강령형 ★★

함께 근무한 甲장학관은 퇴임 후 교육관련 B업체에서 임원으로 활동하고 있다. B업체는 교육관련 사업을 진행하고 있다. 어느 날 본인에게 같이 식사를 하자고 연락이 왔다. 이 상황에서 어떻게 대응할 것인가?

MEMO

✓ PLUS

1. 공무원은 직무관련자인 소속 기관의 퇴직자(퇴직한 날부터 2년이 지나지 아니한 자에 한정한다)와 골프, 여행, 사행성 오락을 같이 하는 행위 등 사적 접촉을 하는 경우 소속 기관의 장에게 신고하여야 한다. 다만, 다른 법령 또는 사회상규에 따라 허용되는 경우는 제외한다.
2. 공직자는 직무관련자인 퇴직자와 사적 접촉을 할 때에는 서면으로 신고하여야 한다. 다만, 사전에 신고가 곤란한 경우에는 접촉을 마친 날부터 5일 내에 신고하여야 한다.

Case 09. 안정성＝신분보장의 의미(전문가 vs 무사안일) ★★★

공직생활(공무원)의 장점은 무엇이고 단점은 무엇이라고 생각하는가? 본인이 말한 단점에 대한 해결방안에 대하여도 답변해보라.

MEMO

Case 10. 적극행정은 대한민국 공무원의 미래 ★★★★★

적극행정에 대해 알고 있는 사례를 간단히 언급하고 최근 공직생활에서 적극행정을 강조하는 이유는 무엇이고 적극행정의 장점과 단점은 무엇인지 답변해보라. 또한 단점에 대한 해결방안은 무엇이며 적극행정 활성화방안도 함께 답변해보라.

MEMO

⚐ PLUS

본인이 합격한 지역 관광지나 숲길(둘레길, 등산로) 안내 사인을 다양한 분야의 전문가와 시민들이 함께 현황조사와 토론을 통해 나이·성별·국적에 상관없이 쉽게 알아보고 이해할 수 있도록 디자인을 하여 시민과 이용객들의 사용편의와 안전한 길 찾기 방법제시, 전통시장을 해당 지역 특수성에 맞추어 바꿀 수 있는 방안 예를 들어 젊은 층이 많은 곳 근처는 젊은 층을 위한 전통시장으로 탈바꿈하는 등의 다양한 방안을 생각해 볼 수 있다.

Case 11. 갑질의 유형 ★★★★

갑질을 직접적으로 겪어보았거나 혹은 누군가가 갑질을 당하는 것을 본 적이 있는가? 그때 본인은 어떻게 하였는가? 그리고 공직사회에서의 발생할 수 있는 갑질의 유형에 대하여 말해보고 각각의 해결방안에 대해 말해보라.

MEMO

Case 12. 공직관 ★★★★

부당한 대우 혹은 부당한 지시를 받았을 때 어떻게 대처했는지 답변하고 만약 공직에 입직하여 상관으로부터 부당한 지시(=공정한 직무수행을 해치는 지시)를 받게 되면 어떻게 할 것인지 답변해보라.

→ 공정한 직무수행을 해치는 지시는 따르지 말라고 행동강령에 나온다.

> **MEMO**

Case 13. 공직관 – 도덕성·청렴성·품위유지의 의무 ★★★★

공무원의 3대 비위(음주운전, 성범죄, 금품수수 및 향응)는 해마다 처벌이 강화되고 있다. 이처럼 일반인과 비교할 때 공무원에 보다 높은 도덕성·청렴성을 요구하는 이유는 무엇이라고 생각하는가?

> **MEMO**

> **✔ PLUS**
>
> 노블레스 오블리주는 초기 로마시대에 왕과 귀족들이 보여주었던 투철한 도덕의식과 솔선수범하는 공공정신에서 비롯된 것으로 높은 사회적 신분에 상응하는 도덕적 의무를 가리키는 말이다. 공직사회야 말로 노블레스 오블리주가 필요하지 않을까 생각한다.

Case 14. 공무원의 자율성과 창의성 ★★★

공무원은 전문성(=직무수행능력)이 중요하다. 이를 위해 특별히 노력한 일이 있는가? 또한 공무원에게 자기개발이 왜 필요한지와 함께 공무원이 되면 자기개발을 위해 특별히 계획한 것이 있는지 답변해보라.

> **MEMO**

Case 15. 4차 산업혁명에 따른 교육의 변화 ★★★★★
4차 산업의 발달로 사회적·경제적·문화적으로 우리 사회에 많은 변화가 생기고 있다. 4차 산업 발달에 따른 교육행정직 공무원의 역할에 대해서 답변해보라.

> **MEMO**
>
>
>
>

Case 16. 사회적 가치가 현대사회에서 부각되는 이유 ★★★★★
최근 우리 사회에서 사회적 가치란 단어가 등장하고 있다. 공직사회에서도 현재의 제도와 계획으로는 다가오는 변화에 대응할 수 없기 때문에 과거와는 다른 문제들을 해결하는 데 있어 사회적 가치가 매우 중요하다고 할 수 있다. 공무원으로서 사회적 가치 실천방안에 대하여 답변해보라.

> **MEMO**
>
>
>
>

✦PLUS

사회적 가치란 사회·경제·환경·문화 등 모든 영역에서 공공 이익과 공동체 발전에 기여할 수 있는 핵심가치. 개인 이익보다는 사회구조에 의해 직접 다뤄지는 권리와 자유, 권한, 기회 등이 해당된다. 공공부문이 선도적으로 사회적 가치를 실현하기 위해 기관별로 전담부서를 설치하고 공무원 채용과 승진, 재정사업, 공공조달 등에서 사회적 가치를 중요한 요소로 반영한다는 것이 핵심이다. 공공기관에서 사회적 기업제품 우선구매, 비정규직의 정규직 전환, 지역인재 채용, 에너지 절약, 지역경제 활성화 등이 사회적 가치를 실현할 수 있는 것들이다. 우리 사회가 갈수록 복잡하고 다양해짐에 따라 공공과 시장 경제에서 사회적 가치를 추구하는 공동체 기반 사회적 경제 생태계 조성에 적극 나서야 한다는 것이다.

Case 17. 도덕적 해이(대구교행 기출) ★★★★
도덕적 해이는 법과 제도적 허점을 이용하여 자기 책임을 소홀히 하거나 집단적인 이기주의를 나타내는 상태나 행위를 말한다. 공직사회에서도 도덕적 해이가 발생하는데 그 원인은 무엇이고 그에 대한 해결방안에 대해 말해보라.

> **MEMO**
>
>
>
>

Case 18. 공직관 – 공무원의 품위유지 의무 ★★★

지난해 물의를 일으켜 징계처분을 받은 공무원 중 '품위유지 위반'이 60% 이상으로 가장 높게 나타났다. 이처럼 공무원의 품위유지 의무가 지켜지지 않는 이유와 이에 대한 해결방안에 대해 답변해보라.

➡ 여름에 반바지 착용과 관련한 논란 등에 대한 본인의 생각을 정리해 보도록 한다.

> **MEMO**
>
>
>
>

Case 19. 공직관 – 의무형/행동강령형 ★★★

공무원의 인터넷 개인방송 활동은 개인의 행복추구권과 표현의 자유를 보장함과 동시에 국민과의 소통창구로써 기능이 활성화될 수 있도록 하는 방향으로 나아가는 것이 중요하다. 공무원 인터넷 개인방송이 나아갈 방향과 이로인해 생길 수 있는 문제점은 무엇이라고 생각하는지와 그에 대한 해결방안에 대해 답변해보라.

> **MEMO**
>
>
>
>

⚬ PLUS

1. 실제 수익 발생시점부터 겸직허가 신청 등을 검토할 수 있도록 바뀌어야 한다.
2. 공무원의 인터넷 방송을 활성화하려면 겸직허가도 소속 기관장의 재량권을 줄이고 세부적인 법적 근거에 의해 이루어져야 한다.
3. 겸직허가의 경우 현행 규정은 유튜브의 경우 구독자 1,000명, 연간 재생시간 4,000시간 이상 등 실제 수익 발생 여부와 관계없이 수익창출 요건만 갖추면 겸직허가를 받도록 하고 있는데 이를 실제 수익 창출이 발생했을 때 겸직허가를 받도록 해야 한다는 것이다.
4. 다만, 유튜브 등 공무원 인터넷 방송은 일반인보다 사회적 파장과 책임이 클 수 있으므로 허가 후 지속적인 모니터링 등이 필요하다.

Case 20. 공익실현 vs 개인의 삶 추구 ★★★★★

최근 워라밸이 중요해진 이유는 무엇이라고 생각하며 구성원의 워라밸에 대한 생각의 변화로 인해서 공직사회에 미칠 긍정적인 영향과 부정적인 영향에 대해 답변해보라.

> **MEMO**
>
>
>
>

Case 21. 유형별 민원인 대처방안 ★★★★

일 처리에 불만을 품고 찾아온 민원인이 다짜고짜 고성을 지르고 있다. 이 상황에서 본인은 어떻게 대처할 것인가?

MEMO

Case 22. 악성 민원인에 대한 역지사지의 자세 ★★★★

민원인 A는 민원처리 결과에 불만을 제기하며 동일한 민원을 10회 이상 반복적으로 민원 게시판에 게시하고 있다. 상관은 전임자가 처리하여 결론지은 사항으로 민원처리 여부에 대해 인사 평가에 불이익을 주지 않을 테니 무시하라고 한다. 본인은 이 상황에서 어떻게 일 처리를 할 것인가?

MEMO

⊘ PLUS

1. 특별민원인들도 국민의 한 사람으로서 국가의 보호와 서비스를 받아야 할 대상이다. 다만, 일반 국민에 비하여 좀 더 따뜻한 관심과 배려가 필요한 민원이다. 이를 바탕으로 나의 가족의 일이라는 역지사지의 마음으로 접근할 때 비로소 문제해결의 실마리를 찾을 수 있다.
2. 물론 특별민원으로 인해 담당 공무원은 심한 스트레스를 받고 있으며 행정낭비의 요인 또한 만만치 않다. 따라서 특별민원에 해당하는 요건을 정하여 요건에 해당하는 특별민원에 대해서는 적정처리 매뉴얼을 만들고 (이미 국민권익위에서 공공부문 특별민원 대응 매뉴얼을 만들어 배포하였다) 매뉴얼에 따라 대응하되 혼자서 처리하지 말고 되도록 '민원처리위원회'나 주민과 전문가가 참여하는 '민원조정위원회'에 상정하여 합리적 해결방안을 찾도록 하는 것이 좋다.
3. 특별민원인에 대한 법적 대응은 특별민원인이 공무원을 괴롭힐 목적으로 고질민원을 제기하는 악의성이 명확할 경우 공무원을 보호하기 위해서라도 노조 차원에서 형사고발, 손해배상청구, 공무집행방해, 언론보도 등 강력한 대응을 하는 것도 한 가지 방법이다.

Case 23. 본인의 개성 살리기 ★★★★★

진솔하게 자기소개를 해보라.

➡ 본인의 경력이나 경험, 강점이나 특기사항 등 개성이 드러나도록 해야 한다.

> **MEMO**
>
>

Case 24. 공무원의 위기상황 대처능력 ★★★

본인을 한 단어나 문장으로 표현해보라. 혹은 사물이나 색깔에 비유해서 답변해보라.

> **MEMO**
>
>

Case 25. 사소한 질문이라도 성심성의껏 답변하기 ★★★★★

마지막 면접자인데 혹시 몇 시에 와서 몇 시간 동안 기다린 것인가? 기다리면서 무슨 생각들을 하였는가?

> **MEMO**
>
>

Case 26. 돌발성 질문 ★★★
프로와 아마추어의 차이가 무엇이라고 생각하는가?

> **MEMO**
>
>

◈ PLUS

'프로'는 프로페셔널의 준말로 남들 앞에서 "난 전문가입니다"라고 말할 수 있는 사람이다. 물론 그에 따른 실력과 책임감을 겸비해야 비로소 프로 자격이 있는 것이다. 프로는 하기 싫은 업무를 맡아도 겉으로는 하기 싫은 티를 잘 내지 않으면서 유연하게 마무리한다. '아마추어'는 말 그대로 취미 삼아 소일거리로 임하는 사람을 뜻한다. 아마추어는 어떤 일이나 과정에서 재미와 즐거움 같은 요소가 사라지면 더는 하지 않는다. 그 이유는 재미가 없으면 의미도 없기 때문이다. 어쩌면 프로와 아마추어를 판가름하는 기준은 기술이 아니라 태도가 아닐까 생각한다.

Case 27. 말 한 마디로 천냥 빚을 갚는다 ★★★★★
마지막으로 하고 싶은 말이나 못다한 이야기가 있으면 1분 이내로 말해보라.

> **MEMO**
>
>

Case 28. 공직생활에서의 스트레스 해소방법 ★★★
소확행(일상에서 누리는 소소한 즐거움)에 대하여 자신만의 소확행을 실현하는 방안에 대해 말해보라.

> **MEMO**
>
>

Case 29. 공직관 – 공직윤리가 엄격해지고 있는 이유 ★★★★

이해충돌방지법이 공직사회에 미치는 장점과 단점 그리고 그 단점에 대한 해결방안에 대하여 답변해보라.

MEMO

Case 30. 스쿨미투(MeToo · 나도 피해자다) ★★★★

최근에 학생들이 학교에서 성폭력(성추행, 성차별, 성희롱)을 당했다고 신고한 이른바 '스쿨미투(MeToo · 나도 피해자다)' 사건이 심심치 않게 발생하고 있다. 교육현장의 성폭력 근절을 위한 해결방안에 대하여 답변해보라.

● 스쿨미투는 학교에서 일어난 성폭력 사건을 피해자인 아동 · 청소년, 교직원 등이 스스로 고발하고 해결을 촉구하는 인권운동이다.

MEMO

✅ PLUS

재발방지 대책 마련은 조직문화 개선을 위해 꼭 필요한 과정이다. 가해자 징계로만 그치면 근본적인 문제를 해결할 수 없다. 교육 등을 통해 성인지 감수성을 키우는 것, 성평등한 조직문화를 만들어 가는 것, 사건이 발생했을 때 대응하는 능력을 키우는 것 등은 재발방지 대책을 세우면서 얻어지는 것들이다.

Case 31. **교육이슈** ★★★★
학원 일요휴무제에 대한 생각에 대하여 답변해보라.

MEMO

∅ PLUS

1. 학생의 휴식권을 보장하기 위한 '학원 일요휴무제'가 본격 추진된다. 학생들은 70% 찬성이다.
2. 공론화 과정에서는 영업시간을 법적으로 규정하는 것이 타당한지에 대한 논란이 거셀 것으로 보인다. 교육당국이 2008년 학원은 오후 10시 이후로 교습을 하지 못하게 했을 때도 학원계가 크게 반발했다. 서울에서 운영되는 학생 대상 학원은 2만 3,000여곳으로 시교육청은 이중 20% 수준이 일요일에도 수업을 하는 것으로 파악하고 있다.
3. 문제점 ⇨ 고액 과외를 받을 수 있는 학생은 일요휴무제와 상관 없이 과외를 받는다.
4. 대안 ⇨ '일요일 휴무'에 얽매이기보다 다양한 해법을 고려해 볼 것을 제안했다.
   일각에서는 "평일 교습 제한을 밤 9시로 당기는 게 아이들의 건강권에 더 절실할 것 같아요. 주말에는 오후 7시까지만 수업하도록 하면 아이들이 집에서 저녁을 먹고 쉴 수도 있겠죠."라고 말하고 있으며, 초등학생과 중학생부터 제도를 도입하는 '연착륙' 방안도 거론된다.

Case 32. **교육이슈** ★★★★
코로나19를 겪으며 교육격차가 더욱 심각해지고 있는 상황이다. 이러한 현상은 계속하여 이루어질 것이다. 코로나19로 커진 교육격차를 줄이기 위한 대책방안에 대하여 답변해보라.

MEMO

Case 33. 교육이슈 – 교육행정직 업무의 전문성과 효율성 ★★★★
행정실 법제화 논란에 대한 본인의 생각을 말하시오.

> **MEMO**
>
>
>
>
>

Case 34. 4차 산업과 교육 ★★★★
4차 산업혁명의 핵심기술인 인공지능(AI), 빅데이터, 사물인터넷(IoT) 등의 지능 정보기술을 수업과 교육공간 혁신에 도입할 수 있는 방안에 대하여 답변해보라.

> **MEMO**
>
>
>
>
>

Case 35. 교육이슈 – "우리 사회는 다문화 사회이다." ★★★★
우리 지역에서 추진하는 다문화 청소년 지원정책이나 제도에 대해 답변하고 본인이 생각하는 다문화 청소년을 위한 지원방안에 대하여 답변해보라.

> **MEMO**
>
>
>
>
>

Case 36. 직무관련 상황형 질문 ★★★★

신도시 입주가 시작되면서 주민들은 초등학교 과밀화 문제 해결과 초등학생들이 도보로 통학할 때 시간이 많이 걸리고 사고위험도 있어 학교신설의 필요성 및 타당성 검토를 위한 기준거리 기준을 현행 2km에서 1km로 완화를 요구하며 초등학교 신설을 요청하고 있으나 학교 신축에 상당한 기간(2년 이상)이 소요되고 기준거리 단축도 교육부에서 결정하기 때문에 교육청에서는 임의로 그 기준거리를 완화하여 적용할 수 없는 상황이다. 이 상황에서 어떻게 주민들의 민원사항을 해결해 나갈 수 있을 것인지 대안을 마련해보시오.

> **MEMO**
>
>
>
>
>
>
>
>

> **◇ PLUS**
>
> 교육부 결정을 기다릴 수는 없고 최선의 방안을 찾아야 하기에 아래 답변을 참고하여 더 좋은 방안에 대해 생각해 보길 바란다.
> 1. 통학버스지원
> 2. 학부모나 자원봉사자를 통한 안전 확보방안
>   예 학교 등교시간에 사고위험이 높은 지역을 빅데이터로 분석한 후 차량을 통제하는 방법 등
> 3. 기존 학교에 교실 추가설치

Case 37. 유연근무제의 장·단점 ★★★★★

일선 학교의 행정실 근무 직원의 출산휴가·휴직으로 인한 문제점과 해결방안에 대해 답변해보라.

> **MEMO**
>
>
>
>
>
>
>

> **◇ PLUS**
>
> 1. 행정대체 인력풀은 일선 학교의 행정실 근무 직원의 출산휴가·휴직으로 대체인력 필요시 별도의 공개 채용절차 없이 대체 인력풀에 등록된 사람을 채용하는 시스템이다. 학교의 대체인력 채용 관련 업무부담을 줄이고 구직 희망자가 학교에 매번 대체인력 모집에 지원해야 하는 불편함을 해소하기 위해 마련됐다.
> 2. 구직 희망자는 서울시교육청과 각 교육지원청 홈페이지를 통해 공고문을 확인하고 거주 지역의 교육지원청 학교통합지원센터로 방문하거나 전자우편·우편을 통해 서류를 접수하면 된다.

Case 38. 교육이슈 – 청소년의 권리보장 관련 논의 ★★★★
정치 · 지역사회 · 학교 운영에서 청소년의 참여권 보장에 대하여 어떻게 생각하는지 답변해보라.

MEMO

Case 39. 교육이슈 ★★★★
마을교육공동체 사업이 왜 중요한지와 함께 활성화방안에 대하여 답변해보라.

MEMO

Case 40. 교육청 현안 ★★★★
응시한 교육청에서 추진하고 있는 청렴도 정책 및 청렴도를 높힐 수 있는 방안에 대하여 답변해보라.
➡ 교육청 현안은 외우는 데 초점을 두지 말고, 본인의 생각을 함께 곁들여야 한다.

MEMO

Case 41. 2024년 대표적인 교육이슈 ★★★★
본인이 생각하는 2024년 사회이슈 혹은 교육이슈 한 가지를 말해보시오.

> **MEMO**
>
>

Case 42. 교육청 현안문제 ★★★
지원 교육청의 비전 및 정책에 대해 말해보라.

> **MEMO**
>
>

Case 43. 차별화 되는 면접 - 사례와 경험 활용 ★★★★

교육행정직 공무원으로서의 공익실현(공익실천)이란 무엇인가?

> **MEMO**
>
>
>
>

1. **교육소외계층 지원사업**
   장애학생 도우미 제도, 학교 밖 청소년 지원정책, 저소득층 학생 지원, 교육복지사업, 다문화 학생 교육지원사업
2. **교육격차 및 교육불평등 해소사업**
   기초학력보장사업, 방과 후 학교, 돌봄프로그램, 교육환경 및 여건 개선, 동등한 교육의 기회 보장(유아에서 대학까지 교육에 대한 국가책임 강화), 고교무상교육, 누리과정 국고지원
3. **미래교육 지원**
   학생 개개인을 위한 맞춤형 교육, 언제 어디서나 원하는 학습을 지원하며 지역과 함께 성장하는 학교로의 전환 추진(그린스마트 미래학교, 인공지능·환경생태교육 등)
4. **평생직업교육체제 구축**
   다양한 평생학습·훈련 플랫폼을 연계하고 학습 경로 설계부터 학점·학위 취득 및 취업까지 연계 지원
5. **위기취약계층에 대한 국가보호 강화**
   아동학대 방지, 성범죄 근절, 어린이 안전

Case 44. 추상적인 질문이라도 구체적으로 답변하기 ★★★★

학교에서 일을 하면 교직원이나 공무직 공무원 등 다양한 사람들과 함께 일을 하게 된다. 그러다 보면 갈등도 많이 생긴다. 이러한 문제는 어떻게 해결하면 좋겠는가?

> **MEMO**
>
>
>
>

Case 45. 코로나19 확산에 따른 학교현장의 문제 ★★★★★

코로나19 확산 우려에 따라 일부 학교에서는 등교를 중지하고 전면 원격수업으로 전환하는 등 교육에 어려움을 겪고 있다. 이에 대한 해결방안은 무엇인가?

> **MEMO**
>
>
>
>

Case 46. 교육 취약계층 보호방안 ★★★★
코로나19로 인하여 아동학대가 증가하고 있다. 아동학대 근절을 위한 방안이 있다면 무엇인가?

> **MEMO**
>
>
>
>

Case 47. 남녀평등 ★★★★
공직사회에 여성공무원의 비중이 늘어나고 있지만 여전히 일부 지자체에서는 남성공무원만 숙직근무에 투입되면서 남성공무원들의 불만이 제기되고 있다. 이에 대한 본인의 생각과 해결방안은 무엇인가?

> **MEMO**
>
>
>
>

Case 48. 새로운 교육혁신 – 메타버스 교육 ★★★★★
최근 교육의 장소로 메타버스를 활용하는 교육이 주목받고 있는 상황이다. 메타버스 교육의 장점과 활용방안에 대해 말해보라.

> **MEMO**
>
>
>
>

Case 49. 미래 변화를 선도할 인공지능(AI) · 환경생태교육 ★★★★★
최근 미래 변화를 선도할 인공지능(AI) 교육과 환경생태교육이 중요하게 대두되고 있다. 이를 발전시켜 나갈 수 있는 방안에 대해 말해보라.

> **MEMO**
>
>
>
>

Case 50. 돌발성 질문 – 인천교행/경북교행/전남교행 ★★★
운동장이나 학교 건물 내에서 불법침입자나 거동수상자를 발견하였다면 어떻게 대처할 것인가?

MEMO

Case 51. 학교 공간혁신 사례 ★★★★
학교 공간혁신이란 똑같은 공간, 똑같은 수업에서 벗어나 자유롭게 상상하고, 함께 결정하여 서로가 서로에게 배울 수 있는 학교를 만드는 모든 과정을 말한다. 학교 공간혁신의 필요성과 나아갈 방향에 대해 답변해보라.

MEMO

Case 52. 지엽적인 질문 ★★
교육비특별회계, 지방교육재정, 지방재정에 대해 각각 설명해보라.

MEMO

2024
스티마 면접
교육행정직(통합편)

PART

09

교육청 기출문제 분석

CHAPTER

01 면접후기 참고시 주의사항 및 2024년 준비방향

(1) 교육청별로 나누어 교재에 수록하였지만 모든 지역 교육청 합격생이 공통으로 준비해야 할 내용 중심으로 해설 강의가 이루어진다. 다른 지역 기출해설이 실제 본인이 합격한 지역의 2024년 예상질문이 될 수 있다는 생각으로 학습을 해야 한다.

(2) 2020~2023년 면접후기와 질의응답을 통하여 각 교육청별 교행 면접이 어떻게 이루어졌는지 파악하면 2024년 면접준비를 하는 데 있어서 방향을 잡을 수 있을 것이다. 후기 내용은 수정 없이 합격생이 보내준 그대로 수록하였음에 유의해야 한다.

(3) **[주의하기]** 후기에 대한 합격생의 답변은 모범답변이 절대 아니다. 이를 바탕으로 자신만의 답변을 생각해보는 연습을 해야 한다.

(4) 오랜 시간동안 공부를 하여 마지막 관문인 면접에 임하는 만큼 최선을 다해야 한다. 면접준비 과정에서 '교육행정직 면접은 형식이다. 100% 성적순이다.', '기출문제만 보면 면접준비 끝이다.' 등 근거 없는 소문들은 들을 수 있으나 그중에서는 맞는 얘기도 있지만 현저히 틀린 소문도 있다.

(5) 2020~2023년 기출면접과 비교만 해보아도 그러한 이야기는 잘못된 것임을 알 수 있을 것이다.

(6) 최근에는 면접방식의 변화를 주는 지역이 많고 면접질문도 단순히 기출문제만 봐서는 효과적인 면접을 준비할 수 없다는 것을 꼭 기억하면서 면접준비를 함에 소홀함이 없어야 할 것이다.

MEMO

CHAPTER

02 강원교육청

1 면접진행방식

① 면접관: 3인
② 면접시간: 6분 전후
③ 면접준비: (★난이도 '중하') 성적이 중요하고 면접비중도 낮은 편이며 미흡 비율은 거의 없는 것으로 보이는 지역이다.
④ 질문 포인트: (직렬공통) 공통질문 3문항+개별면접 1~2문항
  ➡ 공직가치관을 파악하는 질문, 교육이슈, 교육행정직 업무에 관심도를 묻는 공통질문과 함께 조직생활 관련한 질문이 중요하다.

2 면접후기

POINT 아래 면접후기는 실제 응시생들의 기억에 의해 복원된 내용을 정리하여 수록하였으니 이 점 참고하여 학습하길 바란다.

CASE 01 2022년 면접후기

1. 분위기

여성 한 분, 남성 두 분이서 면접을 봐주셨는데 여성면접관님이 웃으시면서 물어봐 주셔서 긴장이 많이 풀렸었습니다. 저도 같이 웃으면서 답변하니까 마지막에 남성분도 웃으셨던 것 같습니다. 분위기는 전체적으로 좋았습니다.

2. 질의응답

면접관 공무원이 국민의 봉사자라는 것에 대해 어떻게 생각하나요?

응시생 (처음에 자기소개를 안 물어보셔서 당황해서 "공무원은 국민을 대표하는 얼굴이기 때문에 국민의 봉사자입니다." 이렇게 대답했다가 "질문이 기억이 안 나는데 혹시 다시 말씀해 주실 수 있나요?"하고 여쭤봤습니다.;; 그리고 "공무원은 사익보다는 공익을 추구해야 한다는 점에서 국민을 위해 봉사해야 합니다."라고 답변했습니다.)

면접관 공무원으로서 가져야 할 공직가치 3가지에 대해 말하고, 가장 중요하게 생각하는 가치에 대해 답변해주세요.

응시생 (공직가치를 물어보셨는데 공무원의 6대 의무를 대답했습니다.;;) 그중 청렴성이 가장 중요하다고 생각합니다. 청렴은 국민과의 신뢰와도 연관되고 국민의 신뢰가 있어야 정책을 용이하게 실행할 수 있기 때문입니다. 현재 강원도교육청도 미래세대 청렴학교, 청렴 온 데이 등 청렴을 위한 다양한 정책을 실행하고 있습니다. 저도 강원도교육청의 청렴한 이미지에 자부심을 갖고 항상 마음속에 청렴을 품고 공직에 임하겠습니다.

면접관 재택근무의 장점과 단점은 무엇일까요?

응시생 재택근무의 장점은 유연한 근무라고 생각합니다. 시·공간적인 제약이 없어져서 좀 더 일과 삶의 균형이 잡히고 일에 대한 효율성이 올라갈 수 있다고 생각합니다. 단점은 재택근무를 한다면 대면했을 때 할 수 있는 일을 하지 못한다는 점이라고 생각합니다. 비대면에는 한계가 있습니다. (이런 식으로 답변한 것 같습니다.)

면접관 업무하다가 실수를 했는데 자신만 알고 동료나 상사는 아무도 모르고 있습니다. 이대로 지나가면 아무도 모를 것 같은데 어떻게 할 것인가요?

응시생 저는 상관에게 보고하겠습니다. 작은 실수가 나중에 큰 잘못으로 번질 수 있고 또한 장기적으로 공익에 피해가 갈 수 있다고 생각합니다. 저는 이번 실수를 반성의 발판으로 삼아서 더 나은 공무원이 되도록 노력하겠습니다.

면접관 마지막으로 하고 싶은 말 있나요?

응시생 제 이야기를 경청해 주셔서 감사합니다. 면접관님들께서 제 이야기를 경청해 주신 것처럼 저도 지역주민의 의견을 경청하고 배려하며 지역주민에 봉사하는 공무원이 되겠습니다. 감사합니다.

(대략 5분 정도 하고 끝났던 것 같습니다. 제가 봐도 많이 부족했던 면접인 것 같습니다. 그러나 제 앞 순서 응시생분들도 거의 5~6분 정도 만에 면접이 끝났던 것 같았습니다. 또한 제게는 꼬리질문은 일절 없었습니다.)

CASE 02 2023년 면접후기

Q1 강원도 특별자치도의 특례 중 3가지 변화는 무엇인가?
Q2 공무원 유튜브 관련해서 어떻게 생각하는가?
Q3 전화 민원 응대 법령이 개정되었는데 악성 민원인에 대해서 어떻게 할 것인가?
Q4 공무원 6대 의무 중 가장 중요하다고 생각하는 것은 무엇인가?

Q1　공무원의 봉사정신은 무엇이라고 생각하는가? ◆ 헌법 7조 관련
Q2　재택근무의 장점과 단점은 무엇인가?
Q3　시험 준비기간은 어떻게 되며 왜 교육행정에 지원했는가?
Q4　공무원한테 가장 중요한 덕목 3가지와 그중 가장 중요하다고 생각하는 것 한 가지는 무엇인가?
Q5　상사와 민원인이 모르는 사소한 실수를 했을 때 어떻게 대처할 것인가?
　　ㄴ[추가질문] (바로 잡겠다고 했을 때) 바로잡을 방법은 무엇인가?

Q1　코로나19로 인해서 생긴 교육방안의 대처는 무엇인가?
Q2　상사가 부당한 지시를 한다면 어떻게 하겠는가?
Q3　만약 발령이 외진 곳으로 난다면 어떻게 하겠는가?
Q4　청년실업에 대해서 어떻게 생각하는가?
Q5　마지막으로 하고 싶은 말이 있는가?

Q1　자기소개를 해보라.
Q2　청년실업문제에 대해 어떻게 생각하는가?
Q3　부당한 지시가 내려온다면 어떻게 하겠는가?
Q4　격오지 발령시 어떻게 대처할 것인가?
Q5　코로나19로 인한 학교현장의 문제는 무엇인가?
Q6　행정실에서 할 수 있는 것은 무엇인가?

Q1 시골로 발령이 난다면 어떻게 하겠는가?

Q2 코로나19로 학생들이 교육에 어려움이 있는데 해결방안은 무엇인가?

Q3 학교 행정실에서 코로나19를 대비하여 할 수 있는 일은 무엇인가?

Q4 청년실업률이 급증하고 있는데 해결방안은 무엇이 있겠는가?

Q5 협업한 경험이 있는가?

Q6 상사가 부당한 지시를 내린다면 어떻게 하겠는가?

Q1 강원도교육청의 미래상과 교육지표는 어떤 의미를 담고 있는가?

Q2 상관이 부당한 지시를 내리면 어떻게 할 것인가?

Q3 포스트코로나에 대비하여 강원도교육청이 나아갈 방향은 무엇인가?

Q4 교육행정직 공무원이 하는 일에는 어떤 것이 있는가?

Q5 마지막으로 하고 싶은 말이 있는가?

Q1 일반행정직 말고 교육행정직을 선택한 이유는 무엇인가?

Q2 1분간 자기소개를 해보라.

Q3 상관이 부당한 지시를 내리면 어떻게 할 것인가?

Q4 강원도교육청의 정책 중 개선하고 싶은 정책이 있다면 무엇이며, 어떻게 개선하면 좋겠는가?

Q5 강원도교육청의 미래상과 교육지표에 대해 말해보라.

Q6 강원도교육청이 앞으로 나아가야 할 방향은 무엇인가?

Q7 마지막으로 하고 싶은 말이 있는가?

Q1 자기소개를 해보라.
Q2 상관이 부당한 지시를 내리면 어떻게 할 것인가?
Q3 강원도교육청의 정책 중 가장 마음에 드는 것 한 가지와 개선하고 싶은 것 한 가지는 무엇인가?
　⊙ 후속질문 有
Q4 코로나19로 인하여 비대면 수업이 늘어날 것이다. 비대면 수업의 장·단점은 무엇인가?
Q5 마지막으로 하고 싶은 말이 있는가?

3 2024년 면접방향 잡기

✎ Check point

2024년 출제포인트
1. 공직관, 공무원의 의무, 조직생활 관련된 내용은 반드시 준비해야 한다.
2. 기본적으로 강원도교육청의 교육지표, 정책방향에 대해서는 준비를 해야 한다.
3. (공통) 지방자치, 교육자치와 관련하여 다양하게 질문이 이루어질 수 있으므로 모든 지역 교육청 면접과정에서 정리해 둘 필요가 있다.
4. 학교 내 같이 일하는 사람(교사, 교장, 학부모, 교육공무직 등)들과의 갈등상황에 대한 대처법도 준비를 해 둘 필요가 있다.
5. 논란이 되는 사회이슈는 몇 가지 정리를 해 두고 그에 대한 해결방안에 대한 생각정리가 필요하겠다.

1. 기출질문

Q. 주민참여예산제도에 대해 아는 대로 설명하시오.
Q. 교육청에 임용되면 가장 담당하고 싶은 직무는 무엇인가?
Q. 현재 거주지는 어디인가? 강원도는 격오지가 많은데 그런 곳에 발령이 나도 괜찮겠는가?
Q. 상관의 부당한 지시나 갑질 등의 상황에서 대처법은 무엇인가?
Q. 학내 교육공무직, 교사 등 중간자의 위치에서 갈등을 해결할 방법은 무엇인가?
Q. 4차 산업혁명에 대해 아는 대로 설명해보라.
Q. (공통) 학부모 등 민원인이 분노를 폭발한다면 어떻게 풀어가겠는가?
Q. (공통) 만약 자신이 인기 있는 지역에 지원을 했는데 본인은 떨어지고 내 옆의 동료가 가게 되었다. 그런데 동료가 아는 지인을 통해 청탁을 하여 그 곳에 가게 되었다는 소문이 돌고 있다. 그럴 경우 본인은 어떻게 할 것인가?
Q. 실전문제(공통) ⇨ 임용준비를 한 것 같은데 왜 교사를 선택하지 않고, 공무원을 하려고 하는가?
Q. 강원도교육청에서는 여러 가지 제도를 시행하고 있다. 기억에 남는 제도가 있으면 말해보고, 개선점을 생각했다면 함께 말해보라.
Q. (공통) 본인이 알고 있는 교육관련 이슈가 있다면 한 가지를 설명하고, 그 문제에 대한 해결방안에 대하여 답변해보라.

4차 산업혁명이 가져올 미래사회의 모습

1. 일자리·산업·경제 영역

　① 긍정적인 면: 교육분야(에듀테크), 금융분야(핀테크) 등 기술융합으로 인한 신산업 및 새로운 일자리 탄생

　② 부정적인 면: 자동화, 산업구조 개편 등으로 인한 일자리 감소, 고용불안 등 사회문제 발생

2. 인공지능·빅데이터·ICT 기술의 발달로 인한 '초지능화'

　① 긍정적인 면: 데이터·정보·지식의 축적과 발달 속도 상승으로 풍부한 지식과 정보습득 가능

　② 부정적인 면: 깊은 성찰을 필요로 하는 인문학적 지식 감소 우려, 인공지능 의존으로 인한 기억력·인지능력 등 하락 우려

3. 모든 것이 서로 연결되는 '초연결사회'

　① 긍정적인 면: 원격교육, 재택근무, 원격진료 등의 일상화로 공간제약 완화

　② 부정적인 면: 해킹, 사생활 침해 등의 위험 상승

4. 접속과 공유를 기반으로 하는 '공유경제, 공유사회'

　① 긍정적인 면: 렌탈, 카셰어링 등 굳이 물건을 소유하지 않아도 필요할 때 언제나 편리하게 빌려서 사용 가능

　② 부정적인 면: 변화의 과정에서 이해당사자 간 사회적 갈등 발생 또는 가치관의 혼란 야기

MEMO

---

2. 관심가져야 할 사회이슈

(1) 사회 분야

　① 지방소멸현상(예 사라지는 학교문제)

　② 디지털 성범죄 ⇨ N번방 성범죄 사건

　③ 민식이법 ⇨ 어린이 교통사고 가해자 처벌 강화 등

　④ 이해충돌방지법 제정 ⇨ 공무원에게 어떤 영향을 끼칠 것인가?

(2) 경제 분야

　① 정규직 및 비정규직 논란 ⇨ 교육공무직 관련

　② 워라밸 ⇨ 일과 삶의 균형

(3) 기타 분야

　① 재난관리 ⇨ 지진, 대형산불, 코로나19 등

　② 디지털뉴딜 ⇨ 그린스마트 미래학교

　③ 남성육아 의무 휴직기간 1년 찬반논란

　④ 공무원 반바지 착용 찬반논란 ⇨ 업무효율화 vs 단정하지 않다

3. 실전연습 질문

Q. 포스트코로나 시대의 학교공간은 어떤 모습으로 바뀌어야 하겠는가?

Q. 이해충돌방지법의 제정 이유는 무엇이라고 생각하는가? 그 내용에 대해 알고 있는 것이 있는가?

Q. 이해충돌방지법과 김영란법의 차이는 무엇인가?

Q. 4차 산업혁명과 관련하여 강원도교육청에서 시행하고 있는 정책에 대해 아는 것이 있는가?
(예) 무한상상실, AI 교육 등)

Q. 교육격차 해소를 위해 어떤 일을 해야겠는가? 교육복지와 관련하여 강원도교육청에서는 어떤 일을 하고 있는지 알고 있는가?

Q. 탄소제로란 무엇인가?

Q. '놀이밥 공감학교'란 무엇인가? 왜 이런 정책을 하는 것 같은가?

Q. 노블레스 오블리주란 무엇인가?

Q. 강원도가 2006년 제주도에 이어 두 번째로 '특별자치도' 지위를 부여받았다. '강원특별자치도 설치 등에 관한 특별법안(강원특별법)'이 2022년 5월 29일 국회 본회의를 통과했는데 강원도가 특별자치도가 된 이유와 그로 인한 영향은 무엇인가?

Q. 교육청에서 실시하고 있는 기초학력 향상 사업에는 어떤 것이 있는가? 또한 기초학력을 높이려면 어떻게 해야 하겠는가?

✧ PLUS

1. 강원도는 접경지역인데다 수도권 지역의 상수원이 있고 산림이 많다는 이유 등으로 규제가 많았는데 도지사의 권한으로 완화할 수 있게 되었다.

2. 강원도는 여타 지역과 달리 유일한 분단 지방자치단체이고 대도시가 부재하며 지역경쟁력이 취약하고 지속적인 인구감소와 다수의 토지이용 규제가 적용되는 여건으로 특별자치도의 실시를 통해서 제반의 한계적 상황을 극복할 수 있다.

3. 강원특별자치도로 전환함으로써 강원도의 가치를 증진하고 북방진출의 교두보를 확보하며 남북교류협력의 기반을 구축하고 한반도의 평화정착에 기여할 수 있다.

MEMO

CHAPTER
03 경남교육청

1 면접진행방식

① 면접관: 3인
② 면접시간: 공식 10분(실제 6~8분)
③ 면접준비: (★난이도 '중') 성적이 중요하고 면접비중도 낮은 편이며 우수나 미흡 비율은 거의 없는 것으로 파악이 된다. 다만, 상당히 까다로운 질문들이 다소 보이는 지역이다.
④ 질문 포인트: (직렬공통) 공통질문 3~4문항＋개별면접 1~2문항
   ➡ 공직가치관 파악, 해당교육청 정책, 교육이슈, 사회이슈, 조직생활 파악, 경험 관련 질문 등 다양하게 출제가 된다. 응시생들이 면접준비를 어느 정도 하였다면 충분히 예상가능한 질문들이다.
   ➡ 시간이 짧기 때문에 질문의 핵심내용을 정리해서 답변하는 연습이 필요하다.

2 면접후기

✔ **POINT** 아래 면접후기는 실제 응시생들의 기억에 의해 복원된 내용을 정리하여 수록하였으니 이 점 참고하여 학습하길 바란다.

CASE 01 2022년 면접후기

1. 응시자 대기실

① 경상남도 교육청 연수원, '홍익관'이라는 건물 밖에서 응시자 등록 후 건물 내에서 대기
   ㉠ 건물 바깥 벽에 응시번호별로 조를 편성한 안내문을 부착해 두었고 이를 확인 후 해당되는 조 번호 앞에 줄을 서서 차례로 등록
   ㉡ 등록시 셰프 장갑을 착용하도록 했고 전자기기(휴대폰, 스마트 워치, 블루투스 이어폰 등)를 서류 봉투에 담아 제출
   ㉢ 신분증 및 응시표 확인 후 명단에서 자신의 이름을 찾아 사인 후 건물 안으로 입장
② 건물 안에서 번호 확인 및 관리 번호 추첨 그리고 응시자 대기실로 입장
   ㉠ 바깥에서 대기하다가 조별로 한 명씩 입장
   ㉡ 여성의 경우 입장 후 화장실까지 다 이용한 뒤 교육 전 혹은 후에 구두로 갈아신는 걸 추천
③ 8시 40분부터 응시자 대상 교육 시작
   ㉠ 9시부터 시작이라고 문자로 안내되었지만 상황에 따라 늦춰지기도 하는 것 같음(9시 10분 시작)
   ㉡ 화장실은 40분 이전에 다녀오도록 권고(교육 이후에 자유롭게 이용 가능하다고 수정 안내)
④ 대기 중 책, 신문, 준비한 자료 모두 참고 불가

⑤ 순서가 되면 대기실 한쪽에 모여서 면접장으로 이동
  ㉠ 면접장이 옆 건물이라고 하셨지만 관리번호 추첨을 했던 곳으로부터 30초 거리(계단 이용하여 2층 이동)
  ㉡ 2층 대기 장소에서 앞 번호 응시생이 나오기 전까지 대기 후 나오면 바로 입장

2. 면접장

① 조별로 면접관은 총 세 분으로 성별 비중은 조별로 다름(남자1/여자/남자2 순서)
  ㉠ 남자1 면접관님께서 직접 타이머를 작동
  ㉡ 남자1, 남자2 면접관님께서는 무뚝뚝하셨고 여자 면접관님은 온화
② 10분 동안 4문제를 진행한다고 말씀해주셨고, 질문지는 면접관분들만 가지고 계심
  ㉠ 질문 길이가 다소 길고 잘 들리지 않았음
  ㉡ 빨리빨리 진행하고자 하는 분위기여서 시간이 3분 정도 남았음에도 추가 질문 없이 마무리

3. 질의응답

면접관 이해충돌방지법의 제정 이유와 어떻게 적용되는지 알고 있나요? (질문이 다소 길었는데 잘 들리지 않아 한 번 더 여쭈었고 질문의 요지는 위와 같았습니다.)

응시생 이해충돌방지법은 업무와 관련하여 공직자의 사적 이해관계를 방지함으로써 깨끗하고 공정한 업무가 가능하고 이를 통해 국민들의 공공기관에 대한 신뢰를 제고하고자 제정한 것으로 알고 있습니다. 이해충돌방지법에 따르면 업무와 관련된 청탁이나 요청이 있을 시 제척·기피·회피를 해야 하며, 그 외에도 가족 채용 제한 (면접관님이 끄덕끄덕하셨습니다.) 그리고 부정 청탁을 금지하며 비밀을 누설하지 않는 것도 포함이 되는 것으로 알고 있습니다.

면접관 특수학교 설립을 반대하는 이유와 반대하는 민원인에 대한 대응방안은 무엇인가요?

응시생 (잠시 망설이다가) 특수학교 설립을 반대하는 이유는 예를 들어 자폐 학생이 있을 시 이들이 예상치 못한 행동을 하는 특징이 있어 이로 인해 자신들의 아이들이 피해를 입을 수 있다는 생각때문이라고 생각합니다. (혹시나 자폐 학생을 좋지 않게 표현한 건 아닐까 이 때부터 멘붕이었습니다.ㅜㅜ) 따라서 특수학교 설립을 반대하는 민원인분들이 계신다면 자폐아를 비롯한 특수 교육 대상 학생들이 피해를 입히지 않는다는 점 즉, 학생들의 특징과 관련하여 안내를 해드리는 시간을 갖거나 혹은 특수 교육 학생들과 일반 학생들이 함께 어울릴 수 있는 문화축제를 개최하는 것 또한 방법이 될 수 있다고 생각합니다.

면접관 정보 비공개 대상에 대해 아는 대로 말씀해주세요.

응시생 사실 제가 해당 문제에 대해 준비를 하지 못했습니다. (그럴 수도 있지하는 뉘앙스로 끄덕끄덕 해주셨습니다.) 하지만 제가 국민의 한 사람으로서 그 입장이 되어 생각을 해본다면 실명, 생년월일, 주민등록번호의 경우 (답변에 집중하시면서 끄덕끄덕 해주셨습니다.) 비공개 대상이 되어야 한다고 생각합니다.

면접관 경남교육청이 미래 교육을 위해 하고 있는 정책에 대해 아는 대로 말씀해주세요. (이때 남은 시간이 5분 정도여서 다소 당황했습니다. 그래서 최대한 시간을 끌어야겠다고 생각했습니다.)

응시생 코로나19와 4차 산업혁명과 같이 급변하는 시대에는 혼자서 해결할 수 있는 문제도 있지만 협업을 통해 해결해야 할 문제가 많다고 생각합니다. 이를 위해 경남교육청에서는 '행복학교'를 시행 중인 것으로 알고 있습니다. 학생, 교직원뿐만 아니라 주민들이 함께 참여하여 학생들이 목공, 제빵 등의 체험

중심의 활동을 할 수 있도록 함으로써 (끄덕끄덕해주심) 마을 교육공동체를 구축하고 있습니다. 그리고 '아이톡톡'이라는 미래교육 플랫폼을 시행 중인 것으로 알고 있습니다. (끄덕끄덕해주심) 스마트 단말기를 제공하여 빅데이터, AI 교육지원을 통해 아이들이 맞춤형 수업을 들을 수 있도록 하는 교육 플랫폼인데요. 저는 면접을 준비하면서 개선점을 생각해 보았습니다. (집중해주심) 조부모님들과 함께 생활하는 학생들이나 스마트 기기에 친숙하지 못한 부모님들이 있는 경우 원격지원을 통해 AS 등을 도와드린다면 더 좋을 것 같다는 생각을 해보았습니다. (총 7분정도 소요되었습니다.)

CASE 02 | 2023년 면접후기

면접관 학교통합지원센터에서 하는 일은 무엇이며 활성화 방안에는 무엇이 있나요?

응시생 저는 방과 후 학교와 돌봄을 하고 있는 것으로 알고 있습니다. 제가 학원에서 근무할 때 맞벌이 부모님들에게 방과 후는 정말 좋은 제도라고 생각했었는데요. 초등학교 저학년이 보통 1시 20분에 학교를 마치면 저녁 6시까지 돌봄공백이 생기는데 이때 방과 후와 돌봄을 하면 돌봄공백이 사라지니 맞벌이 부모님께서 참 좋을 것이라고 생각하였습니다. 하지만 방과 후에서 떨어지거나 후순위로 밀리면 결국 학원을 돌아야 하는데 저는 이런 부분에서 '방과 후 타 학교 교류프로그램'을 만들어 도시지역일 경우 1km 이내, 시골인 경우 스쿨버스가 다닐 수 있는 정도의 범위 내에서 우리 학교에 없는 프로그램을 타 학교에 만들어서 서로 교류하는 프로그램을 생각해 보았습니다. 이런 부분에서 안전문제가 생길 수 있다고 생각하는데 저는 퇴직한 공무원분들을 안전선생님으로 채용해서 안전문제까지 해소하면 어떨까 생각해 보았습니다.

면접관 지자체와 교육청이 협력해서 하는 사업에는 무엇이 있으며, 이를 활성화하려면 어떻게 해야할까요?

응시생 저는 LH와 함양 서하초등학교가 함께하는 '귀농귀촌형 매입임대주택'을 생각해 보았습니다. (면접관님 중 가운데 분이 갸웃하셨어요.;;) LH에서 함양 서하초등학교에 전학 오는 학생들을 위해 임대주택을 마련해주고 또 마을주민들과 교류의 장을 만들고 학생 멘토링을 하고 있는 것으로 알고 있습니다. 그리고 이런 부분을 활성화하려면 저는 먼저 지자체와 교육청이 소통을 자주 해야 하고, 상반기와 하반기에 1회 정도 회의를 통해서 우리 지역주민들이 무엇을 원하는지 조사를 해보고 설문조사를 통해 이를 회의에 반영하여야 한다고 생각합니다.
(이때 면접관님께서 "LH는 지자체가 아닙니다. 지자체 즉, 경남이나 도청, 시청과 함께하는 사업을 이야기해주세요."라고 하셨습니다. 그래서 제가 3초 정도 있다가 "죄송합니다. 다시 답변드리겠습니다. 경남 고성에서 작은 학교 살리기 사업을 위해 지자체와 지역주민, 교육청이 한 마음이 되어서 지역특색에 맞는 수업과 교육과정을 짜서 진행하고 있는 것으로 알고 있습니다."라고 말씀드리니 가운데 분이 끄덕끄덕하셨습니다.)

면접관 경남교육청에서 진행하고 있는 미래교육에 대해 설명해주세요.

응시생 경남교육청에서는 미래를 대비하여 학생들의 창의융합역량을 키우기 위한 교육정책을 많이 시행하고 있습니다. 저는 그중 아이톡톡에 대해 집중하고 싶습니다. 아이톡톡은 AI, 빅데이터 기반 플랫폼으로 알고 있습니다. 학생들의 학습데이터를 관리하고 학습데이터를 제공하여 학생맞춤형 수업을 제공합니다. 또한 경남교육청에서는 미래역량을 키우기 위한 영재교육을 제공하고 있습니다. 코딩교육, AI 기술 교육 등을 제공하여 학생들이 미래의 창의융합 인재로 거듭날 수 있도록 노력하고 있습니다. 이상입니다.

면접관 학교에서 발생할 수 있는 안전사고 유형은 무엇이며 안전사고가 발생했을 때 교육행정직의 역할은 무엇인가요?

응시생 학교에서 발생할 수 있는 안전사고의 종류에는 생활 안전, 교통 안전, 신변 및 폭력 안전, 약물 및 사이버 중독, 재난 안전, 직업 안전과 관련한 사고가 발생할 수 있습니다. 안전사고가 발생했을 때는 학생들의 안전이 가장 중요하다고 생각합니다. 안전사고가 발생한 경우에는 위치와 상황을 빠르게 파악하고 안전한 대피 장소를 설정하여 학생들이 빠르게 대피할 수 있도록 도움을 줘야 합니다. 안전 관리자를 선임하여 안전 체크리스트를 작성하여 지속적으로 관리할 필요가 있습니다. 또한 안전 요인들을 관리·감독하고 안전 관련 훈련을 주기적으로 실시하여 사고가 발생했을 때 빠르게 대처할 수 있도록 노력해야 합니다. 이상입니다.

CASE 03 · 2022년 면접후기

1. 분위기

24명이 8조로 나누어서 강당에 앉아서 대기하다 각 조마다 1조에 1번, 2조에 1번을 불러서 이동합니다. 이동하자마자 바로 면접실에 들어갑니다. 면접관은 세 분이 앉아 계셨습니다. 분위기는 면접만 딱 보는 분위기였습니다.

2. 질의응답

면접관 학부모의 전화민원에 대한 해결방안은 무엇인가요?

응시생 일단 저의 소속과 이름을 말씀드린 후 민원인이 무엇을 원하는지를 듣고 명확히 파악하여 제가 담당 부서에서 할 수 있으면 친절하게 해결해 드리겠다고 답변드리고 만약 제 담당 부서가 아니면 다른 동료분에게 연결해 드리도록 하겠습니다.

면접관 이해충돌방지법의 제정 이유와 내용에 대해 답변해주세요.

응시생 자신의 사적인 이익이 연관되어 있을 때 자신의 소속 기관장에게 14일 이내에 보고하여야 합니다. 일선 학교에서 청렴에 대한 상담은 교감선생님께 해야 하는 걸로 알고 있습니다. 요즘 공무원들의 청렴도 문제가 있는데 다른 청렴도를 막는 막대한 비용을 들이지 않고 스스로 청렴한 자세를 유지하는 데 도움이 되는 좋은 법안이 될 것이라고 생각합니다.

면접관 특수학교 근처 주민이 반대하는 이유는 무엇이며 해결방안에는 어떤 것이 있을까요?

응시생 특수학교에 대한 반대 이유는 솔직히 지역이기주의인 것 같습니다. 특수학교가 생기면 인식이나 주변 교통이나 이런 것들이 불편해진다고 생각합니다. 하지만 특수학교는 우리나라 교육이 안고 가야할 당연한 교육입니다. 지역주민들에게 도서관을 열어주거나 공원을 지어주어 합의되는 해결점을 찾아야 한다고 생각합니다.

면접관 고등학교의 설립 형태에 대해 답변해주세요.

응시생 (제가 뒷 번호였는데 앞 번호분들이 질문을 잘 이해를 많이 못하셨던 것 같습니다. 처음에 "죄송한데 제가 설립 형태는 아니고 고등학교 운영 형태를 말씀드려요 될까요?"라고 여쭤보니 종류에 대하여 말해보라고 하셨습니다.) 일단 일반고가 있으며, 자사고인 자율형 사립고등학교가 있습니다. 또한 특목고가 있는데 2025년에 폐지에 대한 찬반 논란이 있는 것으로 알고 있습니다. 경남에서는 최근 학생들의 적성에 맞는 고등학교로 대표적으로 고성에 음악고등학교가 있습니다.

MEMO

CASE 04 | 2023년 면접후기

Q1 경남교육청이 미래교육을 위해 시행하는 것에 대해 알고 있는 것에 대해 말해보라.
Q2 학교에서 발생할 수 있는 안전사고 유형과 안전사고가 발생했을 때 교육행정직의 역할은 무엇인가?
Q3 공무원의 행동강령에 대해 말해보라.
Q4 교육환경은 무엇이며 교육환경 대상자는 누구인가?

CASE 05 | 2023년 면접후기

Q1 공무원의 6대 의무와 4대 금지의무가 무엇인가?
  ㄴ[후속질문] 복종의 의무가 무슨 의미인가?
Q2 책을 읽기 싫어하는 아이에게 어떻게 책을 읽힐 것인가?
Q3 가장 감명 깊게 읽은 책은 무엇이며, 책 내용과 그 이유는 무엇인가?

CASE 06 | 2022년 면접후기

Q1 업무가 과중한데 자신에게 신설 업무가 주어진다면 어떻게 하겠는가?
Q2 이해충돌방지법의 제정 배경과 적용에 대해 답변해보라.
Q3 특수학교 설립에 있어 그 동네 주민이 반대한다면 어떻게 하겠는가?
Q4 정보공개법에서 비공개 대상정보는 무엇인가?

CASE 07 | 2022년 면접후기

Q1 경남교육청이 미래교육을 위해 시행하는 것에 대해 알고 있는 것을 말해보라.
Q2 적극행정을 장려하기 위한 제도 중 사전컨설팅제도랑 면책제도에 대해 설명해보라.
Q3 민원인이 전화한다면 어떻게 대처하겠는가?
Q4 새로운 사업을 맡게 되었는데 업무가 과중하다면 어떻게 대처하겠는가?

CASE 08 | 2022년 면접후기

Q1 정보공개제도에서 공개가 불가한 부분에 대해 아는대로 답변해보라.
Q2 중대재해처벌법의 의미와 기관장이 해야할 일에 대해 답변해보라.
Q3 작은 학교살리기 정책에 대해 알고 있는 것이 있는가? 혹은 자신이 추천해 주고 싶은 정책이 있다면 답변해달라.
Q4 업무가 과중한 상황에서 자신에게 새로운 업무가 주어졌을 때 어떻게 하겠는가?

CASE 09 | 2021년 면접후기

Q1 부끄러웠던 경험과 그 일로 인해 느낀 점은 무엇인가?
Q2 아이 때문에 퇴근해야 하는데 상사가 업무를 추가적으로 다 끝내고 가라고 한다면 어떻게 할 것인가?
Q3 인터넷 방송 관련하여 공무원이 주의할 점은 무엇인가? 또 겸직금지 절차와 누가 겸직을 승인해주는 것인지 답변해보라.
Q4 직장 내 괴롭힘이 동료 간에도 성립이 되는가? 그 이유는 무엇인가?
Q5 민원인이 법령에도 없는 것을 요구한다면 어떻게 할 것인가?
Q6 중요하게 생각하는 공직관은 무엇이며, 이를 실천하기 위한 경험에 대해 답변해달라.
Q7 마지막으로 하고 싶은 말이 있는가?

Q1 자신이 가장 중요하게 생각하는 공직관은 무엇이며 그와 관련된 경험이 있는가?
   ㄴ[추가질문] 그 외에 공직관에 대해 아는 것이 있는가?
Q2 청탁금지법이 있는데 왜 이해충돌방지법을 제정했다고 생각하는가? 또한 이해충돌방지법의 문제점은 무엇인가?
Q3 민원인이 법령에도 없는 것을 요구한다면 어떻게 할 것인가?
Q4 상급자가 아닌 동급자 간에도 직장 내 괴롭힘이 성립할 수 있는지 여부와 그 이유는 무엇이라고 생각하는가?
Q5 우리 교육청에 바라는 점이 있는가?
Q6 마지막으로 하고 싶은 말이 있는가?

Q1 공무원이 되면 근무하고 싶은 부서가 어디인가?
Q2 상사와 의견이 다를 수 있는데 그런 경우 어떻게 하겠는가?
Q3 학교 회계에는 어떤 것들이 있는가?
Q4 본인의 업무는 다 끝났는데 상사가 남아서 일하고 있다면 어떻게 할 것인가?
Q5 공사나 물품구매를 상사의 지인으로 채택해 달라고 한다면 어떻게 하겠는가?
Q6 태풍이나 자연재해가 발생했을 때 대책방안에 대해 생각해 본 것이 있는가?
Q7 기속행위와 재량행위에 대해 답변해달라.

Q1 자기소개를 해보라.
Q2 어느 부서에서 일하고 싶은가? 그 곳에서 본인의 어떤 역량을 발휘할 것인가?
Q3 업무상 상사와 의견갈등이 있을 때 어떻게 하겠는가?
Q4 기속행위와 재량행위에 대해 답변해달라.
Q5 퇴근시간에 내 일은 다 끝났는데 상사는 업무가 남아 있을 때 어떻게 할 것인가?
Q6 계약업무를 해야 되는데 상사가 업체를 지정해서 그 업체랑 계약하라고 한다면 어떻게 할 것인가?
Q7 재난이 발생하였는데 본인이 해당 업무의 담당자일 경우 어떻게 대처하겠는가?

3 ## 2024년 면접방향 잡기

✏ Check point

2024년 출제포인트
1. 경남교육청의 현안문제는 기본이며, 조직생활 관련 질문(동료와 직장 상사와의 관계 등), 민원인 대처방안 등 누구나 생각할 수 있는 기본적인 질문에 충실해야 한다.
2. 본인이 합격한 직렬의 교육청 혹은 학교에서 구체적으로 무슨 일을 하고 있는지를 반드시 숙지하고 들어가야 한다.
3. 최근 교육 및 사회 이슈(교육격차 해소, 4차 산업혁명의 교육 적용, 챗GPT, MZ세대 갈등)에 대해 정리가 필요하다.

1. 기출질문

Q. 국민의 봉사자로서의 자세란 무엇인가?
Q. 서번트 리더십이란 무엇인가?
Q. 학교회계란 무엇이며, 본인이 회계업무를 담당하는 주무관이라면 어떻게 업무를 수행할 것인가?
Q. 주민참여예산제도란 무엇이며, 도입 목적은 무엇인가?
Q. 도민감사관제란 무엇인가?

✅ PLUS

도민감사관제도(참고)
1. '도민감사관'이란?
   도민의 교육행정 감시 기능을 강화하고 교육행정의 투명성 및 공정성 확보와 교육·학예에 관한 행정감사의 신뢰를 높이기 위하여 경상남도교육감이 요청하는 감사·조사 과정에 참여하고 부패유발 제도·관행의 시정, 공무원 등의 비위행위 제보, 그 밖의 교육행정 제도개선 의견을 제출하도록 위촉되어 활동하는 사람을 말한다.
2. 도민감사관의 구성
   ① 도민감사관은 경상남도에 주민등록이 되어 있는 도민으로서 다음에 해당하는 사람 중에서 교육감이 지역별 학교 수, 학생 수 등을 고려하여 위촉 교원위원을 제외한 각급 학교의 학교운영위원으로 구성한다.
   ② 법조인, 공인회계사, 세무사 및 감사·법무·사정 업무 경력이 있는 사람을 포함한다.
   ③ 사회적 신망이 높고 교육행정에 대한 식견과 경험이 풍부한 사람으로서 공무원단체, 시민단체 등에서 추천하는 사람을 포함한다.
   ④ 사회적 신망 및 청렴성이 높고 교육청의 특성과 관련성이 있는 전문가를 포함한다.
3. 도민감사관의 직무와 권한
   ① 민원이 제기된 다음 사항 중 옴부즈만 회의에서 의결된 사항 경상남도교육감 소관 예산지원사업 중 예산집행과 관련된 사항에 대한 조사 및 시정 권고
   ② 그 밖에 직무와 관련한 부패행위 등에 대한 조사 및 시정·개선 권고
   ③ 부패 취약분야 모니터링 및 이에 대한 의견 표명
   ④ 반부패·청렴정책에 대한 제언 및 교육감이 요청하는 반부패·청렴활동 참여
   ⑤ 옴부즈만의 시정·개선 권고 등에 대한 이행실태 확인·점검
   ⑥ 관련 규정 경상남도교육청 도민감사관 및 청렴옴부즈만 운영 규정

2. 실전연습

Q. 포스트코로나 시대 학교공간은 어떤 모습으로 바뀌어야겠는가?

Q. 미래교육지원플랫폼 아이톡톡에 대해 아는 대로 이야기해보라.

Q. 이해충돌방지법과 김영란법의 차이는 무엇인가?

Q. 우리나라 돌봄정책의 문제점과 개선방향에 대해 어떻게 생각하는가?

Q. 빅데이터란 무엇이며, 빅데이터 활용 사례에 대해 아는 것이 있는가?

Q. 교육격차 해결방안은 무엇인가?

Q. 작은 학교 살리기 프로젝트란 무엇인가?

Q. 교육청에서 실시하고 있는 기초학력 향상 사업은 무엇이며, 기초학력을 높이려면 어떻게 해야 하겠는가?

⟨ PLUS

재량행위와 기속행위의 개념

1. 기속행위

'법이 정한 요건이 충족되면 법이 정한 효과로서의 일정한 행위를 반드시 하거나 해서는 안 되는 경우의 행정행위'를 의미한다.

2. 재량행위

'법령이 행정청에 그 요건의 판단 또는 효과의 결정에 있어 독자적 판단권을 부여하고 있는 경우 이에 따른 행정행위'를 의미한다.

3. 재량행위와 기속행위 비교

기속행위	재량행위
• 법이 정한 요건이 충족되면 법이 정한 효과로서의 일정한 행위를 반드시 하거나 해서는 안 되는 경우의 행정행위 • 법규상 구성요건에서 정한 요건이 충족되면 행정청이 반드시 어떠한 행위를 발하거나 말아야 하는 것 • 행정기관에 재량의 여지를 주지 아니하는 것 • 행정기관이 법규의 내용을 그대로 집행하는 조세과징행위와 같은 것 • 법에서 '~하여야 한다' 또는 '~말아야 한다'고 규정하고 있는 경우	• 행정 법규가 허용하는 범위 안에서 행정청에서 일정한 선택이나 판단의 권한을 부여하는 것 • 행정청이 법률에서 규정한 행위 요건을 실현함에 여러 가지 행위 간의 선택의 자유가 인정되어 있는 행정행위 • 법령이 행정청에 그 요건의 판단 또는 효과의 결정에 있어 독자적 판단권을 부여하고 있는 경우 이에 따른 행정행위 • 법률 등이 행정청에 그 행위를 할 것인지 여부나 다수의 행위 중에 어떤 행위를 할 것인지에 대해 독자적 판단권(재량권)을 부여한 행위 • 법령이 행정행위의 요건에 관한 판단이나 효과의 선택에 관하여 행정청에 선택의 여지(재량권)를 인정하고 있어 일정한 법적 한계 내에서 선택의 자유가 인정되는 행정행위 • 법에서 '~할 수 있다'고 규정하고 있는 경우

CHAPTER
04 경북교육청

1 면접진행방식

① 면접관: 3인
② 면접시간: 10분(구상시간 5분＋면접시간 5분)
   ➡ 구상실에서 질문 5개에 대해 구상하고 메모지에 적을 수 있다. 질문순서에 상관없이 정해진 시간 내에 답변하면 된다.
③ 면접준비: (★난이도 '상') 2018년부터 구상면접 실시로 인해서 난이도가 급상승한 지역으로 면접준비에 소홀함이 없어야 하는 지역으로 보인다. 서울교행·부산교행과 더불어 수험생들의 입장에서는 상당히 어렵게 느껴지는 면접이 진행된다는 점을 기억했으면 좋겠다.
④ 질문 포인트: (직렬공통) 공통질문 5문항＋꼬리질문 2문항
   ➡ 공직가치관을 파악하는 상황형, 교육청 현안문제, 교육이슈, 지역에 대한 관심도 등이 구체적인 답변을 요구하는 상황형 질문으로 이루어진다. 구상시간이 주어지기 때문에 돌발질문이 이루어지기도 한다(예) UFO, 호국보훈의 달 지정이유 등).

2 면접후기

✔ POINT 아래 면접후기는 실제 응시생들의 기억에 의해 복원된 내용을 정리하여 수록하였으니 이 점 참고하여 학습하길 바란다.

CASE 01 2022년 면접후기

면접관 최근 공무원이 공금을 횡령해 그 돈으로 코인에 투자하는 등 불법 비리행위가 성행하고 있습니다. 이와 관련해 공무원 청렴의무의 세부 의무에 대해 설명하고, 비리행위의 원인과 해결방안에 대해 설명해주세요.

응시생 공무원의 청렴의 의무는 투명하고 공정한 업무처리를 통해 국민의 신뢰를 도모하는 의무라고 생각합니다. 제가 생각했을 때 비리의 원인은 아무래도 개인의 그릇된 욕심 때문이라고 생각합니다. 이에 대한 해결방안은 부서별로 청렴 포상금을 지급하여 서로 견제할 수 있는 방법이 있겠고, 또 사이버 보안점검처럼 주기적으로 청렴 점검을 하는 방법이 있을 것 같습니다. 또한 징계 사례집을 주기적으로 배포하여 경각심을 일깨우는 방법이 있다고 생각합니다.

면접관 코로나19 관련 국민의 6대 행동수칙에 대해 설명하고, 그 중 재실효 방안이 가장 높은 수칙에 대해 설명해주세요.

응시생 제가 생각했을 때 학교에서는 마스크 착용을 잘하는 것이 제일 중요하다고 생각합니다. 또한 개인 텀블러를 지참하고 개인 위생을 철저히 하여 아이들이 안전한 환경에서 교육받을 수 있도록 해야 한다고 생각합니다.

면접관 지방교육재정교부금이 무엇이며, 그 재원에는 무엇이 있는지 설명해주세요. 그리고 최근 지방교육재정교부금과 관련된 쟁점이 무엇인지에 대해서도 답변해주세요.

응시생 지방교육재정교부금은 균형적인 교육 발전을 위해 국가가 각 지방교육청에 교부하는 금액으로 알고 있습니다. 지금 재원은 너무 긴장이 되어 생각나지 않습니다. (면접관님께서 "천천히 하세요~"라고 해주셨습니다.) 관련된 쟁점은 아무래도 지방교육재정교부금을 축소한다는 논란이 있다고 생각합니다. 국가에서는 학생 수가 줄어들고 있기 때문에 축소해야 한다고 합니다. 하지만 뉴스를 봤을 때 노후화된 화장실과 같은 시설 정비도 필요하고 아이들의 맞춤형 미래교육을 위해서는 제 생각에는 조금 섣부른 판단이 아닌가 생각해 보았습니다.

면접관 자신이 헌신했던 경험에 대해 말하고, 공무원의 성실성을 자신이 합격해야 할 당위성과 연관지어 설명해주세요.

응시생 지극히 헌신했던 경험보다 조그마한 도움을 드린 경험이 있습니다. 저는 예전에 어머니께서 입원을 하신 적이 있는데 그 때 치매 할머니와 함께 병실을 쓰셨습니다. 그런데 갑자기 할머니께서 링거를 풀고 도망가려고 하셨습니다. 저는 그 때 얼른 달려가 할머니의 손을 꼭 잡아 드렸고 할머니는 저를 손자로 생각하셨는지 눈물을 흘리셨습니다. 그 때 저는 저의 조그마한 도움이 남에게는 큰 도움이 될 수 있다고 생각하였고, 제가 공무원이 된다면 이 마음 그대로 누군가에게 도움을 주는 사람이 되고 싶습니다.

면접관 공무원은 전문성과 창의성이 필요한데 이러한 전문성과 창의성과 관련한 세부 방안에 대해 설명하고, 전문성과 창의성을 발휘해 성과를 낸 경험에 대해 답변해주세요.

응시생 제가 생각하는 창의성은 다양한 변수가 많은 사회에 열린 마음을 가지고 임하는 것이라 생각합니다. 창의성을 발휘했던 경험은 저는 사실 은행원으로 근무한 적이 있습니다. (면접관님이 크게 끄덕이셨습니다.) 그 때 갑자기 발령 난 직원분이 오셨는데 당장 곧 2주 출산 휴가를 들어가야 하는 상황이었습니다. 저는 제 업무가 아님에도 인수인계 때 함께 남아 인수인계를 받고 저만의 매뉴얼을 작성하였습니다. 그리고 그것을 부서의 동료들에게 나누어 주어 담당자가 없을 때 누구라도 업무를 대리할 수 있게 하였습니다. 그래서 그 직원분은 덕분에 동료의 연락 한 통 받지 않고 무사히 출산휴가를 다녀올 수 있었습니다. 이 경험을 살려 공직에 근무할 때도 최선을 다하겠습니다.
(이 때 46초가 남았습니다. 코로나 관련 질문에 답변을 짧게 해서 그런 것 같은데 면접관님이 시간이 남았다며 본인의 답변에 보충할 부분이 있으면 말하라고 하셔서 잠시 머뭇거리다가 답변을 이어갔습니다.) 저는 청렴과 관련해서 하나 더 말씀드리고 싶습니다. 이해충돌방지법 같은 경우에는 공직자 본인이 아닌 가족도 해당이 되기 때문에 분기별로 한 번씩 모여 청렴 역할극을 해보는 것도 좋다고 생각합니다. 어떤 과정으로 이해충돌이 생겨 결과로 어떤 징계까지 받을 수 있는지 알게 된다면 조금 더 조심할 수 있을 것 같다고 생각합니다. (4초 남은 상황)

면접관 네, 고생하셨습니다.

응시생 답변 들어주셔서 감사합니다. (일어서서) 감사합니다.
(이렇게 진행이 되었습니다. 너무 긴장이 되어서 수험번호랑 이름 말할 때 목소리가 떨리고 당장이라도 울 것 같은 목소리가 나왔습니다. 여자 면접관님이 괜찮다고 하시길래 긴장이 완화되어서 마지막 질문쯤에는 덜 떨린 목소리로 답했습니다. 선생님 강의가 너무 유익했고 저의 매력에 빠질 수 있도록 스스로 최면을 걸고 들어갔습니다. 선생님 강의가 친근하고 포인트를 잘 집어주셔서 열심히 공부할 수 있었고 내용은 준비를 열심히 했어서 크게 어렵진 않았고 단지 목소리가 많이 떨렸었습니다.;)

(올해는 1-1, 1-2처럼 한 문제에 두 가지 질문이 나오는 등 새로운 유형의 문제가 출제되었고 난이도도 높아서 많이 당황했습니다. 때문에 시간도 기존보다 부족했고 답변도 연습한 만큼 보여드리지 못한 것 같습니다. 문제는 지문이 길어 정확히는 복기하지 못했습니다. 아래처럼 1-4-5-2-3 순으로 답변했습니다.)

면접관 (1-1) 부정청탁 등 금품수수의 금지에 관한 법률에서 정한 청렴의 의무의 의미를 모두 말하세요.
(1-2) 공직자의 부패를 해결하기 위한 방안은 무엇이 있을까요?

응시생 공직자의 청렴성이란 업무 중 사적이익추구를 금지하고 부정청탁을 경계하는 것이라고 생각합니다. 공직자의 부패는 청렴성의 결여로 발생한다고 생각합니다. 이를 위해 현재 경북교육청에서는 1인1서약 정책과 주민감사단, 전문감사단을 운용하고 있습니다. 또 신고를 활성화하기 위해 신고포상금제, 익명신고제 등을 운영하고 있습니다. 추가적으로 제가 생각한 방안으로는 출·퇴근시 청렴 체크리스트를 작성하여 매일 스스로 자기암시를 하는 것입니다. 또 공직자 가족들을 지자체나 학교에 초대해서 연극과 같은 활동을 통해 청렴교육을 실시하는 것도 좋은 방안이라고 생각합니다.

면접관 (4) 누군가에게 몸과 마음을 바쳐 헌신한 경험이 있나요? 성실성과 전문성을 발휘한 경험을 자신이 공직자가 되어야 하는 당위성과 연관지어 말해보세요.

응시생 솔직히 말씀드리면 몸과 마음을 바쳐 누군가에게 헌신한 경험은 부족합니다. 하지만 군복무 시절 국가와 국민을 위해 헌신했다고 생각합니다. 제가 전문하사로 임관했을 때 공구를 다루는 능력이 부족했습니다. 그래서 업무시간 이후에 따로 각파이프에 대고 드릴 연습을 하고, 용접과 같은 것은 배우기 위해 스스럼 없이 후임들에게 도움을 구했습니다. 해서 이후에는 예초기가 고장났을 때 스스로 고쳐서 사용한 경험도 있습니다. 이러한 경험을 바탕으로 제가 공무원이 된다면 도움이 필요한 사회적 약자들을 위해 성실하게 업무를 수행하겠습니다.

면접관 (5-1) 공직자의 창의성을 높이기 위한 방안에는 어떤 것이 있을까요?

응시생 창의성을 높이기 위해 저는 창의경진대회에 대해 생각해 보았습니다. 현직 공직자들을 대상으로 창의성 있는 정책을 제안하고 우수한 정책은 실제 시행가능 여부에 대해 심도 있게 고려하는 것이 필요하다고 생각합니다. 또한 과정도 중요하기 때문에 참여한 인원들에게는 적절한 포상도 중요하다고 생각합니다.

면접관 (5-2) 창의성을 발휘한 경험이 있나요?

응시생 수험생활 이전에 쇼핑몰을 운영한 경험이 있습니다. 제품을 판매하는 데에는 마진을 선정하는 것이 중요합니다. 중국 제품을 위안에서 원화로 바꾸고 추가적으로 배송비와 쇼핑몰 수수료를 빼야 합니다. 이를 일일이 계산하는 것은 시간도 많이 들고 힘이 듭니다. 해서 간단한 엑셀 함수를 통해 제품의 원가와 희망 판매가만 기입하면 자동으로 마진이 나오도록 표를 만들었습니다. 또 이를 혼자 사용하는 것이 아니라 다른 쇼핑몰을 운용하는 친구들에게도 공유하여 함께 사용했습니다.

면접관 (2) 지방교육재정교부금의 의미와 현재 지방교육재정교부금 지급과 관련된 논란사항은 무엇인가요?

응시생 우리나라의 재정은 국가재정과 지방재정으로 나뉘고 지방재정은 일반지방재정과 지방교육재정으로 나뉜다고 알고 있습니다. 하지만 지방재정교부금 지급과 관련된 논란사항에 대해서는 숙지하지 못했습니다. 면접 이후에 필히 숙지하여 시정하도록 하겠습니다.

면접관 (3) 개인방역 6대 수칙과 최근 코로나19가 재유행하고 있는데 이에 대한 방안에 대해 답변해주세요.

응시생 개인방역 6대 수칙에 대해서는 정확하게 숙지하지 못했습니다. 손씻기와 마스크쓰기 등이 해당한다고 생각합니다. 코로나 재유행에 따른 교육방안으로 교육격차를 해소하기 위해 경상북도에서는 온학교나 e학습터 등을 운용하고 있는 것으로 알고 있습니다. 추가적으로 제가 생각하는 방안은 디지털 교과서의 운용을 늘리는 것입니다. 기존에는 학생의 학력 수준에 따라 교육자료를 제공했다면 학생들의 특성과 성격유형에 따라 교육을 하는 것입니다. 예를 들어 직관적인 학생에게는 심상과 교육개념을 함께…
(여기서 알람이 울려서 면접을 종료했습니다.)

MEMO

응시생　안녕하십니까. 경상북도교육청 교육행정직에 지원한 응시번호 ○○번 ○○○입니다. 지금부터 질문지에 있는 질문에 대해 답변드리겠습니다.

면접관　(1) 6월은 호국보훈의 달입니다. 왜 6월을 호국보훈의 달로 지정했는지 이유와 그와 관련해 공무원의 마음가짐과 자세에 대하여 설명해주세요.

응시생　1번 답변드리겠습니다. 6월을 호국보훈의 달로 지정한 이유는 과거 1950년 6.25 전쟁이 발발했으며 이때 국가를 지켜낸 군인들을 기리기 위함이라 생각합니다. 저는 이에 대하여 공직가치 중 애국심과 역사의식을 생각했습니다. 학생들이 올바른 역사관을 갖는 게 중요한데 경상북도교육청에서는 독도 체험 탐방관이나 사이버 독도학교 등 독도교육을 실시하고 있으며 독립운동길 탐방 등 특색사업을 실시하고 있습니다. 저도 경상북도교육청의 일원이 된다면 학생들이 올바른 역사의식을 가질 수 있도록 노력하겠습니다. (유일하게 버벅거리지 않은 답변입니다.)

면접관　(2) 공무원의 징계에는 공무원 지위를 박탈하는 징계와 임금 축소 등 일부 권리를 박탈하는 징계가 있는데 징계의 종류와 내용에 대하여 설명해주세요.

응시생　2번 답변드리겠습니다. 공무원의 징계에는 지금 긴장해서 정확하게 기억나지 않지만 6가지가 있으며 감봉, 정직, 파면 등이 있습니다. 이러한 징계는 공무원이 품위유지의 의무를 위반했을 때 발생합니다. 공무원은 국민의 신뢰를 받고 모범이 되는 직업으로 품위유지의 의무를 어겨 이러한 징계를 받아서는 안 될 것입니다. (징계 종류와 내용이 기억이 안 나서 많이 더듬거렸습니다.;;;)

면접관　(3) 코로나로 재택근무가 활성화되고 있습니다. 일상생활 속에서 정보보안을 위한 생활수칙을 답변해주세요.

응시생　3번 답변드리겠습니다. 생활 속에서 지켜야 할 보안수칙으로 우선 허가받지 않은 외부 USB를 연결해서는 안됩니다. 또한 문서 확인 후에는 파쇄나 소각 등의 처리를 합니다. PC 내부 보안프로그램을 실시하고, 주기적으로 PC 내 삭제해야 할 문서가 있는지 확인하고 처리합니다. (파쇄 후에 갑자기 소각이라는 말이 떠올라서 멈칫했습니다. 이후 약간 더듬거렸습니다.)

면접관　(4) 공무원은 주 40시간 근무를 실시 중입니다. 주 근무 40시간을 넘어 초과근무를 할 수도 있고 휴일에도 근무해야 할 수도 있는데 그런 경우 어떻게 할 건가요?

응시생　4번 답변드리겠습니다. 현대에 와서 워라밸의 중요성이 높아지고 있습니다. 워라밸을 통해 자아실현 감을 높일 수 있고 이는 업무의 효율성이나 저출산과 같은 사회문제 해결에 도움이 될 수 있습니다. 그러기 위해선 일과 개인사에 대한 자신만의 기준이 필요합니다. 만약 개인의 일이 사소하고 업무가 중요하다면 공무원은 지역 주민의 삶의 질 향상을 위해 헌신하고 봉사하는 직업이기 때문에 업무를 우선시 하겠습니다. 하지만 만약 가족이 아프다던가 상견례와 같이 중요한 일이라면 남아서 업무를 한다 해도 효율성이 떨어질 것 같습니다. 이 경우 상급자에게 이야기하여 동료에게 업무를 부탁하거나 재택근무가 가능하다면 재택근무를 실시하고 차후에 업무의 진행사항을 확인 후 추가업무를 하겠습니다. (초반 워라밸 얘기할 때 한 2초 정도 멈칫했습니다. 이후로는 멈춤 없이 얘기했습니다.)

면접관 (5) UFO와 UAP현상이 계속해서 나타나고 있습니다. 본인은 UFO가 존재한다고 생각하나요? 만약 근무지에 UFO 출몰시 조치사항과 사전에 대응방안을 마련한다면 무엇이 있을지 그 내용에 대하여 답변해주세요.

응시생 저는 UFO가 존재한다고 믿습니다. 며칠 전 지역이 정확하게 기억나지 않는데 전라도 지역에 UFO 추정 물체가 목격된 적이 있습니다. 만약 학교에 관련 증상이 나타난다면 학생들이 당황할 것 같습니다. 학생들이 진정하고 흥분하지 않도록 방송을 통해서 통제하겠습니다. 이후 상급기관에 보고하겠습니다. 매뉴얼로는 경찰이나 군인들의 협조를 받으면 될 것 같습니다. (이 질문은 진짜 질문도 질문이지만 지역 말하면서 멈칫한 것과 통제라고 말한 다음 멈칫한 것이 너무 후회됩니다. 특히 구상실에서 통제란 말이 떠올라서 하면 안 된다고 X표시도 했는데 그걸 말한 다음 너무 당황했습니다. 이후에 매뉴얼은 그냥 얼버무리듯 이야기했습니다.ㅜㅜ)

CASE 04　2023년 면접후기

Q1 애국심을 느낀 경험과 통일에 대한 생각을 답변해달라.
Q2 학교운영위원회와 학부모회의 근거·기능·목적의 차이에 대해 답변해달라.
Q3 공통민원대응매뉴얼에 대해 아는 대로 말해보라.
Q4 공무원 복장규정과 반바지 착용에 대한 생각은 어떠한가?
Q5 지식 확보의 원천은 무엇이며, 공무원이 창의성을 발휘하기 위해서는 어떻게 해야 하는가?

CASE 05　2023년 면접후기(사서직)

Q1 애국심을 느낀 때가 언제인가? 그리고 북한에 대해서 어떻게 생각하는가?
Q2 빅데이터의 특성 3가지와 활용되고 있는 부분 3가지 이상에 대해 답변해보라.
Q3 민원인 대응 규정에 나와 있는 민원인 대응법은 무엇인가?
Q4 MZ공무원이 여름에 반바지 복장을 원하는데 이와 연관된 복장관련 규정에 대해 답변해보라. 그리고 반바지 착용에 대한 본인의 생각은 어떠한가?
Q5 창의성과 전문성이 중요시되는데 창의성과 전문성을 고취시킬 수 있는 방안은 무엇인가?

CASE 06 2023년 면접후기 (기록연구)

Q1 통일에 대한 인식과 호국·애국심과 관련된 경험에 대해 답변해보라.
Q2 공공기록물 관리에 관한 법률에서 제시하는 기록물 관리의 4원칙은 무엇인가?
Q3 민원 처리의 원칙은 무엇인가?
Q4 공무원의 반바지 착용에 대해 어떻게 생각하는가?
Q5 지식 확보의 원천은 무엇이며, 공무원이 창의성을 발휘하기 위해서는 어떻게 해야 하는가?

CASE 07 2022년 면접후기

Q1 청렴의 의무란 무엇인가?
　└[추가질문] 횡령이 일어나는 이유와 대비책은 무엇인가?
Q2 코로나 재유행 관련하여 국민의 6대 생활 기본 수칙은 무엇인가?
　└[추가질문] 코로나 재유행과 관련해서 대비책은 무엇인가?
Q3 지방교육재정교부금이란 무엇인가?
　└[추가질문] 최근 있던 지방교육재정교부금 관련 논란에 대해 말해보라.
Q4 타인에게 헌신한 경험이 있는가?
　└[추가질문] 본인이 시험에 합격해야 하는 당위성을 성실성과 관련해 말해보라.
Q5 공무원으로서 전문성과 창의성을 발휘하기 위해선 어떻게 해야 하는가?
　└[추가질문] 전문성과 창의성을 발휘하여 성과를 낸 경험이나 위기를 극복했던 경험이 있는가?

CASE 08 2021년 면접후기

Q1 6월은 호국보훈의 달이다. 왜 6월을 호국보훈의 달로 지정했는지 이유와 그와 관련해 공무원의 마음가짐과 자세에 대하여 설명해보라.
Q2 공무원의 징계에는 공무원 지위를 박탈하는 징계와 임금 축소 등 일부 권리를 박탈하는 징계가 있다. 이러한 징계의 종류와 내용에 대하여 설명해보라.
Q3 코로나로 재택근무가 활성화되고 있다. 일상생활 속에서 정보보안을 위한 생활수칙을 답변해보라.
Q4 공무원은 주 40시간 근무를 실시 중이다. 주 근무 40시간을 넘어 초과근무 할 수도 있고 휴일에도 근무해야 할 수도 있는데 그런 경우 어떻게 할 것인가?
Q5 UFO와 UAP현상이 계속해서 나타나고 있다. 본인은 UFO가 존재한다고 생각하는가?

Q1 교육행정공무원으로서 다양성에 대한 관점을 이야기해보라.
Q2 경북교육의 약속 6가지에 대해 말해보라.
Q3 공무원에게 창의와 성실이란 무엇인가?
Q4 N번방 사건에 대해 어떻게 생각하는가?
Q5 작은 학교 살리기 사업에 대해 아는 것이 있는가?

Q1 "안전하고 믿음직한 교육환경"을 위해 본인이 직렬에서 할 수 있는 것은 무엇인가?
Q2 홍보용 책자 및 영상을 촬영하는데 초등학생 2명이 찍혔다. 식별정보처리를 위해 할 수 있는 것 3가지는 무엇인가?
Q3 청렴의 의무에 대해 설명하고 이에 대한 본인의 생각이나 각오를 이야기해보라.
Q4 교육인프라를 위해 필요한 것은 무엇인가?
Q5 독서의 중요성에 대해 설명하고 감명 깊게 읽은 책에 대해 말해보라.

Q1 건축물에 주어지는 힘 중에서 압축·인장·전단에 대해 설명하시오
Q2 안전하고 믿음직한 교육환경을 위한 실천 방안에 대해 설명하시오.
Q3 코로나시대 온라인 학습을 위한 인프라 구축에 대해 설명하시오.
Q4 공직자에게 청렴의 의무가 중요한 이유를 본인의 직무와 연관해서 답변하시오.
Q5 독서교육의 중요성 및 본인이 감명 깊게 읽은 책과 감동받은 책에 대해 답변하시오.

Q1 워라밸에 대해 어떻게 생각하는가?

MEMO

Q2 정보보안을 위한 생활수칙에 대해 답변해보라.

➡ 광주교행에서는 노인이 예비 며느리의 생활기록부를 받고 싶어서 방문한 경우 어떻게 할 것인지에 대해 이와 같이 상황형으로 개인정보 및 정보보안의 중요성을 질문하기도 했다.

MEMO

Q3 작은 학교 살리기 정책에 대해 아는 대로 답변해보라.

MEMO

Q4 창의와 성실에 대한 각오를 말해보라.

MEMO

✏️ Check point

2024년 출제포인트
1. 기본적인 공직가치에 대한 이해와 사례에서의 공직가치를 찾는 연습이 필요하다.
2. 경북교육청의 기본방향에 대해서는 숙지해야 하며, 그 의미에 대해서도 준비가 필요하다.
3. 경북교육청에서 중점적으로 추진하고 있는 정책에 대해 알고 있어야 하며 관련 자료를 찾아봐야 한다.
4. 공무원의 의무에 대해 암기해야 하고 상황에 대한 이해도 필요하다.
5. 경험에 대해서는 경험험 질문 관련 내용을 참고해서 정리를 해두어야 한다.
6. 최근 교육이슈에 대한 내용도 정리가 필요하다.

1. 기출질문

Q1 상사와 업무 중에 마찰이 발생할 경우 어떻게 해결할 것이며 또 본인에게 일을 많이 떠맡길 때는 어떻게 할 것인가?

Q2 '앓아누운 주인이 열 머슴보다 낫다.'는 옛말이 의미하는 바를 설명해보라.

Q3 공무원의 의무 중 4대 금지의무가 있다. 이 중 하나를 선택하여 구체적으로 설명해보라.

Q4 우리나라의 교육이념은 무엇이고 앞으로 우리 교육이 나아갈 방향은 무엇이라고 생각하는가?

Q5 군단위 인구감소로 인한 지방소멸에 대한 의견을 말해보라.

Q6 학교폭력의 원인과 해결방안에 대하여 자신의 생각을 곁들여 말해보라.

2. 실전연습 질문

Q1 당신은 학교회계 담당자이다. 학생 스스로 상상하고 생각한 것을 디지털 기기와 다양한 도구를 사용하여 직접 제작하는 메이커교육을 위한 공간을 확보하려고 한다. 그런데 학교시설 내에는 이미 교실과 타 용도의 시설로 빈공간을 확보하기 어려운 상황으로 선생님들이 공간확보에 반대를 하고 있는 상황이다. 이를 어떻게 해결하겠는가?

MEMO

Q2 당신은 공사 담당 주무관으로 학교시설공사 업체선정을 위한 용역(2천만원)사업을 수행하는 과정에서 공고 결과 3개 업체가 응찰하였고 그중에는 본인의 사촌형이 등기이사로 있는 A업체도 포함된 사실을 인지하였다. 이 상황에서 어떻게 대응하겠는가?

MEMO

Q3 당신은 A교육청 소속 주무관이다. 함께 근무한 甲장학관은 퇴임 후 B교육관련 업체에 임원으로 활동하고 있다. B업체는 교육관련 사업을 진행하고 있다. 어느 날 당신과 같이 식사를 하자고 연락이 왔다. 이 상황에서 어떻게 대응할 것인가?

> **MEMO**
>
>
>
>
>
>

Q4 당신은 교육청 소속 회계담당 공무원으로서 휴일근무기록과 무인경비시스템 기록을 비교하여 초과근무 수당을 지급하는 업무를 수행하고 있다. 동료 공무원 2명이 휴일 근무기록을 조작하여 초과근무 수당을 수령한 후 같이 분배하자고 제안한다. 이 상황에서 어떻게 하겠는가?

> **MEMO**
>
>
>
>
>
>
>

Q5 당신은 A교육청 주무관이다. 취약계층을 위한 교육프로그램과 관련하여 관련 업체인 B, C업체와 프로젝트를 진행하고 있다. 그런데 업무과부하로 B, C업체로부터 인력지원을 요청하여 각 1명씩 총 2명의 인력을 비공식 파견 형태로 지원받아 업무를 수행하였다. 무엇이 문제이며 적절한 상황대처는 어떻게 해야 하겠는가?

> **MEMO**
>
>
>
>
>
>
>

금지되는 갑질 행위

금지유형	금지행위
(외부 직무관련자) 민원인에 대한 갑질	담당 공무원이 인·허가 등 신청인에게 불이익을 주거나 제3자에게 이익 또는 불이익을 주기 위하여 부당하게 그 신청 등의 접수를 지연하거나 거부하는 행위
(조직 내부) 상급자의 하급자에 대한 갑질	직무관련 공무원에게 ① 직무와 관련 없는 부당한 지시·요구를 하거나 ② 직무의 범위를 벗어나 부당한 지시·요구를 하는 행위
(외부 직무관련자) 외부 개인/ 기관·단체에 대한 갑질	물품·용역·공사 등 계약과 관련하여 직무관련자에게 공무원 자신이 소속된 기관의 의무 또는 부담의 이행을 전가하거나 자신이 소속된 기관이 집행해야 할 업무를 부당하게 지연하는 행위
(상/하 공공기관 간) 소속·산하기관에 대한 갑질	공무원 자신이 소속된 기관의 소속기관 또는 산하기관에 자신이 소속된 기관의 업무를 부당하게 전가하거나 그 업무에 관한 비용이나 인력을 부담하도록 부당하게 전가하는 행위
(보충적 금지) 조직 내·외부, 개인/ 기관·단체에 대한 포괄적 갑질	직무관련자, 직무관련 공무원, 공무원 자신이 소속된 기관의 소속기관 또는 산하기관의 권리·권한을 부당하게 제한하거나 의무가 없는 일을 부당하게 요구하는 행위

Q6 홍보용 책자 및 영상을 촬영하는데 초등학생 2명이 찍혔다. 식별정보처리를 위해 할 수 있는 것 3가지는 무엇인가?

Q7 코로나로 인한 학습격차 해소방안이 있다면 무엇인가?

Q8 포스트코로나 시대의 미래교육방향은?

Q9 그린스마트 미래학교란 무엇인가?

Q10 적극행정이란 무엇이며, 본인은 적극행정을 위해 어떤 자세로 업무에 임할 것인가?

Q11 교육청에서 실시하고 있는 기초학력 향상 사업은 무엇이며, 기초학력을 높이려면 어떻게 해야 하겠는가?

MEMO

CHAPTER
05 광주교육청

1 면접진행방식

① 면접관: 3인
② 면접시간: 10분(메모지와 볼펜이 준비되어 있어 면접 중 메모 가능)
③ 면접준비: (★난이도 '중하') 성적이 중요하고 면접비중도 낮은 편이며, 미흡 비율은 거의 없는 것으로 보이는 지역이다.
④ 질문 포인트: (직렬공통) 공직관+공통질문 전체 5문항 질문
   ➡ 공직가치관을 파악하는 질문, 교육이슈, 교육행정직 업무에 관심도를 묻는 공통질문이 출제되었다.

2 면접후기

✔POINT 아래 면접후기는 실제 응시생들의 기억에 의해 복원된 내용을 정리하여 수록하였으니 이 점 참고하여 학습하길 바란다.

CASE 01 | 2023년 면접후기

면접관 중요하게 생각하는 공직가치 3가지를 말하고, 그중 가장 중요하게 생각하는 공직가치와 그 이유에 대해 답변해주세요.

응시생 공직가치에는 청렴, 다양성, 전문성 등이 있습니다. 그중 청렴에 대해 공무원의 부정부패는 개인문제로 끝나지 않고 조직 전체의 문제로 번지고 더 나아가 국가경쟁력까지 떨어트릴 수 있기 때문에 중요합니다. 더욱이 교육청 공무원은 학부모들의 신뢰를 떨어트리고 공교육에도 안 좋은 영향을 끼치며 학생들의 본보기가 되어야 한다는 점에서 청렴이 더욱 중요하다고 생각합니다.

면접관 광주교육청의 목표에 대해 답변하고, 교육시책 5가지는 무엇인지 답변해주세요. 그리고 그 과정에서 교육행정직의 역할은 무엇인지도 답변해주세요.

응시생 5대 시책으로는 다양성교육, 상생교육, 미래교육, 공정교육, 책임교육 등이 있습니다. 이러한 정책들을 추진하기 위해서는 다양한 구성원들의 의견을 통합할 수 있도록 의사소통역량이 중요합니다. (이런 식으로 말한 것 같습니다.)

면접관 동료가 질병 등으로 휴직하거나 장기간 자리를 비울 때 동료의 업무를 본인이 해야할 경우 어떻게 대처할 건가요?

응시생 저는 동료의 업무를 맡게 된다면 우선 업무 매뉴얼이 있는지 묻고, 있다면 그걸 확인하며 업무 수행을 할 수 있도록 하고 없다면 동료에게 묻거나 상관님께 여쭈어서 업무를 수행할 수 있도록 하겠습니다.

면접관 [추가질문] 내 할일도 많은데 동료업무까지 한다면 업무과중 상태가 되지 않을까요?

응시생 공무원은 조직생활이 중요하다고 생각하고 나중에 제가 아플 수 있는 상황도 발생할 수 있으므로 그 때를 위해서라도 동료를 도와서 업무를 수행해야 한다고 생각합니다.

면접관 정책을 추진하려고 업무계획서도 작성하고 법적으로 문제가 없는데 결재과정 중에 큰 의견충돌이 생겼을 경우 어떻게 대처할 건가요?

응시생 저는 우선 정책을 추진하는 데 있어서 제 의견이 도움이 된다고 생각이 든다면 상사님께 제 의견을 반영할 수 있도록 적극적으로 노력하겠습니다.

CASE 02 | 2022년 면접후기

(광주광역시 교육행정 면접 복기 내용입니다. 시간제한은 10분이었는데 저는 7분 30초 동안 답변드리고 퇴실했습니다.)

면접관 공무원과 일반기업의 차이는 무엇인가요?

응시생 공무원은 공익실현을 위해서 일한다는 점에서 일반기업과 큰 차이를 보입니다. 공무원은 국민을 위해 서 일하는 직업이고 국민을 위해 봉사해야 하는 직업이기 때문에 헌신과 사명감 없이는 하기 어렵다고 생각합니다. 이런 점에 있어서 기업의 이익을 추구하는 일반기업과 가장 큰 차이를 보입니다.

면접관 학교 행정실에서 무슨 업무를 하는지 말해보고 교육행정직 공무원에게 있어서 필요한 역량과 그 이유는 무엇인지 답변해주세요.

응시생 학교 행정실에서는 주로 회계업무를 처리하지만 이외에도 다양한 업무를 맡고 있습니다. 인사나 경리 를 담당하기도 하고 시설관리나 물품관리와 같이 다양한 업무를 담당한다고 알고 있습니다. 그리고 가장 필요한 역량은 창의성이라고 생각합니다. 시대가 계속해서 변함에 따라서 기존에 있는 제도나 정책만으로는 해결할 수 없는 문제가 생길 것이라고 생각합니다. 그럴 때마다 창의성을 발휘해서 좋은 정책에 대한 아이디어가 있다면 그것을 제시하고 그로 인해서 더 나은 교육과 공익실현에 보탬이 되는 것 역시 교육행정직에 있어서 필요한 사항이라고 생각합니다.

면접관 민원인을 대처할 때 가장 중요한 것이 무엇인가요?

응시생 경청하는 자세가 가장 중요하다고 생각합니다. 민원인 선생님께서 어떤 어려움이 있는지, 어떤 고충을 겪고 계신지 귀 기울여서 들어보고 거기에 공감해 주는 태도를 보여주는 것이 중요합니다. 그렇게 한 다면 민원인 선생님의 화가 조금이라도 누그러질 수 있기 때문에 경청하는 모습을 보여드리는 것이 가장 중요하다고 생각했습니다.

면접관 요새 꼰대라는 말들이 나오는데 본인 상사가 꼰대라면 어떻게 하겠나요?

응시생 저는 상사님께서 하시는 말씀에는 그만한 이유가 있다고 생각하고 받아들이겠습니다. 그분께서는 저 에게 도움이 되고자 충고를 해주실 수도 있고, 저에게 좋은 말이라고 생각해서 조언을 해주실 수도 있다고 생각합니다. 그러므로 그렇게 말씀하시는 경우에 꼰대라고 생각하지 않고 저를 위해서 해주는 말씀이니 더 존중하고 경청하는 모습을 보여드리도록 하겠습니다. 이렇게 하면 상사분께서 꼰대라는 생각이 드는 경우나 서로에 대한 갈등이 많이 생기지 않을 것이라고 생각합니다.

면접관 살면서 힘들었던 경험과 앞으로의 각오를 답변해주세요.

응시생 저는 혼자 중국으로 유학을 갔던 적이 있습니다. 그 때는 타국으로의 첫 유학이기도 하고 가족 없이 떠나 혼자 지내게 되었던 시간이라 처음에는 많이 힘들었던 것 같습니다. 가족들도 많이 보고 싶고 울기도 많이 울었지만 이렇게 시간을 보낸다고 해서 달라질 것은 없다는 생각이 들었습니다. 그래서 저의 도전의식을 가지고 곧장 밖으로 나갔습니다. 밖에 지나다니는 중국인 친구들에게 말도 걸어보면서 결론적으로 많은 중국인 친구들을 사귈 수 있었습니다. 이렇게 해서 중국인 친구들도 많이 사귀고 회화실력을 늘릴 수 있는 뜻깊은 경험을 할 수 있었습니다. 앞으로의 각오라면 함께 배우고 나누는 행복한 광주교육을 위해서 이바지할 수 있는 공무원이 되겠습니다. 그리고 어떤 일이든지 열심히 할 수 있다는 각오를 가지고 지원했기 때문에 무슨 일이든지 열심히 하는 모습을 보여드리겠습니다. 감사합니다.

(너무 떨려서 말도 많이 더듬고 마지막 할 말도 준비해 갔는데 순간 머리가 새하얘져서 말하지 못했습니다. 특히나 마지막 각오가 너무 부실했던 것 같아 혹시나 결과가 안 좋을까봐 걱정이 됩니다.ㅠㅠ)

CASE 03 | 2023년 면접후기

Q1 중요하게 생각하는 공직가치 3가지를 말하고, 그중 가장 중요하게 생각하는 공직가치와 그 이유에 대해 답변해달라.

Q2 광주시의 교육시책 5가지와 교육행정직의 역할에 대해 답변해달라.

Q3 동료가 질병 등으로 휴직하거나 장기출장 등으로 그 업무를 내가 맡게 된다면 어떻게 할 것인가?

Q4 업무계획서를 제출했는데 상사와 의견이 다른 경우 어떻게 할 것인가?

Q5 법률적으로는 어긋난 건 없는데 업무에 대해 상사와 의견이 다를 시 어떻게 대처할 것인가?

CASE 04 | 2022년 면접후기

Q1 공직자가 다른 직업과 다른 점은 무엇이며, 국민이 바라는 공무원상은 무엇인가?

Q2 민원인 대처를 어떻게 할 것인가?

Q3 꼰대 상사를 만난다면 어떻게 대처할 것인가?

Q4 학교 행정실의 업무와 역할에 대해 아는 대로 답변하고 전문성을 키우기 위해서는 어떤 역량이 필요한가?

Q5 스트레스를 받았던 경험과 나중에 공직 생활 중 힘들 때 어떻게 이겨나갈 것인가?

Q1 공무원이 다른 직업과 다른 점은 무엇이며, 국민이 바라는 공무원상은 무엇인가?
Q2 도서관의 폐기 기준은 무엇이며, 폐기해야 할 책이 너무 많은 경우 어떻게 해야하겠는가?
Q3 민원인을 어떠한 자세로 대해야 하겠는가?
Q4 꼰대의 정의를 말하고 본인에게 그런 행동을 할 경우 어떻게 할 것인가?
Q5 공무원으로 일하면서 중요한 것은 무엇이며, 본인이 노력해야 할 것은 무엇인가?
Q6 힘들었던 일을 어떻게 극복했는가?

Q1 노인이 예비 며느리의 생활기록부 발급을 받으러 오면 어떻게 응대할 것인가?
Q2 국민들이 생각하는 공무원상은 어떤 것인가?
Q3 청탁금지법이 무엇이며, 본인이 청탁을 받았을 때 어떻게 할 것인가?
Q4 옆의 동료가 업무를 도와달라고 했을 때 어떻게 할 것인가?
Q5 광주교육청의 어떤 공무원이 되고 싶은가?

Q1 노인이 예비 며느리의 개인정보를 요청한다면 어떻게 할 것인가?
Q2 국민이 바라는 공무원상은 무엇인가?
Q3 도서관 윤리선언에 따라서 도서관이 어떻게 발전해야겠는가?
Q4 선배 공무원이 나에게 계속 일을 넘긴다면 어떻게 할 것인가? 선배와 본인 둘 다 업무가 과중할 경우 어떻게 할 것인가?
Q5 광주교육청의 어떤 공무원이 되고 싶은가?
Q6 도서관의 7대 윤리는 무엇인가?

CASE 08 2020년 면접후기

Q1 공무원으로서 가장 중요한 가치는 무엇이라고 생각하는가?
Q2 상관이 부당한 지시를 내리면 어떻게 할 것인가?
Q3 광주교육청에서 실시하고 있는 정책들에 대하여 아는 대로 말해보시오.
   └[추가질문] 가장 인상 깊은 정책과 그 이유?
Q4 나중에 근무를 할 때 저소득층 가정의 학생이 집안이 어려워 학교에 낼 돈이 없다고 하면 어떻게 할 것인가?
Q5 코로나를 대비하여 교육행정직 공무원의 역할은 무엇인가?
Q6 꼭 하고 싶은 말이 있다면 짧게 말해달라.

CASE 09 2020년 면접후기

Q1 본인이 가장 중요하게 생각하는 공직가치와 그 이유는 무엇인가?
Q2 저소득층 학부모가 학교에 찾아와서 생활이 어려워 학습비를 지원해 달라고 하면 어떻게 할 것인가?
Q3 코로나 시대에 학교 안전에서 가장 중요하다고 생각하는 것은 무엇인가?
Q4 비대면 시대에 들어가면 교육격차가 더 심해질 것 같은가? 이에 대한 해결방안은 무엇인가?
Q5 급한 일이 발생하였는데 미리 선약이 있다. 어떻게 할 것인가?

MEMO

3 2024년 면접방향 잡기(기출질문)

✎ Check point

2024년 출제포인트
1. 논란되는 교육이슈는 꼭 출제가 이루어지므로 반드시 점검이 필요하다.
2. 광주교육청 현안 문제는 해마다 1~2문제는 면접질문화 되므로 준비가 되어야 한다.
3. 민원인 대처법, 직장상사와 동료와의 관계를 묻는 질문유형도 반드시 정리가 되어야 한다.
4. MZ세대의 특성 및 세대갈등 해결방안도 중요하다.
5. AI 교육과 4차 산업혁명 관련 내용에도 관심을 가져야 한다.

Q1 광주의 보편적 교육복지 혜택에 대해서 아는 대로 답변해보라.

Q2 학교 회계연도에 대하여 답변해보라.

Q3 교육행정공무원의 핵심업무는 회계업무이다. 회계업무를 하는 데 가장 중요한 것은 무엇인가?

Q4 상사의 부당한 지시에는 대표적으로 업무를 많이 맡기는 것도 포함이 된다. 본인에게 맡겨야 할 일이 본래 10개인데 12개의 일을 맡긴다면 어떻게 할 것인가?

Q5 학교운영위원회에 대해 이해한 바를 답변해보라.

Q6 학교회계의 세입과 세출에는 어떤 것들이 있는가?

Q7 교육청특별회계와 학교회계의 차이는 무엇인가?

Q8 지방교육재정교부금이란 무엇인가?

Q9 갑질이란 무엇이며 공무원의 갑질 근절방안은 무엇인가?

Q10 학교 재난안전에는 어떤 것이 있는가? 학교화재 발생시 대응절차에 대해 구체적으로 말해보라.

Q11 학교폭력을 근절할 수 있는 방안은 무엇인가?

Q12 교육청에서 실시하고 있는 기초학력 향상 사업은 무엇인가? 기초학력을 높이려면 어떻게 해야겠는가?

✅ PLUS

공무원의 소극행정 이해하기

1. 의 의

소극행정이란 해야 할 일을 하지 않거나 할 수 있는 일을 하지 않아서 국민 생활과 기업 활동에 불편을 주거나 권익을 침해하는 업무 행태를 의미한다.

2. 공무원의 소극행정 유형

① 적당편의: 적당히 형식만 갖추어 업무를 처리하려는 행위

② 복지부동: 주어진 업무를 게을리 하거나 부주의하여 업무를 이행하지 않는 행태

③ 탁상행정: 기존의 불합리한 업무 관행에 젖어 있거나 현실과 동떨어진 행태

④ 기타 관중심 행정: 공적인 권한을 부당하게 행사하거나 부서 간에 책임을 떠넘기는 행위

TIP 위와 같은 문제를 해결하는 방안으로는 무엇이 있는지를 한가지 사례를 들어서 본인의 생각을 정리하면 된다.

MEMO

CHAPTER

06 대구교육청

1 면접진행방식

① 면접관: 3인
② 면접시간: 25분(구상시간 10분 포함) / 인문학 면접을 실시했으나 2023년부터는 인문학 면접을 실시하지 않고 있다.
③ 면접준비: (★난이도 '중상') 대구시 교육정책의 이해도에 기반한 면접문항으로 출제되며, 구상형으로 진행할지는 미지수이다.
④ 질문 포인트
    ㉠ 공무원으로서의 자세와 관련하여 공무원의 의무, 공직가치에 대한 준비는 필요하다.
    ㉡ 대구시 교육정책에 대한 이해와 설명을 할 수 있어야 한다.

2 면접후기

✔ POINT 아래 면접후기는 실제 응시생들의 기억에 의해 복원된 내용을 정리하여 수록하였으니 이 점 참고하여 학습하길 바란다.

CASE 01 2023년 면접후기

(중간에 계신 면접관님은 행정공무원, 오른쪽 면접관님은 사서분이셨습니다.)

면접관 상사가 부당한 지시를 한다면 어떻게 할 건가요?
응시생 상사분이 부당한 지시를 하신다면 내부규정이나 판례 등을 참고하여 부당한 지시가 맞는지 검토하겠습니다.

면접관 부당하지만 법과 절차가 어긋나지 않는 지시입니다.
응시생 제가 알기로 공무원의 의무 중 복종의 의무가 있는데요. 이 의무는 위법한 지시는 따르지 않는 것으로 알고 있습니다.

면접관 법에 어긋나는 지시가 아닙니다.
응시생 그렇다면 상사분의 지혜와 경험을 존중하고 저의 아이디어와 절충하여 협의해 보겠습니다. 서로 존중하고 이해하는 마음으로 타협해 보도록 노력하겠습니다.

면접관 협의도 안 되고 설득도 안 된다면요?
응시생 그러면 일단 상사분의 지시를 따르되 저의 생각이나 아이디어는 어필해 보겠지만 다음 기회를 노려보겠습니다.

면접관 동료가 자신의 업무가 아닌데 본인에게 업무를 떠넘긴다면 어떻게 할 건가요?

응시생 공무원의 공직가치 중 책임감과 적극성이 있습니다. 책임감은 본인이 맡은 업무뿐만이 아니라 그 외 업무까지도 하려는 적극적인 자세를 말합니다. 그렇기에 저는 동료가 업무를 준다면 도와줄 것이며 제가 그렇게 한다면 동료도 저를 도와줄 것이라고 생각합니다.

면접관 취미가 무엇인가요?

응시생 저의 취미는 요리와 원예입니다.

면접관 자격증이 있나요?

응시생 아니요. 그냥 취미이며 제가 좋아합니다. 기회가 된다면 자격증을 따보고 싶습니다.

면접관 (웃으시며 질문주셨습니다.) 레시피는 어머니의 레시피를 참조하신 건가요?

응시생 다양한 레시피를 참조합니다. (뭔가 관련 질문을 더 하실 것 같은데 시간이 흐르고 있다는 압박감에 저를 더 어필해야겠다는 생각이 들어 질문하시기 전에 재빨리 화제를 돌렸습니다.) 제 생각에 저의 취미를 도서관에 적용할 수 있다고 생각합니다. 저의 취미 중 요리를 도서관에 적용한다면 다문화가정 중 이주여성이 어려움을 겪고 있는데요. 다문화가정을 위한 요리프로그램을 제가 할 수 있을 것 같습니다. 그러면 이주여성이 한국에 적응하는 데 도움이 될 것입니다. 그리고 생태채험프로그램도 많은데요. 원예에 관심이 있으니 그 쪽으로 도서관 프로그램을 기획해 볼 수도 있다고 생각합니다.

면접관 민원인이 찾아왔을 때 어떻게 응대하실 건가요?

응시생 민원인이 찾아온다면 일단 민원인이 하는 말을 경청합니다. 그리고 불만사항이 무엇인지 신속히 파악하여 공무원으로서 법과 제도에 어긋나지 않는 선에서 해결방법을 찾아드리겠습니다. 만약 법과 제도에 맞는 해결방법이 없다면 각종 판례나 사례 법령을 찾아 그에 따라 해결해 보겠습니다. 그럼에도 해결 방법이 없다면 정부나 다른 기관으로 연계하여 해결방법을 찾아드리도록 하겠습니다. (면접관님이 끄덕끄덕 해주셨습니다.)

면접관 지역대표도서관이 무엇이고 거기서는 어떤 일을 하나요?

응시생 지역대표도서관이란 지역을 대표하는 도서관으로 대구교육청에는 국채보상운동기념관으로 재탄생하였습니다. 그리고 자료를 수집·보존·선별·제공하고, 지역 내 도서관의 업무를 지원하고 협력하는 일을 합니다.

면접관 시립도서관은 몇 개입니까?

응시생 동부, 서부, 남부, 북부, 두류, 수성, 삼국유사군위도서관이 있습니다.

면접관 하나 빠진 것 같은데요.

응시생 죄송합니다.

면접관 앞서 도서관 업무에 대해서 말한 것 외에 도서관에 입사하게 되면 해보고 싶은 일이 있나요?

응시생 전공 공부를 하면서 그리고 공무원 시험 준비를 하면서 자료 목록 및 분류 실습을 많이 해보았으나 일을 하면서 이를 적용할 기회가 없었습니다. 그래서 입사하게 되면 신착도서 목록 작업을 해보고 싶습니다. 그리고 공공도서관에서 인턴을 할 때 여러 자료실을 돌아다니며 배웠습니다. 그중 가장 기억나는 자료실은 독서치유실이었습니다. 사서 선생님께서 직접 자료를 만드시고 강의도 주관하시고 참여 인원도 뽑으시는 걸로 알고 있습니다. 제가 직접 참여하지는 못했지만 간접적으로 자료를 보는 것만으로 참여하고 싶을 정도로 좋은 프로그램이라고 생각했습니다. 그래서 저도 독서치료프로그램을 진행해보고 싶습니다만 아직은 저의 역량이 부족하다고 생각하여 독서상담지도사, 독서치료사 자격증을 공부해 보고 싶습니다.

면접관 공공도서관에서 인턴을 하셨다고요? 대구에서요?

응시생 아니요, 서울 공공도서관에서 인턴을 하였습니다.

면접관 서울 어디인가요?

응시생 기관명을 말해도 되나요? 서울에서 학교를 나와서…(시간이 다되어 마무리되었습니다.)
(면접관분들이 일제히 판정표를 작성하셨고, 저는 일어나서 면접관분들에게 "감사합니다! 감사합니다!" 두 번 크게 외치면서 고개 숙여 인사하고 나왔습니다.)

MEMO

1. 면접상황

① 면접인원은 총 115명으로 오전과 오후 각각 총 8조, 한 조당 약 8명으로 구성되었습니다.
② 오전조는 9시 입실, 10시 면접 시작 / 오후조는 12시 입실, 13시 면접 시작이었습니다.
③ 문제는 오전조 응시번호 앞번호가 앞에 나가서 뽑아서 랜덤으로 선정했습니다.
④ 저는 오전조였고 면접순서는 뒷번호라 1시간 더 넘게 대기 후 구상실로 들어갔습니다. 구상실은 각 조의 같은 번호 총 8명이 한 방에 들어가서 각 자리에 놓인 문제를 보고 같이 나왔습니다(앞에 타이머 있음). 그리고 각 조의 면접교실 앞에 서서 들어가라고 하면 노크 후 들어가서 인사드리고 "○○조 면접번호 ○○번입니다." 말씀드리고 자리에 앉았습니다. 코로나 때문에 면접생 책상에 아크릴판이 막혀있어서 면접관을 볼 때 살짝 불편하다는 느낌이 있었습니다. 면접실 내에도 15분 타이머가 있었습니다.
   ➡ 정말 기억나는 대로만 적어서 정확하지 않은 점 유의바랍니다.

2. 질의응답

(1) 업무관련

면접관 (업무 기한을 준수하지 않았으며, 업무 실수와 관련된 내용의 지문) 위 지문을 보고 알 수 있는 공직관을 각각 설명해보세요.

응시생 저는 우선 성실의 의무를 위반했다고 생각합니다. 공무원은 국민들의 업무를 대신하는 사람으로서 국민들의 신뢰를 지킬 필요가 있고 그에 따라 업무를 성실하게 해야할 의무가 있습니다. 또한 일정을 준수하는 것 또한 국민들의 신뢰에 따라 잘 확인해야 할 필요가 있기 때문에 A와 B 모두 성실하게 업무를 수행하지 못했다고 생각합니다.

(2) 난중일기

면접관 (정확하지는 않지만 갑옷, 투구 등의 관리가 제대로 이루어지지 않았다. 오만을 떤다는 내용의 지문) 위 지문에서 문제가 될 수 있는 공직가치는 무엇인가요?

응시생 저는 위 지문을 보면서 책임감이 부족하다고 생각했습니다. 공무원은 공익을 위해 일한다는 업무에 대한 사명감을 가지고 그에 대한 무게를 느끼며 항상 책임감을 지녀야 한다고 생각합니다. 뿐만 아니라 오만을 떤다는 부분에서 겸손함 또한 갖추지 못한 것으로 보입니다. 여기서 잠깐 책임감에 관한 제 경험을 말씀드리고 싶습니다. (책임감으로 주변인에게 신뢰를 주었던 경험 말함) 앞으로 제가 공직생활을 하게 된다면 이러한 제 경험을 바탕으로 항상 업무에 책임을 다하는 그런 공무원이 되겠습니다.

(3) 소크라테스의 변명

면접관 (지문의 내용은 기억이 잘 안 납니다.ㅠㅠ) 상사 혹은 동료가 부당한 계획을 세운다면 어떻게 할 것인가요?

응시생 저는 위 지문처럼 잘못된 행동에 대해 계속적으로 자각할 수 있도록 노력할 것 같습니다. 하지만 기관에 바로 잘못된 행동을 신고하진 않을 것 같고 스스로 부당한 행동을 고칠 수 있도록 유도할 것 같습니다. 그래도 부당한 행동을 계속한다면 우선 그 계획으로 인해 발생할 수 있는 문제점을 알아보고 기존의 계획에서 적법한 방식으로 수정한 대안책을 만들어 볼 것 같습니다. 그리고 보고서를 만들어서 나중에 동료나 상사분께서 기분이 좋으실 때 조심스럽게 찾아가서 그 계획에 대해 생각해 봤으나 이러한 문제점이 발생할 수 있어서 이런 방향으로 조금 바꿔보면 어떻겠냐고 제안을 해보면서 설득하려고 노력할 것 같습니다. (말하다 보니 '상사의 부당지시상황'과 '동료의 부당행동 목격상황' 두 상황에 대한 연습답변이 이상하게 섞인 것 같습니다.;;)

(4) 선입관 혹은 시기질투 관련

면접관 위 지문의 선입관의 의미를 토대로 사회취약계층의 민원인을 대할 때 문제점과 해결방안은 무엇인가요?

응시생 저는 선입관이나 시기가 발생하는 원인으로 다른 사람을 이해하지 못하고 내 입장에서만 생각하는 여러 사람의 다양성을 이해하지 못하는 태도라고 생각합니다. 특히 글로벌시대로 변화하고 다양한 문화를 접하게 되는 사회로 변화했기 때문에 공무원 또한 그러한 변화에 맞춰 다양한 사람들을 이해할 줄 알아야 한다고 생각합니다. 그래서 올해 저희 교육청에서 제시한 비전인 다품교육에 맞는 다품복지망 제도가 이 다양성을 위한 정책이라고 생각합니다. 다양한 학생들에게 많은 지원을 제공하고 있는 이러한 정책을 기반으로 여러 사람들을 이해할 수 있는 특히 교육의 소외계층에 있는 사람들을 생각하고 또 존중할 수 있는 그런 제도가 많이 만들어진다면 이러한 선입관들이 많이 없어지고 다양성을 존중할 수 있는 사회가 될 것 같습니다.

(5) 그리스·로마신화

면접관 (오딧세우스는 비밀로 했으나 부하들이 그것을 참지 못한 내용으로 지문이 기억이 잘 안 납니다.) 위 지문을 통해 느낄 수 있는 공직생활에서의 중요한 점은 무엇인가요?

응시생 위 지문에서 부하들이 상사를 믿지 못하고 문제를 일으킨 부분을 읽으면서 저는 조직생활에 있어 신뢰와 팀워크가 중요하다고 생각했습니다. 만약 팀 내 서로가 신뢰하지 못하고 어긋난다면 업무수행에도 영향을 미치고 결국 국민들에게도 피해를 줄 수 있기 때문입니다. 따라서 조직원들을 항상 챙기고 조직 내 분위기를 좋게 조성하는 것이 중요하다고 생각합니다. 이러한 상황에 대비하여 제가 조직 내 좋은 분위기를 형성하는 것에 대한 대안책을 생각해보았습니다. 바로 1:1 짝꿍 프로그램입니다. 마니또게임처럼 팀 내 1:1로 짝을 지어 업무에 대한 어려움이나 고민 등을 서로 공유하고 챙겨주면서 신뢰를 쌓을 수 있도록 하는 것입니다. 이 방식대로 쭉 진행해서 조직 내 모든 사람과 짝을 지어 진행한다면 전체 팀원들끼리 신뢰도 쌓이고 팀의 유대감도 쌓일 것이라고 생각합니다.

면접관 (아테네와 포세이돈 중 한 명에게 도시를 주는 내용으로 포세이돈은 ~했으나 ~하지 못했다. 그러나 아테네는 ~를 잘 하였다. 따라서 아테네에게 도시가 주어졌다는 내용) 이 지문을 보고 느낄 수 있는 공직자의 태도는 무엇인가요?

응시생 저는 우선 공정성이라고 생각했습니다. 편견이나 차별 없이 공익실현에 잘 맞는 정책을 내세운 사람을 뽑은 것처럼 공무원 또한 차별 없이 공평무사한 방식으로 업무를 처리해야 한다고 생각합니다. 그리고 비록 지문에서 포세이돈은 선정되지 못했지만 두 신 모두 국민들을 위해 적극적으로 정책을 실현하려한 점에서 적극성 또한 느낄 수 있었습니다. 두 신처럼 공무원 또한 국민들의 행복과 이익을 우선적으로 생각해야 하므로 단순히 형식적으로 업무를 처리하는 것이 아니라 적극적인 자세로 업무에 임해야 한다고 생각합니다.

(6) 추가질문

면접관 A공무원이 업무 중 인터넷 쇼핑과 같은 사적 업무를 보고, 상사의 지시에 따르지 않으며, 상품권을 받는 등의 행동을 하였습니다. 이 공무원이 위반한 의무를 공무원의 의무를 바탕으로 아는 대로 말해보세요. (직접 읽어주셨습니다.)

응시생 (첫 번째로 성실의 의무에 대해 설명하고 어떻게 보면 품위유지의 의무도 위반한 것 같다고 첨언했습니다. 두 번째로 청렴의 의무, 세 번째로 복종의 의무에 대해 답변했습니다.)

면접관 근무하게 된다면 어떤 부서에서 일하고 싶은가요?

응시생 저는 이전에 문화예술교육을 공부한 적이 있습니다. (경험설명) 특히 현재 대구 서부에서 전통 문화예술을 발전시키기 위한 정책을 시행 중인 것으로 알고 있어서 그 정책에도 직접 참여해 보면 좋을 것 같습니다. 또는 저희 대구시 교육청 직속기관인 대구학생문화센터나 예담학교와 같은 시설에서도 근무를 하게 된다면 제 경험도 잘 살릴 수 있을 것 같고 제가 관심 있는 분야인 만큼 즐겁게 업무를 수행할 수 있을 것 같습니다.

(문제는 끝이고 마지막에 1분 남아서 그냥 쉬었다가 10초 남을 때 나가면 된다고 하시길래 그럼 혹시 마지막으로 하고 싶은 말이 있는데 해도 될지 여쭤보니 웃으면서 그러라고 하셨습니다.)

우선 긴장해서 답변을 잘 드렸는지 모르겠습니다. 그렇지만 사실 제 별명이 똑순이입니다. 제 별명처럼 앞으로 공직생활을 하게 된다면 똑소리 나게 업무할 수 있도록 노력하겠습니다. 그리고 제가 중요하게 생각하는 것 중 하나는 즐겁게 일하는 것입니다. 항상 주어진 업무에 감사하게 생각하면서 일에 책임감을 가지고 즐기면서 일하는 공직자가 되고 싶습니다.

(다행히 면접관분들께서 별명을 듣고 굉장히 좋아하셨습니다. 면접관은 총 세 분인데 제가 들어간 방의 면접관분들은 세 분 모두 인상도 좋으시고 답변 내내 눈도 잘 마주쳐주셔서 긴장은 됐지만 기분 좋게 면접을 마무리 할 수 있었습니다. 이렇게 적어 보니 답변이 횡설수설하지만 최선을 다해서 답변을 했기 때문에 후회는 없습니다. 답변이 끝나고 감사인사를 드리니 면접관분께서도 성실히 답변을 해주어 고맙다고 해주셔서 그래도 제 노력이 전달된 것 같아 다행이었습니다.)

MEMO

CASE 03 2023년 면접후기

Q1 공무원으로서 중요하게 생각하는 덕목 3가지와 이유에 대해 답변해달라.
Q2 민원인 응대에 불만이 있는 민원인을 어떻게 대응할 것인가?
Q3 IB교육의 개념과 학교 인증절차 및 현황에 대해 답변해보라.
Q4 저출산시대의 학령인구대책에 대해 답변해보라.
Q5 공무원에게 있어서 청렴이 중요한 이유는 무엇인가?
Q6 MZ세대 갈등을 어떻게 해결할 것인가?

CASE 04 2023년 면접후기(사서직)

Q1 상사가 부당한 지시를 한다면 어떻게 할 것인가?
Q2 동료가 자신의 업무를 본인에게 떠넘긴다면 어떻게 할 것인가?
Q3 민원인이 찾아왔을 때 어떻게 응대할 것인가?
Q4 지역대표도서관이 무엇이고 그 곳에서는 어떤 일을 하는가?
Q5 시립도서관은 몇 개인가?
Q6 도서관에 입사하게 되면 해보고 싶은 일이 있는가?

CASE 05 2022년 면접후기

Q1 (사례 3개 제시) 각각 공무원의 어떤 의무를 위반한 것인가?
Q2 김영란법은 무엇인가?
Q3 상사의 부당한 지시에 어떻게 대응하겠는가?

CASE 06 2020년 면접후기

Q1 대구교육청의 교육비전을 아는가?
Q2 추진하고 있는 정책에 대해 알고 있는가?
Q3 대구교육청의 행정조직에 대해 말해보라.

✎ **Check point**

2024년 출제포인트
1. 대구교육청의 정책이나 이슈, 기술직렬은 합격한 직렬과 관계된 전공지식이 1문제 정도 질문이 있을 수 있다.
2. 적극행정 사례 하나 정도는 준비를 해두고 적극행정에 어떤 것을 해보고 싶은지도 정리해두어야 한다.
3. 민원인 대처법, 직장상사와 동료와의 관계를 묻는 질문유형도 반드시 정리가 되어야 한다.
4. MZ세대의 특성 및 세대갈등 해결방안도 중요하다.
5. AI 교육과 4차 산업혁명 관련 내용에도 관심을 가져야 한다.

1. 기출질문

Q1 학교운영위원회의 개회에서 폐회까지의 과정을 답변하시오. ⇨ 회의절차를 묻는 질문
Q2 공무원 행동강령에 대하여 아는 대로 말해보라. 그리고 이것이 의미하는 바는 무엇인가?
Q3 4차 산업혁명시대에 대구교육청에 제안하고 싶은 정책은 무엇인가? 메이커교육에 대해 들어봤는가?
Q4 학교 밖 청소년 지원방안에 대해 말해보라.
Q5 학교예산에 대한 질문

2. 개별질문 실전연습

Q1 코로나 이후 뉴노멀 시대에 미래교육은 어떻게 변화해야 한다고 생각하는가?
Q2 원격수업 장기화로 인한 학습격차 해소방안에 대해 생각해본 것이 있는가?
Q3 교육의 디지털 전환시대에 어떤 지원이 필요하겠는가?
Q4 코로나19로 인한 온택트 시대에 학생들이 친구관계 형성의 어려움, 대면활동 제한 등으로 심리적 불안과 정서적 우울감을 호소하고 있다. 어떤 대책이 필요하겠는가?
Q5 대구미래역량교육이란 무엇이며, 여기에 어떤 기여를 할 수 있겠는가?
Q6 교육행정직 공무원이 하는 일은 무엇인가?
Q7 교사 또는 공무직 직원과 갈등이 발생할 경우 어떻게 대처하겠는가?
Q8 적극행정이란 무엇이며, 본인은 적극행정을 위해 어떤 자세로 업무에 임할 것인가?
Q9 교육청에서 실시하고 있는 기초학력 향상 사업은 무엇인가? 기초학력을 높이려면 어떻게 해야 하겠는가?

MEMO

CHAPTER

07 대전교육청

1 면접진행방식

① 면접관: 3인
② 면접시간: 10분 이내(8분)
③ 면접준비: (★난이도 '중') 성적이 중요한 지역으로 보이고 미흡 비율은 거의 없는 것으로 보인다. 우수는 소수 있는 것으로 판단된다.
④ 질문 포인트: (직렬공통) 공통질문 5문항+추가질문 1문항 정도 이루어 진다.
   ➡ 공직가치관을 파악하는 질문, 직렬에 대한 관심도를 파악하는 질문, 교행과 관련된 사회이슈, 대전교육청의 정책, 동료와 직장상사와의 관계를 알아보는 질문 등 다양하게 물어보는 지역이다.

2 면접후기

✔ POINT 아래 면접후기는 실제 응시생들의 기억에 의해 복원된 내용을 정리하여 수록하였으니 이 점 참고하여 학습하길 바란다.

CASE 01 | 2023년 면접후기

면접관 악성 학부모의 전화민원에 어떻게 응대할 것인가?

응시생 우선 학부모를 진정시키는 게 우선인 것 같습니다. 학부모의 상황을 경청하고 공감하며 배려하도록 하겠습니다. 그럼에도 계속 폭언 등을 한다면 특이민원대응 매뉴얼에 따라 대응하겠습니다. 진정시킨 후 녹음할 것임을 알리고 녹음을 실시하겠습니다. 그럼에도 진정이 되지 않는다면 통화가 곤란함을 고지하고 통화를 종료하겠습니다. 그리고 상사께 녹취 기록과 상황을 설명하고 특이민원대응 보고를 드리고 민원을 어떻게 처리할 건지 참고하겠습니다.

면접관 다른 부서의 직원과 업무를 하다가 갈등이 발생하면 어떻게 대응할 건가요?

응시생 학교에는 학생들을 지도하는 교원과 행정업무를 담당하는 행정직원인 급식실조일원과 같은 교육공무직이 있습니다. 저는 어떤 조직이든 불가피하게 갈등이 발생한다고 생각합니다. 이에 중요한 점은 방치하지 않고 적극적으로 해결하는 자세가 필요합니다. 우선 갈등에 대한 방안은 교원과 행정직의 직무를 명확히 분담하여 직무상 갈등이 생기지 않게 해야합니다. 다음으로 서로 존중하는 문화를 만들어야 합니다. 공과 사를 구분하고 서로의 의견에 공감할 줄 아는 것이 필요합니다. 마지막으로 갈등 해결의 가장 핵심은 통합이라고 생각합니다. 개개인들이 조직의 성과와 공공의 이익을 최우선 과제로 삼는다면 갈등은 일어나지 않을 거라고 생각합니다. 이상입니다.

면접관 주민참여예산제도에 대해 설명해주세요.

응시생 주민참여예산제도는 예산을 편성할 때 주민들의 폭넓은 의견수렴절차를 보장함으로써 재정운영의 투명성과 민주성을 보장하는 제도입니다. 주민참여예산제도에 의해 주민참여예산위원회가 구성되는데 위원회는 주민들의 의견을 경청하고 수렴하는 역할을 하며 재정운영에도 의견을 제시하는 역할을 합니다. 이상입니다.

면접관 신규로서 업무를 수행할 때 실수도 많을 텐데 업무를 수행할 때 자신의 장점은 무엇이라고 생각하나요?

응시생 저는 남을 배려하는 마음으로 주위 사람들을 편안하게 해준다는 얘기를 많이 들었습니다. 이런 저의 장점은 대민업무, 민원업무 또는 직장 내에서도 긍정적으로 작용할 수 있을 것이라고 생각합니다. 제가 잘 모르는 업무를 수행할 때 상사에게 정중히 다가가 여쭤보고 어떻게 하면 발전할 수 있는지 생각해 볼 것입니다. (답변이 기억이 잘 안 납니다.)

면접관 교육행정직 공무원이 된다면 어떤 업무를 추진하고 싶은가요? 그리고 어떻게 행정적 신뢰를 높일 것인가요?

응시생 저는 임용이 된다면 교육청의 교육복지안전과에서 일을 하고 싶습니다. 교육복지안전과는 여러 업무를 하지만 대표적으로 저소득층 교육복지 총괄, 안전사고발생시 총괄지휘, 안전업무 관련된 업무를 합니다. (대답을 버벅였습니다.;;) 저도 교육행정직을 준비하면서 대전시로부터 많은 교육지원을 받았고 이 자리에 앉기까지 정말 많은 도움이 됐다고 생각합니다. 그래서 저도 저소득층을 돕는 일을 하고 싶습니다. (대답이 기억이 안 납니다.;;) 또한 신뢰를 높이기 위해 복지 혜택을 받을 수 있는 사람이지만 잘 알지 못해 복지를 지원받지 못하는 사람이 있고 반대로 부정한 방법으로 복지를 취하는 사람이 있으니 저는 잘 알지 못하여 지원을 받지 못하는 사람들을 위해 적극적으로 도울 것이며, 부정한 방법으로 교육복지를 취하는 사람들에 대해서는 강경히 대응하겠습니다. (이때 단어가 생각이 안나서 정적이 조금 있었습니다.) 이상입니다.

면접관 갈등 대응에 있어서 그러면 교원이나 다른 분이 본인의 직무를 넘긴다면 그냥 할 것인가요?

응시생 (답변이 잘 기억이 안 납니다.ㅜㅜ) 우선 상사가 부당한 지시를 하더라도 오랜 공직생활로 관련 전문지식과 경험이 많다고 생각하고, 그에 따라 이 업무를 저에게 주신 합당한 이유가 있을 거라고 생각하여 업무에 임하겠습니다.

면접관 마지막으로 하고 싶은 말이 있나요?

응시생 귀중한 시간 내어 부족한 답변을 들어주셔서 감사합니다. 제 이야기에 경청해 주신 것처럼 대전시 주민들과 내부 동료들의 의견을 경청하고 행정에 반영할 수 있는 적극적인 교육행정공무원이 되도록 노력하겠습니다. 정말 간절히 합격하고 싶습니다.

MEMO

면접관 학부모가 다짜고짜 전화해서 화를 낸다면 어떻게 대응할 것인가요?

응시생 전화상이니 우선 어느 소속 누구인지를 밝히고 무슨 일이신지 차근히 말씀하실 수 있도록 기다리겠습니다. 언성을 높인다고 해서 같이 높아지지 않고 침착함을 유지하여 들은 뒤 해결할 수 있는 일이면 해결하는 등으로 도와드리겠습니다.

면접관 타 기관과의 갈등시 어떻게 해결할 건가요?

응시생 교육행정직은 시설관리, 사무관리, 물품, 계약 등 다양한 업무를 맡기 때문에 여러 기관과 타 부서와 부딪힐 수 있습니다. 이때 중요한 건 무엇보다 소통입니다. 이게 원활히 이루어지지 않는다면 갈등이 발생하게 되기 때문입니다. 그래서 소통할 수 있는 장을 만들겠습니다.

면접관 주민참여예산제도에 대해 알고 있는 것에 대해 말해보세요.

응시생 주민들의 참여를 돕기 위해 교육청 홈페이지에 주민참여방이 있습니다. 주민참여방에서 실시간으로 주민들이 의견을 낼 수 있고 이를 다루면서 어떤 업무에 있어서 참여를 유도할 수 있습니다. (횡설수설했습니다. ; ;) 그렇게 주민참여예산제를 하다 보면 참여를 유도할 수 있고 관련 업무의 투명성을 높일 수 있습니다.

면접관 나이 차이가 많이 나는 직원들이 있을 텐데 어떻게 다가갈 건가요?

응시생 실제로 전 직장에서 근무를 한 경험이 있습니다. 그 때도 사회초년생으로서 가장 어린 나이에 속했습니다. 그 때 상사분들이 본인들의 자식과 같이 생각하여 먼저 다가와 주시는 걸 보고 저도 다가갔습니다. 나이 많은 상사분과 업무를 한다면 먼저 다가가서 모르는 걸 물어보도록 하겠습니다. 그를 통해 얻는 걸 잘 메모해 났다가 숙지하여 업무에 활용하겠습니다. 또한 받은 도움을 잘 활용하여 나중에 후임이 들어올 때 도와주겠습니다.

면접관 어떤 업무를 담당하고 싶은가요? 그와 관련된 신뢰도를 높이려면 어떻게 해야 할까요?

응시생 우선 학교에서 기본적인 사무, 시설, 물품, 계약 등을 담당하여 기초적인 행정업무를 익히겠습니다. 그 후로 기회가 주어진다면 교육청의 교육복지과에서 교육복지우선사업을 담당하고 싶습니다. 직장에서 드림스타트 사업을 담당하면서 다문화 가정과 한부모가정 등을 도와 수업을 한 적이 있습니다. 그 때 인적·경제적으로 도움을 주고 싶다는 생각을 하였습니다. 이런 일에서 신뢰도를 높이기 위해서는 먼저 상황을 잘 파악하고, 원하는 것이 있는지를 소통을 통해 물어보며 소통하겠습니다. 그렇게 하다 보면 신뢰도를 높일 수 있다고 생각합니다. (시간이 남아서 추가질문을 받았습니다.)

면접관 저출산의 대표적인 원인이 무엇이라고 생각하나요?

응시생 대표적인 원인은 여성의 사회진출이 늘어나서라고 생각합니다. 그 이유로 인해 저출산이 늘어나고 학령인구가 감소하는 등의 문제점이 나타났습니다. 이를 해결하기 위해서 학교공간 재구조화 사업을 통해 학생들을 늘봄학교, 돌봄교실과 같이 가정과 학교가 협력하여 돌본다면 부모들이 마음 놓고 맡길 수 있다고 생각합니다. 그렇게 하여 저출산을 해결할 수 있다고 생각합니다.

면접관 주말인데 상급자가 긴급한 일이라며 업무를 해야 한다고 전화가 왔을 때 어떻게 할 것인가요?

응시생 먼저 저에게 연락 주신 이유는 다른 사람은 못하는 사정이 있을 수 있고 제가 해야 할 일이기 때문에 그럴 수도 있을 거 같습니다. 두 경우 모두 국민의 편의를 위해서라면 기꺼이 해야 한다고 생각합니다. 제가 주말에 일이 있더라도 국민을 위한 봉사자로서 국민의 편의가 더 중요하기 때문에 업무를 할 것 같습니다. 이상입니다.

면접관 상급자와 의견충돌시 어떻게 대처할 것인가요?

응시생 상급자분과 의견이 충돌한다면 상급자분은 항상 저보다 많은 것을 알고 계시고 저보다 많은 지혜와 노하우를 가지고 계시기 때문에 잘 듣고 따를 것 같습니다. 하지만 국민의 권리에 반한다면 먼저 제가 생각하는 문제에 대해 정중하게 말씀드리고 국민을 위한 더 나은 방법을 제안드리고 싶습니다. 그리고 이렇게 의견충돌시 더 좋은 방안을 드리려면 항상 관련 법률과 규정들을 잘 숙지하여 도움을 드리는 공무원이 되고 싶습니다. 이상입니다

면접관 교육행정직을 하게 되면 어떤 연수나 자격증을 취득하고 싶은가요?

응시생 교육행정직 공무원들은 회계관리나 학교의 시설 물품관리, 계약업무, 파손된 시설들을 유지보수 하는 일들을 하는 것으로 알고 있습니다. 이런 일들 중에서 가장 중요한 것은 회계업무라고 생각합니다. 회계업무가 잘 이루어져야 시설을 고치거나 계약을 하는 등 다른 업무도 잘 이루어질 것이기 때문입니다. 그래서 저는 회계관련 업무에 대한 전문성을 더 키우고 싶습니다. 이상입니다.

면접관 어떤 회계자격증을 말씀하시는 건가요?

응시생 그건 아직 공부해보지 않아서 잘 모르지만 공직에 들어가기까지 시간이 남아있기 때문에 집에 가서 꼭 찾아보고 공직에 가서는 숙지하고 배워서 공직에 보탬이 되도록 노력하겠습니다. 이상입니다.

면접관 주민참여예산제도가 무엇인가요?

응시생 주민참여예산제도는 주민들이 지역의 실정에 맞게 필요한 정책이나 사업들을 제안하고 소통하여 주민들과 함께 공유하는 것으로 알고 있습니다. 이상입니다. (주민참여예산제도 뜻은 모르고 거기에 제안할 사업 준비했는데 질문이 조금 다르다고 잊어버리고 답변을 못했습니다.ㅜㅜ)

면접관 업무가 몰리는 경우 우선순위를 어떻게 정할 건가요?

응시생 저는 학생들이 많이 몰리는 시간대가 있는 편의점 아르바이트와 카페와 음식업무까지 하는 복잡한 PC방 아르바이트를 한 적이 있습니다. 처음에는 실수도 많이 했지만 점점 침착함을 배우고 여러 노하우를 배워갔던 것 같습니다. 그리고 저는 계획을 세우는 것을 좋아하는 편이고 또 그것을 잘 지키면서 성취감을 느끼는 성격입니다. 계획이 없으면 우선순위라도 정해야 업무를 하는 데 불안이 없는 성격입니다. 그래서 업무가 몰린다면 침착하게 계획과 우선순위를 세워서 중요한 일과 빨리 해야 하는 일 등을 분류하여 주어진 시간 안에 국민의 편의를 돕기 위해 노력하겠습니다. 이상입니다.

면접관 마지막으로 아쉬웠던 답변이나 추가할 것이 있나요?

응시생 저에게 답변할 기회를 주셔서 감사하고 부족하지만 저의 대답을 들어주셔서 감사합니다. 아직 많이 부족하지만 공직에 가서는 더 배우고 노력하여 도움이 되는 공무원이 되겠습니다. 감사합니다(인사). (나름 준비 많이 했는데 좀 떨었고 잠깐잠깐 생각할 때 다른 곳을 쳐다봤습니다. 그리고 회계관련 꼬리 질문에 잘 모르겠다고 한 게 마음에 걸립니다.ㅜㅜ)

1. 면접상황

① 대전은 동부교육지원청에서 면접을 진행했고 11시 30분~12시까지 면접등록하고 면접등록하면서 핸드폰 등 디지털 기기를 제출했습니다.

② 강당에 모여서 12시~13시까지 면접유의사항 설명해 주시고 평정표 작성하고 직렬마다 다르게 관리번호 추첨했습니다(교육행정, 사서, 전산직 등).

③ 강당에서 자신이 준비한 자료는 공부 가능했습니다.

④ 평정표는 관리위원분들께서 거두어 가서 면접위원들에게 전해드렸습니다.

⑤ 조는 A, B, C, D, E 5조로 각 23명이었고, 각 조마다 교육행정직은 전산직, 시설직 등 나눠서 진행했습니다.

⑥ 강당에서 기다리다가 다음 순서 각 조 한 명씩 부르면 나가서 면접실 앞에서 대기하다가 면접실 동시에 입장했습니다(강당은 3층, 면접장은 4층).

⑦ 저는 C조였고 들어가니 제 기준 왼쪽부터 순서대로 남자분, 여자분, 남자분 앉아 계셨습니다. 들어가서 인사하고 가운데 여자분이 면접은 5문제고 8분동안 진행할 것이라고 진행방식 등을 설명하시고 시작했습니다. 제가 느끼기에는 면접관님들이 약간 편안한 분위기로 질문해 주셨습니다. 질문과 내용은 정확하게는 기억이 안 납니다.

2. 질의응답

면접관 상사와 의견차이가 있을 경우 어떻게 할 것인가요?

응시생 우선은 제가 입직을 하게 된다면 신규이기 때문에 저보다는 경험이 많은 상사의 의견을 따르는 방향으로 업무를 진행할 것 같습니다. (답변을 좀 더 길게 했던 것 같은데 기억이 안 납니다.)

면접관 업무가 중복되어서 과중될 경우 업무 순위를 어떻게 처리할 것인가요?

응시생 답변 드리겠습니다. 제가 학교 다닐 때 업무를 처리하는 순서로 긴급도와 중요도에 따라 업무의 순서를 정해야 한다고 배웠습니다. 우선은 업무의 긴급도와 중요도에 따라 업무리스트를 작성하고 첫 번째로 긴급하고 중요한 업무를 처리하고 그 다음에는 긴급하고 조금 덜 중요한 업무를 처리하는 등 이런 식으로 업무를 처리할 것 같습니다. 이상입니다.

면접관 대전교육청에서는 2023년 ~하고 있는데 주민참여예산제도에 대해 말해보세요. (정확하게 잘 못 들었습니다.;;)

응시생 답변 드리겠습니다. 주민참여예산제도란 주민들이 직접 예산에 참여하는 제도로 알고 있습니다. 이 제도를 시행함으로써 민주성과 투명성을 제고할 수 있기 때문에 반드시 필요하다고 생각합니다. 이런 제도를 시행함으로써 국민들이 예산이 어떻게 집행되는지 알 수 있기 때문에 투명성을 높이는 등 도움이 되기 때문입니다. 대전교육청 뿐만 아니라 다른 지자체에서도 많이 시행하고 있는데 이런 제도를 적극적으로 확대 시행할 필요가 있다고 생각합니다.

면접관 주말에 중요한 일정이 있는데 상사가 업무를 지시할 경우 어떻게 할 것인가요?

응시생 답변 드리겠습니다. 일정이 무엇이냐에 따라 다를 것 같습니다. 가족과 관련해서 가족이 위독하거나 아이가 아픈 경우 저는 우선적으로 가정에 신경을 쓰겠습니다. 하지만 이런 경우가 아니라면 상사가 지시한 업무를 따르도록 하겠습니다. 그리고 불가피한 일정일 경우 동료나 상사한테 이러한 사정을 설명드리고 양해를 구하도록 하겠습니다. 그리고 중요한 업무일 경우 동료나 상사께 부탁을 드리고 반대로 동료가 이러한 상황일 경우 제가 돕는 식으로 할 것 같습니다.

면접관 주말에 상사가 사소한 업무를 카톡으로 지시할 경우 어떻게 할 것인가요?

응시생 주말에 상급자분이 카톡으로 지시한 경우라면 제가 사소한 업무라고 생각해도 사소한 업무가 아닐 수 있기 때문에 업무를 처리할 것 같습니다.

면접관 교육행정직의 전문성과 관련해서 갖추고 있는 자격증이나 어떤 능력이 있나요? 입직해서 전문성을 위해 어떻게 노력할 것인가요? (이 질문도 정확하게는 기억이 안 납니다.)

응시생 답변 드리겠습니다. 교육행정직에 입직을 하게 된다면 주로 학교로 발령이 난다고 알고 있습니다. 학교 업무에는 다양한 업무가 있지만 주로 회계업무를 담당하는 것으로 알고 있습니다. 저는 대학교 시절 회계 관련 과목을 많이 수강했고 전산회계2급 자격증을 갖고 있습니다. 이런 점이 도움이 될 것 같습니다. 제가 만약 입직을 하게 된다면 이런 자격증 1급을 따는 등 전문성을 갖춘 노력하는 공무원이 되도록 하겠습니다. 이상입니다.
(시계를 못 보다가 마지막에 답변 드리고 나올 때 봤는데 2분 30초 정도 남았고 따로 질문은 없으셨습니다. 퇴실하면서 인사하고 나오고 소지품 챙겨서 귀가했습니다.)

3. 그 밖에 느낀 점

저는 대전시 정책 위주로 공부하고 갔는데 생각보다 무난한 질문이었던 것 같습니다. 면접실로 이동하면서도 면접을 본다는 실감이 안 났는데 면접실 앞에서 대기하면서 조금 긴장했는데 막상 면접에 들어가니 긴장은 안 되었던 것 같고 답변을 좀 짧게 해서 시간이 많이 남았습니다. 다른 지역은 어떤지 모르겠는데 강당에 물, 쥬스, 음료수, 사탕이 있고 관리위원분들, 면접위원분들도 전체적으로 수험생들을 배려한다는 느낌이 들었습니다.

MEMO

Q1 동료와 의견이 다를 경우 어떻게 할 것인가?

Q2 외부고객인 학부모 한 분이 전화로 화를 내면 어떻게 응대할 것인가?

Q3 합격하여 업무를 하는데 일도 생소한 업무가 많고, 인수인계도 받지 못했고, 대부분 처음 보는 사람들인데 이 상황에서 잘 대처할 자신만의 스킬이나 노하우가 있다면 무엇인가?

Q4 주민참여예산제도에 대해 아는 대로 말해보라.

Q5 하고 싶은 업무에 대해 말하고 교육행정직 공무원에 대해 신뢰도를 높이기 위한 방안을 답변해보라.

Q6 저출산의 가장 큰 원인과 해결방안은 무엇인가?

ㄴ[추가질문] 상관을 어떻게 설득할 것인가?

Q1 본인이 생각하는 바람직한 공무원의 자세는 무엇인가?

Q2 청렴한 대전을 위해 교육청에서 실시하고 있는 정책 2가지와 청렴도 향상에 있어 다른 방안은 무엇이 있는가?

Q3 갑질의 정의와 이에 대한 해결방안은 무엇인가?

Q4 자신만의 장점을 발휘한 사례가 있는가?

Q5 업무가 많은 학교로 발령이 나면 어떻게 할 것인가?

MEMO

3 2024년 면접방향 잡기

✎ Check point

2024년 출제포인트

1. 기본적인 공직가치에 대한 이해와 자신의 생각을 정리해 두어야 한다.
2. 조직생활을 잘 해낼 수 있음을 보여줄 수 있는 경험이나 가치관을 표현할 수 있도록 준비해야 한다.
3. 최근의 교육이슈에 대해서도 관심을 가지고 있어야 한다.
4. 대전교육청의 중점사업이 어떤 것이 있는지 조사해서 숙지해야 한다.

1. 기출질문

Q1 개인정보의 범위는 어디까지이며, 개인정보보호를 위해서 어떻게 할 것인가?

Q2 논란이 되는 비윤리적인 공무원과 관련된 사례와 함께 그 사례와 관련하여 공무원이 갖추어야 할 자세는 무엇인가?

Q3 (상황제시형) 민원인이 반복하여 똑같은 내용으로 민원을 제기한다. 이 경우 어떻게 대처를 할 것인가? 본인의 잘못이라고는 생각하지 않는가?

Q4 학교에서 구성원들과 잘 지낼 수 있는 방안은 무엇인가?

Q5 인생에서 가장 중요한 것 3가지와 그 이유는 무엇인가?

Q6 공무원 행동강령을 알고 있는 대로 이야기를 해보고, 자신이 가장 중요하게 생각하는 항목은 무엇이고, 그 이유는 무엇인지 말해보라.

Q7 헌법 제7조 내용에 관한 질문
   ① 공무원은 국민 전체에 대한 봉사자이며, 국민에 대하여 책임을 진다.
   ② 공무원의 신분과 정치적 중립성은 법률이 정하는 바에 의하여 보장된다.

Q8 지방교육재정교부금을 줄인다는 말이 있는데 줄이는 것이 맞다고 생각하는가?

Q9 교육복지란 무엇이라고 생각하는가?

Q10 학교폭력의 원인과 해결방안은 무엇인가?

Q11 교육의 자주성과 중립성에 대하여 말해보라.

Q12 학교운영위원회의 성격과 심의에 대해 말해보라.

Q13 행정책임이란 무엇인가?

2. 실전연습

Q1 4차 산업혁명 시대에 대전교육청의 정책에 대해 아는 것과 제안하고 싶은 정책이 있다면 무엇인가?

Q2 대전교육청의 역점 정책사업 중 '미래공간 숨'사업이 있다. 어떤 내용인지 아는가?

Q3 학교공간혁신을 위해 어떤 방향성을 가져가야 하겠는가?

Q4 대전교육청에서는 창의융합교육에 역점을 두고 있다. 미래인재 육성을 위해 필요한 정책을 제한해 본다면?

Q5 등교수업과 온라인 수업 병행으로 학력격차 문제가 발생하고 있다. 어떤 해소대책이 필요하겠는가?

Q6 적극행정이란 무엇이며, 본인은 적극행정을 위해 어떤 자세로 업무에 임할 것인가?

Q7 교육청에서 실시하고 있는 기초학력 향상 사업은 무엇인가? 기초학력을 높이려면 어떻게 해야 하겠는가?

MEMO

CHAPTER

08 부산교육청

1 면접진행방식

① 면접관: 3인
② 면접시간: 15분
③ 면접준비: (★난이도 '중상') 2018년부터 구상면접 실시로 인해서 난이도가 급상승하였다. 그러나 2020~2022년에는 즉답형 6문제로 진행되었다.
④ 질문 포인트: 즉답면접 6문항
  ➡ 2020~2022년에는 코로나로 인해 약식으로 즉답형 면접이 진행된 것으로 생각되며, 질문은 지원동기, 공직관, 부산교육청 정책, 봉사활동, 경험형, 이해충돌방지법, 하고 싶은 업무, 재난시 대처 등에 대한 의견을 물었다.

2 면접후기

✔POINT 아래 면접후기는 실제 응시생들의 기억에 의해 복원된 내용을 정리하여 수록하였으니 이 점 참고하여 학습하길 바란다.

CASE 01 | 2023년 면접후기

면접관 응시율이 떨어진 지금 왜 공무원에 지원했는지와 포부에 대해 답변해주세요.

응시생 (너무 떨려서 지원동기인지 모르고 공직에 대해서 설명을 드렸습니다. 그래서 특별한 경험은 없냐고 물으셔서 그 때 지원동기인지 알고 지원동기를 말씀드렸더니 끄덕여주셨습니다.) 고등학교 시절 학생의 신분으로서 교육현장을 경험하기도 하였고 교육봉사를 하면서 교육환경과 교육여건을 개선하는 것에 점진적으로 관심을 가지게 되었습니다. 그 관심이 교육활동의 수단 방법인 교육정책으로 이어졌고 학생들이 바로 체감할 수 있는 교육활동의 근간인 교육정책을 지원하고 연구하고 싶어 교육행정직 공무원에 지원하게 되었습니다.

면접관 부산시 4대 역점과제는 무엇인가요?

응시생 (이 부분은 역점과제를 소개하고 정책까지 예시를 들어서 설명드렸습니다.)

면접관 가장 중요하게 생각하는 역점과제는 무엇인가요?

응시생 (저는 '학력신장'이라 대답하고 일취월장지원단과 부산공교육 첫인강을 설명드리면서 인상깊었다고 말씀드렸습니다. 이 부분을 가장 정확하고 자신있게 말했습니다.)

면접관 동료가 악성민원에 시달리고 있을 때 본인은 어떻게 대처할 것인가요?

응시생 (이 부분을 면접관님이 장황하게 설명하셔서 하나도 못 듣고 기본적인 민원응대 매뉴얼과 한 세 줄 정도 말씀드렸더니 "그럼 동료는 안 도와줘요?"라고 하셔서 '잘못 짚었구나' 생각하고 교육가족의 일원으로서 열심히 동료를 도울 것이라고 말씀드렸습니다.ㅠㅜㅜ 이 부분이 가장 마음에 걸립니다.)

면접관 지역격차에 대한 본인의 생각과 해결방안에 대해 답변해주세요.

응시생 (동서격차는 부산시에서 가장 강조하는 문제라서 제대로 설명드리려고 잠시 생각하고 말씀드리겠습니다고 하고 동부산과 서부산, 원도심을 말씀드리고 그에 따라 방과 후 프로그램을 설치하여 학력신장을 하고 부산시교육청에서도 지역격차해소추진단을 만들어 노력하고 있다고 말씀드렸습니다. 면접관님 모두 끄덕여주셨습니다.)

면접관 답변 중에서 부족한 점이 있으면 보완하거나 하세요.

응시생 (이 질문은 보너스 질문 같아서 마지막으로 할 말 해도 되냐고 여쭤봤는데 질문에 대해서만 답변해달라고 하셔서 대답하고 "그럼 여기까지 하겠습니다. (크게 90도로) 감사합니다."하고 마쳤습니다.)

MEMO

면접관 MZ세대들의 퇴직률도 늘어나고 있고 공무원에 지원하는 사람들도 적어지고 있는데 사기업 말고 공직을 선택한 이유가 무엇인가요?

응시생 저는 책임감이 강한 사람입니다. 책임감은 두 가지를 기본으로 하고 있다고 생각합니다. 하나는 자신의 직무를 정확하게 수행하기 위한 전문성이며 다른 하나는 외부의 압력에도 굴하지 않고 끝까지 일을 처리하는 성실함입니다. 저는 평소에 어떤 일이든 맡으면 끝까지 처리해 나가려고 합니다. 책임감은 공직에서 중요한 가치라고 생각합니다. 이러한 제 장점을 봤을 때 공직에 맞는 사람이라고 생각해 지원하게 됐습니다. (여기에 대학생 때 교육봉사를 나갔던 이야기를 하며 교육행정직 직렬에 지원한 이유를 마지막으로 덧붙였습니다.)

면접관 사기업에서도 책임감은 중요한 가치이지 않나요?

응시생 네, 맞습니다. 그렇지만 공직은 사기업보다 더더욱 봉사정신과 희생이 중요하다고 생각합니다. 그러한 이유로 공직에 더 맞는 사람이라고 생각했습니다.

면접관 그렇다면 지원자께서 말씀하신 봉사경험은 무엇이 있나요?

응시생 (대학교 시절 시청각장애인들을 위한 영상제작을 한 경험을 말했습니다. 경험 이야기 후 소외계층에 늘 관심을 기울이는 공직자가 되고 싶다고 마무리 지었습니다.)

면접관 어려움을 극복한 경험이 있나요?

응시생 (공공기관에서 민원인을 응대했던 아르바이트 경험을 말하며, 민원인과의 갈등을 해결했던 경험을 말했습니다. 갈등 해결 이야기 후 어떤 갈등이든 적극적인 경청의 자세와 해결하고자 하는 성실함을 보이면 해결할 수 있다는 것을 몸소 배울 수 있었다고 마무리 지었습니다.)

면접관 부산교육청의 올해 4가지 역점과제와 관심 있는 과제가 무엇인지 답변해주세요.

응시생 (4가지 빠짐없이 말했고, 각 과제의 사례들도 몇 가지씩 말했습니다. 그중 4차 산업사회와 관련지어 미래교육이 가장 중요한 것 같다고 말했습니다.)

면접관 동료가 악성 민원에 시달리고 있을 때 본인은 어떻게 할 것인가요?

응시생 일단은 민원인분의 감정을 누그러트리는 쪽으로 먼저 진행할 것 같습니다. 후에 동료도 당황했을 터이니 동료도 챙기겠습니다. 그리고 민원인분께 다시 연락을 드려 제가 할 수 있는 선에서 최선을 다해 도움을 드리겠습니다. 만약 최선을 다한 뒤에도 제가 해결하지 못하는 부분이 있다면 상사분께 정중하게 도움을 요청해 보도록 하겠습니다.

면접관 교육격차 해소방안에 대한 본인의 생각은 무엇인가요?

응시생 (이 질문의 답을 좀 부족하게 한 것 같습니다. 아예 말을 하지 않았던 건 아닌데 제 기준 앞의 질문들보다 유창하게 말을 못 한 것 같아 신경쓰입니다.;;) 교육격차는 부모의 지원 수준에서도 비롯된다고 생각합니다. 맞벌이 가정이 많아짐에 따라 아이들을 돌볼 수 있는 시간이 적어지는 것도 영향이 있다고 생각합니다. 따라서 저는 부산시교육청에서 진행하는 늘봄학교가 도움이 될 수 있다고 봅니다. (늘봄학교 정의 설명하고 마무리 지었습니다.) 더 나아가 디지털교육격차 해소도 중요하기 때문에 현재 부산시에서 진행하는 다양한 디지털교육격차 프로그램도 도움이 될 것이라고 생각합니다.

면접관 지원동기에 대해 말씀해주세요.

응시생 학생들과 가까운 곳에서 일을 하며 여러 가지 환경적 어려움으로 학업에 집중하지 못하는 학생들을 접했습니다. 어떤 학생은 집에 어린 동생이 있는데 돌봄교실을 신청하지 못해 직접 동생을 돌보느라 학업에 집중할 수 없었고 어떤 학생은 예술적 재능이 무척 뛰어나지만 가정형편이 좋지 못해 일반고에 진학했던 경우도 있었습니다. 저는 이러한 학생들을 도울 수 있는 방법은 없을까 고민하게 되었고 나아가 지금 제가 접하고 있는 학생뿐만 아니라 더 많은 학생들을 돕고 싶어 교육행정직에 지원하게 되었습니다. 교육행정직 공무원이 되어 보다 많은 학생들이 마음껏 공부할 수 있도록 돕고 싶습니다.

면접관 중요하게 생각하는 공직가치는 무엇인가요?

응시생 제가 중요하게 생각하는 공직가치는 청렴성입니다. 포스트코로나와 4차 산업혁명으로 사회가 급변하고 있고 행정이 담당하는 범위가 넓어져 비윤리적행위가 미치는 폐해가 더욱 커지고 있습니다. 국민들도 공무원에게 기대하는 청렴성이 더욱 커지고 있습니다. 이런 상황에서 공무원이 청렴을 잃게 된다면 이는 공직자 본인뿐만 아니라 공직자가 소속하게 될 공직사회 나아가 국가에 대한 국민의 불신으로 이어지게 됩니다. 특히 교육행정직 공무원은 학생을 대상으로 하는 업무가 많기 때문에 학생들에게 모범이 될 수 있는 높은 도덕성 또한 요구될 것입니다.

면접관 의사결정 모형에 대해 답변해주세요.

응시생 (합리/최적/점증/쓰레기는 답변했으나 만족은 대답 못 했습니다. 면접관분이 만족스러운 걸 선택하는 거라고 웃으면서 말해주셨습니다.)

면접관 MZ세대와 기성세대의 갈등해소 방안에는 어떤 것이 있을까요?

응시생 의사소통이 가장 중요하다고 생각합니다. MZ세대랑 기성세대가 한 팀으로 현재 교육현장에서 사용하는 기술에 대해 직무연수를 받고 이를 실제 활용해 보는 것입니다. MZ세대는 기성세대의 전문성과 경험에 도움을 받고 기성세대는 MZ세대의 디지털 기기 사용에 도움을 받을 수 있을 것입니다. 이렇게 서로 공통된 관심사를 만들어 대화의 물꼬를 트는 것이 중요하다고 생각합니다. 또 MZ세대는 술 마시는 회식을 좋아하지 않는다고 들었습니다. 이에 점심회식을 통해 서로 좋아하는 것을 먹어보고 관심사에 관심 가져보면 좋을 것 같습니다.

면접관 면직률에 대해 어떻게 생각하나요?

응시생 MZ세대는 개인을 중시하고 성취감을 중시한다고 알고 있습니다. 이에 사익보다 공익을 중시하고 공익실현이라는 가치를 위해 개인의 성과보다는 공동체의 성과를 추구하는 공직사회에 적응하지 못해 면직하게 된다고 생각합니다. 이에 입직 전 공익실현을 통해 보람을 느끼는 공직이 정말 맞는지 확인해야 할 것입니다. 공직자, 면직자, 공시생들이 모여 서로 허심탄회하게 얘기하는 자리를 마련하면 좋을 것 같습니다.

면접관 MZ세대를 끌어들일 방안에는 어떤 것이 있을까요?

응시생 앞서 말씀드린 것처럼 MZ세대는 성취감을 추구합니다. 이에 다른 공무원들도 마찬가지지만 적극행정을 장려하면 좋을 것 같습니다. 신규 공무원에게는 큰 업무를 맡기지는 않는다고 알고 있습니다. 이에 교육행정직 공무원은 학교에서 회계업무를 맡게 되는데 이것도 원활한 업무수행을 위한 것이므로 포상이 주어진다면 성취감을 느낄 수 있을 것입니다.

면접관 이해충돌 10가지에 대해 답변해주세요.

응시생 (신고 회피는 보고 기간과 과태료까지 다 답했고 제한금지는 업무 관련 외부활동 금지 빼고는 다 과태료까지 대답했습니다. 마지막에 한 가지 생각이 안나서 동동거리니 9개 외운 것도 대단하다고 그걸 어떻게 다 외웠냐고 말씀해주셨습니다.;;)

면접관 상사의 배우자와 수의계약을 하게 된 경우 어떻게 할 건가요?

응시생 상사분께 이해충돌이 발생할 수 있다고 말씀드리겠습니다. 상급자에게 하급자인 제가 말씀드리긴 정말 어렵지만 상사분이 모르시진 않겠지만 14일 이내 회피를 신청하셔야 한다고 말씀드리겠습니다. 지켜보고 하시지 않는다면 상급자분보다 더 높은 상급자분께 말씀드리겠습니다. (이해충돌방지담당관이라고 말씀드리려다 고발하는 느낌이라 내부자인 상급자분으로 말씀드렸는데 괜찮을지 모르겠습니다. ㅜㅜ) 정말 어려운 상황이지만 제가 그렇게 해야 공정하고 청렴한 직무수행이 가능할 것이라고 생각합니다.

면접관 폭우로 학교의 옹벽이 무너진 상황에서 창의적인 보고 방안에는 어떤 것이 있을까요?

응시생 우선 학교에 학생들이 있는지부터 확인하겠습니다. 학생들이 있다면 안전한 하교가 가능한지 확인한 뒤 상급자분께 보고드리겠습니다. 만약 보고가 어려운 상황이라면 해당 업체에 연락해 보수를 요청하겠습니다. 폭우가 계속되는 상황이라면 2차 피해가 우려되므로 안전망을 설치하는 등 안전을 확보하겠습니다. 보고에 관해서는 급박한 상황이므로 요즘은 카카오톡도 있고 공공앱도 잘 되어있으니 1차 대응 후 "이렇게 대처했습니다. 후속조치 내려주시면 따르겠습니다."라고 간략히 보고드리겠습니다. (폭우는 창의적 답변을 원하셨는데 당황해서 일반적인 대답만 한 것 같습니다.ㅜㅜ)

MEMO

(두 달 여의 면접준비기간 동안 최선을 다했다고 생각했는데 세 문제가 제가 예상하지 못한 질문이 나와서 당황하고 말을 두서없이 한 것 같아 걱정이 됩니다. 면접준비 시작할 때 너무나 두렵고 떨렸는데 선생님께서 공무원의 공직가치에 대해 말씀해 주시는 강의를 시작으로 꾸준히 노력할 수 있었습니다.)

면접관 지원동기에 대해 말씀해주세요.

응시생 이전 직장에서 재무와 회계 관련 행정업무를 맡아볼 기회가 있었습니다. (면접관님께서 제 목소리가 작아서 잘 안 들리셨는지 "이전 뭐라구요?"라고 말씀하셔서 다시 말씀드렸습니다.) 평소 누수가 없이 꼼꼼하게 서류를 검토하고 기록하는 습관이 있고, 한 번 맡은 일은 아무리 작은 일이더라도 최선을 다해 마무리하는 습관이 있어 저의 성향과 적성이 잘 맞는다 생각했습니다. 또 대학교 행정실에서 근무하시는 교육행정직 공무원분과 같이 협업할 일이 많았는데 그 분께서 학생과 교직원분들을 대하는 태도와 자세 그리고 높은 업무 만족도를 보며 저 또한 도 교육현장에서 저의 강점을 살리고 싶어 지원했습니다. 교육은 사람이 발전하고 변화하는 데 가장 최선의 수단이고 그만큼 가치 있는 일이라고 생각합니다. 공직사회에서 소중한 학생들의 꿈을 현실로 이루는 희망 부산교육에 함께하고 싶습니다.

면접관 중요하게 생각하는 공직가치는 무엇이며 그 이유는 무엇인가요?

응시생 네, 공무원의 공직가치에는 다양성, 민주성, 창의성 등 여러 가지가 있는데 저는 그중에서도 책임성을 가장 중요한 공직가치로 꼽고 싶습니다. 왜냐하면 책임성이 뒷받침 되어야 다른 가치들도 지킬 수 있고 공무원에게 있어서 책임성이란 자신이 맡은 일에 최선을 다하는 것뿐만 아니라 자신이 할 일을 적극적으로 찾아 나서는 자세까지 포함된다고 생각하기 때문입니다. 이전 직장에서 학생 관련 서류업무를 맡아 볼 당시, 타 지역에서 근무하시는 교수님께서 두 세번 방문하시지 않도록 제 업무는 아니었지만 꼼꼼히 챙겨드렸고 일이 마무리된 후 교수님께서 든든하게 일을 잘해주어서 고맙다는 장문의 메일에 보람있던 기억이 납니다. 이러한 책임성을 바탕으로 학교와 학생의 복지와 지원에 최선을 다하는 공무원이 되고 싶습니다.

면접관 MZ세대의 퇴사율이 높은 이유는 무엇이며, 세대 갈등을 줄이는 방안에는 무엇이 있을까요?

응시생 (이 문제부터 당황의 연속이었습니다.;;) 공무원은 공익실현을 최우선으로 하고 이는 소외계층에 대한 관심과 배려에서 시작된다고 생각합니다. 이러한 공직수행에는 봉사정신, 헌법적 가치를 수호하므로 희생정신이 요구되는데 그에 대해 오해가 있기 때문…(면접관님께서 생각하시는 방향과 달라 "퇴사율이 높은 이유인데 그 이유가 무엇일까요?"라고 재차 질문하셨습니다.) MZ세대는 기성세대와 비교하여 상대적으로 워라밸을 추구하는 경향이 강하다고 생각합니다. (면접관님이 그러면 이유는 됐고 세대 갈등 줄이는 방안 말해보라고 하셨습니다.) 이와 같은 세대갈등을 줄이기 위한 방안으로 부산시 교육지원청에서 본 사진이 떠오릅니다. 세대를 아울러서 취미를 공유하며 시간을 나누는 사진이었습니다. 이처럼 문화회식이나 취미공유를 통해 서로 함께 본 연극이나 영화를 얘기하며 업무에 대한 고충이나 서로의 가치관에 대해 나눌 시간을 가진다면 세대 갈등에 도움이 될 것으로 생각합니다.

면접관 의사결정 모형(점증, 최적, 쓰레기통 모형 등)에 대해 설명해보세요.

응시생 미처 숙지하지 못했지만 합리모형에 대해 말씀드리겠습니다. 의사결정 과정에서 합리적으로 서로의 견해에 대해 들어보고 그중 합리적인 방안을 찾는 것으로 점증모형은…(제가 아무런 생각이 나지 않아 주저하고 있으니 면접관님께서 본인은 의사결정시에 어떻게 하냐고 다시 물어보셨습니다.) 저는 합리적으로 의사결정을 하려고 합니다. 예를 들어 특수학교건립시 주민반대의 경우 주민께서 집값이 하락한다는 사유를 들어 반대하신다면 오히려 집값이 높아지기도 하는 사례 등 객관적 근거를 토대로 설득, 주변 인프라 향상으로 주변 소상공인 또한 설득하며 서로의 의견을 조율하고 최대한 합리적인 방안을 찾는 것입니다. (면접관님께서 시간이 얼마 없으니 길게 얘기하지 말라고 말씀해 주셨습니다.)

면접관 이해충돌방지법의 신고 기준에 대해 얘기해주세요.

응시생 공무원이 업무를 함에 있어 사적관계 기피, 회피 신고를 할 수 있도록 하여 공정한 업무 수행을 확보하고자 시행되는 법률입니다. 금지되는 사항으로는 공무수행에 있어서 공정성을 해치는 사적 노무, 자문 제공 금지, 공개경쟁채용시험 외의 채용인사담당자의 가족채용금지, 본인과 배우자 및 직계존비속과의 수의계약체결금지, 업무상 취득한 비밀, 비공개사항을 제3자에게 제공하거나 이용하는 것 금지입니다. (면접관님께서 상관이 수의계약체결을 권하면 어떻게 하겠느냐고 물어보셨습니다.) 고민이 되고 어려운 상황이지만 앞서 이해충돌의 상황이어서 위법하므로 할 수 없다고 정중하게 말씀드릴 수밖에 없을 것 같습니다.

면접관 폭우 등 재해에 대처하여 보고하는 방안에는 어떤 것이 있을까요? (문서같은 형식적인 절차 말고 답변하라고 하셨습니다.)

응시생 (면접관님께서 폭우나 폭염 등의 재난 메뉴얼 과정이 있는데 그것에 대해 말씀해보라서서) 과정을 숙지하지 못했지만 제가 이러한 상황에 처한다면 학생의 안전이 최우선이기 때문에 먼저는 전교생에게 알리고 안전을 확보할 수 있도록 노력하겠습니다. 그리고 혹시 대피하지 못한 학생이 있다면 타 기관과 연결하여서 학생의 안전을 확보하도록 노력하고 평소 비상연락망 구축에 노력하겠습니다. (보고하는 방안에 다른 방안이 무엇이 있는지 물어보셨는데 말씀을 잘못 듣고 재난대처의 저의 창의적 방안을 물으신다고 생각해서) 폭염의 경우 학생들은 25도로 원하는데 법으로 27도로 정해져 있다고 들었습니다. (이때 면접관님이 보고하는 방안이라고 다시 설명해 주셨습니다. 당황해서 상관님께 보고하는데에 어떤 방안을 말씀하시는 건가 몇 초 생각하다가 15분 알람이 울려서 다른 면접관님이 시간 다 되었으니 나가달라고 하셨습니다. 부족한 답변 들어주셔서 감사합니다. 인사드리고 마무리했습니다.)

MEMO

면접관 공무원에 지원한 이유와 부산교육청을 선택한 이유에 대해 답변해주세요.

응시생 저는 사기업을 다녔었습니다. 그러나 정규직이 아니었습니다. 그래서 항상 불안한 삶을 살 수밖에 없었습니다. 그러던 중 지인들과 가족들 동생들까지 공무원을 추천하였고 저 또한 관심을 가지고 보게 되었습니다. 공무원이 신분보장을 해주는 이유가 지역 주민들의 삶의 질을 향상시키라고 해주는 것으로 압니다. 그리하여 저도 신분보장이 되고 또 봉사하는 공무원에 지원하였습니다. 부산교육청을 지원한 이유는 저의 동생이 대학병원에서 간호사로 일하고 있는데 교육복지와 혜택이 많은 것 같아 알아보던 중 지원해야겠다고 생각했습니다.

(지원동기를 말하면 되는데 순간 당황해서 아무 말이나 이야기 한 거 같습니다. 지원동기에 부산교육청 지원한 이유를 간략하게 이야기하면 되는 건데 준비하지 않은 응용문제가 나와서 당황해서 저렇게 말했습니다. 지원동기를 제일 많이 연습했는데 너무 아쉽습니다. ; ;)

면접관 탄소중립이란 무엇이며 이를 어떻게 실천할 것인가요?

응시생 대기 중에 온실가스를 0으로 만드는 것을 탄소중립이라고 합니다. 탄소중립의 해결방안으로는 개인이 텀블러를 사용하고 실생활에서 분리수거를 철저히 하는 것입니다. 왜냐하면 제가 이번에 찾아보면서 깨달은 것이 많습니다. 비닐 같은 경우 스티커와 다른 부분을 제거하고 버려야 하는데 그런 걸 저는 하지 않고 재활용이 된다고 생각하여 버렸고 종이 같은 경우 음식물이 묻어 있거나 더러운 경우 재활용이 안 된다고 하였습니다. 종이라고 다 분리수거가 되는 것이 아니고 되는 게 있고 안 되는 게 있었습니다. 이런 걸 보았을 때 분리수거 교육을 일반인들과 학생들에게 교육하여 자그마한 실천으로 탄소중립을 실천하면 좋을 것 같습니다. 그리고 우리 지역의 적극행정 우수사례로 오래 전 일이지만 전창기 주무관님이 탄소배출권을 이용해 적극행정 사례를 만든 것이 있습니다. 에너지공단과 협력하여 탄소배출권과 관련된 정책을 했습니다.

면접관 신재생에너지는 무엇인가요?

응시생 태양열, 풍력, 수력, 지열 등이 있고 태양열의 장점은 무제한으로 공급이 가능하고 단점으로는 초기 투자비용이 많이 듭니다. 풍력같은 경우 장점은 발전효율이 좋습니다. 단점은 환경파괴를 많이 시키는 것이 있습니다.

면접관 살아오면서 어려움을 극복한 상황이 있나요?

응시생 제가 회사 다닐 때 이야기입니다. 배에 들어가는 엔진을 만드는 회사에서 근무했을 때 일입니다. 전기시설이 문제가 생겼을 시 알람과 대피 방송을 하는 시스템이 있습니다. 그 시스템이 한 곳에만 설정되어 있고 수십 곳이 설정되어 있지 않아 그 부분이 아닌 경우 알람과 대비방송이 나오지 않아 안전사고의 우려가 있었습니다. 이러한 부분을 관리자에게 말하였고 이 일을 실시할 수 있었습니다. 제일 메인 기계기구에서 다른 전기 송전 받는 부분을 전부 연결하는 전기용어로 "콘봉"이라고 하는데 이렇게 일을 수행하였습니다. 전 공장을 돌며 3달 가까이 작업을 하였습니다. 그리하여 관리자에게 큰 칭찬을 받았습니다. 만약 제가 나서서 하지 않았으면 큰 비용이 들어갔을 것이고 꾸중이나 질타를 받았을 것입니다. 제가 나서서 한 결과 좋은 경험을 할 수 있었습니다.

("적극행정을 말하는 거죠?" 면접관님이 이렇게 말씀하시고 끄덕이고 다른 면접관님의 질문으로 넘어갔습니다. 듣는 도중에 추임새도 넣어주시고 분위기는 나쁘지 않았습니다.)

면접관 동료에게 온 악성 민원인을 어떻게 해결할 것인가요?

응시생 우선 악성 민원인이 그렇게 한다면 주변 동료들과 민원인들에게 괜찮다고 안심을 시킬 것 같습니다. 그런 후 분리한 후 그 민원인의 이야기를 듣고 해결할 수 있는 부분이면 해결하고 해결이 안 되면 상관께 보고 후 처리할 것 같습니다. 또 다른 악성 민원인, 욕을 하거나 폭력을 쓰는 것 같은 행동을 하는 민원이 있으면 주변 동료와 민원인들을 안심시킨 후 분리하여 이야기를 나누어서 이러한 행동을 하시면 요원을 부를 수밖에 없으니 조심해달라고 당부드릴 거 같습니다. 공무원이 실수를 한 민원인 경우 이야기를 듣고 정중하게 사과드리고 상관께 보고하여 이야기를 나누어 민원인을 살피게 할 것입니다. 그리고 억울한 민원인들이 있을 것입니다. 그분들의 이야기를 듣고 민원조정위원회라는 것이 있다고 여기에서 도움을 받을 수 있게 도움을 주고 해결하겠습니다.
(계속 좋은 반응으로 쳐다봐 주셔서 제일 잘한 답변인 거 같습니다.)

면접관 교육격차의 의미와 지역격차 해소방안에 대해 답변해주세요.

응시생 부산교육청에서는 1인 1스마트기기 보급사업을 하고 있는 것으로 알고 있습니다. 거기에 디지털교재화를 통해 학생들의 디지털교육에 앞장서고 있습니다. 학생들의 등하교길이 더욱 편해지고 있습니다. 그리고 9월부터 현직교사들이 국어, 영어, 수학 등을 인터넷 강의를 선보여 학생들에게 제공되는 걸로 알고 있습니다. 그런데 실효성이 아니라 계속적으로 진행이 될지 불안해 할 것 같습니다. 저는 개인적으로 요즘 학생들이 많이 보는 인터넷강의 사이트에서 협력하여 교육청과 부산시와 인강업체가 3:3:4의 비율로 비용을 부담하여 학생들에게 제공하면 좋겠다고 생각했습니다. 그 혜택은 세금감면이라던가 기부하는 광고를 하여 회사 이미지는 높여주는 것입니다. 그러면 학생들의 교육격차가 줄어들 것이고 거리와 소득에 상관없이 다문화, 탈북민 학생들의 학력신장과 교육에 도움이 될 것이라 생각합니다.

면접관 부산지역에서 제일 낙후된 지역은 어디인가요?

응시생 기장군이 그나마 낙후된 것 같습니다. 기장군에 정관신도시가 생겼지만 거기에 살던 원주민들은 어업과 농업에 종사하시는 분들이 많기 때문에 소득이 높지 않아 교육격차가 조금 나는 것으로 알고 있습니다. 그러나 요즘은 조금 다른 걸로 알고 있습니다.

MEMO

CASE 06 · 2023년 면접후기

Q1 MZ세대들의 퇴사가 많은데 사기업이 아닌 공직을 선택한 이유는 무엇인가?
Q2 4대 역점과제에 대해 아는대로 말해달라.
Q3 살아오면서 어려움을 극복한 상황과 자기주도적으로 극복한 경험은?
Q4 담당자가 패닉이 온 상태에서 악성 민원인을 어떻게 해결할 것인가?
Q5 교육격차에 대해서 본인이 생각하는 정의와 해결방안은?
Q6 부산교육청을 선택한 이유와 다른 교육청에 비해 부산교육청이 가지고 있는 차별점은?

CASE 07 · 2023년 면접후기(일반전기)

Q1 공무원에 지원한 이유와 부산교육청을 선택한 이유는?
Q2 탄소중립이란 무엇인가? 이를 어떻게 실천할 것인가?
Q3 신재생에너지는 무엇인가?
Q4 살아오면서 어려움을 극복한 경험에 대해 답변해보라.
Q5 동료에게 온 악성 민원인을 어떻게 해결할 것인가?
Q6 교육격차의 의미와 지역격차 해소방안은 무엇인가?

CASE 08 · 2023년 면접후기(시설관리직)

Q1 부산교육청에 지원한 동기는 무엇인가? 공무원 면직률이 높아지는 이유와 대책은 무엇인가?
Q2 시설관리 업무에 대해 설명해보라.
Q3 힘든 일이 있었을 때 그것을 극복한 사례가 있는가?
Q4 동료가 악성 민원인을 상대할 때 어떻게 할 것인가?
Q5 교육격차 해소방안은 무엇인가?

CASE 09 · 2022년 면접후기

Q1 의사결정모형(합리모형, 점증, 만족, 최적화, 쓰레기통 모형)에 대해 설명해보라.
Q2 지원동기는 무엇인가?
Q3 중요시 여기는 공직관은 무엇인가?
Q4 폭우 사태로 학교시설이 붕괴됐을 때 신속한 대처방법은 무엇이며, 상사에게 어떻게 보고하겠는가?
Q5 이해충돌방지법의 10개 행위기준에 대해 답변해보라.

Q1 지원동기는 무엇인가?

Q2 중요하게 생각하는 공직가치는 무엇이며, 그 이유는?

Q3 MZ세대의 퇴사율이 높은 이유는 무엇이며, 세대 갈등을 줄이는 방안은 무엇인가?

Q4 의사결정모형(점증, 최적, 쓰레기통 모형 등)에 대해 설명해보라.

Q5 이해충돌방지법의 신고 기준은 무엇인가?

Q6 (문서같은 형식적인 절차 말고) 폭우 등 재해에 대처하여 보고하는 방안은 무엇이 있겠는가?

3 | 2024년 면접방향 잡기

✎ Check point

2024년 출제포인트

1. 부산의 경우는 교육학, 부산교육청 교육비전, 교육이슈, 2030 엑스포를 중심으로 관련된 정책을 준비해야 할 듯하다.

2. 공직관은 필수이고 최근 사회이슈에 대해서도 관심을 가지고 준비해야 한다.

3. 조직생활, 상황형 문제가 제시될 수 있다.

1. 기출질문

Q1 부산교육청의 3대 정책은 무엇인가?

  ➲ 위 질문은 구체적으로 추가질문까지 이루어졌다.

Q2 합리적 개인주의가 무엇이라고 생각하는가?

Q3 그러면 개인주의 말고 집단주의의 폐해에는 무엇이 있겠는가?

  ㄴ[추가질문] 역사적으로 그러한 집단주의 폐해 사례가 있다면 무엇인가?

  ㄴ[추가질문] 합리적 개인주의와 관련하여 청렴에 대해 말해보라.

Q4 민원인 대처 및 민원처리시 가장 중요한 요소는 무엇인가?

Q5 학교안전사고의 사례 및 예방방안은 무엇인가?

Q6 지금 학생 수가 계속 줄어들고 있다. 그러다 보니 학교통폐합 문제가 제기되고 있는데 학교통폐합에 관한 대안과 본인의 생각을 이야기해보라.

2. 실전연습

Q1 4차 산업혁명 기술을 교육현장에 어떻게 적용시킬 수 있겠는가?

Q2 블렌디드 러닝과 관련하여 아는 대로 이야기해보라.

Q3 코로나와 같은 위기상황에서 학교의 존재 이유와 교육의 본질에 대해 어떻게 생각하는가? 또 그 과정에서 자신은 교육공무원으로서 어떤 기여를 할 수 있겠는가?

Q4 원격수업으로 인해 학력격차가 심화되었다는 비판이 있다. 어떤 대책이 필요하겠는가?

Q5 포스트코로나 시대 교육방식의 방향은 어떻게 변화해야 하겠는가?

Q6 창의융합교육을 위해 부산시교육청에서 하는 사업에 대해 아는 것과 제안하고 싶은 정책이 있다면 무엇인가?

Q7 부산지역의 고질적인 문제 중 하나인 동서지역 간 교육격차 해소를 위해 어떤 노력이 필요하겠는가?

Q8 적극행정이란 무엇이며, 본인은 적극행정을 위해 어떤 자세로 업무에 임할 것인가?

Q9 2030 부산엑스포란 무엇이며, 엑스포의 효과는?

Q10 교육청에서 실시하고 있는 기초학력 향상 사업은 무엇인가? 기초학력을 높이려면 어떻게 해야 하겠는가?

MEMO

CHAPTER

09 세종교육청

1 면접진행방식

① 면접관: 5인
② 면접시간: 10분
③ 면접준비: (★난이도 '중상') 성적이 중요한 지역으로 보이며 미흡 비율은 거의 없는 것 같으나 우수는 소수 있는 것으로 판단된다.
④ 질문 포인트: (직렬공통) 공통질문 6문항
   ➡ 공직가치관을 파악하는 질문, 세종시 교육청 정책, 직렬의 관심도를 파악하는 질문, 조직생활 관련 질문 등 다양하게 물어보는 지역이다.

2 면접후기

✔POINT 아래 면접후기는 실제 응시생들의 기억에 의해 복원된 내용을 정리하여 수록하였으니 이 점 참고하여 학습하길 바란다.

CASE 01 2023년 면접후기

면접관 적극행정과 소극행정의 차이는 무엇인가요? 세종시의 적극행정 정책 및 적극행정 활성화 방안에 대해 답변해주세요.

응시생 먼저 소극행정에 대해 말씀드리겠습니다. 소극행정은 공무원이 소극적 자세로 업무를 처리하는 것으로서 업무를 태만히 하거나 법… (3초 정적) 법령 등이 있는데도 제대로 적용을 하지 않고 소극적 자세로 업무를 하는 것입니다. 적극행정은 공무원이 창의력을 가지고 주민의 삶의 질을 높이기 위해 책임감을 가지고 적극적으로 업무를 수행하는 겁니다. 예를 들어 새로운 정책을 만들거나 불합리한 규제나 제도를 개선하고, 최대한 업무를 해결하려고 노력하는 것이 있습니다. 제가 면접을 준비하면서 세종시의 적극행정 사례들을 보았는데요. 학교의 노후화된 가스 조리기구를 인덕션으로 바꿔서 친환경 급식 환경을 만들거나 학교 앞에 통학버스를 위한 공간을 만든 정책 등이 있었습니다. (이때 말이 입에서 맴돌아서 같은 단어를 여러 번 반복하였습니다.) 적극행정을 활성화하기 위한 방안으로는 먼저 보상제도가 있습니다. 예를 들어 인사 고과에 반영하거나 인센티브를 주는 것입니다. 또한 신규 공무원 때부터 적극행정의 중요성에 대해서 알려주고 적극행정을 하고 있는 공무원 옆에서 수습제도와 같이 도와주면서 적극행정을 배우면 좋을 것 같습니다.
(첫 질문에 너무 자신 있었던 답변인데 긴장을 하니 자꾸 말을 반복하게 되고 지루하게 답하게 된 것 같습니다. ㅠㅠ)

면접관 지방재정법상 목적 외 사용 금지와 공무원 행동강령상 목적 외 사용 금지의 차이점은 무엇인가요?

응시생 사실 제가 그 법에 대해서는 잘 알지 못합니다. 반드시 공부하도록 하겠습니다. 그런데 저는 지방교육청재정은 크게 3부분으로 이루어진 것으로 알고 있습니다. 국가에서 주는 지방재정교육교부금, 지자체에서 주는 교육비 특별회계 또 교육청 자체수입입니다. 제가 대학시절 중학교 행정실에서 근무를 하였는데요. 그 당시 공무원께서 회계업무를 하시면서 아주 작은 금액조차 맞추려고 하시고 선생님께서 수업재료를 사시고 영수증을 처리하실 때에도 그 금액이 맞지 않으면 반드시 확인하시는 모습을 보았습니다. 제가 그 법에 대해서 잘 알지 못하지만 재정을 그 정해진 목적 외에는 사용하면 안 되고 정해진 대로 써야 합니다.

(너무 예상하지 못한 질문에 전혀 모르는 내용이라 당황해서 회계에 대해서 아는 정보 하나라도 더 이야기 하자는 마음으로 이 이야기 저 이야기 다 끌어왔습니다. 잘 모르겠다는 첫 마디에 질문을 하신 선생님께서 고개를 숙이셨습니다. 그런데 뭐라도 이야기를 하니까 다시 고개를 들고 경청해 주셨습니다. 숙지란 말은 정말 쓰고 싶지 않았는데 선생님께도 죄송합니다. ;;)

면접관 학교에 교사, 공무직 등이 있는데 어떻게 잘 지낼 것인가요?

응시생 네, 저는 소통이 중요하다고 생각합니다. 평소에 차라도 서로 대접하며 사적으로도 친밀한 관계를 맺고 소통하는 것이 필요한 것 같습니다. 왜냐하면 평소에 관계를 쌓아 놓지 않으면 작은 일도 갈등으로 번질 수 있기 때문입니다. 업무적으로는 제 생각에 10일 혹은 15일에 한 번씩 각 조직을 대표하는 분들이 모여서 함께 업무에 대해서 이야기를 나누는 모임을 만들어서 함께 업무에 대해서도 이야기 하는 것이 좋다고 생각합니다.

(이 질문도 이미 예상 질문이라서 훨씬 좋은 답변을 준비했는데 2번 질문에서 당황을 해서 그런지 너무 평이하고 구체성 없는 답변을 한 것 같습니다. 그래도 말은 또박또박 크게 횡설수설하지 않고 했습니다.)

면접관 최근 폭우 때문에 안타까운 사건이 있었습니다. 이런 일을 학교에서 어떻게 미리 예방할 수 있을까요?

응시생 네, 학교에는 주로 학생들이 대부분의 숫자를 차지합니다. 저도 두 아이를 키우고 있는데요. 아이들은 어른들의 상식과 생각을 뛰어넘는 행동을 하는 것 같습니다. 그래서 어른들의 생각이 아니라 아이들의 시선으로 위험하다고 생각되는 부분을 미리 찾아서 예방하고 필요하다면 출입을 금지해서라도 안전사고가 일어나지 않도록 해야 한다고 생각합니다.

(재난 상황에 대해서 물어보셨는데 제가 당황해서 안전에 대한 내용으로 말씀을 드렸습니다. 질문의 취지에서 완전히 벗어난 답변 같았습니다.)

면접관 상사가 신규 공무원인 본인에게 잘 알지도 못하고 난이도도 높은 업무를 내일 오전까지 하라고 했을 때 어떻게 할 건가요?

응시생 네, 저는 먼저 그래도 하루의 기한이 남았기 때문에 법령, 판례, 사례, 매뉴얼 등을 모두 찾아보고 필요하다면 상급기관에도 문의를 하여서 제가 업무를 최대한 처리하려고 노력하겠습니다. 필요하다면 밤을 새워서라도 정해진 기한을 지키려고 할 것입니다. 그런데 저의 능력으로 노력을 해서 이 일을 기한까지 마칠 수 있는지 본인이 본인의 능력을 잘 안다고 생각합니다. 그래서 제가 도저히 정해주신 기한 안에 업무를 끝마치지 못할 것 같으면 주변에 이 업무에 대한 동료에게 도움을 요청하거나 같은 업무를 하는 다른 학교에 계신 선생님께도 여쭤보면서 최대한 상사님의 지시에 따라 업무를 완수하려고 노력하겠습니다.

(답변 후 2분 여 정도 시간이 남았습니다. 면접관께서 다른 면접관님께 더 물어보실 게 있는지 물으셨고 다들 없다고 하셨습니다. 그러자 마지막으로 하고 싶은 말을 하라고 하셔서 이렇게 말씀드렸습니다.) 저는 대학시절 학교 행정실에서 근무를 하면서 교육행정 공무원에 대해 알게 되었고 주변 공무원분들과 관계를 맺으면서 비록 단순한 업무였지만 업무를 완수하고 또 칭찬도 받고 하면서 성취감을 느꼈습니다. 그러면서 교육행정공무원에 대한 꿈을 갖게 되었는데요. 그러나 이후 육아, 출산, 결혼으로 그 꿈을 잠시 미뤄두었는데 이렇게 제게 꿈을 이룰 수 있는 기회를 주셔서 정말 감사드립니다. 제가 교육 행정 공무원이 된다면 사익이 아닌 공익을 위해 주민들을 위해 노력하는 공무원이 되겠습니다. 감사합니다.

MEMO

(우선 입장하여 90도 배꼽인사를 하고 "안녕하십니까, 교육행정 10번 응시자 ○○○입니다."라고 인사하였습니다. 자리에 앉으라고 하셔서 자리에 앉은 후 면접을 시작하였습니다.)

면접관 중요하게 생각하는 공무원의 6대 의무에 대해 답변해주세요.

응시생 친절공정의 의무라고 생각합니다. 같은 일을 하더라도 친절하고 공정하게 한다면 민원인이나 상대방이 만족하고 감동할 수 있기 때문입니다. (여성 면접관 두 분이 고개를 끄덕이셨습니다.) 저는 업무를 하면서 항상 친절하고 공정하게 하도록 노력함으로써 초심을 잃지 않도록 하겠습니다.

면접관 직장 내 갈등을 해결하는 방법과 직장 내 괴롭힘에 대해 말씀해주세요.

응시생 네, 학교에는 교사를 비롯한 교직원과 공무직 등 다양한 구성원이 있는 것으로 알고 있습니다. 저는 회사에서 근무한 경험이 있는데 다양한 부서 간에 서로 협력하려고 노력했습니다. 회사에서 경험한 것을 바탕으로 갈등을 최소화하도록 노력하겠습니다. (질문이 길고 제대로 준비를 못해서 두루뭉술하게 얘기했고, 구체적인 설명 없이 그냥 열심히 하겠다는 식으로 말했네요. 직장 내 괴롭힘은 말도 못 꺼내고 급마무리했습니다.ㅠㅠ)

면접관 학교운영위원회가 심의하는 것은 무엇인가요?

응시생 학칙의 제정, 급식, 방과 후 활동, 체육활동 등을 심의합니다. (너무 기본적인 사항이라 대충 보고 넘겼는데 이게 나왔습니다.;; 몇 개 안되는 걸 겨우 말하면서 너무 어이가 없어서 웃음이 나오는 걸 겨우 참았습니다.ㅠㅠ)

면접관 갑질의 정의와 원인 및 해결방안에 대해 답변해주세요.

응시생 갑질이란 직장 내 우월한 지위에 있는 자가 권한을 남용하거나 영향력을 행사하여 상대방에게 부당한 요구나 대우를 요구하는 것을 말합니다. (이건 외웠던 것이라 차분하게 잘 말했습니다. 그런데 앞에서 버벅거린 것 때문에 멘붕이 와서 나머지 질문이 뭐였는지 까먹었는데 면접관님이 "해결방안"이라고 알려주셨습니다.) 아, 제가 갑질을 당한다면 우선 당사자끼리 해결해 보도록 하겠습니다. 서로 오해가 있는 부분은 없는지 제가 잘못한 것은 없는지 대화를 통해 해결해 보겠습니다. 그래도 제 선에서 안된다면 세종시 교육청에 갑질신고지원센터가 있는 것으로 알고 있습니다. 이 지원센터에 상담을 요청드려보도록 하겠습니다.

면접관 교육행정 업무를 하게 된다면 어떤 부분을 보완하겠나요?

응시생 일단 학교 교육행정 업무에는 회계업무, 예산업무, 인사·총무와 같이 급여관리, 직원의 복무관리, 재산관리, 물품관리 등 다양한 업무를 하는 것으로 알고 있습니다. 저는 회사의 영업부에서 일하면서 영업관리업무와 무역사무업무 경험이 있어 대부분의 사무업무에는 자신이 있는데 회계업무는 해보지 않아서 잘 알지 못합니다. 그래서 제가 합격하게 된다면 회계업무를 공부하겠습니다. (여기서 마무리하는 줄 아시고 다들 고개를 숙이고 뭔가를 적으셨는데 한마디 더 하였습니다.) 실은 예전부터 회계업무를 배우고 해보고 싶었는데 이번 기회에 잘 배워서 업무를 잘 해보고 싶습니다. (여기서 질문하신 면접관님이 고개를 끄덕이셨습니다.)
(체감상 시간이 3분 정도 남은 것 같은데 더 물어보지 않으시고 가라고 하셔서 아쉬웠습니다.ㅠㅠ 형평성 때문에 더 안물어보신 것 같습니다. 제 생각에 1번, 5번은 잘 대답한 것 같은데 나머지 대답은 별로였던 거 같아서 걱정이 됩니다.)

Q1 지방재정법상 목적 외 사용 금지와 공무원 행동강령상 목적 외 사용 금지의 차이점은 무엇인가?

Q2 학교회계에 대해 알고 있는가?

Q3 폭우와 같은 상황의 대처법은 무엇인가?

Q4 교사와 공무직 간의 갈등은 어떻게 해결할 것인가?

Q5 적극행정과 소극행정의 차이점은 무엇이며, 적극행정 활성화 방안에 대해 알고 있는 사례를 말해보라.

Q6 상사분이 내일 오전까지 해결하라며 막중한 업무를 주었을 때 어떻게 하겠는가?

Q1 적극행정과 소극행정의 차이점은 무엇이며 세종시의 적극행정 정책과 적극행정 활성화 방안에 대해 답변해보라.

Q2 지방재정법상 목적 외 사용 금지와 공무원 행동강령상 목적 외 사용 금지의 차이점은 무엇인가?

Q3 학교에 교사와 공무직 등이 있는데 어떻게 잘 지낼 것인가?

Q4 최근 폭우 때문에 안타까운 사건이 있었다. 이런 일을 학교에서 어떻게 미리 예방하겠는가?

Q5 상사가 신규 공무원인 본인에게 잘 알지도 못하고 난이도도 높은 업무를 내일 오전까지 하라고 했을 때 어떻게 할 것인가?

Q1 공무원의 6대 의무는 무엇이며 그중 가장 중요하게 생각하는 의무는 무엇인가? 공무원의 의무를 잘 지키기 위해 해야 할 노력은 무엇인가?

Q2 학교운영위원회가 하는 일은 무엇인가?

Q3 직장 내 괴롭힘 해결방안은 무엇인가?

Q4 갑질 해결방안은 무엇인가?

Q5 세종시에는 젊은 직원들이 많은데 이들을 위해 필요한 제도나 정책은 무엇인가?

Q6 교육행정직 공무원으로서 필요한 역량 신장을 위한 노력에는 무엇이 있는가?

Q1 자기소개를 해보라.

Q2 MZ세대에서 워라밸이라는 가치가 떠올랐는데 과중한 업무에서 워라밸을 어떻게 지킬 것인가?

Q3 수학여행비를 걷는데 학부모가 폭언하는 상황에서 혼자 해결해야 하는 경우에는 어떻게 대처할 것인가?

Q4 교사의 유튜브 활동 장단점은 무엇인가?

Q5 어려운 문제를 창의적으로 극복한 경험이 있는가?

Q6 학교에서 교사와의 갈등, 공무직 공무원과의 갈등 상황에서 어떻게 대처할 것인가?

Q7 포스트코로나 시대에 중요한 공무원의 공직가치는 무엇인가?

3 2024년 면접방향 잡기

✎ Check point

2024년 출제포인트

1. 세종시 교행은 공통질문 4~5개와 즉답질문 1~2개씩이 이루어지고 있다. 즉답형 질문에서는 개인마다 질문내용이 다를 수 있다는 점을 기억해야 한다.

2. 공무원 관련 사회이슈(이해충돌방지법 등), 교육관련 사회이슈(학력격차문제, 민식이법, 인공지능 활용)에 대해 관심을 가져야 한다.

3. 세종시교육청의 교육정책 기본방향인 비전, 지표와 그 의미에 대해 설명할 수 있어야 한다. 또한 제안하고 싶은 정책 하나 정도는 준비가 필요하다.

1. 기출질문

Q1 공무원의 6대 의무와 4대 금지의 의무에 대하여 말하고 가장 중요하다고 생각하는 것과 그 이유에 대해 답변해보라.

Q2 4차 산업혁명의 정의와 이를 교육에 어떻게 적용할 것인가?

Q3 진상민원을 어떻게 처리할 것인가?

Q4 공직자는 다른 직업보다 봉사와 공직자로서 윤리가 중요한데 왜 그렇다고 생각하는가? 그리고 올바른 공직윤리란 무엇이라고 생각하는가?

Q5 공직자의 징계의 종류에 대하여 모두 말하고, 더불어 해임과 파면의 차이점에 대하여 말하시오.

Q6 학교행정실에서 하는 일이 무엇인지 말하고 세종시교육청은 무엇을 하는 곳인지 말해보라.

Q7 교육행정직 공무원이 되고 경력이 쌓이면 신입과 중간관리자, 고위관리자가 될 수 있다. 신입으로서의 역할, 중간관리자로서의 역할, 고위관리자로서의 역할과 교육청에서는 무슨 일을 하는지 답변해보라. 그 때 신입과 중간관리자, 고위관리자의 자세에 대해서도 답변해보라.

Q8 교육행정직 공무원이 되면 소통능력이 중요한데 학교에서 근무하는 분들과 어떤 식으로 소통할 건지 방안을 말해보라.

Q9 왜 공무원은 정년이 보장이 되어야 한다고 생각하는가?

Q10 최근 감명 깊게 읽은 책이 있는가? 그 책을 선택한 이유는 무엇이며 무슨 내용이었고, 거기서 얻은 교훈은 무엇인가?

2. 실전연습

Q1 코로나19로 인한 교육저하에 관해 대책이 있다면 무엇인가?

Q2 학교공간 혁신사업이 진행 중이다. 어떻게 바뀌어야 하겠는가?

Q3 4차 산업혁명 기술을 학교현장에 어떻게 적용시킬 수 있겠는가?

Q4 포스트코로나 시대 미래교육 방향을 제안해본다면?

Q5 민원인 대처 및 민원처리시 가장 중요한 요소는 무엇인가?

Q6 교육청에서 실시하고 있는 기초학력 향상 사업은 무엇인가? 기초학력을 높이려면 어떻게 해야 하겠는가?

MEMO

CHAPTER

10 울산교육청

1 면접진행방식

① 면접관: 3인

② 면접시간: 6분

③ 면접준비: (★난이도 '중') 성적이 중요하고 면접비중도는 낮은 편이다. 미흡 비율은 거의 없는 것으로 보이는 지역이다.

④ 질문 포인트: (직렬공통) 공통질문 3문항＋개별면접 1~2문항

➡ 공직가치관을 파악하는 질문, 인성질문, 울산교육청 정책, 교육이슈 등 다양하게 질문이 이루어진다.

➡ 응시생들이 면접준비를 어느 정도 하였다면 충분히 예상가능한 질문들이 나오는 추세이므로 조금은 편안하게 면접대비가 가능한 지역이다.

2 면접후기

POINT 아래 면접후기는 실제 응시생들의 기억에 의해 복원된 내용을 정리하여 수록하였으니 이 점 참고하여 학습하길 바란다.

CASE 01 | 2022년 면접후기

➡ 질문은 공통으로 5개가 주어진다. 공무원의 자세나 조직생활, 갈등상황 해결방안, 교행직 업무, 최근 논란되는 이슈(예 기후변화위기) 등의 질문은 어렵지 않고 평소 준비했던 내용들에서 충분히 대비가 됨을 알 수 있다. 공통질문 5가지 유형은 다음과 같다.

Q1 공무원의 매력은 무엇인가?

MEMO

Q2 일반 사기업뿐 아니라 공무원에서도 사표를 쓰는 사람이 많은데 이유가 무엇이며 어떻게 해결해야 하겠는가?

MEMO

Q3 울산에서 하고 있는 정책 2~3가지를 말하고 가장 잘하고 있는 점은 무엇인가?

MEMO

Q4 갈등해결 경험이 있는가?

MEMO

Q5 창의성을 발휘했던 경험이나 힘들었던 일을 극복했던 경험 중 선택하여 답변해달라.

MEMO

1. 면접준비

다들 면접 준비는 별로 할 게 없다 그래서 안일하게 생각했는데 책을 펴보니 생각보다 너무 어렵고 많은 내용이 있었습니다.ㅜㅜ 그래서 선생님 강의를 수강했고 큰 도움이 되었습니다.

스터디 같은 경우는 원래 카페에서 신청해서 하고 있었는데 갑자기 코로나가 심하게 터져서 2번만 하고 더 이상 안했습니다. 그래서 저는 혼자서 답변을 준비하고 연습한 다음, 강의 중 실전코칭을 틀어 놓고 모의면접식으로 준비했습니다. 실전코칭 강의에서 선생님께서 질문을 하시면 일시정지하고 제가 답변을 했습니다. 피드백 내용이 제 답변에 대한 내용은 아니지만 여기서 경험을 넣어야 하고 여기서 이런 식으로 대답을 하면 되겠구나 하고 충분히 피드백을 받을 수 있었습니다.

2. 면접상황

저는 거의 마지막 순번에 면접을 봤습니다. 면접 끝나고 나오니 6시였습니다. 제 뒤로 3명 남았습니다. 다른 지자체는 대기시간 동안 준비해 온 종이 못 보게 한 곳도 있던데 울산교행은 자기 차례 올 때까지 준비해 온 대본보면서 연습할 수 있었습니다.

일단 울산교행은 확인해보니 질문이 다 똑같았습니다. 평이한 질문이었음에도 불구하고 너무 떨려서 버벅거렸습니다. 일단 들어가니 타이머를 누르셨고 총 몇 분이 진행됐는지는 모르겠지만 7~8분 정도였을 것 같습니다. 전체적으로 분위기는 부드러웠습니다. 면접관님들도 마스크를 쓰고 계셨는데 제가 요즘 비염 때문에 귀가 멍해서 그런지 질문이 잘 안 들렸습니다. 어리바리하게 잘 못 들었다고 "네?" 이러기 싫어서 엄청 집중해서 들었습니다. 그래도 좀 안 들리긴 했습니다. 그러고 보니 제 대답은 면접관님들께 과연 잘 전달이 되었을까 싶습니다. 저는 총 5개의 질문을 받았습니다. (1개는 사회생활 경험이 있냐는 질문이니까 제외했습니다.)

3. 질의응답

면접관 왜 교육행정직에 지원했나요?

응시생 저는 교육복지를 실현하고 싶어 지원하게 되었습니다. 저는 대학교 2학년 1년 동안 저소득층 학생들을 위한 멘토링 봉사활동을 한 경험이 있습니다. 저는 중학교 1학년 학생의 과학을 가르쳐주는 역할을 맡았었는데 그 때 학생이 학교생활 중 방과 후 학교에서 과학을 배우는 시간이 가장 즐겁다는 얘기를 하였습니다. 그 말을 듣고 사교육을 받을 수 없는 형편인 아이들에게는 학교에서 제공해 주는 방과 후 학교나 저와 함께 하는 멘토링 수업과 같은 시간의 중요성을 깨달았고 이러한 저소득층 학생들에게 맞는 정책이 더욱 필요하다는 것을 느꼈습니다. 그리고 이 일을 통해 제가 느낀 점을 실현할 수 있는 곳은 교육행정직 공무원이라고 생각하게 되었고 다양성을 존중하고 봉사정신을 가진 교육행정직 공무원이 되고 싶어 지원하게 되었습니다.

면접관 저소득층 복지제도면 일반행정이 더 낫지 않을까요? (예상치 못했던 질문이라 당황했습니다.)

응시생 복지 관련 정책이라면 일반행정이 더 나을 수도 있지만 대학교 때 했던 멘토링 경험이나 청소년 진로 캠프를 통해 저는 학교에서 학생 복지에 제 성향이 더 맞는다고 느껴 지원하게 되었습니다. (횡설수설했습니다.;;)

면접관 코로나 때문에 원격수업을 하는데 이에 대한 문제점과 개선 방안은 무엇인가요? (이 질문은 수없이 연습했던 건데 그게 독이 된 것 같았습니다. 연습할 때 2가지를 연습했었는데 그러다 보니까 꼭 두 가지를 말해야지 하다가 망했습니다. ㅠㅠ)

응시생 아무래도 동시접속에 따른 서버문제가 가장 심각하다고 생각합니다. 이 문제를 해결하기 위해 최근 울산교육청이 구글 플랫폼을 도입했다고 알고 있는데 이처럼 민간 업체와 협력이 필요하다고 생각합니다. 그리고 (여기서 말문이 막혀 준비했던 답변 중 원래는 정보격차를 말하려고 했는데 못했습니다.) 죄송합니다. 여기까지입니다. (결국 생각이 안 나서 급 마무리했습니다.)

면접관 혹시 사회경험이 있나요?

응시생 네, 저는 사회경험이 있습니다. 화장품 제조업체에서 화장품 개발 연구원으로 2년 간 근무한 경험이 있습니다.

면접관 그럼 문제가 생겼을 때 창의적으로 문제를 해결한 경험이 있나요? (창의적 문제해결에 대한 답변도 준비해 놨는데 대학교 때 프로젝트 한 경험이라 직장생활 중 창의적 문제해결을 물어보셔서 당황했습니다. 직장생활 중엔 창의적 문제해결 경험이 떠오르지 않아서 그냥 갈등해결 경험으로 말해버렸습니다.)

응시생 제가 직장생활 중 가장 스트레스 받았던 경험은 제가 한 실험 결과와 실제 공정 결과가 달랐을 때입니다. 하루는 폼클렌징을 만드는 공정에서 제가 실험한 것과 완전히 다른 결과가 나왔습니다. 결국 생산한 내용물 전부를 폐기 처분해야 했기 때문에 큰 책임감과 실망감을 느꼈습니다. 하지만 영업팀에 말해 발주 기한을 조금 미뤄달라고 양해를 구했고 생산팀과 소통하며 제 실험과 실제 공정에서의 차이점을 찾기 위해 노력하였습니다. 그 결과 점도를 잡아주는 원료의 문제였다는 것을 알게 되었고 공정을 변경하여 발주 기한 내에 제품을 생산할 수 있었습니다. 이를 통해 문제가 발생하더라도 다른 팀과의 소통을 통한 협력, 책임감을 가지고 끝까지 해결하겠다는 의지가 있다면 문제를 해결할 수 있다는 것을 알았습니다. (창의적인 방안은 아니었는데 그냥 답변해버렸습니다.)

면접관 상사의 부당한 지시에 어떻게 대처하겠나요? 더 나아가 갑질 문화를 어떻게 해결할 것인가요?

응시생 일단 바로 부당한 지시라고 주장하지 않고 돌아와 그 지시를 검토해 보겠습니다. 관련 법령을 참고하여 충분한 검토 후에도 부당한 지시라고 판단된다면 관련 법령과 검토내용을 말씀드리고 지시가 철회되도록 상사를 설득하겠습니다. 또한 지시내용을 추가, 보완하여 보고서를 작성하여 설득한다면 저희 상사께서는 충분히 검토 후 다시 적절한 지시를 내려주실 것이라고 생각합니다. 공무원 갑질 문화는 갑질 신고 센터가 있는 것으로 알고 있습니다. 갑질 신고 센터에 신고를 함으로써 피해자는 구제받고 재발을 방지할 수 있을 것이라고 생각합니다. (완전 횡설수설했습니다.) 이러한 갑질 문화는 개인의 윤리문제라고 생각합니다. 따라서 주기적으로 윤리의식에 관련된 교육을 진행해 공무원 스스로가 윤리의식을 강화해야 한다고 생각합니다.

MEMO

Q1 자기소개를 해달라.
Q2 공무원 준비하면서 힘들었던 경험은 무엇이며, 공무원이 되어서도 그런 일을 겪는다면 어떻게 할 것인가?
Q3 늘봄학교에 대해 아는 것이 있는가?
Q4 울산교육청이 청렴 등급 몇 등급인지 아는가? 본인이 청렴한 공무원이 되기 위해 무엇을 할 수 있겠는가?

Q1 공무원의 매력은 무엇인가?
Q2 일반 사기업뿐 아니라 공무원에서도 사표를 쓰는 사람이 많은데 이유가 무엇이며 어떻게 해결해야겠는가?
Q3 울산에서 하고 있는 정책 2~3가지를 말하고 가장 잘하고 있는 점은 무엇인가?
Q4 갈등 해결 경험이 있는가?
Q5 창의성을 발휘한 경험이나 힘들었던 일을 극복했던 경험 중 선택하여 답변해보라.

Q1 중요하게 생각하는 공직가치는 무엇인가?
Q2 코로나사태 이후에 온라인교육 실시로 생기는 문제점과 그 해결방안은 무엇인가?
Q3 동료들이 모두 상사 뒷담화를 하는데 그에 반대의견을 낼 수 있겠는가? 있다면 동료들과의 관계는 어떻게
    할 것인가?
Q4 상사가 부당한 지시를 했을 때 어떻게 할 것인가?
Q5 다른 사회생활도 해봤을 거 같은데 자신의 아이디어로 문제를 해결한 경험이 있는가?

Q1 공무원이 되면 무엇이 좋은가?
Q2 코로나사태 이후로 생기는 문제점과 그 해결방안은 무엇인가?
Q3 상사와 업무갈등시 어떻게 해결할 것인가?
Q4 상사가 부당한 지시를 했을 때 어떻게 대응할 것인가?
Q5 창의력으로 문제를 해결한 경험이 있는가?

3 **2024년 면접방향 잡기**

2024년 출제포인트
1. 울산교행은 기본적으로 교육행정직 공무원으로서 자세를 알아보는 질문이 핵심이다. 평소 공부해 온 내용으로 좋은 답변을 생각하여 자신을 PR할 수 있어야 한다.
2. 교육이슈나 공무원관련 이슈 '직장 내 괴롭힘방지법', '갑질', '이해충돌방지법' 등 이러한 유형은 정리가 필요하겠다. 다만, 한번 기출된 교육이슈나 사회이슈는 또다시 출제되는 일은 드물며, 지나치게 기출질문 위주로 면접준비를 하는 것은 바람직하지 않다는 점도 생각해보아야 한다.
3. 학교운영위원회, 교육행정직이 하는 업무 같은 기본적인 내용들은 정리가 되어야 한다.
4. 울산교육청 정책 1~2개 정도는 알고 있어야 한다.

1. 기출질문

Q1 공무원이 일반인보다 도덕성이나 청렴성 등이 더 많이 요구되는데 그 이유는 무엇이라고 생각하는가?
Q2 교육행정정보시스템이란 무엇인가?
Q3 보편적 복지의 확대로 인하여 무상교육에 대한 논란도 많다. 무상교육에 대한 개인적인 견해는 무엇인가?
Q4 울산교육청에서 잘하고 있는 정책이 있다면 무엇이고, 어떤 점에서 잘했다고 생각하는가?
Q5 학교운영위원회에 대해 정리해보라.
Q6 (상황제시형) 학교에 응급환자가 발생했을 때 어떻게 처리할 것인가?
Q7 자기소개 및 지원동기, 좌우명을 사자성어로 표현해보라.

2. 실전연습

Q1 울산교육을 세 가지 키워드로 표현한다면?
　➡ 학생중심, 생태, 자치, 미래학교, 평화로운 공동체 등 울산교육정책을 중심으로 자신의 생각을 가미하여 이야기하면 된다.
Q2 장기간 원격수업으로 인한 학력격차 해소방안은 무엇인가?
Q3 울산교육청의 청렴정책에 대해 아는 대로 말해보라.
Q4 학교, 마을, 지자체가 협력하는 마을교육공동체의 필요성에 대해 어떻게 생각하는가?
Q5 포스트코로나 시대 미래교육 방향을 제안해 본다면?
Q6 적극행정이란 무엇이며, 적극행정 사례에 대해 알고 있는 것이 있는가?
Q7 교육청에서 실시하고 있는 기초학력 향상 사업은 무엇인가? 기초학력을 높이려면 어떻게 해야겠는가?

CHAPTER
11 전남교육청

1 면접진행방식

① 면접관: 3인
② 면접시간: 10분
③ 면접준비: (★난이도 '중') 성적이 중요하고 면접비중도 낮은 편이다. 미흡 비율은 거의 없는 것으로 보이는 지역이나 우수는 있다.
④ 질문 포인트: (직렬공통) 공통질문 3문항＋개별면접 1~2문항
   ➡ 공직가치관을 파악하는 질문, 조직생활, 인성질문, 교육이슈 등 다양하게 질문이 이루어진다.
   ➡ 수험생들이 면접준비를 어느 정도 하였다면 충분히 예상가능한 질문들이 나오는 추세이므로 조금은 편안하게 면접대비가 가능한 지역이다.

2 면접후기

✔ **POINT** 아래 면접후기는 실제 응시생들의 기억에 의해 복원된 내용을 정리하여 수록하였으니 이 점 참고하여 학습하길 바란다.

CASE 01 2023년 면접후기

면접관 공무원에게 중요하다고 생각되는 공직가치가 무엇이고 그 이유는 무엇인지 얘기해주세요.

응시생 공무원은 국가관 그중에서 특히 애국심을 갖는 것이 중요하다고 생각합니다. 공무원이 된다는 것은 직장을 얻는다는 의미도 있겠지만 수많은 직장과 일터가 있음에도 스스로의 선택으로 공무원을 택한 만큼 국가를 향한 책임감과 사명감이 있어야 한다고 생각합니다. 나의 터전을 사랑하고 지역 주민들을 사랑하고 더 나아가 국가를 사랑하는 마음이 있는 사람만이 오랜 기간 공무를 수행할 수 있다고 생각합니다. 그런 마음이 없다면 어떤 모습을 잠시는 흉내는 낼 수 있을지언정 결코 오랜 시간 동안 공직을 수행할 수 없을 것입니다.

면접관 (남성 면접관님이 질문에 앞서 학교운영위원회의 취지와 구성에 대해 먼저 설명하심) 이런 학교운영위원회에 대해 들어본 적이 있으세요? ("네, 그렇습니다."라고 답변 후 이어진 질문) 학교운영위원회에서 법적으로 심의하는 사항이 여러 가지가 있는데 그중 아는 것을 다 말해보실래요?

응시생 (면접 들어가기 전에 '학교운영위원회에 대해 말해보라고 하면 취지와 구성에 대해서 말해야지.'라고 생각하고 들어갔는데 그 부분을 면접관님이 직접 설명해 주셔서 다른 질문을 던지자 매우 당황했습니다. 물론 당황한 티는 내지 않으려 계속 웃는 얼굴과 집중하고 있는 듯한 눈빛을 보내고 있었습니다.) 네, 대답하겠습니다. 학교 예산 심의, 학습 교재 선정… 죄송합니다. 잠시 생각해보고 다시 답변하겠습니다. (4~5개 외운 것들마저 머리가 하얘지며 생각나지 않자 답변을 포기했습니다. ㅜㅜ) 죄송합니다. 긴장했는지 생각이 나지 않습니다.

면접관 앞의 질문을 봐서는 줄줄 나올 줄 알았더니 두 개밖에 말씀을 못하셨네요. 이게 굉장히 중요한 부분이고 열 가지도 넘게 있습니다. 면접을 혼자서 준비하신 거예요? 얼마나 준비하셨어요?

응시생 병원에 입원해 있느라 일주일 정도 준비하였고 책보며 독학으로 준비하였습니다. 죄송합니다. (양 옆 여성면접관님들께서 "아이고, 고생하셨겠네."라고 하셨습니다.)

면접관 그러면 어떤 부분 위주로 준비한 거예요?

응시생 공직관과 상황형 질문 위주로 준비하였습니다. (남성면접관님께서 "흠.."하는 소리를 내셨습니다.)

면접관 4차 산업혁명 등(예시를 몇 가지 더 들어주셨습니다.) 사회적 변화가 빠르게 일어나고 있는데 이런 급변하는 사회에 맞춰 어떻게 전문성을 키울 것인가요?

응시생 지금은 4차 산업혁명 등에 대해 전문적인 식견이 없어서 구체적인 것들은 말씀드리기 어렵습니다. 앞으로 공부하여 꼭 채워나가겠습니다. 우선 공무원들을 대상으로 하는 관련 연수나 교육은 당연히 빠지지 않고 참여할 것입니다. 또한 개인적으로 4차 산업혁명 등이 교실 환경이나 교육 형태에 어떤 변화를 가져오고 있는지에 대해 찾아서 공부하겠습니다. 그리고 이런 변화들을 기존의 교육 틀과 잘 혼합시킬 수 있는지에 대해서 스스로도 고민해보겠습니다. (뒷부분의 개인적으로 공부하겠다 이후의 내용들은 지금 글로 적은 것보다는 좀 더 구체적인 것들을 끄집어서 얘기했던 거 같은데 정확히 어떻게 했는지 기억이 나질 않습니다. 그래서 대략의 내용을 추상적으로만 적었습니다.)

면접관 4차 산업혁명도 좋고 앞의 이야기도 물론 다 좋은 얘기죠. 근데 교육행정직은요, 대부분의 일이 예산과 관계된 일이에요. 예산을 다루기 때문에 법령을 철저하게 지켜야 합니다. 다른 것보다도 법령 같은 것들을 철저하게 아셔야 해요. 앞으로 현직 들어가게 되면 이런 부분 명심하시고 철저히 준비해 놓으시기 바랍니다.

응시생 네, 꼭 그렇게 하겠습니다. 감사합니다!

MEMO

면접관 (일반인과 공무원이 다른 점이 있는데) 본인이 생각하는 공무원의 중요한 가치는 무엇인가요?

응시생 제가 생각했을 때 공무원이 가져야 할 중요한 가치는 청렴성과 다양성이라고 생각합니다. 먼저 청렴성은 공무원이 가져야 하는 기본 가치로 청렴성을 바탕으로 다른 공직가치들이 이루어질 수 있다고 생각합니다. 공무원이 부패한다면 개인의 문제로 국한되는 것이 아니라 사회적인 문제로 번질 가능성이 높습니다. 교육행정직 공무원은 학교의 회계에 관한 업무를 담당하고 있고 학교에서 아이들의 교육지원에 대한 업무를 담당하고 있기 때문에 청렴하지 못하다면 학생들에게 도덕적으로 좋지 않은 모습을 보일 수 있습니다. 그렇기 때문에 공무원은 청렴해야 한다고 생각합니다. 또 저는 교육행정 공무원은 다양성을 가져야 한다고 생각합니다. 다문화가정이 갈수록 증가하고 있고 제가 거주하는 지역에도 다문화가정의 비율이 높습니다. 저희 지역은 다문화가정비율이 높기 때문에 제가 다니던 학교에서는 다문화음식축제라는 행사를 개최하였습니다. 저는 이 행사를 통해 다른 나라의 음식을 직접 만들어 보기도 하고 다문화 이주민들과 얘기도 나누어 보며 이주민들이 지역에 잘 적응하고 상생하는 것이 중요하다는 것을 깨달았습니다. 그렇기 때문에 다양한 문화와 가치를 폭넓게 수용할 줄 아는 능력이 필요하다고 생각합니다.

면접관 학교의 자율성을 높이고 지역의 특성에 맞는 교육을 실시하기 위해 학교에 있는 심의기구가 무엇인지 아시나요?

응시생 학교운영위원회를 말씀하시는 것 같습니다.

면접관 네, 맞습니다. 그렇다면 학교운영위원회의 구성과 심의사항에 대해 아는 대로 말해주시겠어요?

응시생 네, 답변드리겠습니다. 학교운영위원회는 교원위원과 학부모위원 그리고 지역위원으로 구성됩니다. 학교운영위원회에서 심의하는 사항은 먼저 학교운영지원비를 조성하고 사용·운용하는 걸 심의합니다. 그리고 학교회계의 예산안과 결산, 학교의 학칙의 제정과 개정에 관하여 심의하고 학부모의 비용 부담 사항과 (경비라고 했는지 비용이라 했는지 기억이 안 나네요.ㅜㅜ) 또 학교 급식에 대한 사항을 심의하는 것으로 알고 있습니다.

면접관 [추가질문] 학교 급식에 관한 걸 심의한다고 말씀해 주셨는데 그러면 학교운영위원회에서 학교 급식에 관한 사항을 심의하는 이유가 무엇이라고 생각하나요?

응시생 (이건 예상하지 못한 질문이라 당황했습니다. 즉흥적으로 생각해서 대답했어요.) 제가 생각하기에는 학교 급식을 운영위원회에서 심의하면 학부모님이나 지역위원의 요구사항을 더 다양하게 반영할 수 있다고 생각합니다. 그렇게 된다면 학생들에게 다양하고 영양학적으로 균형잡힌 식사를 제공할 수 있을 것입니다. 그리고 지역위원들과의 대화를 통해 지역의 농수산물을 급식에 넣기 좋습니다. (넣기 좋다는 식으로 허접하게 말해버렸어요.;;)

면접관 4차 산업혁명 시대에 공무원은 어떻게 전문성을 키워야 하나요?

응시생 챗GPT와 같은 인공지능이 교육에 미치는 영향이 요즘 이슈입니다. 교육행정 공무원들도 이런 인공지능을 사용하고 디지털 기술을 익혀야 합니다. (갑자기 챗GPT에 꽂혀버려서 그 얘기를 하다가 질문의 방향성이 어긋난 것 같아서 질문을 다시 한번 여쭤봤습니다. 그랬더니 "예를 들어 전자칠판을 사용하는데 본인이 사용법을 하나도 모른다면 어떻게 할 것인가요?" 이렇게 바꿔서 물어봐 주셨습니다.) 만약 제가 그런 상황이라면 일단 인터넷 검색을 통해 어떻게 사용하는지 알아보겠습니다. 그리고 사용에 관련된 교육을 하는 곳이 있는지 찾아서 배우러 가는 등 적극적인 자세로 배우도록 노력하겠습니다. 또 주변 동료가 전자칠판을 잘 사용하고 있다면 그분께도 사용법에 관하여 여쭤봐서 배우도록 하겠습니다. (이 질문 답변이 너무 아쉽습니다. 저는 챗GPT 등장으로 인한 교육계의 변화 위주로 답변을 준비했는데 공무원의 전문성을 물어보셔서 이건 저의 준비 부족 같습니다.)

MEMO

1. 면접 준비

① 전남 교행 같은 경우, 필기 커트라인인데 우수로 합격한 사례를 본 적이 없고 선생님께서 전남교육청은 미흡 비율이 거의 없지만 우수 비율도 거의 없다고 말씀하셔서 제가 우수 받을 거라는 기대는 없었습니다. 솔직히 저는 전남 교행에서 필기 커트라인이기 때문에 '부담을 갖지 말고 후회 없이 최선을 다해 떨어지더라도 면접 을 봐보자.'라는 생각으로 면접에 임했습니다. 처음 면접준비를 하면서 느낀 점이 많습니다. 저는 필기 공부 를 할 땐 말을 잘 하지 않고 대화를 하지 않아서 면접 준비할 때 힘들었습니다. 면접 준비하면서 글로 답변 생각하고 준비하면 될 줄 알았는데 솔직히 그 기출문제가 그대로 나온다는 보장도 없습니다. 그래서 저는 현재 전남에 살고 있어 실전코칭을 하기 위해 서울로 올라갔습니다.

② 라이브랑 현장에 와서 직접 참여하는 것은 정말 다릅니다. 저에게 그 3일은 정말 많은 변화를 가지고 왔습니다. 왜 합격후기에서 사람들이 실전코칭을 가라고 하시는지 참여한 후에 깨닫게 되었습니다.

③ 솔직히 라이브 듣는 다른 수험생이 제 이야기를 듣고 있는 것도 부끄럽고 만약 마이크가 저한테 왔는데 제가 말을 못하고 어버버하면 부끄럽습니다. 하지만 솔직히 부끄러운 것보다 저희는 간절하잖아요. 그리고 생각보 다 남들은 저한테 관심이 없더라구요.

④ 실전코칭을 하니 선생님께서는 면접에 답이 없다고 늘 말씀하십니다. 항상 본인의 이야기를 하라고 이야기 해주셨기에 면접관님께서 마지막 할 말 있는지 물어보실 때 정말 솔직한 제 이야기를 했습니다. 그래서 우수 를 주신 게 아닌가 하는 제 개인적인 생각입니다. ㅎㅎ

⑤ 제가 개인적으로 생각하기에 선생님께서 면접을 가르치는 것도 있지만 공무원으로서의 생각의 가치관을 머리 에 심어주시고 깨닫게 해주셨기에 제가 답을 잘할 수 있었다고 생각합니다.

⑥ 제가 필기 커트라인임에도 불구하고 우수를 받아 최종 합격을 할 수 있었던 이유는 실전코칭 덕분입니다.

⑦ 노량진에서 개인 실전코칭도 하고 현장에 있는 학생들과 팀으로 나눠서 사회이슈에 대한 토론도 했습니다. 다른 사람과 이야기를 하다 보면 저는 나무를 봤는데 이야기를 하다보면 못 보던 숲을 볼 수 있고 제가 못 보던 저의 단점을 고칠 수 있는 기회도 생겨 저는 정말 좋았습니다!

2. 질의응답

면접관 공무원으로서 중요한 자세 2가지를 말씀해주세요.

응시생 공무원의 6대 의무에는 청렴, 성실, 복종, 품위유지, 친절공정, 비밀엄수가 있는데 제가 생각하기에 중요한 자세는 성실과 청렴이라고 생각합니다. 첫 번째로 성실이 중요하다고 생각하는 이유는, 성실의 의무가 바탕이 되어야 나머지 의무를 지킬 수 있다고 생각하기 때문입니다. 두 번째로 청렴이 중요하 다고 생각하는 이유는 국민이 공무원을 신뢰하고 그것은 곧 국가의 신뢰로 이어지기 때문에 중요하다 고 생각합니다. 실제로 전남교육청에서는 찾아가는 청렴컨설팅과 청렴시민감사관제를 운영하여 많은 노력을 하는 것에 감명 깊었습니다.

면접관 [추가질문] 그 중요한 자세를 지키기 위한 본인의 노력은 무엇이었나요?

응시생 성실의 자세에 대한 노력에 대해 먼저 말씀드리겠습니다. 교육학을 공부하면서 학자 융의 MBTI 검사 를 해보면 실제로 저는 100% J 계획형 성격입니다. 평상시에 다이어리를 작성을 하고 계획 세우는 것을 좋아합니다. 그래서 항상 오늘 해야 할 일은 다 해야 하고 일상생활에 사소한 것부터 성실하게 계획에 맞추어 실행하고 있습니다. 두 번째로 청렴의 자세에 대한 노력에 대해 말씀드리겠습니다.

처음부터 비리공무원이 되고 싶은 공무원은 없을 것입니다. 제가 생각하기에 초심을 잃어서 아무래도 비리공무원이 되는 것이라고 생각합니다. 저의 경험에 비추어 말씀드리자면 저는 지적장애인 봉사센터에서 봉사하면서 영상 시청을 위해 적당한 공간을 찾아보고 있었습니다. 본인 센터에서 한다면 시간을 늘려주고 비용을 싸게 해줄 테니 본인 센터에서 이용해 줬으면 좋겠다는 부탁을 받은 적 있습니다. 저는 단호히 거절하고 항상 다이어리를 작성하는 데 적어 놓았습니다. 저는 공무원이 되어서도 이 경험을 떠올리며 청렴을 지키겠습니다.

면접관 학교에서는 어떤 일을 하는지 알고 있나요?

응시생 학교 행정실에 배치된다면 인사, 회계, 세입, 시설관리 등의 업무를 수행하는 것으로 알고 있습니다.

면접관 [추가질문] 본인의 장점이 학교에서 어떻게 쓰일 것 같나요?

응시생 제가 생각하기에 저의 장점은 제가 속한 조직에 대한 주인의식이 큽니다. 저의 경험에 비추어 말씀드리자면 저는 호텔에서 근무한 적 있습니다. 호텔의 주인이 된 것처럼 누가 시키지 않아도 테이블을 닦고 부족한 부분이 있으면 먼저 나가서 서비스를 제공했습니다. 조직에 대한 애정을 가지고 일을 하다 보니 더 좋은 아이디어가 생각이 났고 현재에도 계속 하나의 서비스로 이어지고 있습니다. 소속된 조직에 대한 주인의식은 작은 것 하나에도 더 좋은 아이디어로 연결되는 것 같습니다. 제가 학교에 근무하게 된다면 주인의식을 가지고 현재 저희 학교는 현재 이러한 활동을 추진하고 있다는 것을 홍보할 것 같습니다. 전남교육청에서는 다문화가정, 저소득층 그리고 장애인 관련 정책을 홍보하고 있는 것을 보았습니다. 제가 생각하기에는 유튜브 알고리즘처럼 타인의 시선에 자주 노출을 해서 관심을 갖게 하여 작은 학교의 활성화도 띠는 일거양득의 효과를 낼 것이라고 생각합니다. (학교에서 회계 관련된 업무를 하는 것은 당연하다고 생각되어 저는 홍보로 답을 했습니다.)

면접관 혹시 마케팅 홍보 관련 전공을 나왔나요?

응시생 저는 마케팅과 홍보 관련 전공을 나오지 않았습니다. (블라인드 면접에서 전공을 물어보시길래 머리가 하얘졌습니다. ;;)

면접관 공무원이 되고 나서 많은 시행착오가 있을 텐데 어떻게 할 건가요?

응시생 처음부터 완벽하게 잘하는 사람은 없을 것이라고 생각합니다. 저는 실제로 사회생활 경험이 있습니다. 제가 처음으로 실수를 하게 된다면 반복되지 않도록 관련된 조례, 법령을 찾아보고 상급 기관에 문의를 해보겠습니다. 그럼에도 불구하고 해결하지 못하는 일이 있다면 "제가 조례 법령도 찾아보고 상급 기관에도 문의를 해보고 동료들한테도 물어봤는데 혹시 더 부족한 부분이 있을까요?"라고 말씀드리며 상관님께 여쭤볼 것 같습니다.

면접관 아, 그러면 본인이 찾아보고 안되면 상관님께 물어볼 것 같다는 말씀이신가요?

응시생 네, 저는 최대한 제가 할 수 있는 법을 찾아보고 상급 기관에도 문의를 해보고 안 되면 "상관님 혹시 제가 이렇게 조사를 해보았는데 부족한 부분이 더 있을까요?"라고 말하며 종이 보고서를 보여드리면서 말씀드릴 것입니다.

면접관 마지막으로 할 말이 있나요?

응시생 솔직히 공무원 면접을 준비하면서 "전남 교육행정 공무원이 되어 섬으로 발령나면 어떡할 것인가?"라는 기출문제를 본 적이 있습니다. 저는 저희 할머니와 함께 섬에서 살고 있어 섬으로 발령이 나도 좋고 발령이 난다면, 제가 그 지역에 필요하다고 생각하고 저의 역량을 최대한 발휘해서 지역발전에 도움이 되고 싶습니다.

◎ 면접은 7분 미만으로 진행된다. 질문 내용은 공통 질문 4~5개가 주어지며, 공무원의 자세나 조직생활, 갈등상황 해결방안, 교행직 업무, 최근 논란되는 이슈(예 갑질) 등 질문은 어렵지 않고 평소 준비했던 내용들에서 충분히 대비가 됨을 알 수 있다. 공통질문 5가지 유형은 다음과 같다.

Q1 왜 교육행정공무원에 지원했고 공무원이 되면 어떤 공무원이 되고 싶은가? ⇨ 포부 및 지원동기

MEMO

Q2 공무원으로서 중요하게 생각하는 공직가치는 무엇인가?

MEMO

Q3 작은 학교 희망 사업이 있는데 현재 이것에 맞춰 행하고 있는 전라남도 교육사업에 대해 아는 것을 말해보라.

MEMO

Q4 학생들을 위해서 교육청 혹은 교육행정직 공무원이 무엇을 해야 한다고 생각하는가?

> MEMO

Q5 전남교육이 경쟁력이 있으려면 어떻게 해야겠는가?

> MEMO

CASE 05 | 2023년 면접후기

Q1 중요하게 생각하는 공직가치와 그 이유는 무엇인가?
Q2 학교운영위원회에서 법적으로 심의하는 사항이 14가지가 있는데 그중 아는 것에 대해 답변해보라.
Q3 4차 산업혁명에 따라 전문성이 더욱 중요해지고 있는데 어떻게 전문성을 키울 것인가?
Q4 자신이 생각하는 장점은 무엇인가?

CASE 06 | 2023년 면접후기

Q1 중요하게 생각하는 공직가치와 그 이유는 무엇인가?
Q2 학교운영위원회에서 법적으로 심의하는 사항이 14가지가 있는데 그중 아는 것에 대해 답변해보라.
Q3 4차 산업혁명에 따라 전문성이 더욱 중요해지고 있는데 어떻게 전문성을 키울 것인가?
Q4 신규 공무원으로 들어갔을 때 가장 먼저 해야할 것은 무엇이겠는가?

Q1 중요하게 생각하는 공직가치와 그 이유는 무엇인가?
　ㄴ[추가질문] (청렴이라고 답변하니) 입직하고 청렴한 공무원이 되기 위해 무엇을 할 것인가?
Q2 개인정보보호법에서 제일 중요하다고 생각하는 것은 무엇인가?
Q3 본인의 정보가 보험사 같은 곳에서 쓰이는 것은 무엇을 위반한 것인가?
Q4 4차 산업혁명에서 본인이 전문성을 가지기 위해서 할 수 있는 것은 무엇인가?
　ㄴ[추가질문] 그럼 그에 대해 어떻게 노력할 것인가?

Q1 중요하게 생각하는 공직가치 1가지에 대해 말해보라.
Q2 법정 감염병 5개를 말해보라.
Q3 감염병예방법에 관해 말해보라.
Q4 4차 산업혁명과 포스트코로나에 대응하여 전문성을 발휘하기 위해 본인이 노력해야 할 점은 무엇인가?

Q1 중요한 공직가치 2가지와 그 이유에 대해 답변해보라.
　ㄴ[추가질문] 본인이 말한 그 가치를 지켜나가기 위해서 어떤 노력을 할 것인가?
Q2 일선학교에서 어떤 일을 하는지 알고 있는가?
　ㄴ[추가질문] 본인의 장점이 일선학교의 일에 어떤 도움이 될 것 같은가?
Q3 업무하면서 시행착오가 발생할 수 있는데 이를 줄이기 위한 방안은 무엇인가?
　ㄴ[추가질문] 본인이 시행착오를 겪고 극복해본 적이 있는가?
Q4 마지막으로 하고 싶은 말이 있는가?

Q1 공무원으로서 갖추어야 할 자세에 대해 말해보라.
Q2 교행직렬이 하는 업무의 종류는 무엇이며 그중 어떤 업무를 하고 싶은가?
Q3 조직 내 갑질 대처방안은 무엇인가?
Q4 코로나19 사태를 맞아 변화가 필요하다고 생각하는 교육분야는 어디인가?

2024년 면접방향 잡기

✎ **Check point**

2024년 출제포인트

1. 과거에 출제된 기출 질문들을 보면 교육청 현안, 민원인대처법, 조직생활, 직무능력 등 다양하게 출제되었음을 알 수 있다.
2. 2024년에는 그린스마트 미래학교, 환경생태교육, 지역소멸 등 교육이슈 및 그와 관련된 교육청 정책 및 사업과 기본적인 공직관, 조직적응력 중심으로 준비를 해야 한다.

1. 기출질문

Q1 공무원의 의무에 대해 들어보았는가? 의무를 아는 대로 말해보고 자신이 가장 중요하게 생각하는 것과 그 이유는 무엇인가?

Q2 전남교육의 5대 시책을 말해보라. 그리고 그중 가장 중요하다고 생각하는 것 하나를 뽑고 앞으로 발전방향에 대하여 답변해보라.

Q3 민원실에 흥분한 사람이나 술에 취한 사람이 온다면 어떻게 하겠는가?

Q4 요즘 정책 등을 시행할 때 두 가지 방법을 쓴다. 하나는 준비해 가면서 시행하는 것, 또 하나는 완벽히 한 뒤 시행하는 것. 어떤 것이 옳다고 생각하는가?

Q5 남들이 하기 싫어한 것을 한 경험을 말해보고 그런 경험이 없다면 앞으로 공직자로서 남들이 하기 싫어할 일이 본인에게 업무로 주어지면 어떻게 대처할 것인가?

Q6 (상황제시형) 내일까지 해야 하는 중요한 프로젝트가 있는데 오늘 중요한 가족행사가 있다. 본인이라면 이 상황에서 어떻게 대처할 것인가?

Q7 (상황제시형) 본인이 행정실장이고, 10억짜리 대강당을 지어야 하는데 교육청에서는 7억만 지원해 줄 수 있는 상황이라 3억이 부족하다. 부족한 비용문제는 어떻게 해결할 것인가?

Q8 나중에 합격하면 섬으로 발령날 확률이 99.9%이다. 어떤 마음으로 일할 것인가?

Q9 학교(회계) 예산편성에 대해 아는 대로 말해보라.

2. 실전연습

Q1 코로나19로 인한 학력격차가 문제되고 있다. 어떤 해결방안을 제시할 수 있겠는가?

Q2 전남의 농산어촌에는 학생 수 감소로 위기를 겪고 있는 소규모 학교들이 많다. 어떤 대책방안이 있겠는가?
(예 농산어촌 유학프로그램, 미래형 통합운영학교 등)

Q3 생태환경교육과 탄소중립이란 무엇인가? 탄소중립을 위해 실천할 수 있는 내용은 무엇인가?

Q4 적극행정이란 무엇이며, 적극행정을 위해 어떤 자세로 업무에 임할 생각인가?

Q5 교육청에서 실시하고 있는 기초학력 향상 사업은 무엇인가? 기초학력을 높이려면 어떻게 해야 하겠는가?

CHAPTER
12 전북교육청

1 면접진행방식

① 면접관: 3인
② 면접시간: 7분
③ 면접준비: (★난이도 '중') 성적이 중요한 지역으로 보이며 미흡 비율은 거의 없는 것으로 보이고, 우수는 소수 있는 것으로 판단된다.
④ 질문 포인트: (직렬공통) 공통질문 5문항+기타질문 1문항
> ➡ 공직가치관을 파악하는 질문(민원인대응법), 교육청 현안문제, 직렬에 대한 관심도, 조직생활 적응력을 파악하는 질문들이 핵심이다.

2 면접후기

✔ **POINT** 아래 면접후기는 실제 응시생들의 기억에 의해 복원된 내용을 정리하여 수록하였으니 이 점 참고하여 학습하길 바란다.

CASE 01 2022년 면접후기

1. 질의응답

[면접관] 공무원에게는 청렴이 중요한데 이를 청탁금지법 제정 목적과 연관지어 설명해보세요.

[응시생] 우선 청탁금지법은 공직자의 금품수수와 부정청탁을 방지함으로써 공직자의 공정한 직무수행을 보장하기 위해 만든 제도입니다. (법인데 제도라고 잘못 말했습니다.) 해당 법에는 3-5-5 규정이 있어 대가성 여부를 불문하고 음식물 3만원, 선물 5만원, 경조사비 5만원으로 금액을 규제하여 공무원의 부패를 세부적으로 규제할 수 있게 해두었습니다. (3-5-5 규정세부사항 말하면서 조금 버벅댔습니다. 이렇게 말하고 그 다음 어떻게 살짝 자연스럽게 이어갔던 거 같은데 내용이 기억이 안 나네요.) 국민이 국가를 신뢰하기 위해서는 국민에게 봉사하는 공무원부터 청렴성을 유지해야 한다고 생각합니다. 공무원이 청렴하지 않으면 국민들의 신뢰는 깨지고 그것이 국가 전반에 대한 불신으로 이어질 수 있기 때문입니다. 또한 공무원이 사익을 위해 직무를 수행하면 국민 전체에 대한 봉사자로서의 공무원의 의미는 퇴색될 것이라고 생각합니다.

[면접관] 학교 행정실을 포함하여 교육기관의 조직도에 대해 말하고 근무하고 싶은 부서는 어디인지 답변해주세요.

[응시생] 학교 행정실을 비롯하여 교육청과 각 교육기관, 교육지원청이 있는 것으로 알고 있습니다. (사실 무엇을 물어보는지 잘 모르겠어서 이렇게 답했습니다.) 저는 교육청에서 일을 하게 된다면 학교교육과에서 다양한 교육 프로그램을 기획하고 지원하는 업무를 하고 싶습니다. 그중 제가 가장 중요하게 생각하는 것은 역사 교육인데요. 제가 이번에 공부를 하면서 느낀 건데⋯ (좀 긴 침묵) 같은 실수를 반복하지

않으려면 당대에 있었던 역사를 상세히 기록하고 후대에 미래 세대들이 그것을 공부하며 이 땅에 어떤 역사가 있었는지 정확하게 아는 것이 중요하다고 느꼈기 때문입니다. 또 요즘은 SNS와 유튜브의 발달로 많은 정보를 쉽고 빠르게 얻을 수 있지만 그만큼 잘못된 정보와 왜곡된 역사인식도 빠르게 퍼져가고 있습니다. 그렇기 때문에 잘못된 정보를 바로잡고 앞으로 아이들이 스스로 올바른 판단기준을 가지고 옳은 정보를 선별적으로 거르는 힘을 길러주기 위해 미디어 리터러시 교육(이거 말하니까 갑자기 한 분이 고개를 드시고 쳐다보셨습니다.)과 병행하여 역사 교육을 지원하는 업무를 하고 싶습니다.

면접관 5세의 초등학교 입학을 국민들이 반대한 이유를 2개 이상 말하고 이 사태가 주는 시사점은 무엇인지 답변해주세요.

응시생 제가 생각하기에는 유아발달기에 맞지 않는 교육과정을 낳을 수 있고 조기 사교육을 조장해서 어린 나이부터 학습 부담을 지게 될 우려가 있다고 생각합니다. 아이들의 발달단계에는 적정 연령이 있다고 생각합니다. 특히나 만 5세에 해당하는 영유아기에는 지식의 습득보다는 사랑과 돌봄이 바탕이 된 인성교육에 중점을 둬야 한다고 생각합니다. 그리고 실질적으로 공교육을 내실화하는 방안을 마련하지 못한다면 아이들의 학업 스트레스를 앞당기고 학부모들의 사교육비 부담을 앞당기는 문제가 생길 것이라고 생각합니다. (시사점은 생각을 안 해봐서 앞부분 말하면서 시간 끌면서 생각 중이었습니다.) 그렇기 때문에 해당 사태에 대해서는 국가가 먼저 국민들이 원하는 바가 무엇인지를 파악하고 소통을 통해 국민들이 원하는 점을 알고난 후 정책을 추진하는 것이 좋다고 느꼈습니다. (비슷한 내용을 살짝 돌려 두 번 말한 것 같은데 문장이 이렇게 똑같진 않았던 것 같습니다. 그런데 기억이 안 나네요.ㅜㅜ)

면접관 학교 행정실의 업무 중 가장 중요하다고 생각하는 업무는 무엇이며, 업무능력 향상을 위해 본인은 어떤 노력을 할 건가요?

응시생 학교 행정실에서는 교육행정과 관련하여 회계 및 시설관리 업무를 담당하는 것으로 알고 있습니다. 그리고 교육 제도의 연구(이건 행정실에서 하는 건진 잘 모르겠는데 그냥 입에서 튀어 나왔습니다), 각 교육기관의 행정관리 업무 등부터 어… (조금 긴 침묵) 교직원의 급여 관리도 하는 것으로 알고 있고, 졸업증명서 및 생활기록부 발급 등까지 담당하고 있는 것으로 알고 있습니다. 저는 이 중에서 회계업무가 가장 중요하다고 생각합니다. 그 이유는 아무래도 교육행정직이 회계업무와 비슷한 일을 가장 많이 한다고 알고 있기 때문입니다. 저는 매사에 꼼꼼하고 신중하다는 장점이 있습니다. 그렇기 때문에 실수를 덜 하는 편인데요. 제 꼼꼼함을 활용해서 회계업무를 실수가 적게 처리할 수 있을 것 같습니다. 그리고 가장 중요한 것은 제 업무능력을 키우는 것이라 생각해서 관련 책자를 찾아보고 또 선배 공무원분들께도 여쭙고, 동료분들과도 정보 교류를 통해서 자기개발을 할 수 있도록 하겠습니다. (이것저것 다 섞어서 대답했습니다.;;)

면접관 상사나 동료들과 의견충돌시 어떻게 할 건가요? 이해관계인이나 학부모와 의견충돌시에는 어떻게 할 것인지도 답변해주세요.

응시생 (사실 이해관계인이라는 말이 들리자마자 이게 무슨 의미일까 생각하느라 의견충돌을 묻는 문제인 걸 살짝 잊은 듯합니다.ㅜㅜ) 우선 동료들과 갈등이 일어나는 경우는 업무갈등이 가장 많다고 생각합니다. 그리고 그것은 업무분장이 제대로 되지 않아서 일을 서로 미루면서 발생한다고 생각을 하는데요. 근본적인 원인은 의사소통과 협력의 부재라고 생각합니다. 그렇기 때문에 평소에 주기적으로 소통의 장을 열어서 서로 어려운 점이 무엇인지 이야기하고 이해하는 시간을 갖고 효율적으로 업무를 분담하는 것이 필요하다고 생각합니다. 그리고 가장 중요한 것은 서로 일을 미루지 않고 무엇이 학생들에게 최선일지에 대해서 협의하는 것이라고 생각합니다. 학부모의 경우에는 제가 지금 하고 있는 업무에 대해서 자세히 설명해드려서 (사실 이 부분은 생각을 안 해봐서 대충 아무 말이나 내뱉었는데 한 분이 살짝 갸우뚱하셔서 어떻게든 수습해야 한다는 마음으로 말을 이어갔습니다.) 의구심을 갖는 부분에 대해서 해소를 시켜드릴 것 같습니다. (이 말 하니까 그 갸우뚱 하신 분이 다시 끄덕거리셨습니다.) 감사합니다. (대충 이렇게 끝냈던 것 같습니다.)

2. 면접후기

나오자마자 사실 다 까먹었는데 최대한 떠올리면서 비슷하게 답변 적어봤습니다.

제가 시작하기 전에 말씀드릴 게 있어서 '선천적으로 성대가 약해서 길게 말하면 목소리가 떨린다. 양해 부탁드린다.' 이런 내용으로 양해 구하고 말씀드리고 있는데 (타이머를 밖에서 누르는 건지) 갑자기 타이머 시작해서 좀 당황했습니다. 첫 질문받았을 때 이미 30초 지났더라구요. 아무튼 그 말 하니까 긴장하지 말고 잘 하라고 얘기 해주셨던 것 같고 사실 발음이 그렇게 또박또박한 편은 아니라서 마스크를 벗었어야 했는데 까먹고 마스크를 쓰고 얘기했습니다. 그래도 못 알아들으시는 눈치는 아니었던 것 같습니다. 들어갈 때랑 나올 때도 약간 고장난 것처럼 어색하게 움직였어요. 면접 볼 때는 그 갸우뚱했던 부분 빼면 세 분 다 끄덕끄덕 많이 해주셨던 것 같습니다.

그런데 지금 복기를 해보니 마지막 질문에 약간 핀트를 벗어난 답변을 한 것 같네요.ㅠㅠ 그리고 만 5세 시사점도 생각을 안 해봐서 그냥 즉석에서 둘러댔는데 저렇게 말해도 알아들으셨을지, 저렇게 말해도 괜찮은지 모르겠네요. 말하고 싶었던 의도는 정책을 추진하기 전에 국민들과 충분히 소통해서 국민들이 진정으로 원하는 정책을 추진했으면 좋겠다 이런 내용이었습니다. 그리고 앞에서 시간을 잡아먹기도 하고 또 면접관분이 그 만 5세 질문하실 때 너무 길게 말씀하셔서 마지막 질문 받자마자 시간이 끝났습니다. 그런데 그냥 말하라는 눈치여서 말을 끝까지 하고 나오긴 했습니다. 필기 점수는 안정권이라 미흡만 안 받으면 좋겠는데 어떻게 생각하시는지 궁금합니다.ㅠㅠ 그리고 덕분에 면접 책 보면서 많은 도움얻었습니다. 감사합니다.

MEMO

▶ 면접은 10분 미만으로 진행된다. 질문 내용은 공통 질문 5개가 주어지며, 공무원의 자세나 조직생활, 갈등상황 해결방안, 교행직 업무, 최근 논란되는 이슈(예 기후변화위기) 등 질문은 어렵지 않고 평소 준비했던 내용들에서 충분히 대비가 됨을 알 수 있다. 공통질문 5가지 유형은 다음과 같다.

Q1 4차 산업혁명과 포스트코로나 시대에 필요한 공무원의 노력과 필요한 공직가치는 무엇인가?

MEMO

Q2 기후변화 위기에 대한 대처는 무엇이며 어떤 노력이 필요하겠는가?

MEMO

Q3 김영란법에 대해 설명하고 만약 같이 일하는 업체에서 상품권을 준다면 어떻게 대처할 것인가?

MEMO

Q4 학교에서 교사와 공무직원과 갈등이 있을 때 어떻게 대처할 것인가?

MEMO

Q5 본인이 창의적으로 해결한 일이 있는가?

> MEMO
>
>

CASE 03   2023년 면접후기

Q1 신규 공무원의 퇴직 이유와 이러한 문제를 해결하기 위한 방안은 무엇인가?
Q2 일반민원 기본 응대 방안과 악성민원 응대 방안에 대해 설명해보라.
Q3 일을 하다 실수하면 어떻게 처리할 것인가?
Q4 일을 하다보면 타 부서와 협력해야 할 때가 많은데 의견이 맞지 않는다면 어떻게 하겠는가?
Q5 교육행정직이 일하는 기관들에는 어떤 것들이 있고 각 기관에서는 무슨 일을 하는지 알고 있는가?

CASE 04   2022년 면접후기

Q1 공무원에게 청렴이 중요한 이유를 청탁금지법과 연관하여 답변해보라.
Q2 교육청 조직의 구성요소는 무엇인가?
Q3 상사 또는 직장동료와 의견충돌이 있을 때 혹은 학부모나 민원인과 의견이 다를 때 어떻게 할 것인가?
Q4 만 5세의 초등학교 입학 관련 학제개편이 국민들의 반대로 무산되었는데 그 이유 2가지를 설명해보라.
Q5 학교 행정실의 업무 중 본인이 하고 싶은 업무는 무엇이며, 업무능력 향상을 위해 어떤 노력을 할 것인가?
  ㄴ[추가질문] 본인은 평소 대인관계가 어떤 편인가?

CASE 05   2020년 면접후기

Q1 놀이밥 프로젝트란 무엇인가?
Q2 상사의 부당한 지시 vs 복종의 의무에 대해 답변해보라.
Q3 퇴근시간에 상사가 업무를 시키면 어떻게 하겠는가?
Q4 인생에서 급박한 일을 해결한 경험이 있는가?
Q5 인사혁신처에서 적극행정공무원 포상을 실시하는데 이러한 것과 관련해 어떻게 일할 것인가?
Q6 타 부서와의 업무갈등은 어떻게 해결할 것인가?

✎ **Check point**

2024년 출제포인트
1. 과거에는 지역특성상 농어촌과 도심지의 교육격차가 심해짐에 따라 교육격차 해소방안 등이 질문화 되었다. 이러한 문제는 수도권 및 광역시가 아닌 다른 지역교육청은 언제든 질문화 될 수 있다고 생각을 해야 할 것이다.
2. 2019년에는 자기기술서를 사전에 작성하여 제출하였으나 2020~2023년에는 제출하지 않았다. 이에 면접공고문을 확인해야 한다.

1. 기출질문

Q1 4차 산업혁명이 무엇이고 우리 사회에 어떤 변화를 줄 것인가에 대하여 답변해보라.

Q2 동료랑 업무충돌시 어떻게 해결할 것인가?

Q3 공무원에 임용된 후 자기개발이 왜 필요하고 자신은 자기개발을 위해 어떤 노력을 할 것인가?

Q4 신재생에너지의 학교에의 적용 방안에 대해 답변해보라.
　➡ 기타직렬 '전기직렬'이라면 어떻게 답변할 것인지 생각해보아야 한다.

Q5 행정권한의 위임과 대리의 공통점과 차이점은 무엇인가?
　➡ 과거 일반 직렬은 행정법 지식 1문제 정도 질문이 이루어지기도 하였다.

Q6 공무원의 의무에 대해서 말하고 본인이 가장 중요하게 생각하는 것 한 가지와 그 이유는 무엇인가?

Q7 상사가 A 지시를 내렸다. 본인은 B가 옳다고 생각한다. 상사의 부당한 지시는 아니다. 이럴 경우 어떻게 할 것인가? 반대로 부당한 지시라면? 각각 대처방안에 대하여 답변해보라.

Q8 지방교육재정교부금이란 무엇인가?

Q9 농어촌 및 원도심 학교 교육 활성화 방안에는 어떤 것이 있는가?

Q10 학교에서 행정업무를 할 때 어떤 점이 가장 중요하다고 생각하는가?

Q11 본인은 일을 혼자서 처리하는 것을 좋아하는가? 함께 일하는 것을 좋아하는가?

Q12 농어촌 및 원도심 학교 활성화 방안에는 어떤 것이 있는가?
　➡ 농어촌과 도심지의 교육격차 해소 방안에 대해 생각해보아야 한다.

2. 실전연습

Q1 전북교육청의 청렴정책에 대해 아는 것과 청렴을 위한 자세에 대해 이야기해보라.

Q2 장기간 원격수업으로 인해 발생하는 학습 격차의 해소를 위한 방안은?

Q3 디지털 세대인 청소년들의 효과적인 미디어 리터러시 교육 방법은?

Q4 환경생태교육이란 무엇이며, 탄소제로란 무엇인가?

Q5 학생 수 감소로 위기에 처한 농산어촌 작은 학교를 살리기 위한 방안을 제안해 본다면?

Q6 적극행정이란 무엇이며, 사례를 알고 있는 것이 있는가?

Q7 교육청에서 실시하고 있는 기초학력 향상 사업은 무엇인가? 기초학력을 높이려면 어떻게 해야 하겠는가?

CHAPTER

13 제주교육청

1 면접진행방식

① **면접관:** 5인(외부 초빙 전문가 중심)
② **면접시간:** 15분
③ **면접준비:** (★난이도 '중상') 2018년부터 면접이 가장 강화된 지역으로 면접준비를 철저히 해야 하는 지역이다. 2018년에는 미흡 사례가 다수 발생되어 논란이 되었던 지역이며, 면접관 5명이 철저히 평가하므로 제주교행 필기 합격생들은 면접에서 최선의 노력을 다해야 할 것이다.
④ **질문 포인트:** 공통성질문 6~7개＋개별질문 4~6개로 면접질문이 다른 지역 교육청에 비하여 개별질문도 다양하게 이루어진다.
 ➡ 공직가치관 파악, 교육청 현안, 합격한 직렬에 대한 관심도, 경험형 질문 포함 인성 질문, 교육이슈, 조직생활 등 다양하게 질문이 이루어지며 범위도 상당히 넓다.
 ➡ 대부분의 질문 자체는 면접준비를 어느 정도 했다면 생각할 수 있는 질문이긴 하나 답변에 있어서 차별화될 수 있어야 한다는 점을 꼭 기억해야 할 것이다.

2 면접후기

✔ **POINT** 아래 면접후기는 실제 응시생들의 기억에 의해 복원된 내용을 정리하여 수록하였으니 이 점 참고하여 학습하길 바란다.

Q1 자기소개를 해보라.

MEMO

Q2 주변 사람들이 말하는 본인의 강점은 무엇이며, 개선해야겠다고 한 점은 무엇인가?

MEMO

Q3 지원동기에 대해 답변해보라.

MEMO

Q4 교육행정에 필요한 역량은 무엇인가?

MEMO

Q5 행정실에서 하는 일과 행정실이 필요한 이유에 대해 답변해보라.

MEMO

Q6 교육지표 및 교육시책에 대해 답변해보라.

MEMO

Q7 제주교육 관련 뉴스에 대해 아는 것을 답변해보라.

> **MEMO**

Q8 갈등을 해결했던 경험에 대해 답변해보라.

> **MEMO**

Q9 봉사 경험에 대해 답변해보라.

> **MEMO**

Q10 본인이 공무원에 적합한 이유에 대해 답변해보라.

> **MEMO**

1. 면접상황

(올해부터 20분 면접을 했는데, 시작 전에 담당자님께서 집중적으로 면접을 보기 위해서 시간을 늘린 것이 아니라 너무 짧은 시간 내에 여러분을 평가하는 것 같아 시간을 늘린 것이니 너무 긴장하지 말라고 하셨습니다. 하지만 20분을 정확히 체크하고 시작했습니다. 면접관은 작년까지는 3명이었다는데 5명으로 늘었고, 48명 면접을 봤고 6개의 조로 나눴습니다. 교행직은 총 5조로 나눴습니다. 남은 1개의 조는 사서직이나 기타 직렬이었습니다. 그리고 제가 쓴 순서가 질문순서는 아니고 기억나는 대로 적은 것입니다. 그 외 질문이 더 있었을 수도 있는데 기억이 생각보다 잘 나지 않습니다.ㅠㅠ)

2. 질의응답

면접관 1분 자기소개를 해주세요.

응시생 안녕하십니까. 학교와 학생들에게 보탬이 되고 싶은 교육행정 지원자 ○○○입니다. 저는 1년간 직장 경험이 있습니다. 주된 업무는 거래처 직원의 요구를 정확히 파악하여 상사분들께 보고하는 것과 보고서의 마무리를 책임지는 것이었습니다. 이 경험을 통해 저는 중간에서 의사 전달 능력, 경청과 소통의 능력을 키울 수 있었습니다. 이러한 역량을 바탕으로 동료들과 협동하고 소통하여 학생들과 선생님들이 교육에 전념할 수 있도록 하겠습니다. 감사합니다.

면접관 (이 질문에 대한 후속 질문은 아니었습니다. 그런데 어느 질문의 후속인지 몰라서 그냥 여기에 말씀드려요.) 본인이 생각하는 소통의 의미는 무엇인가요?

응시생 상대방이 기가 죽어있다면 용기를 주고 고민이 있다면 경청을 해주고 더 나아가 해결방안까지 같이 생각해 줄 수 있는 것입니다.

면접관 스스로가 생각하는 공직가치는 무엇인가요?

응시생 바람직한 공무원은 자신의 역할과 소임을 최선을 다해 수행하려는 사명감이라고 생각합니다. 직장생활을 했을 초기에 저의 일이 가볍고 보조적인 허드렛일이라고 생각하였습니다. 그러다 보니 자연스레 안일해졌고 실수도 잦아지는 일이 발생했습니다. 이러한 부끄러운 생각이 회사 운영에 차질을 빚었고 저는 그 때 단순한 업무가 아닌 보고서 작성, 기록, 마무리 정리까지 모든 일이 회사에 상당히 중요한 업무에 해당한다는 것을 깨달았습니다. 교육행정직 업무도 마찬가지로 9급부터 시작한다면 정말 보조적인 일부터 중요한 재정관리까지 맡는다고 알고 있습니다. 작은 일에서부터 사명감을 갖고 자신의 역할에 최선을 다한다면 이와 연결되는 적극행정, 도덕성, 청렴성 등 모든 공무원의 덕목에 부합하는 공직자가 될 수 있다고 생각합니다.

면접관 포스트코로나로 인해 변화되는 교육환경이 무엇이며, 교육행정 공무원으로서 미래에 어떻게 대응할 것인가요?

응시생 교육적인 측면에서는 현재보다 더 비대면 수업, 즉 온라인 수업이 확대될 것으로 예상합니다. 그리고 행정 측면에서는 언택트 행정이라는 말이 나올 정도로 원격 브리핑, 화상 면접 등이 활성화될 것이라고 생각합니다. 이에 대해 교행 공무원으로서 대응할 방안은 현재의 상황이 미래에도 지속된다고 생각을 한다면 가장 최대 임무는 교사들이 만든 자료를 학생들에게 차질 없이 주어야 한다고 생각합니다.

그것에 대해 요즘도 마찬가지이지만 인터넷 연결로 많은 친구들이 수업에 차질을 겪는다는 기사를 많이 보았습니다. 교행 공무원으로서 인터넷 전문 업체와 협약을 맺어서 인터넷 중단시 긴급하게 연락을 취할 수 있는 업체가 있다면 더 효율적으로 수업이 진행되지 않을까 생각해 보았습니다. (실은 현재 코로나 상황으로 교행 공무원이 어떻게 대처할 것인지 이런 질문만 준비했어서 미래 대응이라고 물어봐서 처음에 당황해서 뭔가 질문 의도와는 다른 대답을 한 것 같아요. 이 질문의 대답이 가장 맘에 걸리네요.ㅠㅠ)

면접관 업무를 하면서 많은 사람들과 업무 분담으로 갈등을 겪을 수 있는데 어떻게 대처할 것인가요?

응시생 일단 이것에 저는 대표적으로 교사와의 갈등을 말씀드리고 싶습니다. 실제로 제가 면접을 준비하면서 현재 일하고 계시는 교행 선배님들에게 이 갈등에 대해 여쭤보았었는데 생각보다 충돌이 잦은 것으로 들었습니다. 일단 교사분의 업무가 저에게 들어왔다는 것은 제가 업무가 어느 정도 익숙해진 후라고 생각합니다. 일단은 저의 업무를 우선으로 두고 행정실에서 제가 할 수 있는 부분은 최대한 도움을 드리겠습니다. 하지만 과중하게 일을 요구하는 분을 대비해 경험이 많으신 선배님들께 현명한 대처방안을 여쭤보고, 잘 숙지한 후에 서로 기분이 상하지 않게 해결하도록 하겠습니다.

면접관 [추가질문] 과중한 일에 대한 기준은 무엇인가요?

응시생 일단 저의 일이 많이 있는데 요구를 하시거나 물론 경계가 불분명한 일이 있지만 누가 봐도 본인의 일인 것 같은데 저에게 주신 경우라고 생각합니다.

면접관 [추가질문] 만약 그 교사가 모르는 사이가 아닌 아빠 친구이거나 삼촌이라면 거절하기 힘들지 않겠나요?

응시생 네, 정말 난감한 상황일 것 같습니다. 솔직히 처음에는 바로 거절하기가 힘들 것 같습니다. 하지만 계속적인 요구로 저의 일뿐만이 아닌 주변 사람들의 업무에도 차질이 간다면 그때는 정중하게 거절의 말씀을 드릴 것 같습니다.

면접관 본인에게 출근시간의 의미는 무엇인가요? (이게 가장 황당한 질문인 것 같았습니다.;;)

응시생 업무의 시작이라고 생각합니다.

면접관 [추가질문] 그게 끝인가요?

응시생 어… 네. 업무의 시작이자 하루의 시작이라고 생각합니다. (만족스러운 표정은 아니셨는데 웃으면서 "네, 알겠습니다."하고 넘어갔습니다.)

면접관 최근에 교육과 관련한 뉴스를 본 적이 있나요? 그것에 대한 자신의 의견을 말씀해주세요.

응시생 네, 저는 최근에 IB프로그램에 관한 기사를 보았습니다. IB프로그램은 기존의 교육과는 다른 논술과 토론위주로 진행되며 학생 스스로 문제를 정의하고 창의적으로 해결해야 하는 교육입니다. 이 프로그램은 기존의 교육과는 완전히 다른 혁신적인 프로그램이기에 많은 기대와 동시에 우려가 있는 것 같습니다. 학생들에게 창의적인 교육이 될 것이라는 기대와 동시에 교육청에서는 우수한 IB전담 교사와 운영특례를 제정하여 지속성을 유지한다면 혁신적인 제도가 성공할 것이라고 생각합니다.

면접관 본인의 역량을 어떻게 교행직을 하면서 발전시킬 것인가요?

응시생 네, 저는 두 가지 측면으로 말씀을 드리고 싶습니다. 첫 번째는 제가 대학시절 중국어 공부에 흥미를 가져서 자격증을 취득하고 반년 동안 어학연수를 다녀온 경험이 있습니다. 아쉽게도 현재는 기본적인 것을 제외하고 많이 잊어버린 상황인데요. 현재 제주도에는 중국 사람들이 많이 거주하고, 다문화가정도 다른 지역에 비해 상대적으로 많기 때문에 저의 업무가 익숙해진 후에 다시 회화를 배워서 외국분들에게도 도움이 되고 간단하게 외국분들 민원 매뉴얼을 만들어 동료들에게도 도움이 되는 그런 공무원이 되고 싶습니다. 두 번째는 조직 내에서의 관계 부분에서 생각해 보았습니다. 저는 상대방의 고민을 들어주고 용기를 주며 저로 인해 웃는 것을 좋아합니다. 교육청 내에 혼디거념같이 학생 전용 상담센터가 있는 것으로 알고 있습니다. 이런 것처럼 센터까지는 아니더라도 하나의 팀을 만들어 조금이라도 자신의 고민이나 생각을 털어놓을 수 있는 공간을 만들 수 있다면 만들어 원만하게 소통하는 행정실을 만들고 싶습니다.

`면접관` 고함을 지르는 민원인을 만날 경우 어떻게 대처할 것인가요?

`응시생` 당황하고 많이 놀랄 것 같습니다. 하지만 같이 놀랐을 민원인과 동료들에게 먼저 안심시키고, 제가 담당하겠다고 말씀드리겠습니다. 화가 나신 민원인이 진정될 시간을 드리겠습니다. 그리고 저 역시 감정적으로 대응하지 않고 정중하게 조용한 곳으로 안내해 드리고 천천히 대화를 시작할 것 같습니다. 즉각적으로 처리할 수 있는 부분은 바로 처리해 드리되 만일 사항이 많이 애매하다면 유사한 사례가 있는지 확인해 보겠습니다.

`면접관` 봉사활동 경험이 있나요?

`응시생` 제가 대학시절 학생회를 하며 그곳에서 간 경험은 빼고 개인적으로 간 적은 없습니다. 공무원을 희망하는 제가 봉사활동 경험이 없는 것이 많이 부끄럽습니다. 하지만 공직자가 되어 봉사활동도 열심히 다니겠습니다.

`면접관` [후속질문] 무슨 봉사활동을 하고 싶은가요?

`응시생` 저는 교육취약계층 중에서도 학교 밖 친구들과의 상담 봉사활동을 해보고 싶습니다. 학업중단 친구들에게도 무조건적으로 학교로 다시 돌려보내기 보다는 왜 그들이 학교에 적응을 못하는지 상담도 하고, 그들도 모르는 그들의 재능을 찾아줄 수 있는 적성검사나 축제 공간을 만들어 또 다른 교육의 재미를 느끼게 해주고 싶습니다.

`면접관` [후속질문] 학교 밖 친구들을 실제로 본 적이 있나요?

`응시생` 실제로 마주하여 본 적은 없습니다. 하지만 학교 밖 친구들에 대하여 많이 듣곤 했습니다.

`면접관` 제주교육청의 교육지표와 그 이유에 대해 설명해주세요.

`응시생` 배려와 협력으로 모두가 행복한 제주교육입니다. 저는 배려에 조금 더 초점을 맞춰 말씀드리고 싶습니다. 교육공무원으로서 교육평등, 공정성은 공익실현과도 같은 것이라 생각합니다. (저소득층 아이들에 관해 얘기했습니다. 근데 정확하게 제가 무슨 말을 했는지는 기억이 잘 안 나네요.ㅜㅜ)

`면접관` 본인이 업무를 잘 모를 경우 어떻게 할 것인가요?

`응시생` 일단 유사한 사례가 있는지 확인을 해보겠습니다. 그래도 모르겠다면 사전컨설팅이라는 제도가 있는 것으로 알고 있는데 그 제도를 활용하겠습니다. 그래도 어렵다면 선배님들께 여쭤보겠습니다.

면접관 다혼디배움학교 등 자율성을 가지고 … 학교들이 만들어졌다. 이에 나아갈 방향은 무엇인가요? (정확히 질문은 기억이 안 나는데 대략 '다혼디배움학교가 자율성과 창의성을 가진 학교이다.' 이런 설명을 미리 하시고 질문을 하셨습니다.)

응시생 네, 4차 산업혁명이 교육에 접목되면서 학생들의 창의성과 자율성이 증대되는 교육 방향으로 가는 것 같습니다. 이에 역시 교육공무원으로서 창의성이 중요하다고 생각합니다. 나아갈 방향으로 제가 생각한 제도 하나 말씀드려도 될까요? (된다고 하신 후) 현재 교육청에서도 진행 중인 사물인터넷의 활용인 SW교육이 있습니다. 방과 후에도 관련 수업을 하는 것으로 알고 있는데요. 그와 더불어 일부 지역에서 진행 중인 교육콘텐츠 오픈마켓이 잇습니다. '자신의 아이디어나 좋은 콘텐츠를 사고판다'라는 취지의 활동인데요. 이것을 학교에서 한 달에 한 두번 정도 학생들과 함께 진행한다면 좀 더 생동감있고 다양한 활동을 학생들에게 줄 수 있는 기회라고 생각합니다.

면접관 본인이 창의성을 가지고 한 경험이 있나요?

응시생 (준비하지 못한 질문이었습니다.ㅜㅜ 그래서 약간의 양해를 구하고 어려움을 극복하고 성과를 낸 경험을 말씀드렸습니다.) 저는 대학시절 학교 홍보대사를 1년 동안 하였습니다. 당시 진로박람회에 참가를 하였는데 전문선생님이 가져온 자료를 바탕으로 학부모님들과 상담을 진행하는 것이 주된 일이었습니다. 하지만 저희가 생각하는 인원보다 훨씬 많은 학부모님들이 찾아와 줄을 서며 대기를 하시게 되었습니다. 너무 줄이 길어져 제가 옆 부스 직원들에게 양해를 구하고 공간을 확보하고 종이를 찢어 번호를 적어 나눠드리고 핸드폰 네온사인알림 앱을 통해 원활하게 자신의 순서를 아실 수 있게 도와드린 경험이 있습니다. 비록 큰 역할은 아니었지만 행사가 끝난 후 담당 선생님께서 정말 고마웠다고 말씀해 주신 경험이 있습니다. (이게 마지막 질문이었는데 말하다가 20분 마무리 종이 땡 울려서 시간이 다 됐다고 나가봐도 좋다고 해서 인사하고 마무리하였습니다. 뭔가 마지막 할 말도 열심히 준비했는데 못해서 좀 아쉽습니다.)

3. 면접후기

일단 제가 들어간 면접관분들이 다른 조보다 유하신 분들인 것 같았습니다. 생각보다 후속질문도 안 들어왔고 한 분 빼고 다 눈 마주쳐 주시고 끄덕여 주셨습니다. 그리고 스티마선생님의 강의가 정말 도움이 되었습니다. 솔직히 선생님 강의와 똑같이 질문이 나오는 것은 모든 면접의 공통 질문이고 나머지 질문들은 같을 수가 없습니다. 하지만 강의를 열심히 들으면 그 질문들을 활용할 수가 있는 것 같습니다. 저 역시도 학교 밖 친구들은 정말 학교 밖 친구들에 대한 질문으로 공부했었는데 어떤 봉사활동을 하고 싶냐고 했을 때 저도 모르게 학교 밖 친구들에 대한 답을 하였습니다. 이 외에도 선생님이 알려주신 소스로 대답을 한 것 같습니다. 그래도 '아, 이거 말할걸' 이렇게 생각이 많이 듭니다.ㅜㅜ 이걸 보시는 여러분은 선생님이 알려주신 것들을 꼭 다 활용하시길 바랍니다. 그리고 실전코칭도 정말 도움이 됐습니다. 거기서 선생님께서 조언도 해주시고 칭찬도 해주셔서 기분 좋게 면접준비를 하고 실제 면접장에서도 덜 긴장했던 것 같습니다.

MEMO

2023년 면접후기

Q1 자기소개를 해보라.
Q2 공직가치 3가지에 대해 답변해보라.
  └[후속질문] 가장 중요하다고 생각하는 공직가치는 무엇인가?
Q3 교육지표 및 시책에 대해 답변해보라.
Q4 부당한 지시가 내려진다면 어떻게 할 것인가?
Q5 코로나에 걸렸다고 따돌림을 당했을 때 어떻게 대처할 것인가?
Q6 세대 간 갈등 해결법이 있겠는가?
Q7 입사 후 어떻게 본인의 역량을 발휘할 것인가?
  └[후속질문] 소통력을 발휘한 경험이 있는가?
Q8 주변 사람들이 본인을 뭐라고 칭찬하는가? 반대로 어떤 점이 안좋다고 말하는가?
Q9 본인이 제일 중요하게 생각하는 가치관은 무엇인가?
Q10 마지막으로 하고 싶은 말이 있는가?

2023년 면접후기

Q1 자기소개를 해보라.
Q2 교육행정직으로서 본인의 역량은 무엇인가?
Q3 교육지표 및 시책은 무엇이며, 지표의 의미는 무엇인가?
Q4 공무원이 비리를 저지르는 이유는 무엇이며, 해결방법에는 무엇이 있겠는가?
Q5 세대갈등 해결방법은 무엇인가?
Q6 가장 맘에 드는 정책이 있는가?
Q7 본인이 항상 지키는 원칙은 무엇이며 이에 대한 경험이 있는가?
Q8 교사와 교육행정직 공무원의 갈등을 어떻게 해결할 것인가?
Q9 최근 본 제주 교행 뉴스 중 본인이 가장 잘 알고 있는 것은 무엇인가?
Q10 교행 업무 중 가장 어려운 업무가 무엇인가?
Q11 마지막으로 하고 싶은 말이 있는가?

2022년 면접후기

Q1 자기소개를 해보라.
Q2 본인의 장점과 단점은 무엇인가?
Q3 교육지표 및 시책에 대해 답변해보라.

Q4 교사와 교육행정직 공무원의 갈등을 어떻게 해결할 것인가?

Q5 봉사활동을 한 경험이 있는가?

Q6 공직가치에 대해 답변해보라.

Q7 행정실에서 하는 일은 무엇이며, 이것이 필요한 이유는 무엇인가?

Q8 사람과 갈등 상황시 어떻게 대처하는가?

Q9 제주도 교육청에 지원한 이유는 무엇인가?

Q10 제주도 교육청의 최근 뉴스는 무엇인가?

CASE 05 · 2022년 면접후기

Q1 자기소개를 해보라.

Q2 까다로운 민원인 대처방법은 무엇인가?

Q3 공무원들이 개선해야 할 점은 무엇인가?
　└[꼬리질문] 이를 개선하기 위한 방안은 무엇인가?

Q4 제주도의 교육지표 및 시책은 무엇인가?

Q5 제주 교육과 관련한 뉴스에 대해 답변해보라.

Q6 상사와 의견이 다를 때 대처방안은 무엇인가?

CASE 06 · 2020년 면접후기

Q1 자기소개 및 지원동기에 대해 답변해보라.

Q2 제주교육의 국제화 특히 IB사업의 확대와 관련해서 교육행정직에서 할 수 있는 것은 무엇이라고 생각하는가?

Q3 본인의 장점은 무엇인가?

Q4 일하고 싶은 부문은 어디이며 그곳에 어떻게 기여할 수 있겠는가? 본인의 장점과 연계하여 답변해도 좋다.

Q5 감가상각비에 대해서 알고 있는가? 이는 왜 하는 거라고 생각하는가?

Q6 해당 시설 및 물품 같은 게 없는 상황에서 당장 그것을 써야할 때 어떻게 할 것인가?

Q7 교육지표는 무엇인가?

Q8 비리가 발생했을 경우 어떻게 해결하겠는가?

Q9 소리 지르며 떼쓰는 민원인이 찾아왔다. 어떻게 하겠는가?
　└[꼬리질문] 그러한 설명을 들을 상황도 아니다. 계속 소리를 지르고 떼쓰고 말한다. 어떻게 하겠는가?

Q10 입직 후에 업무를 하는 상황에서 업무마감까지 시간이 없다. 어떻게 하겠는가?

Q11 준비했는데 말 못했거나 하고 싶은 말 등 꼭 말하고 싶은 것이 있으면 말해보라.

Q1. 본인이 맡은 일에 매뉴얼이 없는데 시간이 촉박하다. 어떻게 하겠는가?

　　➔ 이 질문에 대해 면접관들이 보고자 하는 것은 책임감 있게 일처리를 하고자 하는 모습이다. 이에 다음과 같이 답변할 수 있다.

A1. 우선 비슷한 업무처리 사례가 있는지 확인해 보고 어떤 방식으로 적용하는 것이 최선인지를 생각해 볼 것입니다. 그리고 직장 상사나 동료 또는 상급 기관에 문의를 해보겠습니다. 그 후에 관련 법규나 가이드라인을 찾아보고 기준을 빠르게 세우기 위해서 필요한 사항을 파악하고 우선순위를 정하여 재량의 범위 안에서 최대한 현실성 있는 기준을 세울 것입니다. 그 기준하에 업무를 처리해 나가겠습니다. 만일 관련 업체나 주민의 의견을 들어야 한다면 대표들이 모여서 의견을 듣는 기회를 마련하여 괜찮은 의견이 있으면 세부규정을 정할 때 반영하겠습니다. 모든 과정에 대해서는 상사에게 보고하고 혹시나 모를 오류나 잘못된 판단에 대해 수정해 나가도록 하겠습니다. 그 이후 정해진 사항은 지역주민이 쉽게 알 수 있게 알림판에 게시하고, 지자체 SNS와 홈페이지에 올리고 공지할 것입니다.

A2. 적극행정제도를 활용할 수도 있습니다. 공익을 위해 필요할 경우 성실하고 능동적으로 업무를 처리한다면 업무처리 과정에서 발생하는 부분적인 절차상 하자는 면책되는 것으로 알고 있습니다. 이 제도를 활용하되 공익성, 타당성, 투명성을 유지하면서 신속하게 업무를 처리하겠습니다. 다만, 업무처리 과정에서 중간중간 상사에게 보고하고 모든 내용은 기록으로 남겨 향후 비슷한 사례가 발생할 경우 참고 자료로 활용하도록 하며 유사한 일이 자주 발생한다면 업무처리 매뉴얼을 만드는 데 활용하도록 하겠습니다.

3　2024년 면접방향 잡기

2024년 출제포인트
1. 면접관의 재량권이 충분히 부여되어 진행하는 만큼 과거 본인의 경험에 대한 정리가 반드시 필요할 것이며 본인 상황에 맞는 질문에 대비를 잘해야 할 것이다.
2. 정석대로 진행되는 면접방식이므로 수업시간에 강조한 내용 중 기본적인 부분만 충실하게 준비하면 될 것이다.
3. 질문내용에 답변은 다르겠지만 '공무원 면접의 핵심은 답변에 대한 구체성과 함께 면접관으로부터 함께 일하면 잘할 수 있다'는 느낌을 주는 것임을 꼭 기억했으면 좋겠다.

1. 기출질문

Q1 (직장경험에 관해) 구체적으로 어떤 업무를 하였으며 그만 둔 이유는 무엇인가?
Q2 한 달에 책을 몇 권 정도 읽는가? 최근에 읽은 책은 무엇이며 느낀 점은?
Q3 상급자가 원하는 후배로서의 본인의 모습에 대해 말해보라.
Q4 자신이 원치 않는 근무지에 배속됐을 경우 어떻게 할 것인가?
Q5 교행직 공무원이 되면 직무능력 향상을 위해 무엇을 할 것인가?
Q6 교육행정직 공무원이 하는 일은 무엇인가?
Q7 봉사활동 경험이 있는가?
Q8 열정을 가지고 했던 일은 무엇인가?
Q9 10년 후 비전이 있는가?

Q10 민원인 대처법은 무엇인가?
Q11 제주도교육청에서 잘했다고 생각하는 정책은 무엇인가?

2. 실전연습

Q1 포스트코로나시대 미래교육은 어떤 모습이어야 하겠는가?
Q2 생태환경교육이란 무엇이며, 탄소제로란 무엇인가?
Q3 현재 제주교육의 문제점과 개선방안을 이야기해보라.
Q4 코로나19로 인한 원격수업으로 교육격차 문제가 대두되고 있다. 어떻게 해결해야 하겠는가?
Q5 노블레스 오블리주란 무엇이며, 공직자에게 높은 도덕성을 요구하는 이유는 무엇 때문이겠는가?
Q6 적극행정이란 무엇이며 이러한 적극행정을 위해 어떤 노력을 할 것인가?
Q7 교육청에서 실시하고 있는 기초학력 향상 사업은 무엇인가? 기초학력을 높이려면 어떻게 해야 하겠는가?

MEMO

CHAPTER

14 충남교육청

1 면접진행방식

① 면접관: 3인
② 면접시간: 10분 정도 진행
③ 면접준비: (★난이도 '중상') 성적이 중요한 지역으로 보이고 미흡은 거의 없는 것으로 보이며 우수는 약간 있는 것으로 판단된다.
④ 질문 포인트: (직렬공통) 공통질문 3~5문항
   ➡ 공직가치관을 파악하는 질문 비중이 가장 높고 지역교육청 관심도를 묻는 질문, 기타 개인신상에 관련된 기본적인 질문만 체크하면 되겠다.

2 면접후기

✔ POINT 아래 면접후기는 실제 응시생들의 기억에 의해 복원된 내용을 정리하여 수록하였으니 이 점 참고하여 학습하길 바란다.

CASE 01 2022년 면접후기

Q1 충남교육청에서 시행하는 정책이 많은데 그중 중요하다고 생각하는 정책과 그 이유는 무엇인가? ➡ 공직가치와 연결

MEMO

Q2 공무원은 박봉에 연금개혁도 당해서 어려운데 왜 지원했는지를 본인의 지원동기와 엮어 답변해보라.

> MEMO

Q3 이해충돌방지법의 정의와 그 적용 범위에 대해 설명해보라.

> MEMO

Q4 공평과 공정의 차이는 무엇인가?

> MEMO

Q5 적극행정 사례에 대해 답변해보라.

> MEMO

면접관 공무원의 의무와 4대 금지의무에 대해 답변해주세요.

응시생 공무원의 6대 의무에 대해 말씀드리겠습니다. 성실, 친절, 청렴, 품위유지… 그 다음은 기억이 나지 않습니다. 저는 그중 품위유지 의무가 가장 중요하다고 생각합니다. 품위유지를 지켜야 국민들이 공무원에 대한 신뢰가 쌓이고 그를 바탕으로 공정한 업무를 할 수 있기 때문입니다. 4대 금지의무는 기억나지 않습니다. 죄송합니다.

면접관 주민예산참여에 대해 말씀해주시고 기대효과에 대해 말씀해주세요.

응시생 주민예산참여제도는 주민들이 예산에 참여하는 정책입니다. 이를 통해 지방자치를 실현할 수 있습니다. 또 각 지역의 실정을 잘 아는 주민들이 각 지역 사정에 맞게 예산을 편성할 수 있습니다. 이상입니다.

면접관 기대효과는요?

응시생 아, 기대효과는 주민들의 능동적 참여와 교육에 대한 관심 증가 그리고 지역 사정에 맞는 예산편성이 있습니다.

면접관 충남교육청의 5대 정책과 교육행정직이 할 수 있는 일을 말해보세요.

응시생 충남교육청의 5대 정책은 행복교육, 시민교육, 책임교육, 미래교육, 지원행정입니다. 아무래도 교육행정직에게는 지원행정이 중요할 것 같은데요. 저는 그보다 시민교육 속 탄소중립학교가 인상 깊습니다. 요즘 환경문제가 대두되고 있고 특히 최근에 폭염과 폭우로 목숨을 잃은 사람들이 뉴스에 많이 보도되고 있기 때문입니다.

면접관 혹시 깨진 유리창 이론에 대해 아세요?

응시생 처음 들어봅니다.

면접관 최저임금이 얼마인지 아시나요?

응시생 정확히는 모르고 9,760원 정도로 알고 있습니다.

면접관 마지막으로 하고 싶은 말하세요.

응시생 살면서 오늘이 제일 말을 못한 날인 것 같습니다. 교육행정직으로 일하고 싶은 욕심때문인 것 같습니다. 이 벅찬 마음 정년퇴임할 때까지 간직하고 행복하고 감사하게 일하겠습니다. 감사합니다.

MEMO

면접관 명절 이후 출근해 보니 누가 본인 책상에 금품을 두고 갔습니다. 이런 경우 어떻게 할 것인가요?

응시생 네, 답변드리겠습니다. 공무원은 직무 내외를 불문하고 금품을 받으면 안 됩니다. 발견하는 즉시 국민권익위원회에 신고를 하고 누군지 찾아 정중히 거절 의사를 밝힌 후 돌려드리도록 하겠습니다. 이상입니다.

면접관 학교운영위원회의 심의사항에 대해 답변해주세요.

응시생 네, 학교운영위원회는 심의기구로 그 심의사항에는 학교급식관리, 학부모부담경비, 학칙 제정 및 개정, 학교교육과정운영, 학교운영 건의사항 등이 있습니다. 이상입니다. (말을 조금씩 더듬었어요ㅜㅜ)

면접관 충남교육의 비전, 지표를 말하고 5대 정책 중 소통하며 협력하는 지원행정에 대하여 아는 대로 답변해주세요.

응시생 네, 답변드리겠습니다. 먼저 비전은 행복한 학교 학생중심 충남교육(더듬었습니다.;;)이 비전이고 지표는 (앞 수식어가 생각이 안 나서 잠시 멈춘 후에) 함께 성장하는 세계시민입니다. 5대 정책은 (또 더듬었습니다.;;) 배움이 즐거운 행복교육, 모두에게 특별한 미래교육, 책임교육, 소통… 소통하며 지원… 소통하며 협력하는 지원행정이 있는데요. 이 중에서 소통하며 협력하는 지원행정에 대해 말씀드리겠습니다. 소통하며 협력하는 지원행정은 교사의 부담을 줄이고 학생들에게 좀 더 관심을 갖기 위해 학교… 학급(더듬었습니다;;)당 학생 수를 적정 수로 줄인다는 것으로 알고 있습니다. 이상입니다.

면접관 [꼬리질문] 교육행정직이 하는 일은 무엇인가요?

응시생 교육행정은 아이들을 직접 가르치는 교사와 달리 아이들을 위한 제도를 마련하고 예산을 편성하여 지원해 주는 일을 하고 있습니다. 이상입니다.

면접관 교육행정직의 근무기관은 어디인가요?

응시생 네, 교육행정은 학교, 교육지원청, 교육청에서 일하는 것으로 알고 있습니다. 이상입니다.

면접관 지원청과 교육청의 차이는 무엇인가요?

응시생 네, 먼저 지원청은 기본 교육과정을 관리하고 교육청은 전반적인 교육과정을 관리하고 예산편성 및 집행을 하고 있습니다. 이상입니다. (엄청 버벅거리면서 말해서 잘 못 들으셨는지 제 답변을 들으시고 가운데 분이 "그럼 지원청과 교육청이 별로 차이가 없네요?"라고 하셨습니다.ㅜㅜ)

MEMO

(충남교행 모든 문제 적중해서 너무 신기하고 면접 엄청 떨렸는데 면접관님이 질문하시는 문제가 되게 길어서 당황했지만 잘 들어보니 다 스티마선생님이 하신 얘기 같아 안심이 되었고, 준비한 것 다 말하지는 못했지만 그래도 떨리는 상황에서 최선을 다해 얘기했습니다. 아래 써 있는 스크립트는 제가 실제로 말한 것 그대로 옮겼습니다. 스티마선생님께 도움 많이 받아서 저도 후기 공유해 드리며 조금이라도 보탬이 되면 좋겠습니다.)

면접관 충남교육청의 교육비전, 교육지표, 정책 5가지를 설명하세요.

응시생 충남교육청의 교육비전은 행복한 학교 학생중심 충남교육입니다. 이것은 모든 교육활동의 중심에 학생을 두고 교육 공동체 모두가 행복한 학교를 만들어 나간다는 뜻입니다. 충남교육청의 교육지표는 '미래역량을 갖춘 민주시민 육성'입니다. 교육지표를 실현하기 위한 중심축에는 충남형 혁신학교가 있고 참학력을 통해 이 교육지표를 실현해 나갈 수 있습니다. 5대 정책에는 공교육을 강화하는 학교혁신, 민주시민교육, 진로교육, 마을교육공동체, 학교자치를 지원하는 교육행정이 있습니다.

면접관 공무원은 국민을 위해 공익을 위해 일해야 하는 사람입니다. 하지만 일을 하다 보면 가정에 소홀해지는 경우가 생길 것 같습니다. 이럴 경우 어떻게 할 것이며 이러한 상황에서 쓸 수 있는 제도를 말해보시고, 만약 상사가 업무를 많이 과중하게 지시한다면 어떻게 할 것인지도 함께 말해보세요.

응시생 저도 아이를 키우고 있는 엄마의 입장이라 이 상황이 많이 공감이 갑니다. 이 문제는 일과 삶의 균형이라는 워라밸과 관련된 문제 같습니다. 공무원은 국민을 위한 봉사자이기 때문에 공익을 위해 열심히 일해야 하지만 가정이 있는 사람이라면 가정도 중요해서 이 둘의 균형을 맞추는 것은 참 어려운 것 같습니다. 만약 일과 가정 사이에 우선순위 문제가 생긴다면 가정에 닥친 문제의 경중에 따라 판단해서 주변에 도움을 구하고 해결해 나가겠지만 만약 한 두 번이 아니라 계속해서 갈등이 생기는 상황이라면 유연근무제도나 육아휴직제도를 적절하게 활용할 것 같습니다. 요즘 여성의 사회진출이 많아짐에 따라 저출산도 심각한 사회 문제로 떠오르고 있는데 유연근무제, 육아휴직제, 재택근무 등과 같은 제도를 필요한 상황에 적절히 사용하여 일과 생활의 균형을 보장받을 수 있는 사회가 된다면 저출산 문제도 어느 정도 해결할 수 있을 것 같다는 생각을 해보았습니다. 그리고 만약 저의 동료가 이러한 일로 고민하는 상황이 생긴다면 기꺼이 먼저 다가가서 도움을 주는 동료가 되겠습니다.
(과중한 업무에 대해서) 저는 9급 공무원으로서 많이 배워야 하는 입장이기 때문에 상사께서 저에게 많은 일을 주시더라도 우선 주어진 일에 대해서는 열심히 최선을 다해볼 것 같습니다. 하지만 계속해서 저의 가정과 아이들을 챙기지 못하게 되는 상황이라면 정중하게 업무분담을 부탁드려 볼 것 같습니다.

면접관 요즘 적극행정의 중요성이 커지고 있습니다. 적극행정은 무엇이며 어떤 유형이 있는지, 적극행정은 어떠한 예가 있는지, 적극행정을 위한 충남교육청의 정책을 말해보시고 소극행정은 무엇이며 소극행정을 막기 위해 어떤 것을 하고 있는지 말해보세요.

응시생 요즘 적극행정의 중요성이 날로 커지고 있는 것 같습니다. 교육현장에서도 코로나19로 인해 학생들이 학교에 가지 못하고 원격수업을 하는 등 초유의 사태가 생기게 되었습니다. 저희 아이도 학교에 가지 못하고 집에서만 시간을 보내야 하는 날들이 많았는데 학교에서 보내준 농산물 꾸러미로 아이와 함께 건강하고 맛있는 음식을 해먹을 수 있었고, 매주 학습 꾸러미와 놀이 꾸러미를 제공받아 무료했던 시간에 다양한 만들기를 하며 알차게 보냈습니다. 또한 저희 아이가 다니는 초등학교는 등하굣길의 안전 문제가 심각해서 옆에서 지켜보기에도 정말 걱정이 많았습니다. 횡단보도 앞뒤로 차량이 줄지어 대기하고 있어서 횡단보도를 건너려고 하는 아이들이 잘 보이지 않는 문제가 있었습니다. 이런 문제를 해결하기 위해 학교와 지자체가 협력하여 드라이브 스루 어린이 승하차 시스템을 만들었고 많은 주목을 받았습니다. 저는 공무원들의 노력으로 문제점이 개선되어 주민들의 만족감을 높였던 적극행정 사례를 직접 경험하게 되면서 공무원의 전문성과 창의성이 중요하다는 생각을 하게 되었습니다. 하지만 공무원은 감사에 대한 우려 때문에 적극행정을 추진하기 어려운 경우가 있습니다. 적극행정을 장려하고 적극행정을 하는 공무원을 보호하기 위해 충청남도 교육청은 사전컨설팅 제도, 면책 제도 등을 운영하여 공무원의 책임 부담을 줄여주었고, 적극행정 우수공무원에게 인센티브 혜택을 주고 있습니다. 또한 소극행정 신고센터 운영과 현장 단속 등을 통해 소극행정을 엄정하게 조치하고 있습니다. 적극행정은 정말 중요하지만 일 잘하는 공무원과 일 못하는 공무원으로 나뉘어서 판단하게 될 수 있다는 문제점이 있습니다. 저는 이 문제점을 해결하기 위해 개인보다 팀(팀제)으로 구성하여 팀이 서로 협력하여 적극행정을 하고, 함께 노력해서 같은 팀이 우수공무원으로 수상을 받으면 조직 분위기도 좋아지고 으쌰으쌰하는 분위기가 될 것 같습니다.

(일 잘하는 공무원과 일 못하는 공무원으로 나뉘어 진다는 것은 스티마선생님께서 알려주신 대로 썼더니 면접관님들이 약간 띠용하고 쳐다보셨습니다. 팀제는 갑자기 일 잘하는 공무원 일 못하는 공무원으로 나뉘는 것 어떻게 해결할지 생각해 보다가 갑자기 생각나서 말했는데 잘 말한 건지 모르겠습니다. 그리고 적극행정 유형에 대해서는 말하지 말했고, 소극행정에 대해서는 뜻을 말하지 못했습니다.)

Q1 명절 이후 출근해보니 누가 본인 책상에 금품을 두고 갔다. 어떻게 할 것인가?

Q2 학교운영위원회의 심의사항에는 어떤 것이 있는가?

Q3 충남교육의 비전, 지표에 대해 말하고 5대 정책 중 소통하며 협력하는 지원행정에 대하여 아는 대로 말하시오.
    └[추가질문] 교육행정직이 하는 일은 무엇인가?
    └[추가질문] 교육행정직의 근무기관은 어디인가?
    └[추가질문] 지원청과 교육청의 차이는 무엇인가?

Q1 전반적으로 공무원 응시비율이 줄고 있다. 그런데 왜 충남교육청에 지원했는가? 자신이 생각하는 공직가치는 무엇인가?

Q2 이해충돌방지법에 대해 설명하고 그 적용범위에 대해 답변해보라.

Q3 충남교육청이 실시하고 있는 정책에는 어떤 것이 있는가?

Q1 충남교육청에서 시행하는 정책이 많은데 그중 중요하다고 생각하는 정책과 그 이유는 무엇인가? ⇨ 공직가
　　치와 연결
Q2 공무원은 박봉에 연금개혁도 당해서 어려운데 왜 지원했는지 본인의 지원동기와 엮어서 답변해보라.
Q3 이해충돌방지법의 정의와 그 적용 범위에 대해 설명해보라.
Q4 공평과 공정의 차이는 무엇인가?
Q5 적극행정 사례에 대해 답변해보라.

Q1 충남교육청의 교육비전, 교육지표, 정책 5가지를 답변해보라.
Q2 공무원은 국민을 위해 공익을 위해 일해야 하는 사람이다. 하지만 일을 하다 보면 가정에 소홀해지는 경우가
　　생길 것 같다. 이럴 경우 어떻게 할 것이며, 이러한 상황에서 쓸 수 있는 제도를 말해보고, 만약 상사가 업무
　　를 많이 과중하게 지시한다면 어떻게 할 것인지도 함께 말해보라.
Q3 요즘 적극행정의 중요성이 커지고 있다. 적극행정은 무엇이며 어떤 유형이 있는지, 적극행정은 어떠한 예가
　　있는지, 적극행정을 위한 충남교육청의 정책을 말해보고 소극행정은 무엇이며 소극행정을 막기 위해 어떤
　　것을 하고 있는지도 말해보라.

Q1 앞으로 어떤 공무원이 되고 싶은가? 그리고 가장 중요하게 생각하는 공직가치 3가지만 말해보라.
Q2 민식이법이 왜 생겼는지 알고 있는가? 이에 대하여 어떻게 생각하는가?
Q3 (갑질의 3가지 요건에 대하여 설명한 후) 그럼 본인이 갑질을 당한다면 어떻게 할 것인가?
Q4 충남 혁신학교에 대하여 아는 대로 말해보라.
Q5 공무원이 비리나 부정부패로 인하여 사회적 논란이 되고 있다. 이에 대한 해결방안과 이를 위한 바람직한
　　공무원상은 무엇이라고 생각하는가?
Q6 마지막으로 포부 같은 것이 있으면 말해보라.

🖊 **Check point**

2024년 출제포인트

1. 민원인 대처 관련 상황형 질문은 필수로 준비가 필요해 보이고(예 충남 부여군 행복센터 공무원 폭행사건), 학교에서 교육행정직 공무원으로서의 역할, 구성원과의 관계에 대한 질문유형은 반드시 정리가 되어야 한다(예 웨어러블 카메라 도입 찬반 내용 등).
2. 중요한 최근 교육 이슈는 출제가 된다고 생각하고 중요한 교육이슈 몇 가지는 정리를 해 두는 것이 좋다. (예 그린스마트 미래학교, 환경생태교육, 지역소멸, 학력격차 문제 등)

1. 기출질문

Q1 민원인이 찾아와서 화를 내는데 그 업무는 동료의 업무다. 그런데 동료는 자리에 있지 않다. 그럴 경우 어떻게 대처를 하겠는가?

Q2 김영란법에 대해 아는 것이 있는가? 김영란법 개정에 대한 생각을 말해보라.

Q3 교육행정 공무원이 근무하는 곳이랑 하는 일에 대해 답변해보라.

Q4 공적인 일과 사적인 일이 겹쳤을 때 어떻게 하겠는가?

Q5 학교운영위원회가 하는 일, 특히 예산을 집행할 때에 하는 일은 무엇이며 교장이 예산을 집행할 때 하는 일은 무엇인가?

Q6 다짜고짜 폭언을 하는 민원인을 어떻게 대응하겠는가?

Q7 전문성 향상을 위해 어떤 노력을 할 것인가?

Q8 무상급식에 대한 견해는 무엇인가?

Q9 보편적 복지와 선별적 복지 중 자신의 생각은 무엇이며 그 이유는?

2. 실전연습질문

Q1 충남교육청에서는 혁신학교를 확대하고 모든 학교에 대해 혁신동행학교로 지정하여 운영하고 있다. 그 의미가 무엇이라고 생각하는가?

Q2 창의성교육을 위해 어떤 정책이 필요하겠는가?

Q3 생태환경교육이란 무엇이며, 탄소제로란 무엇인가?

Q4 코로나19로 인한 학습격차 해소방안을 제안해본다면?

Q5 충남교육청의 청렴정책에 대해 아는 대로 이야기해보고 청렴을 위한 아이디어를 제안해본다면?

Q6 적극행정이란 무엇이며, 본인은 적극행정을 위해 어떤 노력을 할 것인가?

Q7 교육청에서 실시하고 있는 기초학력 향상 사업은 무엇인가? 기초학력을 높이려면 어떻게 해야 하겠는가?

CHAPTER

15 충북교육청

1 면접진행방식

① 면접관: 3인
② 면접시간: 10분
③ 면접준비: (★난이도 '중') 성적이 중요한 지역으로 보이고 미흡 비율은 거의 없는 것으로 보이며 우수는 약간 있는 것으로 판단된다.
④ 질문 포인트: (직렬공통) 공통질문 5~7문항+기타 개인신상 질문 1~2문항
   ➡ 공직가치관부터 합격한 직렬에 대한 관심도, 개인신상까지 다양하게 질문이 이루어진다.
   ➡ 평소 합격생들이 많이 연습하는 질문들이 이루어진다고 생각하면 되고, 면접준비를 조금이라도 했다면 어려운 질문은 없었다.

2 면접후기

POINT 아래 면접후기는 실제 응시생들의 기억에 의해 복원된 내용을 정리하여 수록하였으니 이 점 참고하여 학습하길 바란다.

CASE 01 2022년 면접후기

Q1 적극행정에 대해 답변해보라.

> MEMO

Q2 구성원들과 갈등이 생기면 어떻게 해결할 것인가?

> MEMO

Q3 상사와 업무에 관해 의견이 다르다면 어떻게 할 것인가?

> MEMO

Q4 업무처리의 우선순위는 어떻게 정할 것인가?

> MEMO

Q5 지원동기는 무엇인가?
ㄴ[후속질문] 구체적인 지원동기를 말해보라.

> MEMO

Q6 공무원을 하려는 이유가 무엇이며, 사회적 가치란 무엇인가?

> MEMO

Q1 중요한 공직가치 3가지와 그 이유에 대해 설명해보라.
Q2 성인지감수성의 의미와 노력 방안에 대해 답변해보라.
Q3 (충북교육청 교육시책 4가지를 읽어주신 후) 이와 관련한 실시 정책에 대해 말해보라.
Q4 조직생활 중 갈등의 순기능 3가지에 대해 말해보라.
Q5 악성 민원인 대응방안은 무엇인가?
Q6 마지막 하고 싶은 말이 있는가?

CASE 03 | 2022년 면접후기

Q1 적극행정에 대해 말해보라.
Q2 구성원들과 갈등이 생기면 어떻게 해결할 것인가?
　└[후속질문] 업무분장 외 갈등은 어떻게 해결할 것인가?
Q3 상사와 업무에 있어서 의견이 다르다면 어떻게 할 것인가?
Q4 업무처리 우선순위는 어떻게 정할 것인가?
Q5 지원동기는 무엇인가?
　└[후속질문] 구체적인 지원동기를 말해보라.
Q6 사회적 가치란 무엇이며, 사기업과 공무원의 차이는 무엇인가?

CASE 04 | 2021년 면접후기

Q1 코로나시대에 국민이 기대하는 공무원의 자질은?
Q2 그린스마트 미래학교란?
Q3 상사의 부당한 지시에는 어떻게 할 것인가?
Q4 학교 구성원의 갈등발생시 해결방안은 무엇인가?
Q5 상사의 방안보다 본인의 방안이 더 좋은데 상사의 방안을 강요할 때 어떻게 할 것인가?

Q1 교육행정의 개념은?
Q2 상사와 동료가 갈등이 있을 경우 어떻게 할 것인가?
Q3 본인이 남에게 피해를 주거나 본인이 피해를 받았을 경우 그것에 대해 해결한 경험은?
Q4 출근시간 보다 1시간 늦었을 때 어떻게 할 것인가?
Q5 행정실에 있는 직렬에 대해 말해보라.
Q6 현장은 흔히 2원조직이다. 선생님과 행정직이 갈등할 경우 어떻게 조화롭게 해결할 것인가?
Q7 공무원으로서 가장 중요한 가치는 무엇인가?
Q8 적극적 행정은 무엇인가?
Q9 공무원의 도덕성과 청렴성이 중요한 이유는?

3 2024년 면접방향 잡기

✏ Check point

2024 출제포인트
1. 과거에는 교육청 현안에 대한 질문이 꾸준하게 이루어졌다는 점 그리고 까다로운 상황형 질문이 이루어졌다는 점을 기억하고 특히 수업시간에 강조한 기본적인 상황형 연습을 통하여 혹시라도 출제되었을 때 응용할 수 있도록 준비가 되어야 할 것이다.
2. 그 해에 논란이 된 사회이슈(교육이슈 포함)는 반드시 출제된다고 생각하고 몇 가지는 정리를 해 둘 필요가 있다.

1. 기출질문

Q1 청렴이란 무엇인가?
  └[후속질문] 청렴성이 공무원에게 왜 중요한가?
  └[후속질문] 청렴성을 유지하기 위해서 어떻게 할 것인가?
Q2 학교운영위원회에 대해 설명해보라.
Q3 봉사활동을 한 경험에 대해 답변해보라.
Q4 (정보보호법과 공문서 발급 관련에 대해 간단히 언급하신 뒤) 신분증 없는 민원인이 공문서(발급시 신분증 필요) 발급을 왜 안 해주냐며 화낼 때 어떻게 대응할 것인가?
  └[후속질문] 막무가내로 해달라고 하는데도 안 해줄 것인가?
Q5 충북교육청에 지원청이 몇 개인가?
Q6 충북교육청이 잘하고 있는 것은 무엇인가?
Q7 학교에서는 많은 사람들이 일을 하고 업무를 하다가 갈등이 생기기도 하는데 원인과 해결방안은 무엇인가? 업무에 비협조적인 지원에 대해서 어떻게 대처할 것인가?
Q8 부서 간의 이해관계가 부딪힐 때 해결방안에는 어떤 것들이 있는가?
Q9 향응의 의미는 무엇인가?
Q10 교육청에 공문을 보내도 처리가 잘 안 된다. 본인이 담당자라면 어떻게 할 것인가?

2. 실전연습질문

Q1 그린스마트 미래학교란 무엇인가? 학교공간 혁신을 위해 어떤 방향성이 필요하겠는가?

Q2 코로나19로 인한 학력격차 해소방안은?

Q3 포스트코로나시대 미래교육방향은?

Q4 적극행정이란 무엇이며, 사례에 대해 알고 있는 것을 답변해보고 어떤 자세로 적극행정을 실천할 것인지 답변해보라.

Q5 교육청에서 실시하고 있는 기초학력 향상 사업은 무엇인가? 기초학력을 높이려면 어떻게 해야 하겠는가?

MEMO

CHAPTER

16 직렬별 전공질문

1 사서직

Q1 챗GPT, AI, 메타버스 등 4차 산업혁명 기술을 도서관에서 활용할 방법은 무엇인가?
Q2 챗GPT 업무활용 방안과 사용시 문제점과 주의해야 할 점은?
Q3 초등학생 아이를 독서에 흥미를 갖게 하는 본인만이 생각하는 방안은?
Q4 빅데이터의 특성 3가지와 활용되고 있는 부분 3가지 이상 말하시오.
Q5 노숙자가 도서관에 들어왔을 때 대처방안은?
Q6 지역대표도서관은 무엇이고 어떤 일을 하는가?
Q7 랑가나단 5법칙 중 가장 중요하게 생각하는 것과 그 이유는?
Q8 빅데이터를 도서관 측면에서 활용해 본다면?
Q9 학교 도서관 예산에 대하여 아는 것이 있는가?
Q10 학교 도서관 시설기준에 대하여 답해보라.
Q11 장서 정책을 하는 이유는?
Q12 장서개발정책에 대해 말해보라.
Q13 KDC 6판으로 변경된 조기표에 대해 설명해보라.
Q14 조기성이란 무엇인가?
Q15 도서관법에서 정한 공공도서관에는 어떤 것들이 있는가?
Q16 현재 교육청에서 진행하고 있는 도서 관련 정책은 무엇이 있는가?
Q17 지역 공공도서관의 패러다임이 바뀌고 있는데 어떻게 바뀌고 있는지 알고 있는 것을 말해보라. 또한 작은 도서관이란 무엇인가?
Q18 도서관 7대 윤리는?
Q19 도서관 윤리선언에 따라서 도서관이 어떻게 발전해야 하는가?
Q20 지원하는 시의 대표도서관은 어디이며, 대표도서관이 하는 역할은? 대표도서관이 교육청 도서관을 위해 할 일은?
Q21 도서관 폐기기준과 폐기해야 할 책이 너무 많은 경우 어떻게 해야하겠는가?

2 전산직

Q1 생성형 AI의 원리를 설명해 보고, 이를 이용했을 때 문제점에 대해서 말하시오.
Q2 클라우드 모델에 대해 말해보라.

Q3 DB 언어의 종류에 대해서 말해보고 다루어 본 DB 언어가 있는지 말해보라.
  ㄴ[추가질문] 그럼 DB 서버를 다뤄본 일은 있는가?
Q4 DBMS를 아는가? 그에 관한 프로그램을 아는 대로 말해보라.
  ㄴ[추가질문] 오라클을 다뤄봤다면 그에 관한 명령어 아는 대로 말해보라.
Q5 빅데이터에 대해서 알고 있다면 그 특징 3가지를 말해보고, 활용 사례도 답변해보라.
Q6 개인정보보호법을 안다면 제3자에게 제공할 때 어떻게 해야 하는지 말해보라.
Q7 클라우드서비스 유형과 필요성에 대해 답변해보라.

3 건축직

Q1 최근 건설현장에서 콘크리트 붕괴사고가 발생하고 있다. 이에 대하여 공무원이 무엇을 해야 하는가?
Q2 대수선 기준은?
Q3 내력벽이란?
Q4 내단열 및 외단열에 대해 설명해보라.
Q5 배리어프리에 대해 설명하고 구체적 사례를 들어보시오.
Q6 불연재료, 준불연재료, 난연재료의 정의에 대해 설명하시오. 등급별 재료를 말해보시오.
Q7 건축물에 주어지는 힘 중에서 압축, 인장, 전단에 대해 설명하시오. [2020 경북교행]
Q8 철골 비파괴공법 4가지에 대해 설명하시오.
Q9 피복두께에 대해 설명하시오.

4 전기직

Q1 발전기실 조건은?
Q2 전선의 두께를 결정하는 요소들에는 무엇이 있는지 말해보라.
Q3 직류전원과 교류전원의 전류방향의 차이에 대해서 설명해보라.
Q4 허용전류란 무엇이고 이를 초과하면 무슨 일이 일어나는지 말해보라.
Q5 AC, DC를 설명해보라.
Q6 110V를 220V로 승압시 장단점을 답변해보라.
Q7 전자기파란 무엇인가?

5 기계직

Q1 인플루엔자가 발생한다면 예방을 위해 무엇을 할 것인가?
Q2 법정감염병 5개를 말해보라.
Q3 감염병예방법에 대해 말해보라.

Q4 미세먼지, 소음 관련 학부모 민원에 대해 어떻게 대처할 것인가?
Q5 보건직 공무원으로서 마약 관련 예방 방법은?
Q6 절대온도 2개를 설명해보라.
Q7 학교 소방시설에는 무엇이 있는가?
Q8 태양광에너지와 태양열에너지의 차이점에 대해서 말해보라.
Q9 캐비테이션이란 무엇인가? 그리고 캐비테이션 방지법은 무엇인가?
Q10 열역학 법칙에 대해서 설명해보라.
Q11 학교 화장실에 물을 공급하는 3가지 방법은? [2020 울산교행]

6 　보건직

Q1 교육환경정화구역의 정의에 대해서 말해보라.
Q2 경기도 교육청에서 관할하고 있는 정화구역의 개수가 몇 개인지 알고 있는가?
Q3 학교경계로부터 230m 내 성인용품점에 대한 학부모 민원이 제기되었다. 본인이 관련 업무자라면 어떻게 해결하겠는가?

7 　기록연구직

Q1 지식 확보의 원천은 무엇이며, 공무원이 창의성을 발휘하기 위해서는 어떻게 해야 하는가?
Q2 공공기록물 관리에 관한 법률에서 제시하는 기록물 관리의 4원칙에 대해 설명해보라.
Q3 공공기록물 관리에 관한 법률에서 정의하고 있는 기록물에 대해 설명해보라.
Q4 전자기록생산시스템의 종류와 이에 대해 설명해보라.
Q5 생산의무기록물 중 어떤 것이 있는지 말해보라.

8 　조리직

Q1 학교 급식 조리실에서는 1년에 한 번 미생물 검사를 실시하고 있는데 그 대상이 되는 물건 4가지를 말하고, 왜 사용 중인 것은 그 대상에서 빠지는지 답변하시오.
Q2 식중독을 예방하기 위해 조리사가 할 수 있는 방법에는 무엇이 있는가?

9 　운전직

Q1 어린이 통학버스 출발 전 점검사항 2가지와 운행 중 점검사항에 대해 답변해보라.

MEMO

2024
스티마 면접
교육행정직(통합편)

CHAPTER

01 강원교육청

1 강원의 교육방향 및 현황

(1) 비 전

마음껏 펼치는 강원교육 ★★★

> ① 모든 학생이 기초학력의 충족과 개별화된 성취를 바탕으로 공동체와 함께 성장의 기쁨을 누리는 교육을 추구한다.
> ② 모든 학생의 더 나은 삶을 위해 학생·학부모·교직원·지역 주민이 주체적·자율적으로 행동하는 교육을 지향한다.
> ③ 모든 학생이 고유한 가능성과 잠재력을 발견하고 이를 자신의 꿈으로 당당히 펼치도록 교육 주체가 소통과 협력하는 교육을 추구한다.

(2) 교육지표

미래를 여는 학교, 더 나은 강원교육 ★★★

> ① 강원교육은 공교육의 책무를 다하기 위하여 학생이 모든 학령기 동안 연계성 있는 전인적 성장을 이루도록 총체적인 지원 체계를 구현한다.
> ② 강원교육은 학생이 올바른 인성을 바탕으로 '나', '가족', '공동체'의 가치를 존중하고 실천하는 세계시민으로 성장할 수 있는 기반을 마련한다.
> ③ 강원교육은 학생의 현재와 미래의 더 나은 삶을 위한 교육과정, 교육방법, 교육환경, 교육복지, 교육행정의 선진화를 교육 주체의 참여와 협력을 통해 이룬다.

(3) 5대 정책 기본방향

✔POINT 교육청 홈페이지에서 2024 주요업무계획 파일을 찾아 아래 내용의 대표 정책 1~2개 정도만 알아두도록 한다.

> ① 더 높은 학력   ② 더 넓은 진로   ③ 더 바른 인성   ④ 더 고른 복지   ⑤ 더 돕는 행정

(4) 강원교육의 기본방향

① **존중:** 교육공동체 구성원 한 명 한 명을 자기 삶의 주체이자 존엄한 존재로서 존중한다.
② **균형:** 모든 학생이 기본적인 학력과 교양, 인성과 건강을 두루 갖추도록 한다.
③ **책임:** 학생의 배울 권리와 학교의 가르칠 의무가 함께 충족되도록 한다.
④ **신뢰:** 학생·교직원·학부모·지역 주민이 자율과 협력으로 서로 신뢰하도록 한다.
⑤ **확장:** 학생의 배움과 생각이 무한히 확장될 수 있는 미래 교육환경을 조성한다.

면접후기 기출 질문

Q. 강원도교육청의 미래상과 교육지표에는 어떤 의미를 담고 있는가? [2020]

(5) 강원교육청 현황

① 교육감: 신경호(2022년 초선)

② 교육비 예산(2024): 3조 9,709억원

③ 교육지원청(17개): 춘천, 원주, 강릉, 속초양양, 동해, 태백, 삼척, 홍천, 횡성, 영월, 평창, 정선, 철원, 화천, 양구, 인제, 고성

2 강원도교육청 주요 정책

(1) 의무교육단계 미취학·학업중단학생 학습지원 시범사업

① 의의: 의무교육단계의 학교 밖 청소년들에게 '학습지원 프로그램, 학교 밖 학습경험, 온라인 교육과정'과 같은 다양한 학습경험을 통해 초등학교·중학교 학력 인정을 받을 수 있는 기회를 제공하는 사업

② 내 용

㉠ 학습지원 프로그램: 강원특별자치도교육감이 인정한 인성교육, 교과교육, 진로체험 프로그램

㉡ 학교 밖 학습경험: 검정고시 과목합격, 자격증 취득 등

㉢ 온라인 교육과정: 방송통신중학교 온라인 강의

(2) 학교폭력제로센터 및 학교폭력 전담 조사관 제도 운영

① 강원특별자치도교육청은 '학교폭력제로센터 및 학교폭력 전담 조사관 제도'를 운영하여 단위학교 통합지원을 강화하고 교원이 수업 및 생활교육에 집중할 수 있도록 지원할 것이라 밝혔다.

② '학교폭력제로센터'는 17개 교육지원청에 설치되고 단위학교의 학교폭력 대응력 강화를 위해 학교폭력 사안조사부터 관계회복, 피해학생 법률지원까지 다양하고 체계적으로 통합지원한다.

③ '학교폭력 전담 조사관'은 학교폭력 업무 및 사안조사 역량을 갖춘 전문가로 구성되며, 학교폭력 발생시 학교 내외인지 여부와 상관없이 학교폭력 사안조사를 실시하게 된다. 도교육청은 학교폭력 전담 조사관 122명을 선발하여 위촉할 계획이다.

④ 학교폭력 전담 조사관은 교육지원청 단위 공개 모집을 통해 선발되었으며 퇴직 교원, 퇴직 경찰, 청소년 전문가 등으로 위촉하여 구성한다.

⑤ 도교육청은 학교폭력 사안처리 제도 개선에 따른 학교폭력제로센터 및 학교폭력 전담 조사관 제도 도입으로 단위학교 통합지원을 강화하고 교원이 수업 및 생활교육에 집중할 수 있도록 지원하고자 한다.

⑥ 또한 2024학년도 학교폭력 경감 대책인 '회복적 생활교육'을 강화하여 학교폭력 사안을 사법적 접근이 아닌 당사자 중심, 피해 중심, 관계 중심의 갈등 해결 방법을 통해 교육적 해결을 강화할 예정이다.

(3) 기초학력 전담 교사제

① 강원도교육청은 기초학력 조기 확보와 기초학력 사각지대에 있는 학생들을 전문적으로 지원하기 위해 기초학력 전담 교사제를 신설 운영한다고 밝혔다.

② 도교육청은 초등교사 중 기초학력(문해력·수리력) 전문교사(지역별 1명, 춘천·원주·강릉 3명)를 초등학교 24곳에 배치하여 조기 개입과 개별 맞춤형 지도로 기초학력 부진을 해소하고 결정적 시기에 문해력과 수리력의 전문적인 지도로 기초학력을 조기에 확보한다는 방침이다.

③ 지난 2017년 한글문해 전문교사를 시작으로 2019년부터는 기초수학 전문교사도 매년 15명씩 양성하여 현재 총 100여 명의 전문교사를 확보하고 있으며 지속적으로 확대 양성할 계획이다.

④ 기초학력 전담 교사는 기초학력의 조기 확보를 위한 1~2학년에 대한 예방적 차원의 지원을 우선으로 3~6학년의 천천히 배우는 학생에 대한 부진 해소에 결정적 역할을 담당한다.

> ### 🖉 Check point
>
> **1. 협력 교사제**
> 정규 교육과정 운영 중 일부 교과(국어, 수학)에 담임 교사와 협력 교사와의 협력수업(co-teaching)을 통해 모든 학생들이 소외되지 않고 참여하는 수업 전략을 구사하며, 특히 배움이 느린 학생에 대한 개별화된 지원을 제공하는 제도이다.
> ➡ 전담 교사제나 협력 교사제는 학력 격차를 해소하기 위한 방안으로 볼 수 있다.
>
> **2. 대학생 튜터링 강원도협의체 운영**
> 강원도교육청은 모든 학생이 코로나19로 인한 학습·정서 결손을 해소하고 일상을 회복할 수 있도록 교육회복 지원 종합 계획의 일환으로 '교·사대생 등 대학생 튜터링 사업'을 운영한다.
> ➡ 강원도 내 9개 대학과 협력하여 학습격차를 해소하기 위한 노력으로 이해하면 된다.

(4) 생태환경교육

① 추진목적

　㉠ 강원도 18개 시·군의 특색을 반영한 생태전환교육 추진

　㉡ 지속가능한 미래와 기후적응, 기후정의 실현을 위한 생태환경 교육과정 운영

　㉢ 기후위기 대응 및 탄소중립 실현을 위한 학교환경교육 지원 강화

　㉣ 환경교육 활동을 통한 생태감수성 함양 및 환경친화적 실천역량 제고

② 교육과정 연계 생태환경교육 실시

　㉠ 학교 교육과정 편성시 범교과 주제(환경·지속가능발전교육) 반영

　㉡ 교과(비교과) 연계 기후위기 대응 교육 및 생명 다양성 교육 운영

　㉢ 초등학교 ⇨ 기존 숲 활용 교육, 생태 텃밭 등을 통한 생물다양성 교육, 급식 잔반 줄이기 실천을 통해 빈곤·기아·에너지 등의 사회·환경 문제를 주제로 학급·학년별 교육 활동 운영

　㉣ 중학교 ⇨ 자유학년제 및 창의적 체험활동을 통한 기후 위기, 환경오염, 교육, 생산 소비 등을 주제 체험 및 프로젝트 주제 탐구·진로·동아리·예술 활동

　㉤ 고등학교 ⇨ 동아리, 자치, 진로 등 창의적 체험활동을 통한 난민, 분쟁, 기후변화, 에너지, 물, 사회구조, 법 등을 주제로 교육 활동

　㉥ 1교 1특색 생태환경교육 운영 ⇨ 1회용품 없는 우리 학교 등

③ 강원도형 생태환경교육 프로그램
  ㉠ 학교 환경교육 실천 수기 및 영상 공모전 운영
  ㉡ 찾아가는 생태환경교육 프로그램 운영
  ㉢ 강원도형 생태환경교육 메타버스 공간 구축·운영
④ 생태환경교육 활성화 지원체제 강화: 지역 사회 및 유관기관 협력체제 구축

(5) 그린스마트 감성 미래학교

① 강원도교육청은 5년간 5,307억원의 예산을 투입하여 도내 40년 이상 노후시설 90동 약 248,000m2를 '그린스마트 감성 미래학교'로 조성한다고 밝혔다.
② '그린스마트 감성 미래학교' 사업은 한국판 뉴딜의 대표 과제로 코로나 이후 시대를 선도할 미래인재를 양성하고 미래지향적 친환경 스마트 교육여건을 구현하기 위해 마련되었다.
③ 이번 사업은 ㉠ 제로에너지 그린학교, ㉡ 첨단 ICT 기반 스마트교실, ㉢ 사용자 참여 설계 공간혁신, ㉣ 지역사회 연계 학교시설 복합화, ㉤ 학교시설 감성화사업 등 '디지털＋친환경 감성 융합형'으로 추진된다.
④ 대상 학교는 학교장 공모를 통하여 고교학점제, 혁신학교, 교육과정 선도학교 등 교육정책 목표 달성에 필요한 건물을 우선 선정하고 경과년수, 내진보강, 석면보유, 최근 시설보수 이력 등을 종합적으로 검토하여 우선순위를 조정하여 추진하게 된다.

(6) 작은 학교 희망만들기

① 의의: 농산어촌 소규모 학교의 장점과 지역적 특성을 살린 다양한 교육과정을 편성·운영함으로써 학생 유출을 방지하고 찾아오는 학교를 만드는 사업으로 학력과 인성의 동시 성장을 추구하는 새로운 학교문화를 조성하기 위하여 도내 지방자치단체와 교육청이 함께하는 사업이다.
② 추진 목적
  ㉠ 학교장 중심의 자율·책임 경영을 통해 창의·인성교육과 학생 맞춤형 교육을 실현하는 '작은 학교'의 선도 모델을 육성·확산하기 위함이다.
  ㉡ 학교 교육과정의 특성화·다각화를 위한 다양한 교수·학습 방법을 지원하여 학력과 인성의 동시 성장을 추구하는 수업혁신과 학습 공동체를 지향할 수 있는 새로운 학교문화를 조성하기 위함이다.
③ 희망학교 운영
  ㉠ '강원행복더하기학교'와 네트워킹을 통한 정보 공유
  ㉡ 학생의 진로와 적성 중심의 교육과정 편성·운영
  ㉢ 교과 교육과정 내에서의 프로젝트형 인성교육 실현
  ㉣ 문제해결 중심의 학습 운영을 위한 교수·학습 방법 혁신
  ㉤ 모델학교 선정·운영 ⇨ 68교(초등학교 53교, 중학교 15교)
④ 지자체와의 기반 구축
  ㉠ 통학문제 해결을 위한 지원 방안 마련
  ㉡ 작은 학교 특성화 발전 방향 공유
  ㉢ 지역별 협의체 구성·운영 및 유지
  ㉣ 희망학교 교사 연구회 조직·운영

(7) 강원행복더하기학교

① 의의: 강원행복더하기학교는 민주적 학교운영 체제를 기반으로 공교육에 대한 신뢰성 제고 및 소통과 공감의 학교 문화를 형성하고 창의·공감 교육과정을 운영하여 학생들이 자기 삶의 역량을 기르도록 하는 강원 학교혁신의 모델학교이다.

② 운영 목적
  ㉠ 교육공동체의 자발성과 창조성에 기초한 학교장 자율·책임 운영지원 확대로 공교육에 대한 신뢰성 제고 및 참여와 소통의 학교문화 창조
  ㉡ 강원행복더하기학교 운영의 성과를 바탕으로 강원도 전 지역의 모든 학교가 학교혁신을 할 수 있는 기반을 조성하여 교육공동체의 만족도를 획기적으로 높임

③ 기타: 강원행복더하기 유치원, 강원행복더하기 특수학교 운영

(8) 강원교육청 청렴정책

① 공직자 청렴교육 강화 ⇨ 모든 공직자 연 2시간 이상 청렴교육 의무 이수

② 미래세대를 위한 청렴교육 운영(유·초·중·고)
  ㉠ 유치원생 대상 바른생활 인형극 공연
  ㉡ 초·중·고 학생 대상 찾아가는 청렴체험교실 운영

③ 교육지원청 부패방지 시책평가 실시

④ 청렴문화 행사 및 홍보활동
  ㉠ 청렴콘텐츠 공모전 및 청렴캠페인 실시
  ㉡ 청정강원 청렴한마당 큰잔치 개최

⑤ 강원도 청렴사회 민관협의회 운영

⑥ 부패 및 부조리 신고센터 운영

⑦ 청렴도민감사관제 운영
  ➲ 청렴도민감사관은 「강원도교육청 청렴도민감사관 운영 규정」에 따라 2000년부터 제정되어 현재 6기까지 운영되고 있는 제도이다. 열린 감사행정 운영과 감사의 투명성 제고를 목적으로 하며, 위원은 총 30명으로 구성되어 있다. 위원들은 변호사, 대학교수, 공인회계사, 건축사, 전직 공무원 등으로 지역별(17개 시군)로 1명 이상 구성되어 활동 중이다.

⑧ 「이해충돌방지법(2022. 5. 19.)」 시행에 따라 제도의 안정적 운영을 위해 공직자의 이해충돌 방지제도 운영 규정을 제정하고 모든 교육기관에 업무전담 '이해충돌방지담당관'을 지정

⑨ 위법·부당한 예산집행을 사전에 예방하기 위한 예산낭비신고센터 및 집중 접수기간을 운영하고 공사관리·감독, 학교급식운영, 운동부 운영 등 부패방지 6대 분야에 대한 집중관리를 실시

⑩ 갑질근절교육실시 및 갑질신고센터 운영

(9) 강원특별자치도 설치 등에 관한 특별법(일명 강원특별법) **국회 통과**(2022. 5. 29. 강원도청 보도자료)

① 2022. 5. 29. 개최된 국회 본회의에서 강원도에 고도의 자치권 부여를 통해 강원도를 발전시키기 위한 「강원특별자치도 설치 등에 관한 특별법」이 의결되었다.
  ㉠ "2023년 6월 11일 강원특별자치도의 시대가 열립니다."

ⓛ 이 법이 제정됨에 따라 '강원도'의 명칭이 폐지되고, 628년 만에 '강원특별자치도'로 변경된다.

ⓒ 강원도가 지방분권 및 균형발전을 선도하는 특별한 지위로 격상되어 강원도 발전의 획기적인 전기가 마련되었다.

② 강원도는 전 세계 유일의 남북 분단도로서 군사·환경·산림 규제 등 중첩적 규제로 인한 저발전 상태를 극복하여 강원도의 특성에 맞는 특단의 발전방안으로 강원특별자치도 설치가 오랜 염원이었다.

③ 국회에서 통과된 강원특별자치도 설치법은 강원도 대전환을 위한 기본적인 틀을 내용에 담고 있다.

ⓐ 먼저 제1조에서 입법의 목적으로 강원도의 지역적·역사적·인문적 특성을 살려 고도의 자치권이 보장되는 강원특별자치도를 설치한다고 명시하였다.

ⓛ 지방분권 보장 및 지역경쟁력 제고를 통해 도민의 복리증진을 실현하고 국가발전에 이바지하는 것으로 제시하였다.

ⓒ 제4조에서는 강원특별자치도의 지방자치를 보장하고, 지역의 역량을 강화하기 위하여 법령을 정비하고 입법·행정 조치하도록 국가의 책무를 부과하였다.

ⓔ 이에 따라 국가는 강원특별자치도를 위해 ⓐ 선진적 지방분권 실현 방안 및 시책 마련, ⓑ 행정적·재정적 지원방안 마련, ⓒ 낙후된 지역개발을 활성화하기 위한 규제완화 등을 조치할 책무가 있다.

ⓜ 제8조 특별지원에서 중앙행정기관은 강원특별자치도의 도시계획 등 각종 지역개발을 위하여 행정·재정상의 특별한 지원과 각종 시책사업에 대한 우선적 지원을 규정하고 있다.

ⓗ 재정 특례로는 제19조에 강원특별자치도의 발전을 위해 국가균형발전특별회계 별도 계정을 설치·운영할 수 있게 하였다.

ⓢ 제17조 특례부여 및 지원에서는 강원특별자치도 내 시·군이 강원특별자치도와 협의를 거쳐 행정안전부장관에게 요청하여 각종 행정적 특례가 지방자치법 등 관계 법률에 따라 시·군에 부여될 수 있게 하였다.

ⓞ 이와 함께 ⓐ 자치사무의 위탁(제9조), ⓑ 주민투표(제14조), ⓒ 인사교류 및 파견(제15조), ⓓ 지역인재의 선발채용(제16조) 등의 특례를 규정하고 있다.

(10) 4차 산업 창의융합 인재육성(2022. 11. 23. 강원도교육청 보도자료)

① 강원도교육청(교육감 신경호)은 2023년부터 도내 모든 직업계고 학생들의 학습 선택권 강화를 위해 공동실습소 공동교육과정을 통한 고교학점제를 확대 운영한다고 밝혔다.

② 도교육청은 4차 산업혁명 기술인재 육성을 위해 '창의융합형 공동실습소' 4개소인 ⓐ 강릉공동실습소(소장 신동만)−인공지능, ⓛ 태백공동실습소(소장 문명호)−사물인터넷, ⓒ 춘천공동실습소(소장 한재혁)−스마트팩토리, ⓔ 홍천공동실습소(소장 민병하)−소형건설기계와 드론 교육과정을 운영 중이다.

③ 2022년 고교학점제가 전체 직업계 고등학교에 적용됨에 따라 공동실습소에서는 ⓐ 공동교육과정 개설, ⓛ 학생 대상 사전 수요 조사를 통한 학생의 과목 선택권 보장, ⓒ 학교와의 학사일정 협의 등을 통해 고교학점제와 연계(5일, 32시간)해 운영 중이다.

CHAPTER
02 경남교육청

1 경남의 교육방향 및 현황

(1) 비 전

배움이 즐거운 학교·함께 가꾸는 경남교육 ★★★

'배움이 즐거운 학교·함께 가꾸는 경남교육'은 국가 교육이념과 교육목적을 바탕으로 설정된 경남교육의 비전이자 미래를 지향하는 경남교육의 방향이다. 학교가 학생의 소질과 적성을 존중하여 더불어 성장할 수 있는 행복한 배움터가 되고, 민주적인 학교문화 조성으로 교사와 학생이 배움을 통해 함께 역량을 키워가는 꿈터가 되며, 소통과 공감으로 교육공동체가 협력하여 학생의 내일을 열어가는 시·공간이 되어야 함을 의미한다.

(2) 교육지표

함께 배우며 미래를 열어가는 민주시민 육성 ★★★

'함께 배우며 미래를 열어가는 민주시민 육성'은 경남교육공동체의 다짐이며 학생의 미래를 위해 지속적으로 구현해 가고 있는 경남교육의 현재이다.
경남교육은 개개인의 다양한 성장을 돕는 학습자 맞춤형 교육에 더욱 내실을 기하면서 공간혁신을 통한 참여와 협력의 마을교육공동체를 활성화하고 이를 통한 교육생태계 확장으로 미래교육을 향한 더 큰 걸음을 내딛고자 한다.

(3) 정책방향

✓ **POINT** 교육청 홈페이지에서 2024 주요업무계획 파일을 찾아 아래 내용의 대표 정책 1~2개 정도만 알아두도록 한다.

① 배움 중심의 새로운 교육
② 더불어 행복한 교육복지
③ 안전하고 건강한 교육환경
④ 소통과 공감의 교육공동체
⑤ 깨끗하고 공정한 지원행정

❤ **PLUS**

면접후기 기출 질문
Q1. 경남의 정책방향 중에 배움 중심의 새로운 교육이 있는데 이에 대해 아는 대로 답변해보라.
Q2. 경남교육청의 정책방향에 대해 아는 대로 말해보라. [2019]

(4) 경남교육의 철학

① **민주성**: 자발적인 참여, 소통과 공감으로 만들어 가는 교육

> ㉠ 학교에서의 민주주의는 단순한 형식이나 절차의 의미에 한정되는 것이 아니라 문화적 실천으로 구현될 수 있다. 학교 구성원들이 생각을 공유하고 협력하여 공동의 문제를 해결하는 삶의 방식, 생활의 양식이라고 할 수 있다.
> ㉡ 교육공동체는 서로의 다름을 존중하며, 자율적이고 주체적으로 협력하는 과정에서 함께 배우며 한 걸음씩 성장해 간다.
> ㉢ 교육공동체는 자유롭고, 활발하며, 의미있는 소통 과정을 통해 스스로 협력적인 학교문화를 만들어 준다.
> ㉣ 민주성은 디지털 전환과 기후 위기 확산, 급격한 인구 감소 등 교육 환경이 급변하는 시기에 교육주체, 교육기관에 더욱 중요한 생활의 양식이다.

② **미래성**: 교육의 내용과 방법 모두를 혁신한 창의적인 교육

> ㉠ 제4차 산업혁명이 가져올 급격한 사회 변화 요인에 대응하는 역량 중심의 교육실현을 위해 미래지향적인 교육, 미래성을 담지한 학교, 교육의 내용과 방법 모두를 혁신한 창의적인 교육으로 학습자 주도적인 교육을 완성해 가는 과정이다.
> ㉡ 협력성과 동료성을 바탕으로 삶의 문제를 공감하고 해결하는 학습자 주도적인 교육과 배움중심 교육을 실천한다.
> ㉢ 미래사회의 변화를 읽고, 미래역량 중심의 교육과정 운영, 학습 방법의 학습, 디지털 도구와 상호작용 등 시간과 공간의 한계를 넘어 창의적이고 혁신적인 교육을 만들어 간다.
> ㉣ 미래성은 다양한 경험과 지식이 새로운 지능정보화 시대에 삶의 힘이 되도록 개방적이고 도전적인 활동을 지향한다.

③ **공공성**: 모든 학생에게 차별없이 질 높은 배움을 제공하는 교육

> ㉠ 헌법 제31조 제1항은 '모든 국민은 능력에 따라 균등하게 교육을 받을 권리'가 있음을 밝히고 있다. 모든 학습자가 자신의 잠재력을 최대로 발휘해 학습능력을 갖추도록 지원하는 것은 교육의 기회균등을 통해 학습자의 학습권을 보장하기 위한 공교육의 중요한 책임이자 과제이다.
> ㉡ 모든 학생에 대한 맞춤형 학습과 차별 없는 배움이 가능한 복지, 교육복지, 나아가 안전하고 건강한 교육환경을 촘촘히 보장하는 데서 시작한다.
> ㉢ 질 높은 교육을 고루 누릴 수 있도록 학생 맞춤형 교육과 나아가 학교별·지역별 맞춤형 교육이 확대될 때 교육은 우리 사회의 건강성 회복에 이바지한다.
> ㉣ 공공성은 온전한 학습복지·교육복지를 통해 모든 학생들에게 질 높은 배움을 제공하여 학생들의 꿈을 이루는 행복교육을 지향한다.

④ **지역성**: 지역 사회 자원을 이용하고 지역에 기여하는 교육

> ㉠ 학교라는 물리적 공간과 기존 교육제도의 틀을 넘어 마음과 지역 사회로 확장된 교육생태계를 활용하여 학생의 실제적인 삶의 공간에서 다양한 학습과 교육을 펼치는 것이다.
> ㉡ 지역 사회는 학생에겐 친밀한 삶과 생활·성장의 공간이며, 교육공동체가 살아가는 학교이며 생동감 넘치는 교육의 장이다.

    © 학교를 넘어 지역사회의 교육적·사회적 연대와 협력을 통해 '마을이 곧 학교다'라는 튼튼한 교육생 태계를 만든다.

    ② 지역성은 학교와 지역 사회의 상생을 위해 지역의 축적된 인적·물리적 역량을 이용하고 기여하는 교육으로 마을공동체와 가치를 실현해 간다.

(5) 경남교육청 현황

① 교육감: 박종훈(2022년 3선)

② 교육비 예산(2024년): 7조 969억원

③ 교육지원청(18개): 창원, 진주, 통영, 사천, 김해, 밀양, 거제, 양산, 의령, 함안, 창녕, 고성, 남해, 하동, 산청, 함양, 거창, 합천

2 경남교육청 주요 정책

(1) 경남교육청 브랜드 슬로건 '아이좋아 경남교육'

① '아이좋아 경남교육'은 학생중심 교육으로 '아이'가 좋아하고, 현장중심 교육으로 행복한 나(I)를 만들어 가며 지원중심 교육으로 즐거운 감탄사 '아이좋아'가 울려 퍼지는 교육공동체 모두가 행복한 경남교육을 펼쳐 나간다는 의미를 담고 있다.

② 아이의 즐거운 웃음과 '경남교육이 최고야'라는 의미의 엄지를 드는 모습을 로고 타입에 조합하여 아이들이 중심인 경남교육을 표현했다. 주황색은 아이의 에너지를, 녹색은 경남교육의 희망을, 하늘색은 교육의 미래를, 파란색은 경남교육의 믿음과 신뢰를 의미한다.

(2) 경남 혁신학교(행복학교)

① 의의: 행복학교란 '교육 공동체가 배움과 협력의 토대 위에 성찰·소통·공감을 지향하고 행복을 추구하는 미래형 학교'로서 경남형 혁신학교를 말한다. 행복학교는 교육의 본질과 학교의 참모습을 추구하며 학생들이 마음껏 꿈꾸며 미래를 살아갈 힘을 기르고, 올바른 민주 시민으로서의 역량을 키우는 곳이다. 여기서 교사는 서로 협력하며 전문가로서의 자긍심을 키워가고 학생은 지식의 창조자로서 배움의 즐거움을 느끼며 학부모는 학교 교육의 적극적인 주체로 참여하며 교육에 대한 믿음을 키워 나간다.

② 행복학교 운영 배경
  ㉠ 창의성, 존중과 배려, 민주시민으로 살아가는 능력 등 미래 핵심역량 중심의 진정한 배움이 일어나는 학교 육성을 위한 시대적·사회적 요구 확산
  ㉡ 가르침 중심의 교육에서 벗어나 함께 배우고 성장하는 배움 중심의 새로운 교육 및 학교 혁신에 대한 필요성 증대
  ㉢ 공교육 정상화 모델 창출과 확산으로 공교육에 대한 신뢰 회복을 요구하는 사회적 분위기 조성
  ㉣ 교육 주체들의 자발적인 참여와 민주적인 소통과 협력을 바탕으로 함께 가꾸어 가는 경남교육 구현
③ 혁신학교인 이유
  ㉠ 학교는 변화가 필요하다. 학생들은 입시위주의 교육제도로 학교생활에서 꿈, 장래희망에 대한 뚜렷한 답을 찾지 못한 채 배움의 기쁨으로부터 멀어지고 행복을 느끼지 못하고 있다. 이를 극복하기 위해 공교육 정상화, 교육격차 완화 등 국가 주도의 다양한 교육개혁정책을 추진하고 교육 여건이 많은 부분 개선되었으나 성과위주의 변화라는 한계를 드러냈다.
  ㉡ 혁신학교는 시대적 요구이다. '공부, 학력중심'에서 '배움, 역량중심' 교육으로의 패러다임이 변화하고 있다. 혁신학교는 교육의 본질, 학교의 참모습으로 돌아가자는 것이다.
④ 행복나눔학교: 행복학교의 철학과 문화를 확산하는 경남형 미래학교이다.
⑤ 행복학교: 교육공동체가 함께 만들어 가는 배움과 협력이 있는 학교이다.
⑥ 행복맞이학교: 민주적인 학교 운영과 실천중심의 전문적 학습공동체를 운영하는 학교이다.

✎ Check point

1. 행복마을학교
   ① 행복마을학교는 청소년과 지역민의 협력으로 마을에서 함께 배우고 성장하는 미래형 배움터로 목공, 제빵, 도예, 업사이클링, 요리 등 다양한 체험활동 프로그램을 운영하고 있다.
   ② 행복마을학교를 통해 학생, 학부모, 지역민이 함께 협력하며 지속발전 가능한 마을교육공동체가 구축되도록 경상남도교육청이 응원하고 있다.
2. 행복교육지구
   ① 행복교육지구 운영을 통한 교육청·지자체·지역 사회 교육협력 모델 구축
   ② 교육 인프라 구축 및 지역별 맞춤형 지원으로 교육의 균형적 발전 도모
   ③ 지역민·지역단체의 참여를 통한 다양한 형태의 마을학교 운영
   ④ 학교와 지역 사회가 적극적으로 소통하고 협력하는 지역교육공동체 구축

---

(3) 경남 미래교육 지원 플랫폼 '아이톡톡'

① 의의: '아이톡톡'이란 배움으로 역량을 키우는 아이의 즐거운 웃음이 있는 교육, 미래 교육을 만들어 가는 교육가족의 소통과 배움을 '톡톡히' 연결하고 지원하는 경남형 미래교육 지원 플랫폼이다.
② 구 성
  ㉠ 유프리즘: 실시간 원격화상 수업 솔루션
  ㉡ 하이보드: 판서중심 화상 수업 솔루션
  ㉢ 에드위드: 열린학급운영 솔루션

ⓡ 한컴클래스: 웹문서 기반 학급운영 솔루션

ⓜ 한컴 스페이스: 클라우드 웹 오피스

ⓗ 웍스: 아이톡톡 전용 그룹웨어

③ 추진방향

　　ㄱ 미래교육환경과 여건 조성을 위한 무선망·스마트단말기 보급을 확대하고, 변화를 넘어 수업혁신을 실천할 수 있는 교육주체 역량 강화 지원

　　ㄴ 빅데이터·AI플랫폼 아이톡톡 개발 및 보급을 통한 교육데이터 기반의 지능형 교육지원 체제 구축

　　ㄷ 빅데이터·AI 학습 지원을 위한 유연한 학습공동체 운영 활성화

　　ㄹ 인공지능(AI)·소프트웨어교육, 디지털교과서, 온라인 협업학습 등 에듀테크의 미래교육환경 조성을 위한 학교 무선환경 구축(교수·학습 활동이 이루어지는 모든 필요 공간)

(4) 학습격차 해소방안

① 모든 학생에 대한 동등한 학습기회 제공으로 학습 격차 해소

② 단위학교 기초학력 책임지도 강화로 공교육 신뢰도 제고

③ 학습더딤의 다양한 원인을 파악하여 학생 맞춤형 기초학력 향상 3단계 안전망 프로그램 운영

④ 학습더딤 통합 지원을 위한 두드림학교 '다중지원팀' 및 학습종합클리닉센터 운영

　　ㄱ 기초학력 향상 지도 도움자료 개발·보급

　　ㄴ 교육회복 학습지원을 위한 누리교실 운영

(5) 학부모정책모니터단(도민감사관제 운영)

① 국민과 소통·공감하는 교육정책 추진을 위해 정책의 발굴·집행·결정·평가 등의 단계에서 현장의 의견 청취·환류 필요

② 다양한 정책의 모니터링을 통해 현장의 창의적인 의견을 정책 부서에 직접 전달·환류할 수 있는 소통 채널 활성화

(6) 도민감사관제 ➡ 2017~2018년 기출문제로 출제되었다. ★

① 도민감사관제 운영

　　ㄱ '도민감사관'이란 도민의 교육행정 감시기능을 강화하고, 교육행정의 투명성 및 공정성 확보와 교육·학예에 관한 행정감사의 신뢰를 높이기 위하여 경상남도교육감이 요청하는 감사·조사 과정에 참여하고, 부패유발 제도·관행의 시정, 공무원 등의 비위행위 제보, 그 밖의 교육행정 제도 개선 의견을 제출하도록 위촉되어 활동하는 사람이다.

　　ㄴ 교육감이 요청하는 감사 또는 조사 과정에 참여한다.

　　ㄷ 부패유발 제도·관행의 시정 건의를 한다.

　　ㄹ 공무원 등의 비위행위 제보 및 기타 제도개선 의견 제출을 한다.

② 청렴옴부즈만 참여

　　ㄱ 민원이 제기된 부패행위 등에 대한 조사 및 시정·개선 권고를 한다.

　　ㄴ 부패 취약분야 모니터링 및 반부패·청렴활동에 참여한다.

③ 다양한 의견 수렴을 위한 '감사자문위원회'를 운영한다.

④ 공익신고 활성화를 위한 '익명성보장 공익신고시스템'을 운영한다.

(7) 참 고

① **미래형 교육체제:** 원격수업기반 조성

> ㉠ AI·SW교육, 디지털교과서, 온라인 협업학습, 비대면 및 다양한 수업 환경 제공을 위한 무선망 구축(일반교실, 교과교실, 특별실 등 수업활동이 이루어지는 모든 교실 대상)
> ㉡ 무선망 구축을 기반으로 미래교육 환경 조성을 위한 학생용 스마트단말기 보급 확대

② **주민참여예산제** ➲ 2017년 문제로 출제되었다.

> ㉠ **정의:** 주민이 법령 및 조례에서 정한 절차 및 방법에 따라 경상남도교육비특별회계 예산편성 과정에 참여하는 것
> ㉡ **의의:** 예산편성 과정에 주민의 다양한 의견을 반영하여 참여와 소통의 문화를 실현하고, 교육재정 운영의 투명성, 신뢰성 및 주민만족도를 제고하여 재정민주주의의 이념 구현
> ㉢ **참여대상:** 학생, 학부모, 교직원, 일반도민 등
> ㉣ **참여방법:** 홈페이지 '토론방' 의견제출이나 예산편성 설문조사 참여

③ **청렴정책:** '2022년 공공기관 청렴도 평가'에서 종합청렴도 1등급 획득

> ㉠ 원스트라이크 아웃제도 운영 ⇨ 지위고하, 사안불문 관용 없는 일벌백계
> ㉡ 공익신고 활성화 및 제보자 보호
> ㉢ 부정청탁 및 금품 등 수수 금지 서약
> ㉣ 도민감사관제 운영
> ㉤ 청렴정책추진단 운영
> ㉥ 적극행정 지원 ⇨ 적극행정면책제도 운영

④ **기후변화 대응정책:** 에플다이어트(에너지, 플라스틱 줄이기) 운동

> ㉠ 맞춤형 에너지와 플라스틱을 줄이는 실천 과제를 설정하고, 기후위기 대응을 위한 실천 운동 전개
> 예 코팅지 사용 줄이기, 종이컵 대신 텀블러·개인컵 사용하기, 페트병 페비닐과 페페트병으로 분리 배출하기 등
> ㉡ 그린스마트 미래학교 운영
> ⓐ 기후위기 대응교육과 스마트 교육이 가능한 경남형 미래학교 설립
> ⓑ 사전기획을 통해 사용자 요구를 반영한 쾌적하고 안전한 학교환경 조성
> ⓒ 기존 공급자 중심 학교공간을 사용자 중심으로 공간 재구조화 추진
> ⓓ 학습과 휴식이 조화를 이루는 삶터 같은 학교공간 조성
> ⓔ 통제·관리가 아닌 민주주의를 경험하고 실천하는 학교공간 확대
> ⓕ 교육과정과 연계한 사용자 참여설계를 통한 학교공간혁신 사업 추진
> ⓖ 지역과 함께하는 경남형 학교공간혁신 사업 추진

⑤ 작은 학교 살리기 프로젝트

> ⊙ 경남에서는 전국 최초로 교육자치와 행정자치의 통합행정 사업인 '작은 학교 살리기 프로젝트'를 운영
> ⓒ 경상남도와 경남교육청이 협력해 학생 수 60명 이하의 작은 학교에 문화 예술 공간을 설치
> ⓒ 해당 학교가 있는 마을에는 공공임대주택을 건립하고 빈집 개조 등 정주 여건을 개선해 초등학교 자녀가 있는 가구를 유치하는 것
> ② 2023년 남해·거창·합천 초등학교 3곳 선정 ⇨ 지역적 특성을 살린 학교 교육 과정, 지역민과 함께 어울리는 학교 공간 조성, 작은 학교와 마을을 살리기 위한 일자리 확보 방안 등을 제시

⑥ 경남교육청 이슈: 융합인재교육(STEAM) 및 발명교육 내실화

> ⊙ 4차 산업혁명 대비 융합교육 기반 마련 및 활성화
> ⓒ 융합교육 선도학교 발굴·확산
> ⓒ 융합교육으로 생동감 넘치는 교실을 위한 수업 혁신
> ② 융합교육 협의체 조직·운영을 통한 교원 전문성 신장
> ⑩ 발명교육센터 운영 내실화
> ⑪ 메이커교육을 통한 창의력 개발 교육 강화
> ⊗ 창의성을 갖춘 우수 발명 인재 양성
> ⊙ 메타버스교육을 통한 창의융합형 인재 양성

⑦ 거점통합돌봄센터: 늘봄(경남교육청의 돌봄정책)

> ⊙ 거점통합돌봄센터 늘봄은 공적 돌봄 확대 및 인근 학교 간 돌봄 공동 수요 충족을 목적으로 양질의 돌봄서비스와 방과 후 학교 프로그램을 통합적으로 제공하는 거점돌봄기관이다.
> ⓒ 2021학년도에 처음 문을 연 늘봄은 다른 돌봄 기관들과 차별화되는 여러 특색을 갖고 있다. 평일 8시까지의 시간 연장, 초등학교 4학년까지의 대상 확대, 정기 이용자 외 수시(틈새) 돌봄, 돌봄교실 내 무상 단체 프로그램, 쉼과 창의성이 어우러진 공간에서 질 높은 프로그램을 운영하며 전문상담사에 의한 심리상담 지원도 이루어진다.
> ⓒ 늘봄에서는 맞벌이 가정에서의 돌봄 공백을 해소하며 편안하고 안전한 돌봄 제공을 위해 노력하며, 우리 아이들의 바른 인성, 전인적 성장을 지원하며 경남형 사회적 돌봄으로 자리매김해 나아가고자 한다.

⑧ **생태환경교육**: 코로나19 감염병 위기를 거치며 기후와 생태환경에 더 많은 관심을 갖게 되었다. 더 늦기 전에 푸른 지구를 지키기 위한 실천을 시작해야 한다. 생태환경교육의 대전환을 통해 환경과 인간의 공존을 추구하고, 지속가능한 삶을 위한 모든 분야와 수준에서 생태적 전환을 위한 교육을 강화해 간다.

> ⊙ 학교에서 실천하는 100대 과제 발표
> ⓒ 환경교육 선도학교 운영 ⇨ 생태환경미래학교, 탄소중립 모델학교, 생명을 가꾸는 초록학교, 체험중심 숲교육학교, 흙에서 생태적 감수성을 신장하는 텃밭교육학교
> ⓒ 학교에서 실천하는 '기후위기 대응교육 실천교사단' 운영

CHAPTER
03 경북교육청

1 경북의 교육방향 및 현황

(1) 교육비전

삶의 힘을 키우는 따뜻한 경북교육 ★★★

① '삶의 힘'은 자기 삶의 주인으로서 세상에 도전하여 꿈을 실현하고 사회 발전에 이바지하는 역량이다.
② '따뜻함'이란 한 아이의 삶도 포기하지 않고 행복하게 보살피겠다는 경북교육의 핵심가치이다.
③ 경북교육은 모든 아이들의 행복한 삶을 위해 결과보다 과정을, 다그침보다 기다림을 소중하게 생각하는 교육이다.

(2) 교육지표

성장하는 나, 조화로운 우리, 함께 여는 미래 ★★★

① 성장하는 나: 살아가는 일은 끝없는 배움의 여정이다. 배움은 저마다의 고유한 삶을 만나 다채로운 성장으로 이어진다.
② 조화로운 우리: 여러 색이 모여 무지개를 만든다. '나'가 '우리'로 조화를 이룰 때 모두가 돋보이면서 새로움을 만들 수 있다.
③ 함께 여는 미래: 함께 가면 더 멀리 갈 수 있다. 현재에 머물지 않고 미래를 함께 상상하며 창조할 수 있는 사람으로 자란다.

(3) 정책방향

✔ POINT 교육청 홈페이지에서 2024 주요업무계획 파일을 찾아 아래 내용의 대표 정책 1~2개 정도만 알아두도록 한다.

① 삶이 있는 교육과정
② 힘이 되는 미래교육
③ 따뜻함을 더하는 학교
④ 혁신하는 교육지원

(4) 특색사업 ★★★

① 경상북도교육청 사이버독도학교 운영
  ㉠ 전국민과 세계인이 함께하는 대한민국 땅 독도의 온라인 교육 제공
  ㉡ 한글판·영문판으로 독도 교육콘텐츠 및 홍보자료 제공

② 미래를 준비하는 슬기로운 경제교육
    ㉠ 실생활 연계 교육을 통한 합리적 경제생활 습관 및 경제적 사고력 함양
    ㉡ 대내외 경제환경 변화에 대응할 수 있는 경제를 바라보는 안목 함양
③ 학생 주도성 신장을 위한 '온학교' 운영
    ㉠ 상시적·선택적·학생 주도적 학습기회 제공으로 학생의 학습권 보장
    ㉡ 시·공간 제약 없는 열린 내용으로 학생 성장지원 및 학습격차 해소

> ✏ **Check point**
>
> **학교지원센터**
> ➡ 응시생들은 주무관으로서 아래의 업무를 할 수 있으니 알고 있어야 한다.
> 1. 선생님이 수업과 생활지도에 전념할 수 있는 여건을 조성하고, 업무 중심에서 지원 중심의 교육지원청의 역할 전환을 목적으로 한다.
> 2. 시·군의 규모에 따라 도시형·도농복합형·농촌형·도서벽지형 등 4가지 유형이 있으며, 유형별로 장학사 1~2명, 주무관 2~4명의 인력이 배치되고, 학교 지원 업무를 전담한다.
> 3. 학교지원센터에서는 교육활동 지원, 현장활동 지원, 인력채용 지원, 특색활동 지원 등 4가지 영역에서 학교의 업무를 직접 지원한다.
> 4. 교육활동 지원은 교사의 교육과정 운영에 필요한 업무를 통합 지원하는 것으로 현장체험학습 프로그램 개발 및 데이터베이스 구축, 교원의 법정 의무 연수, 원격수업 및 콘텐츠 제작 등을 지원한다.
> 5. 현장활동 지원은 과학실 안전관리 및 폐수 수거, 도서관 운영 지원 등 학교를 직접 지원한다.
> 6. 인력채용 지원은 인력풀 관리, 강사 채용 등 학교에 필요한 인력 채용을 지원한다.
> 7. 지역특색 지원은 지역별 특수한 상황을 반영해 특색있게 학교를 지원한다.

(5) 경북교육청 현황
① 교육감: 임종식(2022년 재선)
② 교육비 예산(2024년): 5조 4,541억원
③ 교육지원청(23개): 포항, 경주, 김천, 안동, 구미, 영주, 영천, 상주, 문경, 경산, 군위, 의성, 청송, 영양, 영덕, 청도, 고령, 성주, 칠곡, 예천, 봉화, 울진, 울릉

2 경북교육청 주요 정책

(1) 경북형온라인학교 설립
① 교실과 교사 등을 갖추고 소속 학생 없이 시간제 수업을 제공하는 새로운 형태의 공립학교
② 농어촌 소규모학교 및 단위학교의 미개설 과목을 지원하여 학생 맞춤형 교육과정 운영

(2) 기초학력 보장지원
① 다각적인 학습부진 예방·진단·지도·평가 환류 시스템 구축 및 지원으로 기초학력 증진, 기초학력 보장 지원에 대한 교육공동체 역량 제고
② 학습지원 담당 교원 및 지원인력의 전문성 강화 ⇨ 체계적 기초학력전문가 양성시스템 목적
③ 빅데이터 기반 개별 맞춤형 학습지원, 학생 주도 학습 이력 및 성장 포트폴리오 관리

④ 경북희망학교 연계 도심 과밀학급 분산 확대, 학급당 학생 수 점진적 감축을 통해 과밀학급을 해소하고 이를 통한 학습권 보장

(3) 바로지원 365 신속대응팀 운영

① 중대사안 발생시 신속 출동하여 초기 대응을 돕고 사안처리를 지원하는 서비스
② 위기학생(자살·자해), 학교폭력(성폭력 포함), 관계 회복 및 분쟁조정 지원

(4) 학교 밖 청소년 지원 강화

① 의의: 초·중학교 단계의 미취학 및 학업 중단 청소년에게 다양한 학습경험을 통해 학력을 인정받을 수 있는 기회를 제공하는 사업
② 학교 밖 청소년 맞춤형 동행 카드 운영: 교통비, 식비, 교재 구입, 인터넷 강의 지원 등 학습원 강화, 문화 복지비 사용 영역 확대 및 증액

(5) 경북미래학교(경북형 혁신학교)

① 의의: 민주적 학교문화 속에서 교육의 본질을 추구하고 학생들의 미래역량을 기르는 경북형 혁신학교 '경북미래학교'는 '새로운 지식과 정보를 창출하고 더불어 행복한 삶을 살아가는 데 필요한 역량을 기르기 위한 학교'를 의미
② 목 적
  ㉠ 교육환경의 변화와 미래사회가 요구하는 인재상의 변화에 적극적으로 대응하기 위한 경북형 혁신학교 모델 개발
  ㉡ 단위학교 자율경영체제를 바탕으로 특색 있는 교육과정을 운영해 미래 역량을 갖춘 인재 양성
  ㉢ 삶의 힘을 키우는 따뜻한 경북교육 실현의 모델학교 확산으로 공교육 신뢰도를 높이기 위해 운영

(6) 경북 인성교육

① 자기주도적 인성교육 '도전! 꿈 성취 인증제' 운영
  ㉠ 도전의식 함양을 통해 참다운 나를 발견 및 성장
  ㉡ 활동영역 ⇨ 인문, 예술, 체육, 봉사
  ㉢ 스스로 정한 도전목표 성취 및 인증
② 감성을 키우는 시울림 학교
  ㉠ 시울림 프로그램 운영
  ㉡ 발표기회 확대 ⇨ 시 낭송 콘서트 개최
③ 인성교육 선도학교 운영
  ㉠ 미래형 선비 육성 학교 운영 ⇨ 초·중·고 40교
  ㉡ 인성교육 중점학교
④ 인성친화적 학교 환경 조성
  ㉠ 민주적 학교만들기: 학생자치활동 확산, 학부모 학교참여 확대, 소통하는 교직원 문화
  ㉡ 행복한 학교만들기: 아낌없이 칭찬하기, 바른말 고운말 쓰기, 학생관계 개선활동
  ㉢ 놀이와 쉼이 있는 학교만들기: 어린이의 놀 권리보장, 놀이중심 공간재구조화 확대, 즐거움을 더하는 함께 바르게 걷기

(7) 놀이중심 공간재구조화

① 학생들의 놀 권리를 강조한 정부의 '포용국가 아동정책' 발표(2019. 5. 22.)에 맞춰 '놀이중심 공간 재구조화', '놀이중심 수업 지원', '놀이중심 문화 확산' 등 세 가지 영역으로 추진

② 놀이중심 공간재구조화 사업은 교실과 학교 공간을 학교 교육과정과 연계하여 놀이중심의 창의적인 공간으로 바꾸는 사업

    ㉠ 학생들의 놀 권리와 쉴 권리를 보장하고, 놀이 문화를 확산해 학생 간 바람직한 사회적 관계 형성과 창의성을 발휘할 수 있는 학습공간을 제공

    ㉡ 초등학교 저학년 교실을 학생 발달단계를 고려한 아동 친화적인 공간으로 만드는 교실 공간재구조화 사업과 학교 내 여유 공간과 자투리 공간을 놀며 휴식할 수 있는 공간으로 만드는 학교 공간재구조화 사업으로 나누어 추진

    ㉢ 학생·학부모·교사가 직접 설계 과정에 참여하는 사용자 참여 설계로 사용자 의견을 충분히 반영

(8) 초등 1-1-1 프로젝트

① 도내 초등학교 전 학급을 대상으로 학생 참여형 수업 활성화를 위해 '1-1-1 프로젝트 학습'을 추진

② '1-1-1 프로젝트 학습'은 학급별로 '1(한)학기-1회-1프로젝트 학습'을 실천해 학생 미래역량을 키우는 정책

③ 프로젝트 학습은 학습자가 스스로 문제를 발견해 해결 방안을 찾고 협력적인 조사·탐구 활동을 통해 과제를 해결하고, 결과를 공유하는 과정에서 다양한 배움이 일어나는 학습

④ 학교는 인성 과제, 학교폭력예방 등 학교교육목표 중심의 '학교 주도형 프로젝트', 동학년과 학급공동체 중심의 '학년·학급 협력형 프로젝트', 동아리 형태로 운영하는 '동아리 자율형 프로젝트' 등 학교와 학급의 실정에 맞게 자율적이고 창의적으로 운영

(9) 메이커교육

① 개 념

    ㉠ 디지털 도구를 이용해 자신이 원하는 제품을 직접 설계하고 제작하는 교육과정

    ㉡ 기존 교육과는 달리 학생 스스로 학습의 주인공이 되어 주제를 정하고 결과물을 만들어 내는 학습자 중심의 교육

② 추진배경: 상상한 것들을 직접 만들어 봄으로써 문제해결력을 향상시키고, 다양한 창작활동으로 4차 산업혁명 시대를 대비한 창의융합형 인재육성에도 큰 기여

③ 교육방향

    ㉠ 자유학기제와 동아리 활동 시간과 연계 운영

    ㉡ 메이커 캠프 운영

    ㉢ 메이커 활동 대회 개최

④ 교육인프라 구축

    ㉠ 경북메이커교육관 건립: 메이커 체험활동, 창업마인드 확산, 메이커센터 지원 및 컨설팅

    ㉡ 메이커 활동공간 구축: 발명교육센터 메이커 교구 확충, 학교 내 메이커 공간 확대

    ㉢ 유관기관과 협력체제 구축: 지역 사회나 유관기관과의 협업 및 협력

(10) 온마을 교육생태계

① 경북교육을 위한 협력체제를 구축하고자 함
② 교육지원청·지자체·학교 간 상호 협력 및 연계 강화
③ 초등돌봄, 방과 후 프로그램, 학교 밖 청소년 지원 등 지역 실정에 맞는 협력 사업 발굴
④ 지역별 인재육성 프로그램 개발·운영
⑤ 지자체 및 지역 사회와 함께하는 시·군별 우수학교 육성

(11) 작은 학교 살리기

① 작은 학교 자유학구제
  ㉠ 초·중학교 작은 학교 중 희망교는 큰 학교와 자유학구 지정 및 운영
  ㉡ 큰 학교에서 작은 학교로만 전·입학이 가능한 일방향 학구제
  ㉢ 자유학구제 안정적 운영 및 확대 ⇨ 164교(초 144교, 중 20교)
  ㉣ 자유학구 내 작은 학교 특색 프로그램 개발 및 지원
② 다니고 싶은 작은 학교 만들기
  ㉠ 학교마다 특색있는 교육과정 운영 지원
  ㉡ 학교 특성을 살린 공간 재구조화 ⇨ 유휴교실을 이용한 공간활용
③ 작은 학교 가꾸기 우수학교 인증제 운영
  ㉠ 꿈 키움 작은 학교 인증제
  ㉡ 교육과정 및 교육콘텐츠 차별화
  ㉢ 학생·학부모·지역 사회가 함께 만들어 가는 학교

(12) 기후위기 대응 생태전환교육

① 학교별 특색있는 생태전환교육을 실현하는 교육계획 수립 및 교육과정운영
② 낙동강 쿠레레 운영 ⇨ 낙동강을 주제로 개발한 학교급별 단원 수준 생태전환 교육과정
③ 생태예술 프로그램 운영
④ 기후행동 1.5℃ 앱 활용 탄소중립 실천 인증제 실시
  ㉠ 기후행동실천의 날, 환경교육주간 운영
  ㉡ 탄소중립실천을 위한 Green-5 활동 강화
  ㉢ 기후행동캠페인 및 챌린지

(13) 온학교

① 경북교육청은 원격학습지원 플랫폼 '온학교.com'을 운영하고 있다.
② '온학교.com'은 모든 학생을 위한 따뜻한 온라인 학습공간이라는 뜻으로 경북교육청이 운영하는 초등 학습 플랫폼이다.
③ 학습 공백 최소화와 학습 격차해소를 해결하기 위한 다양한 학습지원 활동을 한다.
④ 이 공간에서는 학생의 주도적 참여와 다양한 상호작용이 이뤄진다. 패들렛, 구글 설문 기능 등을 활용해 비대면 상황에서도 학생의 주도적 참여와 다양한 상호작용, 맞춤형 피드백을 하고, 우수 참여 학생에게는 시상도 한다.

(14) 경북교육청 청렴정책

① 투명하고 열린 감사문화 조성
  ㉠ 수평적 조직문화 정착: 청렴서약, 공직자 부패 위험성 진단, 공정한 직무수행 풍토조성
  ㉡ 부조리·갑질·공익신고센터 운영: 신고포상금 지급, 익명신고보장
  ㉢ 사립유치원 공공성 강화: 종합감사 실시, 비리신고센터 운영

② 감사활동 내실화
  ㉠ 취약분야 상시 컨설팅
  ㉡ 주민감사관, 전문감사단 활동
  ㉢ 학교자율감사 지원
  ㉣ 적극행정 활성화

③ 청렴문화의 정착 및 확산
  ㉠ 청렴설문 및 만족도 조사
  ㉡ 민관협력형 반부패 청렴조직 운영
  ㉢ 1인 1청렴 서약 실천
  ㉣ 학생·학부모 청렴교육 확대
  ㉤ 차 한잔 문화 등 긍정적 청렴문화 확산 및 수요자 맞춤형 청렴교육 실시

CHAPTER

04 광주교육청

1 광주의 교육방향 및 현황

(1) 비전(교육상)

미래를 함께 여는 혁신적 포용교육

① '미래를 함께 여는'은 다양한 교육구성원과 더불어 소통하고 협력하여 미래사회 변화를 준비하고 열어가 자는 의미이다.
② '혁신적 포용교육'은 다양성·책임·공정·미래·상생의 5대 가치를 중심으로 학생이 꿈꾸는 미래를 실현 하기 위한 인간중심교육을 의미한다.

(2) 교육지표

창의성을 갖춘 가슴 따뜻한 세계민주시민

① '창의성을 갖춘'은 광주학생이 미래사회를 주도하기 위해 반드시 필요한 창의성과 인지적 능력을 쌓는 것을 의미한다.
② '가슴 따뜻한 세계민주시민'은 따뜻한 정의적 품성과 예술적 감수성을 함양하고 기후위기와 생태환경 등에 관심을 갖는 세계민주시민으로 성장하는 것을 의미한다.

(3) 5대 주요 시책

✔ POINT 교육청 홈페이지에서 2024 주요업무계획 파일을 찾아 아래 내용의 대표 정책 1~2개 정도만 알아두도록 한다.

① 모두의 꿈이 실현되는 다양성 교육
② 삶의 힘을 키우는 책임교육
③ 희망사다리가 되는 공정교육
④ 상상이 현실이 되는 미래교육
⑤ 다함께 주인되는 상생교육

(4) 3대 역점과제

① 다양성을 품은 실력향상
② 미래로 가는 AI 교육
③ 모두가 동행하는 시민협치

(5) 슬로건

단 한 명의 아이도 포기하지 않는 광주교육

> ① 학생이 처한 환경과 상황에 따라 차별받지 않고 모두가 교육적 혜택을 통해 자신이 원하는 미래를 실현할 수 있도록 지원하는 공정과 책임교육을 의미
> ② 교육구성원의 다양한 상황을 인정하고 누구나 원하는 교육을 받을 수 있도록 지원하는 다양성 교육을 의미

(6) 광주교육청 현황

① 교육감: 이정선(2022년 초선)
② 교육비 예산(2024년): 2조 6,817억원
③ 교육지원청(2개): 동부, 서부

2 광주교육청 주요 정책

(1) 체험 중심 경제·금융교육 활성화

① 학교로 찾아가는 생활창업체험교육 운영
② 학생 창업동아리 운영 지원

(2) 광주교육 문화예술벨트 조성

① 광주학생예술누리터 제1관 운영 내실화
② 광장학생누리터 제2관 건립 추진
③ 학생 예술극장 운영 ⇨ 학생 주도 문화예술공연 공간 제공

(3) 건강장애학생 교육 지원 강화

① 병원학교 학생 등을 위한 대학생 보조강사 지원
② 안정적 학교 복귀를 위한 건강장애학생 맞춤형(학습·심리·정서) 멘토링 운영 확대
③ 병원학교 위탁교육(학마을병원학교, 여미사랑병원학교, 느티나무병원학교)
④ 원격수업 위탁교육(한국교육개발원, 꿈사랑 학교)

(4) 학생 교육비 '꿈드리미' 지원금 지급

① 학교생활에 필요한 직·간접적 교육경비 지원
② 중·고 대상(저소득층·다문화·탈북 및 2인 이상 다자녀 가정)
③ 연차적 확대(2024년 중3, 고3 ⇨ 2025년 중2·3, 고2·3 ⇨ 2026년 중·고 전체)
④ 학생 1인당 연간 100만원(기지급된 보편적 교육복지비 포함)
⑤ 꿈드리미 바우처 카드 지급

(5) 학생맞춤통합지원 사업 추진

① 선도학교 운영(초 7교·중 3교, 교당 5,000만원 이내)
  ㉠ 학교 내 학생맞춤통합지원팀 구축·운영으로 도움이 필요한 학생 조기 발굴

ⓛ 대상 학생에 대한 맞춤형 원스톱 통합 서비스 지원 및 사례 관리
② 시범교육지원청 운영(동·서부교육지원청, 기관당 1억원 이내)
　　㉠ 선도학교, 교육복지사 미배치교 취약학생 지원 및 사례 관리
　　ⓛ 지역 사회 관계기관 등과 네트워크 구축 및 교육복지 확대 모델 개발

(6) 광주형 미래학교(혁신학교, 자치학교, 연구학교)
① 의의: 학생이 꿈꾸는 다양한 미래를 실현하기 위해 교육공동체가 자율성과 책임을 갖고 미래사회를 함께 준비하며 열어가는 학교이다.
② 혁신학교: 새로운 학교문화 조성 등을 통해 교육주체들이 상호 협력해 공교육 정상화의 성공 사례를 창출·보급하는 것이 빛고을 혁신학교의 목적이다. 또한 창의성·다양성·자발성에서 점점 멀어지고 있는 우리 아이들에게 교육공동체를 통하여 배움의 즐거움을 느끼게 할 수 있는 학교이다. 입시와 경쟁을 일삼는 교육이 아니라 함께 배우고 나누는 새로운 학교를 말한다.

> ㉠ 학교의 지역적 특성과 학생 개개인의 상황과 요구에 기반을 둔 교육과정의 특성화·다양화 필요성에 대한 공감대 형성
> ⓛ 공교육 정상화를 통해 학생들은 '누구든지, 어디서나' 자기실현을 할 수 있고, 협력과 나눔을 통해 공공적 가치와 사회적 책임을 배울 수 있는 학교의 '공공성' 실현에 대한 필요성 확산

③ 자치학교: 학교의 자율성을 바탕으로 지역 사회의 특성, 학생·학부모의 필요와 요구를 반영한 다양한 교육과정 운영 모델을 자율적으로 개발하고 실천하는 학교이다.
④ 연구학교

⌵ PLUS

광주교육청, "학생 중심 학교공간 혁신(아.智.트 프로젝트)"
1. '아이들의 지혜(智)를 모아 시도해보자(Try)'는 의미를 담고 있는 '아·智·트 프로젝트'는 학생이 중심이 되어 학교 공간을 혁신하는 광주교육청만의 특색 사업이다.
2. 학교는 민주주의 배움터이자 아이들의 공간이라는 철학으로 학생이 참여하고, 학생이 만들어 가는 공간 혁신을 추진한다.
3. 교육과정 연계 학교 민주주의, 문화예술, 놀이, 도서관 등의 활동 공간 혁신을 추진한다.
4. 교육부에서 추진하는 그린스마트스쿨 사업과 연계하여 추진한다.

⌵ PLUS

메이커 캠프 운영
1. 4차 산업혁명에 대비하여 학생들의 창의융합능력을 신장시키고 실생활 문제 해결능력을 길러 주기 위해 구축한 메이커 스페이스인 '엉뚱공작소'의 다양한 시설과 공구를 활용하여 기초적인 목공 작업부터 LED 스탠드, 아크릴 조명 만들기, 커피 드리퍼, 모니터 받침대 제작 등의 다양한 프로그램을 운영한다.
2. 학부모 및 학생들이 다양한 전동공구를 직접 다루면서 생활에 활용할 수 있는 제품을 직접 만들어보는 활동을 통해 최근 등장하고 있는 메이커교육을 통한 실생활 문제해결 경험의 기회를 부여한다.

(7) 광주교육청 청렴대책 ⇨ 청렴한 조직문화 확산

① 3공(공감·공유·공개) 청렴으로 교육신뢰 강화
  ㉠ **공감 청렴:** 일방적 지시 문화 근절, 소통과 참여의 상호존중 문화 조성
  ㉡ **공유 청렴:** 행정정보 공유
  ㉢ **공개 청렴:** 행정정보 사전 공개 및 과정·절차·결과의 투명한 공개 강화
② **청렴시민감사관제 운영:** 교육청 주요사업 과정에 대한 감시 및 평가를 통해 불합리한 제도·관행·업무절차 등을 발굴해 개선
③ 청렴게시판(익명) 운영
  ㉠ 신고 방법 다양화(QR코드, 휴대전화 앱, 누리집 등)
  ㉡ 외부전문기관 위탁 운영, 익명성과 비밀 보장
④ 참여형 청렴문화 행사 활성화
  ㉠ 청렴 홍보물 공모전 개최
  ㉡ 청렴 홍보 소식지 발행
  ㉢ 민·관이 함께하는 청렴문화 홍보활동
⑤ 갑질예방 활동 강화
⑥ 청렴키움단 운영

⊘PLUS

청렴시민감사관 제도

1. 목 적
  ① 교육사업에 대한 투명한 감시 및 평가를 통해 불합리한 제도·관행·업무절차 등을 발굴하고 개선을 권고한다.
  ② 공공행정 과정에 시민의 참여를 통하여 행정의 책임성·투명성을 제고한다.

2. 청렴시민감사관(이하 '시민감사관')
  교육청(산하기관 및 학교 포함)이 시행 중인 교육사업 전반에 대하여 독립적 지위를 가지고 감시·평가함으로써 부패행위를 사전에 예방하고 불합리한 제도·관행·업무절차 등을 발굴하여 그 개선을 권고하는 임무를 수행하도록 위촉되어 활동하는 자를 말한다.

⊘PLUS

참여중심 봉사활동
1. 다양한 봉사 체험활동 기회의 확대를 통한 실천중심 인성교육 강화
2. 학생 재능기부를 통한 지역 사회와 함께하는 1교 1나눔 운동 확산
3. 단위학교 학생 봉사활동 활성화 지원 및 안내
4. 학교봉사활동을 교육과정에 편성하고 운영하면서 양적에서 질적인 활동으로 전환
5. 학교별 '학생봉사활동추진위원회' 구성 및 운영 ⇨ 봉사활동 시간의 합리적 조정, 봉사활동 인정 범위 조정, 생활기록부 기록사항 확인 등

(8) 기후환경·생태교육

① 기후환경·생태교육 강화
- ㉠ 교육과정 연계하여 지속가능한 기후환경·생태교육 실시
- ㉡ 기후환경교육 콘텐츠 개발 및 보급

② 실천중심의 생태시민 양성
- ㉠ 기후위기 대응 실천교사 및 학생 실천단 운영
- ㉡ 체험중심의 실천적 환경교육
  - ⓐ 친환경교실 조성
  - ⓑ 환경교육프로그램 운영
  - ⓒ 친환경 학교 텃밭 조성
  - ⓓ 체험·실천 중심의 환경동아리 운영
  - ⓔ 에코스쿨 우수학교 시상
- ㉢ 건강한 녹색 식생활 및 채식선택 급식 확대
- ㉣ 학교·마을 연계 환경학습공동체 운영
- ㉤ 기후위기 대응 환경교육 캠페인 및 홍보
- ㉥ 자원순환 및 자원재활용 교육 확산

③ 탄소중립 에너지 전환 실현
- ㉠ 공공기관의 그린에너지 전환 실천교육 확산
- ㉡ 학교 태양광 햇빛발전소 구축

(9) 광주형 마을교육공동체

① 광주형 마을교육공동체 버전 2.0
- ㉠ 학교와 지역 사회의 교육 협력을 통한 어린이·청소년 친화적 마을교육공동체 운영
- ㉡ 지역 사회의 다양한 교육 인프라 연계로 마을의 교육적 기능 회복
- ㉢ 학교와 마을의 협력 및 마을교육공동체 활동 전개 ⇨ 교육과정, 방과 후 학교, 진로 등 연계
  - ⓐ 온마을학교: 마을학교 활동을 광주 전역으로 확장
  - ⓑ 마을학교: 마을교육공동체 활동 실천
  - ⓒ 씨앗동아리: 마을교육공동체 준비단계 씨앗동아리 공모 및 운영

② 마을교육실험실(교사 주도의 마을교육공동체 실천): 마을 공간, 마을 사람, 마을 교육 프로그램과 함께 마을 교육과정 디자인 및 실천

③ 마을과 함께 만드는 공간 조성: 마을교육공동체 커뮤니티 공간 조성 및 운영

CHAPTER

05 대구교육청

1 대구의 교육방향 및 현황

(1) 비 전

미래를 배운다 함께 성장한다

학생들이 꿈꾸는 미래를 만들어 가기 위해서는 미래를 배워야 하며 배움의 과정 또한 한 학생도 소외되지 않고 자신의 잠재력을 꽃 피울 수 있도록 함께 성장하는 교육을 추구한다.

(2) 학습자상

① 성찰하고 배려하며 소통하는 사람
② 생각하고 질문하며 탐구하는 사람
③ 균형감과 원칙으로 도전하는 사람

(3) 전 략

✔ POINT 교육청 홈페이지에서 2024 주요업무계획 파일을 찾아 아래 내용의 대표 정책 1~2개 정도만 알아두도록 한다.

① 따뜻한 마음을 키워 올바른 인성을 기르겠습니다.

과학기술의 발달과 풍요로움 속에서도 사람답게 살아가는 힘을 키우기 위해 마음교육, 인문·예술교육, 생활교육 강화로 아이들의 따뜻한 마음을 키워 올바른 인성을 기를 수 있도록 지원하겠습니다.

② 학습역량을 높여 모두의 성장을 돕겠습니다.

단순한 지식과 기능을 익히는 수준을 넘어서 지혜롭게 생각하고 살아가는 힘을 키우기 위해 기초·기본 학력 신장, 수업과 평가혁신, 맞춤형 교육으로 아이들의 학습역량을 길러 모두의 성장을 돕겠습니다.

③ 더 넓고 두터운 지원으로 모두의 가능성을 열겠습니다.

능력·환경·지역·장애·국적 등에 관계없이 모든 아이가 희망과 꿈을 가지고 당당하게 살아가는 힘을 키우기 위해 한 아이, 한 아이의 여건과 상황에 맞도록 더 넓고 두텁게 지원하겠습니다.

④ 학교의 안전을 채워 건강한 성장을 지원하겠습니다.

밝고 건강하게 살아가는 힘을 키워 미래사회를 주도할 인재로 자랄 수 있도록 쾌적하고 안전한 교육 환경을 구축하여 건강한 성장을 지원하겠습니다.

⑤ 교육공동체가 힘을 모아 배움의 장을 넓히겠습니다.

> 친구·이웃들과 다 함께 살아가는 힘을 키우기 위해 참여와 소통의 교육문화를 조성하고 배움의 공간을 확장하여 학생·학부모·교원·지역 사회가 함께하는 따뜻한 교육공동체를 만들어 가겠습니다.

✎ Check point

대구교육의 방향인 미래역량

➡ 미래의 행복한 삶을 주체적으로 살아가는 데 필요한 역량이다.

1. 창의융합적 사고역량
다양한 분야의 지식·정보·기술·경험을 융합적으로 활용하여 새로운 것을 창출하고 통합적으로 문제를 해결할 수 있는 역량이다.

2. 자기관리역량
자아정체성과 자신감을 가지고 새로운 환경에 적극적으로 도전하며, 삶과 진로에 필요한 신체적·정신적 강인함과 회복탄력성을 갖추어 자기주도적으로 살아갈 수 있는 역량이다.

3. 공감소통역량
인간에 대한 공감적 이해를 바탕으로 삶의 의미를 발견하고 초연결 미래사회에서 자신의 생각과 감정을 효과적으로 표현하며 다른 사람의 의견을 경청하고 존중할 수 있는 역량이다.

➡ 초연결 사회란 사람과 사람, 사람과 사물, 사물과 사물, 온라인과 오프라인이 긴밀하게 연결되는 사회이다.

4. 공동체역량
지역·국가·세계 공동체 구성원에게 요구되는 가치와 태도를 가지고 남을 배려하고 함께 행복한 삶을 실천적으로 행동할 수 있는 역량

(4) 대구교육청 현황

① 교육감: 강은희(2022년 재선)
② 교육비 예산(2024년): 4조 8,591억원
③ 교육지원청(4개): 동부, 서부, 남부, 달성

2 대구교육청 주요 정책

(1) 대구교육 ABC

① 한 아이도 놓치지 않는 지원으로 격차 없는 공교육 실현을 위한 책임(Accountability)교육
  ㉠ 기초·기본학력 책임교육
  ㉡ 느린 학습자 전문적 지원
  ㉢ 모든 학생의 기초·기본학력 보장을 위한 책임 교육학년제
  ㉣ 다문화학생에게 한국어를 집중적으로 가르치는 한국어교육센터
  ㉤ 몸에 대한 올바른 인식과 신체 활동을 담은 몸 교과서 보급

② 기본(Basic)으로 돌아가 교육 본질을 더욱 깊이 추구하여 학교 교육의 질적 향상
  ㉠ IB 학교 수를 장기적으로 30%까지 확대, IB 프로그램 수업 경험의 내재화
  ㉡ 대구 미래학교 질적 성장으로 수업중심 학교문화 확산

    ⓒ AI 교육지원센터를 신설하여 디지털 기반 맞춤형 교육 기반 구축

    ⓔ 미래학교추진단 설치를 통한 학령인구 감소 및 소규모 학교 증가 등의 변화 대응

◈ PLUS

IB 국제 바칼로레아 프로그램

1. 개 요

4차 산업혁명 시대가 요구하는 창의력과 사고력을 갖춘 창의융합형 미래 글로벌 인재를 양성하기 위해 세계적으로 인정받은 IB프로그램을 도입하여 희망하는 학교를 지원하는 것이다.

2. 국제 바칼로레아 프로그램 IB(International Baccalaureate)**의 의의**

스위스에 본부를 둔 비영리교육재단인 IB본부(International Baccalaureate Organization)에서 개발·운영하는 국제 인증 학교 교육 프로그램이다. 역량 중심 교육과정을 기반으로 개념 이해 및 탐구학습 활동을 통한 학습자의 자기주도적 성장을 추구하는 학교 교육 체제이며, 세계 161개국 5,600교(2023. 3. 기준)에서 운영 중이다.

3. PYP(Primary Years Programme. 초등학교)

    ① 학습자 주도성을 최우선에 두고 교육

    ② 6개 초학문적 주제 프로그램 구성

    ③ 6개 교과군 융합 개념기반 탐구 학습

    ④ 1~6학년까지 체계화된 탐구수업 및 평가

    ⑤ 지속적인 학생 성장 평가

    ⑥ (초6) 초학문적 주제 연계탐구 전시회

4. MYP(Middle Years Programme. 중학교)

    ① 매년 8개 교과군에서 1과목씩 이수

    ② 세계적 맥락 중심 실생활 연계 학습

    ③ 융합(간학문) 학습 장려

    ④ 행동으로서의 봉사(배움 실천을 통한 봉사활동 참여)

    ⑤ 포트폴리오 등 창의적·비판적 사고력 중심 평가

    ⑥ (중3) 공동체 프로젝트

5. DP(Diploma Programme. 고등학교)

    ① 교과: 국어, 외국어, 사회, 과학, 수학, 예술 6과목 이수

    ② 핵심과정(필수이수): 지식이론/소논문/창의·활동·봉사

---

    ③ 모두 다 행복한 학교에서 함께 성장하는 교육공동체(Community) 회복 교육

        ㉠ 교원이 존중받으며 교육활동에 전념할 수 있도록 수업권 보장

        ㉡ 학생들의 심리·정서 회복과 자기조절능력 향상을 위해 마음교육 선도학교 확대 및 마음교과서 보급

        ㉢ 학교폭력제로센터 신설 및 학교폭력 전담 조사관 도입

(2) 미래교육 리노베이션

    ① 의의: 기존의 학교 교실을 헐지 않고 리모델링하여 그 가치를 극대화하는 방법으로 교실 공간의 새로운 디자인과 변화뿐만 아니라 수업 방식, 학급 운영 방식을 미래형으로 재구조화

    ② 추진방향

        ㉠ 학교 구성원과 전문가 집단의 지속적 참여와 상호 소통을 통한 학교 맞춤형 미래교육 지향 교실 공간 디자인(참여형 워크숍 실시)

        ㉡ 학생중심 참여형 협력학습과 프로젝트수업, 토의·토론수업의 활성화 및 학생들의 창의적인 학습활동 공간에 대한 다양성 보장

③ 예시: 미래교육 리노베이션 사업은 예를 들어 다음과 같은 교실을 만들겠다는 디자인 혁신사업이다.

> ⊙ 토의·토론이 언제나 가능한 교실
> ⓒ 공부와 놀이가 한 공간에서 가능한 교실
> ⓒ 삶과 쉼이 공존하는 미래형 교실
> ⓔ 꿈과 끼를 펼치는 무대가 있는 교실

⊘ PLUS

대구미래학교(대구형 혁신학교)
1. 대구미래학교는 2011년부터 운영해 온 대구행복학교를 전환하여 대구미래역량교육을 역점적으로 추진하는 학교
   이다. 교육균형 발전이라는 대구행복학교의 운영 취지를 유지하면서 미래사회를 선도할 창의융합형 인재를 기르
   기 위해 학생주도수업, 맞춤형 교육활동, 민주적 학교문화 등 본질에 충실한 교육활동을 펼쳐가고 있으며 2021학
   년도에는 초등학교 40교, 중학교 37교를 운영 중이다.
2. 학생 미래역량 함양을 위한 학생주도 교실수업을 실현한다.
3. 학생·학교·지역 여건을 고려한 맞춤형 교육과정을 운영한다.
4. 학생교육활동에 전념하는 민주적·자율적 학교문화를 조성한다.

(3) 인공지능(AI) 교육

① 대구시교육청 학교 현장 중심의 소프트웨어(SW) 교육 활성화와 우수교육 사례 발굴·확산을 위해
   소프트웨어(SW)교육 선도학교 100개교를 선정하여 운영한다.
② 특히 '인공지능(AI)교육 시범 운영'을 주제로 선정된 학교에서는 인공지능(AI)교육 프로그램을 1종
   이상 개발하여 교과 및 창의적 체험활동, 자유학기, 주말 및 방학 중, 학생동아리에 적용 및 운영하
   게 된다.
③ 대구시교육청은 인공지능(AI) 및 소프트웨어(SW) 교육 활성화와 미래학교 프로젝트 협력을 위해
   한국마이크로소프트(MS)와 상호협력하고 있다.
④ 전국 최초로 인공지능(AI) 교육에 관한 학생인증시스템 운영으로 학교급별, 영역별 일관성 있고 효
   율적인 교육 방향을 제시하기 위해 인공지능 교육 인증 프레임워크를 개발하여 대구지역 초·중·고
   등학교에 안내하고 있다.
⑤ 인공지능 교육 인증 프레임워크는 초·중·고등학교 학생들이 본인 스스로 인공지능 이해·활용·윤
   리 영역별로 인공지능기술의 이해정도를 측정해 볼 수 있는 기준점 역할을 한다.

(4) 메이커교육(상상제작소)

① 의의: 학교에 설치되는 창의적인 공간으로 학생의 창의성·상상력·아이디어를 발굴하고, 이러한 아
   이디어를 기반으로 실험·제작을 하거나 UCC 제작·스토리 창작 등을 교과구분 없이 수행할 수 있
   는 공간이다.
② 유 형
   ⊙ 스마트기기를 이용한 ICT 모형, SW개발형, 콘텐츠 제작형, 창업 아이디어형
   ⓒ 공예형, 목공형, 3D 프린터를 활용한 디지털 제작형

③ 운영 방향
   ㉠ 여러 교과에서 활용할 수 있는 교육공간으로 구축
   ㉡ 교육과정 내 또는 방과 후 시간을 이용하여 다양한 형태로 활용
   ㉢ 발명교육센터 및 지역 메이커 스페이스와 연계한 프로그램 운영
   ㉣ 교원 대상 메이커 직무연수과정 운영
   ㉤ 대구시와 협력하여 상상제작소 활용성과를 공유할 수 있는 메이커 페어 개최

✅ PLUS

창의융합형 사고역량 강화 프로그램(국제 바칼로레아 프로그램)
1. 국제 바칼로레아(IB) 프로그램 관심학교(50교), 후보학교(15교) 운영
2. 국제 바칼로레아(IB) 프로그램 한국어화 추진
   교과 가이드, 평가 및 연수 자료 번역, IT시스템 구축 등
3. 국제 바칼로레아(IB) 프로그램 연구용역 추진
   IB 프로그램 적용 및 2015 개정 교육과정 연계 방안 연구

(5) 대구교육청 교육복지 정책

TIP 실제질문 유형연습으로 "본인이 합격한 지역에서 추진하는 교육정책에 대해 알고 있는 것 한 가지만 말해보라."는 질문에 활용이 가능하다.

교육복지 사업은 교육에 관한 기회균등과 교육격차 해소에 목적이 있으며, 이에 아래와 같이 교육복지 사업으로 어떤 정책이 있는가 알고 있어야 한다. 다음 중 교육급여, 누리과정지원은 국가정책이며 나머지는 지역교육청의 사업이다.

① 중학교 신입생 무상교복 시행
② 고등학교 전 학년 무상교육
③ 방과 후 자유수강권지원 ⇨ 2007년부터 저소득층 자녀에 대한 방과 후 학교 참여 보장으로 교육 기회 확대
④ 학기 중 평일 중식 전면 무상급식 시행, 고교 전면 무상급식 시행
⑤ 교육정보화 지원 ⇨ 교육취약계층 자녀에 대한 정보화 지원을 통해 계층 간 정보격차 해소 및 사이버가 정학습 등 이러닝 활용 기반을 제공하여 균등한 교육 기회 마련
⑥ 교육급여 ⇨ 기초생활수급자에 대한 교육비 지원(중위소득 50% 이하 초·중·고 학생)
⑦ 누리과정지원 ⇨ 만 3~5세 유아에 대한 교육비 지원
⑧ 교육취약계층 지원 대학생 멘토링 운영(다품 멘토링)

✏ Check point

다품 멘토링
1. '다품 멘토링'은 한 학생도 놓치지 않고 다 품겠다는 대구교육청 다품교육 정책에 따라 나홀로 아동을 놓치지 않고 다 품고 챙기는 대학생 멘토링 사업이다.
2. 초·중학교에 재학중인 저소득층 가정의 나홀로 아동과 대학생을 1:1로 연결하여 아동의 상황에 따라 상담, 정소지원, 과제지원 등 통합적인 멘토링을 지원한다.
3. 대학생들에게는 지역구성원으로 성장할 수 있는 봉사의 기회를 제공하고, 취약계층 학생들에게는 정서적 안정뿐만 아니라 학습의 기회를 지속적으로 확대해 나갈 것이다.

(6) 대구교육청 청렴정책

① 현 황

㉠ 청렴도 측정결과: 종합청렴도 1등급

㉡ 부패방지 시책평가 결과: 1등급(5년 연속 1등급)

② 청렴정책

㉠ 청렴도 향상 의지 평가

ⓐ 청렴정책에 대한 실효성과 이행 강제력 확보, 선의의 경쟁 유도

ⓑ 기관(부서)별 청렴도 향상 의지 노력에 대한 객관적인 평가체계 구축

㉡ 클린콜(Clean call) 평가

ⓐ 업무처리 과정에서 나타나는 공직자의 친절도 및 업무처리 공정성 평가

ⓑ 외부 전문 용역기관에 설문 의뢰, 평가결과 환류

㉢ 학교운동부 코치 청렴등급제 시행

ⓐ 학교운동부 코치 대상 청렴도 평가

ⓑ 평가결과는 학부모에게 공개, 재계약·보수 등에 반영

㉣ 민·관 협력체계(거버넌스) 운영

ⓐ 명예감사관제 및 부패감시 모니터단 운영

ⓑ 대구투명사회협약 실천협의회 참여

㉤ 공사관리

ⓐ 공사관리 및 감독의 투명성 확보를 통한 청렴문화 확산

ⓑ 공사현장 공정단계별 집중 점검 및 관리를 통한 안전한 교육환경 조성

㉥ 학교급식관리

ⓐ 학교급식의 투명한 거래질서 정착 및 구매과정의 비리요인 사전 제거

ⓑ 학교급식 관련 정보공개로 업무처리 절차의 공정성 및 투명성 확보

✅PLUS

생태환경교육

1. 교육과정 연계 환경교육
2. 1교 1학생 환경동아리 운영
3. 생태전환교육 실천학교 공모(110교)
4. 생태전환교육 체험 프로그램 운영
5. 지역 사회 및 가정연계 친환경 생태체험 확대
6. 기후위기대응 환경프로그램 운영

CHAPTER

06 대전교육청

1 대전의 교육방향 및 현황

(1) 교육비전

행복한 학교 미래를 여는 대전교육

> ① **행복한 학교**: 학생들의 교육이 이루어지는 학교는 매우 소중한 곳으로 다양한 교육 및 지원 프로그램을 개발하여 학생들의 자기주도적 학습 능력을 기르고 학생들이 건강하고 즐겁게 공부할 수 있는 학교를 함께 만들어 나가고자 한다.
> ② **미래를 여는 대전교육**: 출발점이 같은 교육, 학연·지연, 이념대립, 부정부패를 철저히 배격하는 교육, 잘못된 고정관념도 바꾸고 작은 생각의 틀에서 벗어나 세계 어느 곳을 가든 성공할 수 있도록 앞서가는 교육으로 학생들이 희망과 용기를 가지고 성공적인 미래를 살아가도록 해주는 대전교육을 실현하고자 한다.

(2) 교육지표

바른 인성과 창의성을 갖춘 세계시민 육성

> "미래인재 핵심역량인 인성과 창의성 교육에 대한 중요성 강조"를 의미하며, 고도의 지식기반 사회에서 경쟁력을 갖추고 행복하게 살아가는 데 필요한 핵심역량 함양 교육을 강조한다. 자기주도적 학습 역량을 기르는 창의적 융·복합 교육과 교육공동체가 함께하는 체험·실천 중심의 인성교육 실천을 목표로 한다.

(3) 5대 정책방향

> ✓ **POINT** 교육청 홈페이지에서 2024 주요업무계획 파일을 찾아 아래 내용의 대표 정책 1~2개 정도만 알아두도록 한다.

> ① **창의융합교육**: 미래를 선도하는 창의융합교육
> ② **혁신교육**: 배움과 성장이 있는 혁신교육
> ③ **책임교육**: 교육기회를 보장하는 책임교육
> ④ **안전·건강**: 안전하고 건강한 교육환경
> ⑤ **소통·협력**: 소통하고 협력하는 교육행정

(4) 중점 추진과제

> ① 꿈과 끼를 디자인하는 진로·진학·직업교육
> ② 모두가 성장하는 다양성교육
> ③ 모두의 실력을 키우는 맞춤형 교육
> ④ 미래역량을 키우는 디지털 교육

(5) 대전교육청 현황

① 교육감: 설동호(2022년 삼선)
② 교육비 예산: 2조 7,069억원
③ 교육지원청(2개): 동부, 서부

2 대전교육청 주요 정책

(1) 체험 중심 독서인문교육 활성화

① 통독서인문소양 함양을 위한 '우리 반 온 책읽기(초 2,422학급)', '길잡이 독서지원(중·고 152교)'
  ➡ '우리 반 온 책읽기'란 교사와 학생이 한 권의 도서를 선정하여 함께 읽는 과정에서 다양한 체험중심 독서활동을 운영하는 프로그램이다.
  ➡ '길잡이 독서'란 교사와 학생이 함께 책을 읽고 글쓰기와 토의 활동을 활성화하도록 도서구입비 등을 지원하는 프로그램이다.
② 학생과 교사의 인문소양 함양을 위한 '함께 가는 독서문학기행' 운영(초·중 3회)
③ 독서활동 활성화를 위한 '너와누리 책두레' 동아리 운영(학생 60팀, 교사 20팀)
  ➡ '너와두리 책두레'란 학생과 교사를 대상으로 조직·운영하며, 동아리별 활용 도서와 활동 내용을 적극 공유하며 독서 문화확산을 유도하는 독서동아리이다.

(2) 과학융합교육 기반 강화

① 과학교육 환경 조성을 위한 첨단과학기술 활용 지능형 과학실 구축(초·중·고·특 70교)
  ➡ 지능형 과학실이란 4차 산업혁명 지능정보화 사회에 필요한 과학적 소양 및 탐구역량 함양을 위해 데이터 기반 탐구 중심교수·학습활동이 가능하도록 첨단과학 탐구기기 및 기자재를 갖춘 과학실이다.
② 맞춤형 온·오프라인 현장 지원을 위한 지능형 과학실 운영지원단 운영(초·중·고 교사 20명)

(3) 수학 기초학력 및 수학적 사고력 향상 지원

① 수학적 사고력 향상을 위한 수학나눔학교 운영(초·중·고 10교)
  ➡ 수학나눔학교란 학교 특색을 고려한 활동 중심 수학프로그램(수학 학습상담, 수학체험전, 수학탐구대회, 또래멘토링, 수업 및 평가 개선 사업, 인공지능 수학플랫폼활용 등)을 운영하여 수학적 사고력 및 학습력을 키우는 학교이다.
② 기초학력 및 수학교육 향상 지원을 위한 수학교과연구회 운영(중·고 3팀)
③ 수학 교과 교실수업개선 지원을 위한 수학교육지원단 운영(초·중·고 4팀)
④ 2025학년도 대학수학능력시험을 대비한 고교 수학 창의 문항 개발·보급(고 63교)

(4) 그린스마트 스쿨 조성

교직원·학생 등 학교를 사용하는 구성원의 요구를 반영하는 사용자 참여 설계를 통해 건물에너지 절약과 학생건강을 고려하여 미래형 교수·학습이 가능하도록 만든 그린에너지 스마트 학교이다.
➡ 그린스마트 스쿨은 사전기획·설계·공사 등을 고려하여 총 사업기간이 3~4년 소요된다.

(5) 공립유치원 운영 유형 다양화 지원

① **통합형**: 소규모 유치원을 통합하여 3학급 이상 형태로 운영

② **거점형**: 중심유치원에 교육환경 개선 및 기관 간 협력·운영 지원으로 인근 유치원과 시설 및 프로그램 등 공동활용

③ **공동·연계형**: 인근 소규모 유치원과 공동시설 활용 및 교육활동 협력 운영

(6) 저소득층 교육비 및 교육급여 지원

① 교육비 ⇨「초·중등교육법」에 따라 저소득층 학생에게 방과 후 학교자유수강권, 현장체험학습비, 졸업앨범비, 고교 석식비, 정보화(PC, 인터넷 통신비) 등을 지원

② 교육급여 ⇨「국민기초생활보장법」에 따라 국민기초생활수급자에게 교육활동 지원비, 학비 등을 지원

③ 방과 후 학교 자유수강권 지원(연간 초 72만원, 중·고 60만원 이내)

④ 현장체험 학습비 다자녀 둘째 이후 및 저소득층 학생 지원(초·중·고 20·30·55만원 이내)

⑤ 학기 중 토·공휴일 중식비 지원(지자체 선정 결식 우려 학생 / 1식 9,000원)

(7) 대전교육청 브랜드 슬로건

한국 교육의 중심·미래 교육의 중심·행복 교육의 중심
EduCore of Korea, Future and Happiness

🔹 브랜드 슬로건의 표현 및 의미

구 분	표 현	의 미
공간적 의미	한국 교육의 중심	국토의 중심에 위치하여 실질적으로 국가 교육을 선도하는 한국교육의 중심 대전교육
시간적 의미	미래 교육의 중심	미래사회를 이끌어 갈 인재를 육성하는 미래교육의 중심 대전교육
교육철학적 의미	행복 교육의 중심	교육가족 모두가 행복해 하는 교육을 실현하는 행복교육의 중심 대전교육

(8) 에듀 브릿지(Edu-Bridge) 프로젝트

① 초·중·고 학교급 간 수업전략 공유와 연계모형, 프로그램 개발·적용으로 학생들의 학습발달과 정의적 성장을 지원하는 프로젝트

② 유·초·중·고·대학 연계교육으로 개인의 재능과 적성을 개발하고 보육에서 취업까지 연계되는 교육 실현차원에서 진행

(9) 대전형 혁신학교

① '창의인재 씨앗학교'는 학교문화·교실문화·교직문화의 개선, 전문적 학습공동체 구축, 지역 사회 기반형 교육과정 운영으로 지역 사회와의 경계를 허무는 '창조교육'을 위해 대전시교육청에서 야심차게 준비하고 있는 대전형 혁신학교이다.

② 창의인재 씨앗학교란 새로운 학교문화 및 풍토조성, 전문적 학습공동체 구축, 교육과정 중심 수업 혁신, 민주적·도덕적 생활공동체 운영으로 삶과 앎이 공존하는 행복교육을 실현하는 학교이다.

③ 창의인재 성장학교란 창의인재씨앗학교로 4년 운영 후 종합평가를 거쳐 재지정한 학교이다(성장형 모델).

④ 창의인재 미래학교란 교육과정 자율화 및 교육과정 중심 공간혁신으로 변화를 이끄는 미래형 혁신학교이다(미래형 모델).

(10) 에듀힐링센터

① 의의: 에듀힐링센터는 학생·교원·학부모의 심리상담·정신건강을 지원하여 교육공동체 구성원 모두가 개인의 절대행복을 지향하는 '마음단단 프로젝트'의 핵심 센터 역할을 하게 된다. 학생은 Wee 센터에서 꿈과 희망을, 교원은 Tee센터에서 긍지와 보람을, 학부모는 Pee센터에서 만족과 행복을 갖게 될 것이다.

② 에듀힐링센터의 의미
　㉠ 학생 Wee: We(우리들)+education(교육)+emotion(감성)+사랑
　㉡ 교원 Tee: Teacher(스승)+education(교육)+emotion(감성)+사랑
　㉢ 학무모 Pee: Parents(학부모)+education(교육)+emotion(감성)+사랑

③ 에듀힐링센터에서 하는 일: 에듀힐링센터는 교원, 학부모의 위기극복 능력향상 및 행복한 공교육 체제 구축을 위하여 진단-상담-치유-코칭의 원스톱 심리상담을 실시한다.

④ 위(Wee) 프로젝트: 위(Wee) 프로젝트란 위기학생을 예방하고 상담·치유 등 지원체계를 갖춰 학교 안전망을 구축하는 사업이다. 대전시교육청은 교육청·가정형 위(Wee) 센터, 위(Wee) 스쿨 개소, 전문 상담 장학사 배치를 통해 선제적으로 위(Wee) 프로젝트 지원체계를 구축하여 전국 단위 평가에서 지속적으로 우수한 결과를 얻고 있다.

✅PLUS

1. 좋은 인재 기르기 협력단
학교와 지역 사회와의 협력과 연계를 바탕으로 지역 사회가 보유한 인적·물적 자원을 교육활동에 활용하여 지역 구성원 모두가 대전교육 발전에 지속적이고 통합적으로 함께하는 교육공동체

2. 마을교육공동체
학교(교육)와 마을(지역)이 상호협력하고 지원하는 활동을 통해 학교의 교육력을 높이고 지역 사회가 함께 발전할 수 있도록 연대하는 교육공동체

3. 학교협동조합
학교를 기반으로 공통의 경제적·사회적·문화적·교육적 필요와 욕구를 충족시키고자 학교 구성원인 학생·교직원·학부모·지역 주민들이 자발적으로 결성한 사회적협동조합

4. 행복이음 교육혁신지구
학교와 지역 사회가 적극적으로 소통하고 협력하는 지역교육공동체 구축을 위해 교육청과 기초지방자치단체가 협약으로 지정한 지역

(11) 대전미래교육 4대 역점과제

① 문예체 체험 중심의 어울림 인성교육: 독서교육, 또래공감 놀이통합교육, 예술로 행복한 학교 만들기, 학교스포츠클럽 활성화

② 미래를 선도하는 대전형 창의융합교육

  ㉠ 인공지능, 소프트웨어 교육

  ㉡ 메이커교육

  ㉢ 노벨과학 꿈키움 프로젝트

> ⓐ 기초과학 역량 강화를 위한 자기주도적 탐구활동의 노벨과학동아리 운영
> ⓑ 체험형 과학축제 개최
> ⓑ 대덕연구개발특구 및 국외 연구기관 연계하여 학생 국외과학 체험프로그램 운영

③ 꿈과 끼를 디자인하는 맞춤형 진로교육

  ㉠ 자유학년제 전면 시행 및 운영 내실화

  ㉡ 고교학점제 안정적 정착

  ㉢ 우리 마을 진로교육(공공기관, 민간기업 체험기회 확대)

④ 지속가능한 미래를 위한 생태전환교육

  ㉠ 생태전환 교육과정 운영강화

  ㉡ 체험과 실천 중심 그린학교 조성

  ㉢ 지역 사회와 함께하는 생태전환교육 네트워크 구축 및 운영

📝 **Check point**

생태전환교육
1. 기후위기 시대, 지속가능한 미래사회를 위한 책임 있는 생태시민 양성 목표로 학교·가정·지역 사회와 함께하는 생태전환교육 실시
2. 학교 안 생태전환교육 체험장 '초록꿈마당' 지원 확대
3. 교육과정 및 지역 연계 프로그램 개발·적용을 위한 환경교육발전추진단 운영
4. 가정 연계 생태전환교육 실천 확산을 위한 '지구 기살리기 캠페인' 등 활동 전개
5. 생태전환교육 교육과정 강화 및 1교 1특색 환경 실천 과제 운영(초·중·고)

(12) 학교공간 재구조화 사업

① 개 요

  ㉠ 교육과정과 연계한 사용자 참여설계로 수요자 중심의 학교공간 조성

  ㉡ 학습과 놀이, 휴식 간 조화를 이룬 다양한 공감형 공간 조성

② 교육과정과 연계한 학교공간혁신사업 추진

  ㉠ 각종 학교공간 관련 사업을 통합하여 연계 추진

  ㉡ 사용자 참여설계 지원을 위해 건축관련 전문가인 학교공간혁신촉진자 운영

③ 교육수요자 맞춤 공간과 소통의 공용공간 조성
  ㉠ 복도, 알코브, 홈베이스 등 공용공간을 휴식과 소통의 공간으로 재배치
  ㉡ 수요자 맞춤 공감과 소통의 숨공간 조성
    ➡ 숨공간이란 숨통 트이는 공간을 조성하는 사업으로 복도 등 교육서비스 공간 재구성 사업을 말한다.

🖋 **Check point**

1. **그린스마트 미래학교**
   학생, 교직원 등 사용자 참여설계를 통해 건물에너지 절약과 학생건강을 고려한 미래형 교수·학습이 가능한 첨단 ICT 기반의 그린에너지스마트 학교
2. **메이커교육**
   ① 자신만의 상상한 것을 만드는 기회를 제공하여 혁신적 창작 체험을 통해 창의성과 자신감, 문제해결능력을 기를 수 있도록 촉진하는 교육
   ② 학생들이 스스로 상상하고 생각한 것을 디지털 기기와 다양한 도구를 사용하여 직접 제작해 보고 그 과정에서 획득한 지식과 경험을 다른 사람과 공유하도록 이끄는 과정 중심의 프로젝트 교육

(13) 대전교육청 청렴정책

① **원스트라이크 아웃제**: 부패·비리 원스트라이크 아웃제(부패행위의 징계감경 제한)로 엄중 처벌(연중)
② **청렴시민감사관 제도 운영**
  ㉠ 교육행정분야에 학식과 경험이 풍부한 대전 시민들이 학교 및 산하기관의 감사과정에 직접 참여함으로써 교육행정의 투명성을 제고하는 제도
  ㉡ 감사관련 외부 의견 수렴을 위한 감사자문위원회 운영
③ **학부모 참관 제도**: 학부모가 자녀의 학교 감사 과정에 직접 참여하여 감사 자료를 열람하고 감사활동을 참관하는 제도
④ **맞춤형 청렴교육**
  ㉠ 내실 있는 맞춤형 청렴아카데미 운영
  ㉡ 찾아가는 감사, 청렴 순회 교육 확대
⑤ **청렴문화 확산**: 시민과 함께하는 청렴거버넌스 활동 강화
    ➡ 청렴거버넌스란 반부패·청렴정책에 교육청과 민간단체, 시민이 함께하는 민관협력체계를 말한다.
  ㉠ 상호존중문화 확산(갑질근절)
  ㉡ 부패공직자 원스트라이크 아웃제 실시
⑥ **적극행정 지원위원회 운영**
  ㉠ 사전컨설팅 및 적극행정 면책제도 운영
  ㉡ 적극행정 교육과 홍보를 통한 인식제고 및 우수사례 확산

CHAPTER

07 부산교육청

1 부산의 교육방향 및 현황

(1) 비 전

꿈을 현실로! 희망 부산교육

(2) 슬로건

행복한 학교, 성장하는 학생

(3) 3대 정책방향

① 미래역량을 키우는 맞춤교육
  ㉠ 학력신장: 학업성취도 평가와 맞춤형 학습을 통한 학력신장
  ㉡ 미래교육: 미래인재 양성을 위한 디지털 기반 교육과 진로교육
② 안전하고 든든한 안심교육
  ㉠ 교육복지: 균등한 교육기회를 제공하는 다양한 교육복지
  ㉡ 안전보건: 모두가 만족하는 든든하고 안전한 학교환경 조성
③ 소통과 존중하는 공감교육
  ㉠ 인성교육: 문화예술·체육·독서·청소년 단체활동을 통한 인성교육
  ㉡ 혁신소통: 투명하고 공정한 교육행정을 위한 혁신소통

(4) 2024년 역점과제

✔POINT 교육청 홈페이지에서 2024 주요업무계획 파일을 찾아 아래 내용의 대표 정책 1~2개 정도만 알아두도록 한다.

① 지역정주인재를 키우는 부산
② 모두를 품는 교육
③ 교육하기 좋은 학교

(5) 부산교육청 현황

① 교육감: 하윤수(2022년 초선)
② 교육비 예산(2024년): 5조 2,479억원
③ 교육지원청(5개): 서부, 남부, 북부, 동래, 해운대

2 **부산교육청 주요 정책**

(1) 모든 학생의 기초학력 보장

① 학생 맞춤형 기초학력 진단 지원

㉠ 기초학력 보장을 위한 학교 내 통합 진단−보정

㉡ 단계별 진단을 통한 학습지원대상 학생 선정

② 부산 기초학력 보장을 위한 3단계 안전망

㉠ 1단계: 담임교사 중심의 방과 후, 수업 중 기초학력 보장 지원

㉡ 2단계: 학습지원대상학생 지원협의회 운영을 통한 학생성장통합 지원

㉢ 3단계: 다요인 및 특수요인(난독, 난산, 경계선지능)에 대한 지역 연계 맞춤 지원

(2) 부산형 인터넷 강의강좌 제작·개설·운영

① 고1: 국어, 수학, 영어 과목을 개설하며 1학기 과정, 2학기 과정, 총정리 과정으로 나뉨

② 중1: 국어, 사회, 수학, 과학, 영어 과목을 개설하며 1학기 과정, 2학기 과정으로 나뉨

(3) 위캔두 학교 운영

① 위캔두 계절학교(중)

㉠ 거점학교 중심 방학활용 교과집중학습 프로그램

㉡ 개인 선택형 주제 중심 심화·보충 강좌 개설

㉢ 개인 맞춤형 학습 관리 지원

② 위캔두 주말학교(고)

㉠ 거점학교 중심 방과 후 활용 학생 맞춤형 교과학습 강좌

㉡ 학생 활동 중심 프로그램 운영

㉢ 교과별 심화학습 프로그램을 통한 일반고 학력 향상

(4) 블렌디드 러닝(수업결손 방지를 위한 상시학습 가능 온·오프라인 교육환경 구축)

① 블렌디드 러닝 환경 구축 및 활성화 지원

㉠ 에듀테크 활용 디지털 수업 환경 구축

㉡ 온·오프라인 병행 학교 교육모델 개발을 위한 온라인 콘텐츠 개발

② 블렌디드 러닝 학생참여 중심 수업 운영

㉠ 함께 만들어 가는 학생참여 중심 수업

㉡ 온·오프라인 연계 토의·토론, 프로젝트 수업 등 학습자 주도 학습 운영

㉢ 학교 안·학교 간·지역 사회 네트워크를 활용한 블렌디드 러닝 수업 운영

③ 학생 참여 수업과 교실수업 개선을 위한 미래형 교육환경 조성

(5) 부산다행복학교(부산형 혁신학교)

① 의 의

    ㉠ 부산다행복학교는 학생은 신나고 즐겁게 공부하며 학교생활을 하고, 교사는 자긍심을 가지고 학생을 가르치고, 학부모는 학교를 믿고 신뢰하게 되는 등 학교를 학교답게 만들어 가기 위한 부산형 혁신학교이다.

    ㉡ 부산다행복학교는 학교구성원의 참여와 소통을 기반으로 함께 배우고 성장하며 존중과 배려로 더불어 행복한 공교육 모델학교이다. 부산다행복학교에서 교사들은 민주적인 학교공동체를 지향하고, 소통과 공감으로써 아이들의 성장을 돕는다.

② 배 경

    ㉠ 성적 위주 경쟁교육에서 벗어나 나눔과 배려를 통한 협력교육으로의 전환이 필요하였다.

    ㉡ 교육격차 해소 및 교육균형발전 모델로 육성하기 위한 학교 혁신으로 교사들에게 가르치는 보람과 자긍심을 고취시켜야 한다.

    ㉢ 배움의 즐거움이 넘치는 교실수업, 소통과 배려, 민주적 자치공동체, 학교구성원의 자발성과 자율성에 기초한 학교 운영 등을 철학으로 하는 부산다행복학교의 필요성이 대두되었다.

③ 목 적

    ㉠ 교육공동체의 자발성과 민주적 소통 및 협력 중심의 학교문화 혁신

    ㉡ 부산의 특성에 맞는 행복한 학교상(學校像) 창출과 확산

    ㉢ 교육격차 해소 및 교육균형발전 모델로 육성하여 학교혁신으로 발전

    ㉣ 다행복학교 성과의 일반학교 확산을 통한 교육혁신 기틀 마련

(6) 부산다행복교육지구 및 마을교육공동체

① 다행복교육지구의 의의: 다행복교육지구는 부산시교육청과 부산시내 기초지방자치단체가 협약을 통해 지역과 학교가 협력하는 지역교육공동체를 구축하여 모두에게 신뢰받는 공교육 혁신과 지역 동반성장을 이루기 위하여 지정한 지역이다.

② 다행복교육지구의 운영방식

    ㉠ 다행복교육지구 운영을 통해 참여와 협력의 학교문화를 조성하고 한 명의 아이도 소외되지 않는 행복교육을 창출하고자 한다. 이를 위해 부산다행복학교 초·중·고 연계, 인력 지원 사업, 수업과 생활교육에 전념할 수 있는 환경을 조성하고자 한다.

    ㉡ 학교와 지역이 함께 만들어 가는 교육과정을 운영하고자 한다. 이를 위해 지역의 역사와 문화가 담긴 학교교육과정 운영, 지역연계 학생동아리활동 지원, 지역 사회 교육 체험처 구축을 위해 노력할 것이다.

    ㉢ 지역의 특징 및 요구에 부합되는 '지역다움교육'을 하고자 한다. 이를 위해 학교와 지역의 요구에 부응하는 사업을 찾아내고 지역에 자생적으로 존재하는 다양한 인적·물적 자원 지도를 작성하고자 한다.

    ㉣ 아이들의 행복한 교육을 지원할 수 있는 일상적인 지역 교육공동체를 만드는 사업을 하고자 한다. 이를 위해 교원·학부모·학생·지역 주민 협력 시스템을 구축하고 지역 내 전문센터 연계를 강화하고자 한다.

③ 학교와 마을의 만남 '마을교육공동체'의 의의: 마을교육공동체란 학교와 마을이 아이들을 함께 키우고 마을이 아이들의 배움터가 되도록 학교와 마을, 교육청과 지방자치단체 그리고 학부모와 시민사회가 협력하고 연대하는 교육생태계를 의미한다.

④ 마을교육공동체의 운영방식
  ㉠ 지역 특성에 맞는 마을교육공동체 조성을 지원하고자 한다. 이를 위해 마을교육공동체 공모사업과 컨설팅단을 구성해 운영하고 있다.
  ㉡ 마을교육공동체 구성원들의 역량강화를 하고자 한다. 이를 위해 다양한 특강과 집합 및 원격연수 프로그램을 운영하고 있다.

(7) 학교협동조합

① 학교협동조합의 의의
  ㉠ 누가: 학생, 학부모, 교직원, 지역 주민이 자발적으로 참여하여
  ㉡ 무엇을: 학교교육에 필요한 다양한 공익적 사업(예 학교매점, 진로교육사업, 방과 후 학교사업, 학생복지사업 등)
  ㉢ 어떻게: 공동으로 소유하고 민주적으로 운영되는 사업체를 통하여
  ㉣ 왜: 교육과 체험을 통한 참여 학습으로 교육자치 및 학생중심 교육복지를 실현하기 위해 함께 만들어 가는 교육경제공동체

② 학교협동조합 관련 조례
  ㉠ 「초·중등교육법」 제2조에 따른 학교를 기반으로 하여 공통의 교육적·경제적·사회적·문화적 필요와 욕구를 충족시키고자 학생·교직원·학부모·지역 주민 등이 공동으로 설립한 「협동조합기본법」 제2조 제3항의 사회적 협동조합을 말한다.
  ㉡ 「부산광역시교육청 학교협동조합 지원 및 육성에 관한 조례」 제2조(정의)

(8) 메이커교육

① 의 의
  ㉠ 무언가를 스스로 만들어 낼 수 있는 '메이커 괴짜'를 키우기 위한 새로운 교육패러다임으로 학생들이 스스로 상상하고 생각한 것을 디지털 기기와 다양한 도구를 사용하여 직접 제작해 보고 그 과정에서 획득한 지식과 경험을 다른 사람과 공유하도록 이끄는 과정 중심의 프로젝트 교육이다.
  ㉡ 창의적 문제해결력과 협력·공유능력 함양을 위한 메이커교육으로 미래역량을 갖춘 창의적 인재를 육성하고자 한다.

② 추진목적 및 필요성
  ㉠ 창의와 융합을 근간으로 하는 4차 산업혁명 시대의 국가 핵심 인력으로서 창의성과 도전정신을 갖춘 인재 양성 필요
  ㉡ 창의융합 문화공간 설치로 상상력과 아이디어의 씨앗을 퍼트리는 사회풍토와 환경조성
  ㉢ 창의적 아이디어가 첨단 과학기술·ICT와 결합하는 과정을 체험하면서 관련 분야의 진로 탐색 및 설계 촉진

③ 추진 방침
- ㉠ 학교 내 메이커 스페이스 운영 내실화를 위한 협의체 구성 및 컨설팅 강화
- ㉡ 지역 사회의 유관기관과의 연계를 통한 교사 연수 및 학생 교육 확대로 전문 메이커 아티스트 양성
- ㉢ 지역 사회와 동반 성장하는 복합 문화 공간인 '(가칭) 부산상상 & 창의공장' 설립 추진
- ㉣ 창의융합 페스타 등을 통한 과학기술과 예술문화의 융합교육의 장 마련

④ 메이커교육 세부 추진내용
- ㉠ 메이커 스페이스 확대
  - ⓐ 학교 내 무한상상실 확대 및 운영 내실화
  - ⓑ 창의융합 메이커 문화 확산사업 운영
- ㉡ 메이커 아티스트 양성
  - ⓐ 단계별 부산형 메이커교육 프로그램 운영
  - ⓑ 수요자 맞춤형 학교로 찾아가는 메이커교육 프로그램 운영
  - ⓒ 프로그램 개발과 적용을 위한 교육연구회 운영, 메이커 동아리 운영
- ㉢ 상상 & 창의공장 구축
  - ⓐ (가칭) 상상 & 창의공장 설립 추진
  - ⓑ 상상 & 창의시스템 구축(온라인 시스템 구축, 공유 자료실 운영)
- ㉣ 창의융합 페스타 활성화
  - ⓐ 과학기술과 예술문화 융복합의 장 마련
  - ⓑ 학생주도형 '메이커랑 놀자' 운영

(9) AI(인공지능) · 메타버스 기반 융합 교육

① 부산시교육청은 선도적으로 국내 최고의 인공지능 교육 모델을 만들기 위해 업무협약 ⇨ 협약기관은 한국마이크로소프트유한회사, 스퀘어네트, 선한인공지능연구소, 알고리마, 부산대, 동명대, 동서대(부산SW중심대학단)

② 부산에서 AI(인공지능) 맞춤형 교육의 최신 트렌드를 접목하여 교육시스템을 만드는 것은 물론 국내 최초로 코딩 없이 인공지능 교육 서비스를 제공

③ 협약을 통해 ㉠ 인공지능 교육 콘텐츠 서비스를 위한 교육, ㉡ 인공지능 기술에 대한 올바른 이해 및 인식 개선 등을 위한 교육 행사 개최, ㉢ 교육 콘텐츠 개발을 위한 공동 연구 및 정보 제공 등 교류, ㉣ 인공지능 교육 역량강화를 위한 전문 교원 및 강사 양성 등에 대해 함께 노력할 예정

④ 특히 K-MOOC(한국형 온라인 공개강좌 서비스) 구축에 참여한 '스퀘어네트' 등과의 협력을 통해 개발 중인 B-MOOC(부산시교육청 온라인 공개강좌 서비스)는 오는 3월 부산의 모든 교원과 학생들에게 제공될 예정

⑤ 부산형 메타버스 교육 플랫폼 구축 · 운영 및 ABM시범학교 운영(12교)
- ➲ ABM시범학교란 AI(인공지능)+Bigdata(빅데이터)+Metaverse(메타버스) 융합교육 선도학교이다.

⑥ 메타버스 기반 교육 및 체험 활성화

(10) 디지털 교육격차 해소방안

① ABM(AI, BigData, Metaverse) 연구학교 운영
② 신기술 활용교육 지원 플랫폼 구축·운영
③ 디지털 시민성 강화 프로그램 운영
④ 디지털리터러시 교육을 통한 학생 디지털 소양 교육 강화
⑤ 찾아가는 교육을 통한 교원 디지털 교육 실천 역량 강화

(11) 부산 방과 후 행복카드

① 부산의 학생들이 저렴한 비용으로 문화·예술·체육 등 다양한 분야의 체험시설을 이용할 수 있도록 돕기 위해 만든 카드이다.
② 협약기관 이용시 초등학생은 카드 제시, 중·고등학생은 학생증과 함께 카드를 제시하면 할인 혜택을 제공받을 수 있다.

(12) 생태환경교육 ⇨ 교육과정 연계 탄소중립 생활실천 교육 강화

① 인식개선
  ㉠ 탄소중립실천 선포식
  ㉡ 생태체험 프로그램 운영
  ㉢ 기후위기 대응 교육자료 개발 및 보급
  ㉣ 탄소중립실천 학생자치활동
  ㉤ 학교텃밭, 명상숲 조성
② 실천: 분리배출 실천, 빈 교실 전원 끄기, 급식 잔반 줄이기, 플라스틱 사용 줄이기, 월 1회 채식
③ 문화확산
  ㉠ 부산청소년환경위원회 활동
  ㉡ 탄소중립실천 일기쓰기
  ㉢ 부산 학생 생태환경 축전
  ㉣ 탄소중립실천 교사단 운영
  ㉤ 탄소중립 청소년 챌린지 전개

(13) 부산교육청 청렴정책

① 민관협력의 부패방지체계 강화
  ㉠ 학부모, 시민단체, 학교장이 참여하는 '청렴추진기획단' 운영
  ㉡ 시민감사관 ⇨ 외부전문가의 종합감사, 고충민원, 합동점검 등 참여
  ㉢ 청렴모니터 ⇨ 청렴모니터 위원(시민·학부모로 구성)들이 청렴도 취약분야(9개 영역 – 공사, 물품, 용역, 급식, 현장체험학습, 운동부, 방과 후, 학부모, 내부직원)의 업체 관계자 등에 대한 전화 모니터링을 실시하고 그 결과를 취합하여 감사 및 제도개선에 반영하는 부패통제 시스템

② 공정한 청렴시스템 운영

　㉠ 생활 속 불공정 사례 발굴 및 개선방안 마련

　㉡ 「공공재정환수법」의 안착을 통한 공공재정 누수 방지

　㉢ 「청탁금지법」, 「공무원 행동강령」, 「이해충돌방지법」 등 청렴규정의 공직사회 내재화 유도

③ 자발적 참여를 통한 청렴문화 확산

　㉠ 분야별 청렴 역량 강화를 위한 (원격)연수, (화상)회의, 워크숍, 활동보고회 등 운영

　㉡ 학생 참여형 학교 자율 청렴교육 지원 및 대상별 온라인 청렴자료 제작·보급

　㉢ (교)직원 대상 청렴문화 행사 추진

CHAPTER 08 세종교육청

1 세종의 교육방향 및 현황

(1) 비 전

모두가 특별해지는 세종교육

세종교육의 비전인 '모두가 특별해지는 세종교육'은 세종특별자치시 교육공동체가 함께 이루어 낼 미래상이다. '모두'는 학생을 존엄한 인간으로 대한다는 의미이며 학생을 둘러싼 모든 사람, 사회와 지구 등 문명과 환경을 포함한다. '특별해진다'는 것은 개인 특성을 존중받는다는 의미로 학생이 삶의 주도적 학습자로서 자신의 개성을 신장하고 각자의 특성으로 지속가능한 미래를 만들어가는 행복한 민주시민으로 살아가는 것을 의미한다.

(2) 교육지표

생각하는 사람 참여하는 시민

행복한 사회를 만들기 위해 서로 배려하고 존중하며 참여하는 주체적인 시민이 세종교육의 인재상이다.

(3) 5대 정책목표

✔ **POINT** 교육청 홈페이지에서 2024 주요업무계획 파일을 찾아 아래 내용의 대표 정책 1~2개 정도만 알아두도록 한다.

① **다같이 성장하는 맞춤형 교육:** 미래교육이 추구하는 개별화·다양화를 위해 개인 맞춤형 교육에 걸맞은 내용과 방법으로 누구나 사회에서 필요한 인재로 성장할 수 있도록 돕는다.
② **미래를 열어가는 교육환경:** 교육의 디지털 전환과 지속가능발전을 위한 생태전환에 대비하여 미래형 교육환경 조성으로 새로운 교육적 가치를 창출한다.
③ **학습권을 보장하는 교육복지:** 모든 학습자에 대한 촘촘한 교육기본권 보장과 더불어 교직원에 대한 안정적인 복지 지원으로 교육의 공적 책무를 다한다.
④ **삶의 질을 높이는 교육생태계:** 모두의 인간다운 삶이 공적인 지원체계 안에서 보장받을 수 있도록 지역자원을 망라한 교육생태계를 형성한다.
⑤ **시민과 함께하는 교육자치·교육행정:** 교육·경제·사회·문화의 전 영역에서 시민의 참여를 통해 세종교육이 지향하는 진정한 교육자치를 실현해 나간다.

➲ 세종교육의 정책방향은 교육자치가 구현되는 현장중심 교육행정 체제를 기반으로 학교혁신을 지원하여 새로운 학교를 만들고 지역 사회를 돌봄과 나눔의 가치가 숨쉬는 교육생태계로 조성하는 것이다.

(4) 3대 핵심정책과제

① 기초·기본학력 강화: 학습결손 해소를 위한 학교 안·밖 맞춤형 다중 지원을 통해 학생 성장을 도우며, 정확한 진단 및 지원을 확대하여 기초·기본학력을 강화한다.

② 방학 중 아이들의 성장지원: 방학 중에도 다양한 프로그램으로 아이들의 성장을 지원하며 안전하고 편리한 프로그램 참여를 위해 중식과 통학까지 책임지고 있다.

③ 교육활동 중심 학교 구현: 학교 교육활동 중심 예산 및 인력 자원을 확대하여 학교의 자율성을 확대하고 교육에 대한 책무도 함께 강화하는 학교를 만들어 간다.

(5) 세종교육청 현황

① 교육감: 최교진(2022년 삼선)

② 교육비 예산(2024년): 1조 1,062억원

2 세종교육청 주요 정책

(1) 학교공간 재구조화 사업

① 4차 산업혁명 시대가 요구하는 미래인재를 육성하기 위한 교육환경 조성

② 세종창의적 교육과정 운영에 적합한 학교와 교실환경 구축

③ 어린이의 시각과 눈높이에 맞춘 창의적이고 새로운 놀이공간과 시설 구축

④ 특색있는 공간 계획 및 디자인 요소를 가미하여 공간 재구조화 작업 시행

⑤ 그린스마트 미래학교 추진

(2) 자녀 및 학부모 방문 진로상담 제공

① 진로진학상담 교사단을 통한 전문 진로상담 제공

② 초 5~6학년, 중 1~3학년 학생, 학교 밖 청소년(12~16세), 학부모 대상

(3) 2024 유치원 교육공동체 상담 프로그램

① 자녀에 대한 발달 및 행동 특성을 이해하고 부모로서 경험하는 심리·정서적 어려움 때문에 발생하는 문제를 예방하여 유아의 건강한 성장과 행복한 가족관계를 지원하기 위한 목적

② 대면상담, 전화 상담, 학부모 대상 집단상담 시행

(4) 세종혁신학교

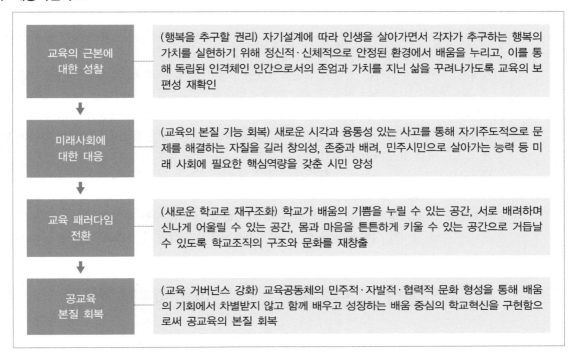

교육의 근본에 대한 성찰	(행복을 추구할 권리) 자기설계에 따라 인생을 살아가면서 각자가 추구하는 행복의 가치를 실현하기 위해 정신적·신체적으로 안정된 환경에서 배움을 누리고, 이를 통해 독립된 인격체인 인간으로서의 존엄과 가치를 지닌 삶을 꾸려나가도록 교육의 보편성 재확인
미래사회에 대한 대응	(교육의 본질 기능 회복) 새로운 시각과 융통성 있는 사고를 통해 자기주도적으로 문제를 해결하는 자질을 길러 창의성, 존중과 배려, 민주시민으로 살아가는 능력 등 미래 사회에 필요한 핵심역량을 갖춘 시민 양성
교육 패러다임 전환	(새로운 학교로 재구조화) 학교가 배움의 기쁨을 누릴 수 있는 공간, 서로 배려하며 신나게 어울릴 수 있는 공간, 몸과 마음을 튼튼하게 키울 수 있는 공간으로 거듭날 수 있도록 학교조직의 구조와 문화를 재창출
공교육 본질 회복	(교육 거버넌스 강화) 교육공동체의 민주적·자발적·협력적 문화 형성을 통해 배움의 기회에서 차별받지 않고 함께 배우고 성장하는 배움 중심의 학교혁신을 구현함으로써 공교육의 본질 회복

(5) 세종마을교육공동체 등

① 지역 사회 연계 교육활동 강화
  ㉠ 추진배경
    ⓐ 자유학기제 시행 확대, 학교 밖의 창의적 체험활동 전개 등 다양한 학습기회 제공을 위한 지역 사회와의 연계·협력 중요성 대두
    ⓑ 단위학교를 직접 지원하는 지역 사회와 연계 교육지원정책 마련 필요
  ㉡ 추진 실적
    ⓐ 지역 사회교육지원센터 구축 운영
    ⓑ 마을교육공동체 기반 구축
② 세종마을교육공동체
  ㉠ 개념: 마을과 학교가 아이들을 함께 키우고 마을이 아이들의 배움터와 협력하고 연대하는 교육 생태계
  ㉡ 의 미
    ⓐ 학생에게: 배움과 삶의 공간이 일치되는 곳, 민주시민으로 경험을 쌓아가는 곳
    ⓑ 학부모에게: 내 아이가 스스로 안전하게 성장하는 곳, 교육소비자에서 교육주체로 책임과 권리를 갖는 것
    ⓒ 교사에게: 다양한 교육자원의 지원으로 수업이 풍성해지는 것, 살아있는 교육과정의 설계를 가능하게 하는 것

ⓓ **마을에:** 아이들이 머무르며 생기와 활력이 넘치는 것, 세대가 소통하여 안전하고 행복한 공간이 되는 것

ⓔ **세종시에:** 우수한 교육환경으로 도시 성장의 원동력이 되는 것, 시민들의 참여로 도시의 지속발전을 가능하게 하는 것

ⓒ **마을교사:** 세종마을교사는 지역의 전문직업인이나 장인들이 학교 교과수업을 비롯한 체험학습이나 자유학기제를 위하여 학교와 지역의 배움터에서 협력수업에 참여하는 지역 시민

ⓓ **마을학교:** 학교 밖 마을에서 학생과 교직원 및 시민들이 스스로 만들어 가는 돌봄과 배움의 공간

ⓜ **마을배움터:** 학생 또는 지역 주민들이 자율적으로 학습할 수 있는 공간이자 다양한 배움을 위한 교육 프로그램을 운영하는 기관

ⓗ **교육봉사자:** 학생들의 성장을 지원하기 위하여 자신의 재능과 열정을 교육활동의 참여와 나눔으로 실천하는 세종시민

ⓢ **교육혁신지구:** 교육청과 시청이 협력하여 한 아이를 중심으로 지원 체계를 마련하여 행복한 배움으로 자라난 아이가 사랑을 베풀 수 있는 세종시민으로 성장할 수 있도록 기반을 구축하는 곳

📦 체계도(참고)

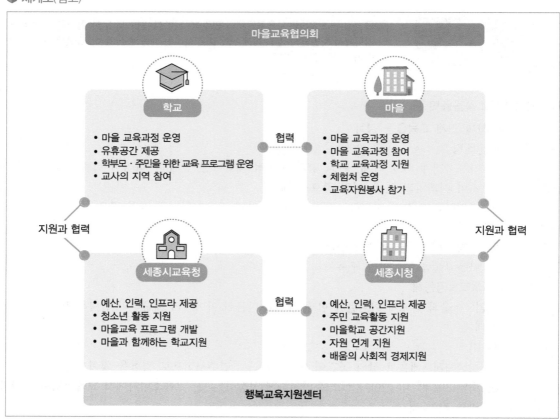

(6) 장애학생 행복찾기 프로젝트

① 방과 후 문화·예술·체육 지역 사회학교를 통해 장애학생이 접하기 어려운 문화·예술·체육 분야에 대한 맞춤형 방과 후 프로그램을 운영한다.

② 장애학생의 교육 기회를 보장하면서 민관협력을 통해 지역 사회 통합을 실현하고 있는 세종시교육청의 특수교육 정책이다.

③ 세종시교육청은 장애학생들이 방과 후 시간에 학교 교실을 벗어나 지역 사회에 있는 기관에서 문화·예술·체육 활동에 참여할 수 있도록 지원한다.

④ 주중에는 수영, 승마 이외에 올해부터 탁구와 배드민턴도 새롭게 추가되었다. 토요 문화예술 동아리 프로그램으로는 스포츠댄스, 밴드, 난타, 실용음악 등이 있고, 이번 겨울방학 계절학교 프로그램으로 볼링, 바리스타, 도예, 미술, 음악놀이, 드럼이 운영된다.

⑤ 세종시교육청에서는 일반학교 및 특수학교에 재학 중인 장애학생을 대상으로 방과 후 학교 바우처를 제공한다.

⑥ 최근에는 '정부혁신 우수사례 경진대회'에서 우수상을 받기도 했다. 장애학생을 대상으로 하는 프로그램이 학교라는 공간 안에서만 이뤄졌다면 이제 지역 사회에서 장애학생들이 배울 수 있는 기관이 더 많았으면 좋겠다는 생각이다. 이번 수상을 계기로 다른 지역에도 지역 사회학교가 확산되었으면 한다.

(7) 참 고

① 동네방네 프로젝트

> ㉠ 청소년들이 스스로 배움을 기획하고 운영·평가하는 프로젝트로 마을을 기반으로 자신의 진로를 탐색하고 민주시민 역량을 키우는 청소년자치배움터이다.
> ㉡ 길잡이교사(세종시민)가 팀에 배치되어 프로젝트 활동을 촉진시키고 안전한 활동을 돕는다.
> ㉢ 교육청에서 활동에 필요한 재료비, 강사비, 간식비를 지원한다.
> ㉣ 환경, 인문학, 3D프린팅, 밴드, 교육봉사, 신문기자단, 미술, 공예, 요리, 뮤지컬, 드론, 과학 등 다양한 분야에 지원 가능하다.
> ㉤ 지원 대상은 세종시 관내 중·고등학교 또는 같은 연령대 학교 밖 청소년이다.
> ㉥ 세종시행복교육지원센터, 복합커뮤니티센터, 작은 도서관 등 마을 배움터에서 프로젝트 활동을 진행한다.

② 무한상상실

> ㉠ 4차 산업혁명 시대에 필요한 인재를 양성하기 위해 '학교 내 무한상상실'을 운영한다.
> ㉡ 학생이 언제나 쉽게 찾아와 상상력·창의력을 구현할 수 있도록 학교 내에 조성한 공간에서 문제해결능력과 융합적 사고력을 키우는 사업이다.
> ㉢ 각 학교는 3D프린터, 레이저조각기, 소프트웨어 교구 등이 구비된 수업공간에서 STEAM(Science, Technology, Engineering, Mathematics) 교육과 연계한 학생참여중심 수업을 진행한다.

③ 생태전환교육

> ㉠ 지속가능발전교육에 대한 인식 전환 및 실천을 위한 지원을 강화한다.
> ㉡ 실천하는 생태시민 양성을 위한 학교환경교육 활성화이다.
> ㉢ ESD(Education for Sustainable Development) 지속가능발전교육 가치 공유 및 정책 수립에 대한 참여와 공감대를 형성한다.

④ 청렴정책

> ㉠ 예방·개선 중심의 감사활동 ⇨ 취약분야 특정감사로 제도 개선, 적극행정 및 사전컨설팅 운영
> ㉡ 청렴한 공직문화 조성 ⇨ 청렴교육 및 청렴학습 프로그램 운영
> ㉢ 사례중심 갑질예방 교육 강화 및 갑질 실태조사 실시
> ㉣ 시민감사관 역할 강화 및 지원 ⇨ 다양한 분야의 전문가들이 참여함으로써 감사의 공정성과 효율성을 높이기 위한 제도
> ㉤ 공직자 부조리 신고 보상금제도 운영(학생·학부모·시민)
> ㉥ 청렴인식 개선을 위한 청렴교육 의무 이수제 운영(교직원)
> ㉦ 청렴문화 확산 운동 및 홍보 활동 실시(학생·교직원·학부모)
> ㉧ 청렴사회 민관협의회 참여 ⇨ 지역 사회의 청렴문화 확산 등을 위해 사회 각 계가 참여하는 민·관 청렴실천 협의체

2024 스티마 면접 교육행정직(통합편)

CHAPTER
09 울산교육청

1 울산의 교육방향 및 현황

(1) 비 전

한 명의 아이도 포기하지 않는 울산교육

> ① '한 명의 아이도 포기하지 않는 울산교육'은 경쟁 중심의 교육에서 벗어나 서로 협력하고 함께 생각하면서 개개인이 지닌 가능성을 최고로 발현할 수 있는 기회를 제공해 주고 자신의 미래를 열어갈 수 있는 역량을 키워나가도록 하는 데 있다. 앞으로 울산교육은 이러한 교육의 방향성과 교육공동체의 신뢰와 사랑을 바탕으로 '한 명의 아이도 포기하지 않는 울산교육'의 교육비전을 실현할 것이다.
> ② '한 명의 아이도 포기하지 않는 울산교육'에서 '한 명의 아이'는 배움과 성장의 과정에 있는 모든 아이들이 소중하다는 의미를 담고 있으며 특히, 관심과 보살핌이 필요한 아이들 한 명, 한 명을 놓치지 않고 세심하게 돌보아야 한다는 의미를 내포하고 있다. 흔히 '우리 아이', '우리 반 아이', '우리 동네 아이'라는 표현들을 쓴다. 이 말에는 말하는 이의 상대에 대한 애정과 관심이 담겨 있다. 단지 나이가 어린 아이를 뜻하는 것이 아닌 생애주기 발달단계에 따라, 적성과 소질에 따라, 환경에 따라, 다양한 지원과 배움이 필요한 대상에 대한 책임이 담겨 있는 표현이라고 할 수 있다.

(2) 교육지표

삶을 가꾸는 학교, 미래를 열어가는 교육

> ① '삶을 가꾸다'는 것은 '삶을 더 좋게 만드는 것', '삶을 풍성하게 만드는 것'을 의미한다. '삶을 가꾸는 교육'은 교육을 통하여 스스로 자신의 모습을 깨닫고 세상을 바르게 인식하며 주체적인 자신의 삶을 개척하도록 도와주는 제반 활동이라고 할 수 있다. 모든 아이들은 저마다 꿈과 소질이 다르고, 자신의 능력을 꽃 피우는 시기 또한 다르다. 그러므로 아이들로 하여금 자신의 꿈이 무엇인지, 무엇을 잘 할 수 있는지 스스로 탐색할 기회를 충분히 가질 수 있도록 해야 한다. 교육활동이 아이들로 하여금 스스로 꿈을 가꾸어 나가고 미래 역량을 키워나갈 수 있도록 지원하는 자양분 역할을 충실히 해낼 때 아이들은 발달단계에 따라 성장과 발전을 할 수 있다. 우리 아이들이 능동적인 자세로 자신의 미래를 만들어 나갈 수 있도록 다양한 교육과정의 운영, 교육과정 운영을 지원하는 교육행정, 안전하고 평화로운 교육환경과 공평한 교육복지, 이들의 아름다운 조화가 바로 삶을 가꾸는 학교가 될 것이다.
> ② '미래를 열어간다'는 것은 현재의 교육이 미래를 준비하고 개척하는 과정이 되어야 한다는 뜻이다. '교육(education)'이라는 단어는 '밖으로 끌어내다'의 의미로 학습자의 잠재 가능성을 밖으로 꺼내어 최대한 발현시킴으로써 자신의 가치를 높이는 행위나 과정을 말한다. 그러므로 '미래를 열어가는 교육'은 학생들의 잠재력을 끌어내어 최대한 발현시킴으로써 미래를 준비하고 개척하는 과정이라고 볼 수 있다. 이를 위해 교육은 제4차 산업혁명 시대를 살아가는 학생들에게 필요한 미래 역량을 키워낼 수 있는 과정으로 변화되어야 한다. 울산교육은 학생 중심 교육과정 운영과 미래형 창의융합교육, 내실 있는 문·예·

CHAPTER 09 • 울산교육청 477

체교육, 체험 중심의 독서토론교육 등 미래 역량을 키우는 다양한 학생중심수업을 통하여 자신의 꿈을 키우고 미래를 준비할 수 있도록 할 것이다. 이러한 학생중심 수업의 바탕 위에 개개인의 특성을 고려한 다양하면서도 체계적인 맞춤형 진로교육으로 학생의 성장과 발전을 지원하고, 이를 통해 미래를 능동적으로 준비하고 개척할 수 있도록 할 것이다.

(3) 정책방향

POINT 교육청 홈페이지에서 2024 주요업무계획 파일을 찾아 아래 내용의 대표 정책 1~2개 정도만 알아두도록 한다.

① 미래준비 책임교육
② 학생맞춤 안심교육
③ 관계중심 공감교육
④ 현장지원 열린행정

(4) 역점추진 과제

① 든든한 학교공동체 문화 조성
② 촘촘한 교육복지·안전 실현
③ 꼼꼼한 맞춤형 공교육 실천
④ 탄탄한 미래역량 강화

(5) 울산교육청 현황

① 교육감: 천창수(초선)
② 교육비 예산: 2조 2,319억원

2 울산교육청 주요 정책

(1) 맞춤형 기초학력 보장

① 기초학력 디딤돌 프로그램 제공
② 1수업 2교사제(협력강사제) 확대
   ➡ 2023년 초등 ⇨ 2024년 초·중등(국어·수학)
③ 기초학력지원센터 확대
   ➡ 2023년 초등 ⇨ 2024년 초·중등

(2) 울산형 교육기반 구축

① 울산교육과정연구센터 설립 및 운영
② 울산형 AI리터러시 진단도구 개발
③ 울산교육종단연구 실시(2024) ⇨ 전 초등학교 4학년 학생·학부모·교직원 대상
④ 울산형모집체험학교 '어드벤처스쿨' 운영

어드벤처스쿨
1. 울산의 지리적 특성을 반영한 모험체험 프로그램 개발
2. 트리클라이밍, 트래킹, 탐사프로그램, 안전·생존 프로그램 등 운영
3. 학생과 전문가의 의견을 반영한 수요자 참여형으로 설계

(3) 서로나눔학교(울산형 혁신학교)

① 의 의
  ㉠ 교육공동체의 참여와 협력으로 교육과정 혁신과 학교운영 혁신을 통해 창의적인 민주시민을 육성하는 공교육 모델학교
  ㉡ 학부모와 지역 사회가 함께하는 학교로 서로 존중하고 배려하는 학교문화를 만들고 학생참여중심의 수업을 활성화하며 학교교육과정을 자율적으로 결정하는 혁신학교

② 추진배경
  ㉠ 교육의 핵심가치 변화에 따른 교육체제 혁신
    ⓐ 미래사회에 대응하기 위해 지식 습득보다는 새로운 가치를 창출할 수 있는 문제해결력, 융합적 사고력 등의 핵심 역량이 중요하게 부각
    ⓑ 창의성, 혁신성 그리고 삶의 기획력을 갖춘 인재를 양성하기 위해 산업사회 방식의 표준화·획일화된 교육체제의 혁신
  ㉡ 공공성 강화를 통한 교육의 본질 회복
    ⓐ 교실 혁명을 통한 학교 교육 혁신
    ⓑ 경쟁·서열 중심 교육을 완화하고 소외되는 학생 없이 모두의 소질과 적성을 최대한 발현
  ㉢ 교육 주체들의 협력적 참여를 통한 교육거버넌스 구현
    ⓐ 학교뿐만 아니라 학교와 지역 사회, 자치단체가 모두 교육의 주체가 되어야 한다는 인식 확산
    ⓑ 학생들이 자율적·자발적으로 학습하고 생활 속 체험을 통해 민주시민으로 성장할 수 있도록 지역 사회와 연계한 교육과정 다양화 추구
  ㉣ 단위학교 자율성 강화 요구 증가
    ⓐ 학교현장의 다양성과 자율성을 존중하는 교육개혁에 대한 요구 확대
    ⓑ 학교교육의 본질을 회복하기 위한 현장의 자발적 변화와 노력

마을학교
1. 마을교육공동체 구성원들이 마을의 다양한 자치역량을 바탕으로 마을에서 아이들을 함께 키우고 돌보며 민주시민의 자질을 지닌 마을의 주인으로 성장시키고자 하는 배움터
2. 마을씨앗동아리 ⇨ 지역 주민과 교직원이 협력하여 마을교육공동체 활성화 기반을 마련하고 마을과 학교의 교육적 연결을 촉진하는 자율적인 마을교육 동아리
3. 학교협동조합 ⇨ 학교를 기반으로 하여 공통의 경제·사회·문화·교육적 필요와 욕구를 충족시키기 위해 학생·학부모·교직원·지역 주민 등이 자발적으로 결성한 사회적협동조합(유형에는 매점, 문구, 카페, 진로연계사업 등)

(4) 메이커교육

① 메이커교육의 의의

　　㉠ 무언가를 스스로 만들어 낼 수 있는 '메이커 괴짜'를 키우기 위한 새로운 교육패러다임으로 학생들이 스스로 상상하고 생각한 것을 디지털 기기와 다양한 도구를 사용하여 직접 제작해 보고 그 과정에서 획득한 지식과 경험을 다른 사람과 공유하도록 이끄는 과정중심의 프로젝트 교육이다.

　　㉡ 창의적 문제해결력과 협력·공유능력 함양을 위한 메이커교육으로 미래역량을 갖춘 창의적 인재를 육성하고자 한다.

② 메이커교육 환경 구축

　　㉠ 메이커교육 거점학교 구축

　　㉡ 학교 내 메이커교실 운영

　　㉢ 학교 내 무한상상실 운영

　　㉣ 찾아가는 메이커교실 운영

　　㉤ 메이커 동아리 지원

　　㉥ 무한상상 프로그램 운영

　　㉦ 첨단기기 활용 메이커교육 및 가족참여 프로그램 운영

　　㉧ 메이커 전문가 되기 프로젝트

　　㉨ 울산메이커 미래교육센터운영 ⇨ 제4차 산업혁명의 도래로 폭넓고 깊이 있는 미래역량을 길러주기 위한 메이커교육의 거점으로 학생·교사·시민을 대상으로 다양한 메이커교육 프로그램을 운영(울산과학관)

(5) 울산교육청 청렴정책

① 투명한 청렴문화 정착

　　㉠ 적극행정 지원, 면책제도, 사전컨설팅제도 운영

　　㉡ 소속기관 청렴시책 추진평가, 찾아가는 청렴컨설팅 및 청렴교육

　　㉢ 취약분야 투명성과 신뢰성 제고(계약정보 및 사전계약 예고제 운영, 진행과정 공개)

　　㉣ 부패근절 및 취약분야 제도개선(취약분야 진단 및 모니터링 강화)

② 취약분야에 대한 선택과 집중 감사

③ 공익제보센터 운영

④ 원스트라이크 아웃제 시행

　　㉠ 부패공직자에 대한 무관용 원칙과 처벌 강화로 청렴한 울산교육 실현을 위한 교육감 공약사항

　　㉡ 교육 4대 비리(성범죄, 성적조작, 금품수수, 신체폭력) 처분시 징계양정기준 엄격 적용

⑤ 시설공사 비리 차단: 계약정보 공개, 사전계약 예고제 운영 및 시설공사 진행과정 공개

⑥ 청렴시민감사관제 운영: 시민 눈높이의 감사를 실현함으로써 감사의 공정성과 투명성을 확보하기 위해 울산광역시교육청 청렴시민감사관이 각종 감사·조사 업무를 수행하거나 불합리한 제도에 대한 시정 건의 등의 활동을 하는 제도

(6) 울산미래교육관 설립

① 지속가능한 삶의 가치를 프로젝트, 놀이, 모험, 제작 등 다채로운 프로그램으로 체득할 수 있는 지속가능발전교육(ESD) 공간
② 기후위기, 감염병 확산, 양극화, 일자리 감소 등 인류의 삶을 위협하는 문제에 대한 인식 및 태도 변화를 위한 지속가능발전교육 필요
③ 지속가능발전교육 프로그램을 통해 올바른 가치를 인식하고 실천적 행동 변화

⦾PLUS

대학생멘토링제도

대학생(Mentor)과 초·중·고등학생(Mentee)들이 5명 내외의 소그룹을 형성하여 정해진 기간 동안 정기적인 만남을 통하여 멘토와 멘티 간 정서적·사회적 관계를 형성하고, 성장 과정에 필요한 지적·정서적 지원을 하는 것을 의미 (방학 중 초·중·고등학생에게 학습지도가 가능한 대학생을 활용하여 저소득층 자녀에게 방과 후 무료 학습기회 제공 및 인성 함양에 도움을 주는 교육 나눔 봉사활동)

⦾PLUS

AI 데이터 리터러시 모델학교

1. 교사의 실용통계교육 역량 제고 및 실생활 문제를 통계적으로 다루는 탐구 활동을 제공함으로써 수업 현장에서 통계적 소양을 높이기 위한 학교
2. 통계적 소양 배양을 위해 자료 수집·정리·분석·해석 활동 등을 포함한 프로젝트형 통계 수업 운영
3. 교내통계캠프, 포스터대회, 데이터 활용 통계분석 패키지 활용 동아리 운영, 공공데이터 및 통그라미 활용 수업 운영

CHAPTER

10 전남교육청

1 전남의 교육방향 및 현황

(1) 비 전

함께 여는 미래 탄탄한 전남교육

> 학교는 미래사회를 준비하는 학생들에게 충분한 기회를 제공해야 한다. 그리고 학생은 실력과 역량을 키우는 주체로서 살아가야 한다. 또한 학부모와 지역 사회는 학생의 성장을 중심에 두고 함께 소통하고 협력해야 한다. 교육 주체들이 각자의 위치에서 자신의 역할을 다하고 유기적으로 협력할 때 실력과 빛나는 미래를 보장하는 탄탄한 전남교육 실현이 가능할 것이다.

(2) 인재상

미래를 가꾸는 창의적이고 포용적인 사람

> 학생 스스로 미래를 가꾸기 위해 창의적인 능력을 갖도록 하며, 배려와 포용을 실천하는 사람으로 성장하도록 지원할 것이다.

(3) 교육지표

✔ **POINT** 교육청 홈페이지에서 2024 주요업무계획 파일을 찾아 아래 내용의 대표 정책 1~2개 정도만 알아두도록 한다.

① **질문·탄성·웃음의 공부하는 학교:** '공부하는 학교'는 학습권과 교권이 조화로운 학교문화 속에서 참된 수업이 가능한 교실을 만들어야 한다는 의지의 표현이다. 호기심과 관심, 질문이 만발하고 깨달음의 탄성, 앎의 기쁨이 가득찬 교실을 만들고자 한다.

② **상상·도전·창조의 미래교육:** 미래교육은 불확실성 불안 요인을 새로운 기회로 삼는 역량을 갖도록 하는 것이다. 막힘없이 상상하는 활동, 두려움 없이 도전하면서 성공과 실패를 경험하는 활동, 융합적 지식을 바탕으로 새로운 것을 창조하는 활동 등으로 학생 개개인의 미래역량 신장을 지원하고자 한다.

③ **참여·협력·연대의 교육공동체:** 우리 지역의 아이들이 우리 지역에서 배우고 자신의 역량을 잘 발휘하며 일 할 수 있는 터전을 마련하기 위해서는 학교와 지역 주민 나아가 지역 사회 전체의 협력이 필요하다. 민관산학 모두가 책임감 있게 참여하고 상생의 목표를 향해 협력하고 연대하는 힘으로 추진력을 높이고자 한다.

④ **공정·안전·존중의 신뢰행정:** 모든 학생과 학교, 교직원에게 공정한 기회를 보장하고 안전을 확보하는 것은 교육활동의 기본 전제이다. 학교 현장을 존중하는 행정, 상대를 존중하는 행정, 교육활동을 우선하는 행정으로 교육공동체 모두의 신뢰를 선점하고자 한다.

(4) 역점 과제 ⇨ 지역에서 세계로 향하는 글로컬교육

① **교육의 기본을 회복하는 맞춤형 교육:** 모든 학생들이 학생 주도성과 통합적 사고력을 길러 미래사회를 선도할 수 있도록 학생의 관심과 속도에 맞는 맞춤형 교육을 실시하고자 한다.

> ㉠ 통합적 독서·토론·글쓰기 수업 내실화
> ㉡ 학생 주도성 키움 수업 활성화
> ㉢ AI 활용 맞춤형 학습지원

② **지역과 공생하는 교육생태계 구축:** 전남이 우리 아이들의 삶의 터전이 되어 전남에서 자라고 꿈을 펼치며 행복한 삶을 누릴 수 있도록 지역과 공생하는 교육생태계를 구축하고자 한다.

> ㉠ 전라남도 교육과정 적용 역량 강화
> ㉡ 기후변화 환경교육 강화
> ㉢ 전남학생 교육수당 지급
> ㉣ 전라남도 민관산학 교육협력위원회 내실화

③ **다양한 문화와 소통하는 글로벌교육:** 전남 학생들이 다양한 문화를 이해하고 세계적 문제해결 역량을 길러 지역에서 세계로 나아갈 수 있도록 글로벌교육을 펼치고자 한다.

> ㉠ 다국어 교육 활성화
> ㉡ 문화 다양성 교육 내실화
> ㉢ Global 전남! 국제 교류 확대
> ㉣ (가칭) 전남국제직업고등학교 설립

(5) 전남교육청 현황

① 교육감: 김대중(2022년 초선)
② 교육비 예산(2024년 본예산): 4조 9,170억원
③ 교육지원청: 22청(목포교육지원청 외)

2　전남교육청 주요 정책

(1) 특수학교(급) 진로교육 강화

① 장애학생 진로역량 및 직업기능 강화
② 직업전환중심 거점 특수교육자지원센터 운영 내실화(도교육청, 7개 교육지원청)
③ '직업교육 특성화 특수학교' 설립 추진
④ '체육교육 중점학교' 운영지원
⑤ 유관기관 협력 강화 및 통합지원시스템 구축(교육, 재활, 복지, 훈련, 취업 등)

(2) 학업중단숙려제

① 의의: 학업중단 위기 학생에게 일정 기간 숙려 기회를 부여하고 상담 등 교육프로그램을 지원하여 신중한 고민 없이 이루어지는 학업중단을 예방하는 제도

② 순서: 학업중단예방 계획 수립(학업중단예방위원회) ⇨ 학업중단숙려제 대상자 파악 ⇨ 학업중단숙려제(학생별) 계획 수립 및 운영 ⇨ 학교적응 지속 지원 혹은 학교 밖 청소년지원센터 연계

③ 대상: 학교장이 (관찰 및 상담 등에 의해) 학교 부적응·학업중단 위기라고 판단한 학생, 담임교사·상담교사·전문상담사·진로교사 등이 협업을 통해 학업 중단 위기라고 진단한 학생, 무단결석 연속 7일 이상·누적 30일 이상인 학생, 구두로 학업중단 의사를 표시하거나 자퇴원을 제출한 학생, 검정고시 응시를 위하여 학업중단 의사를 밝힌 초·중학생

(3) 전남 다문화교육

① 추진목표: 도민과 함께하는 열린감사 실시로 청렴한 전남교육 실현

② 추진전략

 ㉠ 성숙: 다양한 문화가 공존하는 성숙한 교육환경 조성

 ㉡ 포용성: 미래교육을 대비한 글로벌 인재교육 강화

 ㉢ 다양성: 다문화 학생의 특성을 고려한 맞춤형 교육

 ㉣ 공생: 현장밀착을 위한 지역 유관기관 연계강화

③ 추진과제

 ㉠ 맞춤형 한국어 교육 강화

 ㉡ 이중언어교육 활성화

 ㉢ 학생 글로컬 역량 성장 지원

 ㉣ 지역 사회 기반 지원체제 강화

(4) 청렴시민감사관제

① 추진목적 및 방향

 ㉠ 도민과 함께하는 열린감사 실시로 청렴한 전남교육 실현

 ㉡ 전문성을 갖춘 외부전문가를 위촉하여 특별 사안 조사·감사 및 반부패·청렴 활동에 참여하게 함으로써 교육행정의 투명성·신뢰성 제고

 ㉢ 기존 유사한 성격의 청렴 옴부즈만과 도민감사관을 통합 운영함으로써 청렴시민감사관의 효율적 운영을 기하고자 함

② 추진내용

 ㉠ 전문성을 갖춘 외부전문가 등 50명 이내 구성

 ㉡ 감사 및 조사, 반부패·청렴활동 참여, 정책 제언·권고

 ㉢ 부패취약분야 현지점검 및 이에 대한 시정제안 또는 의견표명

 ㉣ 교육·학예에 관한 교육 비리의 수집 및 제보

(5) 무지개학교(전남의 혁신학교)

　① 의 의

　　㉠ 존중과 협력을 바탕으로 학생의 행복한 삶을 추구하는 학교

　　㉡ 학교 교육공동체의 협력적 참여로 민주적인 학교문화를 조성하고 역량중심 교육을 위한 수업 혁신으로 창의적인 교육을 실현하는 공교육 혁신의 모델학교

　② 배경 및 필요성

　　㉠ 새로운 학교의 틀에 대한 필요성 대두

　　㉡ 전남의 지역적 특성에 맞는 맞춤형 교육 실현

　　㉢ 함께하는 전남 교육 구현에 대한 인식 공유

　③ 운영 목적: 학교의 자율화·다양화·특성화를 통한 미래지향적 학교 모델 창출

📝 **Check point**

미래형 혁신학교
학교혁신의 철학과 가치를 지속적으로 구현하고 미래핵심역량 중심 교육, 지역과 협력하는 교육공동체, 교육과정 및 마을과 연계한 공간 재구조화로 '미래를 가꾸는 창의적이고 포용적인 사람'을 기르는 혁신학교이다.

---

(6) 함께하는 교육 공동체

　① 의의: 학교 교육은 지역 사회와 함께 할 때 더욱 발전할 수 있다. 학생들이 배움을 즐겁게 생각하고 꿈을 펼치기 위해서는 지역 사회와 함께 협력하고 소통하는 교육공동체를 실현하는 것이 중요하다. 학교 및 가정과 지역 사회 간 교육공동체의 긴밀한 협력체제 구축과 소통하는 학교문화를 조성하기 위해 최선을 다하고자 한다.

　② 학부모의 학교참여

　　㉠ 학부모 교육 활성화: 찾아가는 학부모 교육 실시, 학부모 지원센터 운영

　　㉡ 학부모의 학교참여 확대: 학부모 참여사업 지원, 학부모 자원봉사 활성화

　　㉢ 학교운영위원회 운영: 학교운영위원회의 전문성 제고, 학교발전 유공자 표창

　③ 주민참여 교육행정 전개

　　㉠ 주민 소통 강화: 소통하는 교육 정책(교육정책 공모제, 토론회 및 공청회 등)

　　㉡ 주민참여 기반 구축: 도민감사제 운영, 청렴옴부즈만 운영, 주민참여예산제 운영

　　㉢ 전남교육 홍보 강화: 전남교육 홍보, 전남교육 사진공모전 및 전시회 개최

　④ 지역 사회와 협력 강화

　　㉠ 교육기부 활성화: 교육기부 자원 발굴 및 매칭 지원, 군장병 교육기부 방과 후 학교 등

　　㉡ 교육협력 네트워크 강화: 교육협동조합 설립, 전남미래교육재단 설립 추진 등

　　㉢ 지역 사회 평생학습 지원: 공공도서관 운영 활성화, 맞춤형 평생교육 지원 등

(7) 작은 학교 희망만들기 ● 2021년 기출질문으로 출제되었다.

① **의의**: 작은 학교만이 가질 수 있는 장점을 최대한 활용하여 학교 및 지역 사회의 특색을 반영한 차별화된 교육과정을 운영함으로써 교육력을 높이고 작은 학교에 희망을 주는 사업

② **사업의 필요성**

　　㉠ 농어촌 지역의 학생 수 감소에 대한 근본적인 대책 마련

　　㉡ 농어촌 교육 활성화와 작은 학교로의 학생 유입을 위한 제도적 기반 마련

　　㉢ 작은 학교의 장점을 살린 특색 있는 교육과정 운영으로 경쟁력 있는 작은 학교 육성

> **⊘ PLUS**
>
> **1. 농산어촌 유학프로그램**
>   ① 전남 외 지역 학생들이 전남의 농산어촌 학교에 전학하여 농산어촌생활을 체험하는 프로그램이다.
>   ② 전남교육청은 서울·경기·인천·광주교육청과 협력하여 유학프로그램을 진행하고 있으며 깨끗한 자연환경 속에서 생태환경교육을 받고 전남의 작은 학교들도 활기를 되찾는 일거양득의 효과를 기대하고 있다.
>   ③ 학생 수가 적다 보니 코로나19 예방과 사회적 거리두기 효과도 기대된다.
> **2. 농산어촌 유학마을 조성사업**
>   ① 지자체＋교육청＋학교＋마을교육공동체가 유기적 협업에 의해 전남농산어촌유학사업을 추진하는 마을로 전남 이외의 도시 학생들이 개인별 맞춤형 교육과 온마을 돌봄을 연계한 생태·환경 체험을 위해 6개월 이상 전남으로 전학 와서 생활하는 것이다.
>   ② 유학생 가족을 위한 생활공간으로 가족체류형 주택, 홈스테이 농가, 센터 등이 마련되어 있고, 유학생(학부모) 대상 다양한 마을특색프로그램이 제공된다.

(8) 미래인재육성 프로그램

① 전라남도교육청이 대학 및 유관기관과 손을 잡고 특성화고 학생들의 직업교육을 위해 나섰다. 도교육청 차원에서 진행되는 미래인재육성 프로그램은 특성화고 학생들의 전문기술 능력을 기르고 진로탐색을 지원하기 위해 기획되었다.

② ㉠ 첨단 농업기술교육인 미래Young農人(영농인) 과정, ㉡ 자율자동차 과정인 e-모빌리티(전기로 움직이는 차세대 이동수단), ㉢ 금융 빅데이터 과정인 핀테크(금융과 IT의 융합을 통한 금융서비스) 등 농업·공업·상업 계열별로 구성된 직업교육 프로그램을 본격적으로 운영한다.

③ e-모빌리티 과정은 미래 모빌리티 기술 인재로 성장하도록 돕는 기초이론 및 융합실습교육 프로그램으로 공업계고 기계, 자동차, 전기·전자 분야 전공학과 2학년 학생 중 추천된 20명이 참여했다. 광주산학융합원과 연계된 해당 과정은 e-모빌리티와 자율주행에 관한 학계 전문가의 기초교육 강의와 메이커톤(make a ton) 경진대회로 이뤄졌다.

④ 미래인재육성 프로그램이 만들어진 계기는 학생들에게 질 높은 진로교육을 제공하자는 취지로 만들어졌다. 학교 학습 환경은 아무래도 제한적인데 첨단 실습실에서 전문가의 강의를 경험한다면 진로탐색에 도움이 될 것이라는 판단이었다. 기존의 현장실습과 미래인재육성 프로그램이 구분되는 점은 4차 산업혁명 시대의 신동력 산업 위주로 교육과정을 구성해 기존에 배우지 못했던 부분을 새롭게 체험해 볼 수 있도록 한 것이다.

(9) 참 고

① 청소년 미래도전 프로젝트

> ㉠ 학생들이 자발적으로 팀을 구성해 원하는 활동을 기획하고 일정 기간 실행·평가·성찰하는 과정을 통해 미래 역량을 기르는 전남형 학생 중심 체험프로그램
> ㉡ 초등학교 5학년부터 고등학교 3학년, 3명 이상 10명 이내 팀 구성(총 500개팀 구성 예정)
> ㉢ 호기심 탐구 ⇨ 역사탐구활동, 문화탐구활동, 출판활동, 과학탐구활동, 천문활동, 지리탐구활동 등
> ㉣ 미래 디자인 ⇨ 진로탐구활동, 직업탐구활동, 다문화관련 활동, 창업활동, 금융활동, 지역 사회연구 활동 등
> ㉤ 또 다른 나를 꿈꾸다 ⇨ 체육활동, 예술활동, 영화제작활동, 오케스트라활동, 애니메이션활동, 미술활동, 목공활동 등

② 반부패 청렴 정책

> ㉠ 공무원 행동강령 위반 등 공직기강 점검 및 부패 취약분야 상시 감찰
> ㉡ 고위공직자 등 부패위험성 진단(7월, 조직환경·부패위험도·개인청렴도 분야)
> ㉢ 청렴정책단, 청렴도 향상대책 이행단, 청렴 TF 운영 등 청렴 추진체계 운영 강화
> ㉣ 고위직 청렴서약, 청렴부스 운영, 찾아가는 청렴컨설팅 & TALK 추진, 반부패·청렴활동 인센티브제 실시, 청렴 공모전 실시 등 청렴문화 확산 및 홍보 강화
> ㉤ 부패취약 분야(공사 관리·감독, 계약관리, 방과 후 학교 운영, 학교운동부 운영, 현장체험학습, 예산집행, 갑질, 인사업무 등) 집중관리
> ㉥ 외부인사(청렴시민감사관 및 건설공사 시민감리단) 참여 활성화를 통한 투명성 제고
> ㉦ 광주·전남 공공기관 청렴 협의체 운영을 통한 민관거버넌스 체계 구축
> ㉧ 직장 내 괴롭힘(갑질) 정책자문단, 상담센터 운영

③ 전남형 그린스마트 미래학교

> ㉠ '그린 스마트스쿨' 사업의 일환으로 노후학교를 '그린스마트 미래학교'로 개선
> ㉡ 미래형 교수·학습이 가능한 ICT 기반 스마트교실
> ㉢ 디지털 전환기반, 정보통신인프라, 개별화 학습지원, 지능정보기반 학교안전 인프라
> ㉣ 에너지절약과 학생건강을 고려한 제로에너지 그린학교 ⇨ 에너지 자립률 20% 이상, 패시브 디자인 적용, 신재생에너지 도입, 친환경 건축자재
> ㉤ 학생·교직원 등 사용자 참여설계를 통한 공간혁신
> ㉥ 지역 사회를 연결하는 생활 SOC 학교시설 복합화

④ 생태환경교육

> ㉠ 친환경생태학교운영, 탄소중립 중점학교, 탄소중립 시범학교
> ㉡ 학교숲, 생태놀이터 환경 조성
> ㉢ 탄소저감 교육과정 재구성 운영, 탄소중립과 생태환경교육을 위한 교재 개발
> ㉣ 찾아가는 생태환경프로그램 운영
> ㉤ 녹색리더 워크숍 개최(권역별)

CHAPTER
11 전북교육청

1 전북의 교육방향 및 현황

(1) 비 전

실력과 바른 인성을 키우는 전북교육

> ① **실력**: 미래 사회를 살아갈 주도적 역량으로 기초학력, 기본학력, 전북교육의 7가지 미래역량(자기주도성, 협력적 소통 능력, 비판적 사고력, 창의력, 디지털문해력, 예술적 감수성, 인문학적 소양)
> ② **인성**: 타인을 존중하는 민주시민, 세계시민이 갖춰야 하는 핵심 가치·덕목(존중, 배려, 나눔, 다양성, 공동체성, 생태감수성, 세계시민성)

(2) 교육지표

> ① **배움이 즐거운 교실**: 상상과 도전, 자율과 책임으로 삶과 연계된 배움이 있는 교실
> ② **꿈을 키우는 학교**: 학생 맞춤형 교육을 실현하고 소질과 적성에 따라 미래를 설계하는 힘을 길러주는 학교
> ③ **함께 성장하는 교육**: 학생·교직원·학부모·지역 사회가 학생중심 미래교육을 통해 더불어 성장하는 전북교육

(3) 정책방향

> ✔ **POINT** 교육청 홈페이지에서 2024 주요업무계획 파일을 찾아 아래 내용의 대표 정책 1~2개 정도만 알아두도록 한다.

> ① 미래를 만드는 교실
> ② 모두를 위한 책임교육
> ③ 건강하고 안전한 학교
> ④ 소통과 참여로 따뜻한 교육공동체
> ⑤ 지역과 함께하는 교육
> ⑥ 평화와 공존의 세계시민교육

(4) 슬로건

더 특별한 전북교육 학생중심 미래교육

> ① 전북특별자치도교육청 출범에 따라 주어진 교육자치권을 확대해 전북만의 특별한 교육으로 전북교육을 우뚝 세우겠다는 의지 표명
> ② 학생을 모든 교육 활동의 중심에 두고 지속가능한 미래 사회를 이끌어가는 세계시민을 육성하는 교육

(5) 전북교육청 현황

① 교육감: 서거석(2022년 초선)

② 교육비 예산(2024 본예산): 4조 5,022억원

2 전북교육청 주요 정책

(1) 전북 미래교육

① 비전: 미래역량을 갖춘 세계시민 양성

② 인재상: 주도적 인재, 창의적 인재, 공감적 인재

③ 목 표

　㉠ 주도적으로 참여하는 학생

　㉡ 학생의 성장과 함께하는 교사

　㉢ 새로운 교육을 위해 변화하는 학교

④ 추진방향

　㉠ 디지털 전환을 위한 학습환경 구축

　㉡ 학생의 삶과 연계한 학습

　㉢ 글로벌 역량 함양과 세계시민교육

　㉣ 미래역량 함양을 위한 교육과정 운영

　㉤ 학생중심 개별 맞춤형 교육

⑤ 주요 정책

　㉠ 디지털 교육 기반 구축: 에듀테크 기반 미래교육 환경 구축, AI·데이터 기반 학생 맞춤형 학습 지원, 교사 에듀테크 활용 역량 강화

　㉡ 미래형 교육과정 실현: 기초학력 보장을 위한 책임시스템 구축, 학생의 능동적 참여를 끌어내는 수업혁신, 미래역량 함양을 위한 창의적 교육과정 운영, 디지털 전환에 따른 미래 기술 및 진로체험 지원

　㉢ 미래교육 실행 역량 강화: 연구하며 협력하는 학교문화 조성, 학생 글로벌 마인드 함양 교육 지원, IB 프로그램을 통해 더불어 성장하는 교육

(2) 기초학력 향상 지원

① 목적: 학생맞춤형 지원으로 한 아이도 놓치지 않는 기초학력 보장

② 기초학력 향상 지원 절차

　㉠ 진단검사(기본진단, 통합진단 필요시 학력지원센터 심층진단의뢰)

　㉡ 진단결과에 따른 학생 맞춤형 지원계획 수립

　㉢ 학생 맞춤형 프로그램 운영(향상도 확인)

③ 향상도 검사: 학생 향상도 및 프로그램 효과성 분석

④ 3단계 안전망 구축
　㉠ **교실 내**: 담임 중심 기초학력 책임지도제, 기초학력 기본진단, 1수업 2교사제 협력교강사 지원
　㉡ **학교 내**: 기초학력 통합진단, 두드림학교 운영지원
　㉢ **학교 밖**: 학생 맞춤형 학력지원센터 운영, 기초학력 심층진단, 난독·경계성지능진단, 교육지원
⑤ **두드림학교**: 학생의 학습 부진 원인을 다각적으로 진단하여 진단 결과에 따른 학생 맞춤형 교육을 통해 모든 학생의 기초학력 향상을 지원하는 학교

(3) 전북미래학교(전북의 혁신학교)

① 미래역량을 갖춘 세계시민으로 성장하는 학교
② 전문적 학습공동체와 민주적 자치공동체를 바탕으로 창의적인 교육과정을 운영하고 기초·기본학력 기반의 미래역량을 갖춘 세계시민으로 성장하는 학교

(4) 어울림학교

① **의의**: 어울림학교란 100명 이하의 소규모 학교로 민주적 자치 공동체와 전문적 학습 공동체를 구축하여 학생들의 인성, 지성, 사회성을 길러주고, 교육과정의 창조적 재구성을 통하여 도·농간 교육 격차를 완화하여 돌아오는 학교를 만들기 위하여 운영하는 학교
② **배경 및 목적**
　㉠ 농어촌 지역의 학생 감소로 정상적인 교육과정과 학사운영의 곤란
　㉡ 도시와 농촌 간의 교육격차 심화
　㉢ 어울림학교 유형 확대로 농어촌학교 맞춤형 지원체제 마련
③ **어울림학교 유형**: 공동통학구형, 작은 학교 협력형, 초·중등학교 연계형, 학교―마을 협력형

(5) 참 고

① 농어촌 작은 학교 희망 찾기

> 찾아오는 농어촌 학교를 만들기 위해 어울림학교 4개 유형(공동통학구형, 작은 학교 협력형, 학교―마을 협력형, 초·중등학교 연계형) 총 110개 교를 지정하여 운영. 지정된 어울림학교의 작은 학교로 전입한 학생들을 위해 통학차량 지원, 협력하는 작은 학교들과 공동 교육과정 및 마을의 다양한 자원을 활용한 마을교육과정을 운영할 수 있도록 하였고, 삶과 연계된 배움 및 소인수 학급 수업 또는 타학교와 다양한 협력수업 모델 등으로 학생들의 학력과 자존감 향상을 위해 지원

② 청렴정책

> ㉠ 시민감사관제도 ⇨ 각 분야 전문가와 함께 협력적 거버넌스 구축 및 외부의 시각으로 공공기관의 부패취약분야를 능동적으로 감시함으로써 공정행정의 투명성과 공정성 제고(시민감사관 7명, 임기 2년)
> ㉡ 청렴클러스터 운영 ⇨ 시민단체, 학생 등 참여를 이끌어 청렴문화 확산 및 지역 사회 청렴 공감대 형성
> ㉢ 민간기업 '청렴인증제' 운영, 청렴마일리지 우수포상 및 표창
> ㉣ 채용 과정의 투명성과 공정성 향상(교사, 교육공무직원 등)

③ 지역 사회와 함께하는 방과 후 학교(지자체와의 연계 강화가 중요)

> ㉠ 방과 후 마을학교는 학생들의 삶의 터전인 지역 사회의 인적·물적 자원을 활용하여 학교 밖에서 방과 후 활동을 하는 사업
> ㉡ 학교와 마을, 지역이 상생하는 협력문화 구축은 물론 지역 사회 중심의 교육공동체 실현에 노력
> ㉢ 도시지역의 대학부설 평생교육원, 청소년수련관, 박물관 등 공공기관과 연계를 통해 지역거점형 방과 후 마을학교 15개 기관을 신설함으로써 프로그램형, 돌봄형, 학교−마을연계형, 학교군−지역연계형 등 방과 후 교육 활성화

④ 전북교육청 적극행정 실행계획

> ㉠ ⓐ 적극행정 문화 조성, ⓑ 적극행정 공무원 우대 강화, ⓒ 적극행정 공무원 보호 및 지원 확대, ⓓ 소극행정 예방 및 근절, ⓔ 교육 및 홍보 강화를 5대 추진방향으로 14개 핵심과제를 담았다.
> ㉡ 적극행정 문화 조성에 있어서 '적극행정 주요성과 관리'를 신설하였다.
> ㉢ 적극행정 중점과제도 선정·운영한다. ⓐ 정책공보관 학교 업무 최적화, ⓑ 민주시민교육과 지속가능한 미래를 위한 환경교육, ⓒ 미래인재와 미래형 학교환경을 위한 학교 정보업무 개선, ⓓ 행정과 먼저 찾아가는 적극 교육행정 컨설팅 등 4개가 적극행정 중점과제로 운영된다.
> ㉣ 적극행정 우수공무원 및 우수사례를 선정하여 인센티브를 부여한다. 상·하반기 1회씩 총 12명 내외로 선발할 예정이며 교육감 표창과 성과상여금 최고등급, 교육훈련 우선 선발의 인센티브를 제공한다.
> ㉤ 적극행정 공무원 보호·지원도 확대한다. 사전컨설팅, 적극행정위원회 의견제시 제도를 운영하고 여기서 제시한 의견대로 업무를 처리한 경우 징계요구 면책, 징계의결 면제·감경 등 적극행정 면책제도를 운영한다.
> ㉥ 이 밖에도 적극행정 공무원에 대한 소송 지원, 적극행정 공무원에 대한 법률지원 및 배상책임보험 운영, 소극행정 신고센터 운영 등을 통해 적극행정 활성화에 나설 방침이다.

⑤ 메이커교육

> ㉠ 창의적인 아이디어를 바탕으로 다양한 도구를 통합적으로 사용하여 자신이 창안한 것을 만들어 내는 활동으로 4차 산업혁명을 경험하고 자신의 진로 선택에 긍정적 영향을 주기 위한 교육이다.
> ㉡ 미래창작공방 운영 ⇨ 창의력을 발휘해 문제를 해결하고, 실제 시제품을 제작하는 능력을 길러주는 메이커교육을 위한 공간으로 발명교육센터에 설치되었다.
> ㉢ 3D 프린터, 레이저커팅기, 코딩, 드론, VR·AR 교육 등이 해당된다.
> ㉣ 자유학기제, 창의적 체험활동 등 교육과정과 연계하여 프로그램이 운영된다.

⑥ 환경생태교육

> ㉠ 학교 생태체험학습장 조성 및 운영 ⇨ 생태정원, 생태텃밭, 생태숲 등
> ㉡ 환경생태교육 전문적 학습공동체 운영
> ㉢ 기후, 환경교육 강화
> ㉣ 탄소중립 환경교육, 지속가능한 실천중심 프로그램 운영(우리학교 생태지도 만들기 등)
> ㉤ 1회용품 사용 저감 운동
> ㉥ 지구살리기 실천학교 ⇨ 학교자치와 학생자치를 기반으로 일상생활 속 생태전환교육을 활성화하고 탄소중립 실천문화 확산 및 기후·환경교육프로그램을 중점으로 운영하는 학교

CHAPTER
12 제주교육청

1 제주의 교육방향 및 현황

(1) 교육지표

올바른 인성, 생각하는 힘을 키우는 미래교육

① '올바른 인성'은 다른 사람의 생각과 감정을 읽어내는 공감 능력을 토대로 다름을 인정하고 타인을 존중하며 나아가 자연과 인간이 더불어 살아가는 역량
② '생각하는 힘'은 급변하는 4차 산업혁명 시대에 창의적으로 사고하고 주도적으로 문제를 해결하며 예측 불가한 변화에 유연하게 대처하는 능력
③ '미래교육'은 올바른 인성과 생각하는 힘을 지닌 인재로 키우기 위해 기초·기본교육, 독서교육, 예술교육, 정보교육 등을 강화하는 교육

(2) 교육시책

POINT 교육청 홈페이지에서 2024 주요업무계획 파일을 찾아 아래 내용의 대표 정책 1~2개 정도만 알아두도록 한다.

① 더불어 성장하는 민주시민 교육
② 핵심역량을 키우는 맞춤형 교육
③ 모두가 건강하고 안전한 학교환경
④ 따뜻하고 행복한 교육복지
⑤ 소통과 참여로 열린 교육행정

(3) 역점과제

① 인성교육 활성화
② 학력 향상 지원 강화
③ 학교 안전 내실화
④ 미래형 교육환경 조성

(4) 제주교육청 현황

① 교육감: 김광수(2022년 초선)
② 교육비 예산(2024년): 1조 5,964억원

2 제주교육청 주요 정책

(1) 방과 후 학교 및 돌봄교실

① 의의: 방과 후 학교는 학생과 학부모의 요구와 선택을 반영하여 수익자부담 또는 재정 지원으로 이루어지는 정규수업 이외의 방과 후 학교 프로그램으로 학교 계획에 따라 일정 기간 동안 지속적으로 운영하는 활동

② 목표 및 추진방향

  ㉠ 학생·학부모의 수요를 반영한 양질의 방과 후 프로그램 제공으로 교육기회 제공 및 사교육비 부담 경감

  ㉡ 미래신산업, 디지털 교육 기회 제공 등 미래형·맞춤형 방과 후 프로그램 다양화 및 운영 지원 확대

    ➡ 미래형 ⇨ AI, 코딩, 빅데이터, 드론 등

  ㉢ 중·고등학교 특기적성 프로그램 활성화 및 교과 방과 후 학교 프로그램 운영 지원

  ㉣ 읍면지역학교, 원도심학교, (초)작은 학교 방과 후 학교 수강료 무상 지원 및 자유수강권 지원으로 학부모 경제적 부담 해소, 취약계층 지원 강화 및 지역 간 교육격차 완화

(2) 제주형 자율학교 등

① 다혼디배움학교

  ㉠ 다혼디배움학교는 민주적 학교 문화를 바탕으로 배려와 협력의 생활공동체와 전문적 학습공동체를 형성하고 창의적 교육과정을 운영하여 학생들의 삶을 가꾸는 제주형 혁신학교

  ㉡ 교육의 3주체(학생, 학부모·지역 사회, 교직원)가 다 함께 협력하고 서로 존중하는 배움을 통해 성장

  ㉢ 새로운 학교 모델을 창출하여 인근 학교와 함께 발전을 도모

  ㉣ 기존 'i-좋은 학교'의 한 단계 도약(제주형 자율학교 혁신)

② IB 학교: 국제적 가치를 지향하며 제주교육의 도약과 평가혁신의 기반 마련을 위해 도입하는 국제교육 프로그램

③ 건강생태학교: 제주의 생태환경을 기반으로 마을교육공동체와 함께 지속가능한 건강생태 교육과정을 운영하여 학생들의 더 나은 삶을 가꾸는 제주형 자율학교

④ 제주형 자율학교: 학생 중심 교육으로 미래역량을 키워가는 학교(놀이학교, 디지털학교, 마을생태학교, 문예체학교, 미래역량학교, 인성학교, 제주문화학교)

✏ **Check point**

1. 자율학교의 법률적 근거
  ① 「제주특별자치도 설치 및 국제자유도시 조성을 위한 특별법」 제216조(학교 및 교육과정 운영의 특례)
  ② 동법 시행령 제44조~제46조의 특례를 활용하는 학교
  ③ 「제주특별자치도 자율학교심의위원회 구성 및 운영에 관한 조례」
  ④ 「제주특별자치도 자율학교의 지정·운영 등에 관한 규칙」

2. 자율학교의 행·재정적 지원
  ① 학교장 임용제도의 다양화
  ② 초빙교사 및 교사 근무연한 확대
  ③ 학교장에게 자율권 부여(교원의 임용, 교육과정과 교과의 자율운영 등)

(3) 학교자치

① 학교자율성 여건 조성
  ㉠ 공모사업 및 목적사업 적정화
  ㉡ 각종 주간 운영 축소
  ㉢ 교육과정 반영 목록 최소화
  ㉣ 학교운영기본경비 확대를 통한 단위학교 자율성 강화
  ㉤ 교육활동 운영 보정경비 학교 규모별 차등 지원
  ㉥ 학교운영기본경비 배분기준 개선
② 교장공모제 확대
  ㉠ 교장공모제 운영·지정학교 운영 ⇨ 8교
  ㉡ 공모교장 역할 재정립
  ㉢ 공모교장 학교경영실적평가
③ 학교 내 민주적 의사 결정 구조 체계화
  ㉠ 교육주체의 의견 수렴을 통한 교육과정 편성·운영 ⇨ 교육과정·교육계획 수립 주간 운영 내실화
  ㉡ 교육주체들이 함께 만들어 가는 전통 있는 학교 교육과정
  ㉢ 교육공동체의 참여·소통을 통한 민주적 의사결정
    ⓐ 교내 인사자문위원회(국·공립) / 교원인사위원회(사립)
    ⓑ 교직원 협의회
  ㉣ 학교운영위원회 위원의 대표성 강화
  ㉤ 사학기관 운영 공공성·책무성 강화 지속 추진

(4) IB 교육프로그램

① 개 요
  ㉠ 제주도 일반 고등학교에 국제공인 평가 교육과정인 국제 바칼로레아(IB)가 첫 도입
  ㉡ 제주특별자치도교육청은 IBO(IB 본부)와 IB(International Baccalaureate·국제공인평가 교육과정) 교육프로그램 고등학교 과정(DP) 도입을 위한 양해각서(MOC)를 체결하면서 제주 공교육에 IB 적용이 본격화
  ㉢ IB 학교는 제주형 자율학교로 지정되어 제주특별법에 근거해 학교 및 교육과정 운영 특례를 적용받음

② 논란사항

    ㉠ 도내 교원단체는 여전히 IB 도입에 대해 부정적인 입장(혁신학교 등을 통해 논설·토론 위주의 교육과정을 얼마든지 할 수 있는데 IB 교육프로그램이라는 외부 평가 방식을 도입해야 하는지 의문제기)

    ㉡ IB 도입 고교에 진학하는 학생들이 수능을 치르지 않고 수능 최저 등급이 없는 수시 전형 유형을 활용해 대학에 진학해야 한다는 점에서 학생들의 대학 진입 관문이 더 좁아진다는 지적

    ㉢ 수능정책과 연계하여 학부모 및 지역 주민과 의견을 충분히 수렴해야 할 사항

③ 추진계획

    ㉠ IB 학교 선정 및 인증 추진 ★

    ㉡ IB 교육프로그램 교원 연수

    ㉢ IB 교육프로그램 홍보 및 설명회

(5) 제주교육청 관련 조례

① 제주특별자치도교육청 학교 실내 공기질 개선 및 미세먼지 관리 조례

② 제주특별자치도교육청 마을교육공동체 활성화 지원 조례

③ 제주특별자치도교육청 4차 산업혁명 교육 진흥 조례(2019년 6월 12일 제정)

    이 조례는 4차 산업혁명에 따른 인공지능, 빅데이터, 사물인터넷 등 기술융합의 시대에 부응하는 미래비전으로 혁신적인 교육환경과 교육방법을 제주에 적용함으로써 융합기술과 인문적 소양이 조화로운 창의적인 인재 양성이 목적

④ 제주특별자치도교육청 공무원 행동강령(제주특별자치도교육규칙)

(6) 마을교육공동체

① 제주특별자치도교육청은 5개 지역단체와 도교육청 관계자 등이 참석한 가운데 마을교육공동체 운영을 위한 협약을 체결했다고 밝혔다.

② 마을과 학교가 함께 아이를 키우는 마을교육공동체 사업은 제주에서 올해부터 처음으로 시작되며 지속 가능한 교육생태계를 조성, 마을 기반 교육공동체의 다양하고 자율적인 배움을 지원하는 데 그 목적을 두고 있다.

③ 이날 협약에는 공모를 통해 선정된 ㉠ 귀덕1리새마을회, ㉡ 사회적협동조합 컬쳐마루, ㉢ 사회적협동조합 선흘곶, ㉣애월교육협동조합 이음, ㉤ 협동조합 모두락이 참여하였으며 제주특별자치도교육청은 올해 이들 5개 단체에 총 1억원을 지원한다.

④ 이들 마을교육공동체는 협약에 따라 2020년 4월부터 2021년 2월까지 지역의 교육역량을 강화하고 학생들이 마을과 함께 배우고 실천하면서 배려와 협력의 가치를 알 수 있도록 다양한 교육사업을 펼쳤다. 또한 '제주마을교육공동체 실무협의회'를 통해 각 마을에서 진행하고 있는 상황과 정보도 공유하였다.

⑤ 이에 앞서 제주특별자치도교육청은 이들 마을교육공동체 대표와 실무자를 대상으로 사업 운영에 관한 연수와 협의회를 실시하였다.

⑥ 도교육청 관계자는 "마을교육공동체 사업이 첫발을 내딛게 됐다"며 "사업이 성공적으로 정착해 아이들이 행복한 교육환경을 만들어 나갈 수 있도록 적극 지원하겠다"고 말했다.

(7) 참 고

① 청렴정책

⊙ 청렴소식지(청렴!! ㅋ콜하게! 뜨시한번!) 발행
ⓛ 공무원 행동강령 교육 실시 및 이행실태 점검
ⓒ 행정정보 투명 공개
ⓔ 기관 청렴마일리지제 운영
ⓜ 청탁금지법 준수 등 청렴 다짐 서약
ⓗ 공사관리감독, 학교급식운영관리, 방과 후 학교, 물품계약 등에서 업무 투명성 및 공정성 강화
ⓢ 신고센터 활성화를 통한 부패 예방

② 생태환경교육

⊙ 교육과정과 연계한 체험·실천 중심의 생태환경교육 활성화 및 학교 생태환경교육 성과 확산
ⓛ 제주 생태환경의 가치 인식, 친환경적 소비문화실천, 자원순환체험을 통한 지속가능발전교육
ⓒ 우리 고장의 생태환경 관찰·기록을 통한 생태환경 감수성 증진 및 생태환경 보전 문화 정착

③ 학교 혼디거념팀 운영

⊙ 학생 맞춤형 교육복지 통합지원으로 교육복지 수준 제고 및 교육격차 해소
ⓛ 학교 혼디거념팀 구성 및 학생 맞춤형 지원 활성화
ⓒ 지역 연계 및 자원 활용을 통한 교육 취약 학생 지원 확대

④ 그린스마트 미래학교

⊙ 그린스마트 미래학교 사업을 통해 학교시설의 제로에너지화 및 디지털기반 교육인프라 조성
ⓛ 40년 이상 경과된 노후건물을 그린스마트 미래학교로 개선함으로써 학생 안전과 학습권 확보
ⓒ 휴식·놀이가 균형을 이루는 삶 중심의 학교공간으로 변화

CHAPTER
13 충남교육청

1 충남의 교육방향 및 현황

(1) 비 전

행복한 학교 학생중심 충남교육 ➡ 2021년 면접 기출질문으로 출제되었다.

> '행복한 학교 학생중심 충남교육'은 교육을 통해 학생들의 삶이 행복해지는 충남교육을 실현하고 교육의 중심은 학생에, 교육행정의 핵심은 교실 지원에 두어 학생들이 행복한 학생중심 충남교육을 실현하고자 하는 교육공동체 모두의 소망을 담고 있다.

(2) 교육지표

삶의 주체로 함께 성장하는 세계시민

> 충남교육은 빠르게 변화하는 미래사회에서 삶의 주체로 변화를 주도하며 공공의 가치 실현을 위해 협력하고 연대하는 민주시민의 삶을 추구한다. 동시에 지속가능한 삶을 위해 지구생태계와 공존·공생하는 생태시민의 의미를 포괄한 세계시민을 육성하고자 한다.

(3) 5대 정책 ➡ 2019·2021년 면접 기출질문으로 출제되었다.

> ✔ POINT 교육청 홈페이지에서 2024 주요업무계획 파일을 찾아 아래 내용의 대표 정책 1~2개 정도만 알아두도록 한다.

> ① 배움이 즐거운 행복교육
> ② 모두에게 특별한 미래교육
> ③ 포용하며 함께하는 시민교육
> ④ 안전하고 든든한 책임교육
> ⑤ 소통하며 협력하는 지원행정

(4) 충남교육 정책방향

정책방향 1. 배움이 즐거운 행복교육

> 충남교육은 출발점을 '학생'에, 도착점은 '행복'에 두고 교육의 본질에 충실한 교육실현을 목표로 하고 있다. 교육의 본질인 학생과 배움을 교육과정의 중심에 두고 학습자의 주도성을 일깨워 참학력 실현과 함께 교육공동체의 성장을 통한 '행복교육'을 위해 노력해 나가고자 한다.

정책방향 2. 모두에게 특별한 미래교육

미래교육은 지식의 축적에서 벗어나 '무엇을 어떻게 할 수 있는가'와 같은 할 줄 아는 앎, 살 줄 아는 앎을 요구한다. 이에 창의·융합적 미래 인재로의 성장을 지원하고 미래를 스스로 개척하는 진로 역량을 키울 수 있도록 창의·융합교육과 진로·진학·직업교육을 지속적으로 실시하여 미래를 살아갈 힘을 키워 나가고자 한다.

정책방향 3. 포용하며 함께하는 시민교육

전지구적 연대가 절실한 미래사회에서 스스로 서고 더불어 살아가는 시민교육은 더없이 소중하다. 민주시민으로서 연대와 협력, 인권과 자치, 평화와 공존의 가치를 실현하는 세계시민교육과 지속가능한 삶을 위해 생태계와 공존·공생하는 생태시민교육을 강화하여 서로에게 기여하며 함께 성장할 수 있도록 노력하고자 한다.

정책방향 4. 안전하고 든든한 책임교육

학교의 공공성과 출발선이 평등한 교육 실현을 위해 한 명의 아이도 포기하지 않는 촘촘한 교육복지, 안전하고 든든한 책임교육 실천은 매우 중요하다. 학생 복지지원을 강화하고 교육여건으로 인한 차이가 차별이 되지 않도록 공정하고 균등한 교육기회를 보장하고자 한다.

정책방향 5. 소통하며 협력하는 지원행정

교육자치가 확대되고 교육행정의 지역화가 가속화됨에 따라 지역교육 발전을 위한 교육청의 역할과 기능은 학교 현장의 교육활동을 효과적으로 지원하는 방향으로 달라지고 있다. 학교 현장을 지원하는 지원 기능을 강화하고 소통과 협력을 통해 배움중심, 학생중심 충남교육을 실현하고자 한다.

(5) 충남교육이 추구하는 학생상

① 스스로 진로를 찾고 세상의 변화를 주도하는 주체적인 삶
② 서로 협력하며 자신과 사회의 성장을 위해 함께하는 삶
③ 생명을 존중하고 자연과 조화를 이루며 공존하는 지속가능한 삶

(6) 충남교육청 현황

① 교육감: 김지철(2022년 삼선)
② 교육비 예산(2024년): 4조 9,477억원

2 충남교육청 주요 정책

(1) 행복공간 조성

① 의의: '행복공간 조성'이란 학생·교직원·학부모가 함께 구상한 학생휴식공간 아이디어에 대하여 교육지원청이 선발하고 충남교육청이 재정을 지원하는 사업으로 건물 내 학생휴식공간 또는 건물 외부의 생태적 휴식공간조성 등 학생이 행복한 학교 만들기 사업의 일환이다.

② 학교에서 쉼과 휴식공간 조성의 필요성

　㉠ 학생의 미래 역량 키워드는 창의성과 인성이다. 공간 구성이 학생 생활의 심리적 안정감을 제공함으로 창의성 발생의 원천이 된다. 행복한 공간은 사회적 인성을 키우는 요람이다.

　㉡ 쉼(,)이 있는 행복놀이 정책은 놀 수 있는 틈(시간)과 마당(공간)을 제공하여 학생의 자발적·주도적 놀이 문화 활성화를 촉진한다.

③ 운영방법

　㉠ 공간조성의 기본 원칙은 '쉼'과 '휴식'이다.

　㉡ 시설 사업이 아니라 학생이 행복한 공간창출정책이다.

　㉢ 학교의 모든 구성원이 참여하며 다 같이 공간 조성의 아이디어를 만들고 진행하며 운영한다.

　㉣ 보여지는 공간의 완성도보다 조성과정에 더 주목한다. 소통 속에서 얻어진 신뢰와 믿음이 곧 교육 경쟁력이다.

　㉤ 학교별 사정에 따라 덜어내고 제거하는 것도 공간조성의 방법이다.

(2) 혁신동행학교(충남의 혁신학교)

① 개 요

　㉠ '새로운 학교문화로 전인교육을 실현하는 미래지향의 공교육 정상화 모델학교'로서 '행복한 학교 학생중심 충남교육'을 구현하기 위한 학교이다.

　㉡ 혁신동행학교는 학교혁신 기본과제를 중심으로 민주적 자치공동체와 전문적 학습공동체를 지향하며 모든 구성원이 학교의 특성에 알맞은 창의적인 교육과정을 함께 고민하여 자발적으로 실천하는 학교이다.

② 충남혁신학교의 필요성: 학교 구성원들이 학교의 핵심 가치를 공유하고 학교의 모든 인적·물적·문화적 자원을 학생의 성장과 발달에 집중할 수 있도록 새로운 학교문화를 조성하여 학교혁신의 모델을 창출하기 위해서이다.

(3) 마을교육공동체

① 충남 마을교육공동체(충남 행복교육지구)의 의의

　㉠ 충남 마을교육공동체는 학교와 마을이 상호 협력하는 마을교육 생태계 조성을 통해 학교와 지역 사회의 교육력을 높이고, 학교와 지역 사회가 지속가능한 발전이 가능하도록 연대하는 교육공동체를 의미한다.

　㉡ 충남 행복교육지구는 마을교육공동체를 실현하기 위한 여러 방식 중 하나로 교육청(교육지원청)과 시·군 지방자치단체가 업무협약을 맺고 공동투자, 공동사업 형태로 추진한다.

② 충남 마을교육공동체의 필요성

　㉠ 학교와 마을의 기능 및 역할에 대한 새로운 인식이 확산되고 있으며 창의융합 중심, 생활 중심, 지역 중심 교육의 필요성이 증가하고 있다.

　㉡ 지역 사회가 함께하는 교육적 합의 및 협력을 통한 교육력 신장의 필요성이 커지고 있으며 이를 위해 마을교육공동체 운영을 통한 지역 사회의 공동체성을 회복하려는 움직임이 늘어나고 있다.

③ 운영방식

    ㉠ 마을과 학교의 경계를 허물고 마을 교육자원을 학교교육과정과 연계·활용한다.

    ㉡ 학교와 마을의 협력적 교육활동을 바탕으로 "마을을 통한 교육, 마을에 관한 교육, 마을을 위한 교육"을 실현하기 위해 지자체, 유관 기관, 관련 부서, 지역 활동가의 상호협력 체계를 구축하여 운영을 지원한다.

(4) 충남 미래교육 통합환경 지원 '마주온' 구축

① 마주온의 의의

    ㉠ 빠르게 변화하는 사회와 수업환경에 대비하고 미래인재 육성과 미래교육 지원을 위해 충청남도교육청은 학교 현장의 이해와 요구를 담아 교육공동체가 편리하게 이용할 수 있는 통합적인 교육 정보시스템 개발을 추진하였다.

    ㉡ 이에 '충남 미래교육 통합 누리집' 즉, '마주온'을 구축하였다.

    ㉢ '마주온'은 학생·학부모·교직원인 교육공동체가 서로 마주하며 온라인(on)으로 교육에 관한 모든(온) 소통을 하는 '충남형 미래교육 통합플랫폼'이다.

    ㉣ 충청남도교육청은 '네이버'와의 교육기부 업무협약을 통해 충남교육청만의 전용 브라우저를 새롭게 구축할 수 있는 토대를 마련했다.

② 운영방식

    ㉠ '마주온'은 '네이버 클라우드 시스템'에서 운영된다. 향후 에듀스충남을 비롯한 충청남도교육청의 각종 웹서비스들은 클라우드 시스템으로의 이전·통합이 추진될 예정이다.

    ㉡ '마주온'은 실시간 소통 지원 서비스인 '소통톡', 혼합형 학습 지원 서비스인 '수업톡', 미래교육 지원 서비스인 '미래톡'으로 구성되었다.

(5) 충남형 IB학교 운영

① IB 학교의 의의

    ㉠ 충남형 2030 미래학교의 한 유형으로 국제 바칼로레아 기구(International Baccalaureate Organization, IBO)에서 운영하는 국제 공인 교육 프로그램을 충남형 IB 준비학교−관심학교−후보학교−인증학교의 단계를 거쳐 초−중−고 연계형으로 적용·운영하는 학교를 말한다.

    ㉡ IB학교는 스위스 비영리 교육재단인 IBO에서 1968년부터 스위스 제네바에서 시작하여 전 세계 161개국 5천 465교에서 운영 중인 국제 공인 교육과정을 운영하는 학교로 관심학교−후보학교−인증학교의 단계를 거쳐 인증된다.

② '충남형 IB학교'의 필요성

    ㉠ 학교는 다변화하고 예측불가능한 미래사회를 살아갈 학생들이 자기주도적으로 문제를 발견하고 소통과 협업을 통해 창의적으로 해결해 나갈 수 있는 학습자 주도성을 키울 수 있도록 지원해야 한다. 또한 공동체성을 바탕으로 교실에서의 배움을 실천하고 그 과정을 성장으로 이끌어 지속가능한 미래 사회를 이끌어 갈 세계시민으로 성장할 수 있도록 삶의 배움터를 제공해야 한다.

ⓛ 충남형 IB학교는 더 나은 세상을 만드는 데 기여하고자 하는 IB학교의 철학을 바탕으로 학생 주도적 교수·학습 접근방법과 과정을 중시하고 학생의 성장을 지원하는 신뢰도와 공정성을 기반으로 한 서·논술형 평가 방법을 개발하고 적용함으로써 학교의 특성과 학생의 요구를 담아내는 다양한 미래교육과정 운영을 지원한다.

③ 운영방식

ⓙ 충남형 IB학교는 준비학교-관심학교-후보학교 단계를 거쳐 IB학교(IB World School)로 인증받아 학교는 미래형 교육과정을 운영하게 된다.

ⓛ 충남형 IB 준비학교는 IBO에 관심학교로 공식 등록하기 전에 단위학교가 IB 교육과정에 대해 탐구하고 준비할 수 있도록 충남교육청에서 운영·지원하는 학교이다.

ⓒ 충남형 IB 준비학교 운영으로 미래형 교육과정 운영 역량을 강화하여 IB 프로그램의 강점을 적용한 학교교육과정 운영 방안과 공정하고 신뢰받는 미래형 평가 방안을 모색하고 실천한다.

(6) 참 고

① 농어촌 작은 학교

ⓙ 학생 수 50명 이하의 충남 소재 공립학교로 학생들에게 균등한 교육기회 제공과 학습권 보장 대책이 요구되는 학교이다.
ⓛ 농어촌 작은 학교 지원은 지역적 특성을 살린 교육과정 운영 및 지역 사회와 연계한 교육활동으로 지역 사회와 상생하는 학교, 학생이 찾아오는 생동감 넘치는 학교를 조성하기 위함이다.

② 상상이룸교육

ⓙ 충남형 메이커교육
ⓛ 상상하고 생각한 것을 여러 가지 도구를 활용하여 직접 설계하고 만들고 공유하는 교육 활동으로 만들기 과정을 통해 창의력과 자신감, 문제해결력, 동료와의 공동체성을 중시하는 활동 ⇨ 2019년 공모를 통해 확정한 메이커교육의 순우리말 표현
ⓒ 지역의 특색을 살린 상상이룸공작소 운영
ⓔ 2개 직속기관(과학교육원, 소프트웨어교육체험센터) 특성을 반영한 상상이룸공작실 운영
ⓜ 찾아가고, 찾아오는 상상이룸교육 프로그램 운영
ⓗ 가사실, 컴퓨터실, 과학실 등 기존 특별실을 활용한 상상이룸교육 활동

③ 춘쟈 TV

ⓙ 코로나19 장기화로 대면 소통이 줄어든 반면 온라인 소통은 더욱 활발하게 이뤄졌다. 충청남도교육청은 공식 SNS(사회망 네트워크서비스-유튜브, 페이스북, 카카오채널, 인스타그램)을 통해 코로나 환경 속 변화된 교육 현안 문제나 현장 소식을 영상·이미지·실시간 생중계를 통해 교육공동체의 궁금증을 풀어줬으며 교육공동체에게 필요한 정보들을 쉽고 재미있게 전달하면서 교육수요자들의 공감을 얻었다.
ⓛ 기획 특집프로그램으로 '춘쟈TV'는 조심스러운 'B급 감성'을 충남교육에 접목했다. 현직 교사와 주무관을 주인공으로 한 '춘쟈TV'는 학교 방문, 체험을 통해 딱딱하고 재미없는 교육 소식을 보다 쉽고 친근하게 소개하였으며 올해의 주요 정책인 생태환경교육, 한글교육에 대해 쉽고 재미있게 소개하여 교육공동체에게 많은 공감을 얻어 인기 콘텐츠로 자리잡았다.

ⓒ 교육공동체가 교육현장을 찾아 체험하는 영상을 '영상일기(브이로그)' 형식으로 담아내는 참여형 콘텐츠 또한 호응이 많았고, 독도의 날을 맞아 '번개춤사위' 등을 적시에 제작하여 좋은 반응이 있었다. 이와 함께 교육정책, 주요사업, 학부모에게 유용한 팁들을 네모뉴스(카드뉴스), 웹자보 등을 통해 안내하며 소통을 하기위해 노력했다. 이밖에 수능 응원챌린지 '숏폼' 제작, '릴스' 공모전, 퀴즈 이벤트 등 교육공동체가 참여할 수 있는 콘텐츠를 제작한 것들이 유튜브 채널 구독자 증가(5,361명 ⇨ 10,100명)라는 성과로 이어졌다.

④ 청렴정책

ⓐ 학부모 명예감사관제 운영, 학부모 청렴지키기 운영
ⓑ 도민감사관제 운영
ⓒ 적극행정 지원, 적극행정 공무원 면책, 사전컨설팅
ⓓ 청렴교육 및 청렴문화 확산
ⓔ 공익신고자 보호 및 지원

⑤ 생태환경교육 ★★★

ⓐ 기후위기 대응을 위해 인간과 자연의 공존과 지속가능한 생태문명을 위해 생각과 행동의 전환을 꾀하고, 생태적 감수성을 가진 생태시민을 육성하고자 하는 교육
ⓑ 기후위기대응 및 탄소중립실현을 위한 학교 환경교육 활성화
ⓒ 에너지 전환교육의 선도 역할, '충남초록에너지학교' 교육 활성화
ⓓ 탄소중립학교 3·6·5운동 실천 전개 및 초록발자국 앱을 활용한 환경교육 기록과 표창
  ➡ 3·6·5운동은 3대(전기에너지 사용량, 쓰레기 배출량, 물사용량) 줄이기 운동으로 5대 공동실천운동(개인컵 사용하기, 계단 이용하기, 이면지 활용, 점심시간 불끄기, 분리배출), 6대 늘리기 운동(환경독서, 분리배출, 채식, 녹지공간, 착한 소비생활, 친환경제품사용)을 말한다.
  ➡ 초록발자국 앱의 초록발자국은 우리 삶에 환경의 중요성을 알려주는 각종 환경지수(생태발자국, 탄소발자국, 물발자국 등)를 낮춰 우리 지구를 초록으로 물들이는 충남만의 초록실천지표이다. 학생들은 초록발자국 앱을 활용해 탄소중립학교 3·6·5운동을 실천하게 되고 실적은 스스로 기록관리해 성취감을 높일 수 있다. 초록발자국 앱은 학생 주변의 생활 속에서 작은 실천 활동으로 초록발자국을 모으고 모아진 초록발자국을 활용해 우리 지역의 환경단체 및 어려운 이웃에게 기부할 수 있도록 지원한다. 환경사랑 실천이 이웃사랑으로까지 실천되어 기부하는 통합 플랫폼이다.
ⓔ 생활 속 친환경 실천하고 기록하고 기부하는 '초록발자국' 앱 활용 강화
ⓕ 기후위기대응 현장체험학습 실시
ⓖ 1교 1환경사랑 학생동아리 운영
ⓗ 영양·식생활교육으로 초록급식에 대한 인식제고와 개발된 저탄소 식단 적용

CHAPTER

14 충북교육청

1 충북의 교육방향 및 현황

(1) 비 전

지속가능한 공감·동행 교육

> 지금의 배움이 과거와 미래를 연결하고, 학교에서의 배움이 가정과 사회로 이어지는 지속가능한 충북교육을 실현하고자 한다. 모든 교육 주체의 공감을 이끌어 내고 동행으로 실천하여 지혜의 시대로 나아가는 세계시민을 기르고자 한다.

(2) 교육지표

교육의 품, 학교의 꿈, 아이의 힘

> 교육의 넓은 품에서 학교의 꿈을 키우고 배움의 힘을 길러 한 명 한 명 빛나는 아이로 성장할 수 있도록 늘 함께하고자 한다.
> ① **교육의 품**: 학생, 학부모, 교사, 지역 사회 등 교육의 주체들이 서로 존중하고 배려하는 마음으로 공감하고 동행하는 교육을 실현하고자 한다.
> ② **학교의 꿈**: 학교를 우리 학생들이 꿈을 꾸고 그 꿈을 실현해 나가는 공간으로 조성하여 모든 아이들의 소망과 꿈으로 가득한 학교를 만들고자 한다.
> ③ **아이의 힘**: 모든 아이들이 저마다의 재능과 역량을 꽃피워 미래를 설계하는 힘과 미래사회를 이끌어갈 수 있는 힘을 기를 수 있도록 지원하고자 한다.

(3) 교육시책

✅ **POINT** 교육청 홈페이지에서 2024 주요업무계획 파일을 찾아 아래 내용의 대표 정책 1~2개 정도만 알아두도록 한다.

① 학생 성장을 지원하는 미래학교

> 미래학교는 학생 한 명 한 명의 잠재력과 창의성을 이끌어 내는 배움터이다. 열정적인 가르침과 능동적인 배움 속에서 교육의 본질을 회복하고, 첨단시스템 구축과 학교 공간 혁신을 기반으로 미래를 열어가는 희망교육을 구현하고자 한다.

② 삶의 품격을 높이는 감성교육

> 도덕적 상상력을 바탕으로 함께 성장하는 민주시민교육을 실현하고자 한다. 예술적 감수성으로 공감하고 소통할 수 있도록 학생들의 예술체험을 생활화하고, 바른 인성을 갖춘 미래인재로 성장할 수 있도록 전인교육을 강화하고자 한다.

③ 교육공동체와 함께하는 교육복지

> 지역별 교육격차를 해소하고 교육의 균형발전을 도모하여 더 넓고 더 두터운 교육복지를 실현하고자 한다. 다양한 상황에 대한 맞춤형 지원을 강화하여 빈틈없는 교육복지, 차별 없는 성장과 사회통합을 지원하고자 한다.

④ 지역과 상생하는 교육생태계

> 교육 주체가 각자의 위치에서 미래를 대비하고 성장할 수 있도록 인적·물적 기반을 갖춘 교육생태계를 조성하고자 한다. 지역과 상생하는 교육 기반을 조성하여 누구나 배우고 가르칠 수 있는 미래형 교육생태계를 만들어 가고자 한다.

(4) 중점사업

> ① 학생 성장을 지원하는 맞춤형 교육
> ② 전인적 인재육성을 위한 인성·시민교육
> ③ 미래 희망을 열어가는 창의인재 양성
> ④ 지역과 함께하는 충북형 온마을 배움터 조성

(5) 충북교육청 현황

① 교육감: 윤건영(2022년 초선)
② 교육비 예산(2024년): 3조 6,185억원
③ 교육지원청(10청): 청주, 충주, 제천, 보은, 옥천, 영동, 진천, 괴산증평, 음성, 단양

2　충북교육청 주요 정책

(1) 충북 다차원 학생 성장 플랫폼 다채움

① 수업설계: 콘텐츠, 문항 제공 및 교수-학습 설계·공유
② 자기주도학습: AI기반 학습 자료 추천 및 목표 달성시 보상 제공
③ 기초학력 진단·보정: 충북 자체 CBT 기반 기초학력 진단 검사
④ 비인지검사: 학생의 학습 효율성 증진을 위한 심리 요인 분석·처방
⑤ 전자독서시스템: 전자책 독서활동 지원 및 이력관리

(2) 행복씨앗학교(충북형 혁신학교)

① 행복씨앗학교의 개요
　㉠ 의의: 행복씨앗학교는 학교 공동체가 협력적인 문화를 형성하고, 창의적인 교육활동을 실현하여 따뜻한 품성을 가진 역량 있는 민주시민으로 함께 성장하는 공교육 모델학교이다.
　㉡ 행복씨앗학교 1.0(2015~2018): 단위학교 중심의 충북 학교혁신 모델 확립
　㉢ 행복씨앗학교 2.0(2019~2022): 행복씨앗학교의 질적 성장을 통한 미래교육 모델 확산 및 학교혁신 일반화

② 행복씨앗학교의 목표: "신나는 학교, 즐거운 배움, 따뜻한 품성으로 함께 행복한 교육 실현"
  ㉠ 학생: 교사를 믿고 따르며 창의적 교육활동을 통해 따뜻한 품성을 갖춘 민주시민으로 성장
  ㉡ 교사: 학생들을 사랑하고 수업과 생활지도에 집중하며 보람 있는 교육 전문가로 성장
  ㉢ 학교: 소통과 협력을 통한 민주적인 학교 공동체 문화 형성
  ㉣ 교육: 소외되는 학생 없이 함께 성장하는 공교육 실현
③ 행복씨앗학교의 기본가치
  ㉠ 공공성: 모든 학생의 배움의 권리를 보장하여 단 한 명의 아이도 소외되지 않는 교육을 책임 있게 실현하는 학교
  ㉡ 민주주의: 자유·평등·평화·인권을 중시하고 구성원의 참여와 실천이 실현되는 구조와 문화를 만들어 가는 학교
  ㉢ 자율과 자치: 모든 구성원이 학교 교육을 만들어 가는 주체가 되어 학교자치를 실현하는 학교
  ㉣ 공동체성: 존중과 배려, 함께 배우고 가르치는 협력적 문화를 통해 더불어 살아가는 사회를 지향하는 학교
  ㉤ 창의성: 앎과 삶이 연결되고 질문이 살아있는 창의적 교육과정을 통해 미래 역량을 갖춘 학생으로 성장하는 학교

(3) 참 고

① 충북행복교육지구

㉠ 의의: 교육청·지자체·지역 사회가 서로 협력하여 지역의 특색에 맞는 교육을 통해 지역 전체의 교육력을 높이고 정주여건을 강화하려는 사업
㉡ 충북행복교육지구 중점과제
  ⓐ 민·관·학 협력체계 ⇨ 교육지원청－기초자치단체－지역 사회－학교를 연결하는 거버넌스 구축
  ⓑ 마을교육공동체 설립을 위한 다양한 지원
  ⓒ 지역 사회 다양한 의견 수렴(토론회, 타운홀 미팅, 행복교육지구 박람회)
  ⓓ 기초자치단체－교육지원청 간 교육사업의 공유 및 협업
  ⓔ 지역의 여건에 따른 바람직한 교육 비전과 발전 방향 정립 후 사업 추진
  ⓕ 마을교사(활동가) 양성
  ⓖ 마을과 함께하는 축제 운영
  ⓗ 교육과정과 연계한 마을 탐방

---

② 초록학교만들기 사업(초록학교 3.0)

㉠ 사업의 의의 및 특징
  ⓐ 초록학교는 사람과 자연이 공존하는 법을 자연스럽게 배우는 생태순환형 학교이다.
  ⓑ 학교환경조성과 교육과정 운영에 자연과 환경을 중심에 두는 것이 특징이다.
  ⓒ 초록학교 사업은 지난 2017년부터 추진되어 올해 도내 103개교가 운영 중이다.
㉡ 사업의 내용
  ⓐ 학교·마을·환경의 융합과 협력을 통한 지속가능한 환경공동체 구축
  ⓑ 지구적으로 생각하고 지역적으로 실천하며 생태적 감수성을 지닌 생태시민 양성

ⓒ 초록학교 확대로 학교별 특색 있는 교육과정, 시설공간, 환경교육 프로그램 운영
ⓒ **사업의 목적**
ⓐ 환경과 생명을 생각하는 학교 중심 초록학교 거버넌스 체제 운영
ⓑ 충청북도교육청 학교환경정책 활성화를 위한 범도민적 협력과 실천
ⓒ 맞춤형 학교 현장 지원을 통한 학교 단위 환경교육 역량 강화
ⓓ 학교 단위 체계적 환경교육 활성화 지원
ⓒ **초록학교의 5대 가치:** 환경교육의 목적과 지향을 기반으로 생명과 환경을 존중하고 상생과 평화를 지향하며 통합적이고 균형적으로 사고하며 소통과 협력에 기반하며 참여와 실천에 앞장서는 학교

면접시 궁금한 사항

◎ 스티마쌤 까페 http://cafe.daum.net/stima를 통하여 질문하시길 바랍니다.
　① "본인이 생각하는 답변은 이러하다. 스티마선생님 점검해 주세요."라고 질문을 하셔야 합니다.
　② 비밀댓글로 질문을 올리실 때 가급적이면 상담내용과 연락처를 꼭 남겨주세요. 급한 상담은 스티마쌤이 직접
　　전화를 드리겠습니다.

◎ 스티마 카카오톡 플러스친구를 통해 면접관련 궁금한 사항을 문의해 주시면 됩니다.
　링크 http://pf.kakao.com/_xnrRxgxb

◎ 카카오톡 오픈채팅방에서 '2024 스티마 교육행정' 면접정보방 검색

면접후기 평가 및 상담

제 메일 stima_gongdangi@naver.com으로 보내주시면 됩니다.
보내주신 후기는 면접을 잘 보았는지에 대하여 평가를 해 드리겠습니다(합격가능성 여부 판단).

MEMO

MEMO

MEMO

MEMO